• 高等政法院校专业主干课程系列教材 •

国际法学

（第二版）

主　编　徐乃斌

副主编　王秀梅　杨蔚林　潘俊武

撰稿人（以姓氏笔画为序）

王兆平　王秀英　王秀梅

王泽林　杨蔚林　张　光

徐乃斌　潘俊武

中国政法大学出版社

2013·北京

西北政法大学本科教材编审委员会名单

主　任：郭　捷

副主任：王　麟

委　员：（以姓氏笔画为序）

王　瀚　　王楷模　　王周户　　王　健

王政勋　　刘进田　　刘光岭　　张宏斌

张周志　　李少伟　　毕　成　　汪世荣

阎亚林　　强　力　　韩　松　　谢立新

慕明春　　戴　鲲

作者简介

徐乃斌 男，西北政法大学国际法教授、国际法硕士研究生导师。在《现代法学》、《法律科学》、《中国法学》、《河北法学》、《西北大学学报》等核心刊物发表论文四十余篇，主编、参编的教材和著作主要有：《国际法学》（主编）、《国际法》（副主编）、《现代国际法学》（副主编）。

王秀梅 女，西北政法大学国际法教授、法学博士、国际法硕士研究生导师。

杨蔚林 男，西北政法大学国际法副教授、法学博士、国际法硕士研究生导师。

张 光 男，西北政法大学国际法副教授、法学博士。

王泽林 男，西北政法大学国际法副教授、法学博士。

王秀英 女，西北政法大学国际法副教授、法学硕士、国际法硕士研究生导师。

王兆平 男，西北政法大学国际法讲师、法学博士。

潘俊武 男，西北政法大学国际法副教授、法学博士、国际法硕士研究生导师。

出版说明

　　质量是高等院校的生命线，教学工作始终是学校的中心工作。多年来，我校始终把人才培养作为根本任务，弘扬老延大"政治坚定、实事求是、勇于创新、艰苦奋斗"的优良传统，不断改革进取，提高教学质量，为全国特别是西北地区经济社会发展和民主法制建设培养了大批高素质的专门人才。近年来，学校按照适度稳定规模、合理调整结构、充实办学条件、全面提高质量的工作原则，进一步深化教育教学改革，狠抓教学与管理工作，正在向着"法学特色鲜明、多学科协调发展、在国内有重要影响的高水平教学研究型大学"的目标迈进。

　　教材作为反映教育思想、教育观念以及教学改革成果的重要载体，是我校新一轮课程建设的重点。为了适应培养德、智、体全面发展的基础扎实、知识面宽、实践能力强、富有创新精神的人才目标的要求，学校决定紧紧抓住实施"质量工程"的有利时机，与中国政法大学出版社合作，启动新一轮的教材建设工作。

　　本轮教材建设工作围绕各专业的核心课程进行，命名为"高等政法院校专业主干课程系列教材"，由长期从事教学工作、教学经验丰富，具有教授、副教授职称的教师承担编写任务。我们力求教材具有较强的科学性、系统性、新颖性和适应性，也希望这套教材能够为进一步提高学校的教育教学质量打下坚实的基础。

西北政法大学本科教材编审委员会

2009 年 8 月

第二版说明

雅尔塔体系坍塌之后，国际关系发生了深刻变化，作为调整国际关系的国际法也处在不断地丰富、发展和演变之中。鉴于此，本次修订过程中，我们首先尽量将国际法的一些最新研究成果放映在教材中；其次，对于在人权国际保护背景下催生的国际刑法、国际人道法等内容作了进一步的缜密论述；最后，在各章添加了许多国际法的经典案例，并进行了评介与分析。

本次修订工作具体分工如下：

徐乃斌　第一章第一节、第二章、第七章、第十章、第十二章；

王秀梅　第一章第二节至第五节、第六章、第十五章；

杨蔚林　第三章；

张　光　第四章、第九章、第十四章；

王泽林　第五章、第十三章；

王秀英　第八章；

王兆平　第十一章；

潘俊武　第十六章。

由于这次教材修订时间仓促，错误在所难免，望各位不吝批评指正。

编　者

2013 年 6 月

| 目 录 |

第一章　导论 ……………………………………………………… 1

第一节　国际法的概念与特征 / 1

第二节　国际法的历史发展 / 6

第三节　国际法的渊源 / 12

第四节　国际法的编纂 / 17

第五节　国际法与国内法的关系 / 20

第二章　国际法学 ………………………………………………… 24

第一节　概述 / 24

第二节　国际法学的历史发展 / 27

第三节　国际法学流派 / 29

第四节　创立中国特色的中国国际法学 / 34

第三章　国际法基本原则 ………………………………………… 37

第一节　概述 / 37

第二节　国际法基本原则的内容 / 42

第四章　国际法主体 ……………………………………………… 57

第一节　概述 / 57

第二节　国际法上的国家 / 67

第三节　国际法上的承认 / 81

第四节　国际法上的继承 / 88

第五节　国际法律责任 / 97

第五章　国际法上的居民 ………………………………………… 114

第一节　国籍制度 / 114

第二节　外国人的法律地位 / 125

第三节　引渡与庇护 / 131

第四节　外交保护 / 138

第五节　国际法上的难民 / 140

第六章　国际人权法 ……………………………………………… 145

第一节　概述 / 145

第二节　国际人权文件　/ 147

第三节　国际人权保护的专门领域　/ 151

第四节　国际人权机构及国际人权法的实施　/ 156

第五节　联合国人权改革　/ 162

第六节　区域性人权保护制度　/ 168

第七章　国家领土 ……………………………………………………………… 180

第一节　概述　/ 180

第二节　国家领土的组成　/ 182

第三节　国家领土的变更　/ 185

第四节　领土主权的限制　/ 190

第五节　国家边界和边境制度　/ 192

第六节　中国领土边界的几个问题　/ 198

第七节　南北极　/ 203

第八章　海洋法 ……………………………………………………………… 207

第一节　海洋法的概念和历史发展　/ 207

第二节　基线　/ 210

第三节　内海水　/ 212

第四节　领海和毗连区　/ 215

第五节　专属经济区和大陆架　/ 219

第六节　公海　/ 229

第七节　国际海底区域　/ 233

第八节　用于国际航行的海峡　/ 235

第九节　群岛水域　/ 236

第九章　空间法 ……………………………………………………………… 239

第一节　概述　/ 239

第二节　国际航空法　/ 243

第三节　外层空间法　/ 251

第十章　国际环境法 ………………………………………………………… 260

第一节　概述　/ 260

第二节　国际环境污染防治　/ 269

第三节　维护气候体系　/ 279

第四节　生物多样性保护与合理利用资源　/ 284

第五节　自然地域的保护　/ 291

第十一章　外交和领事关系法 ·· 295

　　第一节　外交和外交关系法概述 / 295

　　第二节　驻外的外交机关 / 298

　　第三节　外交特权与豁免 / 304

　　第四节　领事关系法 / 313

　　第五节　中国有关外交和领事特权与豁免的法律 / 319

第十二章　条约法 ·· 324

　　第一节　概述 / 324

　　第二节　条约的缔结 / 331

　　第三节　条约的效力 / 339

　　第四节　条约的无效、终止和中止 / 343

　　第五节　条约的解释 / 347

　　第六节　条约的修订 / 351

　　第七节　中国缔结条约程序法 / 353

第十三章　国际组织法 ·· 356

　　第一节　概述 / 356

　　第二节　国际组织的法律制度 / 358

　　第三节　国际联盟 / 361

　　第四节　联合国 / 363

　　第五节　区域性国际组织 / 377

　　第六节　非政府间国际组织 / 383

第十四章　国际争端的和平解决 ······································ 385

　　第一节　概述 / 385

　　第二节　解决国际争端的外交方法 / 389

　　第三节　解决国际争端的法律方法 / 392

　　第四节　联合国在解决国际争端中的作用 / 403

　　第五节　其他国际组织与国际争端的解决 / 408

　　第六节　中华人民共和国与和平解决国际争端 / 416

第十五章　国际刑法 ·· 420

　　第一节　概述 / 420

　　第二节　国际犯罪及其犯罪构成 / 428

　　第三节　国际犯罪的种类 / 430

　　第四节　国际刑法的适用 / 438

　　第五节　国际刑事法院与混合性法庭 / 443

第六节　我国的国际刑法实践　/ 448

第十六章　战争与武装冲突法 ·· 454

第一节　概述　/ 454

第二节　战争状态　/ 459

第三节　对作战手段和方法的限制　/ 464

第四节　国际人道主义法　/ 473

第五节　战时中立　/ 478

第六节　违反战争及武装冲突法的罪行及其惩治　/ 482

第一章

导 论

第一节 国际法的概念与特征

一、国际法的概念

国家、国际交往是国际法产生的基本前提。在 17 世纪资产阶级革命摧毁旧有的国际秩序之前，真正意义的国际法是不存在的，因为此前的中世纪是神权的一统天下，真正独立的民族国家尚未形成，实质平等意义的国际交往也无法展开，因而国际法缺乏其产生和存在的土壤条件和气候条件。自 17 世纪资产阶级革命催生了近代民族国家以来，作为调整新型国家（主权国家）之间关系的国际法，至今已经经历了四百多年的发展历史，但人们对于何谓国际法却从来没有形成统一的认识。这其中的原因十分复杂，有囿于学者立场、观点和方法的因素，也有国家利益的影响，但人们却从来没有放弃揭示国际法内涵的努力。据估计，目前关于国际法的定义就有一百多种。

奥本海在《奥本海国际法》第七版中指出，万国公法或国际法是一个名称，用以指文明国家认为在它们彼此交往上有法律拘束力的习惯和条约规则的总体。但自第八版以后的版本删去了"文明"二字。

阿库斯特认为，国际法（又名国际公法或万国公法）是调整国家之间关系的法律体系。

1978 年，前苏联出版的伊格纳钦科和奥斯塔频科主编的《国际法》，对国际法作了如下解读：国际法是一个特殊的法律规范体系，这些规范调整国家及其他主体的相互关系，表现国家的协调意志和通过国家的协议产生，由国家以包括使用强制手段在内的单独或集体的力量予以保障。

凡此种种，不一而足。但若仔细梳理，我们会发现，这些定义，有的从殖民主义和"欧洲中心论"的立场出发，把国际法主体仅限于所谓"文明国家"；有的从本国的对外政策出发，把国际法的目的归结为"和平共处"；有的从意识形态的角度出发，十分强调国际法的阶级性，把它看成是各国统治阶级意志的表现；有的则从本国的国家利益出发，强调国际法的实用性和功能性。总而言之，这些观点各有所长，也各有所短。可见，要给国际法下一个为各国学者和各个国家所普遍接受的定义，的确是一件非常困难的事情。

但是，我们知道，国际法是与国内法相对而言的，它的调整对象也是确定的。因此国际法的定义应能反映出其与国内法所不同的所有法律属性和特点，应能揭示出它所调整的对象的规定性和确定性。基于此，我们认为，国际法是调整国际法主体，主要是国家之间，具有权利义务内容关系的行为规范的总称。

二、国际法的名称及其演变

如前所言，近代真正意义上的国际法诞生于17世纪。但在国际法诞生之初，人们并不把调整国家之间关系的法律称为国际法，而是叫做"万民法"（jus gentium），这是受了格老秀斯（Hugo Grotius）的影响。近代国际法的创始人格老秀斯在其1625年出版的经典名著《战争与和平法》中，将调整国家之间关系的法律称为"万民法"。受其影响，后来许多学者也就将处理国家之间关系的法律称为"万民法"，但"万民法"一词本身并不是格老秀斯的发明，它是古罗马法中早已存在的一个概念。罗马法是罗马帝国制定的国内立法，它包括两大部分，一部分是市民法（jus civile），另一部分是万民法（jus gentium），市民法适用于罗马公民之间，而万民法则适用于外国人以及外国人与罗马公民之间。显然，万民法调整的关系含有涉外因素。但万民法与市民法一样，在本质上都属于罗马帝国的国内法。很可能就是由于罗马法中的"万民法"的调整对象含有涉外因素，故格老秀斯借而用之，将处理国家之间关系的法律称为"万民法"。由此可见，此万民法非彼万民法。但是在实践中，将调整国家之间关系的法律称为万民法，很可能使人们将它与罗马法中的万民法相混淆。另外，这个称谓也反映不出它所调整的关系的公法性质，容易使人误以为它属于私法的民商法范畴。因此，将调整国家之间关系的法律称为万民法是不大合适的。也正由于此，后来就废弃了这一称谓，而代之以"万国法"（law of nations）。万国法一词较之于万民法，应当说有很大的进步，一方面它反映了这种法律的公法性质，另一方面说明了它处理的是国家间的关系。但它也有自身的缺陷，"万国"一词有很大的夸张成分，不是非常恰当。18世纪末，英国哲学家、法学家边沁提出了用国际法（international law）一词来称代调整国家之间关系的法律，这一名称包含了"inter"（彼此之间）的意思，贴切实际，符合近代国际法的特征，因而被广泛使用，一直沿用至今。

到了现代国际法阶段，许多学者又从不同的角度变换和交替使用了国际法的很多不同称谓，下面作一简单介绍：①一般国际法与特殊国际法。一般国际法是对所有国家普遍具有约束力的国际法，特殊国际法是指仅仅适用于某些特殊国际关系或仅对某些少数国家具有拘束力的国际法。从本质上看，一般国际法才是真正意义上的国际法，特殊国际法不应限制和排除一般国际法，更不能违背一般国际法的基本原则。②普遍国际法与区域国际法。普遍国际法是适用于普遍性国际关系的国际法。

区域国际法是指只适用于区域性国际关系的国际法，即产生并适用于世界某一区域的国家间关系的法律，最典型的就是"美洲国际法"。③协定国际法与习惯国际法。协定国际法是指通过各国的协议确定的各国交往的行为规范。习惯国际法是指通过各国的实际行为和习惯做法所形成的国家行为准则。协定国际法通常只对接受该协定的国家有效，习惯国际法则对所有国际法主体有效。因此协定国际法具有特殊国际法的属性，而习惯国际法则具有一般国际法的属性。

三、国际法的特征

国际法是与国内法相比较而言的，与国内法相比，其具有以下基本特征。

（一）国际法的主体主要是国家

现代国际法的主体包括国家、政府间的国际组织和民族解放组织。长期以来，国家在国际法诸主体中始终居于最重要的地位，它具有最充分的权利能力和行为能力，可以广泛地参与国际关系，在国际关系的发展中一直起着主导作用。而国内法的主体则主要是自然人和法人，国家只在特定情况下才是国内法律关系的主体。

（二）国际法是根据国家间的协议而达成的

近现代国际社会是建立在国家主权的基础之上的，因而无法形成一个超国家的立法机构来负责制定国际法。国际法是国际法主体——国家，在平等地共同参与国际关系的过程中，以明示或默示达成的协议。明示的协议即条约，默示的协议即习惯。很显然，国家既是国际法的主体，又是国际法的创制者。因此从理论上讲，国际法的形成过程更具有民主性和平等性，也由于是自己给自己制定法律，所以执行起来也相对更加容易。而国内法是由一国统一的立法机关制定的，与国际法相比，国内法的主体和制定者是分离的。

（三）国际法的强制力较弱

国家主权是近现代国际关系的基石，因此国际社会很难形成一个超国家的强制机关来保障国际法的实施。国际法主要靠国家的自觉遵守，当然，仅靠诚信是无法保障对国际法的遵守的，因此必要时国际法主体也可通过单独的或集体的自卫来保障国际法的实施。但是与国内法拥有一系列的强制机关来保证国内法的执行相比，国际法的保障手段是有很大差距的，因此国际法的强制力也就显得较弱。

（四）国际法的渊源主要是条约和习惯

国际法的渊源是国际法规范的存在方式，目前主要表现为条约和习惯。随着国际法编纂的发展，条约在现代国际法中的地位越来越重要。而国内法的渊源主要表现为成文法和判例，在大陆法系国家以成文法为主，在英美法系国家以判例为主。

（五）国际法的效力范围及于整个国际社会

国际法是规范国际社会的法律，适用于不同国家之间，因而其效力范围及于整个国际社会。而国内法是一个国家制定的法律，只能在该国领土范围内适用。

（六）国际法反映了国家间的协调意志

国际法作为调整不同国家间关系的法律，它不可能反映某一个国家的意志，也不会反映所有国家的共同意志。国际法是在各个国家平等地参与国际关系的过程中，经过平等协商、互谅互让、开诚布公、求同存异之后达到的一种协调意志。这种协调意志的形成具有广泛性、平等性和非强制性。广泛性是指参与的国家广泛，具有代表性和国际性，不像传统国际法那样是在西方殖民国家主导下形成的，反映的主要是殖民国家的意志；平等性是指各国主权平等，都有话语权、参与权、表达权等；非强制性是指协调意志是在各国自愿的基础上形成的。而国内法反映的却是一国统治者当局的单一意志，它不可能反映国家间的协调意志，也不会反映被统治者的意志。

总之，国际法与国内法在主体、制定者、强制力、渊源、实施范围和反映的意志上都有很大的区别和不同。

四、国际法的性质

对国际法究竟是不是法律，国际法学界一直存有争议。一种观点认为，国际法是法律；另一种观点则认为，国际法不是法律，或者说国际法是一种国际道德或者国际礼让。

否定国际法法律属性的早期代表人物，当首推17世纪的法学家普芬多夫。他从自然法角度否认作为法律的国际法的存在，认为一切国际间协议或"相互义务"都可能被个别国家随意解除，因此它们并不构成国际法。19世纪的英国法学家奥斯汀，则从实在法的角度否认国际法的法律性质。他认为法律是掌握主权的上级所颁布的一种命令，如不服从即以制裁作为威胁，但国际法并非如此。所以他认为，国际法只是一种道德体系。另外，在实践中国际法常遭到粗暴破坏，特别是两次世界大战，对国际法的破坏达到了极致，也引起了人们对国际法性质的怀疑。

实际上，认为国际法是伪法律的学者，最主要的理由是国际法缺乏法的一些基本元素和要件，如强制性，因为强制性是法有别于其他事物的一个很重要的属性和特点。那么国际法有没有强制性呢？对于强制性，有些人往往从制裁和惩罚这一点上来理解，这种诠释是不全面的。事实上强制性表现为一个过程，它首先体现在对行为主体的指示和引导，"使"主体去怎样作为或不作为，只有当行为主体没有按照它的要求去进行某种作为或不作为时，才可能面临制裁和惩罚问题。一般情况下，国际法对国际法主体就表现出一种指示和引导，要求国际法主体怎样作为或不作为，如果国际法主体未按它的引导去行事，就可能会招致国际社会的制裁，必要时国际社会还可通过单独或集体的自卫手段来保障国际法的遵守。例如，德国违反《国际联盟盟约》、《关于废弃战争作为国家政策工具的一般条约》（又称《白里安—凯洛格公约》，以下简称《巴黎非战公约》）和一般国际法义务，悍然发动第二次世界大战，同盟国便采取集体自卫的方式来迫使德国重视和遵守国际法。因此，国际法是具有强制性的。另外，违反国际法会产生一定的责任后果，如赔偿、恢复原状等，而且这种责任必须履行，是一种典型的法律责任。所以从保障实施手段与违反的后果来看，国际法具备了法律的基本元素，它与道德规范的区别是十分明显的，应属法律规范无疑。实践中，世界上几乎所有国家也都不否认国际法的法律属性和特征。

五、国际法效力的根据

国际法效力的根据是指国际法依据什么对国家发生法律效力。由于对国际法效力根据的认识不同，形成了各种不同的国际法学流派，他们从不同的方法和角度解释国际法效力的根据。

1. 格老秀斯学派（折衷法学派）。格老秀斯学派认为，国际法的效力根据是自然法和国家意志的合一。国际法对国家的拘束力，一部分是依据自然法和理性，另一部分是依据各国的同意。

2. 自然法学派。自然法学派认为，国际法是自然法的一部分，以自然法则为依据，而自然法则是指人类的良知、理性和法律意识等。

3. 实在法学派。实在法学派认为，国际法的效力根据不是抽象的"人类理性"、"人类良知"，而是现实的"国家意志"。国家意志表现为习惯和条约。主张"公认"是国际法的唯一基础，即在列某个原则为国际法规范之前，必须先证明它确实为各国所公认。

4. 社会连带法学派。社会连带法学派认为，国际法的效力根据是社会连带关系的事实，并由统治阶级把这种连带关系的事实制成条约或法律的形式。于是，"各民族的法律良知"成了国际法的唯一根据。

5. 规范法学派。规范法学派认为，全部法律可归纳为一个体系，国际法为最上级。每一规则的效力渊源于上一级规则，最后溯源至国际法及"最高规范"，这个最高规范是唯一的法理依据。

6. 权力政治学派。权力政治学派认为，"势力均衡"是国际法存在的基础，是国际法效力的根据。

7. 政策定向学派。政策定向学派认为，国际法的效力根据取决于国家的对外政策，冷战以来国际政治生态和架构发生了很大变化，所以政策定向学说有所抬头，并且在某些国家的对外政策中开始有所反映。

以上各种学派的观点都不能正确说明国际法效力的根据。国际法主要是国家之间的法律，国家既受国际法的约束，同时又参与国际法的制定。因此国际法效力的根据应该是反映了国家协调意志的协议，这种协议一方面表达了各国在平等基础上形成的协调意志，另一方面表达了各国对国际社会和国际法的郑重承诺。

第一章

第二节　国际法的历史发展

国际法是国际交往和国际关系发展的产物。国家产生后，相互之间进行交往，从而产生了国际关系，在此基础上逐步产生了国际法。国际关系是国际法产生的基础，国际法的发展与国际关系的历史发展相适应，经历了四个时期。

一、古代国际法

在古代国家产生的同时也出现了国际法。但古代国家不是近代意义上的主权国家，古代国家为奴隶制国家，因受社会生产力和交通等条件的限制，国家之间的交往不多，而且往往处于战争状态，因而难以产生完整的国际法规范。但是，当时存在着国家之间交往的规范。

古埃及很早就有订立条约的记载，其中有结盟条约、边界条约和通婚条约，最典型的是公元前 1296 年埃及法老和赫梯王国皇帝订立的同盟条约。

古希腊城邦之间经常互派使节，从事贸易、订立条约、建立联盟、以仲裁解决纠纷，甚至对于战争也有一定的应予遵守的规则。所以古希腊有相当发达的使节和战争制度。古希腊的使节主要是临时的，但也有常驻使节。使节的使命主要是缔结条约，有时也递交宣战文书。使节在执行其使命时享有不可侵犯权，同时还享有许多荣誉。古希腊城邦之间承认战争有合法与不合法的区别。为了保护国家不受侵犯、保护宗教圣地、履行同盟义务而发生的战争是合法的战争，为解决纠纷和避免战争，实行公断和设立公断庭在古希腊也相当流行。

古罗马进一步发展了国际法，特别是在使节和战争方面，不仅有更多的原则、规则和制度，而且使它们法律化。在使节方面，使节的不可侵犯原则得到了充分的承认；在战争方面，古罗马的战争程序更加复杂，有最后通牒和宣战仪式，还出现了军事占领、征服和投降，以及休战协定等类似于近代战争法的规则。

在罗马帝国时期，在"市民法"之外形成了一套称为"万民法"的规范，适用于罗马市民与外国人之间以及外国人与外国人之间的关系，对后来的国际法有相当大的影响。后来，"万民法"的适用范围逐渐扩大至包括领土、海上航行、战争等问题。因而，"万民法"被认为是国际法的前身，"万民法"这一名称转而成为"万国法"。

除古代埃及、希腊和罗马之外，古代中国、印度以及阿拉伯世界都有一些类似于近代国际法的原则、规则和制度。如我国古代有互通使节、缔结条约、会盟和解决纠纷等制度；在印度，使节、条约以及战争等规则也有相当大的发展，这些规则，早在《摩奴法典》中就有了记载。

因此从总体上来看，古代时期由于科学技术和交通落后，国家之间的关系只能在狭窄的地域和很少的领域内发展。可以说，在古代就已经产生了国际法的个别原则和制度，产生了国际法的萌芽，但还没有近现代意义上系统国际法。而古代国际法表现出内容零散，形式原始，与宗教观念相混合，以及明显的区域性等特点。

二、中世纪国际法

中世纪是指从476年西罗马帝国灭亡到1453年东罗马帝国灭亡的这段时间。中世纪前期（476~843年），欧洲基本上处于法兰克王国的统治之下，形成了"皇帝主世俗，教皇操灵界"的局面和一个"统一世"的观念。在这种"大统一"观念的支配下，皇权与宗教势力强大，不仅否定了各国主权，而且割裂了欧洲与其他国家的交往，因而这一时期国际法的发展停滞不前。一直到843年《凡尔登条约》签订之后，伴随着法兰克王国的解体，意大利、法国、德国三国雏形的形成，才又一次提出了发展国际法的需要。

中世纪后期，皇权与神权争夺统治权的斗争激烈，斗争的结果是大大削弱了两者的力量，各国君主逐渐摆脱了皇帝与教皇的统治，加强了自身的权威，从而为近代主权国家的产生以及近代国际法的发展奠定了基础。

中世纪国际法的发展虽然缓慢，但在外交和海事制度方面的进步不容忽视。当时已出现了外交部门与常驻使节，外交人员的特权与豁免制度也逐渐完善。另外，航海贸易的发达，又促使了一些海洋法制度的产生。

三、近代国际法

1648年，欧洲三十年战争（1618~1648年）终于结束，之后，欧洲国家召开了结束战争的威斯特伐利亚和会（Congress of Westphalia, 1643~1648年），签订了《威斯特伐利亚和约》。这是国际关系史上划时代的事件，它标志着国际法发展的新阶段——近代国际法时期的开始。

威斯特伐利亚公会及和约具有重要意义：①这次会议本身创立了以国际会议解决国际问题的先例；②标志着近代主权独立国家的产生，在实践上，肯定了国家主权、国家领土、国家独立是国际关系中应遵守的原则；③约文规定缔约国不得破坏和约的条款，创立了条约必须遵守原则，创立了对违约国可施加集体制裁的规则；④和约缔结后，各国普遍建立了常驻外交使节，开创了近代外交制度的先河。该公会和和约表明一个由众多主权国家组成的国际社会的形成，这为近代国际法的产生奠定了基础。

在这一时期，国际法的著述有了空前的发展。欧洲国家的一些法学家、神学家相继发表了与国际法有关的著作，最具影响的是格老秀斯。1625年他出版了巨著《战争与和平法》，该书以战争为重点，涉及神学、历史等方面，系统地论述了国际法的主要内容，概括了国际法的范畴，不仅对《威斯特伐利亚和约》的完成有一定影响，而且为近代国际法发展成为一个独立的法律体系奠定了基础，对后来国际法学的发展产生了重大的影响，因此格老秀斯被誉为近代国际法的奠基人。

第
一
章

　　在近代国际法时期，18 世纪的资产阶级革命对国际法的发展影响很大，特别是 1789 年的法国资产阶级革命，它开创了国际法发展的新阶段。这一时期，1789 年的法国革命和此后发生的一系列战争，摧毁了欧洲各国的封建体制，在革命中产生了一些有利于资产阶级的有关国际法的民主原则，如国家的基本权利和义务的概念，其中包括国家对领土的主权和对公民的管辖权；宣布民族自决的权利和不干涉内政原则；废除了一些关于战争的旧规则和制度，主张在战争法上贯彻人道主义精神。这些原则直到现在仍然是国际法的重要组成部分。

　　19 世纪后期，资本主义发展为帝国主义，列强们相继对亚洲、非洲等地进行殖民掠夺，使众多国家沦为强权瓜分的牺牲者。此时的国际法，适用范围虽有所扩大，但仍建立在西方价值观的基础上，并产生了领事裁判权、租界制度、势力范围、保护关系等一系列与帝国主义政策相适应的原则和规则。尽管如此，国际法在某些方面还是得到了发展，具体表现为：国际法的领域从欧洲扩大到美国和整个美洲，扩大到了土耳其以及亚洲和非洲的一些国家；国家之间开始签订一系列的国际公约，并建立了不少的国际行政联合，为后来建立世界性国际政治组织奠定了基础。在这一时期，各国还召开了多次国际会议，如 1814～1815 年维也纳会议、1856 年巴黎会议、1878 年柏林会议等。此外，连续不断的战争以及战争的残酷性，引发了人们对制定战争法规的要求，在 1899 年和 1907 年的两次海牙和平会议上，签订了一系列有关战争法规的公约。这些都推动了国际法的发展。

四、现代国际法

　　对于现代国际法从何时开始起算的问题，学者有不同的观点。在西方国际法学界，有的学者把资本主义时期以来的国际法笼统地称为现代国际法，这样的做法实际上抹杀了传统国际法（即近代国际法）与现代国际法的分界和区别；有的学者则把第一次世界大战之后，特别是国际联盟诞生以来的国际法，称为现代国际法，但从《国际联盟盟约》中却看不到多少与传统国际法不一致的地方。[1]例如《国际联盟盟约》虽然有关于集体安全的多项条款，但并没有宣布战争为非法，只是限制了会员国的战争权。但第一次世界大战后，国际法在许多方面的确有了重大发展，例如根据《国际联盟盟约》的规定，建立了第一个世界性国际政治组织——国际联盟。国际联盟树立了一些重要的国际法的基本原则，进行了有计划的国际法的编纂。巴黎会议还通过了《国际常设法院规约》，设立了第一个国际司法机构——国际常设法院。一战后还签订了另一个重要的国际法律文件，即 1928 年的《巴黎非战公约》，该公约第一次宣布在国际关系中废弃战争作为推行国家政策的工具，它虽然在实际上并没有阻止战争的发生，但在国际法的发展中起了重要的作用。此外，这一时期还出现了第一个社会主义国家苏联，革命后的苏维埃政权提出了"不兼并和不

---

〔1〕　王虎华主编：《国际公法学》，北京大学出版社、上海人民出版社 2005 年版，第 38 页。

赔款"的民主概念，宣布侵略战争为反人类的罪行，提出废除秘密外交和废除不平等条约的主张，强调和平共处和民族自决原则，这是当时苏联对外政策的各项原则。经过各国人民的长期斗争，特别是社会主义国家和新独立国家的斗争，这些主张已发展成为国际法的原则和规则。因此，这一时期应当属于从近代国际法向现代国际法过渡的时期或现代国际法与近代国际法的"交替阶段"。[1]

现代国际法应该从联合国的建立开始起算。《联合国宪章》的产生和联合国的建立，使国际社会从战乱走向相对的和平与稳定，为正常的国际交往、科学技术的发展创造了良好的环境和条件。国际形势的巨大变化使国际法得以迅速发展，传统的、以欧洲为中心的国际法逐渐为现代的、以普遍性为特色的国际法所代替。国际法不论其适用的对象或其所包括的内容，都有所增加和扩大。国际法在第二次世界大战后的发展，可以概括为如下几个方面：

1. 民族独立运动的发展和新兴国家的建立。二战后，随着民族独立和民族解放运动的蓬勃发展，新独立的国家在国际关系中形成了一股巨大的力量，国际法也因此受到了重大的影响。这些新独立的国家经济不发达，过去长期被排除在所谓的"文明国家"之外。它们加入国际社会后，强烈反对殖民体系残余和不平等条约，要求修改其未参与制订且对其有损的那部分国际法规范。在新独立国家的强烈要求和推动下，废止了一些旧的国际法原则、规则和制度，推翻了殖民统治，废除了殖民主义制度，出现了一些新的国际法原则、规则和制度，使国际法各个部门得到了充实和发展。如 1954 年提出的和平共处五项原则和 1955 年提出的万隆会议十项原则，都体现了《联合国宪章》的宗旨和原则。1970 年，联合国大会在新独立国家的推动下，通过了《关于各国依联合国宪章建立友好关系及合作之国际法原则之宣言》（以下简称《国际法原则宣言》）。宣言中的七项原则，与上述和平共处五项原则以及万隆会议十项原则一起，构成了现代国际法基本原则的坚实基础。

2. 国际经济法体系的形成。二战后，建立了关税与贸易总协定、国际货币基金组织和世界银行集团，成为"世界经济三大支柱"。这些国际经济组织的建立顺应了国家越来越多地干预经济生活的趋势，它们及其制定的有关国际经济关系的法律原则、规则和制度深刻影响了战后的国际经济关系和国际关系，并成为现代国际法的一个主要部分。此外，二战后新独立的国家强烈要求建立新的国际经济秩序，它们希望国际经济秩序能够发生有利于它们的转变。1974 年联合国大会通过的《建立新的国际经济秩序宣言》和《各国经济权利和义务宪章》就是这种希望和要求的具体表现。国际新经济秩序的建立成为国际法的主题之一。1995 年世界贸易组织成立，被称为"经济联合国"，其规则对国家之间的关系和整个国际社会产生了深刻影响。这一切均表明了关于国际经济关系的法律原则、规则

---

[1] 王虎华主编：《国际公法学》，北京大学出版社、上海人民出版社 2005 年版，第 38 页。

和制度已经成为现代国际法的一个主要部分，并在国际法上形成了国际经济法这个新的法律部门。

3. 国际组织的广泛建立和"国际社会组织化"。第二次世界大战后，国际组织广泛建立，包括全球性和区域性的国际组织，一般性和专门性的国际组织，政府间和非政府间的国际组织等。国际组织数量增加的同时，其职能也相应地扩大了，这些国际组织活跃于不同的领域，并在维护国际和平、促进国际合作与发展、协调各国间的关系和解决地区性冲突等诸多国际生活领域，发挥了不可替代的作用。而且各种国际组织彼此影响，形成了一个巨大的国际组织网，出现了"国际社会组织化"的新趋势。[1]国际组织具有国际法律人格，是国际法的主体。因此除国家间的关系外，国家与国际组织间以及国际组织相互间的关系也已成为国际法的调整对象，这大大丰富了国际法的内容，国际组织法也已经成为国际法的一个重要法律部门。

4. 科学技术突飞猛进，推动了国际法的发展。科学技术的发展历来会对国际关系产生深刻的影响，并且反映在国际法的发展上。现代科学技术突飞猛进，其每一新进展，都扩展了国际关系的领域，有力地推动了国际法的发展。例如随着航空技术的迅速发展，形成了有关航空活动的国际法原则、规则和制度，国际航空法形成。人类对空间的探索和利用超越了空气空间，达到了外层空间以及宇宙空间，这促使国际法形成了一个新的部门法，即外层空间法。另外，为了保护人类环境不受污染和破坏，对环境污染进行预防、控制和处理，国际法上形成了国际环境法。总之，现代国际法的内容越来越丰富，范围越来越广泛。现代国际法及其实践正在不断地丰富和发展。

5. 国际法的编纂和发展加快。现代国际法迅速发展，是各国日益相互依赖的必然结果，也是各种科学发明克服了时间、空间及知识传播上的种种困难，使国际交往日益频繁的必然结果。为了适应大量的新情况，就需要制定或拟定出新的规则。这样，在国际法的形成方式上，国际法系统化、法典化的进程加快。《联合国宪章》对国际法的编纂作出了明文规定，并于1947年成立了联合国国际法委员会，全面开展国际法的编纂工作。半个多世纪以来，由国际法委员会审议并由联合国主持缔结了一系列国际公约，其中重要的有：1961年《维也纳外交关系公约》、1963年《维也纳领事关系公约》、1969《维也纳条约法公约》和1982年《联合国海洋法公约》等。国际法的日益系统化和法典化是国际法发展的趋势，也是国际法律制度进一步走向完善的表现。近年来，国际法委员会正在对国际责任、国际损害行为责任、国际组织的责任、外交保护、国家豁免等进行编纂，这些编纂必将进一步促进国际法的发展。

〔1〕　梁西：《国际组织法（总论）》，武汉大学出版社2001年版，第328页。

五、中国与国际法

如果说古代世界有国际法的话，那么古代中国也是有国际法的。中国两千多年以前的文献就有关于对外关系的一些记载，其中最显著的是春秋战国时期产生的一些规则和惯例。这一时期，外交活动频繁，各国之间互通使节，经常召开由国家统治者或其代表参加的会议以解决争端、讨论共同事务。同时，各国间还订立了诸多的友好、同盟及互助条约。但那时的"国"虽具有某种程度的独立性，却不是主权国家。而且这些规则和惯例，内容零散、缺乏系统性，因此它们只是一些国际法的因素和萌芽。

秦始皇统一六国后，中国多数时间为统一的封建王朝，在"一统天下"思想的影响下，视邻国为藩属。这些邻国向中国进贡，受中国册封，它们即使有自主权利，也不能与中国处于同等地位。因此，当时没有任何发展国际法的基础。当然，几千年来，中国并不完全限于与周围国家进行交往，在漫长的历史上，中国与遥远的外国也曾经有过使节往来，并进行通商贸易。例如汉代张骞出使西域，留下了驰名中外的"丝绸之路"；明朝郑和七下西洋，最远到了非洲东岸和红海海口。但是，因受交通等客观原因和传统思想的影响，这种中外往来关系若断若续、零星分散，中国实际上仍处于闭塞状态，自然没有国际法的存在。欧洲产生的近代国际法传入中国，是外国侵略势力侵入中国以后的事情。

第一次正式而全面地把国际法介绍到中国的是美国传教士丁韪良（Willian Martin），他于 1864 年将美国国际法学家惠顿（Henry Wheaton）1836 年出版的《国际法原理》译成汉语，称为《万国公法》。此后，西方的一些国际法著作被陆续介绍到中国，国际法介绍到中国后，对清朝政府的外交产生了一定的影响。1864 年，在普丹战争中，普鲁士军舰在渤海湾拿捕了丹麦船只，清政府根据惠顿著作中提到的领海规则，向普鲁士提出抗议，结果该船被释放。这个事件使清政府官员感到国际法有一些用处，因此在其以后办理"洋务"时较为注意参考国际法著作。但由于当时满清政府腐败没落，中国国力衰弱，列强一次次地通过武力和武力威胁，将一个个不平等条约强加给中国，中国在对外交往中，总是处于受欺压、受凌辱的地位，毫无平等可言。因此近代国际法引入中国之后，并未发挥多大作用，而近代国际法中的诸如不平等条约、领事裁判权、势力范围等代表帝国主义列强利益的原则、规则和制度，又成为列强瓜分中国、强取豪夺的所谓"法律依据"。

1912 年 1 月 1 日，中华民国政府成立，从而结束了统治中国两千多年的封建帝制，建立了资产阶级政权。由于中国资产阶级的软弱，中华民国的成立并未改变中国半殖民地半封建的社会制度，中国人民受欺压的历史也并未因此而结束。但与满清时期相比，中国在国际社会中的地位还是有所提高。在中华民国政府统治的 38 年中，中国不仅派代表出席了一些重要的国际会议，缔结或加入了一些国际公约，而且还先后参与了国际联盟和联合国这两个世界性国际组织的创立活动，并成为其创始会员国。由此可见，此时的中国已从被动地接触国际法开始向主动参与制定国际法转变了。

新中国的成立使中国的对外关系进入了一个新的阶段。1949 年的《中国人民政治协商会议共同纲领》规定了我国独立自主、友好合作和反对侵略的外交政策。新中国废除了一切不平等条约，不允许任何国家享受任何非法特权或特殊利益，并要求与他国的关系要建立在平等、互利及互相尊重领土主权的基础上。实践中，中国对促进国际社会公正合理的法律秩序持积极态度。一方面，接受公认的国际法原则、规则，采用各国所一致采用的国际法规章、制度；另一方面，反对国际法中为帝国主义侵略服务的原则、规则，摒弃那些具有反动本质的规章、制度。中国同印度、缅甸共同倡导的和平共处五项原则已成为国际法的基本原则。新中国成立后，在国家承认、国籍、继承、和平解决争端等重大国际法问题的理论与实践上，也都有新的创造，为国际法补充了新的内容。中国作为国际社会的平等成员和完全独立的主权国家，对现代国际法律秩序的维护与发展发挥着日益重要的作用。中国是联合国和众多国际组织的会员国，中国在维护世界和平、地区和平等方面发挥了自己独特的作用，如近年来中国参加朝鲜核问题的六方会谈，在维护地区安全和世界和平方面做出了贡献；中国提出了走"和平发展"的道路和建立"和谐世界"的重要理念，得到国际社会的认可与高度评价。

第三节　国际法的渊源

一、国际法渊源的含义

渊源（sources）一词，中文和英文的原意均为河水的源头，通常是指事物的根源。但当将该词引植到国际法领域时，学者们对其有不同的理解：有的着眼于国际法产生的原因或形成的过程，认为国际法渊源是指国际法规范第一次出现的地方；有的着眼于国际法确立或存在的形式，认为国际法渊源是指国际法作为有效法律规范所形成的方式。按照第一种理解，国际法的渊源可能是国内法的规定或学说中的原则，也可能是许多年以前缔结的一项双边条约或某个国家的单方声明，在其未被国际社会所接受并承认具有法律拘束力前，不具有国际法的效力。这一类渊源，我们可以称之为广泛历史意义上的国际法渊源。按照第二种理解，在国际社会中，由于不可能有一个超国家的最高立法机关，所以用以形成有法律约束效力的国际行为规范的方式，只可能是国际习惯和国际条约。这一类渊源，我们可以称之为严格法律意义上的国际法渊源。这两类渊源之间有着密切的联系。一些国际法原则和规范最初出自被称之为历史渊源的国内法、司法裁判或某种学说，当时并非有效的国际法规范，经过长期的国际实践，其国际法的效力得到国际公认并形成国际习惯或国际条约以后，才演变为国际法渊源。而在国际实践中，为了确定某项国际法原则或规范是否存在及其正确含义，即为了更准确地认定及适用国际法，往往要借助于某些司法判例及某种学说作为辅助资料，因此有些学者把这些资料称为辅助渊源。

《国际法院规约》第 38 条规定了法院裁判案件所应适用的法律。该条规定："①法院对于陈诉各项争端，应依国际法裁判之，裁判时应适用：（子）不论普通或特别国际协约，确立诉讼当事国明白承认之规条者。（丑）国际习惯，作为通例之证明而经接受为法律者。（寅）一般法律原则为文明各国所承认者。（卯）在第 59 条规定之下，司法判例及各国权威最高之公法学家学说，作为确定法律原则之补助资料者。②前项规定不妨碍法院经当事国同意本'公允及善良'原则裁判案件之权。"根据该条规定，国际法院裁判案件时所适用的法律的范围，包括国际条约、国际习惯、一般法律原则以及作为确定法律原则补助资料的司法判例和学者学说。此外，经当事国同意，还可以本着"公允及善良"原则进行裁判。这个条文通常被认为不仅是为国际法院规定了应适用的法律，而且也可视为是关于国际法渊源内容的一种权威性的说明和列举。但是由于条文本身并未明确提到"国际法渊源"这一概念，各国学者对该条规定便产生了不同的理解。

有的认为该条所列各项都是国际法的渊源；有的认为前三项是渊源，后两项是辅助资料；还有的认为只有国际条约和国际习惯两项是国际法渊源。我国大部分学者认为，国际条约和国际习惯是国际法的主要渊源，其他各项是次要的或辅助性的渊源。

二、国际条约

国际条约是指国家及其他国际法主体所缔结的，以国际法为准并确定其相互间权利和义务的协议。《国际法院规约》第 38 条把国际条约列为国际法院裁判案件时所适用法律的第一项，表明了国际条约在国际法渊源中的重要地位。由于现代国际法的原则、规则和制度，主要规定于国际条约之中，国际社会也主要是采取国际条约的形式规定国际法原则、规则和制度，因此国际法院对于陈诉的各项争端主要适用国际条约来解决。国际条约是现代国际法的主要渊源之一。

条约以缔约国的多少为标准，可分为双边条约和多边条约。以条约的法律性质为标准，可分为契约性条约和造法性条约。契约性条约就某些特定事项确定缔约国间的权利和义务，如友好通商条约、互助合作条约，其内容通常不超出现有国际法规范的范围，而且只对少数缔约国有效。造法性条约则专门确立或修改国际法原则、规则和规章制度，如《联合国海洋法公约》。一般认为，只有普遍性的造法性条约才是国际法的渊源。因为两国或少数国家签订的双边或多边的契约性条约，即使其中包含着造法规则，但由于其具有明显的特殊性，没有普遍法律约束力，因而不能成为一般国际法的渊源。虽然从理论上讲，即使是大多数国家参加的造法性条约，通常也只能约束缔约国，但对非缔约国来说，这种条约所包含的一些规范，有的本身就是国际习惯法的一部分，有的则可以通过包括非缔约国在内的各国实践而成为国际习惯法。所以，一般认为，凡是世界上包括主要国家在内的绝大多数国家参加的造法性条约，即可认为是一般国际法的渊源，具有普遍法律效力。值得注意的是，在实践中，很难在造法性条约和契约性条约之间划一条明确的界限。各种条约的性质和作用并非都是单一的，有些条约实际上兼有造法和契约的内容，或者以其中一种为主而附带他种内容。例如1954年中国和印度签订的《关于中国西藏地方和印度之间的通商和交通协定》，该协定的序言部分规定和平共处五项原则是中印关系的基础，从而创设和确认了国际法原则；而正文部分则规定了中印两国有关通商、交通方面的权利和义务。同时，少数国家参加的条约，若其内容为其他许多国家所承认，它们即有可能成为一般国际法规范，这类条约也就有了一般国际法渊源的性质，如1899年第一次海牙和平会议缔结的《陆战法规和惯例公约》和《陆战法规和惯例的章程》，虽然当初只有26个国家签署，后来却普遍为非缔约国所接受而具有一般的法律约束力。

三、国际习惯

国际习惯是各国在其实践中形成的一种有法律约束力的行为规则，是不成文的国际法规范。它不仅是国际法最古老、最原始的渊源，而且同国际条约一样，也是国际法的主要渊源之一。

国际习惯的形成和确立包含两个不可缺少的重要因素，即"物质因素"和"心理因素"。"物质因素"是指国家在相当长时间内经常反复和前后一致的实践。这里，"相当长时间"究竟指多久，并无定论，例如"海洋自由原则"在17世纪提出，到19世纪才得到普遍确认而成为习惯法规则的；和平共处五项原则在20世纪50年代初提出，到20世纪60年代就已被许多国家接受。总之，20世纪以前，许多规则需要经过很长时间才能获得确认，但在现代，习惯规则可以在较短时间内得到确认。同样，"反复实践"的数量要求也不是绝对的。但一般来说，采取同样实践的国家越多，惯例越容易获得普遍接受。"前后一致"的实践是要求实践的同一性，若前后做法不一，习惯便难以形成。只具备物质因素，可表示通例（或称"惯例"）的存在，但不等于国际习惯已经形成。另外，国际习惯的形成，还须具备"心理因素"。"心理因素"是指产生和存在的通例被各国接受为法律，即各国在主观上有"法律确信"。只有"物质因素"和"心理因素"同时具备时，才能构成为国际习惯。由此可见，对构成国际习惯来说，"物质因素"和"心理因素"缺一不可，是构成国际习惯的充分必要条件。

国际习惯是一种"不成文"法，为了证明某项规范已经被确立为国际习惯，必须查找到充分的证据。而迄今为止，国际社会尚无这方面的统一制度。鉴于国际习惯是在国际实践中逐渐形成的，因此其证据只能从国际实践中查找。主要可从以下三个方面的资料中去查找：①国家之间的外交关系，表现于条约、宣言、声明和各种外交文书之中；②国际组织和机构的实践，表现于决议、判决等之中；③国家内部行为，表现于国内法规、法院判决、行政命令等之中。这三方面的资料表明了国家的意志和实践，从而构成国际习惯法的证据。如果查不到证据，某项国际习惯就不能确立。例如国际法院在1969年"北海大陆架案"的判决中指出，中间线原则并没有成为习惯规则，因为从各国划界的实践资料中，还找不到这一原则已被国际社会普遍接受为大陆架划界原则的证据。

从国际法的历史看，国际习惯是最古老的国际法渊源。它在条约以前就已经存在，并在条约尚未发达的时代，对调整国家间权利义务关系起着主要作用。即使在现代社会，习惯规则仍大量存在，并不断出新，国际习惯仍不失为国际法的一种很重要的渊源。而且国际条约和国际习惯关系密切，二者相互补充、相互渗透、相互转化。一方面，有不少条约是在编纂国际习惯的基础上缔结的；另一方面，有些制定在双边或少数国家参加的多边条约中的规则，在通过各国不断实践并获得公认后，也能以国际习惯的方式成为一般国际法规范。

四、一般法律原则

关于一般法律原则的含义，不同的学者有不同的见解。有的学者认为，一般法律原则就是国际法的一般原则或基本原则。但国际法的一般原则或基本原则已寓于国际条约或国际习惯之中，不可能再有另一种"一般法律原则"，所以此观点并不可取。有的学者认为，一般法律原则来自"一般法律意识"。这是一种抽象的说法。各国、各民族利益不同，法律意识相异，不可能产生所谓的"一般法律意识"，也不可能从其中引申出国际法的原则和规则，所以此观点亦不可取。还有的学者认为，一般法律原则来自各法律体系共有的原则。如前所述，在当代，虽然世界各国的社会性质、社会经济制度和国家政治制度不同，但人类发展规律总有相同或接近之处，并且社会制度的更迭也会有连续性，后者可能会继承前者的某些传统和制度，特别是法律文化方面的成果。因而在调整社会关系时，总会有一些相同或一致的原则和规则，如时效原则、善意原则、禁止翻供原则等。这些相同或一致的原则或规则，就是各国法律体系中的共同的或共有的法律原则和规则，也就是国际法的一般法律原则，这种观点是可以接受的。至于《国际法院规约》第38条所指的"为文明各国所承认"一语的含义，可理解为"世界各大文化及主要法系的一些共同的原则"。

确定一般法律原则为国际法院裁判之依据，主要是出于对国际法渊源加以补充的考虑：担心由于缺乏可适用的法规、法律规定不明确或对法律解释有疑义而无法裁定案件。总之，其目的是填补国际条约与国际习惯的不足。所以一般法律原则在裁判中通常被作为补充渊源适用，在国际法的渊源中居于次要地位。事实上，一般法律原则不易确定，难于掌握，故为数不多，也很少为国际法院及仲裁庭所单独适用。

五、确定法律原则的辅助资料

根据《国际法院规约》第38条的规定，司法判例和权威最高的公法学家学说是确定法律原则的补助资料。

（一）司法判例

司法判例有国际判例和国内判例之分，但主要是指国际司法判例，因国内司法判例只能在一定程度上反映一国对国际法的态度和实践，故处于次要地位。国际司法判例主要指国际法院和国际仲裁法庭所作的判例。应予明确的是，根据《国际法院规约》第59条的规定："法院之裁判除对于当事国及本案外，无拘束力。"国际司法判例不是法律渊源，只对案例当事国和本案件有拘束力。但是，由于国际法院、国际仲裁庭的特殊地位以及法官、仲裁员的权威性，国际法院判决、国际仲裁庭裁决在阐述法理、确认法律原则方面具有十分重要的意义，以至于各国法学家经常引用，并从中引申出了许多很有作用的原则和规则。因此，一般说来，国际司法判例虽不直接表现为国际法渊源，但有助于国际法原则、规则、制度的形成和确立，从而成为确定法律原则的辅助资料。

（二）国际法学说

权威公法学家的学说，在历史上对国际法的形成与发展产生过重大影响。在国际法不甚发达，国际条约和国际法资料甚少的时期，国际法著作常被引用来解决国际事件，确定某些国际法原则和制度的存在，以及对国际法进行解释。格老秀斯的名著《战争与和平法》就对近代国际法的形成与发展起了重大促进作用。随着国际法律制度的进化，国际法资料日益增多，国际法著作和学说的作用相应减小了，而且国际法学说只是个人观点，并不具有法律拘束力，因此不是国际法的独立渊源。然而，国际法著作、学说往往对国际社会的实践进行研究，积累了大量的实例和资料，并加以论证推演出习惯规则，能够为国际法原则、规则和制度的存在提供证据。不仅如此，国际法学家经常直接参加外交活动，并参与国际法的制定，其学说、理论必然会贯彻到相关的国际法文件中去。

六、国际组织的决议

由于历史的局限性，《国际法院规约》第38条并未将国际组织的决议列为法院裁判案件的依据。但近几十年国际组织数量的剧增和作用的加强，引起了对国际组织的决议在国际法渊源中地位的争论。一些重要国际组织的决议，代表了为数众多的与会国的意志，提出了许多对调整国际关系有重大意义的原则（如联合国1970年通过的《关于各国管辖范围以外海洋底床与下层土壤之原则宣言》提出的人类共同继承财产原则）。虽然这些决议属建议性质，不具有法律拘束力，但其具有广泛的代表性和舆论价值，反映了现有的或正在形成的国际法原则、规则和规章制度，所以可作为确定法律原则的辅助方法和手段。

第四节　国际法的编纂

一、概述

所谓编纂（codification），一般指"法典编纂"，即将现行法律进行编纂而制定成为法典。在国内法方面，西方国家最早的一个法典是 1804 年的《法国民法典》。由于国际社会没有集中的立法机关来制定法律，所以国际法的编纂和国内法的编纂在制定、程序和效力上是不同的。

早期的国际法规则多属于国际习惯法的性质，缺乏明晰性和确定性，为了补救这一缺点，就产生编纂国际法的需要。"国际法的编纂"一般是指把国际法或国际法某一部门的规则以类似法典的形式，更明确、更系统地制定、汇总起来。国际法编纂通常包括狭义和广义两种，狭义的国际法编纂是指对现有的国际法规则的法典化，广义的国际法编纂还包括对正在形成中的规则的法典化，即包括国际法的"逐渐发展"。在理论上，狭义的国际法编纂和广义的国际法编纂可以分开，但在实践中，单纯的编纂和"逐渐发展"是很难分开的。因为编纂通常必定有逐渐发展的因素——在任何编纂工作中，编纂者不可避免地要参照新的发展而填补法律的缺陷和修正法律，而"逐渐发展"也必然有编纂的成分。

国际法的编纂有两种不同的方式：全面编纂和个别编纂。全面编纂是指将国际法的全部原则、规则和制度编纂为一个法典。一战前，早期的学者曾进行过这样的尝试，并对国际法的编纂运动产生了一定的影响。个别编纂是指将国际法的某部分原则、规则和制度分别编纂为法典。这种个别编纂形式在实践中被广泛应用，而且政府之间的官方编纂迄今为止只限于此种形式。从编纂者的角度来看，国际法编纂又可分为两种类型：一种是非官方的编纂，即民间编纂；另一种是官方的编纂，即政府间的编纂。民间编纂是指个别国际法学者和由国际法学者组成的国际法学术团体所进行的编纂。这种类型的编纂虽没有法律拘束力，但其包含着丰富的材料和充分的分析，对国际法的教学和研究以及国际法的官方编纂有很大的参考价值。官方编纂是指政府间国际法的编纂，主要采取订立国际公约的方式，这是现代国际法编纂的正式途径。

二、国际法编纂的历史发展

18 世纪末，英国法学家边沁首先提倡进行国际法的编纂。19 世纪中叶以后，编纂国际法的尝试真正开始。当时主要是一些国际法学者的非官方的国际法编纂。例如，1868 年瑞士国际法学者出版了《现代国际法法典》；1872 年美国法学家费尔德发表了《国际法典大纲草案》；1890 年意大利法学家菲雷发表了《国际法法典》等。国际学术团体也进行了编纂活动，先后发表各自编纂的法典，1873 年先后成立的国际法研究院和国际法协会，在这方面发挥了重要的作用。这些非官方的编纂，对以后国际法的编纂和发展起到了一定的促进作用。

官方的编纂采取召开外交会议订立国际公约的方式进行，这一方式可以说是从19世纪初开始的。1815年的维也纳会议和1818年的亚琛会议关于外交代表等级的决定，1856年在巴黎签订的《巴黎会议关于海上若干原则的宣言》（以下简称《关于海战的巴黎宣言》），是官方国际法编纂的开始——它们是个别的、零星的编纂。历史上大规模编纂国际法的两次国际会议是1899年和1907年两次海牙和平会议。1899年的第一次海牙和平会议制定了《海牙和平解决国际争端公约》等3个公约和有关禁止某些作战手段的3项宣言，主要涉及和平解决国际争端和陆战法。1907年的第二次海牙和平会议制定了13个公约，其中3个公约代替了第一次海牙和平会议的3个相应的公约，其余10个为新的公约。这次会议对国际法的两个主要部门，即和平解决争端和战争与中立等问题进行了进一步编纂。

正式的国际法编纂可以说是从第一次世界大战以后开始的。1924年，国际联盟行政院指派了一个法学家委员会，研究国际法的编纂问题。该委员会于1927年4月向国际联盟行政院报告，建议就下列七个问题进行编纂：①国籍；②领水；③国家对外侨的生命财产在其领土内所受损害的责任；④外交特权和豁免；⑤国际会议程序和条约缔结与起草程序；⑥海盗行为；⑦海产的开发。国际联盟大会考虑了这个报告，决定在海牙召开会议就上述第①、②、③个问题进行编纂。1930年3月13日，第一次国际法编纂会议在海牙举行。会议对上述三个问题进行了一个月的谈判和讨论，最后就国籍问题通过了4个文件，即《关于国籍冲突的若干问题的公约》、《关于某种无国籍情况的议定书》、《关于无国籍的特别议定书》和《关于双重国籍某种情况下兵役义务的议定书》。虽然其他两个议题未能取得具体成果，但海牙国际法编纂会议作为国际法发展史上编纂国际法的第一次国际会议，显示了国际组织进行国际法编纂的重要意义。

三、联合国与国际法的编纂

1945年联合国成立之后，按照《联合国宪章》第13条关于"提倡国际法之逐渐发展与编纂"的规定，着手系统的国际法编纂工作，并成立了国际法委员会，作为联合国推进国际法编纂工作的常设机构。联合国国际法委员会最初由15名委员组成，1956年增加到21名，1961年增加到25名，1981年再增加到34名，来自亚非拉和大洋洲的委员逐渐有所增加。国际法委员会的委员应为国际法上公认合格的人士，而且应保证整个委员会代表世界各主要文化体系和各主要法系；委员任期5年，得连选连任；委员会的目的是"促进国际法的逐渐发展与编纂"。

《国际法委员会章程》对"国际法的逐渐发展"和"国际法的编纂"分别加以了说明，并分别规定了不同的程序。但是如前所述，实际上这两者难以截然分开，委员会多年来也基本上采用同样的程序进行工作，即委员会向联合国大会提出选题或由大会提出选题，由委员会拟订公约草案，然后提交联合国大会讨论通过；公约草案一般由大会召开外交会议讨论通过，开放给各国签字和批准。国际法委员会的这套工作程序，同过去形成国际习惯、缔结条约的传统程序比起来，有一个重要的发展，即由非常分散到较为集中。其特点是：通过国际法委员会这一辅助国际造法活动的机构，把各国政府的意志、成员国代表的要求和国际法专家的研究结合起来。这一过程，有助于联合国为通过此种条约草案而召开的国际外交会议取得成果。但是，国际法委员会对于国际法的编纂只是从事准备工作，是协助联合国大会进行工作的，国际法编纂工作主要是由联合国大会和大会主持下召开的外交会议进行。而且，国际法委员会的工作范围是有限的，许多政治性较强的国际性问题往往不在委员会审议的项目之内，而是由联合国大会通过第六委员会（法律委员会）或由大会指派的特别委员会讨论。例如，1982 年的《联合国海洋法公约》就是由大会特别设立的海底委员会制定草案，经过长期讨论后签订的。另外，很多技术性较强的问题，也往往由有关的国际组织和机构来承担编纂工作。

国际法委员会在 1949 年其第一届会议上，曾拟订了一个供编纂的 14 个项目单，此项目单构成了委员会后来长期工作计划的基础。为适应国际社会的需要，此后又增加了一些项目，50 多年来，国际法委员会拟订的法律草案已多达 30 余项。以委员会拟订的草案为基础，在联合国主持下缔结了一系列重要的国际公约，如 1958 年的《领海及毗连区公约》、《公海公约》、《捕鱼及养护公海生物资源公约》和《大陆架公约》，1961 年的《减少无国籍状态公约》，1961 年的《维也纳外交关系公约》，1963 年的《维也纳领事关系公约》，1969 年的《特别使团公约》，1969 年的《维也纳条约法公约》，1973 年的《关于防止和惩处侵害应受国际保护人员包括外交代表的罪行的公约》，1975 年的《维也纳关于国家在其对国际组织关系上的代表权公约》，1978 年的《关于国家在条约方面的继承的维也纳公约》，1986 年的《关于国家和国际组织间或国际组织相互间条约法的维也纳公约》等。近年来，国际法委员会正在对国际责任、国际损害行为责任、国际组织的责任、外交保护、国家豁免等进行编纂，并取得了重要成果，如 2004 年 12 月 16 日，第五十九届联合国大会通过了《联合国国家及其财产管辖豁免公约》，并向各国开放签署，公约在肯定国家豁免作为一般原则的同时作出了对国家豁免加以限制的具体规定，截至 2007 年 9 月 17 日已有 15 个国家签署该项公约。我国也于 2005 年 9 月 14 日签署了该公约。再如，在国际损害责任领域，联合国国际法委员会于 2001 年二度通过了《预防危险活动的跨界损害条款草案》，并于 2006 年 8 月通过了《关于危险活动造成的跨界损害案件中损失分配的原则草案》。2005 年 8 月国际法委员会又审议通过了《国际组织责任条款草案》。这些编纂必将进一步促进国际法的发展。

第五节　国际法与国内法的关系

一、国际法与国内法关系的理论

理论上，这一问题的实质在于：国际法与国内法是否属于同一法律体系，以及当二者发生抵触时，何者处于优先地位。各国学者对此进行了颇多的解释和论述，并形成了种种学说，其中最具代表性的是一元论和二元论。

（一）一元论

一元论认为国际法和国内法属于同一法律体系。该学派的学者们主张，将全部法律看做由约束性的法律规则组成的单一体，而不区分哪些规则是国际法主体必须遵守的，哪些又是国内法主体应遵守的。在他们看来，法律科学是一个统一的知识领域，国际法和国内法必然是同属于一个法律结构中互相联系的两部分。然而，对于国际法和国内法何者处于优先地位的问题，一元论的支持者们则产生了分歧，形成了两派相对立的学说，即国内法优先说和国际法优先说。

1. 国内法优先学说。这一学说主张，国际法和国内法从整体上构成一个统一的法律体系，但在这一体系中，国内法的效力优先，国际法是依靠国内法才具有法律效力的。也就是说，同国内法相比，国际法是次一级的法律。这一学说是19世纪末在德国国家主义思潮的影响下产生的，其代表人物有耶利内克、佐恩、考夫曼等。他们认为，国家的意志是绝对的，所以国家的所有对外活动都是以其国内法为根据的，国际法只是国内法的"对外公法"。依照这一学说的逻辑推理，既然同国内法相比，国际法是次一级的法律，那么各国就可以通过它们的国内立法任意解除其国际义务，破坏国际法律秩序，从而导致对国际法效力的根本否定。显然，这一学说不仅在理论上具有片面性，而且也和现实的国际实践不相符合。因此，遭到了二元论的尖锐批评，并逐渐失去了影响力，可以说已被现代国际法学界所抛弃。

2. 国际法优先说。这一学说的主要代表人物有波利蒂斯、塞尔和凯尔森等。国际法优先说主张国际法与国内法是同一法律体系的两个部门，但在法律等级上，国内法从属于国际法，属低级规范，它在效力上依靠国际法，国际法有权要求将违反国际法的国内法废除；而国际法的效力依靠于"最高规范"，即"国际社会的意志必须遵守"或"条约必须遵守"。这一理论的根本出发点是，任何法律体系都是以个人之间的关系为调整对象，但这样，国家主权和国家意志就被完全否定了。它是帝国主义国家企图统治世界、建立世界政府、制定世界法的侵略意志的反映，但同时也应看到，这一学说可避免国际法适用于国家之内所可能产生的问题。

（二）二元论

早期的国际法学家从不怀疑国际法、国内法两种法律体系源自一元结构的惟一正确性，他们确信自然法决定了国际法和国内法的存在。但是，到了19、20世纪，由于哲学理论（如黑格尔）强调国家意志至高无上，也由于在现代国家里产生了对国内法具有最高权力的立法机关，于是出现了向二元论观点发展的强烈倾向。"二元论"又称"平行说"，主张国际法与国内法是两种不同的法律体系，它们在调整对象、主体、渊源、效力根据等方面都不同。国内法的效力根据是一国的意志，而国际法的效力根据是多国的"共同意志"，因而两者互不隶属，处于对等、对立的地位，"二元论"的代表人物是特里佩尔、奥本海及卢梭等。根据此观点，国际法本身不会成为国家内部法律的一部分；在特别情况下，国际法规则可以在国内适用，而它们之所以能适用，是因为它们为国家内部法律所采纳，并作为该国国内法的一部分而不是作为国际法而适用。这种观点避免了一个法律体系优于另一法律体系的问题，但它过分强调了二者的不同，而忽略了其相互间的联系，以至造成两者的对立。

综上所述，以上学说都没有正确地阐明国际法与国内法的关系，它们或者忽略了国际法与国内法的联系，或者片面强调两者形式上的对立。对国际法和国内法的关系，我们认为，它们是两个各自独立而又相互联系的法律体系。一方面，如本章第一节所述，二者在主体、调整对象、形成方式、强制实施等方面，都有着显著区别；另一方面，这两个法律体系的存在和发展，并不是彼此孤立无关，而是相互联系、相互渗透和相互补充的。具体而言：①国家是国内法的制定者，也是制定国际法的参与者。在制定国内法时，注意了国际法的要求，在参与制定国际法时，也考虑了国内法的立场。②国家的对外政策和对内政策有着密切的联系，都反映了该国统治阶级的意志，两者是不矛盾的。③国际法和国内法所分别调整的国际社会关系和国内社会关系，虽各有特点，却不是相互隔绝的，而是相互影响、相互依存的。④国内法的一些原则或规则，得到大多数国家的明示或默示的承认，并通过国际社会的重复适用，可形成为国际法习惯规则。同时，国际法的原则和规则，又可通过国家的正式立法程序而成为国内法。国际法和国内法的关系还表现为，二者不能相互干扰、相互排斥，即国际法不能干预国家按照主权原则所制定的国内法，国家也不能用国内法的规定来改变国际法的现行原则、规则和制度。

二、国际法与国内法关系的实践

国际法与国内法的关系，反映到实践中，会出现两个问题：一是国际法如何在国内发生效力；二是国内法对国际裁判有什么作用。

（一）国际法在国内的适用

只有国家在国内执行国际法时，国际法和国内法才在实践中发生联系，国际法也才能起到调整国际关系的作用。然而，国际法所调整的是国际关系，是关于国家间权利义务的规定，原则上其效力只及于作为国际法主体的国家，而一般不能直接及于国家内部的机关和个人。这些权利和义务在国家内部根据什么形式、通过什么程序、如何具体履行的问题，是一国主权范围内的事情，应由国内法来加以补充规定。所以，为了确保国际法的有效执行，需要得到各国国内法律秩序的支持。虽然在理论上，各派学者对国际法和国内法的关系进行了解释和分析，但国际实践表明，那种认为国际法规则非经国内法明示采用就不能作为国内法的一部分而运用的观点，或认为国际法规则可直接在国内适用的观点都不被各国实践完全采纳。事实上，各国在其领土内使国际法规则具有效力的程序具有相当的灵活性。

对于国际习惯规则，各国的立场基本一致，即视其为国内法的一部分，只要与现行国内法不相抵触，即可作为国内法的一部分来适用；只有少数国家认为国际法的一般习惯规则优于国内法，应优先适用（如德国）；另外，有的国家不仅认为国内制定法的效力优于国际惯例，而且判例法或某些行政机关发布的国家法令、官方声明也优先于国际惯例（如英国）。对于条约，则做法各异。英国依赖于国王行政特权与国会立法权的一致。条约缔结权属于国王，但影响私人权利的条约，以及一般地需要修改现行法律才能由法院执行的条约，必须通过国会的授权取得国会的同意，才能转化为国内立法。美国《宪法》规定，"在美国的权威下……订立的条约"是本国最高法律的一部分，对各州法院有拘束力，即使州宪法或法律有相反的规定。美国还将条约划分为"自动执行条约"（self executing treaty）与"非自动执行条约"（non self executing treaty）。"自动执行条约"是一种按其性质或由美国法院看来，不需经过立法就可在国内具有执行效力的条约；而"非自动执行条约"要在国内适用，需要有另外的立法或行政行动。采取这种做法的还有德国等。而比利时、卢森堡等国家则规定，几乎所有条约都需经过立法或立法批准，尤其是商务条约和对国家或个人可能设定义务的条约，才能在国内适用。此外，关于得到正式批准的条约，又分为只对缔约国创设权利和义务的条约与可直接适用于个人的条约。其中，前者个人不能直接援引，其效力不优于国内法；后者则可被个人直接援引。总之，各国按照不同的程序和方式，使国际法要求在国内具有效力。

（二）国内法在国际裁判中的作用

从国际法的角度讲，国内法常被认为是适用国际法应予参照的事实，而不是作为法律规则在国际上应予适用的法律。即使这样，也应认识到它在国际法院审理案件时的重要性。如凡是宣称发生了国内法庭司法拒绝的时候，或要求用国内法来解释条约规定的时候，或有时仅仅为了阐述事实，国际法庭首先要查明、解释与适用国际法。另外，国际法庭在确定是否可累计得出一种可演变为国际习惯法的论断时，不得不普遍研究一下各国的国内法。为了有助于解决国际法上的疑难问题，国际法庭也必须注意研究国内法或国内法律结构的特征，或在适当条件下从国内法那里找到可类推适用的规则。同时，应注意"可抗辩性原则"的适用，即一国虽然不能以其国内法来对抗国际法规则，但当甲、乙两个当事国在国际法庭上进行诉讼时，甲方提出它的诉讼主张后，乙方援引其国内法加以反驳，如果乙方所援引的国内法符合国际法，则它的抗辩将是合法的，这即所谓的"可抗辩性原则"。

【思考题】

1. 简述国际法的特点。
2. 试述国际法与国内法的关系。
3. 何谓国际法的渊源？国际法的渊源有哪些？
4. 简述国际法的效力根据。
5. 新中国对现代国际法有哪些重大贡献？

第二章

国际法学

第一节 概 述

一、国际法学的概念

国际法是主要调整国家间具有权利义务内容关系的行为规范的总称。国际法学是对国际法的产生、发展及其规律、概念和对象、渊源和本质、主体和客体、原则和规则等进行研究而形成的一门法学理论学科，也就是说，国际法学是以国际法作为研究对象的一门法律学科。

国际法学的重要资料和重要理论可作为习惯规则的证据，而不是国际法的原则和规则，对国际法主体不具有拘束力。国际法是国家间的协议，必须反映有关各国统治当局的意志和利益；国际法学则是为一定的阶级、国家和集团服务的。国际法学者因其阶级民族立场和政治倾向不同，所持的国际法观点和研究国际法的方法不同，从而得出的结论也不同。因此，便产生了不同的国际法学说，如国际法优先说和国内法优先说；产生了不同的国际法学体系，如英美法学体系、大陆法学体系、苏东法学体系和中华法学体系等；也出现了不同的法学流派，如自然法学派、实在法学派、折中法学派和规范法学派，等等。

随着国际政治关系和经济关系的发展，国际法也在迅速发展。与之相适应，国际法学说也在发展、丰富和完善自己的理论，于是便产生了内容丰富的近代国际法学和现代国际法学。

二、国际法学的研究对象和范围

毛泽东同志指出，科学研究的区分，就是根据科学对象所具有的特殊的矛盾性。因此，对于某一现象的领域所特有的某一种矛盾的研究，就构成某一门科学的对象。国际法这门科学的特殊的矛盾性，就构成了国际法学的研究对象。表现国际法的特殊矛盾性的，除了国际法所调整的国际法律关系之外，还有国际法原则、规则和规章制度，即国际法规范本身与规范产生的特殊方式，以及国际法拘束力的来源和强制方式的特殊性等。作为国际法渊源的条约和习惯，作为确定国际法各项规则辅助资料的司法判例、一般法律原则，以及影响国际法形成与发展的国家对外政策，与国际法学相邻的学科如国际私法学、国际经济法学、外交学及其发展历史等，也都是国际法学研究的对象。当代国际法学研究的主要对象有以下几个方面：

1. 国际法律关系。国际法是在国际交往中形成和发展起来的，其调整对象是国际法律关系，主要是国家间相互交往中形成的各方面的权利义务关系。因此，国际法学必须把国际法原则、规则和规章制度同国际关系和国际法律关系联系起来进行研究。国际法学的发展史同国际法的发展史是一致的。要研究各个时期的国际关系和国际法律关系对国际法发展的影响，从中找出国际法产生与发展的规律，发现它的真理性和非真理性，然后发展其真理性的一面，克服非真理性的一面。

2. 国际法规范。国际法规范包括原则、规则和规章制度。国际法学不仅研究解释现有的国际法规范，还要研究正在形成中的国际法规范和应有的国际法规范。研究国际法规范，主要是研究国际条约和国际习惯，研究各国法律体系中的共同规则和国际组织的决议和章程文件等，把分散的原则、规则和规章制度系统化，从中找出规律，提出建立更为适合当代国际法律关系的国际法原则、规则和规章制度的建议，为国际立法提供理论依据，对国际立法、司法起到指导作用，以促进国际法的进步和发展。

3. 司法判例。司法判例包括国际法院的判决、国际仲裁庭的裁决和各国国内法院的某些判决等。司法判例是国际法学研究的重要对象。它作为确定国际法原则和规则的辅助资料，意义不仅在于它对已确立的国际法原则和国际习惯法规则的适用，而且更在于其对形成中的国际法原则和国际惯例规则的确认，是国际惯例形成为国际习惯的重要步骤或阶段。研究司法判例，对国际法和国际法学的发展具有重要意义。

4. 国际组织的章程和决议。当代国际组织的组织章程和许多决议对国际法原则和规则的确立具有重要意义。《联合国宪章》的序言、第 1 条和第 2 条规定了联合国的四项宗旨和七项原则，这些宗旨和原则，确认和发展了国际法的各项重要原则。联合国的许多决议，不仅适用了已有的国际法原则和规则，而且提出和确立了一些新的国际法原则和规则。1948 年的《世界人权宣言》确立了国际人权和国际人权保护的基本原则和规则；1955 年的《亚非会议最后公报》确立了作为国际关系基础的十项原则；1974 年《关于侵略定义的决议》确定了侵略定义和构成侵略的七项行为的规则。国际法学对这些组织章程和决议进行研究，可以找到国际法某些原则存在的佐证，也可以发现对一项国际惯例原则重复的程度和情况，以促进该项原则的确立与国际法的发展。

5. 国家的对外政策。国家的对外政策是国家统治阶级的意志和国家利益的反映，是国家的国际法律意识的表现。当国家参加制定国际法原则和规则时，必然要考虑国家的利益，依据国家的对外政策，提出自己的主张和要求。国家的政策对国际法的影响贯穿在国际法的制定、形成和发展的全过程之中，也体现在对国际法规范的解释和适用的整个过程之中，因此，国际法学对国家的对外政策，特别是对那些在国际关系中起着巨大作用的国家的对外政策的研究，对国际关系和国际法的发展都具有重要意义。

6. 各国国内法的有关规定。国际法与国内法的关系越来越密切。在国际法发展过程中，有些国际法原则就是由国内法原则和规则发展而来的，如不干涉内政原则；有些国内法原则和规则是由国际法发展而来的，如外交特权与豁免。有些国家把国际法作为国内法的一部分，有的国家把国际法的原则和规则，通过立法程序规定在国内法中。在当代，国际法与国内法的关系的发展有两个趋势：一是各国法律体系中共同规则日益增多，在重要方面有趋同倾向；二是国际法与国内法相互渗透。国际法学研究各国法律体系中的哪些共同规则可以演变为国际法院据以判决的一般法律原则，研究这种相互渗透对国际法与国内法的发展的影响，研究在各国国内法趋同和国际法与国内法相互渗透方面的国际合作，都是有积极意义的。

三、国际法学的研究方法

在国际法学的研究中，学者们采取了各种不同的研究方法，从不同的角度对国际法进行研究。有的采取抽象的理论筛选，有的进行实证的个案研究，有的则作严谨的逻辑分析，这些都不失为国际法学的研究方法之一。但是，国际法是一个特殊的法律部门，有其自己固有的特性和规律，因此，国际法学应当有自己独特的研究方法。尽管如此，马克思主义的辩证唯物主义和历史唯物主义对国际法学的研究仍具有普遍的指导意义。这里着重谈一下国际法学独特的研究方法。

1. 历史考察的研究方法。列宁曾经指出，为了解决社会科学问题，为了真正获得正确处理这个问题的本领而不被一大堆细节或各种争执意见所迷惑，为了用科学眼光观察问题，最可靠、最必需、最重要的就是不要忘记基本的历史联系，考察每个问题都要看某种现象在历史上产生，在发展过程中经过了哪些主要阶段，并根据它的这种发展去考察这一事物现在是怎样的。国际法与其他任何事物一样，都有其发生、发展和灭亡的过程。因此，国际法学用历史考察的方法来考察研究国际法产生和发展的过程，研究每一历史时期的国际政治、经济、军事和外交等对国际法发展的影响，找出它们的相互关系和内在规律性，是一种科学的研究方法。

2. 比较分析的研究方法。有比较，才能有鉴别；有分析，才能去伪存真。所谓进行比较、分析，是指：①对不同国家的、不同学派的学说和理论进行比较分析；②对不同历史时期的国际法，即国际法的过去和现在进行纵向比较；③对具有代表性的各大法系的理论与实践进行横向比较分析。在进行比较分析时，重在运用辩证逻辑推理对实质内容进行科学的比较分析，而不能单纯地注重形式的比较分析，这样才能避免片面性和盲目性。

3. 理论联系实际的研究方法。毛泽东同志说过，马克思主义哲学强调理论对于实践的依赖关系。理论的基础是实践，又转过来为实践服务，判定认识或理论是不是真理，不是依赖主观上觉得如何而定，而是依客观上社会实践的结果如何而定。真理的检验标准只能是社会实践。[1]国际法学的真理性也概莫能外。国际法学来源于国际社会的实践，是对实践的科学总结与高度概括，对实践起指导作用，并在实践中不断完善和发展；反过来，国际法学理论是不是真理，要在实践中受到检验，不断实践，不断发展。正是这样，传统国际法的原则、规则和规章制度，在当代，有的被废除了，有的被修改了，有的被补充了，有的被保留了，有的被发展了。国际法学也在实践中受到检验，有的被抛弃了，有的被发展了，有的被保留了，同时又产生了新的国际法学理论和学说，使国际法的理论又得到了进一步的丰富和发展。

4. 归纳与演绎相结合的研究方法。归纳是通过对大量的事实和资料的分析，然后抽象和总结出带有规律性和共性的东西；而演绎则是运用一般规律和原理去对具体事物进行分析和探索。长期以来，大陆法系国家和前苏东学者偏于演绎法，英美法系国家学者善用归纳法，各有所长，也各有所短。我们应该将二者有机结合起来，在归纳中不弃演绎，在演绎中运用归纳，通过对大量的国际法资料、案例、原理和规则（条约和习惯）的全面深入分析，揭示研究对象的特点、规律、本质和作用，使我们的研究从必然王国走向自由王国。

第二节　国际法学的历史发展

国际法是伴随着主权国家的出现以及国家的相互交往而产生的，国际法的产生为国际法学的发肇奠定了基础，为国际法学的研究提供了前提。

在奴隶社会时期，由于生产力水平低下，国家之间平等的交往极不发达，虽然出现了个别国际法规则，但发展十分缓慢，与此相适应，国际法学也极其落后。古罗马时期，罗马帝国对外交往日益频繁，为国际法学的发展拓展了领域。但是，当时的国际法学尚处于萌芽阶段，并且主要是为罗马帝国的对外政策服务的。

在中世纪的封建社会，神权至上，神学成了万学之尊，国际法学亦被蒙上了神秘的神学色彩。带有神学色彩的自然法和教会法在欧洲占主导地位，形成了早期的自然法学派，这一时期的国际法学家的代表人物是西班牙学者维多利亚、苏亚瑞兹和意大利学者真提利斯。维多利亚和苏亚瑞兹均认为国际社会是依据自然法创立的，因此，维多利亚将国际法定义为自然理性在所有民族间建立的法律。苏亚瑞兹也认为国际法是在自然理性的推动下产生的。他们认为，适用于国际社会的法，应当是对一切人普遍适用的自然法，或是与自然法内容相一致的习惯法。真提利斯与他们的主张稍有不同。他抛弃了从神学和伦理学演绎国际法规则的传统方法，而把各国的惯例加以归纳，从而定出国际法规则，但是在他的学说中，仍未彻底摆脱自然理性的束缚和控制，例如他在《战争法论》中仍极力宣扬战争中的理性、人性和正

---

〔1〕《毛泽东选集》（合订本），人民出版社 1969 年版，第 261 页。

义。真提利斯的学说为格老秀斯的理论奠定了基础，国际法学说也开始从神学中逐渐脱离出来。

第二章

17世纪，经过资产阶级革命，特别是威斯特伐利亚公会的召开和《威斯特伐利亚和约》的签订，确定了教权与政权的分离，产生了主权国家，国际法成为主权国家之间的法律。近代国际法产生后，国际法学也随之发生了重大变化，中世纪的神学色彩逐渐淡化。这一时期的国际法学家的代表人物是荷兰著名学者格老秀斯。1625年他出版了《战争与和平法》等著作，构筑了近代国际法学的理论框架，也提出了近代国际法的基本体系，在国际法和国际法学发展史上具有划时代意义，因此格老秀斯也被誉为近代国际法的创始人。

18、19世纪，一部分学者发展了格老秀斯国际法理论中的自然法理论的部分，形成了自然法学派；另一部分学者发展了格老秀斯国际法理论中的"合意"的部分，形成了实在法学派。这些新学说和新理论的提出极大地丰富和发展了国际法学，形成了近代国际法学。在这一时期，许多跨国性的国际法研究机构也纷纷成立，进一步推动了国际法学的研究向纵深领域发展。1873年，在比利时国际法学家斯塔夫·罗兰的倡议下，英、意、德、俄、荷、比、瑞士、美、阿根廷等9国的11位国际法学家在比利时的根特城集会，成立了"国际法学会"。该会是纯学术团体，不具有官方性质，学会的目的是促进国际法的研究。其工作是：制定国际法学会的一般原则，协助国际法的编纂与发展，研究在解释和适用国际法中出现的疑难问题等。此外，1873年，在布鲁塞尔又成立了"改革和编纂国际法协会"，在1895年第十七届大会上改名为"国际法协会"。该协会的宗旨是：研究、解释和发展国际法与国际私法，研究比较法，解决法律的冲突，提出统一的法律方案，促进国家间的了解。国际法学会和国际法协会成立百余年来，对国际法的研究和发展起了极大的推动作用，这一时期的国际法和国际法学都有了很大的发展。但就其性质来说，它们是为资产阶级服务的；就其范围来说，主要限于欧洲国家之间。

19世纪末20世纪初，国际法和国际法学发展到了一个新时期。十月革命胜利后，苏维埃社会主义国家诞生了。从此，世界进入了社会主义国家和资本主义国家共处的时代。第二次世界大战后，一系列社会主义国家和新的民族独立国家诞生，加之科学技术的进步，国际法规范的发展迅猛异常，产生了新的国际法原则和规则，形成了现代国际法。与此同时，国际法学也有很大发展，出现了新的法学派别，如苏东社会主义法学派，西方的新实在法学派和新现实主义法学派、社会连带法学派和规范法学派等。这一时期的代表人物有凯尔森、劳特派特、菲德罗斯、维辛斯基和童金等，他们对现代国际法都有很大的建树。这一时期，国际法成为世界性的，国际法学也发展成为世界性的。社会主义国际法学已在世界上占有一个重要地位。在冷战结束后，在当前建立新的国际经济秩序和新的国际政治秩序的过程中，伴随着全球化的进程，国际法学面临的任务是繁重的，需要有更大的发展，在发展过程中，现代国际法学将会变得更加成熟和完善。

第三节　国际法学流派

一、格老秀斯学派（折衷法学派）

在格老秀斯学派形成之前，已经出现了不少的国际法思想的先驱者，如维多利亚、苏亚瑞兹和真提利斯等，他们提出了自然法和惯例法的主张。格老秀斯在前辈的启示下，形成了自己的学说。格老秀斯学派一方面把人类普遍的理性这一自然法的最高法则作为国际法的基本依据；另一方面，又承认国家的一致"合意"为国际法次一级的依据。按照这一理论，国际法包括两个部分：自然法与制定法。前者的渊源是理性，后者的渊源是合意。两者的关系是：为了使抽象的自然法具体化，必须要有制定法，而制定法是由自然法授权产生的。[1] 格老秀斯在《战争与和平法》中阐述他的理论时，在渊源上把自然法和万民法分开，认为自然法是基于自然的理性发生的，万民法是基于共同的契约发生的。同时，在性质上又把万民法等同于自然法，因为自然法的规范不仅可以从人的本性演绎推理得出，还可以从整个人类社会普遍接受的情况中归纳出来。[2] 在这里，格老秀斯又前进了一步，即把维多利亚和苏亚瑞兹主张的惯例发展为国际社会制定法。

格老秀斯关于制定法只是自然法的一部分的理论，在瓦德鲁 1758 年出版的《国际法》中说得更清楚："我们使用国际强制法这个名词，乃是这一种法律由于自然法适用于国际行为而产生。称其为强制者，因为各国必须绝对遵守。其中所包含的规则，都是自然法对于国家的律令，因而自然法对于国家的拘束力，不亚于自然法对于个人的拘束力。""格老秀斯本人和其后格老秀斯学派的学者称这种法律为内在的国际法，因为它约束国家执政者良心，有些学者称它为自然国际法。"[3]

格老秀斯的国际法思想为沃尔夫和瓦泰尔等人进一步发展。沃尔夫认为，国际社会的行为规则是以自然法为基础的，但它只是通过实定国际法才能获得详细的内容。瓦泰尔进而认为，自然法可以独立于各国的意志之外而在各国间创设一种对外的义务。同时，他又更加强调国家意志作为国际法根据的重要性。他认为，由于国际社会是由具有拟人化人格的主权国家构成的，所以自然法的准则已在很大程度上被以主权国家意志为基础的条约所取代了。

格老秀斯学派的理论奠定了近代国际法学的基础。这一理论后来又被其他的学者进一步发展。这一学派的理论中存在两个组成部分：自然法和制定法，导致后来西方国际法学说分裂为自然法学派和实在法学派。

---

[1]　周鲠生：《国际法》（上册），商务印书馆 1981 年版，第 22 页。
[2]　沈宗灵："格老秀斯的自然法和国际法学论"，载《中国国际法年刊》（1983 年卷），第 59 页。
[3]　沈克勤：《国际法》，台湾原生书局 1980 年版，第 20～21 页。

二、自然法学派

一些国际法学者承袭和发展了格老秀斯的自然法学方面的理论，形成了自然法学派。这一学派认为，国际法就是自然法，或者是自然法的一部分，或者是自然法对国家间关系的适用。这一学派的代表人物是德国公法学家普芬道夫。他断言自然法是国际法的唯一的根据，他在《自然法与国际法》一书中认为，在这个国际自然法之外，并不存在什么具有真实法律效力的国际意志法或实在法。因而他不承认国际条约和国际习惯是国际法的渊源。在17、18世纪，有些学者，如法国学者巴比拉克附和普芬道夫的学说，他们也是自然法学派的主要代表人物之一。到了19世纪，自然法学派衰落，与之对立的实在法学派兴起。应当看到，自然法学对削弱中世纪的神权影响和颠覆旧有的国际秩序，还是发挥了一定的积极作用。

三、实在法学派

19世纪，一些学者完全抛弃了格老秀斯的自然法学说部分，而承袭和发展了他的制定法的部分，这一学派的代表人物有英国学者边沁、奥斯汀、奥本海、霍尔、佐恩和意大利的安齐洛蒂等。他们认为，国际法规则之所以有约束力，是因为国家承认它们，而这种规则应当依归纳的方法从国际交往史上去推求。他们认为"公认"是国际法唯一的基础，强调不是任何规则仅仅因其合理即视为属于国际法范畴，在列为国际法规则之前，必须先证明这个规则确实是各国所公认的。[1]

实在法学派的主要观点是：反对法律是只能发现、不能创造的自然法理论，认为国际法与国内法一样都是国家意志的产物，国际法的效力来源于各国的一致同意，而这种同意只能从条约或国际习惯中归纳得出。国际法的最高规范就是"条约必须遵守原则"。

对实在法学派的这种观点有两种不同的评价。一种评价是，实在法学派摒除自然法学派的唯心学说，把国家意志看作国际法的依据，并把作为国家意志的主要证据的条约和习惯作为国际法的渊源，这无疑是正确的；[2]另一种评价则认为，实在法学派的理论仍有不少缺陷。一是其"各国一致同意说"很难自圆其说，因为各国政治经济制度不同，很难达成"一致同意"，而且，在国际习惯中，很难找到各国一致承认习惯规则具有拘束力的证据。甚至现代国际法中的某些规则，特别是重要的造法性条约所确立的规则，不需要某一国家的明确同意就对其有约束力，如《联合国宪章》第2条第6款规定，为了维护国际和平与安全，联合国应确保非会员国遵守宪章规则。[3]二是其"国家意志说"往往把国际法与国内法等同起来，忽视国

---

[1] 周鲠生：《国际法》（上册），商务印书馆1981年版，第23~24页。
[2] 程晓霞主编：《国际法的理论问题》，天津教育出版社1989年版，第22页。
[3] ［英］J. G. 斯塔克：《国际法导论》，赵维田译，法律出版社1984年版，第26~27页。

际法规范体系的特殊性，结果推导出两种结论：一是国际法不是法，只是国际道德，因为在国家之上并没有最高立法权威，也没有法律实施机构；二是国际法是法，不过与国内法相比，是一种较弱的法。要使其成为真正的法，必须建立统一的国际立法机构和法律实施机构，实际上是世界政府。他们这种要么无视国际法的作用，要么任意夸大国际法的作用，从而在根本上破坏国际法的效力的观点，是绝大多数国际法学者所不能接受的。[1]

实在法学派的观点，尽管有许多缺陷，但与自然法学派相比，还是有很大价值的，对国际法学的发展有很大的影响。

四、新自然法学派

20世纪初，西方各主要资本主义国家都先后完成了从自由资本主义向帝国主义的转变，在世界范围内形成了帝国主义争夺霸权的新格局。与此相适应，国际法学出现了两个新特点：一是诋毁和攻击国家主权，鼓吹世界主义；二是重谈理性、道德的老调，强调个人自由和权利。在这种形势下，新自然法学理论开始出现，形成了新自然法学派，即社会连带法学派和规范法学派。

（一）社会连带法学派

这一学派的代表人物是法国学者狄骥，其全部理论集中反映在他的主要著作《宪法论》中。这一学派的理论基础是社会连带关系说，狄骥认为，人们生活在社会之中就会产生连带关系，因此他们有共同需求，为满足这种需求，就必须通过连带关系相互合作。但是，社会连带关系并不是行为规则，而是客观存在于一切人类社会的一个基本事实。基于这个基本事实而产生的并旨在实现或促进这种连带关系的法律规范，狄骥称之为客观法。这种客观法与人类社会同时存在，全然不以国家观念为转移，国家的职能在于实现客观法。狄骥把这种理论适用到国际法上，完全否定了国家意志。他认为，国家之间也存在着连带关系，彼此也会形成社会感觉和公平感觉，这样便产生了国际法。这个规范是不依人们的意志为转移的客观事实，人们只能感觉它、承认它。由此，连带关系便代替了国家意志，成为国际法的依据。狄骥在这种理论指导下，完全否认了国家主权观念，认为主权观念已经过时了，国家不再具有发号施令的主权，而只具有为满足公众需要而组织公务的权力。狄骥极力反对主权原则，他认为，如果坚持主权原则，就等于推翻国际法的一切基础。

狄骥的学说，虽然声称是从"实证主义"出发，但他的论述却把社会连带关系变成了一种超然的、超国家意志的、永恒的先验论，结果与自然法殊途同归，成为新自然法学派。他的理论为取消主权国家、建立世界政府乃至世界国家，为帝国主义推行殖民主义、建立世界霸权提供了理论基础。

---

[1] [奥]菲德罗斯等著，李浩培译：《国际法》（上册），商务印书馆1981年版，第135页。

（二）规范法学派

规范法学派产生于第一次世界大战后，是在批评实在法学派中崛起的。这一学派的代表人物是美籍奥地利学者凯尔森。他认为法是一种不依赖于社会生活、与现实生活没有因果关系的"纯粹的"规范范畴，并且把一切法律规则，不论是国际法律规则还是国内法律规则，都划为同一个法律体系。在这同一个法律体系中，法律规范分为各种不同的等级，每个下一级规范的有效性都是由上一级规范依次决定的。凯尔森把这一理论适用于国际法。他认为，在法律体系中，处于最上一级的规范是国际法规范，而这个被称为"最高规范"或"原始规范"的国际法规范，支配和决定着整个法律体系。而国际法的"最基本规范"则是"条约必须遵守原则"。这一理论最致命的弱点是对最高规范的效力根据是什么的解释，凯尔森是以唯心主义理论来回答的。他认为，最高规范只不过是一个预先的假设，即所谓人类的正义、良知。菲德罗斯解释得更为清楚，他认为无论最高规范是"条约必须遵守"，还是其他原则，它必须是通过一些文明民族的一致的法律秩序予以实定化的那些原则的结合，而那些一致的法律秩序又产生于共同的和一般的人类天性。这样，凯尔森和新自然法学派就走到一起去了。

凯尔森的规范法学派理论的核心是国际法优先说，否定国家主权原则。其结果正如他自己所说的：国际法的进化将导致一个世界国家的建立。这种理论对于帝国主义国家统治世界的政策起了一种法理上的支持作用。因此，这种学说不仅在理论上站不住脚，而且在实践中也是很有害的。

五、新现实主义学派

第二次世界大战后，战前的"三足鼎立"演变为美苏长达半个世纪的冷战对抗。20世纪90年代初，随着冷战的结束，国际社会又进入"一超一霸"的单极国际政治格局。在这种国际形势下，为维持美国在世界上的独一无二的霸主地位，在美国又出现了两个新现实主义学派——权力政治学说和政策定向学说。

（一）权力政治学说

权力政治学说认为，国际政治支配着国际法，国际政治的核心是国家权力。战后半个世纪的国际政治是靠苏美两大集团的势力均衡维持的，苏美两个超级大国是势力均衡体系的主宰。这种"势力均衡"又是国际法存在的基础。在这种学说的体系下，处于支配地位的概念是"强权即公理"。因此，国际法必然反映拥有强权的大国的利益。施瓦曾伯格在谈到国际法作用时就丝毫不加掩饰地说，国际法就是权力法，可用来作为强权政治的直接工具。冷战结束之后，美国利用自己的"巨无霸"地位，极力推行和实施单边主义政策，这种政策折射出美国的自大、傲慢和霸道，而其理论基础实际上就是权力政治学说。国际法与国际政治的确有密切关系，但是，把国际法与国际政治等同起来，甚至说国际法的内容、发展和效力都取决于大国强权，则是没有根据的。

　　（二）政策定向学说

　　政策定向学说也主张权力是国际政治和国际法的核心。但是，这一学说认为，权力的表现是政策，政策是决定因素，国际法就是国家对外政策的体现，因此，他们认为国际法的效力取决于国家对外政策。在这个理论体系之下，处于支配地位的概念是"实力政策"。

　　这一学说的代表人物是美国耶鲁大学的麦克杜果和拉斯韦尔两位教授，他们认为，国际社会的每个成员都想尽力保持自己的价值不被剥夺，并且希望最大限度地实现这种价值，因而就产生了一种超越国家的权威的期望。全人类的这种期望便造就了一些能够反映这种期望，按共同政策和共同利益进行决策的决策者。这些决策者可以制定国家对外政策和决定国际法的存在，决定国际社会的发展方向。政策定向学说把国际法与国家政策混为一谈。国际法与国家政策的确有密切关系，国际法的发展受国家政策的影响。但是，认为国际法的存在完全取决于国家对外政策，甚至把国际法与国家对外政策等同起来，也是站不住脚的。

六、苏东国际法学

　　由于冷战时期，东欧社会主义国家大都是苏联的卫星国，执行亲苏政策，他们的国际法理论与苏联的国际法学说几乎如出一辙。所以我们把其统称为苏东国际法学。作为第一个社会主义国家，苏联学者力图打破西方传统的国际法学在世界上的主导地位，而创立一个以马克思主义为指导的国际法学。苏联国际法学在复杂的国际国内形势下，经过半个多世纪的曲折发展，应该说基本形成了自己的国际法理论和体系，苏联国际法学的代表人物是维辛斯基、柯罗文和童金。

　　维辛斯基是斯大林时期的国际法权威。他指出，国际法是调整各国间在斗争和合作过程中的关系，表现这些国家统治阶级的意志并以国家单独或集体实施的强制作为保障的各种规范的总和。他认为国际法是国家意志的体现，但并没有指出是哪个国家的意志，又是怎样体现的，只是指出，现存国际法实际上是为强国利益服务的。他还认为，适用于现代国际关系（即包括不同社会制度国家的现代国际法）尚未形成，苏联正在为现代国际法的形成而斗争。柯罗文则主张，国际法中公认的或基本的规范是社会主义上层建筑的一部分，也是资本主义上层建筑的一部分。他说，这些规范并不是平衡地为两者服务，也不是对资本主义失去了意义，而是对资本主义逐渐丧失其服务性，对社会主义保持其服务性。社会主义国际法正在形成。这样，按柯罗文的观点，国际法有三类：①为不同社会制度国家服务的国际法；②只为社会主义国家服务的国际法；③为资本主义国家服务的国际法。进而又推论出：一类是没有阶级性的国际法，尽管服务程度不一样；另一类是有阶级性的国际法，它只为某一种社会制度国家服务。童金主张，国际法规范是通过国家之间的协议形成的，但他不同意这种协议是"共同意志"或"统一意志"的表现的提法，认为国际法是各国统治阶级意志协调的表现。他认为存在一个共同的或公认的国际法，对所有国家都有拘束力。这种国际法既不是资本主义性质的，也不是社会主义性质的，而是一般民主性的。这种国际法旨在保证两种不同制度国家的和平共处。科热夫尼科夫认为，由于现代国际关系中存在着阶级本质不同的国家，它们不同的政治和经济利益决定了各自有不同的对外政策和对内政策。因此，在此基础上只可能有在形式上共同而在实质上各异的国际法。现代国际法不是帝国主义国家意志的反映，只能是主张和平民主的人民群众的"人民意志"的反映。

苏联国际法学界对国际法的若干问题尚存在着争议，可以说多种观点并存。其主要特点是：①是以马列主义理论和苏联国际政策为指导的，是为苏联利益服务的；②他们都认为有社会主义国际法的存在；③尽管有"统治阶级意志"、"协调意志"和"人民意志"之争议，但都承认国际法是国家意志的体现；④苏联国际法是立足于实在法基础之上的，主张条约和习惯是国际法的渊源，排除了自然法的理论。随着冷战的结束，苏联的国际法理论也轰然坍塌，陷入迷茫之中。但不可否认的是，苏东的国际法理论在国际法学的发展史上也曾占有一席之地，其影响力是不可否认的。目前随着俄罗斯与西方价值观念的趋同，俄罗斯国际法学的发展已经逐渐脱离了苏联国际法学的发展轨迹。

第四节 创立中国特色的中国国际法学

中国是一个历史悠久的文明古国，古代中国曾经产生过国际法的个别原则和规则，但是中国在相当长的时期内闭关自守，处于封建的小农经济状态，对外交往受到很大限制。因而，早期曾产生的那些具有国际法性质的规则没有发展起来，没有形成一个在近代国际关系中起主导作用的国际法体系，当然，也就没有产生中国的国际法学。到19世纪60年代，随着殖民主义的侵略，西方国际法理论传入中国。为了侵略中国，殖民主义者并不愿意让中国掌握国际法以维护自己的主权和利益。所以，近代国际法没有能够适用于中国的对外交往实践，中国也无法平等地受到近代国际法的保护，同样，国际法学在中国也没有形成自己完整的理论和体系。在旧中国，虽然也涌现出一批国际法学家，但在半殖民地半封建社会的条件下，也没有能够创立起中国国际法学。

1949年，中华人民共和国成立，结束了旧中国近百年受压迫受奴役的半殖民地半封建社会，我国的国际地位发生了根本性的变化。新中国作为具有独立主权的社会主义国家屹立在世界的东方，在国际关系中起着越来越重要的作用。尤其是改革开放之后，我国经济快速发展，目前我国已经发展成为世界第二大经济体，全面融入到国际社会政治和经济发展的进程之中，这就为发展我国的国际法学创造了良好的政治、社会和历史条件。

第二章

一、新中国国际法学的发展

新中国成立后，在中国共产党的领导下，在毛泽东主席和周恩来总理的主持下，中国政府执行了独立自主的外交政策，在国际活动中提出了一系列新主张，对国际法的发展做出了重大贡献。我国倡导的"和平共处五项原则"，提出的"三个世界划分的理论"以及"反对霸权主义的原则"，对正确阐述和实践国际法原则和规范，对当代国际法的发展，是具有十分重要的意义的。

然而，新中国国际法学却经历了一个艰难、曲折的发展过程。建国初期，我国国际法学既受到西方国际法学的影响，也受到了苏联国际法学的影响，加上长期以来受法律虚无主义和取消主义的影响，尤其是在"十年动乱"期间，受林彪、四人帮"左"倾路线的摧残，国际法的科学研究工作受到干扰和冲击，长期处于停顿状态，理论队伍日益缩小，专业理论被弃置一边，国际法学的研究发展非常缓慢。

尽管如此，我国国际法研究工作仍然取得了一定的成就。我国国际法学家除了针对帝国主义国家，特别是美国对中国的侵略政策和侵略行动，撰写了大量运用国际法维护中国主权和权益的文章外，还编著了许多国际法专著和资料。周鲠生教授所著《国际法》（上、下册）一书填补了我国国际法研究的空白，为我国创立具有中国特色的国际法学奠定了基础，也是发展国际法研究的良好开端。

粉碎四人帮后，特别是十一届三中全会以来，我国国际法研究开始恢复和发展起来。1978年，高校全面恢复了法学高等教育。1980年，我国历史上第一个研究国际法的全国性学术团体——中国国际法学会正式成立。1982年，该学会又创办了体现中国国际法学术水平的专业刊物——《中国国际法年刊》，受到了国内外国际法学界的高度评价。30年来，我国国际法学界编著了一大批高学术水平的专著和教材，如王铁崖教授主编的《国际法》、李浩培教授所著的《条约法概论》和《国籍问题的比较研究》、魏敏教授主编的《海洋法》、梁西教授所著的《现代国际组织》等。还编著了一批关于国际经济法、国际投资法、国际贸易法、国际货币法、国际税法、国际刑法、外交学和国际关系史等方面的著作。另外，还有大量的高学术水准的专业论文和国家课题。这些著作、教材及论文，是我国国际法学的重要组成部分，也是我国国际法所取得的重要成果。特别令人高兴的是，一大批中青年国际法学者成长起来，成为我国国际法教学、科研和外交工作的骨干。此外，我国国际法学家还开展了大量的国内外学术交流活动，推动了中国国际法学和外国的交流与发展。目前，我国的国际法学呈现出一派百花齐放、百家争鸣和长江后浪推前浪的欣欣向荣的景象。

二、创立具有中国特色的国际法学

30多年来，我国国际法学取得了很大的发展。但是，从国际形势发展的需要和我国对外交往与对外开放的要求来看，国际法学的研究还是不够的。特别是在当代国际社会多极化的形势下，如何改造传统国际法学，如何完善现代国际法学，如何创立一个具有中国特色的国际法学，已摆在我国国际法学者的面前。

什么是具有中国特色的国际法学，如何创立具有中国特色的国际法学，这是我国国际法学者们需要进一步研究的问题。具有中国特色的国际法学，应当是以马列主义、毛泽东思想、邓小平理论和"三个代表"为指导，以中国的实际为出发点，结合当前的国际形势，为建立在和平共处五项原则基础上的国际政治、经济新秩序服务的国际法学理论。

建立具有中国特色的国际法学，是我国国际法学者的一项历史任务，也是一项长期而艰巨的任务。可以预期，在我国国际法学者的共同努力下，具有中国特色的国际法学理论体系是一定会形成的。

【思考题】

1. 简述国际法学的研究对象和范围。
2. 简述自然法学派的基本观点。
3. 简述实在法学派的基本观点。
4. 简要回答国际法与国际法学的关系。

第三章
国际法基本原则

第一节　概　述

一、国际法基本原则的概念和特征

法律原则是指可以指导和协调全部社会关系或某一领域的社会关系的法律调整机制。这种原则是从法律体系的具体规则、规范和制度归纳而来的，同时又具有指导其他规则、规范和制度的作用。这类原则就是基本原则，构成了某一种法律体系的基础。国际法也有它的基本原则，但是，迄今为止，中外国际法学者对什么是国际法基本原则和哪些原则是国际法基本原则，以及国际法基本原则在国际法体系中的地位，并没有统一的认识。一般来说，国际法基本原则，是指那些被各国公认和接受的、具有普遍约束力的、适用于国际法各个领域的、构成国际法基础的法律原则。

根据上述定义，国际法基本原则具有以下几个主要特征：

1. 国际社会公认。"各国公认"是国际法基本原则最重要的基本特征。这一特征使国际法基本原则区别于仅为部分国家所承认的原则。一国或数国提出的某一原则可能具有重大的政治和法律意义，并对部分国家或地区的问题起着重要的指导作用，但其在得到各国公认之前，还不是国际法基本原则。只有当一项原则在国际社会中反复出现，并被作为整体的国际社会认定为指导国际关系的一般准则时，它才可能成为国际法基本原则。所谓"作为整体的国际社会"并非包括一切国家，而是指大多数国家或绝大多数国家。它们通过签订国际公约或缔结条约，或通过形成习惯的方式或程序，把某一原则确认为国际法基本原则。

2. 具有普遍约束力。这是针对国际法基本原则的适用对象而言的。这一特征意味着国际法基本原则一经确认，不仅对某些国家或某一类国际法主体具有约束力，而且对所有国家及所有的国际法主体都具有约束力。

3. 适用于国际法一切领域。这是区别基本原则与各种具体原则的一个重要标准。具体原则是基本原则的具体化，是某一法律领域或某类法律活动的指导思想和直接出发点，所以，国际法的具体原则仅适用于特定的国际法领域或部门。而国际法基本原则适用于国际法各个领域，对国际法的各个分支部门都具有一般性的指导作用。它贯穿于国际法的始终，对国际法的各个领域起指导作用，带有全局性质，具有普遍意义。

4. 构成国际法的基础。构成国际法的基础，并非指国际法赖以产生和存在的国际政治、经济基础，而仅指它的法律基础，即国际法具体原则、规则和规章制度与国际法基本原则的关系。就二者之间的关系而言，它包含了两方面的含义：①国际法的其他具体原则、规则和规章制度或者是从基本原则派生、引申出来的，或者必须符合国际法基本原则的精神，否则其法律效力就会受到质疑；②国际法基本原则是具体原则有效的基础，是判断具体原则是否有效的标准。国际法的具体原则、规则和规章制度都必须符合国际法基本原则的精神和要求，否则应属无效。

二、国际法的基本原则与强行法

强行法（jus cogens），又称绝对法、强制法，即必须执行的法律，其原属于国内法的概念，与其相对的是国内法上的任意法。强行法作为国际法的概念，它与国际法基本原则既有联系又有区别。它来源于古罗马法，是指必须绝对执行的法律规范。这一概念在各国的国内法中仍然存在，具体表现为强制法规则。事实上，不论是大陆法系国家还是普通法系国家，均制定了这类规则，称其为"公共秩序"或"公共政策"规则，其高于其他一切法律规则，违反这类规则即属无效。

虽然国际法上也有一些属于强行法性质的规则，例如禁止贩卖奴隶，但是这一概念进入国际法则是新近的事情。1969 年的《维也纳条约法公约》第 53、64 条第一次在国际公约中正式使用了强行法这一概念。第 53 条规定："条约在缔结时与一般国际法强制规律抵触者无效。就适用本公约而言，一般国际法强制规律指国家之国际社会全体接受并公认为不许损抑且仅有以后具有同等性质之一般国际法规律始得更改之规律。"第 64 条关于"一般国际法新强制规律（绝对法）之产生"的规定如下："遇有新一般国际法强制规律产生时，任何现有条约之与该项规律抵触者即成为无效而终止。"

从以上《维也纳条约法公约》的相关规定可得知，所谓国际强行法，是指国际社会全体接受并公认为不许损抑且仅有以后具有同等性质之一般国际法规律始得更改之规律。而国际强行法的效力表现在两个方面：一是条约在缔结时与一般国际法强制规律抵触者无效；二是遇到新的一般国际法强制规律产生时，任何现有条约之与该项规律抵触者即成为无效而终止。但是，《维也纳条约法公约》第 53 条给国际强行法所下的只是一个形式上的定义，并未提供辨明现有强行法规范的标准，因此很难说哪些国际法规则是强行法规则。联合国国际法委员会曾经提出一些"明显的、最确定的强制法规则，如关于违反《联合国宪章》使用武力或武力威胁、国际罪行和国际法要求每一个国家予以取缔和惩罚的行为的规则"，但是这并不是详细无遗的。

虽然很难明确地列举出哪些国际法规则是强行法规则，但通过比较、分析可以看出，国际法基本原则具有国际法强制规律的条件和特征。国际法基本原则的"公认"和"普遍意义"这两项特征同强制规律的"全体接受"这一特征是一致的；"构成国际法基础"这项特征同强制规律的"公认不许损抑"和"仅有以后具有同等性质之一般国际法规律始得更改"这两项特征是一致的。所以，国际法基本原则属于强制规律的范围，而并非任意选择的原则。它们都是所有国家或大多数国家所承认和接受的，而且它们的法律拘束力优于其他国际法原则、规则和制度。

应当强调的是，国际法基本原则属于强制法，但是，国际法基本原则并不等于国际强行法。国际法基本原则的主要特征是其具有普遍意义，适用于国际法的一切效力范围，从而构成国际法的基础。而国际强制规律有可能只是某一特定国际法部门的具体规则，例如有关惩治国际犯罪行为的规则，被认为具有强行性，但并不是国际法基本原则。由此可见，国际法基本原则和国际强行法是两个既有联系又有区别的法律概念，二者不可以截然分开，也不可以完全等同。

三、国际法基本原则的形成和发展

国际法基本原则是在国际关系的发展中产生、发展和确立的。不同的历史时期，都有与该时期政治、经济、科学技术发展相适应的基本原则产生。每项基本原则在不同的发展时期又被赋予了不同的含义和内容，也形成了不同的体系。

（一）初步形成时期

17～18世纪，资产阶级为了反对封建压迫和禁锢，巩固和发展革命胜利的成果，提出和倡导了一系列民主的指导国际关系的原则。例如，为了反对英国的殖民统治，1776年美国《独立宣言》庄严宣告"解除对于英国的一切隶属关系"，成立"自由独立的合众国"，"享有全权去宣战、媾和、缔结同盟、建立商务关系，或采取一切其他凡为独立国家所理应采取的行动和事宜"。1793年法国宪法的《人权宣言》部分以及正文部分都明确宣布："主权属于人民，它是统一而不可分的，不可动摇的和不可让与的。"并宣告：法国人民不干涉其他国家政治事务，也不允许其他民族干涉法国的事务。1795年由法国神甫格雷瓜尔承担起草的法国国民公会的《国家权利宣言》草案明确规定各国不论人口多少、领土大小，都是主权的、独立的，不得干涉他国内政等一系列的民主原则。1823年美国总统门罗为了反对欧洲国家（主要是俄、奥、普三国神圣同盟）干涉美国国家事务，发表了一项国情咨文，宣布美国奉行不干涉政策，美国不干涉欧洲的事务，也不允许欧洲国家干涉美洲各国的事务。这些文件及提出的一些原则，只是提出这些文件的国家处理对外关系的原则和主张，并非国际法，但却对近代国际法上的一些基本原则的确立具有重要的历史作用和直接影响，如国家主权原则和不干涉内政原则等。虽然这些原则起初出现在国内法而对其他国家无约束力，但因在长期的国际实践中，各国以条约或其他方式承认了这些原则，所以其逐渐发展成为国际社会普遍接受的国际法基本原则。这一时期既是近代意义上的国际法产生、形成和发展的时期，也是国际法上的一些基本原则倡导、传播和形成的时期。

（二）基本形成时期

这是两次世界大战之间的时期。由于资本主义发展到了帝国主义阶段，资产阶级原来倡导和传播过的国际法上的进步原则，或被限制适用于所谓欧洲基督教"文明国家"之间，或实际上被抛弃，代之以一些为帝国主义服务的原则。同时，帝国主义国家之间的矛盾也日益加剧，迫使一些国家于1899年和1907年两次召开海牙会议，签订了两个和平解决国际争端的条约，提出了和平解决国际争端的原则。但是，争端不仅未能解决，还爆发了第一次世界大战。第一次世界大战和十月革命以后，国际法基本原则的发展进入到另一个重要阶段。列宁领导的苏维埃国家提出了一系列和平民主的国际法原则，如民族自决原则、不侵犯原则，并从理论上论述了和平共处思想。此后，1928年的《巴黎非战公约》郑重声明：缔约各方谴责用战争来解决国际争端，并在相互关系上废弃战争作为实行国家政策的工具，规定公约参加国之间如有争端和冲突，不论属何性质，因何原因，永远不得以和平方式以外的方式解决。换言之，公约参加国承担和平解决国际争端的义务。这样，第一次世界大战和十月革命以后，互不侵犯原则、和平解决国际争端原则就确立起来了。

（三）广泛、深入发展时期

第二次世界大战，使人类惨遭空前的浩劫，同时也推动了反对侵略战争、维护世界和平与安全以及民族解放斗争的发展。和平力量迅速增长，民族解放运动蓬勃发展，一系列民族独立国家产生，使国际政治力量对比发生了重大变化。这种变化反映到国际法上，表现为原来带有进步性的国际法原则得到了充实和发展，同时又创立了一些新的国际法基本原则。

从战争废墟里孕育出来的《联合国宪章》确立了一系列国际法基本原则。《联合国宪章》第2条规定了会员国在相互关系中应遵守的七项原则，这七项原则包括：①会员国主权平等原则；②真诚履行宪章义务原则；③应以和平方法解决国际争端原则；④不得以武力相威胁或使用武力原则；⑤集体协助原则；⑥在维护国际和平与安全的必要范围内，应确保非会员国遵守上述原则；⑦不得干涉在本质上属于任何国家国内管辖事项的原则。这些原则的确立，不仅丰富了现代国际法基本原则，而且也是对国际法基本原则在法律上的确认。宪章规定的原则构成了现代国际法基本原则的核心。这些原则是由迄今为止拥有会员国最多的全球性国际组织——联合国的章程所确立的，因而是最具有权威性和普遍性的。

自20世纪60年代以来，根据国际格局的变化和时代的要求，联合国大会曾通过了一系列涉及国际法基本原则的决议或宣言，对国际法基本原则的发展产生了积极的影响。这些文件主要有：1960年《给予殖民地国家和人民独立的宣言》、1962年《关于自然资源之永久主权的决议》、1965年《关于各国内政不容干涉及其独立与主权之保护宣言》、1970年《国际法原则宣言》、1974年《各国经济权利和义务宪章》、1979 年《国际关系中不容推行霸权主义政策的决议》等。特别是 1970 年的《国际法原则宣言》，郑重明确地宣布了七项原则，要求"所有国家在其国际行为上"，将其作为"国际法之基本原则"予以"严格遵守"。这七项原则是：①各国在其国际关系上应避免为侵害任何国家领土完整或政治独立之目的或以与联合国宗旨不符之任何其他方式使用威胁或武力之原则；②各国应以和平方法解决其国际争端俾免危及国际和平、安全及正义之原则；③依照宪章不干涉任何国家国内管辖事件之义务之原则；④各国依照宪章彼此合作之义务之原则；⑤各民族享有平等权利与自决权之原则；⑥各国主权平等之原则；⑦各国应一秉诚意履行其依宪章所负义务之原则。这是国际社会第一次以联合国大会通过宣言的形式来列举并确认国际法的基本原则，这对所有国家在其国际关系上遵守国际法和贯彻《联合国宪章》的各项宗旨和原则，具有非常重要的意义。

20 世纪 80 年代，联合国大会又通过了一系列阐释国际法基本原则的重要决议。如 1981 年《不容干涉和干预别国内政宣言》、1982 年《关于和平解决国际争端的马尼拉宣言》和 1987 年《加强在国际关系上不使用武力或进行武力威胁原则的效力宣言》。这些宣言极大地丰富和完善了现代国际法基本原则的内容和体系。

总之，二战以后的这一时期，是国际法基本原则广泛、深入发展的时期，上述国际法律文件对国际法基本原则的发展产生了重要的意义。首先，它们为国际法基本原则增加了新的内容。例如，1974 年《各国经济权利和义务宪章》将平等互利原则和和平共处原则作为指导国际关系的法律基础，把原来的平等和互利两项国际法原则结合为一项国际法原则，从而使权利与义务紧密地联系起来成为一个统一体。这是对国际法的一项重大发展。其次，这些文件对国际法基本原则的内容作了新的详细的阐释。特别是《国际法原则宣言》对各项基本原则的内容作了详尽的阐明。这种详尽阐明的方式，有助于对国际法各项基本原则的理解和适用，是对国际法基本原则发展的有益尝试。再次，这些文件使国际法基本原则更加明确和系统化。1970 年《国际法原则宣言》提出了七项原则，1974 年《各国经济权利和义务宪章》提出了十五项原则。这些原则与《联合国宪章》第 2 条规定的七项原则的精神是一致的，但内容更加明确丰富，更加系统化为一个原则体系。

值得注意的是，《国际法原则宣言》在提出七项原则时，曾对国际法基本原则做出了具有指导意义的解释。它指出：在解释和运用这些原则时，应予以相互联系，对每个原则应当结合其他所有原则来加以考虑。强调了国际法基本原则之间的内在联系和相互一致性，事实上也就是把国际法基本原则作为一个原则体系来对待。这对正确理解国际法基本原则的精神实质，防止在运用中以一个基本原则来否定或反对另一个基本原则，具有十分重要的理论和实践意义。

对于国际法原则体系包括哪些原则，各国学者存在分歧。我国大多数学者认可以下几项原则属于国际法基本原则：①互相尊重主权和领土完整原则；②互不侵犯原则；③互不干涉内政原则；④平等互利原则；⑤和平共处与国际合作原则；⑥民族自决原则；⑦善意履行国际义务原则；⑧和平解决国际争端原则。

相信随着国际关系的演变和国际法的发展，国际法基本原则的内容还会进一步发展，新的国际法基本原则还会产生。

第二节　国际法基本原则的内容

一、国际法基本原则的具体内容

（一）互相尊重国家主权和领土完整原则

国家主权是国家的根本属性和固有权力。主权不可分割和不可让与，不从属于任何外来的意志与干预，所以，其在国内是最高的，在国际上是独立的。简言之，国家独立自主地处理自己内外事务、管理自己国家的权力就是国家主权。

国家主权包括两方面的内容，即对内的最高权和对外的独立权。所谓对内最高权，是指国家的最高统治权。每个国家都有决定其社会政治制度和经济制度以及国家形式的权利；一切中央和地方的行政权、立法权和司法权都必须服从最高统治权的管辖；国家对自己领土内的人和物以及领土外的本国人享有属地优越权和属人优越权。所谓对外独立权，是指国家在国际关系中，享有独立自主地、不受任何外来干涉地处理国内外一切事务的权利，以及为了防止外来侵略和武力攻击进行国防建设，在国家已经遭到外来侵略和武力攻击时，进行单独的或集体的自卫的权利。

互相尊重国家主权就是各国在其相互关系中，要尊重对方主权，尊重对方的国际人格，不得有任何形式的侵犯，这是国家进行自由合作和友好交往的法律基础，是保障国际和平与安全的法律武器。有的学者就曾将国家主权原则比之为各国保护自己生存、反对他国控制和干涉的法律盾牌。

但是，在现实国际关系中常常出现侵犯国家主权的行为，而且各种否定国家主权的学说也层出不穷。这些都反映了国家主权概念的历史发展。

国家主权的概念产生于近代国际关系中，即 16 世纪后半叶。自由资本主义生产方式的产生和发展，必然要求取消封建割据的局面，从而能够统一国内市场，发展对外贸易，于是产生了法国政治思想家让·博丹（Jean Bodin）关于中央集权的国家主权学说。作为国家主权学说的重要创始人，1577 年，博丹在《论共和国》一书中，最早提出了国家主权的概念。依据他的主权观念，主权是国家的特殊属性，是国家所拥有的一种绝对和永久的权力，这种权力是不能转移的。在君主制国家中，君主是主权者，他享有对其臣民的最高权力。从政治方面来讲，这一学说对当时欧洲各国铲除封建割据势力，建立和巩固以君主或国王为代表的中央集权制国家起了积极的作用，具有历史进步意义。从国际法律方面来讲，这一学说提出了国家主权概念，对国际法的发展具有重要意义。

17 世纪时，格老秀斯进一步论述了国家主权学说。他认为主权就是国家的最高统治权，主权行为不受任何其他权力的限制，不从属于其他任何人的意志。格老秀斯的国家主权学说，对近代主权独立国家之间关系的发展和近代国际法的创立产生了重大影响。

随着资本主义生产关系的巩固，博丹的中央集权国家主权思想已不能完全适应资产阶级的需要了，卢梭（J. J. Rousseau）的人民主权学说便应运而生。他强调国家主权属于人民，是公共意志的运用，认为主权不可转让、不可分割，是绝对的、至高无上和神圣不可侵犯的。这一学说反映了资产阶级上升时期的民主思想，在当时对巩固资产阶级统治起了积极作用。

到了垄断资本主义阶段，为了适应垄断资产阶级的需要，国际上出现了一些贬低、否定国家主权或把国家主权绝对化的学说。这些学说或者完全否定主权，认为主权是依据传统国际法建立的，要求国家放弃主权，以联合主权代替单一主权；或者把主权绝对化，从而否定国际法的约束力；或者企图歪曲主权，认为在国际社会里，为了维护共同利益，国家主权应受到限制。否定主权论、绝对主权论和有限主权论，都是帝国主义侵略他国的理论武器。在当代国际关系实践中，当它们违背了国际法基本原则时，就以维护自己的主权为借口，主张绝对主权论；当它们侵略他国时，就要求别的国家让出主权，主张主权有限论。

应该指出的是，国家主权是国家的构成要素之一，是国际关系存在和发展的基础，而国家主权原则是国际法的基石。否定国家主权就是否定国家本身，也就否定了国际法的存在。国家主权与国际法并非对立，国家遵守国际法，就是履行自己同意承担的国际义务，也是对本国主权的维护。

应该注意的是，和平共处五项原则把互相尊重主权和互相尊重领土完整两者结合为一项原则，说明二者之间有着密切而又有所差异的联系。

1. 领土主权是国家主权最重要的表现之一，也是国家主权的重要组成部分。因为领土是构成国家的基本要素之一，是国家及其人民赖以生存的物质基础，是国家行使管辖权的范围和空间。国家对领土拥有的权利，就是国家的领土主权，它包括领土的所有权和管辖权。而尊重国家领土完整就是指国家领土主权不受侵犯，即凡属国家的领土，一寸也不能丢失，不能被分裂，不能被肢解，也不能被侵占。可见，国家主权与领土完整是相互联系、密不可分的。国家在自己的领土上行使排他的管辖权，侵犯一国的领土完整当然就破坏了该国的主权。因此，国家之间相互尊重领土完整是尊重国家主权的最主要内容。尊重一国主权就应首先尊重一国的领土完整，而尊重一国的领土完整，就是尊重该国主权的主要表现。

2. 国家主权的概念要比领土完整广泛得多，国家主权不仅包括国家领土主权，而且还包括其他方面的主权，如交往权、自卫权、外交权和管辖权等。不侵犯对方的领土完整，而用其他方式干涉了对方的内政，同样是侵犯他国主权的行为。国家是在自己的主权范围内行使主权的，只有国家主权存在，才能保证国家领土主权不受侵犯，才能保证国家领土完整。如果国家主权被剥夺，领土主权就会失去保证，一旦国家领土主权受到侵犯，国家就失去了领土完整。如果通过分裂、侵占等方式侵犯了一国的领土完整，当然就侵犯了该国的主权。因此，领土完整是构成国家主权的重要组成部分，尊重一国的主权必然应该首先尊重一国的领土完整。

（二）互不侵犯原则

1. 互不侵犯原则的含义。互不侵犯原则，也称之为不得使用威胁或武力侵害任何国家的原则，是由国家主权原则直接引申出来的。它是在第一次世界大战和十月革命以后提出的。第一次世界大战给人类带来了深重的灾难，战后反侵略战争的要求越来越强烈。因此，1919 年《国际联盟盟约》对战争作了限制性规定：联盟会员国约定，倘联盟会员国间发生争议，势将决裂者，当将此事提交仲裁或依司法解决，或交行政院审查。联盟会员国并约定无论如何，非俟仲裁员裁决或法庭判决或行政院报告三个月届满以前，不得从事战争。本条内无论何案仲裁员之裁决或法庭之判决应于适当期间宣告，而行政院之报告应自受理争议之日起 6 个月内做成。盟约只对和平解决争端的方法和程序作了规定，对发动战争的开始时间作了限制，但没有废止侵略战争。

禁止侵略战争和把侵略战争视为罪行的思想，最早体现在 1923 年国际联盟大会通过的互助条约草案和关于侵略战争的宣言中。草案和宣言都认为侵略战争是国际罪行，但草案和宣言并没有得到实施，不具有约束力。

1928 年《巴黎非战公约》宣布废止战争。公约规定：缔约各方以它们各国人民的名义郑重声明它们斥责用战争来解决国际纠纷，并在它们的相互关系上，废弃战争作为实行国家政策的工具。缔约各方同意它们之间可能发生的一切争端或冲突，不论其性质或起因如何，只能用和平方法加以处理或解决。也就是说，缔约各方约定放弃"战争"，"和平解决争端"，而且缔约国之间事先已就下述两点达成谅解，即"作为国际联盟的制裁进行的战争"和"自卫战争"不在此限。但是，该公约虽然明确废弃战争，却没有明确区分正义战争和侵略战争，更没有明确废弃的只是侵略战争。当然，就否定战争权这一点来说，《巴黎非战公约》具有划时代的意义。第二次世界大战以后，特别是在世界人民反对侵略战争的背景下，这项原则进一步确立起来了。

否定战争权，废止侵略战争，确定不得使用威胁或武力侵害任何国家原则的国际法文件是《联合国宪章》和《国际法原则宣言》。《联合国宪章》第 2 条第 4 项规定："各会员国在其国际关系上不得使用威胁或武力，或以与联合国宗旨不符之任何其他方法，侵害任何会员国或国家之领土完整或政治独立。"根据这一规定，该原则是指国家在国际关系中，不以任何借口使用威胁或武力或使用与《联合国宪章》不符的任何其他方式侵犯别国主权、领土完整和政治独立，不以威胁或武力解决国际争端。这是各国在其国际关系上必须遵守的原则。

1970 年的《国际法原则宣言》对该原则的内容作了详细的规定：①非法使用威胁或使用武力构成违反国际法及《联合国宪章》之行为，永远不应用为解决国际争端之方法；②侵略战争构成危害和平之罪行，在国际法上应负责任；③各国均有义务避免从事侵略战争之宣传；④各国皆有义务避免使用威胁或武力以侵犯他国现有之国际边界；⑤各国皆有义务避免对享有民族自决权的民族采取剥夺其自决、自由及独立权利之任何强制行动；⑥各国皆有义务避免组织或鼓励组织非正规军或武装团队，包括雇佣兵在内，侵入他国领土；⑦国家领土不得作为违背宪章规定使用武力所造成之军事占领之对象，国家领土不得成为他国以使用威胁或武力而取得之对象，使用威胁或武力取得之领土不得承认为合法；⑧各国皆应一秉诚意，履行其依国际法所负维持国际和平与安全的责任。

禁止使用武力是禁止非法使用武力，非法使用武力就构成侵略。关于什么是侵略，1974年，联合国大会通过了《关于侵略定义的决议》，对侵略的定义、侵略行为的确定、侵略行为的表现作了全面规定。

2. 侵略的定义。1974年，联合国大会通过的《关于侵略定义的决议》规定了侵略的定义、侵略行为的确定和侵略行为的种种表现。第1条规定："侵略是指一个国家使用武力侵犯另一个国家的主权、领土完整或政治独立，或以本定义所宣示的与《联合国宪章》不符的任何其他方式使用武力。"定义中使用的"国家"一词，适用时包括"国家集团"的概念在内。第2条规定："一个国家违反宪章的规定而首先使用武力，就构成侵略行为的显见证据，但安全理事会得按照宪章的规定下论断：根据其他有关情况，包括有关行为或其后果不甚严重的事实在内，没有理由可以确定已经发生了侵略行为。"第3条规定："在遵守并按照第2条规定的情况下，任何下列行为，不论是否经过宣战，都构成侵略行为。①一个国家的武装部队侵入或攻击另一国家的领土；或因此种侵入或攻击而造成的任何军事占领，不论时间如何短暂；或使用武力吞并另一国家的领土或其一部分。②一个国家的武装部队轰炸另一个国家的领土；或一个国家对另一国家的领土使用任何武器。③一个国家的武装部队封锁另一国家的港口或海岸。④一个国家的武装部队攻击另一国家的陆、海、空军或商船和民航机。⑤一个国家违反其与另一国家订立的协定所规定的条件使用其根据协定在接受国领土内驻扎的武装部队，或在协定终止后，延长该项武装部队在该国领土内的驻扎期间。⑥一个国家以其领土供另一国家使用让该国用来对第三国进行侵略行为。⑦一个国家或以其名义派遣武装小队、武装团体、非正规军或雇佣兵，对另一国家进行武力行为，其严重性相当于上述所列各项行为；或该国实际卷入了这些行为。"第4条强调："以上列举的行为并非详尽无遗；安理会得断定某些其他行为亦构成宪章规定下的侵略行为。"第5条严正申明："①不得以任何性质的理由，不论是政治性、经济性、军事性或其他性质的理由，为侵略行为作辩护。②侵略战争是破坏国际和平的罪行。侵略行为引起国际责任。③因侵略行为而取得的任何领土或特殊利益，均不得亦不应承认为合法。"第7条指出："本定义所有规定不得妨碍在殖民主义政权和种族主义政权或其他形态的外国统治下的人民取得自决、自由和独立的权利，亦不得妨碍为此目的而进行斗争并寻求和接受支援的权利。"

第
三
章

按照上述各项规定，国际法禁止的是侵略战争及侵略行为，下面两种战争不在被禁止之列：一是联合国按照宪章规定合法使用武力；二是在殖民主义和种族主义政权或其他形态的外国统治下的人民和民族为争取独立解放而进行的民族独立战争、解放战争和反侵略的自卫战争。

应予强调的是，侵略定义在国际法上和国际关系中具有重要意义，对企图发动侵略战争的国家和国家集团以及侵略政策的执行者都有威慑作用，也是判断和确定侵略行为的标准。但定义和决议也还存在着比较严重的缺陷。首先，侵略定义把侵略只限于武装侵略行为，而没有规定其他的侵略形式，如政治上的干涉和颠覆、经济上的控制与掠夺等；其次，侵略定义虽然正确地指出侵略战争是破坏国际和平的罪行，侵略行为引起国际责任，但没有明确规定对侵略者如何进行惩罚，这就降低了侵略定义和决议的作用。

（三）互不干涉内政原则

1. 互不干涉内政原则的概念和内容。互不干涉内政原则也是从国家主权原则直接引申出来的。一国的主权应受到尊重意味着，不准以任何借口干涉他国的内外事务，不准以任何手段强迫他国接受另一国的意志、社会政治制度和意识形态。

所谓干涉，是指一国或数国为实现自己的目的和意图，使用政治、经济，甚至军事手段，采取直接或间接、公开或隐蔽的方式干预另一国的内外事务，使被干预国按照干预国的意图行事，以改变被干预国所执行的某种方针、政策或存在的形势。显然，干涉的特征表现为，干预国总是从自己的利益出发，为维持某种有利于它的或改变某种不利于它的情势而对被干预国所做出的专横行为。与干涉相关的一个概念是侵略，二者既密切联系，又互相区别。按照1974年联合国《关于侵略定义的决议》，侵略是非法使用武力，干涉则可以采取军事、政治、经济、外交等手段，而其中使用武力进行武装干涉是一种最直接、最露骨、最粗暴的干涉，此种干涉即是侵略。但是，干涉决不限于使用武力。

按照《关于各国内政不容干涉及其独立与主权之保护宣言》和《国际法原则宣言》的规定，不干涉内政原则的内容是：①任何国家或国家集团均无权以任何理由直接或间接干涉任何其他国家之内政或外交事务。因此，武装干涉及对国家人格或其政治、经济及文化要素之一切其他形式之干预或试图威胁，均系违反国际法。②任何国家均不得使用或鼓励使用经济、政治或任何他种措施强迫另一国家，以取得该国主权权利行使上之屈从，并自该国获取任何种类之利益。③任何国家均不得组织、协助、煽动、资助、鼓励或容许目的在于以暴力推翻一国政权之颠覆、恐怖或武装活动，或干预另一国之内政。④使用武力剥夺各民族特性构成侵犯其不可移让之权利及不干涉原则之行为。⑤每一国均有选择其政治、经济、社会及文化制度之不可移让之权利，不受他国任何形式之干涉。⑥所有国家均应尊重各民族及国家之自决及独立权利，俾能在不受外国压力并绝对尊重人权及基本自由之情形下，自由行使。故所有国家均应致力于各种形式与表现使之种族歧视及殖民主义之彻底消除。

应当注意的是，内政具有非常广泛的内容，凡在本质上属于国内管辖之事件，均属于内政，它包括一个国家国内生活的一切方面。国际法上的内政不是一个地理概念，一个国家在本国境内的行为，也可能是破坏国际法的行为；在境外的行为，也可能是一国的内政，属于国内管辖的事件。判断一个行为是否属于一国内政问题的标准是，该行为在本质上是否属于国内管辖之事件以及该管辖和在管辖中的行为是否符合公认的国际法。一个行为虽然发生在本国境内，且并不违反该国国内法，但只要违背公认的国际法，也不能逃避国际责任和制裁。

2. 不干涉内政原则的提出和确立。法国资产阶级革命胜利后，为反对欧洲封建势力的干涉，巩固自己的胜利，在 1793 年《宪法》中规定了不干涉内政原则。该《宪法》第 119 条规定，法国人民不干涉其他国家政府事务，也不允许其他民族干涉法国事务。这项原则原来是为了反对封建势力干涉资产阶级革命的，后来为各国所接受，逐渐形成为国际习惯法规则，并作为一般国家关系准则规定在一些国际条约中。1919 年《国际联盟盟约》第 15 条规定，按照国际法纯属国内管辖之事件，行政院应据情报告，而不作解决该争议的建议。1945 年《联合国宪章》第 2 条第 7 款规定：“本宪章不得认为授权联合国干涉在本质上属于任何国家国内管辖之事件，且并不要求会员国将该项事件依本宪章提请解决。”1965 年联合国大会通过的《关于各国内政不容干涉及其独立与主权之保护宣言》又郑重宣告：任何国家，不论为任何理由，均无权直接或间接干涉任何其他国家之内政、外交，故武装干涉及其他任何方式之干预或对于一国人格或其政治、经济及文化事宜之威胁企图，均在谴责之列。《国际法原则宣言》又重申了《关于各国内政不容干涉及其独立与主权之保护宣言》所宣示的各项内容，指出：武装干涉及对国家人格或其政治、经济及文化要素之一切其他形式之干预或试图威胁，均系违反国际法。1981 年联合国通过的《不容干涉和干预别国内政宣言》更强调指出：“充分遵守不干涉和不干预别国内政和外交的原则对维持国际和平与安全和实现《宪章》的宗旨和原则都最为重要。”《不容干涉和干预别国内政宣言》除重申《关于各国内政不容干涉及其独立与主权之保护宣言》和《国际法原则宣言》所宣示的不干涉原则之外，还进一步全面、系统地规定了不干涉和不干预别国内政和外交原则应包括的各项权利和义务。1954 年，中、印、缅三国共同倡导的和平共处五项原则对不干涉内政原则又作了新的发展，概括为互不干涉内政原则。这项原则增加了一个“互”字，把权利和义务概括地结合在一项原则中，反映了当代国际关系中的权利和义务是相互的，不干涉内政是相互的权利和义务。互不干涉内政原则把国际法上的权利和义务概括在一项原则中，是对国际法的发展做出的贡献。

3. 帝国主义干涉他国内政的形式和所谓法律根据。由于现代国内事务和国际事务之间具有联系，又由于国际法受制于国际政治，因此不干涉内政原则虽然被公认为不许损抑的国际法基本原则，但实践中一国干涉他国内政的事件，却时有发生。

特别是一些强国，常以"依据权利"、"应合法政府邀请"或"人道主义"为理由对他国进行干涉。实践中，对以上各种情况应具体问题具体分析：①对于依据权利的干涉，若其依据的是不平等条约，则其不产生法律效力，不能援引作为法律依据。如果其依据的是平等的合法的条约，并据以进行国际合作和互助，则不构成干涉，是履行一国承担的国际义务。此外，对于联合国依据宪章的规定对任何国家做出的危及国际和平与安全的行为采取的行动，由于是宪章赋予的权利，不属于干涉会员国国内管辖的事项，而是关系到国际和平与安全的国际事件，当然不属于干涉的范畴。②对于应合法政府邀请的问题，如果邀请确实是由合法政府发出的，而不是由傀儡政权发出的，被邀请者的行为是在双方协议的基础上进行的，且没有滥用权力，也没有为自己牟取私利，这种行为并没有违反国际法，因而不构成干涉。但是，如果所提供的援助是以侵略他国为目的或插手纯属他国的内部事务，即便是根据"国际条约"、"国际义务"，也是一种干涉。③至于"人道主义干涉"（humanitarian intervention），也应对其作具体分析。诚然，根据《联合国宪章》，各国应尽力保障人权和基本自由，但由于各国的历史和文化传统不同、国情不同、发展程度不同，因而对基本人权和自由的规定和保障程度不可能完全相同。如果任何一个国家，可以随意按照自己的标准要求和判断别国的人权状况，并以"违反基本人权"为借口进行所谓的"人道主义干涉"，国际社会必将陷入一片混乱。同时，对于确实发生的大规模侵犯人权的事件，如种族隔离、种族灭绝和剥夺民族自决权等，国际社会应当对这些严重违反基本人权与自由的事件给予特别注意，对这种违反基本人权和自由的国际不法行为应当坚决反对，并进行必要的干预和制裁，以伸张正义和维护国际法原则不被破坏。

（四）平等互利原则

在国际关系中，除了应该互相尊重主权和领土完整、互不侵犯、互不干涉内政外，还应该根据平等互利的原则发展各国间的关系。平等互利原则是平等原则和互利原则结合起来的一项新原则，它包括平等和互利两个方面。

平等原则是主权原则的重要内容，其早已是国际法上的一个重要原则。它是18世纪资产阶级革命时期的产物。各主权国家都是国际法的主体，在国际法上，国家都是国际社会的平等成员。所谓平等，是指国家不分大小强弱、人口多寡、政治制度与社会制度如何，也不分经济和社会发展程度如何，在国际关系中，都具有平等的法律地位，因而都应该互相尊重，平等相处，任何国家都不得对别国发号施令，也不得谋求任何特权。

根据《国际法原则宣言》的规定，国家主权平等原则的具体内容包括：①各国法律地位平等；②每一国均享有充分主权之固有权利；③每一国均有义务尊重其他国家之人格；④国家之领土完整及政治独立不得侵犯；⑤每一国均有权利自由选择并发展其政治、社会、经济及文化制度；⑥每一国均有责任充分并一秉诚意履行其国际义务，并与其他国家平等相处。

在长期的国际实践中，为贯彻国家平等原则而形成了一些体现国家平等的国际惯例。例如，在国际组织和国际会议中，各国位次按各国国名的第一个字母的顺序排列，每一国家有同等数量的代表，每一国家所投的票在法律上具有同等效力。在签订国际条约的问题上，每个国家都有使用本国文字的权利，本国文字与其他国家所使用的文字具有同等效力；在条约上签字时，签字国应遵守"轮署制"，即每个缔约国在其保存的一份约本上名列首位，它的全权代表在这份约本上首先签字等。

所谓互利，是指各国在其相互关系中，要平等对待对方，不得以损害对方的利益来满足自己的要求，更不能以牺牲他国利益为交往的出发点，而应该是对双方都有利的。

中、印、缅三国共同倡导的和平共处五项原则，将平等与互利结合在一起，作为指导国际关系的一项根本原则，标志着平等原则的新发展，体现了平等原则和互利原则的本质联系和密切关系。国际实践表明，倘若双方是不平等的，肯定不可能有互利可言，国家关系只有建立在平等的基础上才能做到互利。平等是互利的前提和基础，互利是平等的要求和结果。国家间的关系只有建立在平等的基础上才能做到互利，也只有实现互利，才可能有真正的平等。传统国际法上的所谓平等，大多是形式上的平等，而在实质上是不平等的。因为，那时存在着大量的殖民地和附属国，它们本身处于被压迫和被奴役的地位，在一些国际条约中规定的权利和义务，在形式上对所有当事国都是平等的，而实际上所规定的权利只有那些经济、军事和科学技术力量强大的国家才能享有。例如，1946年签订的《中美友好通商航海条约》就是如此。现代国际法上的平等互利原则要求真正的平等，是互利基础上的平等，而不是形式上的平等。

平等互利原则不仅是指导国际政治关系的重要原则，而且对发展国际经济、贸易关系，促进各国间文化与科学技术的交流与合作也具有重要意义。《各国经济权利和义务宪章》序言指出：深信有需要发展一个以主权平等、公平互利和所有国家的利益密切相关为基础的国际经济关系的制度。本宪章的基本宗旨之一是在所有国家，不论其经济及社会制度如何，一律公平、主权平等、互相依存、共同利益和彼此合作的基础上，促进建立新的国际经济秩序。该宪章把各国国家主权平等和公平互利列在了十五项国际关系基本原则之中。

我国在处理对外经济关系和提供经济、科学技术援助时，严格遵循平等互利原则。1963年底到1964年初，周恩来总理访问非洲时提出并阐述了我国对外经济援助的八项原则：①中国政府一贯根据平等互利原则对外提供援助，而且认为提供援助总是相互的；②中国政府严格尊重受援国的主权和独立，绝对不附带任何条件，不要求任何特权；③中国以无息或者低息贷款的方式提供经济援助，以尽量减少受援国的负担；④中国政府提供援助的目的，是帮助受援国逐步走上自力更生、经济上独立发展的道路；⑤中国政府帮助建设的项目，力求投资少，收效快；⑥中国政府提供质量最好的设备和物资，并且保证退换；⑦中国政府保证做到使受援国的人员充分掌握技术；⑧中国的专家和技术人员，不容有任何特殊要求和享受。1982年底和1983年初，我国政府又提出对外经济技术合作的四项原则，即"平等互利、讲求实效、形式多样、共同发展"。这八项原则和四项原则体现了中国的对外政策，体现了中国根据和平共处五项原则与其他国家合作的愿望，也是我国对平等互利原则在对外经济技术活动方面的补充和发展。

（五）和平共处与国际合作原则

和平共处作为一种思想和一国的对外政策，最先是由列宁提出来的。其含义是，不同社会制度国家间根据国际法各项原则实行和平共处。《联合国宪章》在一定程度上反映了这一原则，《联合国宪章》序言宣布："欲免后世再遭今代人类两度身历惨不堪言之战祸"，各国必须"力行容恕，彼此以善邻之道，和睦相处"。1954年，中、印、缅三国领导人倡导的和平共处五项原则，将其作为第五项原则提出。这里和平共处原则不仅适用于不同社会制度的国家间，也应适用于相同社会制度国家间。1974年联合国通过的《各国经济权利和义务宪章》将和平共处列为十五项原则之一。在其他一些国际文件，特别是许多双边条约与文件中，和平共处原则亦得到了广泛的支持与肯定。总之，这一原则已得到国际社会公认，并成为指导国际关系的一项基本原则。

和平共处作为国际法的一项基本原则，应包括以下基本内容：①各国不论在社会制度和意识形态上有何差异都应和平地共同存在，任何国家不得做任何破坏和平的侵略行为，不得侵犯别国主权、领土完整和政治独立，不得干涉别国内政和进行颠覆活动。②和平共处不是消极地共存，而应是积极地共处。所谓积极地共处，是指在和平的环境和条件下，各国应该积极地进行友好往来，增进相互了解，加强国际合作，以谋求共同发展。③如遇争端，应以和平方法解决，而不应诉诸武力或武力威胁。

随着国家间的交往越来越频繁，国家间合作的范围越来越大，国与国之间进行积极共处与合作的重要性更加突出，并由临时性合作逐渐向长期性合作发展。任何国家要求得经济上的迅速发展和繁荣，就必须要取得一个持久和平和稳定的国际环境，并且积极参与其中。这就要求国家之间在平等互利的基础上加强合作。

第二次世界大战以来，国际合作迅速上升为一项具有普遍意义的现代国际法基本原则。《联合国宪章》序言指出："为维护国际和平与安全，促进人类经济与社会的进步和发展，会员国务当同心协力。"它还明确将"促成国际合作"列为其宗旨之一，宪章第1条规定联合国的宗旨之一便是："促成国际合作，以解决国际间属于经济、社会、文化及人类福利性质之国际问题。"为进一步实现这一宗旨，宪章还作了相关的具体规定。《联合国宪章》的生效及联合国的诞生，标志着一个以联合国为中心的全球政治、经济、社会、文化等国际合作体制基本形成。除了《联合国宪章》以外，其他国际法律文件均载有国际合作的精神或条款，其中最为重要的《国际法原则宣言》宣布：各国依照《联合国宪章》彼此合作是一种必须"严格遵守"

的义务，此等合作"构成国际法之基本原则"，"各国应与其他国家合作"，"采取共同及个别行动与联合国合作"，维持国际和平与安全，促进国际经济、社会、文化、教育、科学与技术等方面的进步。

国际合作原则是指各国不论在政治、经济、文化及社会制度、意识形态有何差异，均有义务在国际关系的各个方面彼此合作。国际合作意味着各国在经济、科学技术和文化方面相互交流，共同发展，在和平共存中进行合作，在国际合作中共同发展。该原则是现代国家间相互依存、共同发展的根本体现。与国际关系的发展相适应，当前的国际合作表现出以下特点和趋势：①合作的形式各式各样，除传统的双边和多边合作外，区域性合作、集团化合作和全球化合作平行发展；②合作的层次不断增多，除国家间的合作外，国际法特别强调国家与有关国际组织进行合作的义务；③合作的领域不断拓宽，国际合作由战时发展到平时，从过去的政治合作发展到现在的政治、经济、文化、教育、科技等领域的合作。现代人类生活的各个方面，几乎都有程度不等的国际合作。总之，虽然各国的地理位置不同，政治制度不一样，经济发展水平有差异，但都需要进行国际合作。只有国际社会成员真诚合作，建立和完善国际合作的法律制度，人类才能和平相处，共同发展。

（六）民族自决原则

作为国际法的基本原则之一，民族自决原则对反对殖民主义、推动民族解放运动的发展具有重要意义。该原则在资产阶级革命时期就已被提出，但由于产生阶级矛盾和民族矛盾的根源并没有消除，因此这一问题不可能彻底解决。第一次世界大战和十月革命后，这个原则得到了广泛的传播，并在国际上得到了一定的承认。第二次世界大战后，随着民族解放运动的蓬勃发展，殖民主义体系的瓦解，这项原则逐步得到国际社会的完全确认。

《联合国宪章》第1条第2款规定："发展国家间以尊重人民平等权利及自决原则为根据之友好关系，并采取其他适当办法，以增进普遍和平。"尽管这一规定尚不十分明确，但仍不失为民族自决原则发展中的重要一步，第一次在重要的国际文件中获得确认，成为国际法基本原则之一。

随后，在联合国通过的一系列宣言和决议中，民族自决原则得到了进一步的明确和发展。1952年联合国大会通过的《关于人民与民族自决权的决议》进一步提出：人民与民族应当先享有民族自决权，然后才能保证充分享有一切基本人权。1960年《给予殖民地国家和人民独立的宣言》宣布：所有人民都有自决权。根据这个权利，他们自由地决定他们的政治地位，自由地发展他们的经济、社会和文化。1970年的《国际法原则宣言》详尽阐明了民族自决原则的含义和内容。该宣言指出：根据《联合国宪章》所尊崇之各民族享有平等权利及自决权之原则，各民族一律有权自由决定其政治地位，不受外界之干涉，并追求其经济、社会及文化之发展，且每一国均有义务遵照宪章规定尊重此种权利。每一国均有义务依照宪章规定，以共同及个别行动，促进各民族享有平等权利及自决权原则之实现，并协助联合国履行宪章所赋关于实施此项原则之责任。宣言还详细阐述了民族自决原则之内容，主要有：①妥为顾及有关民族自由表达之意旨，迅速铲除殖民主义；并毋忘各民族之受异族奴役、统治与剥削，即系违背此项原则且系否定基本人权，并与宪章不合。②每一国均有义务依照《联合国宪章》以共同及个别行动，促进对于人权与基本自由之普遍尊重与遵行。③一个民族自由决定建立自主独立国家，与某一独立国家自由结合或合并，或采取任何其他政治地位，均属该民族实施自决权之方式。④每一国均有义务避免对争取民族自决权之民族采取剥夺其自决、自由及独立权利之任何强制行动。⑤此等民族在采取行动反对并抵抗此种强制行动以求行使其自决权时，有权依照宪章宗旨及原则请求并接受援助。

结合上述国际文件的相关规定，从国际法的角度来看，民族自决原则是指被殖民主义奴役和压迫的民族，有采取国际法确认的一切合法手段摆脱殖民统治，自由决定自己的命运，自由选择政治制度和社会制度，建立民族独立国家的权利。

在该原则的影响下，各殖民地的被压迫民族主要依靠自己的斗争，先后取得了民族独立，在国际上形成了一股强大的新兴力量，使联合国和整个国际社会结构发生了有利于和平、民主的重大变化。在当代，老殖民主义虽然已经崩溃，但还没有被彻底铲除，民族自决原则作为国际法的一项重要基本原则仍然具有重大意义。而且，随着民族解放和国家独立运动的进一步发展，民族自决原则又被赋予了新的内容。"自决"已不仅体现在政治上，而更多更重要地开始体现在经济上。目前，广大第三世界国家虽然在政治上获得了独立，但在经济与发展方面的贫困、落后远远没有消除，政治上的真正独立还有待于经济上的发展。1974年，联合国大会通过的《各国经济权利和义务宪章》将"各民族平等和民族自决"作为指导各国间经济关系的基本原则之一，要求建立新的国际经济秩序，使民族自决原则又具有了新的更加具体的内容。

需要强调的是，国际法上的民族不同于国内法或民族学上的概念。在民族学上，我国学者往往引用斯大林1913年在《马克思主义与民族问题》一文中下的定义："民族是人们在历史上形成的一个有共同语言、共同地域、共同经济生活以及表现在共同文化上的共同心理素质的稳定的共同体。"这一阐述只是界定了"作为国家组成部分的民族"。而在国际法上的民族应当作"大民族"或称"国族"，即与国家概念紧密联系的民族的含义来理解，如"中华民族"、"日本民族"、"美利坚民族"等。在国际法上如果从民族学或国内法的角度来理解民族自决，往往可能将"大民族"国家内部的民族关系扩大化，势必导致民族分裂或狭隘的民族主义。因此，不可将民族自决原则理解为与国家主权原则相冲突，即不得将其解释为授权或鼓励采取任何行动，局部或全部地破坏或损害独立国家的领土完整和政治统一。这意味着，任何外国都不得以民族自决为借口，对独立国家进行煽动、挑拨或策动民族分裂活动，破坏该国的统一和领土完整。

（七）和平解决国际争端原则

和平解决国际争端原则是不使用武力原则的直接引申，是互不侵犯原则的内容之一。和平解决国际争端是指用非武力的政治方法和法律方法解决国际争端。

该项原则的渊源可以追溯到 1899 年和 1907 年的两个《海牙和平解决国际争端公约》，这两个公约提出了和平解决国际争端的条款和和平解决国际争端的几种方法。之后，依照 1919 年《国际联盟盟约》和 1920 年《国际常设法院规约》于 1922年建立的国际常设法院，开创了以司法手段解决国际争端的先河。1928 年《巴黎非战公约》明确规定，国家之间可能发生的一切争端或冲突，不论其性质或起因为何，只用和平方法加以解决。这是第一次把和平解决国际争端规定为一项普遍性国际义务。同年，国际联盟大会通过了《日内瓦和平解决国际争端总议定书》。所有这些都促进了和平解决国际争端原则的确立。正式把和平解决国际争端原则确立为国际法基本原则的是《联合国宪章》。宪章第 2 条第 3 项规定："各会员国应以和平方法解决其国际争端，俾免危及国际和平、安全及正义。"宪章还就和平解决国际争端设立了专章，即第六章"争端之和平解决"。

《国际法原则宣言》重申了这一原则，并对其作了详细解释。主要内容包括：①每一国应以和平方法解决其与其他国家之国际争端，俾免危及国际和平、安全及正义。②各国应以谈判、调查、调停、和解、公断、司法解决、区域机关或办法之利用，或其所选择之他种和平方法寻求国际争端之早日及公平之解决。于寻求此项解决时，各当事方应商定与争端情况及性质适合之和平方法。③争端各当事方遇未能以上述任一和平方法达成解决之情形时，有义务继续以其所商定之他种和平方法寻求争端之解决。④国际争端各当事国及其他国家应避免从事足以使情势恶化致危及国际和平与安全之维持之任何行动，并应依照联合国之宗旨与原则而行动。⑤国际争端应根据国家主权平等之基础并依照自由选择方法之原则解决。各国对其本国为当事一方之现有或未来争端所自由议定之解决程序，其采用或接受不得视为与主权平等不合。

1982 年《关于和平解决国际争端的马尼拉宣言》进一步庄严宣告："所有国家应只以和平方法解决其国际争端，俾免危及国际和平与安全及正义。"而且"任何争端当事国不得因为争端的存在，或者一项和平解决争端程序的失败，而使用武力或以武力相威胁"。

（八）善意履行国际义务原则

"条约必须遵守"（pacta sunt servanda）是传统国际法中的一项重要原则，而善意履行国际义务原则就是由这一古老的国际习惯演变而来的，并已为众多的国际文件所确认。《联合国宪章》序言部分明确规定："我联合国人民同兹决心创造适当环境，俾克维持正义，尊重由条约与国际法其他渊源而起之义务。"第 2 条第 2 项又规定："各会员国应一秉善意，履行其依本宪章所担负之义务。以保证全体会员国由加入本组织而发生之权益。"宪章的规定，说明善意履行国际义务原则已被确认为国际法基本原则。善意履行国际义务原则是指一个国家应善意履行《联合国宪章》规定的，或由公认的国际法原则和规则产生的，以及其作为缔约国参加的国际条约所承担的各项义务。善意履行国际义务成为国际法的基本原则，完全是由国际法本身产生的国际义务。如果各国可以随意撕毁在平等基础上达成的协议，不履行自愿承担的和按照公认的国际法产生的国际义务，正常的国际关系就将不复存在，国际法本身也将陷于崩溃。由此可见，善意履行国际义务的原则，对国际法来说是一个至关重要的原则。当然，善意履行国际义务不应理解为与国家主权原则相冲突。善意履行国际义务是有前提的，即所谓的"义务"必须是那些符合公认的国际法的义务，而不是奴役性的、侵略性的、由非法条约所产生的义务。一般而言，国际义务只有在依国家主权原则自愿承担的情况下才具有国际法上的约束力；违背国家主权原则的一切义务都是没有法律效力的。事实上，只有各国真诚地履行国际义务，国家主权才能真正得到尊重。

按照《国际法原则宣言》的规定，善意履行国际义务原则的主要内容是：①每一国均有责任一秉诚意履行其依《联合国宪章》所负之义务；②每一国均有责任一秉诚意履行其依公认之国际法原则与规则所负之义务；③每一国均有责任一秉诚意履行其在依公认之国际法原则与规则系属有效之国际协定下所负之义务。遇依国际协定产生之义务与《联合国宪章》所规定的联合国会员国义务发生抵触时，宪章之义务应居优先。

二、和平共处五项原则及其在国际法基本原则体系中的地位

（一）和平共处五项原则的提出与发展

和平共处五项原则，即互相尊重主权和领土完整、互不侵犯、互不干涉内政、平等互利、和平共处，是中国与印度、缅甸共同倡导的。第一次见之于1954年4月中、印两国《关于中国西藏地方和印度之间的通商和交通协定》的序言中。同年6月，中印、中缅三国总理先后分别发表联合声明，重申上述五项原则为指导其相互间关系的原则，并且主张在他们与亚洲及世界其他国家的关系中也应该适用这些原则。

该五项原则以后又被大量双边条约和有关文件所确认，为广大国家所接受，成为指导当代国际关系的基本准则和现代国际法的基本原则。20世纪50年代，中国分别与苏联、印度尼西亚、尼泊尔、柬埔寨等国签署的联合文件中，均确认了该五项原则为国际关系的准则。20世纪60年代，随着一大批民族独立国家的兴起，中国同古巴、索马里、马里、坦桑尼亚、突尼斯、阿尔及利亚等非洲和拉丁美洲国家签署了一系列载有和平共处五项原则的文件，这标志着对和平共处五项原则的确认已超出了亚洲范围。20世纪70年代，和平共处五项原则的发展进入了一个新阶段，除了一大批发展中国家承认这五项原则外，一些发达国家也逐步承认了五项原则。如意大利、比利时、美国、日本等国与中国的建交公报或双边条约中，均明确规定和

平共处五项原则为双边关系的指导原则。至此，和平共处五项原则的传播已遍及各大洲，其适用范围除不同社会制度国家之间的关系外，还包括相同社会制度国家之间的关系，即已适用于一切国家关系。现在，和平共处五项原则已被国际社会承认为国际法基本原则，丰富和发展了国际法。这是中国对当代国际法发展的重大贡献之一。

（二）和平共处五项原则在国际法基本原则体系中的地位

1. 和平共处五项原则是国际法基本原则体系的核心。和平共处五项原则与《联合国宪章》的宗旨和目的在精神实质上是一致的，二者都是为了维护国际和平与安全，反对帝国主义、霸权主义和新老殖民主义，发展国家之间的友好关系，积极促进国际合作，共谋发展。可以说，和平共处五项原则受到了《联合国宪章》的直接启示。《联合国宪章》序言载明联合国人民"力行容恕，彼此以善邻之道，和睦相处"，"和睦相处"就是"和平共处"的意思。《联合国宪章》所宣布的宗旨和原则受到了中国政府和人民的赞同和支持，它们与和平共处五项原则有着天然的联系。

和平共处五项原则与《联合国宪章》、万隆《促进世界和平和合作宣言》、《国际法原则宣言》及《各国经济权利和义务宪章》所列各项原则的内容基本一致。和平共处五项原则所包含的原则是法律原则，就是《联合国宪章》规定的各国都应共同遵守的原则。

和平共处五项原则在国际法基本原则体系中占据着核心地位。和平共处五项原则是在新形势下对《联合国宪章》所宣示的原则进行补充和精练概括的一次成功尝试，它所规定的是国际法基本原则体系中最普遍、最根本的原则。因此，对于1955年万隆十项原则、1970年《国际法原则宣言》的七项原则以及1974年《各国经济权利和义务宪章》的十五项原则的制定都产生了极大影响。所以，和平共处五项原则是国际法原则体系中最重要和最核心的规范，在国际法基本原则体系中占据着核心地位。

2. 和平共处五项原则坚持了国际法上权利与义务的统一，每一项原则都体现了权利与义务的统一。五项原则中前四项都使用了"互"字，后一项使用了"共"字，这并非简单的用字问题，而是对现代国际关系特点做出的恰当的科学的概括。这五项原则既各自独立，又彼此联系，互为补充。互相尊重主权与领土完整原则是其他各项原则的基础和根本，反过来讲，后面的各项原则既是第一项原则的引申，又是它的保证。而和平共处本身既是一项原则，又是其他各项所要达到的共同总目标。五项原则之间存在着内在必然联系，相互依存，互为补充，浑然一体，密不可分。因而，这套原则富有明显的时代精神，科学地反映了当代国际关系的特点。

3. 和平共处五项原则是国际法基本原则的新发展。和平共处五项原则是应时代的要求提出来的，正确地反映了当代国际关系的特点。第二次世界大战之后，国际关系发生变动，国际社会需要重建，国际法体系需要改造，和平共处五项原则的宣布正是适应这种需要而提出的。和平共处五项原则第一次把五项基本原则作为一个不可分割的整体，作为一个指导当代国际关系的原则体系提了出来。

和平共处五项原则的各项原则不是传统国际法中既存原则的简单重复，而是包含着新的发展。虽然和平共处五项原则中除了平等互利原则外，其余四项在和平共处五项原则提出时就已经存在，但它们都被赋予了时代的含义，强调了权利与义务的统一，强调了五项原则间的整体效果。例如，互相尊重主权和领土完整原则这一提法，突出了相互的概念，从而表明主权不是绝对的；平等互利原则把平等和互利联系在一起，有法律平等和经济平等相结合的效果，体现出平等是实质的，而不单纯是形式的。并且和平共处五项原则更加准确、精练地表达了国际法基本原则的内容和精神，言简意赅，逻辑严谨。

历史实践已证明，只要各国在其相互关系中恪守和平共处五项原则，国际社会的和平与发展、各国人民的权利和利益就会得到切实保障。

【思考题】

1. 试述国际法基本原则的概念和特征。
2. 论述国际法基本原则与国际强行法的联系和区别。
3. 如何理解国家主权原则在国际法基本原则体系中的主导地位？
4. 如何理解不得使用威胁或武力原则？在什么情况下国际法承认使用武力是合法的？
5. 如何界定内政与非内政？
6. 作为国际法律义务，如何理解国际合作原则？

第 四 章

国际法主体

第一节　概　述

一、国际法主体的概念

国际法主体，也称国际法律人格者，是指具有直接享受国际法上权利和承担国际法上义务的国际法律关系的独立参加者。要成为国际法主体，应具备以下三个条件：

（一）具有独立参加国际法律关系的能力

国际法是以法律方法调整国际关系的，这就要求国际法的主体必须首先有独立参加国际法律关系的能力，不具有这种能力，就不能参加这种关系。例如，一国国内的地方政府，未经过该国中央政府授权，就不具有独立参加国际法律关系的能力。

（二）具有直接享受国际法上的权利的能力

国际法实质上是调整国际法主体相互间权利与义务关系的法律规则的总称，所以国际法律关系是一种国际法主体之间的权利义务关系。作为国际法的主体，就必须有能够直接享受国际法上的权利的能力。依国际法产生的权利很广泛，如国家的独立权、平等权、自卫权和管辖权，国家和国际组织的外交权、缔约权、求偿权等。没有直接享受国际法上的权利的能力的实体，就无法享受和行使这些国际法上的权利。

（三）具有直接承担国际法上的义务的能力

法律上的权利和义务的关系是对立统一的，国际法作为法律也不例外。国际法主体有直接享受国际法上的权利的能力，也应该有直接承担国际法上的义务的能力，这两者不可能单独存在。因此，作为国际法主体，必须具有直接承担国际法上的义务的能力，否则，国际法上的义务就不能履行。例如，一国国内未经过中央政府授权的地方政府，就没有和外国订立条约的权利能力，也没有承担条约义务的能力。

二、国际法主体的历史发展

在国际社会中，对于哪些主体可以成为国际法的主体的问题，长期以来存在着分歧。实际上，这个问题既是一个理论问题，又是一个实践问题。随着国际关系的发展，关于国际法主体的理论和实践也在发展、变化。传统国际法认为，国家是国际法的唯一主体，因为国际法只是国家之间的法律，只有国家才具有承受国际法上的权利和义务的能力。当然，这种认识的存在也是由当时的国际社会的现实决定的，因为当时参加国际法律关系的主体几乎均是国家。第一次世界大战之后，西方国际法学界出现了另一种主张，认为国际法主体的范围，除国家外，还包括个人。这种观点至今仍有一定影响。持有这种观点的一些学者甚至认为个人是国际法的唯一主体。[1]

上述两种观点都不能反映现代国际关系的现实情况。国际法是根植于国际社会的法律，其主体范围应随着国际关系的发展而发展。国际联盟在第一次世界大战之后、联合国在第二次世界大战即将结束时先后成立，其他政府间的国际组织也大量出现，它们广泛地参加国际法律关系，对国际关系的发展产生了重要影响。第一次世界大战期间，特别是第二次世界大战之后，国际社会中的民族解放和独立运动风起云涌，这些从事民族解放和独立运动的政治实体纷纷成为国际关系的参加者，它们的国际法主体资格也逐步被国际社会所承认，所以国际法主体的范围不能再限于国家。现在，一般认为国际法的主体包括国家、政府间国际组织和争取独立的民族。

随着现代国际法的发展，个人在国际人权法、国际刑法等部门法中，开始享有一定的权利，承担一定的义务和责任，但是个人在国际法的许多重要领域是没有权利能力和行为能力的。至于认为个人是国际法的唯一主体的观点，显然走向了极端，此观点不仅不符合国际现实，也不符合国际法的根本属性。

三、国际法主体的种类

国际法各类主体的国际法律地位并不相同。这种地位的不同，在把国家和其他国际法主体相比较时，特别明显。

（一）国际法的基本主体——国家

国际法的基本主体，是与国际法的其他非基本的主体相对而言的，在国际法律关系中处于主要地位和起着主要作用的主体被称为国际法的基本主体。就国家、政府间国际组织和争取独立的民族这些国际法主体而言，国家显然是国际法的基本主体。国家的这种主体资格，是由国家的特性、国家在国际法律关系中的关键地位和作用以及国际法的特点所决定的。

1. 国家在国际关系中始终处于中心地位。国际关系既是国际法赖以产生和存在的基础，又是国际法的调整对象。在现代国际关系中，国家仍然处于最主要的地位和起着最主要的作用。现代国际关系包括了国家与国家之间的关系、国家与其他国际法主体之间的关系以及其他国际法主体之间的关系等，而在这些关系中，国家与

---

〔1〕 梁西主编：《国际法》，武汉大学出版社 2002 年版，第 75~76 页。

国家之间的关系是国际关系的主要部分和基本形式，离开了国家的参与和交往，国际关系就不能形成和发展，当然也就不存在国际法律关系，国际法就成了无本之木。

2. 国家在国际法上具有完全的权利能力和行为能力。国家不仅具有享受国际法上权利和承担国际法上义务的资格，而且具有以自己的行为行使这些权利和履行这些义务的完全行为能力。因此，国家可以独立自主地对外交往，行使国际法上的权利，履行国际法上的义务。国家的这种完全的权利能力和行为能力是由国家具有主权这一特性所决定的。

3. 国际法主要是国家之间的法律。国际法主要是调整国家之间的关系的。在近代国际法产生时，由于作为国际法调整对象的国际关系完全是由国家之间的交往所构成，因此，国际法实际上是一种单纯的"国家间的法律"。进入现代后，虽然政府间国际组织和争取独立的民族也大量参与国际法律关系，改变了国际关系的结构，但国家之间的关系仍然是国际法最主要的调整对象。从国际法的内容来看，国际法主要是调整国家之间关系的原则、规则和制度，如领土法、海洋法、外交和领事法、条约法、争端解决法、武装冲突法、中立法等国际法的部门法。所以，"国际法的大部分是由约束国家的规则组成的"[1]。

4. 国家既是国际法的制定者，又是国际法的主要实施者。作为国际法渊源的条约和国际习惯，分别是由国家以协议的方式制定或由国家确认而产生的。在国际社会中不存在超越于国家之上的、类似国内强制执行机关的国际强制执行机关来强制实施国际法，所以，国际法的实施主要依靠国家，依靠国家自觉遵守国际法的原则、规则和制度；对于违反国际法的行为，主要依靠国家单独和集体实施制裁；即使是国际组织实施制裁，实际上也是该国际组织成员国集体制裁的一种方式。

由此可见，国家是国际法的基本主体，而其他国际法的主体相对于国家来说是非基本的主体。

（二）政府间的国际组织

国际组织的国际法主体资格问题，是随着国际组织的产生和发展而提出来的。20世纪之前，政府间的国际组织数量很少，直到19世纪中后期，才出现了国际电信联盟和万国邮政联盟这种专门性的国际组织；第一次世界大战结束后，国际社会成立了国际联盟，这是世界上第一个一般政治性国际组织；第二次世界大战即将结束之时，国际社会成立了联合国。随后，其他的政府间国际组织迅速增加，它们与国家及其他国际法主体交往，建立正式关系，缔结条约，解决国际争端，在国际关系中发挥的作用越来越重要。政府间的国际组织的国际法主体资格获得了普遍承认。

但是，政府间的国际组织是基于国家缔结条约而产生的，例如联合国就是依据各成员国所缔结的《联合国宪章》——这个国际条约成立的，所以相对于国家，政府间国际组织是一种派生的国际法主体，它的国际法主体资格是由创立其的条约所

---

[1]　梁西主编：《国际法》，武汉大学出版社2002年版，第79页。

第四章

赋予的。与国家相比，政府间的国际组织参加国际法律关系的能力也是有限的，它们只能享有国际法上的部分权利和承担部分义务。

1. 政府间的国际组织只在一定范围内有独立参加国际法律关系的能力。所谓在"一定范围"内，是指在政府间的国际组织约章规定的职权范围之内。在此范围内，政府间的国际组织有权参加国际法律关系，如果超越职权范围，政府间的国际组织的行为就不具有国际法律效力。

2. 政府间的国际组织只在其职权范围内具有国际法上的权利能力和行为能力。政府间的国际组织作为国际法主体，其有权和其他国际法主体交往，建立正式关系，互相派遣和接受代表，缔结条约，享受外交特权和豁免权等。但政府间的国际组织不同于国家。国家的主权特性使国家具有完全的权利能力和行为能力，而政府间的国际组织是国家为了达到某一目的而创立的组织，它参与国际关系和承受国际法上的权利和义务的能力受创立其的组织约章的限制。

因而，和国家的国际法主体资格相比，政府间的国际组织是一种派生的、有限的、部分的国际法主体。

[案例]

联合国国际求偿案

1948 年 9 月 17 日，联合国派往中东调停阿以冲突的瑞典籍调解员贝纳多特和法国籍观察员塞洛在耶路撒冷以色列控制区遭暗杀，以色列警方事先疏于防范、事后行动迟缓而致使罪犯逃脱。联合国拟根据国际法向其求偿，但其有无求偿能力是个先决问题。为此，联合国大会于该年 12 月 3 日作出决议，请求国际法院就以下问题发表咨询意见：

第一，联合国的代表在执行职务受到伤害时，在涉及国家责任的情况下，联合国作为一个组织是否有能力对应负责的法律上或事实上的政府提出国际求偿，以便联合国和被害人就其所受的损害取得应有的赔偿？

第二，如果对上面问题的回答是肯定的，联合国的求偿与受害者本国的求偿应如何协调？

1949 年 4 月 11 日，国际法院做出了咨询意见。法院认为，提起国际求偿的能力指的是为了设立、提出和解决求偿而能够求助于国际法所承认的习惯方法，在这些习惯方法中，有提出抗议、要求调查、谈判以及请求交付国际法院或仲裁庭等的能力。联合国是否有此种能力，则要看联合国宪章是否赋予它此种地位，也就是说，联合国是否具有国际人格。

在任何法律体系中，法律主体在其性质或其权利范围上无须相同，它们的性质取决于社会的需要。纵观国际法的历史，法律主体的发展一直受国际生活需要的影响。国家集体行动的不断增加已导致了非国家的某些实体在国际领域活动的例子，这种发展在 1945 年 6 月组建联合国时达到了高潮。《联合国宪章》规定了它的宗旨和原则，然而为实现这些目标，国际人格的属性就是不可或缺的。

宪章并不满足于使联合国成为一个协调各国活动的中心。它还给该中心配备有各种机构，并赋予其特殊任务。宪章规定了成员国在对联合国关系中的地位，要求它们对联合国的行动尽量予以协助；接受并执行安理会的决议；授予大会向会员国提出建议的权利；赋予联合国以法律能力及在成员国领土内享有特权与豁免；规定联合国可以与成员国缔结条约。实践中，特别是该组织作为缔约一方的实践已确认联合国具备此种特性，即在某些方面处于与其成员分离的状态，并有责任提请其成员国履行某些义务。此外，联合国是一个政治实体，肩负着性质重要、范围广泛的政治任务，其中包括维持世界和平与安全，发展各国间友好关系，促成国际合作，以解决属于经济、社会、文化及人类福利性质之国际问题。它在处理成员国的问题时使用的是政治手段。1946 年《联合国特权与豁免公约》在缔约国和联合国之间创设了权利义务关系，很难想象，如果不是在国际领域以及在拥有国际人格的当事双方之间，此种公约如何得以执行。

在国际法院看来，联合国应该行使和享有、并在实际上已行使和享有的职能和权利，只有在其具有很大程度的国际人格和能够在国际领域活动的基础之上，才能得到解释。如果其缺乏国际人格，就不能实现其创建者的意图。必须明白，其成员国通过托付其一定的职能以及相应的义务和责任，已赋予其以有效履行其职能的能力。

因此，国际法院得出如下结论：联合国是一个国际人格者。但这并不等于说它是一个国家，或它的法律人格及其权利和义务与国家相同，更不等于说它是一个"超国家"。这只意味着它是一个国际法主体，并能够享有国际权利和义务，以及它有能力提起国际求偿以维护其权利。对于前述第一个问题，法院认为，由国籍国行使外交保护的传统规则并没有对此做出否定的回答。因为，首先，该规则只适用于国家，而此案是个新情况，求偿是由联合国提出的；其次，即使在国家间的关系中，该规则亦有例外，例如，有些国家为不具有其国籍的人提出外交求偿；最后，该规则有两个依据：一是被告在对待原告国国民方面违反了对原告的义务；二是只有国际义务所指向的一方有权对这种不法行为提出求偿。联合国在为其代表所受的损害提出求偿时，正是援引了被告对该组织的义务这一理由。

法院接着指出，一般来说，外交保护权必须由国籍国行使，《联合国宪章》亦未明确规定它可以为其代表遭受的损害提出求偿。但是，按照国际法，联合国应该具有这种权利。联合国代表执行其职能就暗含着联合国有权对其代表提供有限的保护，这是代表在执行职务时必不可少的。因为宪章要求联合国的工作人员应脱离其本国而从国际角度进行活动。法院强调，为履行其宗旨和职能，联合国有必要授予其代表以重要使命，前往世界动乱地区，并为其代表提供有效的支持，联合国必须提供充分保护。联合国职能的特点与其代表使命的性质证明，宪章中暗含着联合国有对其代表行使职能性保护的能力。

对于前述第二个问题，法院认为不存在任何优先的国际法规则，但有关各方可依善意或常理解决这一问题。联合国与受害者本国之间可能发生冲突，这可以通过签订一般性公约或特别协定加以解决。

国际法院发表咨询意见后，联合国大会根据这个意见授权秘书长采取必要步骤实现联合国的损害赔偿请求。秘书长据此要求以色列道歉；逮捕人犯治罪；向联合国赔偿 54 628 美元。1950 年 6 月，以色列政府表示接受上述要求。

国家是传统国际法的唯一主体。但在 20 世纪之后，随着政府间国际组织的大量出现以及它们对国际关系的广泛参与，政府间的国际组织的国际法主体地位逐渐获得承认。国家的国际法主体资格，来自于国家主权，而政府间的国际组织并没有主权，其国际法主体资格来自于建立该组织的约章所授予的权力。国际法院在该咨询意见中对政府间的国际组织的法律地位进行了深刻分析，指出：像联合国这样的政府间的国际组织是国际法主体，但不是国家，也不是"超国家"，其权利和义务与国家不同，只享有一定范围的国际权利和义务。国际求偿权是国际法主体的基本权利，该咨询意见从论证国际组织的国际求偿权角度说明了国际组织的国际法主体资格，其论述相当全面和深刻。

（三）争取独立的民族

争取独立的民族的国际法主体资格是在民族解放和独立运动发展过程中提出来的。第一次世界大战期间，特别是在第二次世界大战之后，国际社会中的民族解放和独立运动蓬勃兴起，争取独立的民族在国际实践中作为一种政治实体参加了国际关系，于是这些争取独立的民族的国际法主体资格问题被提出并且逐步为各国所承认。

民族自决原则是争取独立的民族具有国际法主体资格的法律基础。《联合国宪章》第 1 条第 2 款，1952 年《关于人民与民族自决权的决议》、1960 年《给予殖民地国家和人民独立宣言》、1970 年《国际法原则宣言》和 1974 年《各国经济权利和义务宪章》，都明确规定了民族自决原则，该原则已经成为现代国际法的基本原则。根据民族自决原则，一切被压迫民族均享有民族自决权，有权摆脱殖民统治，建立民族独立国家。这些民族在行使民族自决权时，有权请求和接受国际援助；其他国家应承担国际义务，避免对被压迫民族采取剥夺自决、自由及独立的任何行为。根据这些规定，争取独立的民族在一定范围内具有承受国际法上的权利和义务的能力。这些争取独立的民族建立了代表和领导本民族为独立而斗争的政治实体，例如民族解放组织、民族解放阵线、民族解放军；有的还建立了临时政府或其他的代表机构等。这些政治实体，不仅代表和领导着本民族，而且具有一定的参与国际关系、享受国际法权利和承担国际法义务的能力，例如进行国际交往、派遣外交代表、参加外交谈判、出席国际会议、参加国际组织和缔结国际协议等。另外，作为国际法重要组成部分的国际武装冲突法也适用于争取独立的民族在行使民族自决权过程中发生的武装冲突。

从国际社会的实践来看，争取独立的民族的国际法主体资格已经得到了普遍承认。早在一战中，捷克斯洛伐克和波兰为争取民族独立而在巴黎成立的民族委员会就获得了英、法等国的承认，而且这两个民族委员会作为协约国的同盟者还参加了后来的巴黎和会。二战后，由于民族独立运动的兴起，争取独立的民族作为一种政治力量，对国际关系的发展产生了重要影响，它们的国际法主体资格得到了更广泛的承认。比较典型的是巴勒斯坦解放组织，其在 1964 年成立时就被阿拉伯联盟——这个政府间的国际组织接纳为正式成员。1974 年巴勒斯坦解放组织成为联合国的常驻观察员。在巴勒斯坦国正式建立前，巴勒斯坦解放组织已经得到了一百多个国家的承认，同一百多个国家建立了联系，并向包括我国在内的八十多个国家和国际组织派遣了代表或观察员。巴勒斯坦解放组织参加了 1973～1982 年召开的三次联合国海洋法会议，并在会议最后文件上签了字。此外，西南非（纳米比亚）民族组织也曾被国际社会广泛承认。

争取独立的民族虽然有国际法主体资格，但是其与国家相比，是一种部分的或有限的国际法主体，其并不具有完全的国际权利能力和行为能力。例如，争取独立的民族还没有建立起独立国家，未能在全国范围内实行有效的统治，其行使管辖权的范围当然就受到了一定的限制，也不能履行所有的国际义务。这种国际法上权利能力和行为能力的有限性，说明争取独立的民族正处在向独立国家过渡的阶段，其具有国家的某些特征，但还不是完全独立的国家。所以，可以说争取独立的民族是一种准国家的或向国家过渡的国际法主体。

[案例]

关于西撒哈拉问题的咨询意见

西撒哈拉位于非洲西海岸，面积 26.6 万平方公里，北邻摩洛哥，南邻毛里塔尼亚，1884～1976 年间为西班牙的殖民地。当地人口 74 900 人（1974 年普查数据），主要由以游牧为主的撒哈拉部落居民组成。20 世纪 50 年代以后先后取得独立的摩洛哥和毛里塔尼亚均对这块土地提出主权要求。它们认为，根据历史事实，这块土地应该是属于它们的领土。西班牙在 1966 年以后表示要在西撒哈拉实行非殖民化，主张通过公民投票决定西撒哈拉未来的法律地位，但摩洛哥国王则坚持西撒哈拉是其领土的构成部分，毛里塔尼亚也提出了类似的要求。摩洛哥建议把争端提到国际法院解决，但西班牙不同意，摩洛哥便向联合国大会提出这个问题。1966 年，联合国大会表示：尚未实施非殖民化的领土应按照联合国大会第 1514 号决议实施自决，并要求西班牙与其邻国摩洛哥和毛里塔尼亚协商，以便在"最短期内决定在联合国主持下进行公民投票的程序，以便让该地的本土人能够自由地行使他们的自决权利。"1974 年 12 月 13 日，联合国大会根据摩洛哥和毛里塔尼亚两国的建议，通过第 3292 号决议，请求国际法院对下列问题发表提供咨询意见：

1. 西撒哈拉在被西班牙殖民之前是不是不属于任何国家的无主地？

2. 如果第一个问题的答案是否定的话，那么该地区和摩洛哥王国和毛里塔尼亚实体之间的法律联系是什么性质的关系？

国际法院认为要解决上述两个问题，应首先回顾《联合国宪章》和联合国有关民族自决问题的决议的规定，并以那些规定作为研究这两个问题的法律依据。《联合国宪章》第 1 条第 2 款规定："发展国际间以尊重人民平等权利及自决原则为根据之友好关系……"这个目的已为《宪章》第 55 条和第 56 条所发展，这些条款对《宪章》第 11 章所阐述的非独立领土是特别重要的。联合国大会在 1960 年 12 月 14 日通过的《给予殖民地国家和人民独立宣言》的第 1514 号决议宣称："需要迅速和无条件地结束一切形式和表现的殖民主义。"为了达到这个目的，《宣言》规定："所有人民都有自决权，根据这个权利，他们自由地决定他们的政治地位，自由地发展他们的经济、社会和文化。"在托管领地和非自治领地以及还没有取得独立的一切其他领地内采取步骤，依照这些领地的人民自由表示的意志和愿望，不分种族、信仰和肤色，无条件地和毫无保留地将所有权力移交给他们，使他们能够享受完全的独立和自由。任何旨在部分或全面地分裂一个国家的团结和破坏其领土完整的企图都是与联合国宪章的目的和原则相违背的。国际法院指出：联合国大会第 1514 号决议为 20 世纪 60 年代以来的非殖民化运动提供了法律基础。这个决议注意到非独立领土的发展有以下几种可能性：①形成为主权国家；②与独立国家自由组合；③与独立国家合并。

自由组合必须是非独立领土人民自由和自愿选择的结果，合并必须是非独立领土人民在充分认识到其法律地位可能发生的变化和通过充分表达其意志，并在民主程序的基础上进行。联合国大会第 2625 号决议《关于各国依联合国宪章建立友好关系及合作之国际法原则之宣言》指出："一个民族自由决定建立自主独立国家，与某一独立国家自由结合和合并，或采取任何其他政治地位，均属该民族实现自决权之方式。"

国际法院认为，关于西撒哈拉的法律地位问题，应根据《联合国宪章》和上述决议的规定去解决。

对问题一"关于西撒哈拉在西班牙殖民统治时期是不是一块不属于任何国家的土地（无主地）？"的意见。

西班牙殖民统治时期，是指在 1884 年以后的时期，根据当时有效的国家法，占领只能是对无主地的有效占领。国际法院认为："根据国家实践，凡有部落或人民居住并有一定的社会和政治组织的地方，就不能认为是无主地。在这种情况下，对这种土地的占领只能根据与当地首领签订的协议决定。"

从本案接受的材料看来，国际法院认为：①在西班牙殖民时期，西撒哈拉为游牧民族居住，在他们的部落中已有社会和政治的组织，已有能够代表他们的首领；

②西班牙的占领不是通过对无主地建立主权的方式而是根据西班牙国王在 1884 年 12 月 26 日的命令，该命令是根据与西撒哈拉当地部落签订的协议把西撒哈拉置于它的保护之下的。因此，国际法院对"问题一"做了否定的答复，肯定西撒哈拉在西班牙殖民之前不是无主地。

对问题二"西撒哈拉与摩洛哥王国和毛里塔尼亚实体之间的法律联系是什么性质的关系？"的意见。

国际法院认为，"法律联系"一词的概念应从联合国大会第 3292 号决议的目的和宗旨去理解。法院不能接受认为这种联系只限于直接与土地建立的联系而不考虑与当地人建立的联系的看法。在殖民统治时期，该地只有稀少的信仰伊斯兰教的游牧民族，他们按着一定的路径在沙漠中活动，有时走到摩洛哥的南边，或走到今天毛里塔尼亚、阿尔及利亚或其他国家的地方。摩洛哥认为它与西撒哈拉有法律联系的理由是它自古以来就占有这个地方，从来没有停顿过在那里行使权力。摩洛哥认为法院应考虑到摩洛哥国家的特殊结构。这个国家是在伊斯兰教的共同宗教联系和各部落对苏丹的忠诚的基础上建立，而不是在领土概念的基础上建立的。摩洛哥在西撒哈拉内部的行使权力表现为部落首领对苏丹的忠诚，他们向苏丹纳税，提供抵抗外侵的武装力量。摩洛哥还认为它在整个西撒哈拉的权力已为当地在 1767 年到 1861 年与西班牙、英国、美国签订的条约和在 19 世纪末和 20 世纪初与英国、西班牙、法国和德国签订的双边条约所承认。国际法院研究了有关证据之后，认为这些证据证明：在那段时期，在苏丹和该地的一些部落之间存在忠诚上的法律联系，苏丹已在当地行使权力并已为外国所承认。不过，法院认为这些证据均不足以说明西撒哈拉和摩洛哥之间存在领土主权上的法律关系并已获得外国承认。

"毛里塔尼亚实体"这个概念，是在 1974 年联合国大会的决议中首次使用的。它指的是：毛里塔尼亚伊斯兰共和国在其中建立的那个具有共同文化、地理、社会的实体。根据毛里塔尼亚的看法，这个实体包括两个具有共同语言、生活方式、宗教和法律制度的酋长国，其中一个酋长国还没有形成为国家，它从塞内加尔河延伸到瓦德·撒基埃·艾·哈姆拉地区。受西班牙管理的这块地区（即西撒哈拉）和其他部落之间存在种族、语言、宗教、文化和经济方面的联系，但他们是彼此独立的，没有共同的组织。毛里塔尼亚实体还不具有法律人格。国际法院得出结论说：在西班牙殖民时期，在西撒哈拉和毛里塔尼亚实体之间不存在任何主权方面的法律关系。毛里塔尼亚的游牧民族在西撒哈拉拥有某些权利，包括与土地有关的权利，这些权利构成一种法律关系，这种联系对于他们的维持生活是非常必要的，但不存在边界概念。

最后，国际法院认为："资料表明：在西班牙殖民时期，在摩洛哥苏丹和西撒哈拉一些部落之间存在法律联系。在毛里塔尼亚实体和西撒哈拉之间存在构成法律联系的某些权利。但这些资料不足以说明在西撒哈拉与摩洛哥王国或毛里塔尼亚实体之间存在领土主权之间的法律关系。法院认为这种性质的法律联系不影响联合国大会第 1514 号决议在西撒哈拉非殖民化的适用，也不影响在西撒哈拉通过自由和真正的表达人民意志实行民族自决原则。"

国家是国际法主体，非国家实体不是国际法主体，某一民族如果在争取独立的斗争过程中已建立了代表该民族的组织，则在一定范围内具有国际法主体资格。20世纪60年代，在非殖民运动过程中，大量殖民地根据民族自决原则，取得了独立并成为联合国的新会员国。该咨询意见是在非殖民运动时期做出的。由于西班牙在西撒哈拉实行非殖民化，主张通过公民投票决定西撒哈拉的法律地位。由此引起与西撒哈拉有长久历史联系的国家或实体的反对。国际法院在该咨询意见中详细阐述了反映在《联合国宪章》和联合国大会决议中的民族自决原则，并以此作为回答两个问题的法律根据。殖民地民族根据民族自决原则，有权通过独立、与他国组合或合作改变其法律地位，公民投票是一种方式，但必须是真正反映民意，才符合民族自决的原则。特别是，该咨询意见对"无主地"概念的解释非常明确，肯定了西撒哈拉在被西班牙殖民之前不是无主地，因此，西班牙在西撒哈拉的权利不是以对无主地的先占为根据，而是以西班牙与当地部落首领签订的协议为根据的。

四、个人在国际法上的地位

关于个人在国际法上的地位问题，存在着两种极端的学说。实在国际法学派的学者从主权思想出发，认为只有主权国家是国际法主体，个人绝不可能成为国际法主体。有些学者还根据严格分离国际法和国内法的"两元论"观点，认为国际法只拘束国家，而不能拘束个人，个人只受国内法的拘束，所以国际法的规则要涉及个人，就必须转化为国内法，才能使个人享受权利和承担义务。另一种极端学说认为，只有个人能主张权利和履行义务，国家只能通过其机关行动，而机关的行动实际上是机关管理者个人的行动，而且一切法的最终目的是建立人类生存的秩序，所以国际法的真正主体是个人，而不是国家。[1]即个人是国际法的唯一主体。

但是，上述两种学说均未能经受住国际实践的考验。首先，主权国家作为国际法的基本主体是不可否认的，没有主权国家，国际法就不可能产生、存在和发展；其次，个人往往是受国家主权的支配的，原则上，个人和国际法只有间接的关系，例如，某国公民在外国受到了该外国国家的不法侵害，那么该公民自己是不能向加害国提出国际赔偿要求的，该公民只能请求其国籍国向加害国提出国际求偿；最后，在例外的情况下，个人也可以直接享受国际法上的权利和承担国际法上的义务，并且实际上，在国际法的某些部门法中，个人已经直接承受了国际法上的一些权利、义务和责任。所以，国际社会已经趋向于承认个人为部分的国际法主体。

1. 在国际人权法中，有关国际公约对个人权利作了规定。1948年《世界人权宣言》、1966年《经济、社会、文化权利国际公约》和《公民权利和政治权利公约》，

---

[1] 李浩培：《国际法的概念和渊源》，贵州人民出版社1994年版，第21页。

均对个人的经济、社会、文化权利，公民权利、政治权利作了规定。某些对特殊群体加以保护的公约，对这些特殊群体的权利作了规定。例如，1949 年《改善战地武装部队伤者、病者境遇的日内瓦公约》、《改善海上武装部队伤者、病者及遇船难者境遇的日内瓦公约》、《关于战俘待遇的日内瓦公约》和《关于战时保护平民的日内瓦公约》等四公约中对战俘、伤病员、战争受难者和平民的人道主义待遇的规定；1951 年《难民地位公约》对难民地位的规定；1951 年《妇女政治权利公约》对妇女地位的规定。这些公约既规定了个人的人权，也规定了缔约国给予个人上述权利的义务。这说明个人是人权公约的直接受益者，个人依公约所享有的权利和待遇，是一种国际法上的权利。

2. 在国际刑法领域，有关惩处国际犯罪的公约和国际审判中，明确规定了个人的国际刑事法律责任。这类公约很多，分别规定了战争罪、贩卖毒品罪、贩卖人口罪、灭绝种族罪、危害国际航空安全罪、海盗罪等。特别是 2002 年 7 月 1 日生效的《国际刑事法院规约》第 1 条明确规定了国际刑事法院有权"就本规约所提到的、受到国际关注的最严重犯罪对个人行使管辖权"。该规约中规定了国际刑事法院对灭绝种族罪、危害人类罪、战争罪和侵略罪等国际犯罪行使管辖权。从国际社会的实践来看，二战后进行的纽伦堡审判和东京审判即追究了二战法西斯战犯的个人国际刑事责任。根据联合国安理会决议设立的前南国际刑事法庭、卢旺达国际刑事法庭已经正式运行，开始审理了一些个人所从事的国际犯罪案件，追究了个人的国际刑事责任。例如，前南国际刑事法庭 2002 年审理的前南联盟总统米洛舍维奇"反人类罪案"。

3. 在国际争端解决法的某些领域，个人在国际争端解决程序中享有一定的地位和权利。例如，1965 年《关于解决国家与他国国民之间投资争端公约》第 25 条规定，国际投资争端解决中心的管辖适用于缔约国和另一缔约国国民之间直接因投资而产生的任何法律争端。1982 年《联合国海洋法公约》第 187 条规定，国际海洋法庭的海底争端分庭对缔约国、国际海底管理局或其企业部、国营企业、自然人或法人之间的有关争端有管辖权。这些规定使个人在有关的国际争端解决程序中具有与国家相对应的独立的地位。

由此可见，在特定情况下，个人可以成为国际法的主体，参加国际法律关系。但是，从总体上看，个人还只是"部分的国际法主体"，在国际法的大部分领域，个人还不是国际法主体。应该强调的是，个人在国际法部分领域的主体资格实际上是各国以国际协议的方式赋予的。

第二节 国际法上的国家

一、国家的构成要素

马克思主义认为，国家是阶级统治的工具，是阶级矛盾不可调和的产物和表现。

第四章

这完全是正确的,它深刻地揭示了国家的本质。但在国际法上,仅仅指出国家的本质是不够的,还必须阐明国家区别于其他非国家实体而必须具备的要素。从国际法的角度以及国际现实来看,作为国际法主体的国家,应具备定居的居民、确定的领土、一定的政权组织和主权四个要素。[1]

（一）定居的居民

居民是国家的基本要素。恩格斯在论述到国家与氏族组织的区别时特别指出,国家的第一个特点就是"它按地区来划分它的国民"。这里的居民是指共同生活在一个社会里的个人集合体,尽管他们可能属于不同的种族或信仰或文化,或有不同的肤色。有了一定数量的定居居民,才能进行这种划分,才能形成社会,形成一定的经济和政治结构,组成国家。至于组成国家的居民的数量,各国情况不同,世界上有人口多达十几亿的中国、印度,也有仅有几千人口的"微型国家",如太平洋岛国瑙鲁,全国人口只有7200人。虽然世界各国人口数量多少差别很大,但在国际法上,它们都是国家,它们在国际法上的法律地位是平等的。

（二）确定的领土

领土是国家赖以存在的物质基础,也是国家进行主权活动的空间。有了确定的领土,居民才能聚居起来,从事居民和国家赖以生存的物质财富的生产,国家才能在它的领土上建立起来,并有效地行使国家权力。世界上所有的国家都有一定的领土,无领土的国家是不存在的。一个没有领土、漂泊不定的民族,是不能构成一个国家的。至于领土的大小和周围疆界是否已完全划定,领土是否连接成一体,均不影响国家的存在。

（三）政权组织

一个国家要求社会作为一个政治单位组织起来,以区别于一个部落。政权组织是国家在政治上和组织上的体现,是执行国家职能的机构,它代表国家对内实行管辖,对外进行交往。没有政权组织的国家是不存在的。至于政权组织采取何种形式,是各个国家自己决定的内政问题,政权组织的形式,不影响国家的存在。应该说明的是,国家一旦建立起来,它的政府的有效性的暂时中断（例如在内战中或由于交战国占领的结果）与国家的继续存在是不矛盾的。

（四）主权

主权是一个国家独立自主地处理其内外事务的最高权力,是国家的根本属性。在一个地域之内,尽管有政权组织,有定居的居民,但是如果没有主权,还不能构成国家,只能是一个国家的地方行政单位或殖民地。在国际社会和国际法中,主权往往就是指独立,主权国家就是独立国家。判断一个社会是否具有主权就是看其是否独立于其他国家,是否能够独立自主地处理其内外事务。国际常设仲裁法院的胡伯法官早在1928年的帕尔马斯岛仲裁案中就指出:"主权在国家之间的关系中意味

第
四
章

---

〔1〕 梁西主编:《国际法》,武汉大学出版社2002年版,第90页。

着独立。关于地球的一部分的独立就是在该部分内排除任何其他国家行使国家职能的权利。"[1]

以上四个要素是密切联系在一起的。一个社会必须具备上述四个要素，才是国际法上的国家。所以，从国际法的角度看，国家就是具有一定的居民、领土、政权组织和主权的社会实体。在构成国家所需的四个要素中，有时有的因素可能只在狭小的范围内存在，甚至可能暂时不存在，例如，内战可能影响政府的继续有效存在，与其他国家的关系可能影响国家的主权范围等，但这并不影响国家的存在。在某些极端情况下，国家可能只是在极不稳固的形式下存在的。

二、国家的种类

国家可以按不同的标准进行分类。在国际法上，国家主要有以下几种分类：按国家的结构形式，将国家分为单一国和复合国；按国家行使主权的状况，将国家分为独立国和附属国。另外，在国际法上还有一类特殊的主权国家——永久中立国。

（一）单一国和复合国

1. 单一国是由若干行政区域构成的单一主权国家。它实行统一的中央集权，各行政区域的地方政府都受中央政府的统一领导。全国只有一部宪法和统一的国籍，一个最高立法、司法和行政机关。在对外关系上，国家是国际法主体，由中央政府代表国家参与国际法律关系，而各个地方行政区域均不是国际法的主体。中华人民共和国就是一个统一的、多民族的单一国，在国际交往中，它是单一的国际法主体，它的省、自治区、直辖市和特别行政区均不是国际法主体，只是统一的国家的地方行政单位。

2. 复合国是两个或两个以上国家的联合体。复合国可以分为联邦和邦联。在历史上还存在过身合国和政合国。

（1）身合国。身合国，又叫君合国或人和国，是指两个主权国家共同拥戴一个君主而形成的国家联合，但是两个国家完全独立。如 1714～1837 年的英国和汉诺威联合，1815～1890 年的荷兰和卢森堡联合，都是身合国。身合国的成员国是国际法主体，而身合国本身则不是国际法的主体。目前，身合国可以说还存在于英国和英联邦其他独立成员国之间，例如加拿大和澳大利亚，英国女王伊丽莎白二世是它们的国家元首。

（2）政合国。政合国，是指两个主权国家通过一个国际条约永久联系在同一个国家元首之下。政合国的各成员国内政独立，但对外关系和为一体，以共同统治者的名义进行活动的国家联合。例如，1814～1905 年的瑞典和挪威联合成立的瑞典挪威王国；1867～1918 年奥地利和匈牙利联合成立的奥匈帝国。政合国本身是国际法主体，而它的成员国不是国际法主体。目前，政合国在国际社会中已经绝迹。

---

[1] 转引自邓正来编：《王铁崖文选》，中国政法大学出版社 1993 年版，第 360 页。

（3）联邦。联邦，又称联邦国家，指两个或两个以上的联邦成员组成的国家联合体，是复合国家中最典型、最主要的形式。世界上，如美国、俄罗斯、加拿大、印度、瑞士、德国等国家都是联邦国家。联邦有统一的宪法和法律，有统一的武装力量，设有统一的最高权力机关和行政机关，在联邦与成员的关系上依宪法划分权限。联邦成员（各国有不同的称谓，如州、省、邦、国等）具有一定的自主性，也有自己的宪法和法律；联邦内的所有公民均有相同的联邦国籍，但也可以同时具有联邦成员的国籍。通常是由联邦统一行使国际交往的权力，联邦本身是国际法主体，而各个联邦成员不具有国际法主体资格。但在历史上曾有例外，苏联属于联邦制的国家，但其1944年的宪法和以后的宪法均规定，其各加盟共和国有对外交往权。乌克兰和白俄罗斯在作为苏联的加盟共和国时，于1945年加入联合国，成为联合国创始成员国，并且是许多条约的当事国。随着苏联的瓦解，这种特例，在国际社会中已经不存在了。

（4）邦联。邦联不同于联邦，它是由两个以上的主权国家出于维持它们对内和对外的独立目的而根据国际条约组成的国家联合。邦联产生于资本主义发展的早期，历史上的邦联有1778～1787年的美利坚合众国，1815～1866年的德意志同盟，1815～1848年的瑞士同盟等。邦联不同于联邦。邦联本身没有统一的中央权力机关和行政机关，也没有统一的立法、军队和财政政策，邦联成员国仍然是主权国家，各自拥有立法、外交、行政、国防、财政等全部权力；各成员国公民只有本国国籍，而无所谓的邦联国籍；在对外关系上，邦联本身不是国际法主体，而邦联的各个成员国是国际法主体。目前，国际社会中不存在邦联，1982年2月1日成立的塞内加尔和冈比亚邦联已于1989年9月30日解散。

对于目前国际社会中存在的英联邦和法兰西共同体，各国国际法学者普遍认为都不是国际法主体，只是一种由于历史原因而结成的松散的国家联合体。

（二）独立国和附属国

独立国是指自己能够行使全部主权的国家。这类国家既可以是单一国，又可以是复合国，所以，独立国一定是国际法主体。目前，国际社会中的国家基本上均是独立国。

附属国是指由于封建统治的残余或者帝国主义、殖民主义的外来压力，使一国对他国处于从属地位，因而只能享有部分主权的国家。这类国家又可以分为以下两种：

1. 附庸国。其是指隶属于他国主权下的国家。宗主国和附庸国的关系，由宗主国的国内法规定。所以，有的附庸国完全被剥夺了参与对外关系的权力，例如，1914年作为英国附庸国的埃及。有的附庸国则有一定的进行对外交往的权力，例如，19世纪中期，土耳其的附庸国埃及和保加利亚。附庸国目前已经绝迹。

2. 被保护国。被保护国是指一国（即被保护国）依据条约将其重要的对外事务交由一个强国（保护国）处理，从而处于该强国保护之下的国家。保护国和被保护国之间的保护关系主要是由帝国主义或者殖民主义的侵略造成的，这种保护关系往往是通过不平等的条约而建立的。但与附庸国不同，被保护国仍在一定的限度内是国际法主体，而绝不是保护国的一部分。19世纪中期以后，由于帝国主义和殖民主义的侵略，形成了一些被保护国。例如，在非洲，有法国对突尼斯的保护（1881年）和对摩洛哥的保护（1912年），英国对埃及的保护（1914年）；在亚洲，有日本对朝鲜的保护（1905年）。这些被保护国已经先后完全独立了。在欧洲目前有一个被保护国，即安道尔共和国，它是法国和西班牙共同保护的。

（三）永久中立国

永久中立国是根据国际承认或国际条约，在对外关系上自愿承担永久中立义务的国家。这类国家有以下两个特点：一是自愿承担永久中立义务；二是其永久中立地位是由国际条约加以保证。从国家结构来说，永久中立国可以是单一国，也可以是复合国。由于它承担了永久中立义务，因此其在国际法上是一种特殊的国家。

永久中立国承担的永久中立义务主要是与战争法有关的义务，主要有：①不得对他国进行战争或参加其他国家之间的战争，但对外来的侵略有自卫权。②不得缔结与其中立地位相抵触的条约，例如，军事同盟条约、共同防御条约等，也不得参加任何军事集团或联盟。③不得采取任何可能使自己卷入战争的行动或承担这方面的义务，例如，不得允许外国军队过境或允许外国在其境内建立军事基地和组织军队；不得为他国提供装备、发动和进行战争的任何条件；不得参加对他国的经济制裁；不得接受附有任何政治条件，以至于损害自己中立地位的援助等。

永久中立国由于承担永久中立义务的结果，使其在国际法上与战争有关的权利受到一定的限制，但是永久中立国仍然是独立的国家，是国际法主体。因为：①永久中立国因承担永久中立义务而放弃的权利是有限的，其并没有放弃国家在国际法上的基本权利和主权。②永久中立国放弃某些权利是自愿的，可以说仍然是其主权行使的结果，这与附属国的情况完全不同。

永久中立制度始于19世纪初。1815年3月20日，在维也纳公会上，英国、俄国、法国、奥地利、普鲁士、葡萄牙、西班牙、瑞典等国在一个宣言上签字，承认并集体地担保瑞士的永久中立。1815年5月27日，瑞士加入了这个宣言，这个宣言经《维也纳公会公约》第84条确认，在巴黎集会的各国于1815年11月20日所缔结的公约中再度确认了这个宣言。从此，瑞士一直成功地维持它的中立地位，经过两次世界大战的洗礼，均未改变。所以，瑞士被认为是永久中立国中的典型。奥地利现在一般被认为是一个永久中立国，它是第二次世界大战结束后奥地利经过与法国、苏联、英国和美国多年的谈判之后，于1955年根据一系列文件成为永久中立国。1995年12月12日，联合国大会根据法国、俄罗斯、美国、德国、土耳其、伊朗等25个国家的提案，一致通过了关于土库曼斯坦永久中立国的决议。

第四章

三、国家的基本权利和基本义务

传统的国际法把国家的权利分为基本权利和派生权利两大类。我国国际法学家周鲠生先生也主张这种分类方法。[1]通常认为，国家的基本权利是国家固有的权利，是直接由国家主权所引申出来的、与国家的生存密不可分的权利。所以，世界上所有主权国家在国际法上的基本权利是相同的。派生权利则是从国家的基本权利中引申出来的，是国家运用主权或行使国家基本权利的结果，各国在国际法上享有的派生权利是不同的。

国家的基本权利和基本义务是统一不可分的。国家享有基本权利的同时又必须承担尊重他国基本权利的义务。一国享有的基本权利，正是他国相应承担的基本义务，反之，他国享有的基本权利，也是该国相应承担的基本义务。所以，讲述国家的基本权利，也就包含着国家的基本义务。

对于国家的基本权利的内容，国际上有不同的主张，甚至有根本否定国家基本权利存在的观点。但是，国家在国际法上享有基本权利，这已经为国际实践所确认。1948 年的《美洲国家组织宪章》第三章即规定了国家的基本权利和义务。1949 年联合国《国际权利义务宣言草案》的出台，表明了国际社会对此问题的重视和对国家基本权利义务存在的肯定。《联合国宪章》和许多联合国大会的决议，对国家的基本权利和基本义务都有明确的规定和体现。所以，国家具有基本权利和基本义务是不容置疑的。根据国际实践，通常认为国家的基本权利包括：独立权、平等权、自卫权和管辖权。

（一）独立权

独立权是指国家在国际法基础上，按照自己的意志处理本国内外事务而不受他国或国际组织控制和干涉的权利。例如，对内，国家可以自主地确定自己的政治、经济体制，制订国内的各项政策和法律，进行司法和行政活动；对外，国家可以实行自己的对外政策，从事国际交往等。国家的独立权包含两方面的意义：一是国家有权独立自主地处理其主权范围内的事务；二是国家处理内部事务时不受外来的干涉。由此可见，独立和干涉是互相排斥的，对一国内政的干涉就是对该国独立权的侵犯，国家的独立权是国际法上不干涉原则的基础。

独立权是国家主权的重要标志。主权有不同方面，就其排斥附从任何其他权威，尤其是排斥附从另一国家的权威而言，主权就是独立。[2]一个国家如果丧失了独立，也就失去了主权，国家就要沦为他国的殖民地或附属国。所以，国家主权和独立这两个概念是紧密联系在一起的，在国际实践中经常被交互使用。但是，独立并不是

---

〔1〕 周鲠生：《国际法》（上册），商务印书馆 1981 年版，第 167 页。

〔2〕 ［英］詹宁斯、瓦茨修订：《奥本海国际法》（第一卷，第一分册），王铁崖等译，中国大百科全书出版社 1995 年版，第 292 页。

一个国家为所欲为而毫不受限制的无限自由。国家是国际社会成员这个事实就限制了国家的行动自由，许多对国家有拘束力的国际习惯法规则和国际条约义务都影响着国家对国际事务的处理。

（二）平等权

平等权是指国家在国际法上同其他国家处于完全平等地位的权利。国家平等是以国家主权为依据的，它是主权在国家间关系上的表现。由于国际法是以国家的共同同意为根据的，所以国际社会的成员国家作为国际法主体是彼此平等的。

平等权意味着国家在法律上的地位平等。一切国家，不问其大小强弱，不问其社会、政治和经济制度的性质，也不问其发展水平的高低，其法律地位一律平等。有权平等地与其他国家交往，平等地享受国际法上的权利。但是，国家平等应该是真正的平等，而不应该只是形式上的平等，不能以形式上的平等掩盖事实上的不平等。在国际关系中，一国对他国强行发号施令，把自己的意志强加于他国，或者以表面上合法的方式侵夺他国的权利，就是对他国平等权的侵害。

（三）自卫权

自卫权是指国家保卫自己的生存和独立的权利。它包括两个方面的内容：一是指国家有权使用自己的一切力量，进行国防建设，以防备可能来自于外国的侵犯；二是指当国家遭到外国的武力攻击时，有权行使单独或集体的自卫。《联合国宪章》禁止各国在国际关系中使用武力，但自卫权的行使是禁止武力原则的例外，是国家唯一可以单方面行使武力的合法行为。

《联合国宪章》第51条是国家享有自卫权的重要法律依据，该条规定："联合国任何会员国受到武力攻击时，在安全理事会采取必要办法，以维护国际和平与安全之前，本宪章不得认为禁止行使单独或集体自卫之自然权利。会员国因行使此项自卫权而采取之办法，应立即向安全理事会报告，此项办法于任何方面不得影响该会按本宪章随时采取其所认为必要行动之权责，以维护或恢复国际和平与安全。"《联合国宪章》第51条的上述规定表明：①单独或集体的自卫是国家的自然权利，即主权国家所固有的权利；②自卫的前提是国家受到他国的武力攻击；③自卫权的行使是在国家受到武力攻击之后，安全理事会采取必要办法之前，如果安全理事会已经采取或正在采取必要行动，自卫权的行使不得影响安全理事会的权责；④国家应将其采取自卫的办法立即向安全理事会报告。

此外，根据国际习惯，国家行使自卫权应受必要性和相称性原则的限制。1838年，因为美国船只"加罗林"号向英国殖民地加拿大的叛军提供武器弹药，英国军队便以自卫为名，越过美国国境，把"加罗林"号驱逐到尼亚加拉瀑布，然后将船焚毁。美国当时的国务卿韦伯斯特就本案说明自卫权的基本要素时，认为自卫行为必须是"刻不容缓的、压倒一切的、没有选择手段的余地的、没有考虑的时间的"，而且该行为应该不包含"任何不合理或过分，因为以自卫的必要为理由的行为必须为该必要所限制，并明显地限于该必要的范围之内。"英国对美国船只"加罗林"

号采取的行为显然不符合必要性和相称性的要求，不属于正当的自卫行为。国际法院在 1986 年尼加拉瓜诉美国案的判决中也指出，合法自卫措施必须符合必要性和相称性的标准。

（四）管辖权

管辖权是指国家对其领域内的人、事、物和领域外某些特定的人、事、物行使管辖的权利。管辖权既牵涉到国际法，也牵涉到每一个国家的国内法。国际法决定国家可以采取各种管辖权的可允许限度，而国内法则规定国家在事实上行使它的管辖权的范围和方式。在国际法上，一般来说，国家的管辖权包括以下四个方面：

1. 领域管辖，也称属地优越权。是指国家对其领域内的一切人、物以及所发生的事有权行使管辖权。领域管辖是管辖权的首要根据，即使另一个国家同时有行使管辖权的根据，如果它行使管辖权的权利与具有领域管辖权的国家的权利发生冲突，则该另一个国家行使管辖权的权利就受到了限制。

领域管辖中所说的"领域"，包括一国的领陆、领海、领空和底土。凡在一国领域内的人、物和事，均受该国管辖。例如，外国人必须遵守居留国法律；外资企业应依所在国法律从事活动；外国船舶通过一国领海时，必须遵守沿海国的法律和规章；飞越一国领空的外国飞机必须接受地面国的监督。它们任何违反所在国法律的行为，该国法院均有权管辖。但根据国际法享受外交特权和豁免者除外，这是对国家领域管辖权的限制。

2. 国籍管辖，也称属人优越权。是指国家对具有本国国籍的所有人，不论其处于何处，均有权行使管辖权。国籍管辖的对象，既包括具有本国国籍的自然人，也包括本国法人。根据国籍管辖，国家可以对本国人在国外的犯罪行为行使管辖权。但许多国家在行使这种刑事管辖权时往往会加以一定的限制。例如，《中华人民共和国刑法》第 7 条第 1 款规定："中华人民共和国公民在中华人民共和国领域外犯本法规定之罪的，适用本法，但是按本法规定的最高刑为 3 年以下有期徒刑的，可以不予追究。"其他国家也有类似的规定。

一国虽然对其处在外国的国民享有国籍管辖权，但该国只能等待其国民回到本国境内或处在不属于任何国家管辖的地方时，才能实施其国籍管辖权，而不能到他国领土上去行使其国籍管辖权，否则就是对所在国领土主权的侵犯。

3. 保护性管辖。是指国家对于外国人在本国领域外侵害本国国家和公民的重大利益的犯罪行为有权行使管辖。这种管辖的适用对象一般都是世界各国所公认的犯罪行为。例如，《中华人民共和国刑法》第 8 条规定："外国人在中华人民共和国领域外对中华人民共和国国家或者公民犯罪，而按本法规定的最低刑为 3 年以上有期徒刑的，可以适用本法，但是按照犯罪地的法律不受处罚的除外。"由于对国家或公民的犯罪是一个含义广泛的概念，而且每个国家对于针对本国国家和公民的犯罪均可以单方面立法和解释，所以，在实践中可能发生滥用此权利的危险。现在一些国家对保护性管辖的适用在罪种和刑期上作了限制性规定。

当然，国家保护性管辖权的行使不能在他国领土上进行，必须在犯罪行为人进入该国境内或处在不属于任何国家管辖的地方时才可以实施。

4. 普遍性管辖。是指根据国际法的规定，对于普遍地危害国际和平与安全以及全人类的共同利益的某些特定的国际犯罪行为，各国均有权实行管辖，而不问这些犯罪行为发生的地点和行为人的国籍。国际法对普遍性管辖的适用有严格的限制：①行使这种管辖，必须有国际法的依据；②行使这种管辖，只针对国际法规定为危害国际和平与安全以及全人类的共同利益的某些特定的国际犯罪行为。例如，战争罪犯、海盗、贩卖奴隶和毒品犯罪、灭绝种族犯罪等，都属于普遍性管辖的范围。

国家的以上四种管辖权中，领域管辖和国籍管辖是主要的。

[案例]

"荷花号"案

1926年8月2日，法国邮船"荷花号"在地中海的公海与土耳其船"博兹－库特号"碰撞。"博兹－库特号"被撞沉，8名土耳其人死亡。当"荷花号"抵达土耳其的伊斯坦布尔港时，土耳其对这起事件进行了调查，称该事件是由于"荷花号"上的负责值班人员——法国海军上尉戴蒙的失职所致，故将其同"博兹－库特号"船长哈森·贝一并以杀人罪逮捕，并在伊斯坦布尔提起刑事诉讼。土耳其法院依据《土耳其刑法》第6条"任何外国人在国外犯侵犯土耳其或土耳其臣民之罪行时，若土耳其法律规定该犯罪行为应受惩罚者，若此人在土耳其被逮捕，则应受惩办"之规定，对戴蒙进行了审判，并于1926年9月15日作出了刑事判决。法国立即对此提出抗议。随后，两国于1926年10月12日签订了一项特别协议，将此案提交国际常设法院，请求法院裁判：土耳其对法国公民戴蒙的审判是否违反了国际法原则？以及如果回答是肯定时，应如何给予戴蒙以赔偿。

土耳其坚持认为它对本案有管辖权，其法律根据是《土耳其刑法》第6条。法国则认为，这一规定违反了国际法原则，因为它试图把土耳其的管辖权扩大到适用于外国人在第三国的犯罪行为，这是违背刑法的属地管辖原则的。此外，国际法承认船旗国的专属管辖权，这一原则尤其适用于公海上的船舶碰撞事件。因此，只有法国才有权对法国船员戴蒙行使管辖权。

1927年9月7日，法院作出判决。法院认为，土耳其对法国"荷花号"的负责船员戴蒙行使刑事管辖权，并没有违反国际法原则，因此无需考虑对戴蒙的赔偿问题。针对法国的第一项抗辩，法院认为，国际法"远远没有订下一项禁止国家把其法律及其法院的管辖权扩大适用于在其境外的人、财产和行为的普遍规则"，国际法让国家在这方面享有广泛的自由裁量权；国际法只在某些特殊情况下才对此加以限制，而在其他情况下，"每个国家在采用它认为最好和最适合的原则方面则仍然是自由的"。

法院认为，虽然在任何法律制度中，刑法的属地管辖是一项基本原则，但同时，尽管管辖方式有所不同,几乎所有的法律制度又把各自的管辖权扩展及于在其领土之外的犯罪。因此,刑法的属地管辖并不是一项绝对的国际法原则,也并不与领土主权完全一致。

法院认为,土耳其行使管辖的合法性不是基于受害者的国籍,而是因为犯罪行为的后果产生在土耳其船上,即产生在一个"比作土耳其领土的地方,在那里适用土耳其刑法是无可争议的"。国际法上没有规则规定国家只能考虑犯罪行为发生时犯人所在的那个地方。即使从所谓属地原则来看,土耳其执行其法律也是合法的。

至于法国的第二项抗辩理由,法院也不予承认。法院认为,船舶在公海上,即在没有任何国家能主张领土主权的区域内,除受船旗国管辖外,不受其他国家管辖。但不能说一个国家不能在自己的领土上对外国船舶在公海上作的行为行使管辖权。在公海自由的法律体制下,在公海上的船舶就如同是在船旗国的领土一样,但没有理由说船旗国的权力比属地国的权力更大。因此,在公海上的船舶所发生的事件必须被认为是在船旗国领土上发生的事件。如果犯罪行为发生在公海上,而其效果发生在悬挂另一国旗帜的船舶上,或发生在他国领土上,就像发生在两国领土上的事件一样,国际法上没有一个规则禁止犯罪行为效果所及的船舶所属的国家把该行为当作是发生在其领土上的行为。除非有一习惯国际法规则规定船旗国有专属管辖权,而存在这样的规则是没有足够证据的,相反,国家对在外国船上所做出的行为根据本国法律加以处置的事例却屡见不鲜。因此,国际法并不禁止犯罪结果地国家土耳其对罪犯行使刑事管辖权。

本案涉及属地管辖权和公海管辖权问题。属地管辖即是国家对其领域内的人、物和所发生的事件行使管辖。一国是否可对在其领域之外的人或事行使管辖权呢?国际法承认一国可以根据"属人优越权"(国籍)、保护性管辖原则、普遍性管辖原则行使管辖权。例如,根据保护性管辖原则,为了保护国家及其国民的重大利益,国家有权对外国人在该国领域外所犯的某种罪行实行管辖。这表明,正如法院在本案中所判决的那样,刑法的属地性不是国际法的一项绝对的原则,也并不与领土主权完全一致。

虽然本案判决超越了刑法的属地性原则,但并不等于说本案的判决就是正确的。事实上,本案的判决在下述两个方面长期受到国际法学界的批评,也为后来的国际实践所否定。一是法院否认当时存在着船旗国对发生在公海上的碰撞事件具有专属管辖权的国际法规则,1958年《公海公约》和1982年《海洋法公约》对此都做出了明确否定。公约规定国家对在公海上的本国船舶,包括船员、乘客、货物有权行使管辖。《海洋法公约》第97条还排除了船旗国和船长或船员的国籍国以外的国家对它们行使刑事管辖权。二是法院将一国在公海上的船舶等同于该国领土,这实际上就是所谓的"浮动领土说"的反映。虽然某些国际公约为了便于解决管辖权问题而将船舶称为"拟制领土",但它毕竟不是一国实际领土。而且,"浮动领土"是与"治外法权"相联系的,因此,法院的这个观点是过时的和不恰当的。

四、国家主权豁免

根据国家的领域管辖权，国家对其领域内的一切人、物和所发生的事件，有权行使管辖。但是国家不能对外国元首、外交官员以及外国的国家行为和国家财产行使管辖，他（它）们享有主权豁免。

国家主权豁免是指国家根据国家主权和国家平等原则而不接受他国管辖的特权。国家主权豁免是 19 世纪逐渐形成的一项习惯法规则，主要是由 19 世纪西方一些国家的判例法形成的。对于国家主权豁免的根据，普遍观点认为其产生于国家主权、平等、独立和尊严，而主权平等原则是最重要的根据。由于国家在国际社会中都是独立的主权者，在国际法律关系中是平等的主体，相互之间无从属关系，按照"平等者之间无统治权"的习惯国际法规则，国家之间也就相互没有管辖和支配的权利。

广义的国家主权豁免包括一国的行为和财产不受另一国的立法、司法和行政方面的管辖。但通常的意义是狭义的，指一国的国家行为和国家财产不受另一国的司法管辖，即非经一国同意，该国的行为不受所在国法院的管辖，其财产不受所在国法院的扣押和强制执行。

国家主权豁免的主体是国家，但国家是一个抽象的概念，国家行为都是由代表国家的个人或集体来完成的。所以，国家主权豁免的首要问题是什么是国家？哪些机构或哪些人可以代表国家？2004 年《联合国国家及其财产管辖豁免公约》第 2 条 1.（b）款规定："'国家'是指：①国家及其政府的各种机关；②有权行使主权权力并以该身份行事的联邦国家的组成单位或国家政治区分单位；③国家机构、部门或其他实体，但须它们有权行使并且实际在行使国家的主权权力；④以国家代表身份行事的国家代表。"

国家主权豁免的范围是国家主权豁免原则的一个核心问题。在此问题上有两种观点：绝对豁免主义和限制（相对）豁免主义。

（一）绝对豁免主义

绝对豁免主义认为国家主权豁免是绝对的，国家的一切行为和财产均应享有豁免，而不论其性质如何，除非国家自己放弃豁免权。在 19 世纪中叶之前，这种主张得到了西方国家的广泛支持并见诸于法院判案的实践。例如，1812 年美国法院审理的"交易号案"。"交易号"帆船原是美国私人商船，1810 年在公海上被法国军舰拿捕和没收，并改充为法国军舰。1812 年，该船因为天气原因驶入美国港口，"交易号"的原美国船主向美国法院起诉，要求扣押该船。美国最高法院判称："与美国处于和平状态的外国军舰，在美国政府允许其入港的情况下，不受美国法院管辖。"1879 年美国法院在"比利时国会号邮轮案"的判决中认为，国家船舶即使从事商业活动也同样享受豁免权。西方国家所坚持的绝对豁免主义，在一战以后得到东欧国家、发展中国家和中国的肯定。目前，许多第三世界国家仍然坚持绝对豁免主义的理论和原则。

第四章

（二）限制（相对）豁免主义

限制（相对）豁免主义认为国家主权豁免是相对的或受限制的，应该根据国家行为的性质，将其区分为享有豁免的"统治权行为"（有的国家称为主权行为、公法行为、非商业行为）和不享有豁免的"管理权行为"（有的国家称为商业交易行为、私法行为）。同时，将国家财产依据其用途分为用于政府事务的财产和用于商业目的的财产。只有国家的统治权行为和用于政府事务的国家财产才享有豁免，而国家的管理权行为和用于商业目的的国家财产不应享有豁免权。这种主张在19世纪末期被比利时和意大利等国的司法判例所确认，但只得到少数国家和法院判案的支持。第一次世界大战后，欧洲许多国家，如德国、法国、意大利、比利时、荷兰、瑞士、奥地利和希腊等国逐步转向限制（相对）豁免主义。1976年，美国国会通过了《外国主权豁免法》，该法中列举了外国国家不能享受豁免的若干情况，也采取了有限豁免的立场。目前，发达国家多采取限制（相对）豁免主义，发展中国家中也有一些采取限制（相对）豁免主义。

在国家及其财产豁免问题上，我国在理论和实践上均坚持国家及其财产享有豁免权的原则。凡国家本身从事的一切活动，除国家自愿放弃豁免以外，应享有豁免；在实践中，应该把国家本身的活动和国有企业的活动、国家国库财产和国有企业的财产区别开来，国有企业的活动和国有企业的财产不应享有豁免；在外国国家无视国际法，任意侵犯中国国家及其财产的豁免权的情况下，中国实行对等原则，采取相应的报复措施。一方面，主张国家行为及财产享有豁免权，在1949年的两航公司案、1979年湖广铁路债券案（即杰克逊等诉中华人民共和国案）中，我国政府都坚持了主权豁免原则。另一方面，中国法院也不受理任何以外国国家或政府为被告的案件。但是，我国并不把国家主权豁免绝对化，国家可以通过明示或默示的同意，在某些方面自愿接受外国法院的管辖，或者通过协议，采取双方同意的其他解决纠纷的方法。目前，我国已把国家行为和国有公司或企业的经营活动、国家的国库财产和国营公司或企业的财产区别开来，主张国家主权豁免的是国家行为和国家财产，至于对具有独立法人资格的国有公司和企业，也不要求在外国享有豁免权。

（三）《联合国国家及其财产管辖豁免公约》

目前，在国际法上就国家及其财产的豁免问题出现了新的动向。2004年12月16日第五十九届联合国大会通过了《联合国国家及其财产管辖豁免公约》，并开放给各国签署。公约应自第30份批准书、接受书、核准书或加入书交存联合国秘书长之日后第30天生效。截至2013年3月14日已有28个国家签署该公约，公约已对13个国家正式生效。我国也于2005年9月14日签署了该公约。我国签署公约的行动，说明我国在国家及其财产管辖豁免问题上的立场已十分明确。当此之际，尽早启动我国国家及其财产管辖豁免立法已属当务之急。

《联合国国家及其财产管辖豁免公约》在肯定国家豁免作为一般原则的同时，作出了对国家豁免加以限制的具体规定。公约主要内容如下：

第四章

1. 规定了国家及其财产在另一国法院享有管辖豁免原则（公约第 5 条）。根据此项原则，一国应避免在其法院对另一国提起的诉讼行使管辖，并应保证其法院尊重该另一国根据第 5 条享有的豁免。但一国如以国际协定、书面合同或在法院发表的声明或在特定诉讼中提出的书面函件等方式，明示同意另一国对某一事项或案件行使管辖，则不得在该法院就该事项或诉讼援引管辖豁免。

2. 规定了有资格代表国家的机关、单位、实体和代表。公约第 2 条中规定，"国家"是指：①国家及其政府的各种机关；②有权行使主权权力并以该身份行事的联邦国家的组成单位或国家政治区分单位；③国家机构、部门或其他实体，但须它们有权行使并且实际在行使国家的主权权力；④以国家代表身份行事的国家代表。以上机关、单位、实体和代表，均有资格代表国家从事国家行为。

3. 规定了不得援引国家豁免的诉讼种类。不得援引国家豁免的诉讼包括：商业交易；雇用合同；人身伤害和财产损害；财产的所有、占有和使用；知识产权和工业产权；参加公司或其他集体机构；国家拥有或经营的船舶；仲裁协议的效果。以上事项和案件在法院提起的诉讼，不得援引管辖豁免。

4. 规定了"商业交易"的范围及确定一项交易是否属于商业交易的标准。公约第 2 条规定，"商业交易"是指：①为销售货物或提供服务而订立的商业合同或交易；②贷款或其他金融性质之交易合同；③商业、工业、贸易或专业性质的任何其他合同或交易；④投资事项。如何界定一项交易是否属于商业交易，各国实践并不一致，有的国家根据行为性质来确定，而有的国家根据行为的目的来确定。例如，购买军靴行为，法国和美国法院认为是公法行为，而意大利法院认为是私法行为，前者根据行为的目的来确定，后者根据行为的性质来确定。公约对此问题采取混合标准，即同时考虑行为的目的与性质。公约第 2 条第 2 款规定，在确定一项合同或交易是否为商业交易时，应主要参考合同或交易的性质，但如果合同或交易的当事方已达成一致，或者根据法院地国的实践，合同或交易的目的与确定其非商业性质有关，则其目的也应予以考虑。

5. 在诉讼中免于强制措施的国家豁免。公约规定，国家享有免于判决前和判决后的强制措施的国家豁免。缔约国不得在诉讼中针对一国财产采取判决前或判决后的强制措施，例如查封和扣押措施，除非该国明示同意采取此类措施，或该国已经拨出或专门指定该财产用于清偿该诉讼请求。

[案例]

杰克逊诉中华人民共和国案（湖广铁路债券案）

1911 年，清政府为修建湖北至四川和广东的铁路，向美、英、法、德等国的银行财团借款，签订了总值为 600 万英镑的借款合同。合同规定，上述外国银行以清政府名义在金融市场上发行债券，即"湖广铁路五厘利息递还英镑借款债券"，年息五厘，合同期限为 40 年。但该种债券从 1938 年起停付利息，1951 年本金到期也未归还。一些美国人在市场上收购了这种债券。

　　1979 年，美国公民杰克逊等九人在美国阿拉巴马州地方法院对中华人民共和国提起诉讼，要求中华人民共和国政府偿还湖广铁路债券的本息，称这笔债券是清朝政府发行的商业债券，清政府被推翻后，国民政府在 1938 年以前曾付过债券利息。因此，中华人民共和国政府有义务继承这笔债券。该法院受理了此案，并向中华人民共和国外交部长发出传票，要求中华人民共和国在收到传票 20 日内提出答辩，否则将做出缺席判决。中国政府拒绝接受传票和出庭，并照会美国国务院，声明中国是一个主权国家，享有司法豁免权，不受美国法院管辖。

　　1982 年 9 月 1 日，阿拉巴马州地方法院作出缺席裁判，判决中华人民共和国偿还原告 41 313 038 美元，外加利息和诉讼费等，并声称：如果中国政府对该判决置之不理，美国法院将扣押中国在美国的财产，以强制执行判决。其理由是：根据现行国际法原则，一国的政府更迭通常不影响其原有的权利和义务，作为清朝政府和国民政府继承者的中华人民共和国政府有义务偿还其前政府的债务。此外，根据美国 1976 年《外国主权豁免法》第 1605 段的规定，外国国家的商业行为不能享受主权豁免，湖广铁路债券是商业行为，不能享受国家主权豁免。

　　中国政府拒绝接受美国法院的判决，指出："主权豁免是一项重要的国际法原则，它是以《联合国宪章》确认的国家主权平等原则为基础的。中国作为一个主权国家，无可争辩地享有司法豁免权。美国地方法院对一项以一个主权国家为被告的诉讼行使管辖权，作出缺席判决，甚至威胁要强制执行这项判决，这完全违反了国家主权平等的国际法原则和《联合国宪章》。中国政府坚决反对把美国国内法强加于中国的这种有损于中国主权和国家尊严的做法。如果美国地方法院无视国际法，强制执行上面提出的判决，扣押中国在美国的财产，中国政府保留采取相应措施的权利。"

　　1983 年 8 月 12 日，中国通过聘请当地律师特别出庭，提出撤销缺席判决和驳回起诉的动议。同时，美国司法部和国务院向阿拉巴马州地方法院出具了美国利益声明书，表示支持中国的动议。在此情况下，1984 年 2 月，该法院重新开庭，以 1976 年《外国主权豁免法》不溯及既往为理由，裁定撤销上述判决；同年 10 月，判决驳回原告起诉。1986 年 7 月，杰克逊等人不服，提出上诉，被上诉法院驳回。1987 年 3 月，美国最高法院驳回原告复审此案的请求。至此，湖广铁路债券案终于获得圆满终结。

　　本案是中美两国建交后发生的一个涉及司法豁免权和国家债务继承的重要案件。国家及其财产享有司法豁免权是国际法的一项公认原则，它源于"平等者之间无管辖权"这一习惯规则，是国家主权平等原则的重要内容之一。根据这一原则，一国法院不得受理以外国国家为被告、以外国国家财产为诉讼标的的诉讼，除非得到后者同意。即使一国在另一国法院应诉或败诉，也不能对它采取强制措施，尤其是不得强制执行判决。

在本案中，中国是一个主权国家，与美国建立有正常的外交关系，承认中国在美国享有司法豁免权是美国的法律义务。美国法院无视国际法和美国承担的义务，对一个主权国家行使管辖权，并做出缺席判决，这在国际法的历史上是极为罕见的。主权豁免作为中国所固有的权利，除非自己放弃，任何国家或其机关都无权剥夺这一权利。尽管随着国家参与经济活动而出现了有限豁免原则，但该原则还没有形成为一项习惯法规则。美国转向有限豁免立场后颁布的《外国主权豁免法》只是一项国内法。该法规定国家的商业性行为不能享有主权豁免，那只是美国单方面的主张。在没有国际条约规定的情况下，一国通过其国内法单方面地剥夺他国的主权豁免是不正当的。而且，即使美国1976年的《外国主权豁免法》有效，其效力也不能追溯到1911年的行为。因此，中国反对美国法院行使管辖权的立场是合法的。

对于国家债务的继承，"恶债不予继承"是一项公认的国际法规则。这个规则在英美的实践中早已得到承认。湖广铁路债券是清政府为了修建便于镇压南方各省革命运动的铁路而发行的，根本不是什么商业行为。该债券在英、法、德、美列强之间认购，是列强划分在华势力范围的历史证据。因此，这笔债务毫无疑问地是"恶债"，中华人民共和国政府当然不予继承。

第三节 国际法上的承认

一、国际法上的承认的概念及特征

国际法上的承认，是指既存国家或国际组织以某种方式对新国家、新政府或某一社会团体的存在从国际法上予以确认，从而表明愿意与其建立正式的国际法律关系的政治法律行为。

国际法上的承认具有如下特征：

1. 承认是既存国家或政府间国际组织对新出现的国际实体所作的单方面行为。一般情况下，承认是既存国家和政府间国际组织对新国家或新政府所作的单方面行为。既存国家和政府间国际组织对新国家、新政府或其他社会团体，是否承认，何时承认，完全由其自由决定，无须征得被承认对象的意见，所以，承认具有任意的性质。

2. 承认包含两个含义。一是指既存国家或政府间国际组织对新国际实体出现的这一事实予以确认；二是指既存国家或政府间国际组织愿意与新出现的国际实体建立正式的国际法律关系。但是，既存国家对新国家或新政府的承认并不等于建交，而仅仅表明该国有与新国家或新政府建交的意愿，建交必须由有关国家以协议为之。

3. 承认将会引起一定的法律效果。一般来说，承认一经宣布就在承认者与被承认者之间奠定了交往的法律基础，因此承认是一种法律行为。

二、承认的类别

按照被承认的对象的不同，国际法上的承认分为：国家承认、政府承认、对民族解放运动组织的承认、对叛乱团体和交战团体的承认。

（一）国家承认

国家承认是指既存国家或政府间国际组织以一定方式确认某一地区的居民已组成了新国家，并表明愿意与之正常交往的国家行为。

关于国家承认的性质，国际法学界存在争论，主要有两种学说：①构成说。这一学说认为，新国家只有经过既存国家或政府间国际组织的承认，才能成为国际法主体。一个新国家即使完全符合国际法主体的条件，如果未经既存国家或政府间国际组织承认，仍不能取得国际法主体资格，因而既存国家或政府间国际组织对新国家的承认有构成或创造国际法主体的作用。19 世纪以来持这种观点的学者有斯特鲁普、奥本海、劳特派特、凯尔逊等。这一学说在理论上是说不通的。首先，新国家是先于，并独立于外国的承认而实际存在的，并不是由于承认才创造出来的。其次，新国家一经出现，就享有主权和由此而引申出来的基本权利，因此具有参与国际关系和承受国际法上的权利和义务的能力。也就是说，国家一经产生，就具有国际法主体的资格，而毋须经过别国批准。最后，按照构成说，就会出现一个新国家同时是国际法主体，又不是国际法主体的自相矛盾的情况。因为一个新国家出现后，如果获得了甲国的承认，对甲国而言，它是国际法主体，而对于不承认他的乙国而言，又不是国际法主体。构成说在实践上还会导致严重的后果，例如，某些强权国家可以以这个理论为借口，歧视、排斥以致侵犯新国家，而未被承认的新国家则得不到国际法的保护。构成说盛行于 19 世纪的欧洲，当时欧洲各国正是利用这种理论来排挤它们所谓的非文明国家的。②宣告说。与构成说相反，宣告说认为，国家的成立和取得国际法主体资格，并不依赖于任何既存国家或政府间国际组织的承认。承认仅是一种对新国家已经存在的既存事实的宣告。所以，承认只是一种宣告性行为。持这种观点的学者有里维尔、孔慈、霍尔、福希叶、布赖尔利、杰塞普等。宣告说认为新国家的国际法主体资格不依赖于任何国家的承认，这是正确的，宣告说现在已获得大多数学者的支持。[1]但是这一学说存在着对承认所引起的法律后果认识不足的缺点。因为，双边外交关系是目前国家进行国际交往的主要方面，新国家与其他国家间双边外交关系的程度与它参加国际关系的能力成正比，而其他国家对该新国家予以承认是彼此建交的前提，所以，如果某一新国家得不到任何既存国家的承认，则无法正常行使其对外交往的权利。

---

〔1〕　王献枢主编：《国际法》，中国政法大学出版社 2002 年版，第 74 页。

国际社会中如果有新国家产生，通常就会引起国家承认的问题。从国际实践来看，新国家产生的情况一般有：合并、分离、分立、独立和根据国际决议建国等。

1. 合并。即两个或两个以上的主权国家合并组成一个新主权国家。例如，1958年埃及和叙利亚合并组成阿拉伯联合共和国；1964年坦葛尼喀和桑给巴尔合并组成坦桑尼亚共和国。

2. 分离。即既存一国的一部分分离出去成立新国家。例如，1903年巴拿马从哥伦比亚分离出去成立独立的巴拿马国家；1971年属于巴基斯坦的东巴基斯坦宣布独立，成立了孟加拉国。在分离的场合下，对新国家的承认应特别慎重。按照传统国际法，对于分离出的"新国家"进行的不适时的和过急的承认，不仅是对其母国尊严的冒犯，而且是非法行为，这样的承认往往被认为构成干涉。例如，美国为了取得开凿巴拿马运河的租让权，在1903年巴拿马独立后十天之内，斗争局势完全未定时，就正式承认巴拿马为独立国家，被认为是对哥伦比亚的干涉行为。

3. 分立。又称解体，即一国分裂为数国，而母国不复存在。例如，第一次世界大战后，奥匈帝国分立为奥地利、匈牙利和捷克斯洛伐克；1960年西非的马里联邦分裂为马里共和国和塞内加尔共和国；1991年前苏联解体后，其15个加盟共和国成为15个独立的国家。

4. 独立。即原来的殖民地取得独立后，成立新的独立国家。第二次世界大战后，亚洲、非洲的许多民族独立国家的形成即属此类。

5. 根据国际组织决议产生新国家。例如，1947年11月29日，第二届联合国大会以33票赞成、13票反对（其中10个是伊斯兰国家）、10票弃权的结果，表决通过了巴勒斯坦分治的决议，即联合国第181号决议。决议规定：英国于1948年8月1日之前结束在巴勒斯坦的委任统治，并撤出其军队；两个月后，在巴勒斯坦的土地上建立两个国家，即阿拉伯国和犹太国。1948年5月14日，以色列犹太国建立；1988年11月15日，巴勒斯坦全国委员会第19次特别会议通过《独立宣言》，宣布建立以耶路撒冷为首都的巴勒斯坦国。

根据以上情况产生的新国家，一般都会出现承认的问题，既存各国和政府间的国际组织可以自行决定是否予以承认。但是，对于违反国际法、用武力制造出来的傀儡国家，现代国际法则不予承认，既存国家或政府间国际组织承担着不承认该傀儡国家的国际义务。例如，1931年"九·一八"事变后，日本侵占了我国东北三省，并于1932年一手制造了"满洲国"，这是一个由侵略者扶植和控制的，并且完全是靠侵略者的武力维持的傀儡组织，根本不是一个国家，对这样的傀儡组织决不能承认，否则就构成对侵略行为的支持和肯定。1932年1月7日，美国国务卿史汀生照会中、日两国，声明美国不承认用违反1928年《巴黎非战公约》义务的手段所造成的任何情势、条约或协定。该声明所表明的观点，被称之为"史汀生不承认主义"。尽管这是美国政府的声明，但是这一声明相继为国际联盟的决议和其他国际协议所接受。联合国的一些文件也包含类似内容。例如，1970年联合国《国际法原则宣言》宣布，"使用威胁或武力取得之领土不得承认为合法。"1974年联合国大会通过的《关于侵略定义的决议》宣称："因侵略行为而取得的任何领土或特殊利益，均不得亦不应承认为合法。"因此，不得承认一切依靠外国势力建立起来的傀儡国家，已经成为国际承认制度的一项规则。不承认主义也适用于政府承认，即对于违反国际法、用武力制造出来的傀儡政府，既存国家或政府间国际组织也承担了不承认该傀儡政府的国际义务。

（二）政府承认

政府承认是指既存国家或政府间国际组织对新政府的承认，即承认该新政府为一国的正式代表，并表明既存国家或政府间国际组织愿意同它发生或继续保持正常国际关系的态度。政府承认与国家承认既有联系，又有区别。其联系表现在：当新国家产生时，总是同时建立新政府，因此，承认了新国家也就同时承认了代表其的新政府；反之，承认了新国家的政府，也就承认了它所代表的新国家。但政府不同于国家，在既存国家仅仅发生政府更迭的情况下，则只发生对新政府的承认问题，而不发生国家承认问题。例如，1789年法国革命后建立了革命政府，1917年俄国十月革命后建立了苏维埃政府，都只涉及对这些新政府的承认问题，而不涉及对国家的承认问题。

对中华人民共和国的承认，属于对新政府的承认，而不属于对新国家的承认。因为，作为国际法主体，中华人民共和国是旧中国的继续，中国革命的胜利，推翻了旧政权，建立了新政权，从根本上改变了中国的社会制度和国家性质，但是它并没有使作为国际法主体的中国因此而消失，也没有因此而增加另一个新的国际法主体。1949年10月1日，毛泽东主席发表的中央人民政府公告中，明确宣告中华人民共和国中央人民政府成立，并正式声明："本政府为代表中华人民共和国全国人民的惟一合法政府。"可见，对中华人民共和国的承认属于对新政府的承认，而不是对新国家的承认。

政府的更迭是引起政府承认的原因，但并不是一切政府更迭都必然引起政府承认问题。一般而言，凡是按照一国的宪法程序而进行的政府更迭，例如，正常的王位继承，通过正常选举而产生的新政府，就不发生政府承认的问题。由于社会革命而产生的新政府，则发生政府承认问题。由于政变而产生的新政府，一般会发生政府承认问题，但有时也要视具体情况而定。如果一国因政变而产生了新政府，而该新政府在政权性质、对外政策方面没有根本性的变化，一般也不涉及政府承认问题。例如，南美洲一些国家时常发生政变，但很少出现政府承认问题，因为这些政变后产生的新政府和旧政府相比，在性质上并无根本性的变化，一般认为政变后产生的新政府能代表该国家。

根据国际实践，一国承认新政府，是以"有效统治"原则为根据的，即只有在新政府能对其控制下的领土有效地行使权力的条件下，既存国家或政府间国际组织才可能予以承认。因为只有在这个条件下，新政府才能代表国家，独立地进行国际交往，承受国际法上的权利和义务。在有效统治原则的基础上对新政府的承认，一般不必再考虑该新政府的政权起源和法律根据。

一国可以对新政府予以承认或不予承认，但不能利用承认干涉别国内政。19 世纪初期，欧洲封建王朝提出以"正统主义"作为承认的标准，这种标准已经被废弃。1907 年厄瓜多尔外长托巴提出以宪法程序作为承认新政府的条件的托巴主义；1913 年美国总统威尔逊宣布拒绝承认以破坏宪法的方式而执政的政权的威尔逊主义，这些主张是用资产阶级的正统主义来代替封建王朝的正统主义，是对他国内政的干涉，这些所谓的"正统主义"已为国际实践所否定。1903 年墨西哥外长艾斯特拉达发表声明称"鉴于给予承认是意味着对外国内政的判断，墨西哥今后只限于继续保持或不保持对外国政府的关系，而不采用承认的形式。"此即艾斯特拉达主义。这表明所谓的"正统主义"也遭到了一些美洲国家的反对。总之，凡是利用"过急承认"、"正统主义"或者采取拒绝承认的手段，干涉别国内政，都是违反"有效统治原则"和"不干涉内政"的国际法基本原则的。

（三）对民族解放运动组织的承认

对民族解放运动组织的承认是指既存国家和政府间的国际组织对为摆脱外国奴役或殖民统治，争取建立独立国家而斗争的民族所建立的组织给予的承认。如果一个民族为了反抗外来统治和压迫，形成自己的政治组织，并对其控制地区进行了有效统治，既存国家和政府间的国际组织就可以承认该民族解放运动组织能够合法地代表该争取独立的民族。

对民族解放运动组织的承认，始于一战期间。1918 年 6 月 29 日，法国承认了捷克斯洛伐克民族委员会为"民族解放运动组织"，承认其能够代表捷克斯洛伐克进行争取独立的运动。第二次世界大战后，对民族解放运动组织的承认得到了广泛的适用。例如，阿尔及利亚民族解放阵线、安哥拉人民解放运动、莫桑比克解放阵线、西南非洲人民解放组织和巴勒斯坦解放组织等都曾得到许多国家和政府间的国际组织的承认。

承认民族解放组织对支持它所代表的殖民地人民或受外国奴役的民族进行解放运动，争取建立独立国家都具有重要意义。这种承认产生一定的效果，例如，民族解放组织的代表在外国享有豁免权、有权参加国际会议、缔结条约等。

（四）对交战团体和叛乱团体的承认

1. 对交战团体的承认。对交战团体的承认，是指在一国发生内战的情况下，其他国家为了保护本国的利益和尊重内战双方的合法权利，而承认内战中非政府一方为交战团体的行为。这种承认最初出现于 19 世纪的美国南北战争中，当时美国国内的南方同盟作为交战团体为英、法两国所承认。在西班牙内战期间（1936 ~ 1939 年），英国承认佛朗哥集团为交战一方。在实践中，非政府的交战一方具备以下条件，即可被承认为交战团体：① 叛乱具有明确的政治目的；②叛乱已发展为内战；③叛乱组织已控制该国一部分地区，并实行了有效的管理；④叛乱集团在战斗行动中遵守战争法规。

对交战团体的承认，通常是承认者以发表声明的方式表示。交战团体一旦被承认，就产生以下的法律效果：①对承认国来说，应对内战双方保持中立，承担中立义务；②对被承认的交战团体来说，被承认的交战团体应对其控制地区内发生的事件承担国际责任，而其所反抗的本国政府则因此而解除国际责任；③交战的一方由于取得了"交战团体"的地位，可享受战争法规的待遇。

2. 对叛乱团体的承认。对叛乱团体的承认，与对交战团体的承认不同。对叛乱团体的承认也是因为一国发生了叛乱，但是由于非政府的叛乱一方在叛乱规模上尚未达到内战的程度，所以其他国家只承认叛乱者为叛乱团体，而不承认其为交战团体。这种承认只表明承认国为了保护本国商务或侨民的利益，在一定范围内对武装斗争保持中立，但并不使叛乱团体享受交战团体的权利。

对交战团体和叛乱团体的承认，只出现在一国内部发生了较长期的武装内乱的情况下，如果一国内部的叛乱迅速完成，不管成功与否，都不产生对交战团体和叛乱团体的承认。因为，如果叛乱很快成功，那么叛乱者可能就会建立新国家或成立新政府，这就成了国家承认或政府承认问题；如果叛乱很快失败，则不存在国际法上的承认问题。

三、承认的方式

按照不同的标准划分，承认的方式可以分为以下几种：

（一）按承认的表达方式，分为明示承认和默示承认

明示承认指用明白的语言文字直接表达的承认。明示方法有：由承认国以照会、声明、电报、函电正式通知被承认者，或派特使前往参加成立典礼。默示承认指通过一定行为间接表达出来的承认，即在实际上建立某种关系而不明确提及承认。例如，某新国家成立后，一国即与其建交就表明了其对新国家承认。

（二）按承认产生的效果，分为法律上的承认和事实上的承认

法律上的承认，也称正式承认，指承认国给予新国家或新政府以一种完全的、永久的正式承认。这种承认表示承认者愿意与被承认者建立全面的正式关系，而且是永久的，不可撤销的。在通常情况下，对新国家的承认是法律承认。但在某些特殊情况下，既存国家如果对新国家地位的巩固持怀疑态度，或者由于其他政治上的考虑，暂时不愿与之建立正式关系，但而在事实上又有与之进行一定交往的必要，于是决定暂时在比较狭窄的范围内与之发生关系，给予其一种事实上的承认。事实上的承认是一种非正式承认，它不同于法律承认，主要区别有：①事实上的承认是可以撤销的，具有临时的、不稳定的性质；②事实上的承认表明承认国与被承认国之间只发生业务关系，而不建立全面的正式关系。无论是法律上的承认还是事实上的承认，都会引起一定的法律效果，但事实上承认的效果要窄些。事实上的承认往往导致法律上的承认，但法律上的承认并非一定要经过事实上的承认。

（三）按承认的国家数量的多少，分为集体承认和个别承认

由单个国家各自作出的承认，被称为个别承认。在绝大多数情况下，承认是由

各个国家自由单独决定的。但是在某些情况下，国家之间因政治原因需要协调立场或存在特殊关系时会发生部分国家共同承认某新国家或新政府的现象，这就是集体承认。但应该注意的是，一个新国家被接纳为联合国或其他政府间的国际组织的会员国，并不意味着该国被这一国际组织的所有会员国所承认，也不构成集体承认，只是表明该新国家被这一国际组织所承认。

四、承认的效果

承认一经作出，就会产生一系列的法律效果。在国际实践中，承认的对象通常是新国家或新政府，所以，承认的效果一般是指国家承认和政府承认产生的法律后果。法律上的承认与事实上的承认的效果有所不同。

法律上的承认将产生全面的法律效果，主要有以下几个方面：①两国关系正常化，双方可以建立正式外交关系和领事关系；②双方可以缔结政治、经济、文化等各方面的条约或协定；③被承认国的法律法令的效力、司法管辖权和行政管辖权得到承认者的认可；④承认被承认国取得在承认国法院进行诉讼的权利及其本身和国家财产的司法豁免权。

一国一旦承认了被承认国新政府，就撤销了对被承认国前政府的承认。被承认国前政府在承认国法院就不能再享有诉讼权利。例如，1986年日本大阪高等法院在"光华寮案"的上诉裁决中承认了台湾当局的诉讼主体资格，并将属于中国国家的财产判给了台湾当局，这违反了国际法上关于政府承认的原则，因为，日本1972年承认了新中国，根据政府承认的效果，日本也就撤销了对中国前政府——中华民国的承认。所以，台湾无权以"中华民国"的名义在日本法院起诉，日本法院也无权受理以"中华民国"名义提出的诉讼。日本最高法院于2007年3月27日对"光华寮案"作出终审判决，认为"中华民国"无诉权，更正了以前错误的判决。

根据国际实践，一般认为承认具有溯及既往的效力。就是说，对新国家或新政府的承认，其效力可以追溯到新国家或新政府成立之时。因此，对新国家或新政府成立之时起所作的法律行为，应承认为有效。

事实上承认的效果不如法律上承认的效果广泛，但也产生一定的效果。主要有：①承认被承认国的国内立法、司法权力和行政权力；②被承认的国家在承认国法院享有司法豁免权；③双方可以建立经济、贸易关系，缔结通商协定或其他非政治协定；④接受被承认国的领事和商务代表等。

［案例］

海尔·塞拉西诉英国电报公司案

埃塞俄比亚皇帝海尔·塞拉西通过他的代理人与英国电报公司签订了一份合同，约定由英国电报公司经营埃塞俄比亚与英国之间的电报业务。根据合同，英国电报公司应付给埃塞俄比亚一笔费用。1935 年，意大利侵入埃塞俄比亚，海尔·塞拉西流亡在外。海尔·塞拉西要求英国电报公司把欠款还给他的流亡政府。英国电报公司承认欠有埃塞俄比亚一笔款项，但认为海尔·塞拉西已经没有权利要求这笔款项，因为当时英国政府已承认意大利是埃塞俄比亚事实上的政府了。海尔·塞拉西向英国高等法院提起诉讼，要求英国电报公司归还所欠的款项。英国高等法院认为，既然海尔·塞拉西仍然是埃塞俄比亚法律上的君主，他有权取得被告应于 1936 年 1 月 1 日归还的欠款。被告向上诉法院上诉，但在上诉过程中，英国政府已经正式承认意大利政府是埃塞俄比亚法律上的政府了。这就是说，海尔·塞拉西已经不是埃塞俄比亚的君主了，也就没有权力要求这笔款项了。上诉法院判决准予上诉，驳回原判。

从英国的国际法观点以及英国的法律来看，其高等法院和上诉法院的结论是无可厚非的。正如高等法院法官贝涅特所说，事实承认是承认新政府在其统治下的领土内的行为效力。法律承认是承认该政府的行为在国内和国外的全部效力。获得事实承认的新政府在其领土以外所作的行为的效力是得不到承认的。获得法律承认的政府，即使它在某段时间内失去了在其领土内的控制力，它还有重新获得在事实上已经失去的控制力的可能。假如这个政府再也无法恢复其控制力的话，法律承认就毫无意义了。在本案中，当意大利在埃塞俄比亚的政府已被承认为法律上的政府时，它已有权收回在国外的债权，前政府的权利就完全被剥夺了。

对新政府给予事实承认，而同时又对原来的政府给予法律承认，这在法律上是有矛盾的，特别在对处于敌对状态下的两个政府，一个给予事实上的承认，另一个给予法律上的承认，这不但给国内法院带来极大的困难，在国际法上更会造成理论上和实际上的冲突。

第四节　国际法上的继承

一、国际法上继承的概念

一个新国家、新政府或新的国际组织产生后，如何处理它们的前国家、前政府或前国际组织在国际法上的权利和义务，这就产生了新国家、新政府和新的国际组织的继承问题。国际法上的继承是指国际法上的权利和义务由一个承受者转移给另一个承受者所发生的法律关系。

国际法上的继承不同于国内法上的继承：①参与国际法上继承法律关系的主体，即继承者和被继承者，可以是国家或政府，还可以是国际组织，但不是个人；②继承的对象，是国际法上的权利和义务，而不是个人的权利和义务；③发生继承的原因，是由于国家领土变更、政府的变更或国际组织的变更，而不是自然人的死亡。

因此，不能用国内法上的继承规则来处理国际法上的继承问题。

国际法上的继承可分为国家继承、政府继承和国际组织的继承等。不同的继承，其发生的原因和继承的规则也不同。

二、国家继承

国家继承是指由于领土变更的事实，一国在国际法上的权利和义务转移给另一国的法律关系。

国家领土的变更是引起国家继承的原因。引起国家继承的领土变更的情况甚为复杂，大体上可归纳为以下五种类型：①分裂，即一国分裂为数国；②合并，即两个或两个以上的国家合并组成一个新国家；③分离，即国家的一部分或数部分领土从该国分离出去，成立新国家；④独立，即殖民地或附属领土获得独立，成立新的独立国家；⑤割让，即一国领土的一部分移交给另一国。以上五种情况下，都会发生国家继承问题。

国家继承的对象是国家在国际法上的权利和义务，但国家在国际法上的基本权利和基本义务是国家固有的，故不发生继承问题。属于国家继承的权利和义务主要有两大类，即条约方面的国家继承和条约以外事项的国家继承。无论是条约方面或条约以外事项的国家继承，都必须具备两个基本条件：一是条约方面和条约以外事项的权利和义务，必须符合国际法。一切与国际法相抵触的权利和义务，均不属于继承范围。二是国家继承的权利和义务必须与所涉领土有关联。与所涉领土无关的权利和义务不属于国家继承范围。

目前，联合国大会通过了两个有关国家继承问题的专门国际公约：1978 年 8 月23 日的《关于国家在条约方面继承的维也纳公约》和 1983 年 4 月 8 日的《关于国家对国家财产、档案和债务的继承的维也纳公约》，其中，前一个公约已于 1996 年11 月 6 日生效，后一个公约尚未生效。这两个公约均由联合国国际法委员会主持起草，比较全面地规定了国家继承的有关规则。下面将主要根据这两个公约的有关规定，分别说明国家在条约、国家财产、档案和债务方面的继承规则。

（一）条约的继承

条约继承问题，实质上就是在发生国家继承的情况下，被继承国的条约对继承国是否有效的问题。按照国际法，与国际法主体资格相关联的条约，即所谓的"人身性条约"，是随着被继承国（原国际法主体）的消灭而消灭的。例如，被继承国参加某一国际组织的条约、政治性的条约（例如同盟条约、友好条约和共同防御条约）等，由于情势变迁，一般不予继承。而处理与所涉领土有关事务的所谓"非人身条约"，一般是继承的。例如，被继承国签订的有关边界制度的条约、有关河流使用、水利灌溉和道路变通等方面的条约和协定。有关中立化或非军事区的条约，一般也是应该继承的。但是，对于继承的条约，继承国在继承以后有权按条约法公约的规定，提出修改或终止。条约继承的具体规则如下：

1. 部分领土变更情况下的条约继承。当一国领土的一部分成为另一国领土的一部分时，被继承国的条约对国家继承所涉领土失效，继承国的条约对所涉领土生效。但从条约中可以确定或另经确定，继承国的条约适用于该领土是不符合条约的目的和宗旨，或根本改变实施条约的条件时，不在此限。

2. 国家合并情况下的条约继承。当两个或两个以上国家合并成为一个国家时，对其中任何一个国家有效的条约，继续对继承国有效。但适用范围有限制，原则上只对原来适用该条约的那部分领土有效，而不适用于合并后的全部领土。

3. 国家分离或解体情况下的条约继承。一国的一部分或几部分领土分离而组成一个或一个以上的国家时，不论被继承国是否继续存在，原来对被继承国全部领土有效的任何条约，继续对每一继承国有效。仅对被继承国部分领土有效的任何条约，只对由该部分领土组成的继承国有效。当被继承国在其一部分领土分离后继续存在时，原来对其有效的任何条约，继续对该国的剩余领土有效。但如果有关国家另有协议，或者从条约可知或另经确定该条约对继承国的适用不合条约的目的和宗旨，或者根本改变实施条约的条件时，不在此限。

4. 新独立国家的条约继承。殖民地和附属地经过斗争而建立的独立国家，对殖民国家或宗主国等被继承国的条约，有权拒绝继承，这被称为"白板规则"。"白板规则"是国际法确认的一项重要原则。从19世纪到20世纪50年代，当殖民地获得独立时，西方殖民国家总是以各种形式迫使新独立国家继承它们的条约。例如，1948年缅甸独立时，被迫承受英帝国签订的条约下的权利和义务。所以，从20世纪60年代开始，随着民族解放运动的高涨，许多新独立国家坚决拒绝承认原宗主国的条约继续有效。按照国际法，新独立国家对于任何条约，不能仅仅因为该条约对国家继承所涉领土有效的事实，就有义务维持该条约的效力或者成为该条约的当事国。为了维护新独立国家作为国际法主体所固有权利，新独立国家对于原宗主国参加的多边条约，有继承的权利。1978年的《关于国家在条约方面继承的维也纳公约》第17条也规定，新独立国家对于在国家继承日期对国家继承所涉领土有效的任何多边条约，可发出继承通知，确立其成为该条约当事国的地位。对国家继承所涉领土有效的双边条约，原则上应对新独立国家无效，只有在新独立国家与对方当事国共同明示同意，或以两国的行为可以推定共同同意该条约继续有效时，条约才对新独立国家有效，但该条约对新独立国家和对方当事国有效的事实，不得视为该条约在被继承国与新独立国家间的关系上也有效力。

（二）国家财产的继承

国家财产是指国家继承发生时，按照被继承国国内法为该国所拥有的财产、权利和利益。国家财产的继承是指被继承国的国家财产转属给继承国。国家财产继承的效果是：被继承国对该财产所享有的权利消灭和继承国权利的产生。国家财产继承只涉及继承国与被继承国之间的国家财产转属问题，而对第三国在被继承国领土内所拥有的财产不发生影响。

国家财产的继承标准是：被转属的国家财产与领土之间有关联。从这个标准引申出两项原则：一是国家财产一般随领土的转移而由被继承国转属给继承国。二是国家继承所涉领土 的实际生存原则。但是，在适用这两项原则时，应对不同性质的财产予以不同的处理。国家财产分为不动产和动产。凡位于所涉领土内的被继承国的国家不动产，应转属给继承国；动产的继承，应根据所涉领土实际生存原则，并照顾到公平原则进行处理。即国家动产的继承，不是单纯以该动产的地理位置为依据，而是以该动产是否与所涉领土活动有关为根据，只有与所涉领土的活动有关的国家动产，才应转属给继承国，这就是所谓所涉领土实际生存原则。具体而言，国家财产继承的规则有：

1. 一国将一部分领土移交给另一国的财产继承，应按被继承国与继承国之间的协议解决。如无协议，则位于所涉领土内被继承国的不动产，以及与所涉领土活动有关的国家动产，均应转属给继承国。

2. 两个或两个以上国家合并成为一个新国家的财产继承。被继承国的国家财产，包括动产和不动产，应转属给继承国。

3. 一国领土的一部分或几部分分离而组成一个新国家，或一国解体而分裂为两个或两个以上新国家的财产继承。其继承的规则是：除被继承国与继承国之间另有协议外，位于继承国领土内的被继承国的不动产应转属给继承国；与国家继承所涉领土的活动有关的被继承国的动产，也应转属给继承国，而与所涉领土活动无关的国家动产，则按公平比例转属给继承国。在被继承国解体的情况下，位于被继承国领土以外的国家不动产，只能将其转属给其中一个继承国，但该继承应对其他继承国给予公平补偿。

4. 新独立国家的财产继承。原则上依财产继承的两项原则处理财产的转属问题。但适用这些原则时应充分考虑作为继承国的新独立国家与被继承国（原宗主国或殖民国）之间关系的特殊情况。这种特殊情况有：一是新独立国家与原宗主国或殖民国之间存在的政治上的不平等、经济上不平衡的关系，因此财产的转属，应首先根据所涉领土实际生存原则，而不是按被继承国与继承国之间的协议；二是新独立国家的人民在取得独立以前，对创造被继承国的国家财产做出过贡献，因此财产的转属，应考虑新独立国家人民对创造这些财产所作的贡献，而不能只根据这些财产的地理位置和与所涉领土的活动是否有关来决定继承问题。因此，新独立国家关于财产继承的规则是：①原属继承所涉领土所有，而在该领土成为附属地期间成为被继承国的国家动产，应转属给新独立国家；②与所涉领土的实际生存有关的被继承国的国家动产，应转属给新独立国家；③不属于原所涉领土所有和与所涉领土实际生存无关的被继承国的动产，由于附属地人民对创造财产曾做出过贡献，应按附属地人民所做出的贡献，按比例转移给新独立国家；④如果被继承国与作为继承国的新独立国之间不执行以上各项继承规则，而另订协定，则这种协定不应违反各国人民对其财富和自然资源享有永久主权的原则及其他国际法基本原则。

（三）国家债务的继承

国家债务，是指一国对另一国、某一国际组织或任何其他国际法主体所负之任何财政义务。至于国家对外国企业，包括私人债务所承担的义务，原则上不属于国家继承的国家债务范围。从国家继承的意义上看，债务可分为三类：①整个国家所负的债务，称为国债；②以国家名义承担的而事实上是用于国家领土某一部分的债务，称为地方化债务；③由地方当局承担并由该地方当局使用于该地区的债务，称为地方债务。按照国际法，国债和地方化债务都属于国家债务；地方债务则不属于国家债务的范围。至于"恶债"，则指被继承国违背继承国或转移领土人民利益，或违背国际法基本原则而承担的债务（例如，征服债务和战争债务），继承国有权不予继承。因为，从形式上看，"恶债"似乎是国债，但是由于这种债务是违反国际法基本原则的，所以不属于国家继承的范围。

国家债务继承是指被继承的国家债务转属给继承国。但是，继承国并不是无条件地继承被继承国的一切国家债务。国家债务继承的效果是：被继承国的国家债务转属给继承国，由此而引起被继承国义务的消灭和继承国义务的产生。

国家债务继承的规则，因国家领土变更的类型不同而异。具体来说，一般有以下规则：

1. 一国部分领土移交给另一国，或一国的一部分或几部分领土分离出去而组成一个新国家或与另一国合并的情况下，国家债务的继承，应按照双方之间的协议解决；如果无协议，则应按公平的比例转属给继承国。

2. 被继承国解体时，由于存在数个继承国，所以除被继承国与各继承国之间另有协议外，被继承国的国家债务应在各继承国之间按公平比例转属。

3. 在国家合并的情况下，根据"债务随财产一并转移"的规则，被继承国的国家债务应转属给继承国。

4. 新独立国家的债务继承，实质上就是作为继承国的新独立国家应否承担前宗主国或殖民国的债务问题。根据促进新独立国家的经济发展和减轻或免除它们的债务负担的原则，被继承国的债务，原则上不应转属给新国家。但这并不排除有关双方依协议来合理解决债务继承问题。但是，这种协议不应违反各国人民对其财富和自然资源享有永久主权的原则，不应损害新独立国家经济的平衡发展。

（四）国家档案的继承

就国家继承而言，国家档案是指属于被继承国所有并由被继承国作为国家档案收藏的一切文件。国家档案是国家的重要财富，但它又不同于国家财产，不同形式的国家财产可以分割，而档案一般是不能分割的。因此，档案不能像财产那样，可以在继承国和被继承国之间或几个继承国之间按比例分配。然而，档案可以复制，这是其他国家财产所不具有的特性，也是国家档案的继承中应该考虑的因素。

在国际实践中，国家档案继承的具体规则有：

1. 除了新独立国家为继承国这一特殊情况外，通常由被继承国和继承国之间通过协议来解决。如无协议，一般将与所涉领土有关的档案转属继承国。

2. 新独立国家的档案继承。新独立国家过去长期遭受殖民主义的占领和统治，其档案往往被掠夺和移走。联合国大会和联合国教科文组织曾多次通过决议，强调应将一切文化、历史档案归还给新独立国家，这是新独立国家固有的、合法的权利。

新独立国家档案继承的具体规则有：①当新独立国家为继承国时，原属殖民地、附属地、委任统治地和托管地等所有，而在领土附属期间成为被继承国的国家档案，应归还给新独立国家；②被继承国的国家档案中与所涉领土有关部分，如原宗主国在殖民时期积累的，同该宗主国对所涉领土的统治有关的文件，包括涉及外交、军事及重大政策的所谓"主权收藏"文件，其转属或复制问题，应由被继承国与新独立国家协议解决；③作为被继承国的原宗主国和保护国，应在它们的国家档案中，向新独立国家提供与新独立国家的领土所有权或疆界有关的，或为澄清转属新独立国家的档案文件的含义所必需的文件证据；④原宗主国、保护国或托管国等被继承国和新独立国家所缔结的关于档案继承的协议，不应损害新独立国家取得历史资料和文化遗产的权利。

三、政府继承

政府继承是指一国内部由于革命或政变而引起政权更迭时，该国旧政权的权利和义务为新政权所取代的制度。政府继承不同于国家的继承：①发生继承的原因不同。国家的继承是由于领土变更的事实而引起的，而政府的继承则是由于一国内部的革命或政变而导致政权更迭引起的。②参加继承关系的主体不同。国家继承关系的参加者是两个不同的国际法主体；而政府继承关系的主体是同一国家内的新政权和旧政权，即旧政权的国际权利和义务为新政权所取代。

政权更迭是引起政府继承的原因，但是并非一切政权更迭都引起政府继承。一国内部按照宪法程序而发生的政权更迭，一般不发生政府继承。即使是由于政变而引起的政权更迭，只要政变后成立的新政府声明尊重前政府的国际义务，也不发生政府继承问题。政府的更迭如果是由于社会革命而引起的，且新政权在本质上不同于旧政权，就会出现政府的继承问题，即新政府如何对待旧政府在国际法上的权利和义务问题。例如，1789 年的法国资产阶级革命，1917 年的俄国十月社会主义革命和 1949 年的中国革命都发生政府继承问题，为国际法上的政府继承提供了实例。

俄国十月革命后苏维埃政权的实践提供了有关政府继承的一些原则和规则：①对于条约的继承，苏维埃政权按照《和平法令》，立即无条件地废除了沙皇政府和资产阶级临时政府所缔结的条约，同时，继承了有关善邻关系的条约和在平等基础上缔结的其他条约。正如列宁当时所指出的："我们拒绝一切关于抢劫和暴力的条款，但是我们乐于接受一切关于善邻关系和经济协定的条款，这种条款我们绝不能拒绝。"②对于财产和债务继承，1918 年 1 月 28 日，全俄中央执行委员会颁布法令规定，无条件地和无例外地废除沙皇俄国和资产阶级临时政府所借的一切外债。同时，苏维埃政权则继承了俄国政府在国外的一切财产和权益，包括在国外的动产和不动产，以及驻外代表机关的馆舍和财产等。

新中国的实践，进一步丰富了政府继承的内容：

1. 关于条约的继承。中华人民共和国对旧中国所签订的条约和协定所采取的原则是：既不承认一切旧条约继续有效，也不认为一切旧条约当然失效，而是要根据条约的内容和性质，逐一审查，区别对待。1949 年《中国人民政治协商会议共同纲领》第 55 条规定："对于国民党政府与外国政府所订立的各项条约和协定，中华人民共和国中央人民政府加以审查，按其内容，分别予以承认，或废除，或修改，或重订。"因此，任何旧条约没有经过中国政府表示承认之前，外国政府不得据以提出要求来对抗中华人民共和国。

2. 关于财产的继承。中华人民共和国根据公认的国际法原则，对于解放前中国在外国的财产享有合法的继承权。自中华人民共和国成立之日起，对当时属于中国的所有财产，无论是动产还是不动产，无论在何处，也无论财产所在地的国家是否承认了中华人民共和国政府，一律归中华人民共和国所有。这是中国政府对于其在国外的国家财产的一贯立场。中华人民共和国成立以后就几宗国家财产继承事件发表的声明表明了这一立场。例如，1949 年 12 月 30 日，中国政府就香港"两航公司案"发表的声明指出："中国航空公司和中央航空公司为我中华人民共和国中央人民政府所有，受中央人民政府民航局直接管辖。两航空公司留在香港的资财只有我中央人民政府委托的人员，才有权处理。"1950 年 3 月 18 日，中华人民共和国交通部关于中国留在香港和新加坡的商船产权的声明指出："最近起义驶往新加坡的海玄轮和在香港起义的各轮以及在各国港口原属于国民党政府及中国官僚资本所有的各轮应均为中华人民共和国所有，受中央人民政府交通部直接管辖。我中央人民政府的此项神圣的产权，应受到新加坡政府、香港政府和各国政府的尊重。"同年 10 月 10 日，中国人民银行致电国际复兴开发银行声明："中国在复兴开发银行中的全部财产及权益，是属于中国人民的，因此只有作为中华人民共和国国家银行的中国人民银行方有处理中国在国际复兴开发银行中已缴股份及一切其他财产和权益的合法权利。"总的说来，在财产继承上，中国政府一贯是主张中华人民共和国完全继承解放前中国在国外的财产，并坚持国家财产享受司法豁免的原则。

3. 关于债务的继承。中华人民共和国政府根据旧中国所负外债的性质和情况，分别处理：①外国政府为援助旧政府进行内战、镇压革命而借给的债务，属于"恶债"，当然不在继承范围之内。例如，中国清朝政府 1911 年举借的湖广铁路债券就属于"恶债"，对于这类外债，中国政府理所当然不予承认。②中国政府对于合法的债务，可与有关国家友好协商，进行清理，公平合理地解决。

[案例]

两航公司案

1949 年 9 月，国民党政府下令属于国家所有的中央航空公司的 40 架飞机飞往香港。中华人民共和国政府成立后，在香港的中央航空公司的中国职员宣布起义并准备将他们控制的飞机归属于新政府。同年 11 月 12 日，中华人民共和国政府宣布中央航空公司及其财产为中华人民共和国所有。12 月 12 日，台湾的国民党当局将中央航空公司的这批飞机卖给两个美国人，这两个美国人又将飞机卖给美国民用航空公司。1950 年 1 月，英国承认中华人民共和国是中国法律上的政府。当中央航空公司准备移交飞机时，该公司的中国职员认为这批飞机是中华人民共和国的财产，反对移交给美国民用航空公司。于是美国民用航空公司起诉至香港最高法院，请求宣布这批飞机的所有权属于它们。

香港最高法院驳回了原告的请求，认为这些飞机是属于中华人民共和国政府的财产。因为，国民党政府在 1949 年 12 月 12 日时的地位已使它不能有效地进行这笔交易，它已经没有这个权力；英国政府承认中华人民共和国政府为法律上的政府，承认的溯及力已使这批飞机在出卖时成为属于中央人民政府的财产，国民党政府无权进行这笔交易。原告不服上诉至香港上诉法院，同样被驳回，于是又上诉至英国枢密院司法委员会。英国枢密院司法委员会不顾中国反对，准予上诉，并于 1952 年 7 月 28 日作出终审判决，将这批飞机判给美国民用航空公司。

英国枢密院认为，在英国政府正式承认中华人民共和国政府之前，仍继续承认前国民党政府是中国法律上的政府。本案所涉 40 架飞机是在国民党政府仍然是法律上的政府时卖给美国民用航空公司的。这笔交易的效力应按交易成立时的情况判断，而不能根据以后发生的情况判断。在 1949 年 12 月，国民党政府还是一个法律上的政府，中央航空公司是它的一个机构，这批飞机仍然是国民党政府所有的。飞机飞到香港两个月后才出卖，其所有人完全有此能力。对于一个新政府的法律承认，承认的溯及力能使一个后来获得法律承认的事实上的政府的行为有效，不能使前一个法律上的政府的行为无效。1950 年 1 月英国承认中华人民共和国政府是法律上的政府，法律上的溯及力必须限于该政府所控制的领土内所作的行为。本案涉及在香港的财产，这些财产在出售时是属于国民党政府的财产，无论对这批飞机的实际控制程度如何，这种控制是违反香港法院的禁令的。那些非法控制这批飞机的人的行为不能作为适用溯及力原则的根据。根据本案的事实，中央人民政府对这批飞机没有优先的所有权或占有权，也不能根据实际占有而取得这个权力，因此不存在溯及效力的基础。溯及力原则与通过占有取得管辖权的政府的行为有关，但不包括非法占有的实际行为。本院不同意香港法院认为这批飞机从 1949 年 10 月 1 日起已成了中央人民政府的财产的看法。我们认为中央人民政府在 1949 年 10 月 1 日解除国民党政府各部部长职务的法令，只能在中央人民政府控制的领土内被认为有效。

本案主要涉及政府承认与政府继承问题。一般认为，承认在国际法上具有溯及的效果。也就是说，现有国家对新国家或新政府的承认，其效力可以追溯到该新国家或新政府成立之时起所作的立法、司法和行政行为。因此，新国家或新政府在未被承认之前完成的法律行为的效力，承认国应予以承认。中华人民共和国政府自成立之时起就宣布，所有当时属于中国的国家财产，无论在何地方，无论其所在地的国家是否承认了中华人民共和国中央人民政府，当然都归中华人民共和国所有。而且，在本案件发生之前和之后，我国政府一再声明中央航空公司在香港的财产为我中华人民共和国中央人民政府所有。既然英国在 1950 年初正式承认了中华人民共和国政府，这种承认的效果就溯及于中华人民共和国政府未被英国正式承认前所作关于中国国家财产的法令和声明，这就意味着，英国承认的后果应该导致它承认在香港的 40 架飞机的所有权属于中华人民共和国政府，前国民党政府无权处置该财产。英国枢密院将承认的溯及力限于对我国政府实际控制领土内的财产的行为，这是对溯及力原则的歪曲。对于注重判例法的英国，对本案的判决也是有违先例的，例如，1938 年的海尔·塞拉西案。而且，英国枢密院混淆国家与政府的概念，将属于中国的国家财产说成是前国民党政府的财产。总之，英国枢密院的判决是错误的，中国政府对此必然强烈抗议。

四、国际组织的继承

国际组织的继承问题，是现代国际法的一个新问题。在现代，特别是第二次世界大战以来，国际组织已在一定范围内成为国际法主体，承受着国际法上的权利和义务。因此，当一个国际组织同其他国际组织合并，或者由于解散而不复存在，并按照国际协议或决议而使其职能转移于另一国际组织时，就发生国际组织的继承问题。前一种情况，例如，欧洲煤钢联盟与欧洲原子能联盟于 1967 年并入欧洲经济共同体；后一种情况，例如，国际常设法院为国际法院所代替，国际航空委员会为国际民航组织所代替，国际卫生局为世界卫生组织所代替。

与国家和政府继承不同，国际组织的建立和解散、其财产、档案文书和债务的处理等问题都由有关国际组织的约章和规则、与继承事项有关的国际组织之间的特别协议或决议决定。一个新建立的国际组织与它所取代的原国际组织之间不会发生当然的继承关系。

国际组织的继承主要是职能方面的继承。在职能继承方面，即使会员国相同，或者国际组织的宗旨和职能相似，一个国际组织解散后，并不必然地将其职能自动地移转于另一个新成立的国际组织，要实现新的国际组织对旧的国际组织的继承，原则上必须经过原缔约国签订国际协定，或者经过原国际组织做出决议，明确表示将其职能转移于某一国际组织，才能使两者之间发生继承关系。职能以外事项，例如，财产、债务和文书档案等的继承，通常也是依照特别协定或决议来解决的。

第五节　国际法律责任

一、国际法律责任的概念和特征

国际法律责任是指国际法主体对其国际不法行为或国际损害行为所应承担的法律责任。只能根据国际法来认定国际法主体是否应对其行为承担国际法律责任，而且这种认定不因该行为被国内法认定为合法而受影响。

国际法律责任的特征：

1. 国际法律责任的主体一般与国际法主体相同。国际法主体作为国际法上的权利和义务的承担者，必然也要对由于其违反国际义务的行为承担法律责任。传统国际法认为只有国家是国际法的主体，所以只有国家是国际法律责任的主体，在那时，国家责任和国际责任是同义语。但在现代，国际法的主体除国家之外，还有政府间的国际组织和争取独立的民族，所以，国际法律责任的主体除国家之外，还有政府间的国际组织和争取独立的民族。可见，国家责任与国际责任在内容上是不完全相同的，国家责任是包含在国际法律责任范围内的。此外，由于许多国际公约规定了个人的国际义务，所以个人也成为国际法律责任的主体。

2. 国际法律责任的根据是国际不法行为或国际损害行为。传统国际法主张国际不法行为是国际责任的唯一根据。在现代，又确定了国际损害行为（又称国际法不加禁止的行为）所产生的损害性后果的国际责任。于是，国际法不加禁止但造成了损害结果的损害行为也成为国际法律责任的根据之一。

3. 国际法律责任是一种法律责任。国际法律责任是一种以国际法原则、规则和制度为依据，且具有强制执行性质的责任，其任务是要确定国际不法行为和国际损害行为所产生的法律后果。虽然法律责任具有强制执行的性质，但在实践中，即使国际责任已经分清，并且确定了责任范围，但能否得到执行还是个问题。因为，在没有中央集权性质的权力机构的国际社会里，即使存在国际制裁措施，但要真正地得到执行，还要靠有关国家自身。在此情况下，现行国际法强调国际责任，并确定履行国际责任的规则和措施，这对于遵守国际法、诚实履行国际义务、维护国家主权和利益、保证正常的国际交往具有重要意义。

二、国际法律责任的发展

在近代国际法中，国际法律责任的内容和规则，完全由西方列强强加给众多弱小国家，以达到侵略和奴役这些国家的目的。在现代国际法中，随着国际关系的发展变化，特别是发展中国家在国际事务中地位和作用的增强，国际法律责任的内容和规则有了新的发展。

第四章

（一）国际法律责任的主体发生了变化

近代国际法只确认国家是国际法主体，因而国家是国际法律责任的唯一主体。在现代，国际法主体不仅有国家，还有政府间国际组织和争取独立的民族，从而使得国际法律责任的主体也从国家扩展到政府间国际组织和争取独立的民族。在当代国际法的发展中，某些国际条约规定了个人在这些条约所涉领域的法律责任，如有关保护人权的国际条约和国际刑事责任的公约中都有追究个人法律责任的规定，因而，个人也成为这些领域的国际法律责任主体。

（二）国际法律责任的范围和内容发生了变化

近代国际法中，国际法律责任主要指国家因违反对外国人待遇方面的国际义务而应承担的法律责任。例如，1930 年海牙国际法编纂会议给国际法律责任所下的定义即是："如果由于国家的机关未能履行国家的国际义务，而在其领土内造成对外国人的人身和财产的损害，则引起该国的国际责任。"联合国成立后，对国际法律责任问题进行了专门编纂，1979 国际法委员会草拟了一个《关于国家责任的条文草案》。该草案打破了传统国际法律责任范围的局限性，把国际责任扩展到一切国际不法行为的国际责任，包括一切国际罪行在内，例如，国家进行侵略战争、破坏和平、危害人类、殖民统治、灭绝种族、种族隔离和集体屠杀等行为引起的国际责任。

（三）国际法律责任的根据扩大

在近代国际法中，国际法律责任的定义一般表述为：国家对其国际不法行为所承担的责任。这一定义强调了不法行为是国际法律责任的唯一根据，这一理论被称为过失责任理论。过失责任是由国家故意或过失而违反国际义务的结果。构成过失责任的要件是：①损害事实必须存在，即加害行为实际上造成了损害后果；②加害行为必须违反了现行的法律规定或属于法律禁止的行为；③加害行为人主观上有过错，即加害行为必须是行为人故意或过失造成的；④加害行为与损害后果之间存在因果关系。随着科学技术的进步以及国际法的发展，又出现了无过失责任理论。无过失责任是指虽非国际法律责任主体的故意或过失，但有违反国际法的客观事实，而且给其他国际法主体造成了损害，或从事国际法不加禁止的高度危险性活动而给其他国际法主体造成损害，就引起国际法律责任。该责任又被称为"损害责任"、"结果责任"、"绝对责任"或"危险责任"。

（四）国际法律责任的形式增多

在近代国际法中，国际法律责任的形式有限制主权、恢复原状、赔偿和道歉等。而在现代国际法中，除保留了以前追究责任的合理措施以外，又确定了对国际犯罪行为负有责任的国家领导人、团体机关和个人的国际刑事责任制度，例如，"纽伦堡审判"和"东京审判"的进行，前南斯拉夫国际刑事法庭和卢旺达国际刑事法庭的设立以及国际刑事法院的成立，都表明国际刑事责任已经成为一种国际法律责任形式。

三、国际不法行为责任

（一）国际不法行为责任的概念和构成

国际不法行为责任是指国际法律责任主体所作的国际不法行为所引起的国际责任。国际不法行为是国际法律责任的根据和前提，是指国际法律责任主体所作的违背其国际义务的行为，包括一般国际不法行为和国际罪行。前者是指违背一般国际义务的行为，例如，一国拖欠联合国会费、侵害在本国的外国公民的合法权益、损害边界标志等行为。后者指违背保护国际社会根本利益的、至关紧要的国际义务，以至于整个国际社会公认违背该项义务是一种罪行的行为，例如，侵略、灭绝种族、种族隔离等行为。

由于国家是国际法的基本主体，而且在国际社会中，国际法律责任问题通常是国家的国际法律责任问题，所以后面的内容主要介绍国家的国际不法行为责任。

一般而言，必须具备以下两个构成要件，才会产生国家的国际法律责任：

1. 主观要件。对于国际不法行为而言，所谓主观要件是指某一不法行为可归因于国家从而成为国家行为。构成国际责任的不法行为是否可归因于国家而成为国家行为，应按照国际法而不能按照各国国内法来判断。联合国国际法委员会 2001 年《关于国家责任的条文草案》第 5 条第 1 款规定："任何国家机关，不论它行使立法、行政、司法职能，还是行使任何其他职能，不论它在国家组织中具有何种地位，也不论它作为该国中央政府机关或一领土单位机关而具有何种特征，其行为应视为国际法所指的国家行为。"

按照国际法，可归因于国家的不法行为有以下几种：

（1）国家立法机关的不法行为。这里的国家立法机关主要是指国内法上的最高国家立法机关，其立法行为在国际上被看作是国家行为。当这种行为违反该国的国际义务时，应追究其国家的国际责任。例如，国家承担了一项国际义务后，立法机关又通过了一项与履行此项义务相抵触的法律或者拒绝修改本国法律中与该项国际义务相抵触的条款，其行为就构成了国际不法行为。因一国的立法机关属于该国的国家机关，其行为当然是国家行为，所以，应追究国家的国际法律责任。

（2）国家行政机关的不法行为。国家行政机关是代表国家与外国进行交往的主要国家机关。按照国际法，凡是国家行政机关的不法行为，不论其地位和种类如何，也不论是在其权限内或权限外的行为，均被视为是国家行为，对之可以追究国家责任。例如，国家元首、政府首脑和外交部长的不法行为，不论其在实际上是否代表国家，也不论其从事的是权限内或权限外的行为，都被认为是国家行为，从而要追究国家的国际法律责任。总之，国内行政机关的行为，从国际法上说，都是国家行为。

（3）国家司法机关的不法行为。司法机关的不法行为主要是指法院的行为。在这里法院的不法行为主要是指：①法院所适用的法律本身违反该国的国际义务。在这种情况下，其不法行为应视为国家的不法行为，因为法院是国家机关的一部分。②司法拒绝。司法拒绝的含义不是很明确的，通常是指司法机关拒绝对外国人的审判，或不受理外国人的诉讼或即使受理了外国人的诉讼并进行了审判，但不正确地运用诉讼程序，或做出显然不当的判决，或执行机关故意不执行或对犯人实行特赦等，都被认是司法拒绝。但是，判断判决不正当的标准是困难的。法院关于认定事实和适用法律的错误本身，并不使国家产生责任，这是一般公认的原则。各国的历史和现状不同，司法制度也有种种差异，而外国人应该服从所在国的属地管辖是公认的国际法原则，所以，一国如果能保证按该国一般实行的审判程序进行诉讼，一般不会产生司法拒绝问题。必须强调的是，在追究国家的国际责任时，应当把国家机关看作一个整体，以国家名义承担国际责任。任何国家不得以其制度不同，例如，以国内三权分立为由，推卸国家责任。

（4）经授权行使政府权力的其他实体或机关的不法行为。一个实体或机关，虽然不是国家或地方政府正式机构的一部分，但其如果经过该国国内法授权行使政府的某些权力，且依该授权以这种身份行事，按照国际法，其行为也视为国家行为。国际法这样认定的目的在于使国家不得在某些情况下，仅因为它从国家机器本身分出一部分政府权力委托给一定实体行使就可以免除国家责任。

（5）实际上代表国家行事的人的不法行为。如果一个人或一群人实际上是在按照国家的指示或在国家的指挥、控制下行事，应把这种行为视为国家行为。因为其事实上是在行使政府权力，这种行为也应视为国家行为。例如，在一国被外国军事入侵后或发生地震时，在缺乏官员或官方机构的情况下，一个人或一群人自愿承担维持社会秩序的公共职责，只要能证明这个人或这群人行使此种国家权力是正当和必要的，其行为就应被视为国家行为。

（6）别国或国际组织交由一国支配的机关的行为。别国或国际组织交由一国支配的机关的行为如是为行使支配国的政府权力而行事，则其行为属于支配国的国家行为。如该机关仍按其所属的国家或国际组织的要求行事，则其行为不可归责于支配国。

（7）私人的不法行为问题。一般地说，国家不对私人的不法行为直接承担国际责任，但按照国际法，国家对其境内的人和物进行着以国家领土主权为基础的排他性的统治，对其境内的外国人有权进行管辖，同时也负有给予其一定保护的国际义务，即国家担负着要给以"相当注意"来防止外国和外国人的权利因私人行为而受侵害的国际义务。如果国家在侵犯行为发生前没有给予应有的注意，以防止外国或外国人的人身、生命或财产受到侵害，在侵权行为发生后，国家又没有采取有效的措施加以制止，也没有给受害人以适当的救济时，国家应承担国际责任。

（8）叛乱或革命起义运动的行为问题。按照国际法，在一国领土或其管理下的任何其他领土的叛乱或革命起义运动的机关的行为，不应视为该国的行为。当叛乱或革命起义运动已经成为一国的新政府时，则其所作的行为应视为该新政府所代表国家的国家行为；当叛乱或革命起义运动已导致在现存国家的一部分领土上或在其管理下的领土内组成一个新国家时，其行为应该视为此新国家的行为。

（9）一国牵连入他国的国际不法行为。主要有以下几种情况：①一国对他国的援助或协助行为。如经确定是为了使接受援助或协助的国家进行国际不法行为，则该项援助或协助本身构成国际不法行为，应由援助国或协助国承担国际责任；接受援助或协助的国家也应对其本身的国际不法行为承担国际责任。②一国受他国指挥和控制的行为。如果一国在受另一国指挥或控制下从事国际不法行为，则行使指挥或控制权的国家应对该行为负国际责任，但这并不妨碍受指挥或控制的国家按照其他规定承担其应负的国际责任。③一国因受他国胁迫而实行某项国际不法行为。不论实施胁迫的根据为何，也不论胁迫的方式如何，只要是由于实行胁迫，使一国不得不违背自己的意愿从事国际不法行为，则胁迫国须负国际责任。但这并不妨碍受胁迫的国家按照有关规则承担其应负的国际责任。例如，受胁迫国超出胁迫国要求的范围，或者对胁迫能抵抗而不加抵抗，或受胁迫国事实上按自己意志行事，则也应负相应的国际责任。

2. 客观要件。国际不法行为的客观要件是指上述的可归因于国家的行为违背了该国的国际法义务。所谓违背国际义务，是指可归因于某一国家的行为不符合国际义务对该国的要求，不论该义务是来源于国际条约、国际习惯或其他，也不论该义务的主题为何。但是，该项义务必须是对该国有效的义务。一般认为，只要可归因于国家的行为违背了该国的国际义务，该国就应当承担国际不法行为责任。

（二）国际不法行为责任的责任形式

国际不法行为一经确定，如果没有免除责任的事由，就产生承担相应责任的法律后果。国际不法行为所造成的后果的性质和程度不同，其引起的国际责任的性质也将不同，从而责任形式也有区别。一般认为，国际责任的责任形式主要有限制主权、恢复原状、赔偿和道歉等。

1. 限制主权。限制主权是指全面或局部地限制责任国行使主权的一种责任形式。限制主权只适用于对他国进行武装侵略，侵犯他国主权、政治独立和领土完整，破坏国际和平与安全，危害人类并构成国际罪行的责任国。全面的限制主权是指在一定期间内对责任国实行军事占领或军事控制。例如，第二次世界大战后，苏、美、英、法四国对德国分区占领，共同行使德国的最高权力。局部限制主权是指对责任国的某些国家权力在一定期限内进行的限制或控制。例如，第二次世界大战后，远东盟军最高统帅部对日本的管制，主要是限制和控制其武装力量、军事工业及其参加军事同盟组织等方面的权力。

2. 恢复原状。恢复原状是指将被侵害的事物恢复到不法行为对其侵害前存在的状态。这种责任形式适用于被侵害的事物尚存并保持完好，或虽被损坏但可用恢复原状的方法做成替代物的情况。例如，归还被掠夺的或非法没收的财产、历史文物和艺术珍品，修复被非法移动的界标或被损坏的建筑物等。第二次世界大战后，

1947 年签订的对意、匈、保、罗、芬等五国的和约中规定上述五国应将所有被掠夺的或用不正当方法从所属国家领土内移走的一切财产、物资及其他文化物品归还原国。

3. 赔偿。在不能恢复原状的情况下，对不法行为造成的物质的和精神的损害，可用赔偿来代替。国际法上的赔偿是指对受害国的物质和精神损害付给相应的货币或物质。一切犯有国际不法行为的国际法主体都有可能承担赔偿责任。

在实践中，往往在恢复原状时，也付给一定数量的物质或货币作为补偿。例如，上述 1947 年对五国和约中的"赔偿和返还"条款就规定，除返还原物外，还应对受害国承担不同数量的物质赔偿。

关于赔偿限度问题，国际法上还没有统一规则，在实践和理论上一般有两种主张：一种主张是"赔偿"应是"惩罚性"的，赔偿的数额要大于实际损害的数额。另一种主张是"赔偿"是补偿性的，赔偿数额只能等于或低于实际损失的数额。多数学者认为，赔偿的数额以恢复原状的限度为宜。在任何情况下，赔偿不得导致一国居民丧失其维持生活的手段。但一国对自己的国际不法行为，不得援引国内法而拒绝给予充分的赔偿。

一国对进行侵略战争的国际罪行应承担国际责任。日本法学家寺泽一和山本草二主编的《国际法基础》一书中指出："今天联系到战争而使用赔偿一词时，不仅是对违反战争法规的损害赔偿，还包括其他因战争引起的损失和损害，即战争赔偿不仅对非法行为，即使是合法行为，也以起因于战争行为的一切损失和损害为对象，由战败国向战胜国承担支付。侵略战争是违法的，从国际犯罪这一法理来看，即使军事行动本身是按战争法规合法进行的，其发动侵略战争或非法战争一方，与胜败无关，应对一切战争损害（不论违法与合法）负法律责任。"[1]

赔偿的范围，既包括对受害国家的损害，也包括对受害国国民的损害。在过去，往往只对国家的损害给以赔偿而忽视了对受害国国民的损害赔偿。实际上，在侵略战争中，被侵略国国民在物质上和精神上的损害是巨大的。按照国际法和国际条约，被侵略国国民所遭受的损害，侵略国必须给予赔偿。结束第一次世界大战的 1919 年《凡尔赛和约》中规定了同盟国对于协约国普通国民的一切损害承担赔偿义务，包括物质损害和精神损害。和约规定应赔偿的损害包括：①由于陆上、海上、空中的攻击和军事行动等战争行为，致使平民及其负责赡养者的伤害和死亡所受之损害；②由于残暴、侵害或虐待行为，而使所有被害之平民及其负责赡养者所受之损害；③对于卫生上或对于荣誉上所有被害之平民及其负责赡养者所受之损害；④战俘因被虐待所受之损害；⑤由于战争被害，不论残废、受伤、患病、或残废之军人及其负责赡养者的抚恤金；⑥协约国政府对战俘及其家属或被扶养者之救助费用；⑦协约国政府对被动员或随军服务者家属及其扶养者的供给金；⑧被强迫劳动而无公平报酬而使平民所受之损害；⑨协约国或其人民之一切财产因被夺、被劫、被砸坏所受之损害，以及作为敌对行为或军事行动的直接结果而遭受的损害；⑩对平民征收与罚款或其他类似勒索形式所受之损害。这十项规定明确指出，赔偿范围既包括受害国普通人民的物质损害，也包括他们的精神损害。日本军国主义自 1931 年 9 月 18 日侵略中国到 1945 年 8 月 15 日战败投降时，对中国人民犯下了滔天罪行。日本侵略者在中国实行残酷的"三光政策"，仅在 1937 年后的 8 年间，就有 2100 余万人中国人被日本侵略军打死打伤，1000 余万人被残害致死。有人初步计算，1931～1945 年，这 14 年中，日本侵华给中国国家和中国人民造成的损失达数千亿美元（按 1945 年时的美元价值计算）。中华人民共和国与日本国恢复外交关系后，考虑到中日人民的友好，中华人民共和国政府放弃了日本对我国国家应承担的战争赔偿责任，但是并未声明放弃追究日本对我国受害人民的损害赔偿，中国人民对日本提出损害赔偿要求是完全正当的，是符合国际法的。而且，在国际实践中，战后的德国政府早就主动给二战中受害的犹太人给予了赔偿。

在赔偿范围上，是只赔偿由不法行为所引起的直接损害，还是也必须赔偿由不法行为引起的间接损害，存在不同的主张。有人主张，只赔偿直接损害，而不赔偿间接损害。但是，两者是有联系的，不能把两者截然分开，只要能证明该损害和不法行为有相当的因果关系，就应该既考虑直接损害，也要考虑间接损害。

4. 道歉。道歉是指从事国际不法行为的主体对受害方造成的非物质的损害予以精神上的补偿所采取的法律责任形式。

道歉的适用范围较广，可适用于任何一种国际不法行为，特别是适用于损害他国荣誉和尊严的国际不法行为。道歉可以用口头方式，可用书面方式表示，有时还可采取其他方式表示，例如，派专使到受害国道歉，国家领导人或政府当局致函电表示遗憾，或者向受害国的国旗、国徽致敬，或惩办肇事人员，保证不再发生类似行为或事件等。

1999 年 5 月 8 日，在以美国为首的北约组织轰炸中国驻南联盟大使馆事件中，中国政府即首先要求美国政府及北约组织向中国做出公开、正式的道歉。2001 年 4 月 1 日，美国军用侦察机 EP－3 侵犯中国领空，撞毁我军用飞机，致使飞行员牺牲，并未经允许在海南省陵水军用机场降落。就此事件，我国政府向美国严正交涉，指出美国政府对此严重侵犯中国主权事件必须承担全部责任，要求美国正式公开向中国道歉并赔偿损失，并保证不再发生类似事件。美国虽然无理狡辩，但还是对此事件进行了道歉。

5. 停止不法行为。当一国实行了具有持续性质的国际不法行为时，不管其行为后果如何，它首先有义务停止这一不法行为。这一规定的作用在于停止一个仍在进行中的不法行为，以保证被侵犯的国际法原则和规则能够得到有效遵守，以避免冲突激化造成更大损害。

6. 补偿。补偿是指受害国如果没有以恢复原状方式得到赔偿，则受害国有权要求实行国际不法行为的国家对其行为所造成的损害以"补偿"的方式给以赔偿。所谓补偿包含受害国实际蒙受的、可从经济上加以估计的任何损失，包括利息，并在适当情形下包括利润损失。补偿是恢复原状的一种补充形式。

关于补偿范围，司法判决和各国实践不尽一致。补偿一般是适用于那些"经济上可估计的损害"，至于是否包括精神上或道义上的损害，国际实践是不明确的。一般认为，只要行为与损害的因果关系成立，直接损失和间接损失都应得到赔偿。

7. 保证不重犯。保证不重犯是指当一国实施了国际不法行为使他国遭到损害而进行道歉时，向他国承诺，保证以后不再发生类似事件，即表示不再重犯，不再重复某种国际不法行为。

国际关系是错综复杂的，历史事件往往会重演。所以，确定保证不再重犯这一责任形式，对于预防类似国际不法行为的再次发生具有独特的意义。

在国际关系实践中，追究国际不法行为者的国际法律责任时，应根据事件和行为的实际情况、程度及范围，来决定采用承担责任的形式，以上责任形式可以单独适用，也可以一并适用。

（三）国际法律责任中的国际求偿问题

在国际实践中，受国家的国际不法行为侵害的主体有时会是外国的自然人或法人，在这种情况下，如果要追究责任国的国际法律责任，往往需要有关外国自然人或法人所属的国家出面向责任国提出国际要求，这就是国际求偿问题。

国家若要通过国际法庭提出求偿，它必须首先证明它的权利受到了侵害。如果受害者是国家，它的求偿资格则毫无疑问。但是如果是个人或法人的利益受到侵害，并因此而引起国家责任，那么在国际法上，受害者的求偿资格问题就比较复杂。根据传统的国际法实践，一般是受害者的所属国，即国籍国，有资格出面进行外交干预，对其本国国民或法人给予外交保护，对其所遭受的损失要求行为国承担国家责任，给予赔偿。

这种国籍的纽带在通常情况下是显而易见的。但在某些情况下就可能很复杂，难以判断，因为存在无国籍状态，以及双重或多国籍等情况。在"诺特波姆案"（1955年）中，对于具有双重国籍人的国际求偿问题，国际法院确立了"实际有效联系"标准，认为"一个国家不能替一个只有其国籍之名，而与其无真正有效联系之实的人，向与他有实际联系的国家提出求偿"。在多重国籍或无国籍的情况下，求偿资格的判断，在很大程度上要适用有关国际公约的规定，例如，1930年《关于国籍冲突的若干问题的公约》，据此来判断真正有效的国籍联系。

法人与自然人一样，根据国籍归属原则来确定国家的求偿权。但是由于法人，特别是跨国公司的国籍往往不明确，所以并非所有情况都是一目了然的。如果一个公司是在甲国登记注册，并且在其境内经营，大多数股东也是该国国民，该国的求偿权就会得到普遍的承认。但是如果公司的所属国与股东的国籍国不一致，这一求偿权就会引起问题。在"巴塞罗那牵引公司案"（1970 年）中，巴塞罗那牵引公司在加拿大注册，股东是比利时人，而损害行为发生在西班牙。比利时代表本国股东的利益，提出求偿，但遭到了国际法院的拒绝。法院认为，原则上，保护国根据国籍原则对本国公司行使保护权，只有在特殊情况下，才允许"撕下公司的面纱"，而同意一国对外国公司中具有本国国籍的股东行使保护。一般而言，公司由其所属国代表，股东所属国不得代表股东或公司提出赔偿要求。

股东利益的保护问题比较复杂。有些司法判例与国际法院的观点不同。在处理具体问题上，如国有化赔偿问题，股东所属国往往出面提出求偿。此外，如果是股东本身遭受损害，而与公司没有任何关系，其本国也可能直接介入。当然，不论情况如何，股东所属国总是可以通过外交途径提出交涉的。

在提出国际求偿时，一般要求用尽当地救济，即当一个国家侵犯了外国及其国民的利益，该国有义务向外国人提供法律救济的保障，只有在用尽当地所有行政和司法的法律救济方法之后，受损害的国家才可以将未解决的争端提交国际法院或国际仲裁。当地法律救济方法不仅包括实体法，而且包括程序法。用尽当地救济是国际求偿的先决条件，因为用尽当地救济反映了国家主权原则的要求，是对当地国家属地管辖权的尊重。国际法院认为，用尽当地救济是一项已确立的国际习惯法规则。

（四）排除行为不法性的事由

国际不法行为责任的根据是行为者从事的行为具有不法性，如果某一国际法主体的行为的不法性已经被排除，则该主体的行为就不构成国际不法行为，该主体当然也不用承担国际不法行为责任。在国际实践中，可以排除行为不法性的事由主要有以下几种情况：

1. 同意。同意是指受害主体一方以有效方式表示同意加害主体一方实行某项与其所负之国际义务不符的特定行为时，即排除加害主体一方行为的不法性，从而也不产生国际不法行为责任。

一般认为以"同意"作为排除行为不法性的理由，应满足以下要求：①合法性。即一个主体同意另一主体的行为内容本身不得违反国际法基本原则及依此原则所产生的国际义务。例如，任何国家不得以"同意"为借口侵犯别国主权、政治独立和领土完整。帝国主义国家在受害国"同意"借口下进行的侵略行为仍是国际不法行为，其要承担国际责任。②自愿性。同意不得带有胁迫、诈欺的因素，而应是同意方自由意志明确的和实在的表示。③有效性。同意必须由正式的权力机关在行为前作出，而不能在事后加以追认。特定行为必须是在原定的时间和范围内实行，否则不能排除责任。

2. 对抗措施。对抗措施是指受害方针对加害方所犯的国际不法行为而采取的对抗行为。这种行为即使违背原先对他方承担的国际义务，但因该行为是由加害方在先的国际不法行为所引起的，所以，采取对抗措施的一方的行为不具有不法性，其不承担国际法律责任。通常对抗措施包括一般的对抗措施和自卫行为。一般对抗施是由对方的一般国际不法行为引起的，因此受害方也只限于采取相应的非武力措施来对抗，如经济制裁和断绝外交关系等。自卫行为则是由于受害方在遭到加害方的武力攻击或侵略时所采取的相应的武力反击行动。在这两种情况下，受害方所采取的措施是为保卫本国的主权、政治独立和领土完整，是国际法所确认的合法行为，因而就排除了受害方行为的不法性，当然也无需承担国际法律责任。

在国际实践中，加害方的不法行为是否已经发生，往往由受害方单方面判断，所以带有很大的主观性，容易被滥用。为了防止对抗措施被滥用，通常认为，应对对抗措施的行使进行以下限制：①受害方在采取对抗措施之前，应先通过谈判等程序解决与加害方之间的关于条约条款解释和适用等方面的争端；②对抗措施的目的是为了让加害方停止侵害，履行义务，赔偿损失，而不是对其进行惩罚；③对抗措施的范围与程度必须与加害方不法行为的范围和程度相称，超过了这个范围和程度就是非法的；④对抗措施仅仅是针对加害方的，如果对第三方产生损害，则对抗措施的规定不能构成对第三方的免责理由；⑤不得采取违反一般国际强行法规范的对抗措施。

3. 不可抗力和偶然事件。一国际法主体从事了不符合国际义务的行为，如果该行为起因于不可抗力和无法控制的外界事件，或无法预料且行为者不可能知道其行为不符合该项义务，以致在实际上不可能按照该项义务行事，如发生地震而使外国和外国人的生命财产受到损失，或者由于风暴而使航空器发生故障以致军用飞机进入外国领空等，在这种情况下，应排除其行为的不法性。

4. 危难与紧急状态。危难是指代表国家执行公务的机关或个人，在遭遇极端危难的情况下，为了挽救其生命或受其监护的人员的生命，作为唯一的选择，而不得已做出的不符合本国国际义务的行为。危难可以排除该国所从事的行为的不法性，从而免除该国的国际法律责任。紧急状态是指一国为保护本身的根本利益、对付严重而紧迫的危险而只能如此做时所做出的不符合该国所负某项国际义务的行为，同时该行为并不严重损害该国对之负有义务的国家的根本利益。在这种情况下，该国可援引紧急状况作为排除其行为不法性的理由。但是，援引危难和紧急状态作为免责事由是有条件的。在下列情况下，不得援引：①该国行为所不符合的国际义务是基于一般国际强行法规范产生的义务；②该国行为所不符合的国际义务是条约明示地或默示地禁止对该项义务援引危急情况的义务；③危急情况的发生是由该国促成的；④该国行为可能造成与不采取该行为可能造成的灾难损失相等或更大。

在上述的四种情况下，一国行为的不法性即被排除，该国的行为也不引起国际不法行为责任。

此外，还有国有化和征收问题。在国际实践中，国家有时会对在本国的外国人的财产，基于公共利益的要求而实行国有化或征收，那么，国家对因国有化或征收可能给他国国家或国民带来的损害是否应承担国际责任？在历史上，西方国家曾认为，一国实行国有化或征用外国企业而给其他国家和国民带来损害的，构成国际不法行为，应由该国承担国际法律责任。

在现代，一国实行国有化或征用外国企业而给其他国家和国民带来损害的，并不构成国际不法行为，也不引起国际法律责任。因为，实行国有化或征收是现代国际法认可的每一个国家的主权权利。1974 年联合国大会通过的《建立新的国际经济秩序宣言》第 4 条第 5 项规定："为了保卫自己的自然资源，每一国家都有权采取适合于自己情况的手段，对本国资源及其开发实行有效控制，包括有权实行国有化或把所有权转移给自己的国民，这种权利是国家享有充分的永久主权的一种表现……"按照国际文件规定，是否给予被国有化的外国人以合理的补偿，应考虑各种情况而定。联合国通过的《各国经济权利和义务宪章》第 2 条第 2 款 C 项规定：将外国财产的所有权收归国有、征用或转移时，应由采取此种措施的国家给予适当的赔偿，在进行"赔偿"时要考虑赔偿国的有关法律和规章以及该国认为有关的一切情况。因赔偿问题引起的任何争论均应由实行国有化国家的法院依照其国内法加以解决，除非有关各国自由和互相同意根据各国主权平等并依照自由选择方法的原则寻求其他和平解决方法。应指出的是，这里所说的"赔偿"只有"补偿"的意思，而不是前面所讲到的作为国家责任形式的那种"赔偿"。所以，一国实行国有化或征收的行为是完全符合现代国际法的合法行为，不存在所谓的"国际不法行为责任"问题。

[案例]

以美国为首的北约轰炸中国驻南联盟大使馆事件

1999 年 3 月 24 日，以美国为首的北约发动对南斯拉夫联盟共和国的大规模空袭。在空袭中，以美国为首的北约罔顾国际法，从最初的袭击军事目标发展到袭击民用设施。1999 年 5 月 8 日夜（北京时间 8 日早 5 时 45 分），以美国为首的北约悍然使用三枚导弹袭击了中国驻南联盟大使馆。当时，大使馆内约有 30 名使馆工作人员和中国驻南记者。以美国为首的北约的袭击行为造成中国使馆馆舍严重毁坏，新华社女记者邵云环、光明日报记者许杏虎和夫人朱颖不幸遇难，使馆内另有 20 多人受伤。据悉，这是外国驻南外交机构第一次被炸。

事件发生后，对于以美国为首的北约的野蛮行径，中国政府及时作出反应，坚决捍卫中国的国家主权。1999 年 5 月 8 日，中国政府严正声明："北约的这一行径是对中国主权的粗暴侵犯，也是对《维也纳外交关系公约》和国际关系准则的肆意践踏"，"以美国为首的北约必须对此承担全部责任。中国政府保留采取进一步措施的权利"。5 月 10 日，中国外交部发言人朱邦造代表中国政府要求以美国为首的北约对轰炸中国驻南联盟大使馆事件进行全面、彻底的调查，必须承担政治、道义和法律上的责任，其中包括刑事责任和民事赔偿责任。同日，中国政府向以美国为首的北约提出以下严正要求：①公开、正式向中国政府、中国人民和中国受害者家属表示道歉；②对北约用导弹袭击中国驻南联盟大使馆事件进行全面、彻底调查；③迅速公布调查的详细结果；④严惩肇事者。

尽管美国和北约都对其袭击中国使馆的行为进行种种狡辩，但在中国政府的严正交涉下，美国与其他北约国家的领导人先后就袭击事件向中国公开道歉。5月10日，美国总统克林顿和国务卿奥尔布赖特发表正式声明，"向中国领导人和中国人民表示深切的遗憾和慰问"。5月12日，美国驻香港总领事馆发表声明，在三名烈士的骨灰运回北京时，美国所有驻华领事馆都降半旗致哀。德国总理施罗德表达"他本人和北约的无条件道歉"，并表示"北约各国对此负有共同责任"。法国、加拿大和意大利等北约国家的领导人也分别表示遗憾和歉意。

1999年7月30日，中美双方就上述事件中的人员伤亡和财产损失的赔偿问题达成协议，美国向中国支付450万美元的赔偿金，由中国政府将该款分付给受害者及其家属。12月16日，中美就使馆赔偿达成协议，美国向中国政府支付2800万美元赔偿。但在严惩肇事者方面，尽管美国向中国政府通报，已对8名中央情报局人员进行了处罚，其中解雇了1人，但中国政府认为，"美国必须正视美国轰炸中国驻南联盟使馆这一事件的严重性，对此必须进行全面彻底的调查"，"严惩肇事者，给中国政府和人民一个满意的交代"。

以美国为首的北约轰炸中国驻南联盟大使馆的行为是极其严重的国际不法行为，美国和北约应对此承担全部国际法律责任。

1. 对中国主权的严重侵犯。1961年《维也纳外交关系公约》规定了使馆馆舍、外交代表的人身、外交代表的私人寓所、外交代表的文书、信件及财产和外交信使的人身不可侵犯权。1973年《关于防止和惩处应受国际保护人员包括外交代表的罪行的公约》第2条规定，对应受国际保护人员进行谋杀、绑架或其他侵害其人身或自由的行为，以及威胁或企图进行这类攻击，或参与这类攻击的从犯都构成犯罪，各国应对此类罪行根据其严重性给予适当处罚。国际习惯法早已承认使馆馆舍的不可侵犯性，《维也纳外交关系公约》第22条重申了这一法律原则。使馆是派遣国主权的象征，具有主权属性。侵犯使馆馆舍就是对派遣国主权的侵犯。国际法院在"美国驻德黑兰外交和领事人员案"（1980年）中，重申了他们先前的意见，即外交使节和大使馆的不可侵犯是国家之间关系的根本前提。

2. 以美国为首的北约的轰炸行为已构成国际犯罪。《联合国宪章》规定联合国之宗旨为，维护国际和平及安全；并为此目的，采取有效集体办法，以防止且消除对于和平之威胁，制止侵略行为或其他对和平之破坏；并以和平方法且依正义及国际法之原则，调整或解决足以破坏和平之国际争端或情势。各会员国应以和平方法解决其国际争端，俾免危及国际和平、安全及正义。各会员国在其国际关系上不得使用武力威胁或使用武力，或以与联合国宗旨不符之任何其他办法，侵害任何会员国领土完整或政治独立。以美国为首的北约未经联合国的授权，向北约成员国之外的主权国家——南联盟动武，狂轰滥炸达数十天之久，公然粗暴地践踏了《联合国宪章》。5 月 8 日以美国为首的北约使用导弹轰炸中国驻南联盟大使馆，造成馆毁人亡的严重后果。这是向世界和平宣战，已构成反和平罪、反人道罪和战争罪。

3. 以美国为首的北约必须对这一严重事件承担全部国际法律责任。以美国为首的北约违反了长期公认的一般国际法原则和对中国负担的国际义务，构成国际不法行为，必须承担国际法上的责任。一个政府间国际组织的官员违反国际法的行为应归因于该国际组织，由该国际组织承担国际责任。所以，以美国为首的北约轰炸我驻南使馆的暴行，已构成国际不法行为，必须由美国为首的北约承担全部国际责任，并赔偿所造成的损害。

四、国际损害责任

（一）国际损害责任的概念和特征

国际损害责任是指国际法律责任主体对其从事国际法不加禁止的活动造成的损害应承担的国际责任。这种国际责任与国际不法行为所引起的国际责任不同。国际不法行为的国际责任是因行为者违反有效国际义务引起的，而国际损害责任是由其从事国际法不加禁止的活动造成损害所引起的。通常认为，国际损害责任的法理基础是"严格赔偿"原则，该原则已为若干国际文件所采纳。虽然尚存争议，但仍对确立损害赔偿责任制度具有重要意义。

从国际实践来看，国际损害责任的特点是：①其活动都是由国家或实体在其本国领土或控制范围内从事的，但其危害具有跨国性；②其活动通常具有潜在的危险性；③其活动本身都是现行国际法允许或未加禁止的，因而被认为是合法的活动；④受害国有权要求加害国给予合理赔偿。对这种损害责任行为，既不能加以禁止，又不能不顾及其所产生的域外损害性后果，而听任其不受限制地进行。这就需要有一种国际制度来协调行为国与受害国之间的利益关系，使那些可能产生域外损害的活动能够按国际社会接受的方式进行。

（二）国际损害责任的确立和发展

国际损害责任制度产生较晚，在理论上也有很大分歧，在实践上还没有统一的实体法规则。目前，国际损害责任制度主要由第二次世界大战后签订的少数责任公约和一些条约或公约中的责任条款构成。其中重要的国际条约有：《维也纳核损害民事赔偿公约》、《核动力船舶经营人的责任公约》、《核能方面第三者责任公约》、《国际油污损害民事责任公约》、《国际防止船舶造成污染的国际公约》、《远程跨界空气污染公约》、《及早通报核事故公约》、《外空物体造成损害的国际责任公约》、《联合国海洋法公约》等。

1978 年，根据联合国大会的决议，国际法委员会第三十届会议将《关于国际法不加禁止的行为所产生的损害性后果的国际责任》专题列入工作计划，并进行审议，提出了从事国际法不加禁止的活动必须遵守的原则：①合作原则；②通知和磋商原则；③评估有害影响原则。联合国国际法委员会的"国际法未加禁止之行为引起有害后果责任工作组"于1996年向国际法委员会提交了一份名为《国际法未加禁止之行为引起有害后果之国际责任条款草案》。该草案包括3章，共22条。第一章为有关适用范围、责任、合作及实施等一般性的规定；第二章为有关事先批准、风险评估和情报交换等预防制度的规定；第三章为有关不歧视、救济之性质和谈判应考虑之因素等涉及赔偿问题的规定。联合国国际法委员会第58次会议又于2006年8月通过了《关于危险活动造成的跨界损害案件中损失分配的原则草案》，其主要内容有：①本草案适用于国际法未加禁止的危险活动所造成的跨界损害；②明确了"损害"、"环境"、"危险活动"、"起源国"、"跨界损害"、"受害者"、"经营者"等用语的含义；③草案的目的是确保遭受跨国损害的受害者得到及时和充分的赔偿；④各国应采取一切必要措施，确保其领土上或其管辖或控制下的危险活动所造成的跨界损害的受害者得到及时和充分的赔偿；⑤一旦发生造成或可能造成跨界损害的事件时，事件的起源国应立即将事件及可能造成的跨界损害后果通知所有受影响或可能受影响的国家，并应采取必要措施避免或减轻造成的损害后果；⑥规定了对国际损害责任的国际和国内救济途径等。但总体来讲，国际损害责任制度还很不完善。

（三）国际损害责任的预防原则

国际损害责任并不仅仅着眼于赔偿，同时强调行为国预防和减少损害的义务，如预先通告、搜集并交换资料和情报、协商和谈判等。为此，国际法委员会提出了避免损害的预防义务原则，即要求责任主体在从事造成或可能造成危险或损害的活动时承担预防的义务，并采取预防措施以避免或减轻跨界损害。这一原则受到普遍赞同。但是，对违反这项义务是否直接产生国家的国际责任则有不同主张。我国代表在讨论《关于国家责任的条文草案》时表示：中国代表团赞同在关于国际法不加禁止行为引起的责任性后果的国际责任这一专题中确立预防原则。同时指出，必须承认预防措施的履行难有统一的客观标准。因此，采取何种预防措施应由国家根据其能力、技术设备等具体情况来决定。此外，预防能否作为责任的基础值得怀疑。未履行预防义务并不当然引起国家的国际责任，因为责任的基础是实际的损害。当然，在估计损害补偿时，"应有注意"的因素应在考虑之列。在这一专题中确立一项原则也是必要的，问题是如何确定一个适当的赔偿范围。若将赔偿的义务仅限于危险活动造成跨界损害的活动，又可能使规定的范围过窄。应尽量确立一项既不过窄又不过宽的适当的范围。

（四）国际损害责任的确定和责任形式

在确定损害责任归属问题时，应考虑到发展中国家的利益和特殊需要。发展中国家由于科技不发达，缺乏设备和专门人才，不一定能全部掌握和控制其境内所发生的活动。因此，在确定责任归属问题时应有所区别。在责任归属问题上宜采取属地原则，即按一国管辖或有效控制下进行的活动所造成的损害确定其责任。这里不采用"国家行为主义",上述的损害也包括私人活动造成的损害在内,事实上,许多跨界损害往往是私人企业而非国家造成的。在确定责任归属和赔偿范围时,应注意国家在境内自由活动的权利与不给他国造成显著损害之间应保持合理的平衡,但也应注意不致损害国家的主权和领土完整原则。

在国际实践和某些条约中依责任主体的不同,确定了两种责任形式:

1. 国家专属责任。此种责任的主体是国家。主要涉及国家本身、其他国家实体以及其他非政府团体的活动。它们的活动引起的国际损害责任,完全由国家来承担。如《外空物体造成损害的国际责任公约》规定:"国家对无论是国家机关还是非政府团体发射的空间物体造成的损害均承担赔偿责任。"《联合国海洋法公约》第139条规定:"缔约国应有责任确保国际海底区域内的活动,不论是由缔约国、国营企业、或具有缔约国国籍的自然人或法人所从事者,一律依照本部分的规定进行。缔约国应对其由于没有履行本部分规定的责任而造成的损害负有赔偿义务。"

2. 由经营者本身或与国家共同承担赔偿责任。按照一般的民事赔偿责任原则,经营者应当单独承担赔偿责任,但由于民用核动力领域的活动可能造成特别严重的损害性后果,如果仅由经营人承担损害赔偿责任,一是不足以补偿实际损失;二是过于严格的民事责任又不利于发展民用核事业,因此,有必要由经营人及其所属国共同对损害承担赔偿责任。例如,1962年《核动力船舶经营人的责任公约》和1963年《维也纳核损害民事赔偿公约》规定:"经营人必须根据登记国的规定投保一定数额的核事故险,或做出其他财务安排。同时,国家保证营运人的赔偿责任且在营运人保险额不足以赔偿损失的情况下,在规定的限额内给予赔偿,以便使受害者按统一标准得到赔偿。"

国际损害行为的责任形式主要是赔偿和恢复原状。与国际不法行为赔偿责任不同的是:国际不法行为赔偿责任一般是由国家承担,而国际损害赔偿责任,除国家承担的赔偿责任外,还包括经营者单独承担或者与国家共同承担的赔偿责任。

（五）国际损害责任的免除

国际损害责任的免除与国际不法行为责任免除的情况有所不同。在一般情况下,在国际不法行为责任中,如果不法行为主体能够证明它已采取了一切可能采取的合理手段来阻止违反义务的事实和由其造成的结果发生,即使努力失败,也可排除其责任。但在国际损害责任中,一般情况下,只有行为造成了损害性后果,行为国才承担赔偿责任和其他责任。产生损害责任的前提是损害结果确实存在。但国际法不加禁止的行为造成的损害性后果,也并非在一切下都产生国际责任,也存在一些免除责任的特殊情况,如时效、暴乱、战争、自然灾害、不可抗力等因素。如《核能方面第三者责任公约》第9条规定,除国内法律可能做出相反规定的情况外,经营人对由武装冲突、入侵、内战、暴乱或特殊性质的严重自然灾害造成的核事故引起的损害不负赔偿责任。

第四章

[案例]

"宇宙954号"案

1977年9月18日，前苏联将核动力卫星"宇宙954号"发射进入轨道，并正式通知了联合国秘书长。1978年1月24日，该卫星在重返大气层时进入了加拿大西海岸夏洛特皇后群岛北部的上空。在重返和解体过程中，该卫星的残片坠落在加拿大西北部4.6万平方公里的区域内。加拿大在美国支持下采取"晨光行动"，共搜集到65千克卫星残片。在互换一系列外交照会后，1979年1月23日，加拿大根据1972年《空间物体所造成损害的国际责任公约》（简称《责任公约》）对前苏联卫星进入其领空和卫星的有害放射线残片散落在其领土上所引起的损害提出赔偿要求。

加拿大认为，前苏联在该卫星可能进入和立即进入加拿大地区的大气层时没有通知他，前苏联也没有对加拿大提出的有关该卫星的问题做出及时、全面的答复。在加拿大方面所搜集的卫星残片中，除两件以外，其余的都具有放射性，其中有些残片的放射性是致命的。加拿大和前苏联都是1972年《责任公约》的缔约国。根据该公约第2条，前苏联作为发射国对该卫星给加拿大造成的损害负有绝对赔偿责任。危险的放射性残片散布在加拿大大片领土上以及存在于环境中的这些残片使其部分领土不适宜使用，构成《责任公约》意义内的"对财产的损害"。此外，卫星进入加拿大领空和危险放射性残片散布在其领土上还侵犯了其主权。因此，前苏联应赔偿加拿大600万美元。前苏联则明确拒绝承担赔偿责任。它认为，由于设计在卫星上的核反应堆在重返大气层时完全烧毁，因此其残片不应该具有严重危险。在受影响的地方，引起当地污染的可能性很小。卫星坠落并未造成加拿大人员伤亡，也未造成实际财产损失，因此没有发生《责任公约》范围内的"损害"。

前苏联最后同意"善意性"地支付300万美元了结此案，但仍然拒绝负有赔偿责任，因为加拿大声称的损害不属于《公约》范畴内的损害。

本案争论的焦点在于是否发生了《责任公约》所定义的"损害"。按照《责任公约》第1条，导致赔偿责任的外空物体所引起的损害是指生命丧失、身体受伤或健康的其他损害，以及国家、自然人、法人的财产或政府间国际组织的财产受损失或损害。显然，这种损害应是实际损害。至于像放射性物质引起的环境污染是否也属于《责任公约》定义的"损害"，则是不清楚的。正因为《责任公约》有这一缺漏，前苏联才拒绝承担责任。无论如何，由于核动力卫星所含放射性物质对人体和环境均有危险影响，所以"宇宙954号"卫星坠落事件引起了国际社会对在外层空间使用核动力源问题的严重关切，这直接导致了联合国外空委员会开始制定这方面的法律原则。1992年，联合国大会通过了《关于在外层空间使用核动力源的原则》。

第四章

【思考题】

1. 试论国际法主体的概念及发展。
2. 为什么说国家是国际法的基本主体?
3. 应该怎样认识个人在国际法上的地位?
4. 国家在国际法上有哪些基本权利? 国家为什么享有基本权利?
5. 你认为怎样认识国家主权豁免问题?
6. 试述国际法上的承认的性质和后果。
7. 国家继承和政府继承有何区别? 我国在此问题上的立场是什么?
8. 试论国际不法行为责任的构成。

第四章

第五章

国际法上的居民

第一节　国籍制度

一、国籍

居住在一国境内的人，通常包括本国人、外国人和无国籍人，而本国人构成了该国居民的绝大多数。区分本国人、外国人和无国籍人的依据是国籍。国籍对确定居民与国家的法律关系以及居民的法律地位具有重要的意义。

（一）国籍的概念

国籍（nationality）是一个人作为某一特定国家的国民（national）或公民（citizen），而隶属于这个国家的一种法律上的资格或身份。它表明一个人同某一特定国家之间的固定的法律联系，依照该国法律，其享有外国人不能享有的权利，承担外国人所不能承担的义务。

一个人具有某国国籍，就是该国的国民或公民。一般而言，国民和公民并无区别。我国 1949 年《中国人民政治协商会议共同纲领》曾以"国民"一词指称具有中国国籍的人，1954 年第一部宪法改用"公民"一词。但某些国家则区别国民与公民。历史上，法国、美国等曾将本国人区分为享有完全政治权利的"公民"（出生在本土）和不享有完全政治权利的"国民"（出生在海外属地）。例如，美属维尔京群岛（Virgin Islands of the United States）上的居民尽管是美国的公民，但无权参加美国的总统选举。这种区分只产生国内法上的效果，并不影响有关个人在国际法上的地位，从国际法的角度来看，凡是具有一国国籍的人，在国际方面同样的受其国籍国的保护。

（二）国籍的意义

国籍对于个人和国家都具有重大的意义，国籍亦是个人与国际法之间的主要联系，通常必须确定某个人的国籍之后，才会有国际法的适用。国籍的重要性体现在以下几个方面：

1. 国籍是国家确定某人为其国民或公民的依据。具有本国国籍的人就是本国国民或公民，同时国籍又是个人作为国家成员的身份，这种身份就是国民或公民的资格。因而不具有本国国籍的人，在法律上不属于本国人的范畴。

2. 国籍体现个人与国家之间的法律关系。基于这种法律关系，具有本国国籍的人享受本国法律上的权利和承担本国法律上的义务。享受本国公民的权利，包括外国人不享有的选举权和被选举权，另外依据 1966 年《公民权利和政治权利国际公约》之规定："个人进入其本国之权，不得无理剥夺"，个人享有回归其国籍国的权利即入境居留权，说明国家有接纳本国人的义务；个人对本国负有效忠（allegiance）的义务和其他义务，如服兵役的义务和纳税义务等。

3. 国籍是国家行使管辖权的重要依据。国家行使属人管辖权、属地管辖权和保护性管辖权，都必须依据国籍区分本国人和外国人。属人管辖权只对本国人而不能对外国人行使；属地管辖权对本国人和外国人的行使有所不同，国家没有使外国人完全服从其法律的权力，如不能命令外国人服兵役等；保护性管辖权的行使只针对外国人。

4. 国籍是国家对侨居外国的本国人行使外交保护权的依据。不具有本国国籍的人或无国籍人，就处于外国人的地位，国家对于外国人，既无权予以外交保护，也无义务接纳其入境。

5. 国籍是个人与国际法发生联系的纽带。个人具有某国的国籍，就可以享有并承担国际法赋予其国家的权利和义务给他带来的权益和义务。

6. 国籍是直接关系国家利益的重大问题。国籍是确定国家人口的标准，而人口又是构成国家的要素之一。正确解决国籍问题，对于维护世界和平与安全、维护国家主权、保护国民的正当权益都具有十分重要的意义。

（三）国籍法

国籍法（nationality law）是一国规定其国籍的取得、丧失或变更等问题的法律。依现代国际法，国籍问题原则上属于国内管辖事项，因此，每个国家都有权通过其国内立法来制定本国国籍法。实践中，各国根据其民族传统和习惯以及政治、经济利益，并考虑到人口发展或控制的需要，采用不同的立法原则和方式来制定各自的国籍法。有的国家在宪法或民法中规定国籍问题，如法国 1791 年的《宪法》和 1804 年的《民法典》中，都有关于国籍事项的规定；有的国家以单行法方式规定国籍问题，最早以单行法规定国籍的是 1842 年的普鲁士《国籍法》，随后更多的国家开始制定关于国籍问题的单行法规。现今大多数国家都采用单行法方式规定国籍事项。

国籍法属于国内法并不意味着与国际法无关：一方面，国籍问题不仅涉及一个国家的主权和重大利益，而且还涉及有关个人的切身利益，所以，一国关于国籍问题的国内法，还必须符合公认的国际法原则和该国承担的有效国际义务，否则其他国家或有关国际仲裁和国际司法机关就没有承认其国籍法的义务。1930 年《关于国籍冲突的若干问题的公约》第 1 条规定，每一国家依照其本国法律断定谁是他的国民。某项法律如符合国际公约、国际习惯及普遍承认的关于国籍的法律规则，其他国家应予以承认。另一方面，由于各国的历史传统、政治制度、对内对外政策及社会发展的实际需要不同，其在国籍问题上采用立法方式和原则也会不同，因而造成了国籍的抵触，并引起了国家间在管辖方面的争执。为了解决这一问题，国际社会缔结了一系列有关国籍问题的国际条约，包括双边条约、区域性条约和普遍性的国际公约。普遍性国际条约主要有：1930 年《关于国籍冲突的若干问题的公约》、《关于某种无国籍情况的议定书》、《关于无国籍的特别议定书》、《关于双重国籍某种情况下兵役义务的议定书》、1954 年《关于无国籍人地位的公约》、1957 年《已婚妇女国籍公约》、1961 年《减少无国籍状态公约》、《维也纳外交关系公约关于取得国籍的任择议定书》和 1963 年《维也纳领事关系关于取得国籍的任择议定书》；区域性的国际公约主要有：1933 年《美洲国家间国籍公约》、《美洲国家间关于妇女国籍的公约》、1954 年《阿拉伯联盟关于国籍的公约》、1963 年《关于减少多重国籍情况和在多重国籍情况下兵役义务的（欧洲）公约》和 1997 年《欧洲国籍公约》。另外，一些普遍性国际人权公约中也含有国籍问题的规定。上述条约的有关规定，可以成为当事国解决国籍问题的国际法依据。

二、国籍的取得、丧失和恢复

（一）国籍的取得

国籍的取得是指一个人取得某一国家的国民或公民身份的资格。《世界人权宣言》规定，享有国籍是人的基本权利。有关国籍取得的条件、方式和程序，由各国国内法加以规定。根据各国的国籍立法实践，国籍的取得主要有两种方式：一种是因出生而取得国籍；另一种是因加入（归化）而取得国籍。

1. 因出生而取得国籍。因出生而取得国籍，是指一个人由于出生这一事实而取得某一国的国籍，也叫原始国籍（nationality by origin）、固有国籍（inherent nationality）或出生国籍（nationality by birth）。这是取得国籍的最主要的方式，世界上绝大多数人都是因出生而取得一国国籍的。

各国国籍法对原始取得一般采用以下两种标准：

（1）血统主义（jus sanguinis）。血统主义是指一个人无论出生在何地，其国籍取决于其父母的国籍。依据这一标准，凡是本国人所生子女，当然为其本国国民或公民，而不论其生在国内还是国外。血统主义可分为双系血统主义和单系血统主义，单系血统主义又称父系血统主义，指子女的国籍取决于父亲的国籍，双系血统主义指父母双方或任何一方的国籍对子女的国籍均有影响。以前有的国家采用过单系血统主义，但随着男女平等观念的普及和人口情况的变化，逐渐由单系血统主义改为双系血统主义，如西德 1974 年 12 月通过法律，把实行单系血统主义改为实行双系血统主义。1973 年 1 月，法国修改了 1954 年的《国籍法》，也改用双系血统主义，该法第 17 条规定："子女，不论婚生或非婚生，至少其双亲之一是法国人者，为法国人。"旧中国政府的《大清国籍条例》第 1 条采用过单系血统主义，之后 1914 年的《民国三年修正国籍法》和 1929 年的《国籍法》第 1 条也采用过同样的原则。

（2）出生地主义（jus soli）。出生地主义是指以出生地作为赋予出生者原始国籍的标准。依据这一标准，在一国境内出生的人，不论其父母国籍如何，均取得出生地国家的国籍。世界上一些人口较少的国家为了尽量吸引外来人口而采用出生地主义，这样可以使大批移民所生的子女成为出生地国家的国民或公民。历史上，英国（包括英联邦的一些成员国）、美国以及拉美一些国家，如墨西哥、秘鲁都曾经采用过出生地主义标准。

但在国家实践中，没有国家仅采用一种标准规定取得原始国籍的方式，多半同时采用血统或出生地的方式，这又被称为混合主义（nationality maybe acquired according to both jus soli and jus sanguinis）。混合主义是指兼以父母国籍和本人出生地作为赋予个人原始国籍的标准。其中，有的国家平衡采用血统主义和出生地主义；有的国家以血统主义为主，出生地主义为辅；有的国家以出生地主义为主，血统主义为辅。

历史上，人口流出国一般采用血统主义，人口流入国一般采用出生地主义。

2. 因加入而取得国籍。因加入而取得国籍（又称继有国籍，acquired nationality），广义上泛指根据个人意愿和某种事实并必须具备入籍国立法所规定的某些条件而取得国籍，包括一国国民取得另一国国籍和无国籍人取得某一国国籍等；狭义上仅指个人自愿申请加入某一国国籍。通过加入而取得国籍，主要有三种情况：

（1）自愿申请入籍。外国人或无国籍人自愿申请而取得一国国籍，称为入籍，旧称归化（naturalization）。一个国家是否允许外国人或无国籍人加入本国国籍，是一国主权范围内的事，国家可以依据本国法律批准当事人的申请，准予入籍，也可以拒绝而不准入籍。

对于入籍的条件和程序，各国一般会规定一些具体的条件，如年龄、居住期限、文化程度、行为能力、财产状况、宗教、职业等。例如，根据美国现行《国籍法》，要加入美国国籍，必须具备五个条件才有资格提出申请：①年满 18 周岁；②在美国居住至少 5 年；③道德品质良好（如在 5 年的居住期间内犯有严重罪行的人，不得申请入籍）；④有一般阅读和写作英语的能力；⑤理解和拥护美国政府体制和美国《宪法》的各项规定。

根据各国国籍法的规定，申请入籍须经过一定的国家机关批准，有的国家规定由行政机关批准，有的国家规定由立法或司法机关批准。入籍申请被批准后，就取得该国国籍。

一人申请入籍，其效力是否及与配偶和子女，各国法律的规定也不一致。许多国家的国籍法都承认父母入籍，其未成年子女也随同取得该国国籍，例如，匈牙利《国籍法》规定，外国男子加入其国籍，其效力及于其配偶和子女。也有些国家规定，父母改变国籍时，未成年子女不当然随同改变国籍，而必须附带在其父母的申请之内或者由父母代为申请，履行正常的审批手续。有的国家采取了妇女国籍独立原则，丈夫入籍不影响妻子的国籍，如波兰《国籍法》规定，配偶一方改变国籍时，不影响配偶另一方的国籍。入籍人在国内的法律地位是否与具有原始国籍的人完全相同，各国法律规定也不一致。有的国家对入籍人的法律权利有所限制，例如，依据美国《宪法》第 2 条的规定，入籍的美国国民永远不能当选为美国总统。1990年日本《国籍法》曾对入籍者在政治权利方面作了七项限制。

（2）基于婚姻而入籍。它是指个人与另一国国民或公民结婚而取得该国的国籍。因婚姻而取得国籍又分三种情况：①无条件的妻随夫国籍，凡是与本国男子结婚的外国女子即取得本国国籍；凡是与外国男子结婚的本国女子即丧失本国国籍。这种原则盛行于 19 世纪。②外国女子与本国男子结婚，原则上取得本国国籍；而本国女子与外国男子结婚，有条件地丧失本国国籍。瑞士、奥地利和泰国的国籍法，采用这个原则。③外国女子与本国男子结婚，有条件地取得本国国籍，如女方不要求保留其本国的国籍；而本国女子与外国男子结婚，有条件地丧失本国国籍。

实践中，有的国家还规定本国人与外国人结婚，双方各保有原来的国籍，确立男女平等原则和妇女国籍独立原则，婚姻不影响国籍。国际公约也对此加以肯定。例如，1957 年 2 月 20 日联合国大会通过的《已婚妇女国籍公约》第 1 条规定："缔约国同意其本国人与外国人结婚者，不因婚姻关系之成立或消灭，或婚姻关系存续中夫之国籍变更，而当然影响妻之国籍。"第 2 条规定："缔约国同意其本国人自愿取得他国国籍或脱离本国国籍时，不妨碍其妻保留（其本国）国籍。"1979 年《消除对妇女一切形式歧视公约》第 9 条规定，缔约各国应给予妇女与男子有取得、改变或保留国籍的同等权利。它们应特别保证，与外国人结婚或于婚姻存续期间丈夫改变国籍均不当然改变妻子的国籍，使她成为无国籍人，或把丈夫的国籍强加于她。

（3）基于收养而入籍。它是指无国籍或具有外国国籍的儿童被一国国民收养而取得收养人国家的国籍。收养是否使被收养人的国籍发生变更，各国的规定不同。大致有三种情形：①收养影响国籍。即本国国民收养的外国籍或无国籍的养子女，因收养关系的确立而取得本国国籍。②收养不影响国籍。本国人收养外国人为子女，该养子女不当然取得养父母的国籍，而仍保留原国籍。本国人被外国人收养为养子女时，也不丧失本国国籍。③收养虽不影响被收养人的国籍，但养父母所属国可以按照优惠条件对被收养人放宽入籍条件，如放宽居住期、年龄等。

除上述情形外，还有因认知（准婚生）、领土变更、选择国籍、国家继承、在外国接受公职或取得不动产、丈夫或（未成年人的）父母在外国入籍等法定事实而入籍。

（二）国籍的丧失

国籍的丧失是指一个人丧失某一特定国家的国民或公民身份资格。各国法律一般都有对国籍丧失的不同情况与条件的规定，一般分为自愿丧失国籍和非自愿丧失国籍两种。

1. 自愿丧失国籍。它是指基于本人意愿而丧失国籍，有申请出籍和自愿选择两种。

第五章

申请出籍是本人自愿申请退籍。这是出籍权（right of expatriation）的问题，虽然《世界人权宣言》第15条规定"更改国籍权利不容否认"，但是许多国家仍然规定放弃国籍须经国家的同意或符合某些条件。

自愿选择是指一个人具有双重国籍或多重国籍时，他可以根据有关国家的协议，自愿选择某一国国籍而放弃他国国籍的情况，或在交换领土的情况下，交换地区的居民选择了对方国籍，即丧失本国国籍。

2. 非自愿丧失国籍。它是指由于法定原因而非本人自愿而丧失本国国籍。可分为两种情况：

一种情况是因与外国人结婚、被外国人收养、未经本国政府许可而在外国服兵役或担任公职、已取得外国国籍等法定事实而自动丧失国籍。

另一种情况是被剥夺国籍，它是指国民或公民由于实施某种行为而被其国籍国依法剥夺国籍，这是非自愿丧失国籍最典型的一种情况。尽管《世界人权宣言》第15条规定"任何人的国籍不容无理剥夺"，但在实践中还有一些国家的法律规定了剥夺国籍的制度，剥夺国籍的理由主要有：不履行效忠义务或为外国利益从事有损本国利益的行为、危害国家独立或安全、为逃避公共服务的义务久居国外不归、非法离境或经召唤而拒绝回国、未经允许在外国担任公职或军职、在外国政治选举中投票、使用假文件取得本国国籍，等等。在这种情况下，国家剥夺一个人的国籍，不能认为是违反国籍法。大多数国家规定，一个人丧失国籍，并不影响其配偶和子女的国籍。

但从避免国籍抵触、保护个人利益和禁止歧视等方面考虑，有关国际法律文件和国际法学家的学说则反对国家任意剥夺国籍，特别是反对基于种族原因而大规模剥夺国籍的行为。1961年制定的《减少无国籍状态公约》第8条第1款规定："缔约国不应剥夺个人的国籍，如果这种剥夺使他成为无国籍人的话。"但如果有以下理由，即使会造成无国籍状态，仍可以剥夺个人的国籍：①归化者长期居留达7年以上，而不向有关当局表明他有意保留国籍；②缔约国可以法律规定，凡在其领土外出生的国民，在达成年后1年内，如果保留该国国籍，当时必须居留在该国境内或有向有关当局登记；③国籍是用虚伪的陈述或欺诈方法而取得的；④违反尽忠的义务；⑤违反禁止向另一国提供服务或接受薪俸的规定；⑥曾经以严重损害该国重大利益的方式行事；⑦宣誓或发表正式效忠另一国家，或明确地表明他决心不对该国效忠。

（三）国籍的恢复

国籍的恢复是指丧失一国国籍的人重新取得该国国籍。大多数国家的国籍法都规定，曾经具有本国国籍的人，符合法定条件并经过法定程序，可以重新取得本国国籍。其中，少数国家规定符合法定条件的人，一经登记或声明即当恢复国籍；多数国家则要求有关个人发表声明并履行申请和审批手续才能恢复国籍，但国家对此类申请人免除对一般申请入籍者所要求的某些条件。

也有国家没有恢复国籍的规定，丧失国籍的人如果要再入籍，就必须经过入籍手续。

三、国籍的抵触

国籍抵触又称国籍冲突，是指一个人具有两个或两个以上的国籍、或不具有任何国籍的法律状态。一个人具有两个或两个以上的国籍为国籍的积极抵触，其中，一个人同时具有两个国籍即双重国籍（double nationality），具有两个以上国籍即多重国籍（plural nationality）；一个人不具有任何国籍为国籍的消极抵触，又称无国籍（stateless，absent nationality）。

（一）国籍积极抵触产生的原因及影响

国籍抵触产生的根本原因，是各国国籍立法在本国国籍的取得、丧失和恢复问题上采取不同的原则。

发生国籍积极抵触的情况有下列几种：

1. 由于出生。采用血统主义标准的国家的公民，在采用出生地主义标准国家境内所生的子女，一出生就具有双重国籍，即具有父母的国籍和出生地国家的国籍。如果父母双方为两个不同国家的公民，这两个国家都采用血统主义标准，而母亲的国家采用双系血统主义，他们在任何一方国家所生的子女，一出生就具有双重国籍，即父亲的国籍和母亲的国籍。还有一种情况，父母双方为不同国家的公民，父母双方国家都采用血统主义标准，其中如果母亲的国家采用父系血统主义标准，他们在采用出生地主义标准的国家境内所生的子女，一出生就具有双重国籍，即父亲的国籍和出生地国家的国籍；如果母亲的国家采用双系血统主义标准，那么他们的子女就可能具有三重国籍，即父亲的国籍、母亲的国籍和出生地国家的国籍。

2. 由于婚姻。在婚姻情况下发生双重国籍，通常是一国男子与外国女子结婚时，男子国家的法律规定因婚姻而赋予外国女子以该国国籍，而该女子的国家法律规定不因婚姻而丧失国籍，因此，这个女子因结婚而具有双重国籍。

3. 由于收养。当一个国家的公民收养一个外国人为养子女时，收养人国家法律规定被收养人取得本国国籍，而被收养人国家法律规定被收养人并不因收养关系的确立而丧失其国籍，此被收养人就具有双重国籍。

4. 由于申请入籍。当一个人申请加入某外国国籍，本国法律规定他并不因此而丧失本国国籍，而该外国又准许他在没有解除其本国国籍的情况下入籍，结果是此人具有双重国籍。

双重国籍和多重国籍是一种不正常的状态，这种不正常状态往往使具有双重国籍的人陷入困境。因为他必须同时向两个或两个以上的国籍国履行义务。如一个双重国籍人的两个国籍国同时要求他服兵役，他则无法同时履行此义务，如果上述这两个国籍国发生战争并成为敌对国，则他的处境将更为尴尬。1951年，美国上诉法院就曾判决一个兼有美国国籍和日本国籍的人犯有叛国罪，主要原因是被告在一个日本战俘营中虐待美国俘虏。

　　双重国籍还容易引起国家之间的纠纷。如 1915 年，美国国务院曾经因为法国通知已经在美国入籍的法国人回国服兵役和扣留回到法国的该类人服兵役，而向法国提出抗议。而法国认为他们仍具有法国国籍，是法国公民，有在法国服兵役的义务。法国政府拒绝美国政府的抗议并答复美国：依法国法律，法国公民在外国归化，只有经过法国政府批准才能解除其法国国籍。另外，双重国籍或多重国籍的国家主张对具有本国国籍的人行使管辖权和保护权，也会引起相关国家之间的纠纷。

　　但是在实践中，从提倡多元文化，凝聚民族精神，吸引大量国际人才、资金和技术，扩大本国的管辖权等方面考虑的原因，世界上仍有不少国家承认或接受双重国籍，这就引起双重国籍人的法律地位问题。

　　(1) 双重国籍人的法律地位。两个国籍国认为该双重国籍人是他自己的国民，而让其履行义务。1930 年海牙《关于国籍冲突的若干问题的公约》第 3 条规定："除本公约另有规定外，凡具有两个以上国籍的人，得被他所具有国籍的每一个国家视为各该国家的国民。"因为两个国籍国均可以主张该人为本国人，所以可能会在行使外交保护权的时候遇到困难，对于这一问题该公约第 4 条规定"国家对于兼有另一国国籍的本国国民，对该另一国不得实施外交保护"加以解决，但是部分缔约国家对该条款提出了保留。

　　对于第三国，哪个国籍国可对具有双重国籍的个人行使外交保护权，通常是采用有效国籍原则，即哪个国家与具有双重国籍的个人有较密切的关系，才可以代其行使外交保护权。该公约第 5 条规定："在第三国之领土内，有一个以上之国籍者，应视为只有一个国籍。在不妨碍该国于身份事件法律之适用及有效条约等范围内，该国就此人所有之各国籍中，应选择其通常或主要居住所在国之国籍；或在各种情形之下，承认与该人实际上关系最密切之国家的国籍。"

　　(2) 有效国籍原则。在国籍仲裁实践中，一些法庭的裁决对于双重国籍的问题是适用有效国籍原则，这样就排除上述第 4 条的规定，仲裁法庭认为有效国籍原则对于具有两个国家国籍的个人，在两个国家中仍可适用，以避免个人无法寻求外交保护的情况。例如 1955 年 6 月 10 日美国意大利调解委员会对 Merge 夫人一案的决定中，确认有效国籍原则也可适用于同时具有两个国籍的人的索偿案件，委员会认为上述第 4 条的原则必须对第 5 条的有效国籍原则让步。[1]

---

[1]　Merge 夫人于 1909 年出生在美国而取得美国国籍，但在 1933 年与一位意大利人结婚而取得意大利国籍，住在意大利，1937 年随夫到意大利驻日本使馆工作，并使用意大利护照，但在 1940 年 2 月 21 日她又在美国驻东京总领事馆登记为美国人，并于 1946 年 12 月 10 日自美国驻日本神户领事馆领到美国护照回美国，1947 年 7 月 31 日她自意大利驻美总领馆取得赴意大利签证，9 月 19 日到意大利与其丈夫团聚，从此住在意大利，但她又在 1950 年 9 月 11 日又自美国驻罗马的大使馆取得新的美国护照。委员会认为她不能明显被认为是美国人，因为她的家庭并非常住在美国，她在 1937 年到 1946 年间均与她的丈夫在日本，在美日作战期间，她也未因是敌国人民而被拘留，在此情况下，美国不能代表其向美意调解委员会提出索偿的要求。

但也有仲裁案件反对有效国籍原则是国际法上已经接受的原则。例如 1932 年 6 月 8 日美国与埃及的萨兰案（Salem Case）中，法庭裁决认为"有效国籍原则似乎尚未在国际法上充分建立"，如果两个国家根据国际法均可以认为其一个人为其国民，则这两个国家中的任何一国都不能代表该人向对方国家提出索偿。

（二）国籍积极抵触的解决

国籍积极抵触的解决主要有三种方法：

1. 通过国际社会协商，签订国际条约解决。1930 年海牙《关于国籍冲突的若干问题的公约》、《关于双重国籍某种情况下兵役义务的议定书》、1933 年蒙得维的亚《美洲国家间国籍公约》等，都对解决国籍抵触有积极作用。但是，批准和加入有关公约的国家并不多，而且在批准和加入时还附有各种保留，使公约的作用大受影响。

2. 国家之间通过共同协商解决。世界上许多国家曾通过谈判、协商签订双边条约以解决双重国籍问题。如我国于 1955 年 4 月 22 日与印度尼西亚签订《关于双重国籍的条约》；美国在历史上也曾与英国、德国、比利时等不少国家分别签订了有关相互承认准许入籍的条约。

3. 借助各国国内立法，防止、减少、消除和处理双重国籍和多重国籍的问题。一国制定国籍法时，避免可能导致双重国籍的情况。例如，不承认具有本国国籍的多重国籍人的外国国籍，或允许其申请解除或放弃本国国籍；规定本国人有效取得外国国籍即自动丧失本国国籍，或规定本国人丧失本国国籍以有效取得外国国籍为条件等。

（三）国籍消极抵触的产生和解决

国籍的消极抵触是指一个人不具有任何国籍，即无国籍状态。产生无国籍的原因主要也是各国国籍立法不同。国籍的消极抵触可能因以下几种情况而产生：

1. 由于出生。无国籍人所生的子女，按照出生地国家的法律规定不能取得该国国籍时，该子女可能成为无国籍人。如一对无国籍的夫妇在罗马尼亚所生的子女，就可能成为一个无国籍人，因为罗马尼亚只采取血统主义，不采取出生地主义。

2. 由于婚姻。例如，一国女子与一国男子结婚，女子国家法律规定该子女丧失其国籍，但男子国家法律规定该女子并不能立即取得其国籍，在入籍之前，该女子是无国籍人。

3. 由于收养。如果被收养人国家的法律规定，该人被外国人收养当然丧失其原国籍，而收养人国家法律规定该人并不因其被收养而当然取得收养人国家的国籍，故被收养人就有可能处于无国籍状态。

4. 由于被剥夺国籍。如果一个人由于某种原因被剥夺国籍，在其没有取得新国籍之前，他就是无国籍人。

由于无国籍人不具有任何国家的国籍，因此，他们即不能享受有关条约对特定公民所规定的待遇，也不能享有任何国家对本国公民实行的外交保护。

为了防止无国籍状态的产生，国际社会也签订了一些条约，如1930年海牙《关于国籍冲突的若干问题的公约》、1954年《关于无国籍人地位的公约》和1961年《减少无国籍状态公约》。但是，这类公约的内容有限，而且参加公约的国家不多，所以解决无国籍状态，主要还是通过国内立法。现在依据各国国内立法，准许无国籍人加入各该国国籍的国家日益增多。

四、中国的国籍立法和实践

中国的国籍立法始于清末，至中华人民共和国成立之前，中国已有三部国籍法。1909年（宣统元年）颁布的《大清国籍条例》，可以说是中国的第一部国籍法，按其规定，凡是父亲是具有中国血统的人，不论是否出生在中国，均具有中国国籍。辛亥革命后，袁世凯政府对《大清国籍条例》进行修改，并于1914年颁布了《民国三年修正国籍法》，1929年国民党政府对该法进行修改，颁布了《民国十八年修订国籍法》，这几部国籍法采用的均是父系血统主义。

中华人民共和国成立后，废除了旧国籍法，于1980年9月10日颁布了《中华人民共和国国籍法》。这部国籍法是在总结我国传统和现实需要的基础上，并参考其他国家的国籍立法和有关国籍问题的国际公约而制定的。此外，中国曾先后与印度尼西亚（1955年）[1]、蒙古（1957年）、缅甸（1960年）、尼泊尔（1962年）、马来西亚（1974年）、菲律宾（1975年）和泰国（1975年）等国家签订了关于减少、消除和防止双重国籍的协议，并批准或加入了1951年《关于难民地位的公约》、1965年《消除一切形式种族歧视国际公约》、1973年《禁止并惩治种族隔离罪行国际公约》、1979年《消除对妇女一切形式歧视公约》和1989年《儿童权利公约》等含有关于国籍问题规定的普遍性的国际人权公约。这些条约在解决国籍抵触问题上，发挥了重要作用。

（一）中国国籍法的原则

1. 平等原则。平等原则体现在《国籍法》的规定之中，在国籍的取得、丧失和恢复方面，各民族平等、男女平等，没有任何民族、宗族和宗教歧视。《国籍法》第2条规定："中华人民共和国是统一的多民族的国家，各民族的人都具有中国国籍。"就是说在我国境内，各民族的人具有同等的统一的国籍。男女平等也体现在《国籍法》中，中国公民与外国人或无国籍人结婚，双方都不因这种婚姻关系而当然取得或丧失中国国籍。另外第4条和第5条还规定，父母双方国籍对其子女取得

---

[1] 1955年，中国与印度尼西亚签订了《关于双重国籍的条约》。条约规定，凡是同时具有中国、印尼两个国籍的人，都应根据本人自愿的原则选择其中之一，期限为条约生效后2年之内。若在规定期限内未选择，则作出如下处理：如果其父亲为中国人的后裔，视为其选择了中国国籍，反之视其为选择了印尼国籍。为避免新的双重国籍的产生，条约还规定，在条约生效后将按父系血统主义赋予原始国籍。1960年12月，中国还与印尼签订了《关于双重国籍问题的条约的实施办法》。1969年4月，印尼单方面废除了与中国签订的双重国籍问题条约。

中国国籍具有同等效力。第 7 条规定，外国人或无国籍人申请加入中国国籍，不附带任何民族或种族歧视的条件。

2. 不承认双重国籍原则。《国籍法》第 3 条规定："中华人民共和国不承认中国公民具有双重国籍。"即不承认具有中国国籍的人同时具有外国国籍，也不承认具有外国国籍的人具有中国国籍。但是近年来，有人从吸引人才、凝聚民族力量的角度出发，建议修改《国籍法》，承认双重国籍。

3. 避免国籍抵触原则。《国籍法》第 5 条规定，父母双方或一方为中国公民并定居在外国，本人出生时即具有外国国籍的，不具有中国国籍。第 8 条规定："……被批准加入中国国籍的，不得再保留外国国籍。"第 13 条规定："……被批准恢复中国国籍的，不得再保留外国国籍。"第 9 条规定："定居外国的中国公民，自愿加入或取得外国国籍的，即自动丧失中国国籍。"第 6 条规定："父母无国籍或国籍不明，定居在中国，本人出生在中国，具有中国国籍。"根据第 7 条的规定，无国籍人可经申请批准取得中国国籍。

（二）中国国籍的取得

1. 因出生而取得国籍。适用双系血统为主、出生地为辅的混合原则。具体而言，父母双方或一方为中国公民，本人出生在中国，具有中国国籍（《国籍法》第 4 条）；本人出生在国外，具有中国国籍，但如果父母双方或一方为中国公民并定居国外，且本人出生时即具有外国国籍的，不具有中国国籍（《国籍法》第 5 条）；如果父母无国籍或国籍不明并定居中国，且本人出生在中国，具有中国国籍（《国籍法》第 6 条）。

2. 因归化而取得国籍。适用自愿申请与审批相结合原则。凡愿意遵守中国宪法和法律的外国人和无国籍人，如果属中国人的近亲属，或定居在中国，或有其他正当理由（如与中国公民结婚），可经申请批准加入中国国籍（《国籍法》第 7 条）；此类申请在国内可向所在地市、县公安局提出，在国外向中国外交代表机关和领事机关提出（《国籍法》第 15 条）；未满 18 周岁的，可由其父母或其他法定代理人代为办理申请（《国籍法》第 14 条）；此类申请由中国公安部审批，经批准的，由公安部发给入籍证书（《国籍法》第 16 条）；获得批准的申请人即取得中国国籍，如本人原为外国人，该人不得再保留外国国籍（《国籍法》第 8 条）。

（三）中国国籍的丧失

1. 自动丧失。定居外国的中国公民，自愿加入或取得外国国籍的，即自动丧失中国国籍（《国籍法》第 9 条）。

2. 申请退籍。中国公民如属外国人的近亲属，或定居外国，或有其他正当理由，可经申请批准退出中国国籍（《国籍法》第 10 条）；获得批准的申请人即丧失中国国籍（《国籍法》第 11 条）；但国家工作人员和现役军人，不得退出中国国籍（《国籍法》第 12 条）。

（四）中国国籍的恢复

曾经有过中国国籍的外国人，具有正当理由，可以申请恢复中国国籍，获得批准的申请人不得再保留外国国籍（《国籍法》第13条）。

第二节　外国人的法律地位

一、外国人的概念及国家对外国人的管辖权

广义上的外国人是泛指一切不具有居住国国籍的人（通常除自然人外，也包括外国法人），为便于管理，无国籍人也往往归入外国人的范畴；狭义上的外国人仅指不具有居留国国籍而具有外国国籍的自然人。对于双重国籍人，如果他具有的两个国籍均不是居留国国籍，属外国人；如果它具有的两个国籍中有一个是居留国国籍，居留国一般不视其为外国人。

根据国家主权原则，一国对其领域内的外国人享有属地管辖权，因此，外国人既处于居留国的属地管辖权之下，同时又处于其国籍国的属人管辖权之下，即受其居留国和国籍国的双重管辖，他既要忠于祖国，又要认真遵守居留国的法律，尊重当地的风俗习惯。对于特殊的外国人应按照相关的国际法原则和制度给予相应的特殊的法律地位，包括享有特权和豁免的外国人、受庇护者和难民。

外国人的法律地位（the legal status of aliens）是指一国境内的外国人在该国入境、居留和出境时所承受的权利和义务。一国给予外国人何种法律地位，属一国主权范围内的事，别国无权干涉。其内容由公认的国际法原则、外国人居留国与外国人的本国共同参加和接受的国际条约、习惯以及居留国的国内法加以规定，此外还应顾及到外国人本国的属人管辖权。

二、外国人入境、居留和出境的一般原则

（一）入境

根据国家主权原则，国家是否允许外国人入境以及在什么条件下允许外国人入境，是其自由裁量的事项。一国没有允许外国人入境的一般义务，也没有要求他国允许本国人入境的一般权利。

现代国际社会中，各国均在互惠的基础上，允许外国人为合法的目的而入境，同时规定入境的条件和程序。实践中，除有关国家的国内法或有关国际条约另有规定外，外国人入境的一般条件是，要求入境的外国人持有有效的能证明其身份和国籍的本国护照，无国籍人由其居住国签发旅行证明来证明其身份。除护照外，申请入境的外国人还要取得所要进入的国家的入境签证。国际实践中，为了加强两国间的交流和友好合作关系，国家之间通常通过签订双边条约规定两国国民进入对方国境可免签证。在入境时，外国人须在入境口岸接受入境国的安全、卫生和海关等方

面的检查后方可进入国境。

　　一国为了本国的安全和利益，有权拒绝某些外国人入境，如精神病和传染病患者、刑事罪犯、从事不正当职业者、吸毒者等。但如果出于种族歧视原因限制或禁止外国人入境，则是违反国际法原则的。对于未经许可而进入本国境内的外国人，所在国除非事后赋予其居留权，或受本国承担的保护难民国际义务的约束，有权对其采取包括驱逐出境在内的必要处罚。

　　（二）居留

　　合法进入一国境内的外国人，可以根据居留国的法律法令和有关国际条约或协定的规定，在该国作短期、长期或永久居留。一国自由决定是否允许外国人在本国居留，并规定居留的条件和手续。例如，可要求外国人事先取得本国的居留证件，在入境后办理居留证件，在获准的地点和期间内居留等。合法居留的外国人，其在居留期间的合法权利包括人身权、财产权、著作权、发明权、劳动权、受教育权、婚姻家庭权、继承权和诉讼权等，受所在国的法律保护。对于非法居留的外国人，所在国有权加以处罚。

　　（三）出境

　　外国人出境的条件也由一国的国内法规定，但是根据公认的国际法原则，一国不得禁止其境内的外国人合法离境。但各国一般会基于本国的国家安全、公共秩序、他人的权利等因素，对外国人出境的条件和手续作出规定，如偿清债务、付清捐税、了结司法案件和办理出境手续等。在特定情况下，可以限令外国人离境，或将其驱逐出境，但应有严格的条件限制。国家若无正当理由而驱逐外国人出境，会侵犯外国人的合法权利，违反国家应承担的国际义务，会造成国家间关系的恶化。

三、外国人的待遇

　　外国人待遇（treatment of aliens）是指一国对本国境内的外国人所设定的权利和义务。国家给予外国人什么待遇，国际法并没有统一的规定，一般通过制定国内法、缔结国际条约和形成国际惯例的方式来规定外国人的待遇，国际实践中逐渐形成了一些有关外国人待遇的一般原则。

　　（一）国民待遇

　　国民待遇（national treatment）是指国家在一定范围内给予外国人与本国人相同的待遇，即在同等条件下，外国人所享受的权利和承担的义务与本国人相同。根据此原则，国家给予外国人的待遇不低于给予本国人的待遇，外国人也不得要求任何高于本国人的待遇。

　　目前，各国均在互惠的基础上通过国内立法或国际条约确定这一原则。根据国际实践，国家给予外国人国民待遇是限制在一定的范围内的，一般限于民事权利和诉讼权利，而政治权利外国人一般不能享有。例如，外国人在居留国不享有选举权和被选举权，一般不得担任公职，也不承担服兵役的义务。但即使在民事权利方面，也有一定的限制，各国往往出于国家安全和利益的考虑，不允许外国人从事某些特定的职业，担任某些特定的职务，如一些国家规定外国人不能充当引水员、飞行员、律师等；一些国家还禁止外国人拥有土地；有些国家对外国人的旅行、居住有某些限制，如前往非开放地点需要办理特许证件。

（二）最惠国待遇

最惠国待遇（most favored nation treatment）是指一国（施惠国）给予另一国（受惠国）国民的待遇，不低于现在或将来给予任何第三国（最惠国）国民在该国享受的待遇。最惠国待遇使受惠国国民在施惠国与第三国国民相比永远处于不受歧视的地位。

最惠国待遇的采用与实施涉及到三类国家，其中施惠国是指给予外国人以最惠国待遇的国家；最惠国是指在施惠国已经受到最大优惠待遇的国家；受惠国是在施惠国以不低于最惠国已经或将来享有的待遇为标准而享受待遇的国家。

最惠国待遇最早出现于14、15世纪的欧洲，到18、19世纪逐渐为各国广泛采用。目前，各国一般通过双边条约或多边条约的最惠国待遇条款来规定相互给予最惠国待遇的条件或范围，但也有一方单方面将义务强加于另一方的情况。

在国际实践中，最惠国待遇主要适用于外国人在经济、贸易和投资等方面的待遇，但通常不适用于下列情形：①给予邻国的利益、特权和豁免（如边民往来不须按一般入境、出境办理手续）；②关税同盟范围内的优惠，自由贸易区或优惠贸易区及经济共同体范围内的优惠；③发达国家给予发展中国家的普遍优惠；④有关条约中明确规定不适用最惠国待遇的其他任何优惠。

最惠国待遇又有无条件与有条件之分。无条件是指缔约一方已经给予或将来给予任何第三国的权利或优惠待遇都自动地、无偿地给予缔约另一方；有条件是指缔约一方将已经或将来给予第三国的权利或优惠待遇给予缔约另一方，是以缔约另一方给予同样的待遇为前提。

要求最惠国待遇的目的，是为了防止本国人在外国或在与外国的经济交往中处于不利的地位。

（三）差别待遇

差别待遇（differential treatment）是指一国给予外国人不同于本国人的待遇，或给予不同国籍的外国人不同的待遇。它包括两种情况：

1. 国家给予外国人的民事权利，在某些方面少于本国人。例如，规定某些企业只能由本国人经营，某种职业只能由本国人担任，如上述国民待遇中所提及的例外等。实践中，有些国家为了发展本国经济或其他目的，给予外国人高于本国人的待遇，这其实也是一种差别待遇。

2. 对不同国籍的外国人给予不同的待遇。例如，由于民族、历史、地理等方面的原因，有些国家或国家集团之间的关系更密切一些，因而在某些方面给予对方的国民或法人优惠，而此优惠是不给予第三国的国民或法人的。例如，欧盟成员国之间对成员国的国民或法人与对非成员国的国民或法人的待遇就有一定的差别。另外相邻国家间的关税、人员往来和边境贸易等方面，也有一定的优惠待遇。

四、外国人待遇的标准

一国给予外国人何种待遇，原则上由各国自行决定。但是，从国家责任的角度看，一国对外国人的待遇应符合一定的国际法标准，否则应对其给外国人及其国籍国造成的损害承担国家责任。关于外国人待遇的标准，国际法的理论和实践中，长期存在着国内标准主义和国际标准主义的争论。

（一）国内标准主义

国内标准主义（doctrine of national standard），又称国民待遇主义、待遇平等主义或主观标准主义。该标准认为，一国对其境内的外国人所负的责任以该国对本国人所负的责任为限。因此，一国境内的外国人只能与本国国民享有平等待遇，否则既不符合国家主权平等原则，也会使外国人处于特殊地位。若一国境内的外国人的人身和财产受到损害，只要不是因该国恶意、歧视或不公平待遇造成的，原则上该国不需承担任何国家责任。这一主张源于阿根廷国际法学家卡尔沃（C. Calvo）于 1868 年倡导的外国人与本国人地位平等原则，在 20 世纪初为大多数拉丁美洲国家的实践所确认，二战后又相继获得了社会主义国家和发展中国家的广泛支持。

（二）国际标准主义

国际标准主义（doctrine of international standard），又称客观标准主义。它认为一国对其境内外国人的待遇，应符合某种最低限度的、客观的国际标准，否则即使外国人与所在国国民享有了同等待遇，该国也应对外国人所受的损害承担国家责任。关于"国际标准"的含义和内容，学者们提出了各种不同的见解。例如，"最低限度的文明标准"、"国际（文明）司法标准"、"国际法所树立的客观标准"、"国际社会公认的基本标准"、"文明国家的道德标准"、"基本人权标准"等。这一主张为19 世纪和 20 世纪初英美国家的一些著名国际法学家所倡导，长期得到西方国家的实践的支持，但广大发展中国家一直反对。

上述两种主张体现了不同利益之间的冲突。国内标准主义强调外国人所在国的主权和独立，反对外国人在本国享有特权以及外国国家滥用外交保护权，借以维护本国和本国国民的权益；国际标准主义则强调对个人的保护，借以维护外国人及其国籍国的权益。

实践表明，绝对强调其中任何一种标准都不利于国际交往的进行和各方权益的尊重与维护。目前，各国都已通过有效的国际条约和国际习惯在不同程度上承担了与外国人待遇有关的国际义务，这一义务可以被视为有关国家必须遵守的一种"国际义务"。而最低国际标准与国民待遇原则在当今已呈现一种融合的趋势。

五、外国人在中国的法律地位

鸦片战争以前，中国境内的外国人均要服从中国的管辖，其活动受中国法律的限制。鸦片战争以后，西方列强通过与中国政府缔结一系列不平等条约，在中国攫取了包括领事裁判权在内的各种特权。中华人民共和国成立后，新政府彻底废除了外国人根据不平等条约所享有的特权，并遵循国际法的原则，通过立法和其他措施确定了外国人在中国的法律地位。

（一）有关外国人法律地位的立法

中华人民共和国成立后，制定了大量的与外国人权利义务有关的法律、法规和其他法律规范文件。其中，有关法律大致分为三类：①宪法对外国人法律地位的规定，例如，1982年《宪法》第18条和第32条；②专门规定外国人权利义务的法律，例如，1981年《外国企业所得税法》、1985年《外国人入境出境管理办法》和1986年《外资企业法》等；③涉及外国人权利义务的法律，主要有：1979年《刑法》（1997年修订）、《刑事诉讼法》（1996年修订）、2000年《引渡法》等。

（二）外国人入境、居留、出境和旅行

1964年4月13日，国务院就颁布了《外国人入境出境过境居留旅行管理条例》，1985年11月22日第六届全国人民代表大会常务委员会第十三次会议通过了《中华人民共和国外国人入境出境管理法》（1986年2月1日生效），1986年12月3日国务院又颁布了《中华人民共和国外国人入境出境管理法实施细则》（1994年7月13日国务院批准修订），对外国人入境、居留和出境问题作了全面而详细的规定。中国关于受理外国人入境、过境和居留申请及批准的机关是外交部和公安部。

1. 外国人的入境。外国人入境应持有效护照和有关证明向中国的主管机关申请办理入境签证（同中国政府订有签证协议的国家的人员入境，按协议执行），签证的国内受理机关是公安部及其授权的地方公安机关和外交部及其授权的地方外事机关，持外交公务护照的外国人由外交部管理，持普通护照的外国人由公安部管理；国外受理机关是中国的驻外使领馆及外交部授权的其他机关。外国人获得签证后须从对外国人开放的或指定的口岸通行，并接受边防机关的检查。下列六类外国人不准入境：①被我国政府驱逐出境，未满不准入境年限的；②被认为入境后可能进行恐怖、暴力、颠覆活动的；③被认为入境后进行走私、贩毒、卖淫等活动的；④患有精神病和麻风病、艾滋病、性病、开放性肺结核病等传染病的；⑤不能保证其在中国期间所需费用的；⑥被认为入境后可能进行危害我国国家安全和利益的其他活动的。对非法入境的外国人，可处以罚款、拘留，也可以并处限期出境或驱逐出境，对其中情节严重构成犯罪的，可依法追究刑事责任。

2. 外国人的居留。依中国法律在中国投资或同中国的企业、事业单位进行经济、科技、文化合作及其他在中国需要长期居留的外国人，经公安机关批准，可获得在华长期居留的资格。外国人在华居留，须持有居住地的市、县公安局签发的身份证或居留证件，居留期间须遵守中国法律。对违反中国法律、非法居留或违反居留管理规定的外国人，可处以警告、处罚或拘留，情节严重的，可以并处限期离境。

3. 外国人的出境。在华外国人应在签证准予停留的期限或居留证的有效期限届满之前出境，出境时须持本人有效护照或其他有效证件。但下列三种人不得出境：①刑事案件的被告人和公安、司法机关认定的犯罪嫌疑人；②我国法院通知有未了结民事案件的；③有其他违反中国法律的行为尚未处理，经有关机关认定须追究的。

外国人若持无效证件、持他人证件、持伪造或涂改的出境证件的，边防检查人员有权阻止其出境并依法处理。对非法入境、拘留、出境或伪造、涂改、冒用、转让入境出境证件的外国人，分别给以警告、罚款和拘留处分，情节严重构成犯罪的，依法追究刑事责任。公安部还可以勒令其限期出境或将其驱逐出境，人民法院可以独立适用或附加适用驱逐出境的刑罚。

4. 外国人的旅行。外国人持有效的签证或居留证件，可以前往中国政府规定的对外国人开放的地区旅行。外国人前往不对外国人开放的地区旅行，必须向当地公安机关申请旅行证件。

（三）外国人在中国的待遇

中华人民共和国坚持在主权平等和遵守国际义务的基础上解决外国人的待遇问题。根据中国法律和中国缔结或参加的国际条约的规定，外国人在华享有的待遇主要体现在以下三个方面：

1. 国民待遇。我国 1982 年《宪法》第 32 条规定，在中国境内的外国人必须遵守中国法律，其合法权益受中国法律保护。根据前述中国基本法律的规定，在华外国人原则上与中国公民享有大致相同的财产权、债权、知识产权和人身权等民事权利，同时负有相应的义务，但不享有选举权、被选举权和担任政府公职的权利，也不负担服兵役义务。此外，中国缔结或参加的有关双边条约和国际公约也含有外国人在某些领域享有国民待遇的规定。

2. 最惠国待遇。中国缔结或参加的大量双边协定和一些国际公约中普遍含有无条件地相互给予最惠国待遇的条款。此条款主要适用于外国人在华投资、贸易、航运、知识产权保护等方面。

3. 合理的差别待遇。根据国际条约或习惯，中国对在华外国人的差别待遇主要采取以下形式：①禁止外国人享有某些只有中国公民才能享有的权利，或限制外国人的某些经济活动；②在外国投资者的资本与利润汇出、经营管理、征收与国有化补偿、税收减免以及外籍职工的工资汇出和税收等方面，给外国投资者和外籍职工优于中国企业和公民的待遇；③对于在经济特区投资的外国投资者及符合一定条件的外商投资企业（产品出口型和技术先进型），在土地使用、资金信贷、能源、基础设施的提供、税收减免、产品出口、外汇调剂、企业管理等方面给予优于其他外国投资者和外商投资企业的待遇；④根据有关条约对不同国家的国民在不同范围内给予最惠国待遇；⑤基于对等原则限制某些国家国民的某些权利。

第三节　引渡与庇护

一、引渡

（一）引渡的概念

引渡（extradition）是指一国把在该国境内而被他国追捕、通缉或判刑的人，根据有关国家的请求移交给请求国审判或处罚的一种国际司法协助行为。

引渡是一种国家行为，一国是否接受他国的引渡请求，由被请求国自行决定。国家有权驱逐外国人，但没有必须引渡的义务，除非国家间关于引渡的条约规定其应承担引渡的义务。

引渡的历史可追溯到古代，但在18世纪以前，引渡的对象主要是叛乱者、逃兵和异教徒，引渡一般不以条约为依据，而是君主之间的政治交易。18世纪末以后，特别是随着19世纪欧洲资产阶级革命的胜利，以及罪刑法定、无罪推定和民主原则的确立，引渡的对象、性质和程序发生了根本变化。1833年10月1日，比利时颁布了世界上第一部《引渡法》。

现代引渡制度是国际刑事司法协助制度的重要组成部分，是有关国家有效行使管辖权和制裁犯罪的重要保障。根据主权平等原则，一国未经他国同意不得在他国境内行使本国管辖权。因此，一国如果要对位于他国境内的其有管辖权的人进行审判或处罚，必须首先请求该人所在国将其移交本国。此外，为了有效地制裁犯罪和维护有关国家和个人的合法利益，一国也有必要将在本国境内但本国不能或不便管辖的罪犯移交给有管辖权的其他国家进行审判和处罚，防止罪犯逃避法律制裁。

1. 引渡的主体。国家是引渡的主体，根据条约和国际社会的实践，被请求国是引渡对象所在的国家，有权请求引渡的国家是犯罪行为发生地国、受害国即犯罪结果发生地国和犯罪人的国籍国。这三类国家中数个国家为同一罪行或不同罪行请求引渡同一人时，被请求国应斟酌决定接受哪一个国家的请求。例如1933年《美洲国家间引渡公约》第7条规定，如有几个国家为同一罪行请求引渡时，犯罪行为地国有优先权；如罪犯有几项罪行，则依被请求国法律罪行最重的犯罪地国有优先权；各该行为被被请求国视为同样严重时，优先权依请求的先后而定。

2. 引渡的对象。即被请求国指控为犯罪或判刑的人。他可以是请求国的国民，也可以是被请求国的国民或第三国的国民。通常，各国都拒绝引渡本国国民，即"本国国民不引渡原则"，但也有例外情况存在。

（二）引渡的法律依据

引渡主要涉及引渡的义务、条件、程序和效果等问题。国家间引渡的法律依据有国内法和国际条约。

国内法中引渡的法律依据是各国关于引渡的法律。有关引渡的国内法分为两类：

一是制定专门的"引渡法";二是含有引渡规定的相关法律,如宪法、刑法、刑事诉讼法和司法协助法等。这些国内法对本国处理外国的引渡请求及本国向外国提出引渡请求等问题作出不同规定,作为本国处理引渡问题的国内法依据。

国际法中引渡的法律依据是国际条约的规定。有关引渡的国际条约可分为三类:

一是双边的引渡条约或含有引渡规定的刑事司法协助条约,这类条约一般会对引渡问题作全面具体的规定,是引渡最主要的国际法依据。

二是区域性的引渡公约或多边协定,例如,1933年《美洲国家间引渡公约》,1952年《阿拉伯联盟引渡协定》,1957年和1975年的两个《欧洲引渡公约》,1994年《西非国家经济共同体引渡公约》等。

三是含有引渡条款的一般性国际公约,这些公约一般会对缔约国关于某种特定罪行的引渡义务等问题做出原则性规定。主要有:1948年《防止及惩治灭绝种族罪行公约》、1963年《关于在航空器上犯罪和其他某些行为的公约》、1968年《战争罪及危害人类罪不适用法定时效公约》、1970年《关于制止非法劫持航空器的公约》、1971年《关于制止危害民用航空安全的非法行为的公约》、1973年《禁止并惩治种族隔离罪行国际公约》、《关于防止和惩处侵害应受国际保护人员包括外交代表的罪行的公约》、1979年《反对劫持人质国际公约》、1980年《关于核材料的实质保护公约》、1984年《禁止酷刑和其他残忍、不人道或有辱人格的待遇或处罚公约》、1988年《制止危及海上航行安全非法行为公约》、《联合国禁止非法贩运麻醉药品和精神药物公约》、1998年《国际刑事法院罗马规约》等。为促进各国在引渡方面的合作,联合国大会于1990年12月14日通过了《引渡示范条约》,供有关国家在缔结或修改引渡条约时参考。

在没有引渡条约的情况下,尽管不存在引渡义务,国家间也基于礼让和互惠的原则彼此引渡。

(三) 引渡的原则

引渡是一种国际法律制度,应遵循国际法的基本原则,另外它还具有一些特殊原则。所谓引渡原则,是指那些从国际法基本原则中派生、引申出来的,被各国公认的,具有法律效力的,构成引渡制度的基础和核心的原则。这些原则有:

1. 政治犯不引渡原则。政治犯不引渡,是法国资产阶级革命以后逐渐形成的一项原则。1793年法国《宪法》规定,法国给予为争取自由而从本国逃亡到法国的外国人以庇护。1833年比利时《引渡法》是第一部明文禁止引渡政治犯的国内立法。1834年法国和比利时又第一次把"政治犯不引渡"规定在它们签订的条约中。随后这一原则逐渐成为欧洲乃至世界各国公认的原则。另外,宗教罪犯和军事罪犯一般也不引渡。

各国的政治制度和观念存在着很大的差异,即使是实行同一种社会制度的国家,其政治体制、国内外政策和对各种具体问题的立场也往往互不相同,各国衡量政治犯的标准也不相同,国际社会也没有统一的政治犯含义或标准。在处理引渡问题时,被请求国可以自主判断引渡对象是否属于政治犯，从而决定是否给予引渡。

被请求国有决定引渡对象是否是政治犯的自由判断权，但是，为了防止滥用这种判断权，被请求国在行使这种权利时不得违反其承担的国际义务。许多双边或多边国际条约明确将一些罪行排除在政治犯之外，即"政治犯罪例外"，并将其规定为可引渡的罪行。

（1）"行刺条款"的规定。继刺杀拿破仑三世事件之后，比利时拒绝向法国引渡行刺者，因为当时比利时法律禁止引渡政治犯，1856年，比利时在《引渡法》中加入了"行刺条款"，规定杀害外国元首及其家庭成员，无论既遂或未遂，都不得视为政治罪行，因而可以引渡。[1]这个条款后来逐渐为许多国家所接受。到1935年，在欧、美、亚洲的近50个双边引渡条约中都规定了这一条款。1933年《美洲国家间引渡公约》和1957年《欧洲引渡公约》都对这一条款作了明确规定。1973年12月联合国大会通过的《关于防止和惩处侵害应受国际保护人员包括外交代表的罪行的公约》进一步确认了"行刺条款"的内容，并将其保护的范围从在外国的国家元首，扩大到包括在外国境内的政府首脑、外交部长、外交代表以及他们的随行家属。"行刺条款"的确有力地打击了这一类犯罪，从某种意义上说，完善了"政治犯不引渡原则"的内容。

（2）把国际犯罪行为排除在政治犯范围之外，如危害和平罪、战争罪、反人类罪、种族灭绝和种族隔离罪、侵害外交代表等应受国际保护人员罪、劫机罪、贩毒罪和海盗罪等。这是国际法发展的一个新趋势，是从否定战争罪犯为政治犯开始的。第一次世界大战后对德皇威廉二世进行审判的构想，以及第二次世界大战后纽伦堡和东京国际军事法庭审判的实践，都从理论和实践上确定了犯有危害和平罪、战争罪和反人类罪的战争罪犯，应当受到惩罚而不能被视为政治犯。1948年《防止及惩治灭绝种族罪行公约》第7条规定，灭绝种族罪及有关罪行不得视为政治犯罪。1973年《禁止并惩治种族隔离罪行国际公约》第11条规定，种族隔离罪不应视为政治犯罪。1970年于海牙签订的《关于制止非法劫持航空器的公约》和1971年于蒙特利尔签订的《关于制止危害民用航空安全的非法行为的公约》规定，劫持民用航空器和危害民用航空安全的罪行是可引渡的罪行。1973年《关于防止和惩处侵害应受国际保护人员包括外交代表的罪行的公约》，也将公约中所涉及的罪行列为可引渡罪行。

2. 本国国民不引渡原则。被请求引渡的人如果是被请求国的国民，大多数被请求国基于维护本国的属人管辖权和其他利益的考虑，坚持由本国惩治在外国犯罪或犯有危害外国或国际社会根本利益的严重罪行的本国人，而不向外国引渡本国人。这项原则在许多国家的国内立法和国际条约中都有规定。只有美国、英国等少数国家有极少数引渡本国人的实践。2003年7月31日，日本政府拒绝秘鲁政府提出的将

[1] Boleslaw A. Boczek, *International Law: A Dictionary*, Scarecrow Press, 2005, p. 63.

秘鲁前总统藤森引渡给秘鲁的请求，理由是藤森拥有日本国籍。

3. 双重犯罪原则（double criminality）。按照一般的国际实践，构成引渡的理由是：请求引渡国和被请求引渡国双方的法律都认为某种行为是犯罪行为，或者某种行为是引渡条约上所指定的罪行；而且这种犯罪所受到的惩罚必须是应受到一定严厉程度的惩罚。例如，《中华人民共和国和西班牙王国引渡条约》第2条第1款规定："依双方法律构成犯罪，并且符合下列条件之一的，为可引渡的犯罪：①为对被请求引渡人进行刑事诉讼而请求引渡的，依双方法律，对于该犯罪均可判处一年以上徒刑……"如果是轻微的违法行为如违警行为，一般不在构成请求引渡理由的犯罪之列，这就是双重犯罪原则。它不仅是引渡的一个重要原则，也是国际刑事司法协助的一项重要原则。

4. 罪行特定原则（principle of specialty）。又叫"特定罪名原则"或"专一原则"。该原则要求请求国只能就请求引渡时所指控的罪名对被引渡人予以审判和处罚，非经被请求国的同意，不得对引渡罪名之外的任何其他罪行进行审判或处罚。但如果被请求国同意，则可以不适用该原则，或者被引渡人在请求国之诉讼程序终结或刑罚执行完毕后，自愿在请求国居留一段时间后，不再适用该原则。

对于是否可以将被引渡人转移给第三国，国际实践的做法不同。有些条约规定未经被请求国同意，请求国不得将被引渡人转交（再引渡）给第三国，但有的国家规定可以进行再引渡。例如，《中华人民共和国和法兰西共和国引渡条约》第11条规定："除同意引渡所针对的犯罪外，请求方不得对根据本条约被引渡的人就其在引渡前所实施的其他行为进行起诉、审判、羁押或者限制其人身自由，也不能将其引渡给第三国，但有下列情形之一的除外：①被请求方已同意……②被请求人在其最终获释后30天内可以离开请求方领土而未离开，或者在离开后又自愿返回该方领土。"

（四）拒绝引渡的其他情况

除违反引渡原则的内容而拒绝引渡外，有关引渡条约和国内法中还规定了其他"可以拒绝引渡的情形"。例如，被请求国有管辖权；根据被请求引渡人的年龄、健康或其他个人原因，引渡该人不符合人道主义原则；已经对该人提起刑事诉讼；属于告诉才处理的案件；如果同意引渡，将与被请求国一方法律的基本原则相抵触等。

（五）引渡的程序

国家之间的引渡必须按一定的程序进行，引渡程序是保证引渡制度在具体案件中得以贯彻执行的重要环节，引渡一般都通过外交途径办理。

引渡一般要经过三个程序：①提出引渡请求。请求国通过外交、领事、行政或司法途径向被请求国提出引渡请求，同时应被请求国要求提供证明引渡对象犯罪行为的有关诉讼文件、法律条文或证明材料。②被请求国审查和批准。即由被请求国的有关主管机关（包括司法和行政机关）对引渡请求进行审查，并作出是否给予引渡的决定。③引渡的执行。一经通知准予引渡，被请求国的有关机关于一定的时间和地点将引渡对象移交请求国的有关人员。

第五章

二、庇护

（一）庇护的概念和性质

庇护（asylum）是指一国对于因政治原因而被外国追诉或受迫害前来要求避难的外国人（包括无国籍人），准其入境、居留并给予保护，并拒绝将其引渡给另一国的一项国际法制度。

庇护的历史可追溯到古代的宗教避难所。当时，古希腊和古罗马受世俗权力追诉或迫害的人往往逃入寺庙，因为有地方政府不得进入寺庙的规则。现代庇护规则的发展与18、19世纪的欧洲资产阶级革命有关。当时，欧洲封建君主制国家的反封建人士常常遭受其本国政府的迫害，因而逃往其他国家寻求避难，促使一些国家在国内立法上对政治避难作出规定。如1793年法国《宪法》明确宣布，法国对于为争取自由而从其本国流亡到法国的外国人给予庇护，但对专制者则不给予庇护。随后，许多国家的国内法和大量的国际条约，都相继确立了政治犯不引渡原则，国际上出现了一些有关庇护的法律制度。

庇护是国家的主权行为，是从国家行使属地管辖权引申出来的。故庇护权（right of asylum）是指国家有给予个人庇护的权利，而不是个人有受庇护的权利。虽然1948年《世界人权宣言》第14条规定"人人为避免迫害有权在他国寻求并享受庇护的自由"，但学者认为这并不表示个人有获得庇护的权利，而是规定个人有寻求庇护的权利。1966年联合国大会通过的《公民权利和政治权利公约》中并未规定个人享有庇护权。

基于属地管辖权，一国对在其领域内的外国人有管辖和保护的权利，外国就不能对在所在国领域内的本国人继续进行追诉或追捕。一国除非受其负担的有效国际义务的约束，原则上有权自由决定是否允许前来请求避难的外国人入境、居留并对其加以保护，这已成为一项公认的国际习惯法规则。

个人可以请求庇护，是否给予庇护则由被请求国自由决定。因此，庇护的主要根据是国内法，各国宪法、引渡法或其他国内法律文件中都在不同程度上规定了庇护的有关问题。除此之外，国际社会亦制定了一些关于庇护的法律文件。联合国大会1967年12月24日通过了《领域庇护宣言》，美洲国家缔结的1928年《关于庇护的公约》（《哈瓦那公约》）、1933年《关于政治庇护的公约》（《蒙得维的亚公约》）和1954年《关于领土庇护的公约》（《加拉加斯公约》）等区域性公约也明确承认缔约国的庇护权。

（二）庇护的对象

庇护的对象仅限于因政治、种族、宗教等原因而受追诉或迫害的人，所以庇护也称作政治避难（political asylum）。但政治犯的概念因国而异，因时而异，且庇护国对政治犯有裁量权，因此，往往导致国际纠纷以及对庇护制度的滥用。另外一些国际法律文件中规定了有关个人不能享受庇护的情况。1948年《世界人权宣言》规定，对于真正由于非政治性的罪行或由于违反联合国宗旨与原则的行为而被起诉的人，不得给予庇护。1967 年联合国大会通过的《领域庇护宣言》规定，凡有重大理由可认为犯有国际文书设有专条加以规定之危害和平罪、战争罪或危害人类罪之人，不得援用请求及享受庇护之权利。

（三）受庇护人的法律地位

受庇护的外国人，可以入境并在庇护国内享受合法的居留权，应遵守庇护国的一切法律、法令和规章，不参与庇护国的政治活动，也不得在该国从事反对他国（包括其国籍国）的活动，不得在该国境内从事违反联合国宗旨或原则的活动。庇护国承担不引渡和驱逐受庇护者的义务，可以对受庇护者在境内的活动加以必要的监视和限制。受庇护者与一般外国人的不同之处主要在于，受庇护者与本国间的法律联系基本断绝，不履行其对本国的相关义务。

（四）域外庇护问题

国家给外国人的庇护可以在领域内，也可以在领域外，后者被称为域外庇护。

域外庇护（exterritorial asylum）又称外交庇护，是指一国在驻外国的本国使馆、领馆中对包括接受国国民在内的外国人给予庇护，或在位于外国领域内的本国军舰、军用飞机或军事基地内对外国人给予其他形式的庇护。

域外庇护与领域庇护的主要区别在于，它是在外国领域内庇护外国人。庇护的根本依据是国家的属地管辖权，域外庇护干涉了所在国的管辖权，与所在国的属地管辖权冲突，因而侵犯了所在国的主权，在国际社会上一直未得到普遍接受。

国际法院在 1950 年"哥伦比亚诉秘鲁的庇护案"判决中表明了不承认外交庇护的态度，对外交庇护的性质作出如下裁决："外交庇护使违法者逃避了使馆驻在国的管辖，构成对完全属于驻在国权限内事务的干涉。除非在具体案件确立法律依据，这种对领土主权的损害不能得到承认。"[1]

1928 年《关于庇护的公约》、1933 年《关于政治庇护的公约》和 1954 年《关于领土庇护的公约》规定有域外庇护，国际社会实践主要是拉美国家之间，但这种庇护也只是对因政治动机或迫害的人，在"紧急情况"下使馆才能给予庇护，对因普通罪行起诉或已判刑而服刑的人不得庇护。一些国家在签署上述区域公约时，对有关域外庇护条款提出了保留。

域外庇护未被一般国际法所认可。1961 年《维也纳外交关系公约》并未承认域外庇护，该公约第 41 条第 3 款特别规定："使馆馆舍不得充作与本公约或一般国际法之其他规则、或派遣国与接受国之间有效之特别协定所规定之使馆职务不相符合之用途。"这种例外的实质是，拉美国家通过对此种区域性习惯和公约的认可而对其领土主权的一种相互性的自愿限制，与一般国际法的原则与制度并不冲突。

但在实践中，作为一种暂时性的措施，一些国家的驻外使馆仍给一些庇护。例

---

〔1〕 中国政法大学国际法教研室编：《国际公法案例评析》，中国政法大学出版社 1995 年版，第 85 页。

如 1956 年匈牙利反对前苏联干涉的革命失败后，匈牙利大主教 Cardinal Mindzenty 进入美国使馆庇护，直到 1971 年才离开到美国。在这种情况下，当地国不能强行进入使馆逮捕被庇护者，因为使馆不可侵犯，非经馆长许可不能进入。对于领馆内的庇护情形，可类推适用上述外交庇护之情况。

三、中国关于引渡和庇护的实践

（一）中国关于引渡的实践

中国早在清代就与有关国家签订了含有引渡条款的条约，如 1689 年《中俄尼布楚条约》和 1886 年《中法越南边界通商章程》。中华人民共和国成立后，先后参加了十多项含有引渡条款的国际公约，如 1948 年《防止及惩治灭绝种族罪行公约》（1983 年批准）、1961 年《麻醉品单一公约》（1985 年加入）、1970 年《关于制止非法劫持航空器的公约》（1980 年加入）等。

为促进和加强与有关国家在打击和惩治犯罪方面的国际合作，中国积极努力与更多国家签署相关的引渡条约。到目前为止，中国先后与泰国、白俄罗斯、俄罗斯、保加利亚、罗马尼亚、哈萨克斯坦、蒙古、吉尔吉斯、乌克兰、柬埔寨、乌兹别克斯坦、韩国、菲律宾、秘鲁、突尼斯、南非、老挝、立陶宛、巴基斯坦、莱索托王国、阿拉伯联合酋长国、西班牙、阿尔及利亚、葡萄牙等国家签订的引渡条约已经生效；与其他国家巴西、阿塞拜疆、纳米比亚、安哥拉、澳大利亚、法国、墨西哥、印度尼西亚等国已经签署双边引渡条约，尚未生效；与 26 个国家缔结了刑事司法协助条约，与 19 个国家缔结了民商事或民刑事司法协助条约。

1992 年 4 月 23 日，中国外交部、最高人民法院、最高人民检察院、公安部、司法部联合发布了《关于办理引渡案件若干问题的规定》，这是我国有关引渡问题的第一个法规。2000 年 12 月 28 日，第九届全国人民代表大会常务委员会第十九次会议通过了《中华人民共和国引渡法》，该法对我国与外国之间的引渡所涉及的合作原则、联系途径、准予引渡的条件、应当或可以引渡的情形、引渡请求的提出和审查、为引渡而采取的强制措施、引渡的执行、暂缓引渡和临时引渡、引渡的过境以及向外国请求引渡等问题作了系统的规定，完善了我国的引渡制度，成为我国处理引渡问题最主要的法律依据。

实践中，中国先后处理了一些引渡案件，包括请求外国引渡和外国请求引渡的情形。例如卓长仁劫机案。1983 年 5 月 5 日，卓长仁等 6 人乘从沈阳飞经大连到上海的客机，飞机起飞约 40 分钟后，卓长仁等人突然向驾驶室开枪并击伤两名机组人员，飞机于当地时间 2 点 11 分迫降于韩国春川市简易机场，卓长仁等 6 人在飞机落地后 9 个小时投降并被拘留。中国曾请求韩国将卓长仁等 6 名劫机人员引渡给中国审判处罚，当时两国之间无引渡条约，韩国拒绝引渡并依"或引渡或起诉原则"，于 1983 年 8 月 13 日汉城地方法院对 6 名劫机人员审判后作出 4～6 年有期徒刑的判决。1984 年 8 月 13 日，韩国宣布对卓长仁等 6 名罪犯"停止服刑"，"驱逐出境"，并于当天将他们送往台湾。中国外交部发言人对韩国上述行为表示了严正抗议。另外，在 1990 年张振海劫机案中，中国根据互惠原则与日本进行引渡合作，将劫机到日本的张振海引渡回国，由北京市中级人民法院判处其 8 年有期徒刑。

（二）中国关于庇护的实践

中国立法与实践承认和尊重各国的领土庇护权。1982 年《宪法》第 32 条第 2 款规定："中华人民共和国对于因为政治原因要求避难的外国人，可以给予受庇护的权利。"我国 1985 年《外国人入境出境管理法》第 15 条进一步规定："对因为政治原因要求避难的外国人，经中国政府主管机关批准，准许在中国居留。"

根据中国与有关国家缔结的双边引渡条约和我国《引渡法》的规定，在外国向中国提出引渡请求的情况下，如果中国已经给予被请求引渡人以受庇护的权利，则中国应当拒绝外国的引渡请求。

此外，中国既不实行域外庇护，也反对外国在中国境内进行域外庇护。实践中，中国曾对一些外国人给予庇护，也曾反对有关国家滥用庇护权庇护中国公民的行为。例如，1978 年 10 月 18 日，中国政府根据《宪法》和国际惯例，给予前来要求避难的越南共产党中组部干部阮庭荫政治庇护。1983 年 4 月 4 日，美国政府宣布给予中国网球运动员胡那"政治庇护"，中国外交部随即就此事对美国政府提出"强烈抗议"。1989 年 6 月 5 日，美国驻华使馆宣布对中国公民方励之和李淑娴给予"保护"，中国外交部随即就此事对美国使馆提出"严重抗议"，指责这一行为"违反了国际法"和"中国的有关法律"，是"对中国内政的粗暴干涉"。[1]

第四节　外交保护

一、外交保护的概念

外交保护（diplomatic protection）是指一国国民在外国受到不法侵害，依该外国国内法不能得到救济时，其国籍国可以通过外交或司法手段向该外国要求救济。常设国际法院在"Mavromatis Palestine Concessions Case"的判决中指出："当其国民受到另一国实施的违反国际法的行为的损害，而不能通过正常渠道从该国获得满足时，一国有权保护它的国民，这是国际法的一个基本原则。"

外交保护是国家的一项权利，可以由国家的国内外交机关或其外交代表机关来行使。在具体案件中，国家是否行使外交保护权，由国家自由裁量。个人虽然有权要求国家对他进行外交保护，但国家可以不行使这种权利。反之，即使个人不要求国家外交保护，国家也可行使外交保护，个人不能拒绝本国的外交保护，也不能有效地放弃本国的外交保护权。

---

〔1〕　周忠海主编：《国际法》，中国政法大学出版社 2004 年版，第 293 页。

二、外交保护的条件

（一）本国国民的合法权益因所在国的国际不法行为而受到侵害

国家应承担保护本国境内外国人的合法权益的义务，如果一国的立法、司法或行政行为侵犯了外国人的合法权益，或当一国国民侵犯了外国人的合法权益而该国不采取措施加以防止或惩治而使外国人的合法权益受到损害时，该国就因其违反国际法而需承担国家责任。

（二）受害人自受害之日到抗议或求偿结束之日须持续具有本国国籍，即"国籍持续原则"

国籍是个人与国家之间联系的基础，故国家依据属人管辖权行使外交保护时，要求受害人应拥有保护国的国籍。对于无国籍人，没有国家能对他提供外交保护。而对于双重国籍或多重国籍，则存在两个问题：一是哪个国籍国能对第三国提出外交保护请求；二是一个国籍国能否对另一个国籍国提出外交保护请求。实践中，对于第一个问题，认为国籍国都可以提出请求；对于第二个问题，运用有效国籍原则，认为主国籍国，即个人与之有最密切联系的国家能保护受害者对抗另一国籍国，最密切联系一般从个人的经常居住地、利益中心地、家庭子女、公共生活、对祖国的感情等方面衡量。国际法院在1955年对"诺特鲍姆案"所作的判决中指出，受害人与其国籍国之间应具有实际的或真正的联系，即表明了上述观点。

（三）受害人须已用尽当地救济，且未能获得合理的补偿

用尽当地救济原则（exhaustion of local remedies rule）是指受害人的合法权益受到侵害后，在用尽所在国国内包括司法、行政等全部实质性保护方法和所在国法律规定的所有程序上的可行办法后仍不能获得解决的情况下，方可申请国籍国对其提供外交保护。

因为受害人应受所在国属地管辖权的约束，如未用尽当地救济，受害人国籍国就提供外交保护，往往会引起所在国的抗辩。因此，原则上一国只能在受害人已经利用所在国一切可以利用的救济办法，但仍然不能获得合理补偿的情况下，才能提供外交保护，除非所在国的国际不法行为直接侵害了本国利益，或两国之间另有相反的协议，或存在其他某些特殊情况。

用尽当地救济原则作为国家行使外交保护的前提条件，常常引起受害人所在国的抗辩。例如，"艾尔西公司案"和"安巴蒂洛斯案"均表明受害人不仅要用完所在国的国内救济手段，还要充分正确地使用国内法中一切可适用的诉讼程序以及其他程序中的各种方面。凡不符合所在国要求（包括传讯证人、提供必要的文件和证件等）的，均属未用尽当地救济，受害人的国籍国就不得行使外交保护权，国际司法或仲裁机关对此类案件就无管辖权。

实践中，对于何谓"用尽当地救济"，如何衡量司法救济的有效性和可适用性，有一种观点认为，当地司法救济并不当然构成外交保护的先决条件。如果当事人认

为这种救济不存在或无效或形同虚设，就可以认为这一条件已经满足。如果受害人所在国提出异议，则由受害人所在国承担举证责任，证明这种救济是实际存在的，从而使当事人获得有效救济。如果受害人经过全部国内救济程序未能实现其权利时，其所属国即可对其行使外交保护权。

用尽当地救济原则作为提起外交保护的条件，可以通过国际条约排除。例如，1971 年《外空物体所造成损害的国际责任公约》第 11 条第 1 款规定，根据本公约向发射国提出赔偿损害的要求，无须等到要求赔偿国、或其代表的自然人或法人可能有的一切当地补救办法用完后才提出。

尽管如此，对于加害国而言，除非他通过条约或其他方式表示放弃，否则就能够以未用尽当地救济为由对抗外国人本国的外交保护。

三、卡尔沃条款

19 世纪，一些强国滥用外交保护对拉美国家进行干涉。阿根廷法学家卡尔沃1868 年在其国际法著作《国际法的理论与实践》一书中主张：外国人在南美国家不应享有比本地人更多的权利。外国人应受当地法律管辖，当其权利受侵害时应由当地法院管辖，任何的外交干涉事实上为外国人创造了过分的特权，这不仅使外国人与本国人处于不平等的地位，而且损害了本国的属地优越权。此即"卡尔沃主义"（Calvo Doctrine），这一理论发展为南美国家涉外契约中的一个条款，即"卡尔沃条款"。依据这类条款，外国当事人有声明放弃其本国政府外交保护的权利。甚至在一些南美国家的宪法中也规定了此类条款。例如，秘鲁《宪法》规定，在任何与外国人的国家契约中，或者为了后者利益而授予他们权利的特许中，必须明确地表明他们受制于秘鲁共和国的法制和法庭，并且放弃所有外交请求。

这一条款在一般国际法上的效力引起了广泛的争论。著名国际法学家劳特派特在他修订的《奥本海国际法》中提出了相反的观点，他认为，外交保护权是国际法授予国家的权利，而不是授予个人的权利，因而个人无权放弃属于国家的权利。事实上，一国政府及驻外使馆的任务之一，就是保护本国侨民和商业利益，而无需被保护者同意。但卡尔沃条款也不是旨在反对外国正当行使外交保护权，而是旨在限制外国人倚仗其国籍国的外交压力藐视当地的法律，满足其过分的要求。一些南美国家在规定卡尔沃条款的同时，又作了保留。拉美国家也承认在构成"司法拒绝"的情况下，外交保护是允许的。

第五节　国际法上的难民

一、概述

难民（refugee）问题在历史上很早就已出现，但直到第一世界大战结束以后，才开始引起国际社会的普遍关注。对于大量逃离战争地区，或因政治或其他社会情况无法忍受而逃离该地区的人，如果国家拒绝其入境或对已经入境的进行驱逐，会产生严重的后果。为了解决这个问题，难民问题开始受到国际社会的重视。

1921 年国际联盟设立了难民事务高级专员，挪威人南森担任高级专员，负责保护和援救第一次世界大战结束后滞留在各国的难民。为解决难民的移居问题，各国在日内瓦签订了一项国际协定，决定发放"南森护照"，即具有国际效力的旅行和身份证件。

1946 年联合国大会通过《国际难民组织章程》，1947 年 7 月 1 日，作为联合国临时机构的国际难民组织开始运作。1950 年 12 月 14 日，联合国大会创建联合国难民事务高级专员署，并于 1951 年的 1 月 1 日起开始工作。该组织帮助世界各地的流离失所者，在紧急情况下为他们提供帐篷、食品、水和药等生活必需品，并为其寻求长久解决问题的方案，包括自愿遣返回家或到新的国家开始新生活。

二、关于难民地位的公约

1951 年 7 月 28 日，联合国大会在日内瓦通过了《关于难民地位的公约》（1954 年 4 月 22 日生效）。公约首次以普遍国际公约的形式对难民的定义和范围作了明确的规定。根据公约第 1 条的规定，难民包括两类人：一是根据国际联盟主持订立的有关条约、协定和议定书或国际难民组织约章的规定被视为难民的人；二是由于 1951 年 1 月 1 日以前发生的事情，并因有正当理由畏惧由于种族、宗教、国籍、属于某一社会团体或具有某种政治见解的原因留在其本国之外，并且由于此项畏惧而不能或不愿受该国保护的人，或者不具有国籍并由于上述事情留在他以前经常居住的国家以外而现在不能或由于上述畏惧不愿返回该国的人。

公约还要求缔约国于签署、批准或加入时发表声明，将"1951 年 1 月 1 日以前发生的事情"或是限制解释为"1951 年 1 月 1 日以前在欧洲发生的事情"，或是扩大解释为"1951 年 1 月 1 日以前在欧洲或其他地方发生的事情"。此外，公约不适用于当时从联合国难民高级专员以外的联合国机关或机构获得保护或援助的人；被其居住地国家主管当局认为具有附着于该国籍的权利和义务的人；有重大理由足以认为犯有破坏和平罪、战争罪或危害人类罪，或者以难民身份进入避难国以前曾在避难国以外犯过严重非政治罪行，或曾有违反联合国宗旨和原则的行为并经认为有罪的人。

1967 年 1 月 31 日于纽约签订的《关于难民地位的议定书》完全取消了 1951 年《关于难民地位的公约》中的时间限制，原则上取消了该公约中的地域限制。

三、难民身份的确定

确定一个人的难民身份，是该人取得有关国际公约规定的难民法律地位，享受有关国家国内法规定的难民待遇的前提。关于确定难民身份的标准和程序，国际法并未作任何统一而明确的规定，原则上应由有关个人的所在国或负责难民保护和援救的国际机构依难民公约的有关规定作出决定。

（一）确定难民身份的条件

根据《关于难民地位的公约》和《关于难民地位的议定书》的规定，难民（即国际政治难民）必须同时符合以下两个条件：

1. 客观条件，即该人留在本国或经常居住地国以外，且不能或不愿受其本国保护或返回其经常居住地国。这是难民与其他一般外国人和无国籍人的重要区别之一。根据《关于难民地位的公约》第1条第3款的规定，某一符合难民条件的人如已自动接受其本国的保护或于丧失国籍后又自动重新取得原国籍，或已取得新的国籍并受其新国籍国的保护，或已在过去由于畏惧遭受迫害而离去或躲开的国家内自动定居下来，或该人本无国籍，由于被认为是难民所依据的情况不复存在而可以回到其以前经常居住的国家内，则该人不得继续作为公约定义下的难民而受公约的保护。

2. 主观条件，造成上述客观条件的原因是该人有正当理由畏惧因种族、宗教、国籍、属于某一社会团体或具有某种政治见解等原因而受到迫害。这是政治难民与战争难民和经济难民的根本区别所在。依《关于难民地位的公约》的规定，难民也包括依国际联盟主持订立的有关协定、公约和议定书或国际难民组织约章而被视为难民的人。但某一具有难民身份的人如果因其被视为难民所依据的情况不复存在而不能继续拒绝其本国的保护，或可以回到其以前居住的国家，则该人即不得再受公约的保护。

（二）确定难民身份的程序

不论是否已经经过法律程序的确认，一个人只要符合难民的定义，就是难民。各国政府为了确定一个人的法律地位或权利利益，而依据自身的法律体系建立起确定难民地位的程序。联合国难民署制定了《根据1951年难民地位公约和1967年议定书确定难民地位的程序和标准手册》，作为难民署自身工作的依据，但其对上述公约和议定书的当事国并无约束力。实践中，各国一般是通过国内立法对有关程序问题作出规定，但各国的规定差异较大。在有些情况下，应政府的要求，或当难民署的甄别对提供保护和援助不可或缺时，难民署在没有加入任何国际难民协议的国家承担难民地位甄别的工作。

四、难民的法律地位

难民与其他一般外国人或无国籍人具有不同的法律地位。他们原则上根据有关国际公约享受国际保护，并根据所在国的国内法承受具体的权利义务。根据《关于难民地位的公约》和《关于难民地位的议定书》的规定，难民的法律地位主要体现在两个方面：

（一）难民的入境、居留和出境

《关于难民地位的公约》和《关于难民地位的议定书》的缔约国，并不负有主动接受难民入境并准其在本国居留的积极义务，但在拒绝难民入境、居留以及将其驱逐出境等方面则受到以下限制：

1. 对未经许可而进入或逗留于缔约国领土但毫不迟延地向当局说明正当理由的难民，该国不得因该难民非法入境或逗留的事实本身而对其加以处罚；该国如决定不予接纳，应给此类难民以获得另一国入境许可所需要的合理时间及一切必要便利；在此类难民于该国取得正常地位或获得另一国入境许可之前，该国不得对其加以不必要的限制。

2. 对于合法在缔约国境内的难民，该国除非基于国家安全或公共秩序的理由且根据法定程序作出决定，不得将其驱逐出境；对于决定予以驱逐出境的难民，该国应给他们一个合理的时间，以便其取得合法进入另一国的许可。

3. 除非有正当理由认为难民足以危害所在国的安全，或难民已被确定的判决认为犯过特别严重罪行从而构成对该国社会的危险，该国不得以任何方式将难民驱逐或者送回（"推回"）至其生命或自由因为他的种族、宗教、国籍、参加某一社会团体或具有某种政治见解而受威胁的领土边界。此即"（政治难民）不推回原则"。

（二）难民的待遇

公约签署国并不对难民提供自动的或永久性的保护，当其难民地位的基础不复存在时，其就不是难民了。一个人取得难民地位后，基于人道主义，各国应允许其配偶和未成年子女入境。其本人及其家庭成员即可根据《关于难民地位的公约》和《关于难民地位的议定书》的规定，在缔约国境内负有遵守所在国法律、规章的一般义务，同时享受所在国赋予的权利和待遇。难民待遇中最主要的一条就是"不推回原则"，因难民一旦被强行送回其遭受迫害的国家，对他的保护和援助就无从谈起。缔约国对其境内的难民应当区别情况在不同方面给予以下待遇：

1. 国民待遇。缔约国境内的任何难民在宗教自由、缺销产品的定额供应、初等教育、行政协助的费用、任何捐税或费用的财政征收方面，缔约国境内合法居留的难民在公共救济和救助以及劳动立法和社会安全等方面，缔约国境内经常居住的难民在艺术权利和工业财产的保护以及出席法院等方面，应与该国国民享有相同的待遇。

2. 最惠国待遇。缔约国境内合法居留的难民，应在非政治性和非营业性的结社权利和以工资受偿的雇佣方面，享有在同样情况下一个外国国民所享有的待遇。

3. 不低于一般外国人的待遇。缔约国境内的任何难民，在动产、不动产和初等教育以外的教育等方面，合法处于缔约国境内的难民在从事自营职业和行动自由等方面，缔约国境内合法居留的难民在从事自由职业和房屋问题等方面，应享有不低于一般外国人在同等情况下所享有的待遇。

除上述待遇外，《关于难民地位的公约》还就缔约国境内难民的个人身份、资产转移、入籍和归化、身份证件以及缔约国合法居留的难民的旅行证件等问题作了规定。

【思考题】

1. 简述国籍的法律意义。
2. 简述国籍取得和丧失的主要方式。
3. 简述双重国籍产生的原因及解决办法。
4. 简述外国人的法律地位。
5. 简述引渡的原则。
6. 简述国家行使外交保护的条件。
7. 简述难民的法律地位。

第五章

第六章
国际人权法

第一节　概　述

一、人权和国际人权法

人权是 17、18 世纪西方资产阶级启蒙思想家为反抗封建君主贵族和教会神权与特权而提出的一个政治口号。17 世纪，新生的资产阶级正是祭出人权的幡旗，颠覆旧有秩序而引领国家进入近代文明的。所以说，资产阶级革命本身就是一场人权大革命。所谓人权，其实简单地说就是人的权利，就是人之为人所应享有的基本权利，是每个人所享有的、不可剥夺和不可转让的权利，它包括公民个人的人身权、财产权和政治权等。进入现代，人权概念又吸食了民族发展的养分，包括了民族自决权和发展权。所以当代人权是兼容个人权利和集体权利的一种权利。而国际人权法则是保护人权方面的国际法原则、规则和制度的总称，它是现代国际法的一个重要分支。

二、国际人权法的历史发展

人权是人的基本价值和尊严的体现，也是人类社会得以维系和发展的根本保障。人权概念的产生是人类文明进化的一座里程碑，其发展则见证了人类社会为美好生活不断奋斗的历程。人权概念的明确提出以及人权运动的展开均始于近代西方，其思想源流可上溯至古希腊哲学和罗马法，并与新教传统、宗教改革中的人文主义和理性时代的精神密切相关。格老秀斯在《战争与和平法》中首次提出了"人的普遍权利"和"人权"。其后，英国的洛克和法国的卢梭等人进一步阐述了"天赋人权"的思想。在"天赋人权"的思想下，提出了自由、平等和追求幸福等人权要求。天赋人权说认为，人权是一个人从出生开始就享有的自然权利，这些权利来自于造物主，是人所固有的、与生俱来的、不可剥夺的。1776 年美国的《独立宣言》宣称，人人生而平等，造物主赋予他们若干不可剥夺的权利，其中包括生命权、自由权和追求幸福的权利。《独立宣言》被马克思誉为"第一个人权宣言"。法国国民议会在 1789 年通过了《人权和公民权宣言》，宣布：人们生来是而且始终是自由平等的，人的自然权利就是自由、财产、安全和反抗压迫。该宣言的内容后被载入法国《宪法》，第一次用法律形式提出了"人权"的概念和"人权"的内容。

随着资本主义的发展和社会的进步，人权被普遍接受。但在第二次世界大战以前，人权问题基本上被视为国内管辖的事项。人权进入国际法领域，成为国际法调整的范围，主要是从第二次世界大战以后联合国的设立开始的。尽管第一次世界大战后，国际社会签订了一些保护少数者、禁止奴隶制度、保护劳工以及国际人道主义等人权保护的专约，如1926年的《禁奴公约》、1930年的《强迫劳动公约》，但这些规定仅限于某些特定领域，适用范围比较狭窄，也缺乏必要的保障机制。在第二次世界大战期间，德、日、意法西斯肆意践踏基本人权，大规模侵略扩张和残杀人民的暴行，激起了世界各国人民强烈要求加强人权国际保护的意愿，促使人权问题在第二次世界大战以后全面进入国际法领域，人权原则受到普遍重视，成为现代国际法的重要原则之一。联合国作为最具有普遍性的国际组织，在推动国际人权保护方面发挥了积极作用。1945年生效的《联合国宪章》首次将"人权"规定在一个全球性国际组织的章程中，把尊重人权和基本自由作为联合国的一项宗旨，即"发展国际间以尊重人民平等权利及自决原则为根据之友好关系"，"不分种族、性别、语言或宗教，增进并激励对于全体人类之人权及基本自由之尊重"。但宪章并未界定"人权及基本自由"的内容与范围。1948年12月10日，联合国大会通过的《世界人权宣言》，在继承传统人权概念的基础上，采取列举的方式阐述了法律意义上的人权概念，并增加了关于经济、社会和文化权利的规定，从而发展了人权概念。这是战后第一个关于人权问题的专门性国际文件，对国际人权的保护产生了重大影响。联合国通过的一系列有关人权问题的宣言、决议和公约中所包括的人权范围之广，是前所未有的。人权既涉及个人的权利，也涉及集体的权利；既涉及政治领域，也涉及社会、经济、文化等领域；既涉及少数民族、有色人种，也涉及儿童、难民、残疾者的权利保护。人权问题已成为现代国际关系中的一个重要问题，真正进入了国际法领域。

在国际人权法的发展初期，国际社会通过宣言或条约所确认的公民权利、政治权利、经济权利、社会权利以及文化权利等概念，基本上都是来自国内法的。随着国际关系的发展，在人权的国际保护问题上，也出现了一些国际社会所特有的人权概念。例如，鉴于纳粹德国在战争中大肆迫害犹太人的行为，以及鉴于南非长期实行种族隔离制度的情形，在国际法上确立了灭绝种族和种族隔离等行为是违反人类的罪行，即所谓国际罪行的概念。又如，伴随着战后西方殖民体系的瓦解和大批新的民族国家的独立，民族自决权作为实现基本人权的前提，得到国际社会的广泛承认。20世纪70年代以后，由于南北矛盾和人类社会生存发展问题日益突出，发展权的概念开始得到广泛重视，1986年联合国大会通过的《发展权利宣言》确认发展权利是一项不可剥夺的人权。与此同时，在国际社会还出现了包括发展权、和平权、环境权以及人类共同继承的财产权等所谓"连带权利"或"第三代人权"的概念。

这些新的权利也不同程度地反映在 1993 年世界人权大会通过的《维也纳宣言和行动纲领》之中。

第二节 国际人权文件

有关人权的国际法主要由国际公约构成。国际人权公约及其他国际人权文件中所包括的原则、规则，有许多都已演变成国际习惯法，对不参加人权条约的国家也有拘束力。目前，已经形成了以《联合国宪章》和《世界人权宣言》为基础，以 1966 年两项人权公约等普遍性人权条约为主要渊源的国际人权法体系。

一、《联合国宪章》

《联合国宪章》的序言开宗明义地宣布："欲免后世再遭今代人类两度身历惨不堪言之战祸，重申基本人权，人格尊严与价值，以及男女与大小各国平等权利之信念。"1966 年人权两公约序言指出："鉴于依据联合国宪章揭示之原则，人类一家，对于人人天赋尊严及其平等而且不可割让权利之确认，实系世界自由、正义与和平之基础。"

《联合国宪章》第 1 条规定，联合国之宗旨为：①维持国际和平及安全；②发展国际间以尊重人民平等权利及自决原则为根据之友好关系；③促成国际合作，以解决国际间属于经济、社会、文化及人类福利性质之国际问题，且不分种族、性别、语言或宗教，增进并激励对于全体人类之人权及基本自由之尊重。联合国的这三项宗旨，每一项都与人权的国际保护相关，而且"尊重人民平等权利及自决原则"已经包含了集体人权的思想。

《联合国宪章》第 2 条规定的联合国的原则，如会员国主权平等、和平解决国际争端、禁止非法使用武力或武力威胁等原则，都与人权的国际保护有关。《世界人权宣言》第 29 条规定，《世界人权宣言》所载的这些权利和自由的行使，无论在任何情况下均不得违背联合国的宗旨和原则。1970 年《国际法原则宣言》在阐述《联合国宪章》的原则时，在"各国依照宪章彼此合作之义务"和"各民族享有平等权利与自决权"等原则的内容中就明确包含了促进对人权及基本自由之普遍尊重与遵行的义务。

《联合国宪章》第 13 条第 1 项第 2 款规定，大会应发动研究，并作成建议"以促进经济、社会、文化、教育及卫生各部门之国际合作，且不分种族、性别、语言或宗教，助成全体人类之人权及基本自由之实现"。根据《联合国宪章》，与联合国的其他机关一样，联合国大会在履行其依《联合国宪章》所负职责的过程中，在人权的国际保护方面发挥了重要作用。

《联合国宪章》第 55、56 条是《联合国宪章》有关人权的关键条款。第 55 条规定："为造成国际间以尊重人民平等权利及自决原则为根据之和平友好关系所必要之安定及福利条件起见，联合国应促进：（子）较高之生活程度，全民就业，及经济与社会进展。（丑）国际间经济、社会、卫生及有关问题之解决；国际间文化及教育合作。（寅）全体人类之人权及基本自由之普遍尊重与遵守，不分种族、性别、语言或宗教。"接着，《联合国宪章》第56条对第55条作了保障性规定："各会员国担允采取共同及个别行动与本组织合作，以达成第55条所载之宗旨。"

《联合国宪章》第62条是关于联合国经济及社会理事会职权的内容，其中第2款规定："本理事会为增进全体人类之人权及基本自由之尊重及维护起见，得作成建议案。"《联合国宪章》第68条规定："经济及社会理事会应设立经济与社会部门及以提倡人权为目的之各种委员会，并得设立于行使职务所必需之其他委员会。"这一条成为后来经社理事会设立人权委员会，以及由经社理事会及其人权委员会拟订国际人权文件的法律基础。

《联合国宪章》第76条是关于国际托管制度之目的的规定，其中第3项规定："不分种族、性别、语言或宗教，提倡全体人类之权及基本自由之尊重，并激发世界人民互相维系之意识。"实践证明，联合国的托管制度起到了人权国际保护的作用。

《联合国宪章》关于人权的规定，是战后国际社会人权活动的基本法律依据和人权国际化的出发点。国际人权宪章及其他国际人权文件大都表明了《联合国宪章》的这种作用。例如，《世界人权宣言》序言表明，该宣言的制定是"鉴于各联合国人民已在宪章中重申对于基本人权、人格尊严、价值以及男女平等权利之信念"、"鉴于各会员国已经誓愿同联合国同心协力促进人权及基本自由之普遍尊重与遵行"。作为普遍性国际组织的章程，《联合国宪章》不可能对人权问题作出详尽具体的规定，只能是一些一般性的规定，会员国所承担的也是一般性的义务，正是这种"一般性"规定或"一般性"义务，使《联合国宪章》的这些规定发挥了具体性规定所不能发挥的作用。

二、《世界人权宣言》

1948年在巴黎召开的第三届联合国大会，于12月10日以48票赞成、0票反对、8票弃权的多数通过了《世界人权宣言》（Universal Declaration of Human Rights）。《世界人权宣言》通过的这一天——12月10日被联合国大会定为"国际人权日"。

《世界人权宣言》由序言和30个条文组成。《世界人权宣言》第1条表明了宣言的思想基础：人皆生而自由，在尊严和权利上一律平等。人人皆赋有理性和良知，诚应和睦相处，情同手足。第2条规定了人人有资格享有人权的基本原则，即"人人皆得享受本宣言所载之一切权利与自由，不分种族、肤色、性别、语言、宗教、政见或其他主张、国籍或门第、财产、出生或他种身份"。并且不得因一人所属的国家或地区的政治的、行政的或者国际的地位之不同而有所区别，无论该领土是独立领土、托管领土、非自治领土或者处于其他任何主权受限制的情况之下。

《世界人权宣言》第3～21条规定了公民权利和政治权利，第22～27条规定了经济、社会及文化方面的权利，第 28~30 条规定了实现人权的条件和对人权的限制。

《世界人权宣言》得到了国际社会的高度评价：

1. 《世界人权宣言》首次提出了所有国家所有人民应当努力实现的共同人权标准。《世界人权宣言》序言指出："发布这一世界人权宣言，作为所有人民和所有国家努力实现的共同标准，以期每个人和社会机构经常铭记本宣言，努力通过教诲和教育促进对权利和自由的尊重，并通过国家和国际的渐进措施，使这些权利和自由在各会员国本身人民及在其管辖下领土的人民中得到普遍和有效的承认和遵行。"

2. 《世界人权宣言》以联合国大会决议的形式对《联合国宪章》中提出的"人权及基本自由"的具体内容作了系统的权威性解释。

3. 《世界人权宣言》构成了联合国主持制定的 1966 年两项国际人权公约等普遍性人权条约和区域性人权条约的基础。1993 年世界人权大会通过的《维也纳宣言和行动纲领》强调："《世界人权宣言》是各国人民和所有国家所争取实现的共同标准，是启迪的源泉，是联合国据之以推进现有国际人权文书、特别是《公民权利和政治权利国际公约》和《经济、社会、文化权利国际公约》所载标准的制定工作的基础。"

4. 《世界人权宣言》的许多规定逐渐具有了国际习惯的性质。《世界人权宣言》是以联合国大会决议的形式通过的，这种形式的文件是不具有法律拘束力的。但随着时间的推移，越来越多的学者认为，由于《世界人权宣言》不断地得到国际人权文件和国内法的确认，而且还在国际法院的判决中得到适用，其许多原则已具有了国际习惯法的性质，对所有国家都有约束力。

三、1966 年联合国国际人权公约

《世界人权宣言》的通过被认为是为公约的准备工作迈出了第一步，当然，该宣言包含在联合国大会的决议之中且无意产生法律效力。经过人权委员会和第三届联合国大会委员会的多方努力，联合国大会于 1966 年通过了两个公约及一个议定书，即《经济、社会、文化权利国际公约》（The International Covenant on Economic, Social and Cultural Rights，缩写为 CESCR）、《公民权利和政治权利国际公约》（The International Covenant on Civil and Political Rights，缩写为 CCPR）及一个《公民权利和政治权利国际公约任择议定书》。《公民权利和政治权利国际公约》和《经济、社会、文化权利国际公约》于 1976 年生效，与《世界人权宣言》共同组成了国际人权法案。

《经济、社会、文化权利国际公约》要求缔约国保证其领土内和其管辖下的个人享有经济、社会和文化权利，如劳动权、个人的社会安全权利及保证其本人与家庭达到基本生活标准的权利。除涉及工会组织的条款外，义务的类型是循序渐进的。每一缔约国"承担尽最大能力采取步骤……用一切适当方法，尤其包括用立法方法，

第六章

逐渐达到本公约中所承认的权利的充分实现"。本公约所宣布的权利应保证在非歧视的情况下行使，但发展中国家对于非本国国民所享有的经济权利，有权决定给予什么程度的保证。该公约的监督机构是经济、社会、文化权利委员会，其负责审查成员国定期提交的报告，该委员会是根据联合国经济及社会理事会于1985年通过的一项决议而产生的。

《公民权利和政治权利国际公约》更为具体地描述了各种权利，更为强烈地陈述了尊重特定权利的义务，且为检查和监督提供了更好的方式。该公约的条款明显借鉴了《欧洲人权公约》及其所积累的经验。其第2条第1款含有一个总体规定："本公约每一缔约国承担尊重和保证在其领土内和受其管辖的一切个人享有本公约所承认的权利，不分种族、肤色、性别、语言、宗教、政治或其他见解、国籍或社会出身、财产、出生或其他身份等任何区别。"可见，两公约为缔约国履行公约下的义务规定了不同的方式。《经济、社会、文化权利国际公约》要求缔约国承担"渐进实现"的义务，而《公民权利和政治权利国际公约》对缔约国赋予"立即实现"的义务。缔约国有义务向人权事务委员会递交关于已采取的使本公约所确认的权利得以实施的措施的报告。在当事国已经承认该委员会有权受理并已用尽国内一切补救措施的情形下，一缔约国可按控诉程序控诉另一缔约国不履行公约义务。本公约的任择议定书还规定，人权事务委员会有权接受个人声称自己为侵害公约所载权利的受害者的来文，但必须已用尽国内所有可能的救济办法。被控诉违反公约义务的国家有义务向该委员会提交"书面解释或声明以澄清事件及该国已经采取的补救措施（如果有的话）"，而人权事务委员会应将其意见送交当事国及个人。

在内容上，两公约以《世界人权宣言》为基础，分别就公民权利和政治权利以及经济、社会和文化权利作了具体规定。

《公民权利和政治权利国际公约》涉及的内容包括：生命权（第6条）、免于酷刑和不人道待遇的自由（第7条）、免于奴役和强迫劳动的自由（第8条）、人身自由和安全权（第9条）、被剥夺自由者享有人道待遇权（第10条）、免于因债务而被监禁的自由（第11条）、迁徙自由（第12条）、外国人免于非法驱逐的自由（第13条）、公正审判权（第14条）、禁止刑法的溯及效力（第15条）、法律面前的人格权（第16条）、私生活不受干扰权（第17条）、思想、良心和宗教自由（第18条）、自由发表意见权（第19条）、禁止鼓吹战争的宣传或煽动民族、种族或宗教仇恨（第20条）、和平集会权（第21条）、自由结社权（第22条）、婚姻和成立家庭权（第23条）、儿童享受保护权（第24条）、参政权（第25条）、法律面前平等与不歧视（第26条）、保护人种、宗教或语言的少数者的权利（第27条）。与《世界人权宣言》相比，该公约有些新的规定。例如，关于剥夺自由者享有人道待遇的规定（第10条）；关于任何人不得因无力履行约定义务而被监禁的规定（第11条）；关于禁止鼓吹战争的宣传或煽动民族、种族或宗教仇恨的规定（第20条）。但公约未列入《世界人权宣言》第14条的庇护权和第17条的私有财产权。

第六章

公约第 4 条规定了缔约国的克减权，即"在社会紧急状态威胁到国家的生命并经正式宣布时，本公约缔约国得采取措施克减其在本公约下所承担的义务，但克减的程度以紧急情势所严格需要者为限，此等措施并不得与它根据国际法所负有的其他义务相矛盾，且不得包含纯粹基于种族、肤色、性别、语言、宗教、或社会出身的理由的歧视"。但公约规定下列权利不得克减：①生命权（第 6 条）；②免于酷刑和不人道待遇的自由（第 7 条）；③免于奴役和强迫劳动的自由（第 8 条）；④免于因债务而被监禁的自由（第 11 条）；⑤禁止刑法的溯及效力（第 15 条）；⑥法律面前的人格权（第 16 条）；⑦思想、良心和宗教自由（第 18 条）。

《经济、社会、文化权利国际公约》的内容包括：工作权（第 6 条）、公正和良好的工作条件（第 7 条）、组织工会权（第 8 条）、社会保障权（第 9 条）、保护家庭，包括对母亲和儿童的特别保护（第 10 条）、相当的生活水准权（第 11 条）、健康权（第 12 条）、受教育权（第 13 条）、逐步实行初等义务教育（第 14 条）、参加文化生活和享受科学进步及其应用所产生利益权（第 15 条）。与《世界人权宣言》相比，公约的条文增加了 6 条，其内容更为具体、详细，并有新的发展。如该公约不仅规定工作权，且在第 7 条详细规定了公平工资、男女同工同酬、安全和卫生及公共假日报酬等公正和良好的工作条件，在第 8 条规定了组织和参加工会的权利等。

第三节　国际人权保护的专门领域

一、禁止非法战争方面

战争罪是国际法上公认的国际罪行之一，禁止非法战争是一项国际强行法规则。第一次世界大战后，国际社会已开始关注限制和禁止非法战争的问题。《国际联盟盟约》第 12 条限制国家的"战争权"但并不绝对禁止非法战争。1928 年《巴黎非战公约》彻底废弃了国家战争权，禁止国家把战争作为推行国家对外政策的工具。第二次世界大战后的《联合国宪章》把维持国际和平与安全提到联合国首要宗旨的地位，并要求会员国"消除对于和平之威胁，制止侵略行为或其他和平之破坏"，"以和平方法解决其国际争端"。

侵略战争给人民的生命权带来最大威胁，两次世界大战剥夺了无数人的生命权，而生命权是最低限度的人权。因此，《欧洲国际军事法庭宪章》明确宣布破坏和平罪、战争罪和违反人道罪是滔天的国际罪行。1968 年 11 月 26 日，联合国大会通过了《战争罪及危害人类罪不适用法定时效公约》，该公约在序言中指出："有效惩治战争罪及危害人类罪为防止此种罪行、保障人权与基本自由、鼓励信心、促进民族间合作及增进国际和平与安全之一重要因素。"该公约第 1、2 条规定，战争罪、危害人类罪、不人道行为及灭绝种族罪，不论是否触犯所在地的国内法，都是国际法上不适用法定时效的罪行。

第六章

二、惩治灭绝种族、种族隔离以及消除种族歧视方面

惩治灭绝种族罪是一项与禁止非法战争密切相关的国际强行法规则，因为历史上多数灭绝种族罪都是伴随着战争罪行发生的。灭绝种族罪的主要特征是从肉体上消灭某一种族，即剥夺该种族每个人的最低限度的人权——生命权。第二次世界大战中，德国纳粹主义灭绝种族的残暴行径给人类留下了惨痛教训。联合国大会在通过《世界人权宣言》的前一天——1948年12月9日通过了《防止及惩治灭绝种族罪行公约》（该约1951年1月12日正式生效），该公约第1条首先确认灭绝种族是"国际法上的一种罪行"，第2条给灭绝种族罪下了具体定义。公约将灭绝种族罪定义为"蓄意全部或局部消灭某一民族、人种、种族或宗教团体"，它包括：①杀害该团体成员；②致使该团体之成员在身体上或精神上遭受严重伤害；③故意使该团体处于某种生活状况下，以毁灭其全部或局部之生命；④强制施行办法，意图防止该团体内之生育；⑤强迫转移该团体之儿童至另一团体。依据1968年《战争罪及危害人类罪不适用法定时效公约》，灭绝种族罪也是不受时效限制应受惩罚的罪行。

种族隔离也是国际法公认的国际罪行之一。1973年10月30日，联合国大会通过了《禁止并惩治种族隔离罪行国际公约》。该公约第2条规定，种族隔离罪行是指为建立和维持一个种族团体对任何其他种族团体的主宰地位，并且有系统地压迫他们而作出的一系列不人道行为，主要包括杀害、任意逮捕或非法监禁一个种族集团的成员，对一个种族集团的成员强加有意灭绝该集团的生活条件，建立法律和社会条件，阻止一个种族集团的发展和参与其本国的政治、社会、经济和文化生活，等等。针对南非20世纪50年代开始推行的种族隔离制度，公约特别指出，种族隔离罪行"应包括与南部非洲所推行的种族分离和种族歧视类似政策和办法"。公约使各缔约国承担义务采取一切必要措施预防、禁止和惩罚种族隔离罪行。

灭绝种族和种族隔离是最严重的种族歧视形式，但种族歧视还有许多其他表现形式，其一直是人权领域最引人注目的问题。联合国大会1963年通过了《消除一切形式种族歧视宣言》，1965年联合国大会将其上升为公约——《消除一切形式种族歧视国际公约》，该公约1969年1月4日正式生效。公约第1条给种族歧视下了定义，即"基于种族、肤色、世系或原属国或民族本源之任何区别、排斥、限制或优惠，其目的或效果为取消或损害政治、经济、文化或公共生活任何其他方面人权及基本自由在平等地位上之承认、享受或行使"。公约第2条第1款使各缔约国承诺"立即以一切适当方法实行消除一切形式种族歧视与促进所有种族间之谅解之政策"。联合国大会1985年还通过了《反对体育领域种族隔离国际公约》。此外，一些联合国专门机构也通过了有关公约或宣言，如国际劳工组织1958年通过的《消除就业和职业歧视公约》，联合国教科文组织1960年通过的《取缔教育歧视公约》及1978年通过的《种族与种族偏见问题宣言》等。

三、废除奴隶制和禁止强迫劳动方面

废除奴隶制的斗争艰苦、漫长，从一战前主要禁止奴隶贸易到 1926 年通过《禁奴公约》，在世界各地仍没完全根除奴隶制及类似奴隶制的制度。联合国成立后，联合国大会于 1953 年通过了《关于修正 1926 年 9 月 25 日在日内瓦签订的禁奴公约的议定书》；联合国经济及社会理事会于 1956 年又通过了《废止奴隶制、奴隶贩卖及类似奴隶制之制度与习俗补充公约》，该公约不仅禁止奴隶制、债务质役、农奴制，而且还禁止包办或买卖婚姻、转让妻子、妻子在丈夫死后由他人继承、役使儿童、少年或剥削其劳动力等奴隶制残余。

关于强迫劳动，国际劳工组织大会先后通过了两个专门的国际公约，即 1930 年《强迫劳动公约》和 1957 年《废止强迫劳动公约》。前者规定，除因法院判定有罪而被迫从事劳动等例外情况外，缔约国不得以惩罚相威胁，强使任何人从事本人不曾自愿从事的所有工作和劳务。后者第 1 条规定，缔约国"承担制止和不利用任何方式的强迫或强制劳动"，这种强迫劳动是为下述目的而利用的：①作为政治压迫或政治教育的工具或作为对持有或发表政见或意识形态上与现存政治、社会或经济制度相反的意见的惩罚；②作为经济发展目的动员和使用劳工的方法；③作为劳动纪律的工具；④作为对参加罢工的惩罚；⑤作为实行种族、社会、民族或宗教歧视的工具。

四、保护妇女、儿童权利方面

对妇女的保护，主要是指消除对妇女的歧视，实现男女平等。联合国成立后不久，即建立了妇女地位委员会。在妇女地位委员会的工作基础上，联合国大会 1952 年通过了《妇女政治权利公约》，对提高妇女的政治地位产生了积极意义。联合国大会于 1967 年通过了《消除对妇女歧视宣言》，宣布对妇女的歧视是"侵犯人格尊严的罪行"。在此基础上又于 1979 年通过了《消除对妇女一切形式歧视公约》，该公约 1981 年 9 月 3 日生效，被称为"国际妇女权利法案"。公约第 1 条对妇女歧视下了定义，即"基于性别而作的任何区别、排斥或限制，其影响或目的均足以妨碍或否认妇女，不论已婚未婚在男女平等的基础上认识、享有或行使在政治、经济、社会、文化、公民或任何其他方面的人权和基本自由"。公约使缔约国承担了在立法、司法和行政方面采取措施以消除对妇女歧视的义务，并设立消除对妇女歧视委员会，审议有关公约的执行情况。此外，联合国还主持制定了其他有关保护妇女权利的国际公约，如 1957 年《已婚妇女国籍公约》、1962 年《关于婚姻的同意、结婚最低年龄及婚姻登记的公约》等。

在保护儿童方面，1924 年国际联盟大会曾通过了保护儿童的《日内瓦宣言》。1959 年联合国大会通过了《儿童权利宣言》，提出了一切儿童在享有权利方面不受差别对待和歧视、儿童应受特别保护、自出生之日起即获得姓名和国籍、有权享受

社会保障和受教育等十项原则。1989 年 11 月 20 日，联合国大会又通过了《儿童权利公约》。该公约包括序言和 54 个条文。依据公约第 1 条，"儿童系指 18 岁以下的任何人，除非对其适用之法律规定成年年龄低于 18 岁"。公约第 6～40 条规定了儿童在政治、经济、社会、文化等方面所享有的权利以及各缔约国为保证实现这些权利而承担的具体义务；规定在禁止贩运毒品、拐卖儿童、酷刑等方面对儿童给予保护。公约还决定设立由 10 名专家组成的儿童权利委员会，以审查各缔约国提交的关于实现《儿童权利公约》所载之权利所采取的措施以及儿童享有这些权利的进展情况的报告。

五、难民与无国籍人的地位方面

难民即那些被迫与本国失去联系的人们，他们不能依靠自己的政府来保护自己，需要国际社会对他们的特殊困境做出反应，给予保护。国际联盟 1921 年任命弗里特约夫·南森为首任难民事务高级专员。1946 年联合国成立了国际难民组织，1951 年该组织由联合国难民事务高级专员办事处（简称难民署）所取代。1951 年，联合国大会通过了《关于难民地位的公约》。该公约对"难民"的定义是：难民是指因有充分理由畏惧由于种族、国籍、宗教、某一特定社会团体成员或持有某种政治见解而遭受迫害，留在他本国之外的人，和不能或不愿接受该国的保护，或由于畏惧迫害不能或不愿返回该国的人。公约明确规定了不推回原则，根据该原则，不得违背难民的意志将其遣返回他或她可能遭受迫害的地区。公约还规定了难民待遇的标准，包括法律地位、就业和福利。不过，公约的适用范围，最初只限于由于 1951 年 1 月 1 日以前发生的事件而成为难民的人。1967 年联合国大会又通过了《关于难民地位的议定书》，取消了 1951 年的时间限定，使公约具有了真正的普遍性。此外，在保护难民方面还有一些区域性文件，如非洲统一组织 1969 年制定的《关于处理非洲难民问题具体方面的公约》、中美洲国家 1984 年通过的《卡塔赫纳难民宣言》等。

无国籍人是指不具有任何国家国民或公民资格的人，他们没有国籍国对其实行外交保护，处境艰难。为此，国际社会签订了一系列国际公约以防止和减少无国籍状态。最重要的是联合国大会 1954 年通过的《关于无国籍人地位的公约》及 1961 年通过的《减少无国籍状态公约》，它们与《关于难民地位的公约》互补，解决了不少无国籍人的待遇问题。

六、关于司法方面个人权利的保障

关于司法方面个人权利的保障指保护被拘留者或被监禁者的人权，主要涉及禁止酷刑、囚犯待遇、青少年司法审判规则等内容。

1. 囚犯待遇方面。联合国于 1955 年召开第一次预防犯罪和罪犯待遇大会，通过了《囚犯待遇最低限度标准规则》。该文件规定"不应基于种族、肤色、性别、语言、宗教、政治或其他主张、国籍或社会出身、财产、出生或其他身份而加以歧视"；"必须尊重囚犯所属群体的宗教信仰和道德标准"。该文件还就囚犯的住宿、医疗卫生、伙食、教育及娱乐等问题作了具体规定。

2. 青少年司法审判方面。联合国于1985年召开第七次预防犯罪和罪犯待遇大会，通过了《少年司法最低限度标准规则》。该文件要求联合国会员国"应尽力创造条件确保少年能在社会上过有意义的生活，并在其一生中最易沾染不良行为的时期使其成长和受教育的过程尽可能不受犯罪和不法行为的影响"；"应充分注意采取积极措施……以便促进少年的幸福，减少根据法律进行干预的必要，并在他们触犯法律时对他们加以有效、公平及合乎人道的处理"。该文件就少年司法的目的、少年权利、调查和检控、审判和处理以及非监禁与监禁待遇等作了具体规定。

3. 禁止酷刑方面。《世界人权宣言》第5条及《公民权利和政治权利国际公约》第7条均规定，对任何人都不得施以酷刑，或给予残忍、不人道或有辱人格的待遇或处罚。但施行酷刑的状况仍然存在。1975年联合国大会根据联合国预防犯罪和罪犯待遇大会的建议，通过了《保护人人不受酷刑和其他残忍、不人道或有辱人格待遇或处罚宣言》。1984年联合国大会又通过了《禁止酷刑和其他残忍、不人道或有辱人格的待遇或处罚公约》，该公约1987年生效。该公约限定"酷刑"是指为取得情报或供状，蓄意使某人在肉体或精神上遭受剧烈疼痛或痛苦的任何行为，而这种疼痛或痛苦是由公职人员或以官方身分行使职权的其他人所造成或在其唆使或默许下造成的（第1条）。公约要求各缔约国采取有效的立法、行政、司法及其他措施以防止在其管辖范围内任何国家的酷刑行为。依据公约第17条，缔约国成立了禁止酷刑委员会以审议缔约国递交的执行公约情况的报告。

七、有关社会进步和发展方面

自20世纪60年代始，联合国不断提请各国注意在促进平衡和稳步发展过程中经济和社会因素的相互依存关系；广大新独立的发展中国家也为争取民族独立和主权平等做出了不懈努力。这对国际法上人权的发展产生了巨大影响，发展权、和平权、人类共同继承的财产权、环境权等也纳入到国际人权保护的范畴，有学者称之为"新一代人权"。

1. 发展权。在发展权方面，联合国大会1969年通过了由经社理事会的社会发展委员会起草的《社会进步和发展宣言》。该宣言声明：社会进步和发展的目的在于不断提高社会所有成员的物质和精神生活水平，尊重和遵守人权和基本自由。宣言要求发达国家和发展中国家公平分享科学技术的进展，以利于社会发展。联合国大会1986年又通过了《发展权利宣言》，确认发展权利是一项不可剥夺的人权。"由于这种权利，每个人和所有各国人民均有权参与、促进并享受经济、社会、文化和政治发展，在这种发展中，所有人权和基本自由都能获得充分实现。"宣言强调"发展是经济、社会、文化和政治的全面进程"；"发展权利的所有方面都是不可分割和相互依存的"。

第六章

2. 和平权。在和平权方面，联合国大会 1978 年通过了《为各国社会共享和平生活做好准备的宣言》，开始将和平作为一项权利加以规定。1981 年《非洲人权和民族权宪章》更加明确地将和平作为一项人权加以肯定。联合国大会 1984 年专门通过了《人民享有和平权利宣言》。依据该宣言，联合国大会指出，承认并保证人民享有和平权利是充分实现联合国宣布的各种人权和基本自由所必不可少的条件。宣言强调"各国的政策务必以消除战争，尤其是核战争威胁，放弃在国际关系中使用武力，以及根据《联合国宪章》以和平方式解决国际争端为其目标"。

3. 环境权。在环境权方面，1981 年《非洲人权和民族权宪章》第 24 条规定，一切民族均有权享有一个有利于其发展的普遍良好的环境。1972 年联合国人类环境大会通过的《人类环境宣言》宣布，人类有权在一种能够过尊严和福利的生活的环境中，享有自由、平等和充足的生活条件的基本权利，并且负有保护和改善这一代和将来的世世代代的环境的庄严责任。

第四节   国际人权机构及国际 人权法的实施

人权保护的主要责任在各国政府，国际人权主要依靠各国政府在自己国家予以实施，一国人权状况的好坏主要取决于该国国内保护的状况；同时，人权也需要国际保护，需要设置国际人权机构以监督和保障国际人权制度在国内的实施。

一、普遍性国际人权机构

普遍性的国际人权机构，即联合国系统的国际人权机构，它可以分为一般性人权机构和专门的人权机构两种。前者包括联合国的六个主要机关，如联合国大会、经济及社会理事会等，以及联合国的专门机构。这些机构都或多或少地具有促进人权普遍遵守的宗旨和职能。专门的人权机构如联合国秘书处人权中心、人权委员会等。

（一）联合国一般性的人权机构

联合国的六个主要机关在实施联合国的宗旨和原则时，都已经并将继续发挥人权国际保护的作用。《联合国宪章》明确规定了大会、经社理事会和托管理事会的人权保护职能，安理会的许多决议、国际法院的许多判决和咨询意见、秘书处的大量行政事务活动，也都表明了它们具有人权国际保护的职能。

《联合国宪章》主要把人权问题规定为经济社会事项，有关人权的条款主要规定在宪章第九章（国际经济及社会合作）和第十章（经济及社会理事会）中，经社理事会在大会的权力之下从事了大量的人权国际保护活动，联合国的专门人权机构也多为经社理事会的下设机构。

国际劳工组织、联合国教科文组织、世界卫生组织、世界知识产权组织等联合国专门机构，都以保护人权为其目的或宗旨之一。例如，根据国际劳工组织的章程，该组织的中心目标是使所有人，无论其种族、信仰或性别，均有权在自由、尊严、经济保障和机会均等的条件下追求物质福利和精神发展。该组织保护劳工权利的方式主要是制定和监督实施劳工标准。它主持制定的劳工标准包括经济方面的，如劳动条件；也包括政治方面的，如结社自由。它监督实施这些标准的方式主要有两种：一是要求成员国政府提交实施报告，并由该组织加以审查；二是受理雇主或工会对政府未实行劳工标准、未履行劳工公约的指控，并转交有关国家的要求和给予答复。

（二）联合国体系内的专门人权机构

联合国专门的人权机构有直接根据《联合国宪章》建立的，有根据有关人权条约建立的。这些专职人权机构主要有：

1. 人权委员会（Commission on Human Rights）。其是根据《联合国宪章》第68条，于1946年成立的经社理事会下属的一个委员会，是联合国系统内处理人权问题的主要机构，其职能包括：进行专题研究、拟定建议和起草国际人权文书，调查关于侵犯人权的指控和处理与这种侵犯有关的来文，并协助经社理事会协调联合国系统内的人权活动。委员会的成员国由经社理事会按地区分配名额选举产生，初建时只有18个成员国，1979年扩大为43个国家，1992年又增至53个国家（亚洲12国、非洲15国、拉美和加勒比地区11国、东欧5国、西欧和其他地区10国），任期3年。人权委员会每年春季在日内瓦举行为期6周的全体会议。除53个成员国外，联合国其他会员国、非会员国、各专门机构、区域组织、为联合国所承认的民族解放运动以及在经社理事会具有咨询地位的非政府组织，都可以派团以观察员身份参加会议。

2. 人权小组委员会。1947年其根据经社理事会1946年6月21日第9（11）号决议设立，是人权委员会下属的专家机构。原全称为"防止歧视和保护少数小组委员会"（Sub-Commission on Prevention of Discrimination and Protection of Minorities），1999年根据经社理事会的有关决议，改名为"促进和保护人权小组委员会"（Sub-Commission on the Promotion and Protection of Human Rights）。人权小组委员会的主要职能是，对有关促进人权的重要问题进行研究并向人权委员会提出报告。人权小组委员会现有专家26名，其中非洲7名、亚洲5名、拉美5名、东欧3名、西方6名（每个成员可有1名候补委员），委员以个人身份任职，根据经社理事会1986年第1986/35号决议，每2年改选小组会中的半数成员，人选由各国政府提名，由人权委员会秘密投票选举产生，当选者从当选的次年1月1日起任职，任期4年。

3. 联合国人权事务高级专员。联合国人权事务高级专员（UN High Commissioner for Human Rights），是1993年12月联合国大会第四十八届会议，根据同年维也纳国际人权大会的建议以第 48/141 号决议设立的，在联合国秘书长领导下，负责协调联合国人权领域活动的联合国高级官员。该专员由联合国秘书长任命、联合国大会批准，在联合国大会、经社理事会及其人权委员会授权和决定的范围内履行职责。设立该专员的目的是"促进和保护一切人权"，简化、完善和强化联合国人权领域的机制。

4. 联合国人权事务高级专员办公室。联合国人权事务高专办公室（Office of the High Commissioner for Human Rights）是原联合国人权中心（UN Center for Human Rights）与联合国人权高级专员办公室合并而成的负责处理联合国的人权事务的机构。这一合并是根据 1997 年 10 月第五十二届联合国大会通过的改组联合国人权秘书处的方案进行的。该机构总部设在日内瓦，并在纽约联合国总部设办事处。原联合国人权中心是联合国秘书处的下属机构，旨在为负责人权事务的联合国有关机构、联合召开的人权会议提供服务。

5. 专门负责实施特定人权条约的各个委员会。一些重要的国际人权条约，为受理缔约国的报告、处理有关国家或个人的来文，设立了保障人权条约实施的机构。例如，按照《公民权利和政治权利国际公约》第 28 条设立了由 18 名人权问题专家以个人身份组成的"人权事务委员会"（Human Rights Committee）；根据《消除一切形式种族歧视国际公约》第 8 条设立了由 18 名专家组成的"消除种族歧视委员会"；依照《消除对妇女一切形式歧视公约》第 17 条设立了由 23 名专家组成的"消除对妇女歧视委员会"；依据《禁止酷刑和其他残忍、不人道或有辱人格的待遇或处罚公约》第 17 条设立了由 10 名专家组成的"禁止酷刑委员会"；按照《儿童权利公约》第 43 条设立了由 10 名专家组成的"儿童权利委员会"，根据《残疾人权利公约》设立了"残疾人权利委员会"，根据《禁止强迫失踪公约》设立了"强迫失踪问题委员会"。

二、国际人权保护的实施制度

国际人权保护的实施制度主要由报告及其审查制度、个人申诉制度和处理国家来文与和解制度构成。

（一）报告及其审查制度

联合国主要的人权条约，大都规定了缔约国须定期拟具关于在其国内施行条约的情况和进展的报告，并指定或设立专门机构处理这些报告。

这些公约对报告内容的规定大同小异，但在报告的处理方式和处理机构上存在差异。在报告的处理方式方面，多数人权公约都规定，缔约国向有关人权条约实施机构提交报告后，该机构应对报告加以审议，并在此基础上提出评论甚至一般性建议。例如，《公民权利和政治权利国际公约》第 40 条第 4 款规定："委员会（指人权事务委员会）应研究本公约各缔约国提出的报告，并应把它自己的报告以及它可能认为适当的一般建议送交各缔约国。委员会也可以把这些意见同它从本公约缔约国收到的报告的副本一起转交经济及社会理事会。"该条第 5 款规定："本公约缔约国得就按照本条第 4 款所可能作出的意见,向委员会提出意见。"《经济、社会、文化权利国际公约》、《消除一切形式种族歧视国际公约》、《消除对妇女一切形式歧视公约》及《禁止酷刑和其他残忍、不人道或有辱人格的待遇或处罚公约》等都有类似规定。但是,《取缔教育歧视公约》和《废止奴隶制、奴隶贩卖及类似奴隶制之制度与习俗补充公约》,虽然也都规定缔约国须提交报告,但却没有规定审议报告,有的国际人权条约则规定成立专门机构来处理报告。例如,《反对体育领域种族隔离国际公约》第 11 条规定,应成立一个反对体育领域种族隔离委员会,由 15 名具有高度道德品格并决心与种族隔离作斗争的成员组成。第 12 条规定,各缔约国承诺向联合国秘书长就各自为执行本公约的规定而采取的立法、司法、行政或其他措施,在本公约生效后 1 年内,并于其后每 2 年提出报告,给反对体育领域种族隔离委员会审议。

(二) 处理国家间的来文与和解制度

除报告及其审查制度以外,联合国系统内的一些人权条约还创设了处理缔约国有关指控的来文及和解制度。这一制度在《公民权利和政治权利国际公约》第 41 条和第 42 条得到了较为完整的表述。按照公约第 41 条的规定,缔约国得随时声明,它承认依据公约设立的人权事务委员会有权接受和审议一缔约国指控另一缔约国不履行它在该公约下的义务的通知(即来文)。只有提出通知的国家和被指控的国家都是作出上述声明的国家时,委员会才能接受并受理有关来文。除上述前提外,委员会处理来文须有另外两个前提:一是提交来文的国家应向被指控国家发出类似的通知,被指控国家应在 3 个月内给予指控国书面答复,但在被指控国收到第一次通知后 6 个月内,有关问题的处理仍不能使双方满意。二是委员会认定,在来文所述事项上已按照普遍公认的国际法原则求助于和用尽了所有现有适用的国内补救措施。在上述两个前提下,委员会应向有关缔约国提供斡旋,以便在尊重公约所承认的人权和基本自由的基础上求得有关事项的友好解决。委员会应在收到来文后 12 个月内,向有关缔约国提交一份报告,如果来文已按上述程序获得友好解决,委员会在其报告中应限于对事实经过和所获解决作一简短陈述;来文有关双方提出的书面说明和口头说明的记录,应附于报告中。在上述第二种情形下,委员会经有关缔约国事先同意,得指派一个专设和解委员会(以下简称"和委会")。和委会由 5 名委员组成。如经和解有关问题仍不能获得解决,委员会应拟具一项报告,该报告应说明对于各有关缔约国间争执事件的一切有关事实问题的结论,以及对于就该事件寻求友好解决的各种可能性的意见。各有关缔约国应于收到报告后 3 个月内通知委员会主席是否接受和解委员会报告的内容。

在《公民权利和政治权利国际公约》中,人权事务委员会处理国家间指控及和解制度的规定是任意性的,即以有关的缔约国同意为前提。但是,另外一些国际人权公约却为缔约国作了强制性安排。例如,依照《消除一切形式种族歧视国际公约》第 11、12 条的规定，在当事双方未能自行达成满意的解决办法时，双方均有权以分别通知委员会及对方的方法，将有关争议提交"消除种族歧视委员会"，该委员会及随后专设的和解委员会处理来文均不以当事国双方的同意为条件。

（三）个人申诉制度

在《公民权利和政治权利国际公约》的起草过程中，由于人权委员会的各国代表对是否赋予个人或民间团体以指控的权利存在着很大分歧，人权委员会在最后提交的公约草案中对个人的申诉权没有作出任何规定。在讨论公约草案时，联合国大会第三委员会接受了黎巴嫩的提案，即将个人的申诉权规定在一个附属于公约的单独任择议定书中，供各国签署或批准。根据《公民权利和政治权利国际公约任择议定书》的规定，成为本议定书缔约国的公约缔约国承认人权事务委员会有权接受并审查该国管辖下的个人声称为该缔约国侵害公约所载任何权利的受害人的来文（第 1 条）。凡声称其在公约规定下的任何权利遭受侵害的个人，如果可以运用的国内救济办法，悉已援用无遗，得向委员会书面提出申请，由委员会审查（第 2 条）。依据本议定书提送的任何来文，如系不具名、或经委员会认为滥用此项呈文权、或不符合公约的规定者，委员会应不予受理（第 3 条）。委员会不得审查任何个人来文，除非已断定：①同一事件不在另一国际调查或解决程序审查之中；②该个人对可以运用的国内救济办法悉已援用无遗（第 5 条）。上述规定说明，人权事务委员会受理个人申诉来文必须符合下列五个条件：①来文所涉国家应既是公约的缔约国，也是任择议定书的缔约国；②申诉人须在被指控国管辖之下；③来文须具名，并不构成申诉权的滥用，且须符合公约的规定；④已用尽国内救济；⑤来文所涉事项不在同一国际调查或解决程序之中。关于个人申诉的处理程序，任择议定书规定，委员会应将根据本议定书所提出的任何来文提请被控违反公约任何规定的本议定书缔约国注意。收到通知的国家应于 6 个月内书面向委员会提出解释或声明，说明原委，如该国业已采取救济办法，则亦应一并说明（第 4 条）。人权事务委员会应参照该个人及关系缔约国所提出的一切书面材料，审查根据本议定书所收到的来文，并应向关系缔约国及该个人提出意见（第 5 条）。委员会应将其根据本议定书进行的工作摘要列入公约第 45 条所规定的委员会年度报告（第 6 条）。从上述规定可以看出，人权事务委员会处理个人申诉的一般程序为：受理申诉；提请受控国注意；受控国答辩；委员会不公开审查；委员会提出处理意见；委员会将处理过程和结果列入年度报告以供联大审议。

除《公民权利和政治权利国际公约》以外，《消除一切形式种族歧视公约》和《禁止酷刑和其他残忍、不人道或有辱人格的待遇或处罚公约》对个人申诉制度也作出了规定。前者规定，也可以"个人联名"提出申诉。后者规定，个人申诉不仅可以针对其所受管辖的国家，也可以针对任何已接受任择条款的缔约国。另外，这两项公约都是在其正文中规定了个人的申诉权，而不是通过任择议定书承认此项权利。

第六章

[案例]

Kurhanova 诉塔吉克斯坦案

2002 年 7 月 16 日，Safarmo Kurhanova 女士向人权事务委员会提交个人来文，在来文中诉称其子塔吉克斯坦公民 Abduali Ismatovich Kurhanova 先生于 2002 年 11 月 2 日被塔吉克斯坦最高法院军事法庭判处死刑，目前被关押在杜尚别第一号拘留中心，等待处决。来文宣称其子是塔吉克斯坦违反《公民权利和政治权利国际公约》第 6、7、9 和 10 条以及第 14 条第 1 款、第 3 款（甲）和（庚）及第 5 款行为的受害人。同一天，人权事务委员会通过新来文问题特别报告员向塔吉克斯坦提出紧急要求，要求塔吉克斯坦在人权事务委员会完成审查之前暂不执行死刑，但未收到答复。人权事务委员会通过审议认为塔吉克斯坦对受害者的审理存在着违反《公约》第 7 条、第 9 条第 2 和 3 款、第 10 条、第 14 条第 1 款和第 3 款（甲）和（庚）项的规定下 Kurhanova 先生应有权利的状况；并要求："提交人的儿子有权得到有效的补救，给予赔偿并由普通法庭重新审理和享有第 14 条的所有保障，或，在不可能重审的情况下，则应予以释放。缔约国有义务防止今后发生类似的违约情况"；"委员会希望缔约国在 90 天内提供资料，说明采取措施落实委员会《意见》的情况。此外还请缔约国公布委员会的《意见》"。然而，人权事务委员会秘书处于 2004 年 2 月 9 日收到提交人发来的消息：尽管有委员会的意见，塔吉克斯坦还是要处死他的儿子。2 月 12 日委员会向塔吉克斯坦发去催复函要求其提供如何执行或执行委员会意见的情况，并提醒缔约国注意根据《公约》第 2 条承担的义务；2 月 13 日，人权事务委员会代理高级专员要求塔吉克斯坦不要处决 Kurhanova 先生，并要求提供当前关于 Kurhanova 先生的情况。3 月 10 日，联合国秘书长收到塔吉克斯坦总统同意赦免 Kurhanova 先生的消息。

（四）联合国"1503 程序"

1970 年，联合国经济及社会理事会通过了第 1503（XLⅧ）号决议，即"有关侵犯人权及基本自由的来文的处理程序"的决议。该决议规定，防止歧视及保护小组委员会勿须依据公约，在经证明确系一贯和严重地侵害基本人权的情形下，有权受理个人的来文。小组委员会可决定将具有一贯侵犯人权特点的情况提交人权委员会审议。人权委员会可以自行研究并向经社理事会提出报告和建议，也可以在征得有关国家同意后任命一个特设委员会进行调查。决议所规定的上述程序，通常被称为"1503 程序"。该程序最为显著的特征在于，它是目前惟一一个对每一个人开放的一般性的人权控诉程序，相比之下，人权条约规定的个人请愿程序尚未获得广泛接受，而且不适用于所有的人权。然而，与人权条约规定的个人申诉程序不同，"1503 程序"并没有建立个人申诉制度，虽然个人可以提出控告，但其控告的理由必须基于"一贯和严重地侵害基本人权"这一事实。因此，

"1503 程序"只能适用于大规模地和系统地否定人权的情势，而非针对违反个别人的权利。

第五节　联合国人权改革

一、联合国人权改革的动因

联合国人权委员会建立后对人权的国际保护起了一定的推动作用，但是其存在一定的不足。表现在如下几个方面：①由于当选为人权委员会的委员以委派国政府的身份而非个人身份开展工作，人权委员会天生就是"一个高度政治化的机构"，这也正是人权委员会的一大不足——"政治性"。实践中，委员会成了不同国家之间人权问题斗争的阵地，尤其成了西方发达国家就人权问题攻击其他国家的场所。②委员会工作的低效率性。委员会的政治性，使委员会成了不同国家之间人权问题斗争的阵地。各国均会根据本国的利益提出不同的议案，而委员会的年会仅有六周时间，而每个国家都会为争取自己议案的通过而争吵不休。实践中每年年会差不多都是吵吵嚷嚷地结束，各项议题没有什么实质性进展。③委员会的政治性又导致了人权委员会工作的选择性和人权保护标准的双重性。这在特殊程序中的表现尤为突出，因为在国家和专题的选择时，不可避免的会违反人权保护的普遍性原则，而具有选择性及潜在的政治性色彩。实践中，对人权委员会"双重标准"、"选择性"、"政治性"等弊端的批判也多因此而起。④"1503 程序"的自身缺陷。到目前为止，修改后的"1503 程序"仍然是许多人权被侵害者向联合国投诉的惟一途径。但启动"1503 程序"没有条约依据，因此，依据该程序所作的决议对有关当事国没有法律拘束力，而且证明"大规模系统的侵犯人权的事件"也并非易事。"1503 程序"的复杂性和保密性，也使其在实践中所发挥的作用极其有限。同时，人权委员会的工作也缺乏权威性。这表现在三个方面：一是委员会仅是经社理事会的职司机构，其地位与其承担的责任严重不相符合；二是委员会成员国由经社理事会选举产生，并且选举的范围限于经社理事会的成员国，相对于委员会的职能，其代表性显然不足；三是委员会的决议缺乏法律拘束力（当然，改革后的人权理事会同样存在这一问题）。因此，正如联合国秘书长所言："委员会执行任务的能力，却因信誉和专业精神低落而日益受到影响。特别是，各国竞相成为成员国，目的不是加强人权，而是保护本国免遭批评，或者批评他国。结果，委员会'信誉赤字'扩大，给整个联合国系统的名誉蒙上阴影。"所以，人权委员会的改革势在必行。

二、联合国人权理事会的成立与创新

设立人权理事会，最早是由联合国秘书长安南于 2005 年 3 月 21 日在纽约召开的联合国大会上正式提出的。他在题为"大自由：实现人人共享的发展、安全和人

权"的报告中正式提议设立人权理事会。他在大会发言中对这一提议的解释是："我所建议的是一项综合战略，对本组织的三大目标予以同样重视和关注。这三大目标是发展、安全和人权，必须都以法治为基础。"他建议联合国实行三个理事会的制度，分别处理国际和平与安全问题、经济和社会问题和人权问题。他促请会员国设立一个新的人权理事会，以实现联合国促进人权的主要目标。安南在报告中指出，创建这个理事会将赋予人权问题更崇高的地位，符合人权在《联合国宪章》内所占的首要位置。

2005年9月召开的世界首脑会议通过了设立人权理事会的提议。世界首脑会议的成果文件明确规定："我们决心进一步加强联合国人权机制，决意创建人权理事会。人权理事会将负责促进普遍尊重对所有人的所有人权和基本自由的保护，不作任何区别，一律公正平等。人权理事会应处理各种侵犯人权的情况，包括粗暴、蓄意侵犯人权的事件，并提出有关建议。人权理事会还应促进联合国系统内部的有效协调，推动将人权纳入主流。"文件还请联合国大会主席举行公开、透明和包容各方的谈判，并在2006年3月召开的第六十届联合国大会期间尽快完成谈判，以确定人权理事会的任务授权、模式、职能、规模、组成、成员、工作方法和程序。联合国秘书长提出："新的需要已超过了委员会执行任务的能力，其会议的政治化和工作的选择性也破坏了这一能力。我们已经到了委员会信誉的下降给整个联合国系统的名誉蒙上阴影，而零敲碎打的改革不足以解决问题的时刻。"在联合国秘书长的提议下，3月15日，第六十届联合国大会以170票赞成、4票反对、3票弃权的表决结果通过决议，决定设立共有47个席位的人权理事会，以取代总部设在瑞士日内瓦的人权委员会。170票赞成的表决结果也表明，美国虽然是唯一的超级大国，在很多方面具有不可一世的实力，但却不能阻挠绝大多数国家的意志。随后，在2006年5月9日召开的第六十届联合国大会全体会议上，经过会员国无记名投票选举产生了联合国人权理事会第一届成员。中国以146票的高票当选，任期3年。除美国放弃参选外，联合国安理会的其他3个常任理事国法国、俄罗斯和英国也顺利当选。6月19日，联合国人权理事会在日内瓦召开了第一次会议。

研究联合国大会的A/RES/60/251号决议，可以发现新成立的人权理事会在地位、工作原则、会员国制度、会议制度、职责等方面，与人权委员会相比都有了较大的发展。

（一）人权理事会性质和地位的变化

按照联合国秘书长安南的提议，"设立人权理事会有两种选择，或作为大会的主要机构，或作为大会的附属机构"。最终决议中选择了将人权理事会作为联合国大会的附属机关的建议，这相对于人权委员会属于联合国经济与社会理事会的附属机构而言，无疑将人权理事会放到了更为重要的地位。首先，作为联合国大会的附属机构，其成员国将由大会成员国选举产生，其代表性得到了提高。其次，将人权理事会作为大会的附属机构，虽然没有将其放到与经社理事会及安全理事会同等的地位，但新设的人权理事会为宪章机构之一，宪章机构的高标准和"重要事项"由2/3多数表决的制度都将予以保留，这必将增加人权理事会的权威性。这为人权理事会完善其职能，充分发挥其保障人权的作用提供了更为广阔的空间。

（二）人权理事会工作原则的明确

与人权委员会不同，人权理事会有了比较明确的工作原则。人权委员会的工作原则散见于各个国际公约，包括遵循《联合国宪章》所载宗旨和原则、"国际人权宪章"所宣示的原则等。然而，根据联合国大会的决议，人权理事会的工作除遵循上述原则外，还必须：①理事会的工作应以普遍性、公正性、客观性和非选择性以及建设性国际对话及合作等原则为指导，以期加强、促进和保护公民政治、经济、社会和文化权利等所有人权，包括发展权；②理事会的工作方式应透明、公平、公正，并应有利于真正的对话，注重成果，能够随后就各种建议及其实施进行后续讨论，并还能与特殊程序和机制进行实质互动。

原则总是抽象的、概括的，但原则或许是一个部门法最为精炼的价值取向的表述；原则的确定，对具体规则的制定所具有的指导性意义亦是不可否认的。决议中明文规定理事会的"工作应以普遍性、公正性、客观性和非选择性以及建设性国际对话及合作等原则为指导"，这即从价值取向上排斥了"选择性"、"国别性"、"政治性"等提案的出现。同时，决议明示了应促进和保护"公民政治、经济、社会和文化权利等所有人权，包括发展权"，虽然该原则并未明确将"发展权"解释为集体人权，但从条文的结构——即将"发展权"单独予以强调，可以推知此处的"发展权"的主体应包括集体和个人两类，从而终结了实践中关于人权是否包括集体人权的争论。决议明确规定"理事会的工作方式应透明、公平、公正"，这样有利于国家间对话的开展，从而有利于避免国别提案的提起，避免理事会再次成为国家间以人权为由进行互相攻击的论坛，而维持理事会的名誉；并实现决议所宣示的宗旨："促进和保护人权应以合作和真正对话的原则为基础，目的是增强会员国履行其人权义务的能力，以造福于所有人。"

（三）人权理事会会员国制度的改进

人权委员会时期，会员国从初始的18个发展到后来的53个，规模在不断地扩大，会员国采用区域集团分配的原则，但会员国的选举范围限于经社理事会的成员国，而且分给亚洲的名额较少。但人权理事会成立后，会员国制度较以前却有了很大的变化和发展。

1. 会员国资格、规模与分配。人权理事会由47个会员国组成；成员构成应以公平地域分配为基础，席位在各个区域集团之间分配如下：非洲国家集团，13个；亚洲国家集团，13个；东欧国家集团，6个；拉丁美洲和加勒比国家集团，8个；西欧和其他国家集团，7个。各地域内理事会成员的数目基于该地域内联合国成员国数目而公平分配，既纠正了人权委员会中分配不合理的现象，又维护了主权平等这一国际法之基石性原则。

第六章

2. 会员国资格的取得、暂停及任期。人权委员会会员国的产生由各地区推荐，人权委员会由拥有54个成员的经济及社会理事会出席并投票的成员半数以上支持选举产生、无暂停会员国资格制度，并可连选连任。而人权理事会中每个成员由大会通过无记名投票，以会员国过半数直接选举产生。因此，理事会的代表性和权威性得以加强。同时，对于理事会中严重并系统侵犯人权的成员，大会以出席并投票成员的2/3多数，可暂时取消其在理事会的成员资格。明确理事会成员任期为3年，在连续两任后没有资格立即再次当选。这样便赋予了每个成员国维护人权的强制义务（若严重侵犯人权，成员资格将会暂时被取消）；并为每个联合国大会成员国提供了当选为理事会成员国的机会，从而在一定程度上避免了理事会再次成为"高度政治化的组织"。

3. 会员国标准。决定理事会成员资格应向联合国所有会员国开放；会员国在选举理事会成员时，应考虑候选国对促进和保护人权的贡献以及就此做出的自愿许诺和承诺。此规定否认了美国的建议——人权方面表现不好的国家无权当选为理事会的成员国。根据美国的建议，将会有一部分国家因"人权方面表现不好"而被直接剥夺成为人权理事会成员国的权利。但实践中出现的问题是由谁、以何种标准来确定此类"人权方面表现不好"的国家，对此，决议通过委婉的方式将其交于联合国大会成员国抉择。

（四）人权理事会会议制度的完善

人权委员会仅于每年的三四月份举行为期六周的会议。这种会议模式显然难于应付纷繁复杂的国际人权事件，并且会议充满了"政治争斗"。人权理事会作为联合国的常设机构，其会议分为定期会议和临时会议两种形式。决议决定理事会应全年定期开会，每年排定不少于三届会议，包括一届主要会议，总会期不少于十周。临时会议即在需要时经理事会成员要求及理事会1/3成员支持下举行的特别会议。此种会议制度方便理事会处理迫在眉睫的危机，便于其及时、深入地审议人权问题；还可以使理事会有时间采取实质性后续行动，监测各项决定和决议的执行情况。

（五）人权理事会职能的加强

人权理事会除保留人权委员会的原有职能外，最为突出的发展即"同侪审查制度"的引入。在决议中被表述为"定期普遍审查机制"，即"根据客观和可靠的信息，以确保普遍、平等地对待并尊重所有国家的方式，定期普遍审查每个国家履行人权义务和承诺的情况；审查应是一个基于互动对话的合作机制，由相关国家充分参与，并考虑到其能力建设需要；这个机制应补充、而不是重复条约机构的工作"。在这种体制下，每个会员国都将定期受到审查，具体体现了人权的普遍性和不可分割性，从而尽可能避免人权保护的政治化和选择性。而"政治化和选择性正是人权委员会的特征"。这也是人权理事会为避免人权委员会之弊端所做的最大的努力。

可以预言，人权理事会的成立对于国际人权事业的发展将发挥更为积极的作用。联合国大会A/RES/60/251号决议通过后，联合国秘书长安南发表声明指出，这一

第六章

历史性的决议标志着联合国人权事业进入了一个新阶段。现在真正的工作刚刚开始，理事会的声誉将取决于成员国如何使用它。联合国大会主席埃利亚松也指出，决议草案的通过意味着我们将拥有一个基于对话与合作，有原则、有效率和公正的机构。这个机构的成员将承诺促进与保护人权的最高标准，这个机构将进一步推进由联合国大会通过的《世界人权宣言》。

（1）国际法和标准制定是联合国人权保护的核心。人权理事会作为联合国体系中最主要的处理人权问题的政府间机构，未来在人权保护标准的制定上仍将发挥核心的作用。人权理事会可能设法克服委员会目前在一些标准制定活动中的拖延。过去20年来，条约机构系统大大促进了国际法的发展，人权理事会的设立有利于简化和加强该系统的重要工作，使其能更好地完成任务。人权理事会首次会议上即通过了《强迫失踪问题公约》草案和《土著人民权利公约》草案这两个重要的法律文书。其中《土著人民权利公约》草案此前经过11年的辩论都未能取得突破，而这次得以通过即是很好的例证。

（2）理事会在人权标准的执行上将发挥更为积极的作用。这将是人权理事会成立后的最为重要的任务。①理事会在处理严重的人权局势上将发挥更为重要的作用。一方面，人权理事会可以通过"特殊程序"中的"专题程序"处理严重的人权局势。另一方面，理事会可以通过临时会议制度，促请各会员国一起采取行动，以审议紧急局势，维护应有的人权标准。理事会首次会议即通过决议，要求调查以色列在阿拉伯被占领土上涉嫌侵犯人权的行为。②根据个人及非政府组织的来文加强对人权的保护。2000年经社理事会通过2000/3号决议，改革了"1503程序"。该决议决定设立一个工作组，其成员由促进和保护人权小组委员会从其委员中指定。工作组有来文工作组和情势工作组。来文工作组在确证存在一贯地、严重地侵犯人权的合理证据后，将事件提交情势工作组。在将情势提交经济及社会理事会之前，"1503程序"中的所有前期工作都是保密的。这样既明晰了来文的具体处理程序，又使程序更加透明，所以"1503程序"在理事会中将会发挥更加积极的作用。③理事会"定期普遍审查机制"的引入，赋予了人权理事会定期审查每个成员国履行人权义务和承诺的情况的权利，这对于人权的国际保护无疑具有深远的意义。这一制度应该成为人权理事会保护和促进人权的最为重要的工具。④理事会有权向可帮助执行工作的联合国其他机构建议政策措施，以使人权的保护落到实处。作为联合国体系中处理人权问题的主要机构，理事会将担负起协调各人权保护机构的职能。相对于联合国人权系统的其他组成部分，尤其是高级专员办事处、联合国处理人权的其他机构和方案、条约监测机构、大会、安全理事会、经济及社会理事会的作用和任务，人权理事会的设立，将强化并加强其他组成部分的人权工作。例如，人权理事会设立后，将为大会第三委员会的议程合理化提供机会，并提高大会分析和提请注意整个联合国系统落实人权实施和使人权主流化方面继续存在的差距的能力。

人权理事会的宗旨在于以合作和真正对话的原则为基础促进和保护人权，以增强会员国履行其人权义务的能力，造福所有人。这也就意味着，人权理事会将会成为各国进行人权对话与合作的论坛，供会员国对话，并请民间社会参加，特别是发挥非政府组织的作用。通过对话，可以就意见不同的领域进行建设性接触，并以创造性的对策处理新出现的问题，特别是现行国际标准中模棱两可的问题。

（3）人权理事会还可以通过对话、能力建设和技术援助，帮助会员国遵循人权义务。在对话、充分讨论的基础上向大会提出关于进一步发展人权领域国际法的建议，以确立更为完善、更为合理的人权保护标准，从而形成良性循环。

但是，正如瑞士驻联合国大使所言："事实上，变化是一个过程，而非一个事件。"人权理事会取代人权委员会无疑会将人权的国际保护提到更高的地位，但人权的国际保护，绝非建立一个人权理事会就可一劳永逸。人权委员会的弊端，也不可能随着人权理事会的建立而消失。人权理事会欲顺利开展工作，发挥在人权国际保护中的核心作用，仍有许多问题需要解决。主要是：

第一，应该认识到人权理事会作为政府间国际组织的附属机构，欲完全摆脱政治性是不现实的。但决议草案在工作原则、会员国制度、职能完善等方面均作出了相应改变，以尽量避免人权理事会成为各国政治斗争的地方。最大限度地避免政治性，有利于克服实践中人权保护的双重标准和选择性，为保障理事会充分发挥保护人权的作用奠定了基础。

第二，如何让美国积极地加入人权理事会的工作。人权理事会是通过联合国大会决议建立的。众所周知，联大的决议对会员国并不产生法律上的拘束力，显然，将此决议视为联合国大会的决议是无法拘束美国的。而且，在通过决议时美国投了反对票，此亦无合理的法理依据以约束美国。而美国是世界上的超级大国，若人权理事会缺乏美国的支持，其工作的难度可想而知。

第三，定期普遍审查制度的具体化和完善。根据联合国大会 A/RES/60/251 号决议，"理事会应在举行首届会议后 1 年内，拟定普遍定期审查的方法并做出必要的时间分配"。然而普遍定期审议制度易与联合国人权公约机构及特别机制职能重叠，增加了发展中国家的报告负担。因此，完善定期普遍审查制度，必须对定期普遍审查制度的标准、与"特殊程序"的协调、与人权条约机构职能的协调等问题进行理性的安排。

实际上，人权理事会作为联合国的宪章机构，其人权审查的标准可以以"国际人权宪章"而确定。"特殊程序"中的"国别提案"程序，可以考虑由理事会的临时会议程序予以取代，从而最大程度地避免人权问题的政治化。由"专题程序"、临时会议和定期普遍审查制度相协调构成人权理事会保护人权的自我机制。而其与条约机构的职能协调，可以参见联合国秘书长的建议。

第四，根据《联合国宪章》，联合国系统内包括联合国大会及其第三委员会、经济及社会理事会、国际法院、秘书处等机构，均具有促进和保护人权的职能。一方面，各机构的职能重合必然造成资源的浪费；另一方面，职能重合可能造成互相推脱责任情况的出现，显然不利于人权的国际保护。而"和平、发展与人权"是联合国的三大基石，相对于人权理事会在人权方面的作用而言，安理会在安全方面是联合国惟一可以采取行动的机构，其决议对当事国具有当然的拘束力。所以，可以考虑在适时的情况下，将联合国系统内部的机构予以系统化调整，将人权保护的职能统一赋予人权理事会，将人权理事会提升到联合国主要机关的地位，从而确立人权理事会在人权保护方面的核心地位。

正如联合国秘书长在人权理事会首次会议上的讲话所言："我谨希望，在 5 年内，经过你们的努力，将能明确地确立人权理事会的权威，那时人们将普遍愿意修订《宪章》，将本理事会提升到联合国主要机关的地位。我想，这应当是你们的抱负。"

第六节　区域性人权保护制度

一、欧洲地区

在区域性人权保护制度方面，欧洲地区不仅起步较早，而且在制度完善程度和实施保障方面均处于领先地位。早在 1950 年，欧洲理事会成员国就根据《世界人权宣言》，并参照《公民权利和政治权利国际公约》草案，缔结了《欧洲人权公约》。《欧洲人权公约》主要规定了公民的政治权利，如生存权、禁止酷刑和奴役、人身自由权、公正审判、罪刑法定、私生活不受干扰、思想、良心及宗教自由、言论自由和集会自由等权利，而没有规定经济、社会及文化权利。与其他国际人权文件相比较，《欧洲人权公约》在列举的权利和自由方面是大体一致的，其突出特点在于它建立了一整套不断发展的人权保护机制。为保护《欧洲人权公约》及其议定书列举的权利，专门设立了欧洲人权委员会和欧洲人权法院，并会同欧洲理事会部长委员会，共同构成《欧洲人权公约》的实施机制。此外，公约的内容通过许多附加议定书得到了补充和修改。迄今为止，《欧洲人权公约》先后已有 14 个议定书，内容涉及诸如财产权、受教育权、迁徙自由以及禁止集体驱逐外国人等多项应受保护的权利和自由，扩大欧洲人权法院的权限，简化欧洲人权委员会程序以及废除死刑，等等。

（一）欧洲人权保护机构及其运作

1. 欧洲人权委员会（The European Commission of Human Rights）。欧洲人权委员会依据《欧洲人权公约·第十一议定书》修改前的《欧洲人权公约》第 19 条的规定，于 1955 年成立于法国斯特拉斯堡，欧洲人权委员会由与《欧洲人权公约》缔约国数目相等的委员组成（第 20 条）。委员由欧洲理事会咨询议会提名，再由部长委员会选举产生。委员均以个人身份参加人权委员会工作，并不代表政府（第 25 条）。根据公约，委员会有权受理、调解和调查关于缔约国违反《欧洲人权公约》的申诉，其不但可以受理国家提出的申诉，也可以受理个人、非政府组织或个别团体提出的申诉。但按照《欧洲人权公约》任择条款第24条的规定，只有在被指控的缔约国事先已声明它承认委员会拥有此权限的情形下，委员会才能受理个人、非政府组织或个别团体提出的申诉。个人或团体的申诉可以针对任何接受《欧洲人权公约》任择条款的缔约国。

依据《欧洲人权公约》第26、27条，人权委员会受理案件的条件是：用尽国内救济方法，并在被控国作出最后决定之日起6个月内提出；如果是个人、非政府组织或个别团体提出指控，还必须：①不能匿名；②不能在实质上同人权委员会已经审查的问题一样或者问题已提交其他国际调查或解决的程序，并且该项申诉并不包含任何有关的新材料；③要有足够的证据；④不能滥用申诉权。人权委员会决定受理申诉后，即按照《欧洲人权公约》第28、30、31条规定的程序处理该申诉。其工作主要包括：①查明事实；②确定是否构成侵犯《欧洲人权公约》及其议定书的行为；③促使当事各方在尊重《欧洲人权公约》和议定书的基础上使问题得到友好解决；欧洲人权委员会将拟具报告送交有关各国及部长委员会，并交欧洲理事会秘书处公布。如果问题未获解决，人权委员会也应拟具报告，送交有关国家和部长委员会，其中除概述事实并确定事实外，还要提出适当建议。欧洲人权委员会还可将此问题提交欧洲人权法院处理。自欧洲人权委员会成立到1992年12月31日，人权委员会秘书处登记的个人申诉案件有21 077件，其中人权委员会宣布可以受理的只有1227件。

2. 欧洲人权法院（European Court of Human Rights）。欧洲人权法院也是根据《欧洲人权公约》第19条成立的常设司法机构，其成立的必要条件是必须有8个公约当事国宣布接受法院的强制管辖，所以直到1958年9月3日这一条件满足后才宣告成立。法院由同欧洲理事会成员国数目相等的法官组成（《欧洲人权公约》第38条）。法官的任命资格同联合国国际法院法官的任命资格大体一样：应具有高尚的道德品质，并具有高级司法职位之任命资格，或为公认的法学家（《欧洲人权公约》第39条第3款）。法官由欧洲理事会咨询议会在欧洲理事会各成员国提名的基础上选举产生，任期9年，可连选连任（《欧洲人权公约》第39条第1款、第40条第1款）。法官以个人资格独立行使职务，并且在任职期间不得担任同法官的公正性和独立性不相符合的任何职务（《欧洲人权公约·第十一议定书》第21条）。

欧洲人权法院对欧洲人权委员会和缔约国提出的有关《欧洲人权公约》的解释和适用问题的所有案件行使管辖权（《欧洲人权公约》第4条），但仅处理欧洲理事会确认友好解决和调解失败后的缔约国和欧洲理事会所委托的涉及《欧洲人权公约》解释和适用的案件（《欧洲人权公约》第47条）。这里应注意的是，个人、非政府组织或个别团体只有权向欧洲人权委员会提出申诉而无权将案件提交欧洲人权法院。缔约国有权将案件提交法院，但限于其国民被指为是受害人且将案件提交欧洲人权委员会的缔约国以及案件中被控的缔约国（《欧洲人权公约》第48条）。而

第六章

且，法院对缔约国的管辖是自愿管辖，以缔约国的承认法院强制管辖权的任何时候的声明为前提条件（《欧洲人权公约》第 46 条）。关于法院是否有管辖权的争议，由法院通过裁决加以解决（《欧洲人权公约》第 49 条）。依据《欧洲人权公约》第 50 条、第 52～54 条，如果法院发现缔约国司法当局或任何其他当局作出的判决或采取的措施完全或部分地与其根据《欧洲人权公约》所承担的义务相违背，或者其国内法仅允许对判决或采取的措施予以部分赔偿，法院可以作出判决对受损害一方给予公平的补偿。法院判决是确定的，各缔约国承允作为当事方时服从法院的判决。法院判决应送交部长委员会，该委员会有权监督其执行。

此外，根据欧洲理事会部长委员会的要求，法院可以就《欧洲人权公约》和议定书解释方面的法律问题提供咨询意见。

《欧洲人权公约》在运行过程中出现的问题引发了改革的呼声。按照《欧洲人权公约》第 44 条和第 48 条的规定，只有缔约各国和欧洲人权委员会才有权将案件提交法院，个人无权直接向法院提起诉讼。根据 1990 年 11 月 6 日签订的《欧洲人权公约：第九议定书》，公约第 44 条和第 48 条被修改成为允许个人、非政府组织或个别团体将案件提交法院。1994 年，通过了部长委员会组织起草的体现改革内容的《欧洲人权公约·第十一议定书》，并于同年开始向成员国开放签字。议定书经所有成员国批准后，于 1998 年 10 月开始生效。《欧洲人权公约》的内容也随之作了修改。改革后的欧洲人权保护实施体制实行单一的专门法院制，以欧洲人权法院为核心机构，撤销了欧洲人权委员会，取消了部长委员会裁决案件的职能。各成员国的公民个人、非政府组织和个别团体均可就违反《欧洲人权公约》的人权案件在用尽国内的司法手段之后，直接向人权法院起诉。为使所有人能充分行使这一权利，新体制还设定了对无力聘请代理人的公民给予帮助的法律援助制度。此外，新体制还加大了欧洲人权法院对成员国案件的强制管辖。

这次改革使欧洲公民的基本权利保护系统发生了质的变化。一方面，允许成员国公民直接到人权法院起诉，意味着公民个人在一定范围内可以成为国际法的主体，从而使公民基本权利保护的国家界限大为淡化；另一方面，欧洲人权法院核心机构地位的确立和它对成员国案件强制管辖权的增强，在很大程度上强化了超国度司法机构的地位和职能，意味着成员国对公民基本权利的案件的最终管辖权进一步向国际司法机构转移，体现了人权国际化程度的加深。

欧洲人权法院自成立起至 1993 年 5 月，共作出 404 项判决。国家与国家之间的指控只有 11 项，像希腊、土耳其、北爱尔兰提出的指控都是值得注意的，但法院只就其中一案作出过判决。

3. 欧洲理事会部长委员会（Committee of Ministers of the Council of Europe）。欧洲理事会部长委员会成立于 1949 年，是欧洲理事会的决策和执行机构，由理事会各成员国外交部长或其代表组成。依据《欧洲人权公约》第 32 条，欧洲人权委员会处理一缔约国指控另一缔约国违反《欧洲人权公约》的问题，在调解努力失败后，并且在人权委员会向部长委员会提交报告之日起 3 个月内，案件没有被人权委员会或有关缔约国提交人权法院的，则部长委员会有权根据 2/3 的多数，作出是否违反《欧洲人权公约》规定的决定（第 1 款）。部长委员会如作出肯定的决定，则应规定一段时期，要求有关缔约国在这段时期内采取其所要求的措施（第 2 款）。如果有关缔约国在规定的期间内尚未采取满意的措施，部长委员会可对其原来的决定的效力作出决定，并将报告予以公布（第 3 款）。对于无视部长委员会依据《欧洲人权公约》第 32 条所作出的决定，严重违反《欧洲人权公约》的缔约国，部长委员会作为欧洲理事会的最高权力机关，有权按照《欧洲理事会规章》第 8 条的规定，将该缔约国开除出欧洲理事会。

从上述三机构在实施《欧洲人权公约》方面的职责来看，它们是相互分工合作的关系。欧洲人权委员会的职责是对收到的人权申诉进行"过滤"，以决定是否提交人权法院。欧洲理事会部长委员会除了《欧洲人权公约》第 32 条规定的监督公约实施的权限外，主要是监督欧洲人权法院判决的执行，它可以根据欧洲人权法院的《程序规则》要求当事国通报其执行判决的措施。三机构中的主体机构应是欧洲人权法院。西方学者认为，《欧洲人权公约》提供的人权保障机制较之国内宪法及其他法律更好，带来了斯特拉斯堡判例法，即欧洲人权法院判例法和国内判例法的双重发展。

（二）欧洲人权改革

1980 年后，欧洲人权保障机制已不能适应形势发展的需要，主要是因为越来越多的案件被提交到《欧洲人权公约》机构，欧洲人权委员会登记的指控，1981 年是 404 件，而到 1993 年则达到了 2037 件，到 1997 年数字更是翻了一倍，达到 4750 件。而人权委员会 1 年中没有登记或临时备案的指控更是达到 12 000 件。欧洲人权法院的情况相似，每年提交的案件从 1981 年的 7 件到 1993 年的 52 件，到 1997 年已多达 119 件。1990 年后《欧洲人权公约》缔约国的增加更加剧了这种状况。人权委员会和人权法院超负荷地运转，一个人权案件从向人权委员会提出申诉到人权法院作出最后判决，往往需耗时数年。如 Kaya v. Turkey 案。1993 年 5 月 Kaya 被杀，Kaya 的兄弟于 1993 年 9 月即向欧洲人权委员会提出指控。人权委员会 1995 年 2 月宣布接受指控。在不能友好解决之后，人权委员会于 1996 年 10 月提出了确定事实并附上建议的报告，同年 12 月案件提交到欧洲人权法院。到 1998 年 2 月，人权法院才作出判决。冗长的诉讼程序使当事人的诉讼成本大增，也增加了人权委员会和人权法院的财政负担（这被认为是加重了《欧洲人权公约》缔约国纳税人的负担）。而人权委员会被视为是一个准司法机构，它的"过滤"程序使大部分指控成为"不可接受"，只有小部分指控才能进入真正的司法机构，这降低了《欧洲人权公约》人权保障机制的有效性和及时性，迫使一些人放弃依靠这种机制来捍卫自己的人权。所以，进入 20 世纪 90 年代后，《欧洲人权公约》的人权保障机制的改革已势在必行。

1992 年欧洲理事会议会大会在 1194 号建议中，要求部长委员会及时采取必要措施明确选择设立一个单一永久性法院，用以取代现有的法院。大多数欧洲国家认为，设立单一永久性法院（a single full time court）可以简化机构，简化冗长的程序，同时可以通过取消人权委员会的行政职能，实行强制管辖来增强《欧洲人权公约》实施机制的司法特征。

首先，可以简化机构，减少经费。截至 2000 年 2 月 29 日，欧洲理事会成员国已达 41 个，所有成员国都是《欧洲人权公约》的缔约国。如果保留人权委员会为一审法院，则两个法院共有 82 个法官。这些法官应与其他国际司法机构，尤其是欧洲法院（European Court of Justice）的法官享有同等地位或待遇，这样必会增加《欧洲人权公约》实施机制的经费，从而直接加重各成员国纳税人的负担。其次，可以缩短诉讼程序。按照改革前《欧洲人权公约》的规定，人权委员会要审查申诉的可接受性及调查事实，而人权法院对提交的案件还要再审查其可接受性及调查事实，这会造成重复工作，费时费力。如果两机构合并，可以缩短诉讼程序，每个案件有可能节省 1 年半到 2 年的时间。再次，可以加强《欧洲人权公约》实施机制的司法性。严格地说，人权委员会是行政机构，部长委员会是权力机构。申诉要先经过人权委员会的"过滤"，这有行政限制司法之嫌。尤其是个人、非政府组织或个别团体不能直接向人权法院起诉，西方国家认为这不能有效地保障其基本人权。所以，设立一步到位的司法性质的机制，可以保证案件审理的公正性。基于上述考虑，1993 年 5 月，部长委员会指令专家起草了《欧洲人权公约·第十一议定书》，1994 年 5 月 11 日，部长委员会通过了该议定书并向成员国开放签字。第十一议定书要求得到所有缔约国的批准，并且在最后一份批准书递交 1 年之后才可生效。1997 年 10 月，最后一份批准书被递交后，新法院的筹建工作即开始，包括选举法官，确立法院的组织措施和程序步骤，起草新的法院规则等。

随着 1998 年 10 月 31 日《欧洲人权公约·第十一议定书》的正式生效，1998 年 11 月 1 日新的欧洲人权法院开始启动，原来的人权法院停止执行其职能。但根据第十一议定书的规定，欧洲人权委员会继续工作 1 年，到 1999 年 10 月 31 日止，以处理完在第十一议定书生效之日前人权委员会已受理的案件。欧洲理事会部长委员会也不再执行原《欧洲人权公约》第 32 条的职权，只负责监督人权法院判决的执行。《欧洲人权公约·第十一议定书》使该《欧洲人权公约》的实施机构发生了根本性改变，出现了一个崭新的欧洲人权法院，该法院成为实施《欧洲人权公约》的核心机构。该议定书的内容溶于《欧洲人权公约》中，出现了新的《欧洲人权公约》文本。依据新《欧洲人权公约》第 20 条的规定，新的欧洲人权法院由与缔约国数目相等的法官组成。但该条不再像原《欧洲人权公约》第 38 条那样要求"不得有 2 名法官为同一国家的国民"，它并不限制相同国籍的法官的人数。目前人权法院的法官中就有两名瑞士籍法官和两名意大利籍法官，其中一名代表圣马力诺，一名代表列支敦士登。法官由欧洲理事会议会大会在缔约国提出的候选人名单中选举产生，任期

6 年，可连选连任。第一次选出的法官中一半任期 3 年，以保证以后每 3 年改选一次。法官以其个人能力履行职责，并不代表任何国家。法官不得从事任何有碍其独立性和公正性的活动（新《欧洲人权公约》第 21 条）。如果法官年满 70 岁将卸任。这些要求保证了法院的公正性及工作效率。依据人权法院规则，法院下设 4 个部（sections），每一部再设 3 人法官委员会（committees of three judges）和 7 人法庭（chambers of seven members）。此外，法院的院长、2 名副院长及每个部的部长及 2 名副部长组成 17 人法官大法庭（The Grand Chamber of Seventeen Judges）。这些机构依据《欧洲人权公约》履行职责。任何缔约国可向人权法院提出另一缔约国违反《欧洲人权公约》及议定书的规定的指控。尤其是法院可以直接受理任何个人、非政府组织或个别团体对缔约国违反《欧洲人权公约》规定从而使自己受损害的指控。希望提出指控者可以从人权法院书记处获取申请指南和申请表。个人可以自己提交指控，但当指控被宣布为可接受后，要求有法定代理人以便出席庭审。为此，欧洲理事会已设定了一套法律援助方案来帮助无法聘请法定代理人的指控者。国家的指控直接提交法庭，个人的指控提交到部长。对于个人指控，部长指定 1 名报告起草人。该报告起草人对事件初步审查后决定是否把指控交由 3 人委员会或法庭。3 人委员会可无记名投票决定并宣布案件不可接受或注销，这样便不再作进一步审查。如果个人指控没有被 3 人委员会宣布为不可接受，或报告起草人直接把案件提交到法庭，则法庭要断定案件的可接受性及法律依据，并作出裁决。对于涉及《欧洲人权公约》解释的重大问题的案件或有可能与现存判例法相背离的案件，法庭可在任何阶段停止管辖以便大法庭审理。在审理案件的过程中，争端当事方可以秘密谈判友好解决争端，这样，法院即通过决定注销此案。法庭作出判决后的 3 个月里，任一争端当事方可就案件涉及的《欧洲人权公约》解释或适用问题，或带有普遍重要性的问题而请求将案件提交到大法庭。对于这类请求，由法院院长及部长 5 人组成大法庭专门小组进行审查。一旦专门小组接受了请求，大法庭将作出判决。法庭判决及大法庭判决都是最终的，应予以公布。缔约国承诺在任何案件中其作为当事方时遵守法院的最终判决。法院的最终判决将提交到欧洲理事会部长委员会，由其监督判决的执行（新《欧洲人权公约》第 46 条）。由部长委员会负责查证违反《欧洲人权公约》的当事国是否已采取充分的补救措施以履行法院判决中提出的特别或一般义务。

改革后，《欧洲人权公约》的实施机制简单、明确、有效。首先，欧洲理事会的所有成员都必须接受欧洲人权法院的强制管辖。欧洲理事会的新成员有义务签署《欧洲人权公约》，并在 1 年内批准该《欧洲人权公约》。这增强了欧洲人权法院管辖权的强制性。其次，欧洲理事会成员国同意了超国家法院（a super national court）的出现。个人有权直接向人权法院起诉，意味着成员国允许欧洲人权法院审查其国内司法判决，并接受欧洲人权法院的判决。而执行人权法院的判决则有可能付出赔偿甚至改变国内的法律制度。奥地利、比利时、保加利亚、法国、芬兰、葡萄牙、

第六章

罗马尼亚、瑞典、土耳其以及英国等为了执行欧洲人权法院的判决都曾在国内改变其立法或司法。《欧洲人权公约》及其实施机制是西方经济与西方政治哲学相结合的产物，是建立在由意识形态相同的国家共同执行的基础上的人权立法条约，欧洲人权法院的裁决也同样服务于确立欧洲人权领域的判例法的集体目标，故有其特定性和超前性。但《欧洲人权公约》及其实施机制对普遍性的国际法规范产生了不可忽视的影响，值得研究和思考。目前的《欧洲人权公约》及其实施机制，已发展成为一套相当完备的法律体制，在保护个人权利方面，甚至可以与当代法治国家的国内司法体制相媲美。但是，也应看到，《欧洲人权公约》及其实施机制是建立在被欧洲国家称之为"共同遗产"的关于民主、法制和人权的理想和原则的基础之上的，它的产生及发展无不同欧洲一体化的进程密切相关。但从世界范围内来看，各区域、各国家的政治制度、思想意识、文化传统不同，其经济、军事实力发展不均衡，尽管人类保护人权的理想、目标是一致的，但实现这一目标在现阶段还很难形成全人类都接受的类似于欧洲的机制。

[案例]

VOGT 诉德国案

申请人由于积极参加德国共产党（DKP）而被从其教师职位上开除，因为参加共产党被认为是违反了国家公务员的政治忠诚义务。申请人主张，她的表达自由和结社自由的权利（由欧洲人权公约第 10、11、14 条规定的）遭到侵犯，并要求得到赔偿。

欧洲人权法院经审理认为，德国政府违反了公约第 10 条和第 11 条的规定。

法院认为，申请人自 1979 年起成为终身公务员，她在 1986 年由于被控违反其公务员的捍卫"基本法"规定的自由民主制度之义务而被中止工作并于次年被开除，以此作为纪律惩罚，从而，她的受到公约第 10 条保护的权利被侵犯，并且这种侵犯构成对该条的违反，除非它是由"法律规定"的，是出于该条第 2 款所定义的合法目的，并且此目的需为"民主社会所必需"。

解释及适用国内法的权利由一国的权力机构享有。在本案中，联邦宪法法院和联邦行政法院已经在相关法规中明确定义了公务员的政治忠诚义务，并规定任何积极参与具有反宪法目的的党派都是违反此义务的行为。申请人必定对此法规有所知晓，对自己行为的后果也是有所预见的。从而，本案中的干涉是"法定"的。

在本案中，捍卫"基本法"规定的自由民主的宪政体制的义务是基于这样的考虑：国家公务员是宪法和民主的捍卫者。这一观点对德国有特殊意义，因为德国的魏玛共和国和纳粹的历史使得联邦共和国宪法建立在"能够自卫的民主"（democracy capable of defending itself）这一原则之上。基于上述背景，法院认为政府开除申请人的行为是具有公约第 10 条第 2 款所规定的"合法目的"的。

法院重申了有关公约第10条的基本原则：

第一，表达自由是民主社会之基石，也是社会和个人进步和自我实现的基础条件之一。根据公约第10条第2款的规定，该条不仅适用于那些受到欢迎、被认为是无害或是无所谓"信息"（information）和"观点"（idea），也适用于那些冒犯人的、令人震惊的或是令人不安的"信息"和"观点"。这是多元化、宽容和心胸开阔的要求，没有它们也就没有"民主社会"。表达自由固然也有一些例外，但这些例外必须被严格解释，并且任何对表达自由权利的限制都必须有令人信服的必要性。

第二，根据公约第10条第2款的规定，"必要"（necessary）暗示了一种"紧急的社会需要"（"pressing social need"）的存在。根据公约，本法院有权就某一"限制"（restriction）是否符合公约保护的表达自由作出最终裁决。

第三，本法院的任务是：根据整个案情审查被申诉的干涉，并判断它是否"与之所追求的合法目的相适应"，以及一国权力机构所给出的理由是否"相关且充分"。

以上原则适用于国家公务员。法院需要判断，是否个人的一项基本权利——表达自由，与民主社会的合法利益之间达到了平衡。法院的任务是，判断申请人的被解雇是否是出于"紧急社会需要"，以及它是否"与之所追求的合法目的相适应"。

德国自魏玛共和国直到1949基本法颁行的历史无疑为政府对公务员的忠诚义务的要求增加了砝码。但是即便如此，该义务的绝对性仍然十分突出。每个公务员，不论其职责和职位高低，都必须宣誓遵守此义务。这就暗示，任何一个公务员，不论他或她的个人观点如何，都必须对那些被当局认为是违反宪法的组织和活动无一例外的加以反对。这一义务存在于任何情景下，而不对公务与私人生活加以区别对待。这种严格的限制不仅在其他欧洲议会成员国中绝无仅有，就是在德国境内，它的实行也不是完全一致的。

法院认为，以对违反义务的纪律惩戒来开除1名中学教师是一种非常严厉的手段：

第一，它会对此人的名誉和生活造成严重影响。在德国，公务员之外的教师职位非常罕见，因而由此开除的教师几乎不可能再从事他们原先的职业。

第二，教师职位本身并不会涉及任何国家安全问题。风险来自于被申请人可能滥用其职位，对她的学生进行灌输或施以不当影响。然而她并没有受到此类指责。她的工作完全令人满意，并且受到学生及其家长和同事的尊重。即使在她的学校工作之外，也并无证据证明她有反宪法的言论或立场。所有的指责仅限于她是DKP的积极成员，她在其中的职位以及她在国会选举时的代表人资格。

第三，由于DKP并未被联邦宪法法院所禁止，申请人的活动是完全合法的。因此，尽管政府所给出的干涉申请人表达自由的理由是相关的，它却不能充分的令人信服的证明开除她是民主社会所必须的。由此，结论只能是：将申请人以纪律惩戒手段从教师职位上开除，与该手段所追求的合法目的是不相适应的。因此它违反了公约第 10 条。

而第 11 条需要与第 10 条结合起来考虑。对个人观点的保护是第 10 条的目的，也同样是第 11 条所规定的集会和结社自由的目的。申请人由于一再拒绝从 DKP 中退出（因为她认为参加该党与自己的忠诚义务并不矛盾）而被解雇。由此，本案存在对第 11 条所规定的权利的干涉，并且这种干涉——解雇申请人——与之所追求的合法目的是不相适应的。因而政府行为违反了第 11 条。

二、美洲地区

1945 年 5 月，美洲国家通过了《美洲人的权利和义务宣言》。这个宣言包括公民权利和政治权利，也包括经济、社会和文化权利，并且设专章规定了各种义务。1969 年 11 月 22 日，美洲国家通过了《美洲人权公约》（American Convention of Human Rights），该公约于 1979 年生效。同《欧洲人权公约》一样，该公约基本上是规定公民权利和政治权利的，但至少有 5 项权利超出了《公民权利和政治权利国际公约》，即财产权、不被流放的自由、禁止集体驱逐外国人、答辩权、政治避难权。公约提到了经济、文化、社会权利的"完全实现"，但并无具体内容。公约设立了美洲国家人权法院作为履行《美洲人权公约》的主要机构。1988 年美洲国家组织大会通过了《美洲人权公约》的《补充议定书》，具体规定了工作权、工会权、罢工权、社会保障权、健康权、环境权、受教育权、文化利益权等经济、社会和文化权利。

美洲国家人权委员会成立于 1959 年，由 7 人组成，它是美洲国家组织的附属机构，而不是根据《美洲人权公约》成立的常设机构。早在 1965 年，即《美洲人权公约》签订之前，人权委员会就被授权受理来自个人的关于侵犯《美洲人的权利和义务宣言》所规定的原则的申诉。《美洲人权公约》确认了委员会的已有权限，并赋予了其一些新的有关《美洲人权公约》履行的职责和权限。按照《美洲人权公约》第 44 条，委员会有权受理来自任何人或一群人或合法的非政府实体谴责或控诉某一缔约国破坏《美洲人权公约》的请愿书。但对于缔约国的来文则实行任择管辖，委员会只有在有关缔约国双方事先都已接受《美洲人权公约》的任择条款第 45 条之后才有权受理国家来文。

美洲国家人权法院是根据《美洲人权公约》成立的司法机构，由 7 名法官组成。根据《美洲人权公约》，只有缔约国和人权委员会有权向法院提交案件，个人没有诉讼权。法院的管辖权只及于根据《美洲人权公约》的任择条款第 62 条作出声明或根据特别协议接受法院管辖权的缔约国。《美洲人权公约》还规定法院有发表咨询意见的职能。请求法院发表咨询意见的，可以是美洲国家组织的有关机构和其任何成员国，而不限于《美洲人权公约》的缔约国，咨询的内容也不限于《美洲人权公约》，还可以是美洲国家组织成员国国内法与美洲国家间的其他人权条约的关系问题。

三、非洲地区

1981 年，非洲统一组织通过了《非洲人权和民族权宪章》。《非洲人权和民族权宪章》的基本特征是，强调非洲人民面临的根除殖民主义的种族隔离和种族歧视任务，并基于非洲的传统道德和价值观，不仅规定了个人人权，而且还专门规定了人民权利。

《非洲人权和民族权宪章》所规定的权利包括：平等权、生命权、尊严权、人身权、听审权、良心、信仰及宗教自由、接受信息权、集会权、迁徙和居留自由权、参政权、财产权、劳动报酬权、健康权、人民生存权和自决权、人民自由处置天然财富和资源权、人民发展权、人民和平与安全权、人民环境权等。此外，《非洲人权和民族权宪章》还设专章规定了个人的一些义务。

《非洲人权和民族权宪章》的执行机构是非洲人权和民族权委员会，它是根据《非洲人权和民族权宪章》第 30 条于 1987 年 11 月而设立的一个常设机构。委员会由 11 人组成。委员会的主要职能是促进人权和人民权利，应缔约国或非洲统一组织等机构的要求解释《非洲人权和民族权宪章》的一切条款等。委员会可以使用任何适当的调查方法，并有权处理各缔约国的来文。对于其他来文，包括个人来文，如果经委员会委员过半数决定，也可以审议，而无须基于任择条款。

2003 年 12 月 26 日，非洲岛国科摩罗批准了《关于建立非洲人权和民族权法院的〈非洲人权和民族权宪章〉议定书》，成为非洲第 15 个批准该议定书的国家。根据该议定书第 34 条第 3 款的规定，《关于建立非洲人权和民族权法院的〈非洲人权和民族权宪章〉议定书》于 2004 年 1 月 25 日起开始生效。非洲人权和民族权法院（简称非洲人权法院）于 2004 年在非洲大陆成立。非洲人权法院是非盟所属的一个处理和维护人权的司法机构。人权法院的 11 名法官由非盟大会选举产生。根据《关于建立非洲人权和民族权法院的〈非洲人权和民族权宪章〉议定书》第 3 条和第 4 条的规定，非洲人权法院具有诉讼管辖权和咨询管辖权。这与欧洲人权法院、美洲国家人权法院相同。就诉讼管辖权而言，《关于建立非洲人权和民族权法院的〈非洲人权和民族权宪章〉议定书》第 5 条还规定了非洲人权法院的对人管辖权。非洲人权法院的对人管辖权又分为两种形式：强制性管辖权和任择性管辖权。第 5 条第 1 款规定了强制性管辖权，根据该条款的规定，非洲人权委员会、向该委员会提出指控的缔约国、被指控的缔约国、侵犯人权案件的被害人的国籍国以及非洲的各种政府间组织，都有权向非洲人权法院提交案件。而且，根据第 5 条第 2 款的规定，对案件具有利害关系的任何缔约国都可以向非洲人权法院申请参加诉讼。第 5 条第 3 款规定了任择性管辖权，根据该条款的规定，在非洲人权委员会中具有观察员地位的非政府组织、个人，都有权直接向非洲人权法院提起诉讼。根据《关于建立非洲人权和民族权法院的〈非洲人权和民族权宪章〉议定书》第 34 条第 6 款的规定，在批准该议定书或以后任何时候，该国应当宣布接受非洲人权法院受理根据该议定书

第 5 条第 3 款提交的案件。非洲人权法院不受理没有作出此种声明的缔约国根据第 5 条第 3 款提出的任何申请。因此，只有当该议定书的缔约国在批准或以后任何时候宣布接受第 5 条第 3 款时，非洲人权法院才有权受理非政府组织和个人针对该国提起的诉讼。因此，就非政府组织和个人的起诉权而言，非洲人权法院与欧洲人权法院和美洲国家人权法院不同。在现在的欧洲人权法院，只要是《欧洲人权公约》的缔约国，其公民和非政府组织可以直接向欧洲人权法院提起诉讼。在美洲国家人权法院，只有《美洲人权公约》的缔约国和美洲人权委员会才有权向美洲国家人权法院提交案件，个人和非政府组织无权向美洲国家人权法院直接提交案件，也不存在任择性管辖权的可能。就个人和非政府组织能否向人权法院提交案件而言，非洲人权法院介于欧洲人权法院和美洲国家人权法院之间。

联合国代理高级人权专员拉姆查兰（Ramcharan）认为，非洲人权法院议定书的生效是"朝向国际法治和反对逃脱严重侵犯人权罪责斗争的重要进展"。非洲人权联盟领导人威德劳戈也说，这将为"加强非洲大陆的人权带来更大的可能性"。非洲人权法院的成立和运作将加强非洲人权委员会的工作。人权法院与非洲人权委员会的区别在于，后者主要起咨询和教育作用，而人权法院的裁决，对参加国具有约束力。非洲人权法院接受非洲人权委员会、非洲各国政府和非洲的政府间组织提交的案件，且有限制地接受个人和非政府人权组织的申诉。人权法院的裁决可以交付给非盟的执行理事会去实施。因此，非洲人权法院第一次为《非洲人权和民族权宪章》和其他人权条约在非洲的实施提供了可以操作的机制。非洲人权法院的建立，表明了非洲国家对推动人权事业新的关注和决心，其必将在维护非洲人权方面发挥积极作用。

四、亚洲地区

亚洲国家在历史文化、社会制度、宗教信仰、经济发展水平等方面存在较大差异。迄今，亚洲地区尚未达成区域性人权条约。1993 年 4 月世界人权会议亚洲区域筹备会议通过的《曼谷宣言》，是亚洲多数国家在人权国际保护问题上达成的共识，其内容主要有以下几个方面：①坚决支持《联合国宪章》和《世界人权宣言》所载的各项原则，支持在全世界充分实现所有人权，不得以任何理由侵犯人权；②尊重国家主权和领土完整、不干涉内政以及不利用人权为施加政治压力的手段等原则；③所有人权具有普遍性、客观性和不可选择性，但应铭记各国和各区域的情况不同，各国有不同的历史、文化和宗教背景，应根据国际标准不断重订的过程看待人权；④人民自决权和发展权是基本人权的组成部分；⑤必须避免在实施人权时采取双重标准，避免其政治化，不赞成利用人权作为提供发展援助的条件；⑥对一切侵犯人权的形式表示关切，包括种族歧视、种族主义、种族隔离、殖民主义、外国侵略和占领及在被占领领土上建立非法居民点等现象，以及最近卷土重来的新纳粹主义、排外心态和种族清洗；⑦必要探讨是否可能在亚洲设立关于促进和保护人权的区域

第六章

安排。

由于种种原因，亚洲迄今尚未建立泛亚洲的区域性人权保护制度。但是，在次区域层面上，亚洲的一些地区国家已经建立起了次区域一级的人权保护制度。

1. 东南亚。东南亚国家联盟议会组织于 1993 年 9 月通过了《吉隆坡人权宣言》。该宣言表示，成员国有责任"建立一个适当的地区性人权机制"；2000 年 7 月，在东南亚联盟人权机制工作组的提议下，东南亚联盟审议了关于建立东盟人权委员会的协定草案；2004 年召开的东盟峰会通过《东盟安全共同体行动计划》认为有必要建立东盟妇女和儿童权利委员会；2007 年 11 月东南亚联盟通过的《东南亚国家联盟宪章》也表示将设立一个东盟人权机构。2009 年 10 月 23 日，东盟政府间人权委员会宣告成立。

2. 南亚。南亚区域合作同盟于 2002 年通过了《防止和打击为卖淫目的的贩卖妇女和儿童公约》和《关于促进南亚儿童福利区域安排的公约》，2004 年通过了《南亚区域合作同盟社会宪章》，上述文书为南亚国家集体保护妇女、儿童权利和经济、社会和文化权利提供了法律基础。

3. 西亚。西亚的阿拉伯国家联盟于 1994 年 9 月通过了《阿拉伯人权宪章》，该宪章规定设立"人权专家委员会"来审议当事国提交的履约报告。

【思考题】

1. 论国际人权法的实施制度。
2. 评述联合国的人权改革。
3. 论欧洲的人权实施制度。
4. 试对西方国家在人权问题上的双重标准加以分析。

第六章

第七章

国家领土

第一节　概　述

一、国家领土的概念

领土是构成国家的基本要素之一，国际法上的国家领土不是一个单纯的地理概念，而是一个复杂的法律概念。

现代国际法认为，国家领土是指处于国家主权管辖下的地球的特定部分，包括地下和上空。一方面，这个概念在内涵上反映了国家领土与国家主权的紧密关系，即强调国家领土必须受国家主权的支配，否则便不是国家领土；另一方面，这个概念在外延上包括了国家领土的各个组成部分，即国家领土包括领陆、领水（内水与领海）、领空和底土。

二、国家领土的特征

（一）领土具有确定性和固定性

国家领土总是相应地确定于地球的某一个经纬度，而不会游移不定。有些西方学者认为，国家在公海上以及在他国领水内的军舰及其他公用船舶应被看作是国家领土的虚拟部分，这种主张显然是不能成立的。如果军舰属于国家领土，那么它位于公海时就应有自己的领海，但这是根本不可能的，因为军舰总是四处游弋，故极难确定其领海范围。更重要的是，军舰不论位于何处，都不能改变其所处位置的法律地位，正是由于军舰和其他公用船舶不具备国家领土的确定性和固定性，所以其不是国家领土。

（二）领土所有权与管辖权具有不可分割性

领土主权是国家主权的组成部分，包括管辖权（或统治权）和所有权。前者表明在该领土上的一切人、物和发生的事件都受这个国家的管辖，即国家享有排他性的属地优越权；后者意味着在这个范围内的一切土地和资源均属这个国家占有、使用和支配而不可侵犯。统治权与所有权是不可分的，但有些西方学者和政府官员主张应将统治权与所有权分开，认为领土只是在统治权之下，而不是在所有权之下。

国家只是领土的统治者，而不是其所有者。[1] 这种观点是不能成立的，因为若只有统治权而没有所有权，统治权就是无源之水，其根本无法存在，而且也不能解释在国际关系中经常发生的领土交换和转移问题。可见，把统治权与所有权分开，这块土地就不是一个国家的领土。

（三）受国家主权的管辖和支配性

作为国家领土，不论有无居民居住，也不管是陆地、水域还是空间，都必须受特定国家的主权管辖和支配，否则便不能成为国家领土，例如南极陆地、公海水域和外层空间，由于它们都不为任何国家主权所管辖，所以它们不是国家领土。

对于国家领土来说，上述几个特征必须同时具备，缺一不可，否则就不能成为国家领土。例如，南极地区虽具备相对的固定性，但由于任何国家都对其不拥有统治权和所有权，也不受任何国家的主权管辖和支配，故不是国家领土。有无居民存在，对于是否构成国家领土并无影响，例如有些国家有许多荒岛，但因其为一国所有且受该国管辖，同时又处于一定的固定地点，因而仍属于国家领土。

三、国家领土的意义

（一）领土是构成国家的基本要素之一

在国家的构成要素中，领土同居民、政权和主权一样，必不可少。当然领土可大可小，但无论怎样，国家必须要有领土。比如，俄罗斯面积多达 1710 万平方公里，而摩纳哥面积仅 1.9 平方公里，但其在作为国家要件方面的作用是相同的。因此，一个游牧部落即使具有某种形式的管理机构，但没有定居在属于自己的领土以前，仍不能构成国家。

（二）领土是国家物质财富的重要源泉

领土为国家提供了丰富的矿物资源和生物资源，为国家提供了最基本的生产资料和生活资料，并对位于其上的居民提供了衣食住行等生存和发展条件。如果没有领土提供的上述资源和便利，一个国家和民族的存在和可持续发展就会成为问题。

（三）领土是国家属地优越权产生和行使的依据

属地优越权是国家最重要的管辖权，它产生的客观基础就是国家领土。离开国家领土，属地管辖权就无从产生，也无法行使。

（四）领土是国家行使主权的对象和空间

一方面，国家对其领土本身拥有完全的、排他的管辖权和支配权；另一方面，国家对其领土范围内的任何人（不论本国人还是外国人）、任何物（不管是为本国人所拥有还是为外国人所占有）、任何行为与事件（不论是本国人所为还是外国人所从事）均享有完全的管辖权。上述权力，是领土所属国的专属权力，具有排他性。

国家对其领土拥有主权，即领土主权，这是确定无疑的。但是，对领土的法律

---

〔1〕　周鲠生：《国际法》（上册），商务印书馆 1981 年版，第 320 页。

性质和意义，西方有些学者出于不同的目的，先后提出了"对象说"、"空间说"和"权限说"。对象说认为，国家只有为了公共利益时才有处置领土的权利；而空间说则认为，国家对其领土仅拥有抽象的主权。这两种观点最根本的目的就在于维护土地的私有权。权限说则认为，领土仅是一个国家国内法律秩序有效的范围，而这个效力范围最终是由国际法决定的，所以不存在为一国主权纯粹管辖的"净土"，国家权力的行使可以交互渗透于对方国家领土。对象说、空间说和权限说在本质上都是否定国家的领土主权和排他管辖权的，所以不能获得人们的普遍认可和接受。

四、领土主权不可侵犯原则

国家对其领土拥有领土主权和属地优越权。领土主权和领土完整是国家主权在其领土权上的体现，是国家独立的重要标志。领土主权是国家主权的重要组成部分，二者有着不可分割的联系。尊重国家主权就必须尊重领土主权和领土完整不受侵犯。领土主权和领土完整不受侵犯的原则是现代国际法的重要原则。《联合国宪章》第2条规定，各会员国在其国际关系上不得使用威胁或武力，不得侵害任何会员国或国家之领土完整或政治独立。在现代国际关系中，这一原则要求：①不得以武力威胁或使用武力破坏一国的领土完整；②国家边界不可侵犯；③国家领土不得成为军事占领之对象；④使用威胁或武力取得之领土不得承认为合法。凡违反上述原则之要求，侵犯它国领土主权和破坏它国领土完整，都是严重的国际违法行为。

第二节　国家领土的组成

一、国家领土的构成

国家领土由领陆、领水、领空和底土组成。

（一）领陆

领陆是指一国疆界之内的全部陆地，包括大陆和岛屿，它是国家领土当中最为重要的部分。国家对于领陆具有排他管辖权。

在地理上，国家领陆如果全部连成一片，就是连续领陆，如欧洲的瑞士。但也有一些国家领陆是被公海或别国领土隔开的，前者如中国，后者如美国，这样的领陆叫做非连续领陆。非连续领陆的存在并不会影响一国的领土完整，也不影响领土的法律地位和国家对其行使领土主权和管辖权。

另外，有的国家还有部分领陆处于别国领陆完全包围之中，这样的领陆叫做飞地，例如位于法国境内而属于西班牙的利维亚。

（二）领水

领水是一国领海基线以内的全部水域和领海基线以外而与其相邻接的一定宽度的海域。领水包括内水和领海，它们均处于国家主权的支配和管辖之下。

内水是领海基线以内的全部水域，它包括一国之内的自然河流、运河、湖泊、内海海域等。

领海是位于一国领海基线以外而与其相邻接的一定宽度的海域，其宽度从领海基线量起不得超过 12 海里。在世界上，有些国家的领陆被其他国家的领陆所完全包围，而不同任何海域相毗连，这种国家就叫做内陆国，如非洲的赞比亚和亚洲的阿富汗、蒙古等。在内陆国的领土构成中没有领海部分。

内水的法律地位与国家陆地领土完全相同，而领海的法律地位则稍有不同，在领海内，外国船舶享有无害通过权。

（三）领空

领空是指位于领陆和领水之上的处在国家主权管辖之下的一定高度的空中空间。国家对其领空拥有领空主权。传统国际法认为国家主权及于其领土上空的无限高度。但第一颗人造地球卫星的上天影响了国家主权所及的高度范围。领空究竟多高，迄今尚缺乏条约、国际法规则的规定。但可以肯定，随着科学技术尤其是航空和航天技术的发展，国家领空将会显得越来越重要。

（四）底土

国家领陆和领水以下的地下层称为底土，它是国家领土的有机构成部分，受国家主权的管辖和支配。

领陆、领水、领空和底土构成国家领土的一个完整整体，处于国家的统一主权支配之下。

二、内水

内水是国家领海基线以内的全部水域，它是国家领水的重要组成部分。国家对内水享有完全的排他的主权和管辖权，其他国家不得加以任何侵犯。内水又可分为内陆水和内海水，内陆水包括河流、运河、湖泊；内海水包括内海海域、内海湾、内海峡等。这里只讲内陆水，而内海水问题将在海洋法一章中讲述。

（一）河流

按照河流流经国家的多少以及河流的法律地位不同，河流可分为内河、界河、多国河流和国际河流。

1. 内河，是从河源到河口完全流经一国领土的河流。它完全处于流经国一国主权之下，其法律地位和法律制度均由一国国内法来规定。如无该国同意或法律规定，外国船舶无权在一国内河中航行，获准在内河航行的外国船舶必须遵守河流流经国的法律及规章制度。在旧中国，帝国主义列强恃强凌弱，攫取了在我国的内河航运权，这是对我国主权的严重侵犯。中华人民共和国成立后，根据主权原则，我国法律明确规定除对外开放的内河外，外国船舶除非获得特许，不得任意航行。

2. 界河，是流经两国之间、分隔两个国家的河流。界河分属于两个沿岸国。沿岸国船舶可在界河河道上航行。对于河水的利用、在河上捕鱼、对河道的管理和维

第七章

护等问题，由界河的沿岸国协议解决。有的界河虽可通公海，但也不对非沿岸国开放。

3. 多国河流，是流经多个国家领土的河流。各沿岸国对流经本国领土的河段享有主权，对该段河流行使管辖权，但在行使此项管辖权时，须照顾和考虑其他沿岸国的利益。多国河流虽禁止非沿岸国的船舶航行，但应允许同一河流的各沿岸国的船舶航行。

4. 国际河流，是流经数国，可通航公海，并且按照有关的国际条约的规定向一切国家的商船开放的河流。从流经国家的多少来看，国际河流应属多国河流，但其法律地位与一般的多国河流有所不同。它们的共同点是：都流经数个国家，河流流经不同国家的部分仍分属各该国主权所有；不同点是：前者按照国际条约的规定向一切国家的商船开放，并由全体沿岸国成立委员会进行共同管理，而后者则不然。

河流的国际化始于 19 世纪初，它反映了资本主义开拓国际市场的需要。从 1814年《巴黎和约》宣布莱茵河的航行自由起，至今世界上已有许多关于国际河流的国际文件。从这些国际文件的规定和国际实践来看，国际河流的地位及航行制度大致包括以下几个内容：①它对于所有国家，无论沿岸国或非沿岸国的一切商船开放；②所有国家的国民、财产及船舶，在各方面享受完全平等的待遇；③沿岸国对于流经自己领土的那段河流行使管辖权，特别是有关警察、卫生、关税等事项；④沿岸国为维护和改善河道航运，可以征收公平的捐税；⑤沿岸国负责维护在其管辖之下的河流部分；⑥沿岸国保留"沿岸航运权"，即外国船舶不得从事同一沿岸国的各口岸间的航运；⑦非沿岸国军舰不得享有在河流上航行的自由；⑧设立统一的国际委员会，以制定必要的管理规则，保障河流的航行自由。

目前，世界上的国际河流主要有：莱茵河、多瑙河、斯凯尔特河、默兹河、刚果河、尼日尔河、湄公河、亚马逊河。其中多瑙河是世界上最重要的国际河流。

（二）运河

运河是在一国领土内人工开凿的水道，例如中国的京杭大运河。一般运河的法律地位与内河相同，国家对其行使完全的、排他的管辖权。而在国际法上具有重要意义的是作为国际航道的通洋运河，例如苏伊士运河和巴拿马运河。

苏伊士运河位于埃及北部，它北起地中海的塞得港，南至红海苏伊士湾的陶菲克港，全长 172.5 公里，是欧洲与亚洲之间最短的水上通道。根据 1888 年《君士坦丁堡公约》的规定，苏伊士运河实行中立化，不论平时或战时，苏伊士运河向所有国家的商船和军舰开放，永远不得封锁；战时不得在运河港口 3 海里内从事军事行动，并且交战国军舰不得在运河港口停留，情况绝对必要时，也不得超过 24 小时；交战双方的军舰和船舶进出港口时间应相隔 24 小时，且不得在港口内装卸军队、军火和军事物资等，不得建筑军事要塞等。1956 年埃及收回苏伊士运河主权后，运河开始完全为埃及所管辖。1957 年埃及政府发表声明，重申尊重 1888 年《君士坦丁堡公约》所规定的运河自由航行规则，保证一切国家船舶的自由航行。

巴拿马运河位于中美洲的巴拿马，它沟通了大西洋和太平洋。根据 1901 年《海约翰——庞斯福特条约》和《关于开凿通洋运河的条约》，美国承认并保证巴拿马独立，同时，巴拿马保证运河中立，并向一切国家开放。但又规定美国有权在任何时候使用它的警察、陆军和海军或建立要塞。在巴拿马人民的斗争下，1977 年，美国与巴拿马签订了新的《巴拿马运河条约》和《关于巴拿马运河永久中立和运河营运条约》。在上述条约中，美国承认巴拿马对运河的主权，而巴拿马继续保证运河的中立，并保证运河无论平时或战时的安全，同时运河继续向各国和平通过的船舶开放。根据上述条约的规定，2000 年 1 月 1 日巴拿马将收回并单独管理运河。目前，巴拿马已经收回了运河的管理权，并已开始独立管理。

根据国际法原则，无论国际通洋运河具有何等重大意义，凡流经一国领土的运河，都是该国领土的有机组成部分，受该国主权的管辖与支配。但同时，由于这些运河构成重要的国际海上通道，因此，在尊重运河所在地国家主权和有关国际条约规定的条件下，各国船舶都可以自由通过运河。

（三）湖泊

在地理学上，湖泊与内海有所区别，前者是淡水湖，后者是咸水湖；但在法律（国际法）意义上，二者是完全相同的。

湖泊有两种类型：一种是完全由一国陆地所包围的湖泊，如我国的洞庭湖、瑞士的苏黎世湖等；另一种是被两个或更多的国家的陆地所包围的湖泊，如日内瓦湖分属瑞士和法国，安大略湖分属美国和加拿大。被一国陆地所包围的湖泊称内湖，属于该国的内水，构成该国领土的一部分，该国可以自由使用、管理而不需对别国开放。由两个或两个以上的国家陆地所包围的湖泊，则属有关各国分别所有，其划分和管理由有关的国家以协议规定。

如果湖泊与公海相通且由一国领土包围时，其属于该国内水，但如果由两个以上国家领土包围时，究竟属于内海还是公海，情况比较复杂。这些湖泊的界线通常由沿岸国以协议划定；如无协议规定，通常以湖泊的中心线为界，分别由各沿岸国管辖。这些湖泊通常都对非沿岸国船舶开放。

第三节　国家领土的变更

国家领土的变更是指领土主权和所有权的取得、变更和丧失。在人类发展到形成民族和国家时，这些民族和国家就当然地取得了它所生存的土地的主权和所有权，这种取得称为原始取得。但在国际关系的发展进程中，国家领土会由于各种原因而发生转移和变更。

无论历史上或现实生活中，国家领土变更的事情经常发生。国际法的任务就是确定原则，规定哪种情形的领土变更是正常的和符合国际法的领土主权原则的，哪种情况的领土变更是不正常的和不符合国际法领土主权原则的。

一、传统国际法关于领土的变更方式

在18、19世纪资本主义国家对外扩张时期，为适应殖民主义和帝国主义瓜分和掠夺别国领土的需要，西方学者按照罗马法中关于私有财产取得的规则来解释领土的取得方式。他们把领土的变更视同私有财产的变动，将国家取得领土的方式分为五种：先占、时效、添附、割让和征服。

（一）先占

传统国际法认为，先占是一个国家的占有行为，通过这种行为，该国有意识地取得不在其他国家主权之下的无主土地的主权。按照西方学者的解释，除少数荒岛外，土著部落居住或者尚未形成"文明"国家的民族居住的土地都是无主土地。

先占在自由资本主义时期极其盛行。最初，先占者只需在"发现地"留下象征性的标志；后来，由于各资本主义国家争夺殖民地的斗争日益尖锐和激烈，象征性的占领往往引起激烈的争执和冲突。《奥本海国际法》因此就认为，简单的"发现"不产生主权，它只产生"不完全的权利"，只起到暂时阻止另一国加以占领的作用。[1] 于是，后来就出现了"有效占领"说。所谓有效占领，《奥本海国际法》认为，占领者必须以取得国名义占有，向该地移民，并且必须在该地建立起国家的行政机构并实行管理。因此，西方学者认为，先占必须具备两个条件：①占领的客体是无主土地，即尚未形成国家的地方；②必须实行有效的占领，即仅有象征性的占领是不够的，还必须实行管理。

[案例]

东格陵兰法律地位案

1931年7月10日，挪威政府发表了一项公告，宣布对爱里克——劳德斯地（从北纬71°31′到北纬75°40′）的东格陵兰地区拥有主权，其法律根据是该地区属无主地而不是丹麦的领土。丹麦对此随即提出抗议，并根据常设国际法院规约的任意强制条款向该法院提起了诉讼，要求法院判决挪威的公告是违法的、无效的。

常设国际法院受理了此案，并于1933年4月5日判决丹麦胜诉，承认丹麦对东格陵兰的主权而否定了挪威的公告中宣布的对东格陵兰地区的主权主张。

法院认为，挪威在1931年7月10日宣布的对东格陵兰的占有行为和与此相关的任何步骤都是非法的、无效的。理由有两个：①从历史上考察，在1931年7月10日之前没有任何国家对丹麦的格陵兰全岛的主权提出异议，丹麦连续不断地和平稳地在该地行使着主权。自1380年开始，丹麦和挪威曾结为政合国时，丹麦国王在格

---

〔1〕 ［英］劳特派特修订：《奥本海国际法》（上卷，第2分册），石蒂、陈健译，商务印书馆1972年版，第77~78页。

陵兰的权利即已相当于主权。17 世纪初，他还曾派探险队到该岛，并排斥外国人在该地区的经商活动。1721 年，丹麦在该岛建立了殖民地，更加显示和行使了主权。根据 1814 年签订的《基尔条约》，丹挪将挪威割让给瑞典，格陵兰依然属于丹麦，由它继续行使着权力。如 1863 年丹麦发布了一系列的关于授予英国人泰勒在格陵兰东岸从事贸易、狩猎和开矿的专属权的特许文件。在 1915 年至 1921 年间丹麦政府向外国发函，请求承认其对格陵兰主权的效力。1921 年 5 月 10 日还颁布了法令以加强它对格陵兰的统治。上述事实说明丹麦对整个格陵兰，当然包括东格陵兰实行着有效统治，因此应确认丹麦对东格陵兰地区的领土主权。②挪威的行为也表示它认可了格陵兰属丹麦领土。如挪威通过成为有关格陵兰归属问题的国际协定的当事国而对丹麦的权利作出了保证，从这些条约可以说明格陵兰属于丹麦的殖民地，或说明允许丹麦把格陵兰排除于条约的效力范围之外。另外，挪威的外交大臣爱赫伦于 1919 年 7 月 22 日在接见丹麦驻克里斯蒂安尼亚公使时曾口头声明（此声明经他本人记录在案）表示，挪威政府对丹麦拥有的格陵兰的主权不予阻挠，不占领格陵兰的一寸土地。法院认为这一声明对挪威是具有拘束力的，至少挪威承担了不对丹麦在全格陵兰岛的主权提出异议的义务。常设国际法院遂作出了有利于丹麦的判决。

本案涉及的实际上是先占取得领土主权的问题。按照传统国际法，先占必须占领的是"无主土地"，而且占领者还必须建立起"有效控制"。另外，该案还涉及一个国家行为的拘束力和诚信问题。正鉴于此，常设国际法院最终作出了丹麦胜诉的判决。

从国际法理论上来看，早期西方学者关于国家领土取得的先占方法是非法的，因而必须彻底摒弃。因为这一主张的前提是不能成立的。正如 1975 年国际法院在关于西撒哈拉法律地位的咨询意见中所指出的："国家实践表明：住有土著部落或具有一定社会或政治组织的人群的地方就不能认为是无主土地。"只有在这块土地上确实没有任何居民居住的情况下，才是无主土地；而只要有土著部落在该地生存，他们就是该地的主人；即使他们没有建成国家，也不能认为是无主土地。任何国家依先占取得该地主权，就是剥夺该地原有居民的民族权利，是对民族自决原则的粗暴践踏。事实上，先占方式一直被殖民者作为抢占土著居民土地的一个重要手段，因此，现代国际法对先占方式持否定态度是完全合理的。

先占作为一种领土的取得方式已经成为历史，已经被现代国际法所否定。但是，在国家领土归属发生争议时，有时还是需要考虑先占作为领土变更的方式所产生的法律效果。所以，在确定领土归属问题时，先占仍然具有一定的实际意义。

（二）时效

时效是占领者长期并安稳地占有他国领土的一部分，因而被视为业已取得该领土的权利。国际法上的时效制度源于罗马法，但国际法中的时效概念与国内法的"物权取得时效"概念有所不同：①国内法上依时效的取得需要善意的占有，而国际法上的时效则不管是否为善意占有；②国内法上的时效有确定的年限，而国际法上的时效则没有确定的年限。

时效和先占都是非法取得领土的方式，但是，时效是非法占有他国领土，即占领有主土地，而先占则是占领无主土地。实际上，先占也是占领有主土地，它所占领的只不过是尚未形成国家的民族的土地而已。

（三）添附

添附是指由于自然的或人为的因素形成新的土地而增加国家领土。添附有自然添附和人为添附，例如海岸涨滩即为自然添附，围海造田即为人为添附。

添附在领土变更中不是很常见。现代国际法承认添附是领土的一种取得方式，但是，人工添附不得损害他国利益，否则，便是对他国领土主权的侵犯，是国际法所不允许的。

（四）割让

按照传统的说法，割让是领土所有国根据条约将领土移转给其他国家。割让有自愿割让，也有非自愿割让。

自愿割让通常表现为交换、赠与、买卖等。赠与多发生在封建社会时期，它是一国自愿将其一部分领土无偿地让与他国，他国表示接受并与之缔结条约，于是割让成立。交换是指两国以基本相同的土地互易，这种情况多发生在两国划界中，例如1951年前苏联和波兰边界地区的交换。买卖是指一国将其领土的一部分有偿地转让给他国的行为，例如1803年法国将整个路易斯安娜地区卖给美国；1867年美国用720万美元购买了俄国的阿拉斯加。

基于平等的自愿割让，是为国际法所允许的。但是，传统国际法所说的割让，主要是指非自愿割让。例如，1871年普法战争中法国战败，依据《法兰克福和约》，法国把阿尔萨斯·洛林地区割让给德国，就是一种非自愿割让。非自愿割让在传统国际法中被认为是合法的。但由于非自愿割让是一种强迫的和无代价的割让，常常被战胜国用来兼并和掠夺战败国领土，因而，它作为领土变更的方式已被现代国际法所完全禁止。

（五）征服

征服就是以武力占领他国领土的一部分或全部，并通过兼进并而取得对该领土的主权。征服与割让不同，割让必须订有条约，而征服则不需要订立条约。

按照传统的国际法理论，征服必须具备以下条件：①征服者必须具有征服的意思，没有这个意思，即不能占有这块领土；②如果兼并的是战败国的部分领土，战败国必须要有放弃收复该失地的明确的意思表示；③如果兼并的是战败国的全部领土，战胜国的权力必须遍及战败国全部领土，战败国及其盟国的一切反抗必须业已完全停止。例如，西方学者认为，第二次世界大战中德国虽然吞并波兰，但是，由于波兰仍在继续抵抗，所以，德国的征服是无效的。

在允许将战争作为推行国家政策的工具或手段的时代，征服曾被认为是合法的。

现代国际法废止战争作为推行国家政策的工具，同时也否认征服是取得国家领土的合法方法。用武力兼并他国领土本身就是侵略行为，是非法的，由此而取得的领土在法律上也是无效的，《国际法原则宣言》明确宣布，使用威胁或武力取得之领土不得承认为合法。

另外，也有学者按照国家领土的来源方式不同，把国家领土的变更分为原始取得和转受取得。如果一个国家取得的领土不是来自于另外一个国家的主权管辖之下，即为原始取得，如添附、先占；相反，如果一个国家取得的领土是来自另外一个国家的主权管辖之下，则为转受取得，如割让、征服。

二、现代国际法承认的国家领土的变更方式

秉持正义的国家一贯反对任何兼并形式的领土变更。苏联十月革命胜利后颁布的《和平法令》明确反对兼并。但反对兼并、维护国家的领土主权，绝不是主张领土现状的不可变更，因为承认领土现状的绝对不变性，不但不符合领土的发展变化规律和民族自决原则，反而可能有利于殖民主义者和霸权主义者维护其既得利益。因此正确的立场应是：在承认领土的可变性的同时，还要坚持领土的变更必须符合现代国际法的基本原则，否则，领土的变更便是非法的、无效的。

根据国际法的基本原则，现代国际法承认的合法的领土变更方式有以下几种：

1. 基于民族自决原则而发生的领土变更。民族自决原则是公认的现代国际法基本原则之一。按照民族自决原则，前殖民地的被压迫民族从宗主国或殖民国家分离出来建立独立国家或加入其他国家而发生的领土变更，是符合国际法的，例如芬兰经过长期斗争从帝俄的版图中独立出来。因此不论是采取武装斗争的形式还是采取公民投票的方式，只要是基于民族自决原则而变更国家领土，都是现代国际法所允许的。

2. 为恢复国家的历史性权利或收复失地而发生的领土变更。这些领土是在以往战争中或通过不平等条约失去的。如 1943 年的《开罗宣言》及 1945 年的《波茨坦公告》明确宣布：将 1895 年依据不平等的《马关条约》被日本强行割让的台湾岛和澎湖列岛等归还中国，恢复中国的历史性权利；又如 1961 年印度从葡萄牙手中收复果阿。

3. 为了巩固和发展睦邻友好关系，国家之间依据平等互利和自愿的原则而进行的领土交换。例如，根据 1960 年 10 月 1 日中国和缅甸之间签订的边界条约，两国交换了一部分边境土地。

4. 通过真正的公民投票决定领土的归属。公民投票是当代国际关系中变更领土的一种方式。但公民投票作为领土变更的方式，必须是居民意志真正自由的表达。真正体现民意的自由的公民投票是符合民族自决原则的，是合法的；反之，违反民意的公民投票则是非法的和无效的。

5. 添附。包括自然添附和人为添附，在这里需要特别指出的是，人为添附必须

符合国际法，不得损害他国利益和违背国际法原则，否则便是非法的。

第四节　领土主权的限制

领土主权是指国家对其领土所享有的最高的和排他性的权力，它包括所有权和统治权两个方面。所有权就是国家对其领土范围内的一切土地及其资源享有占有、使用和处置的永久权利；统治权就是国家对其领土及其领土内的一切人和物拥有完全的排他性的管辖权。领土主权不受侵犯是国际法的一项十分重要的原则。但是，在国际实践中，也存在一些对领土主权加以限制的事实，通常包括一般限制和特殊限制。

一、领土主权的一般限制

对领土主权的一般限制是指依据一般国际法规范对所有国家的领土主权的一般性或普遍性的限制。例如，享受外交特权与豁免权的人员在接受国不受其管辖；外国船舶有从一国领海无害通过的权利；国家在其领土范围内的活动不得侵害他国利益等。对领土主权的一般限制是各国为了增进交往和发展友好合作关系而自愿承担的，对所有国家都是平等的。

二、领土主权的特殊限制

对领土主权的特殊限制是指特定国家之间依据条约而对其领土主权所作的限制。这类限制是否合法，关键取决于建立这种限制的条约是否合法和有效。

（一）共管

共管这一概念最早出现于神圣罗马帝国时期，是指两个以上的君主对特定的城镇或土地共同行使所有权，后来逐渐演变成了一个国际法概念。国际法上的共管，是指两个或两个以上的国家依条约对某块土地共同行使主权。例如，1898年英国和埃及根据《英埃共管苏丹协定》对苏丹进行共管；第一次世界大战后，英国、澳大利亚和新西兰对瑙鲁岛进行共管。

（二）租借

租借是指一国根据条约将其领土的一部分租给他国，并在租借规定期限内用于条约所规定的目的。一般来说，租借是有期限的。出租国不移转租借地的所有权，租借国只在条约所规定的期限内，对租借地享有使用权和管理权，而不享有任意处分租借地的权利。租借如果是基于承租国与租借国双方自愿且遵循平等原则而设立，应视为合法。例如，1941年，英国将百慕大的小块领土租借给美国作为军事基地，为期99年；1962年，芬兰和苏联缔结了一项条约，将塞马运河的苏联部分和小维索茨克岛租借给芬兰，为期50年。但在历史上，大多数租借是根据不平等条约对一国领土主权所施加的非法限制。例如，1898年欧洲列强在清朝政府在中日甲午战争失败后的危难时机，强迫清政府将胶州湾租借给德国，为期 99 年；旅顺和大连租借给俄国，为期 25 年；威海卫租借给英国，为期 25 年；九龙租借给英国，为期 99 年。上述租借地除九龙外，均已在战后收回，九龙也已于 1997 年 7 月 1 日由我国恢复行使主权。

（三）势力范围

势力范围是指列强国家通过相互协议，或者强迫弱小国家签订不平等条约，在弱小国家领土上划定的特殊利益范围。在势力范围内，列强和殖民者享有独占的经济利益和特殊的政治地位，领土国却不能完全充分地行使主权。例如，1840 年鸦片战争以后，中国清朝政府被迫与欧洲列强签订了同意它们在中国划分各自势力范围的协定和条约。19 世纪末，列强通过不平等条约在中国划分了各自的势力范围，其中福建为日本的势力范围，山东为德国的势力范围，长江流域各省为英国的势力范围，两广和云南为法国的势力范围。这种根据不平等条约所取得的特权，是违反国际法的。

（四）国际地役

地役的概念源自罗马法和民法。地役权是一种用益物权，指土地所有人或使用人为了满足自己土地的某种便利的需要而使用他人土地的权利，前者称需役地，后者称供役地。国内民法上的地役关系的产生一般以相邻关系为前提条件，如在相邻或邻近的土地上埋设管道、开渠引水或修筑道路通行等。

国际地役是指依据国际条约，一国有关领土在一定范围内满足他国需要或为他国利益服务。这是对该国有关领土的属地管辖权的一种限制。国际地役的主体是国家，客体是受限制的有关国家领土，包括陆地、河流、海域和领空等。国际地役有积极地役和消极地役之分。积极地役是指国家承担义务允许别国在自己有关领土上从事某种行为，包括允许别国利用其通道或港口进出口货物，允许别国渔民在其领海的特定区域捕鱼，允许别国修筑的油气管道穿过本国的领土等，如在 1990 年德国统一前，联邦德国依据协定，在民主德国领土上有通过公路、铁路、空中和水路进出西柏林的过境权；消极地役是指国家承担义务承诺不在其有关领土上从事某种行为，如不在靠近边界的地区建造有可能污染环境的工厂，不在特定地区设置军事设施或建要塞等，如依据 1929 年梵蒂冈同意大利之间的《拉芯兰条约》第 7 条的规定，意大利承诺不在梵蒂冈周围的领土上建造任何能够俯瞰梵蒂冈的新建筑物。

国际法上的国际地役虽从国内民法上引植而来，但它与国内民法上的地役是有区别的：①国内民法上的地役的当事者与国际地役的当事者是不同的，民法上的地役的当事者一般是自然人和法人，国际地役的当事者却是国家；②国内民法上的地役的设立往往以相邻为前提，若不相邻就无法设立地役关系，但国际地役的设立却不以相邻为前提；③民法上的地役的设立以国内法和合同为依据，而国际地役则以条约为依据。

对国家领土主权的特殊限制，如果是国家在平等自愿的基础上形成的，就不违反现代国际法，但如果是在强迫非自愿的情况下形成的，则是违反现代国际法的。

第五节　国家边界和边境制度

一、边界的概念

边界又叫国界，它是划分一国领陆与他国领陆、一国领水与他国领水或其他海域、一国领空与他国领空或外层空间和一国底土与他国底土的界线。边界所确定的是国家行使领土主权的范围，边界以内的区域均属国家领土。由于国家领土是由各个不同的部分组成的，因而边界可分为陆上边界、水上边界、空中边界和地下边界。

国家边界的形成有两种情况：一种是由传统习惯形成，一种是由条约所划定，前者称为传统习惯边界，后者称为条约划定的边界。所谓传统习惯边界，是指边界两侧的国家在长期的历史发展过程中形成的划分各自管辖范围的，有关国家没有异议的界线，例如中印边界就是一条传统习惯边界。所谓条约划定的边界，就是有关国家通过谈判而缔结的边界条约所划定的边界，例如中缅边界即是一条通过条约划定的边界。传统习惯边界是一种默认的界线，依条约划定的边界是一种明示的界线。在历史上，大量的边界是传统习惯边界；在当代，以条约正式划定国家领土边界是一个发展趋势。

二、划界

在目前相邻国家的争端中，大多是边界争端。正确地确定边界有利于相邻国家以及整个国际社会的和平与发展。

（一）划界的程序

从目前各国的边界现状看，欧洲各国的边界是经由条约划定的，非洲各国的边界大多是沿用前宗主国以条约划定的边界，亚洲和美洲各国的边界，一部分是按传统习惯形成的边界，一部分是通过条约划定的边界。就目前的发展趋势来看，各国的边界越来越多的选择以条约来划定。

通过条约方式划定边界，一般要经过定界和标界两个阶段。

1. 定界。就是有关国家通过谈判，签订专门的边界条约，条约中规定边界的主要位置和走向，并标明在地图上。

2. 标界。包括实地标界和制定边界文件。在边界条约正式签字后，由缔约国双方任命的代表组成联合委员会，根据边界条约进行实地勘测并详细而准确地确定边界的具体位置和走向，同时树立界标，然后制定详细载明边界走向和界标的边界议定书与地图等文件。这些文件同边界条约一样都有法律效力，是确定边界的重要根据和证据。

一般来说，划界过程中产生的法律文件的内容应该是一致的，但由于各种原因，有时也会产生不一致。按照惯例，若遇此情形一般按照下列原则处理：①界桩位置与议定书和附图不符时，以议定书和附图为准；②附图与议定书的规定不符时，以议定书的规定为准；③议定书与边界条约（母约）不符时，以边界条约为准。

[案例]

隆端寺案（亦称柏威夏案）

隆端古寺位于柬埔寨和泰国两国交界的扁担山山脉东部的一处高地上。因该寺及其周围地区的主权归属问题，柬、泰发生争端，争端源于 1904 年至 1908 年暹罗（泰国的旧称）与柬埔寨（当时系法国的"保护国"）的划界期间。1904 年 2 月 13 日，暹罗与法国签订了一项划界条约。为实地划界，条约规定由法国人和暹罗人共同建立划界委员会，以划定双方的确切边界。

按 1904 年的条约规定，两国在扁担山山脉东部地区的边界是该山的分水岭。为确定这段地区的边界线，划界委员会于 1906 年 12 月 2 日举行会议，决定由混合划界委员会的人员沿扁担山山脉勘查全部需要勘查的地方，而由划界委员会的法国工作人员负责勘查该山的东部地段。在这个过程中他们调查了隆端古寺，1907 年，划界委员会中的法国方的负责人向他的政府报告称划界工作已完成。虽然在 1906 年后划界委员会没有作出关于扁担山地区的任何决议、记录及其他参考资料，但划界委员会对该地区边界的调查和确定是清楚的，并且为更进一步地签订一项法国与暹罗的边界条约而开过会，这项条约于 1907 年 3 月 23 日缔结。

两国划界的最后步骤是绘制边界地图。对这项工作，暹罗政府并没有派员参加，而是委托法国工作人员绘制。边界地图于 1907 年由法国工作人员（其中有些是混合划界委员会的成员）绘制而成，并于 1908 年转送给暹罗政府。其中有一张关于扁担山山脉的地图标明隆端古寺在柬埔寨一边（地图作为备忘录成为条约的附件 1）。该地图表示出的边界线不在实际的分水岭线上，按实际的分水岭线，该古寺应在泰国一边。但暹罗政府对此从未追究或提出异议，直到 40 余年后发现地图有误时，其地方当局才派兵驻进了寺院。法国政府获悉此情况后，曾于 1949 年和 1950 年向泰国政府发出数次照会并提出抗议，但均未得到答复。

1953 年，柬埔寨独立后试图在该地区建立权力机关，要求泰国撤走其武装力量，遭到拒绝。故柬埔寨政府于 1959 年 9 月 30 日向国际法院提起诉讼，主张对隆端古寺的主权，理由是 1907 年两国划界的地图标明该寺在柬埔寨境内。泰国对国际法院的管辖权提出了反对。

法院于 1961 年 5 月 26 日首先对它的管辖权问题作出了裁决，否定了泰国对法院管辖的反对主张，法官一致认为法院具有管辖权。因为泰国于 1950 年 5 月 20 日发表声明称接受了国际法院的强制管辖。

法院确定了它的管辖权后，对本案进行了审理，并于 1962 年 6 月 15 日作出了如下判决:确认隆端古寺的主权属于柬埔寨并发生效力,泰国有义务撤出它在该寺内及其周围的柬埔寨领土上驻扎的一切军事和警察力量,以及其他的守卫或驻守人员。泰国有义务将自 1954 年泰国占领该寺庙以来其当局自寺庙和寺庙区运走的柬埔寨的一切雕塑艺术、石碑、古墓的散留物、砂岩模型和古陶器等,对柬埔寨恢复原状。

法院作出上述判决的理由是:在柬、泰划界过程中的最后步骤绘制的边界地图之一将隆端古寺标明在柬埔寨的一边,地图上的边界线与双方确定的扁担山分水岭线不符,按分水岭线该古寺应划在泰国一边。地图作为条约的附件 1 从未经混合委员会正式批准,因为委员会在地图绘制成前几个月就已停止了它的职责。因此地图在起初是没有拘束力的。但是该地图作为划界的结果被送交暹罗政府,而暹罗有关当局在当时和以后的许多年中对此没有提出任何异议,这就表示了它们的默示承认。再者,该地图被送给混合委员会的暹罗成员们,他们都没说什么。送给暹罗的内务部长、丹玛诺哥亲王后,他还为此向在曼谷的法国部长致谢,况且地图送给暹罗各省省长,他们当中的一些人是了解隆端古寺的。因此,由于暹罗当局没有调查而接受了附件 1 地图,所以他们现在就不能以任何错误来否定他们同意的真实性。

暹罗政府及其后的泰国政府在 1958 年于曼谷和柬埔寨的谈判以前从未对地图提出疑问。但 1934 年至 1935 年的一次调查就已经确立地图线与实际的分水岭线不符,其他的地图显示寺庙是在泰国境内,而泰国却继续使用并出版标明这寺庙坐落于柬埔寨境内的地图。还有,为了缔结 1925 年和 1937 年法国和暹罗的条约而进行谈判时(这些条约确认了既存边界),以及在 1947 年法国与泰国的华盛顿和解委员会面前,泰国自然可以提出此事,但它并未提出。这当然更可以推断泰国已接受了地图所标明的隆端寺的边界线,而不考虑此界线与分水岭线的不一致。泰国认为在所有的重要时期它都占有隆端寺,因而没有必要提出此事;泰国的确把它的地方行政当局的行为作为它主管当局从未接受附件 1 确定的在该寺的界线的根据。这种以地方当局的行为来否定中央当局的一贯立场是难以成立的。何况 1930 年得姆朗哥亲王参观该寺庙时受到驻邻近柬埔寨省的法国官员的正式接待,泰国也毫无反应。

上述事实说明泰国接受了附件 1 地图和条约,而且接受了附件 1 地图就使它成为条约。在当时双方解释该地图优于条约的条款,当事国对分水岭线并不特别重视。它们对自己边境的最后规定,与现在的解释是相同的。

所以法院认为,既然被确定在附件 1 地图上的争议边界线已得到了接受,就不必再去考虑地图表示的界线是否与实际分水岭线相符。

本案判决于 1962 年 7 月 30 日宣布,尽管泰国对本案的结局很是遗憾,但作为联合国会员国必须履行依联合国宪章所负的义务,所以泰国遵守了该判决。

本案在柬埔寨向国际法院起诉后,泰国提出了管辖权异议。但法院认为泰国 1950 年 5 月 20 日的声明表明其接受了国际法院的强制管辖,于是驳回了泰国关于管辖权异议的主张，遂受理了此案。国家间确定领土范围和划分边界，若是以条约划定，一般都要签订划界条约，并且有附件议定书和地图等法律性文件，而且要求各种法律性文件的表示和规定要相一致，若附件议定书或地图与条约不一致，应以条约为准。当事国对附件和地图中与条约不一致甚至错误的内容有权提出改正。但当事国若在其应主张的权利的合理期间未提出主张，而默示接受了错误的附件，其后果应自行承担。在该案的判决中，国际法院特别注意了国家默认的效力和禁止反言的原则。

（二）实地划定边界的规则

边界可分为有形的边界和无形的边界两种。有形的边界是由实在的自然标志（如山脉、河流、岩石等）或实在的人工标志（如界石、界桩等）构成；无形的边界，即不具有具体的物质标志，而是以经纬度为边界的天文学边界和以两个固定点之间的直线为边界的几何边界。划分领海与毗连区和专属经济区及大陆架界线的海上界线，即是无形的边界。

在国际实践中，一般采取混合划界法，即采用地形边界和人为边界相结合，在某些地段采用地形边界，而在另一些地段采用人为边界。

1. 地形边界，又称自然边界，是指根据边界地区地形的自然特点来划分两国的分界，如按山脉、河流、湖泊、峡谷、丘陵的走向和分布来划定国界。

按照国际惯例，在实地划界中，采用下述规则划定国家边界：①以山脉为界，应采用分水岭原则，即以山脉的分水岭来划分两国边界。但是，是否以山脉的分水岭划界，还要看在历史上两国实际管辖权行使的情况，如中国西藏人民一直居住在喜马拉雅山南麓，中国一直在这里行使管辖权，因此中印边界这一段应以山的南麓为界，而不能以山脉的分水岭为界。实际上，印度与尼泊尔和不丹的边界都是在喜马拉雅山的南麓。②以河流为界，如果是可通航的河流，划分边界应以主航道中心线为准；如果是不可通航的河流，则以河流的中心线为界。③河流上的桥梁以中间线为界。④若遇湖泊，则以中间线为界，如日内瓦湖即以中间线为界，分属瑞士和法国。

2. 人为边界，又称无形边界，与地形边界不同，它不以边界地形的自然特点来划界，而是按照经纬度或者地球上两个固定点之间的直线作为两国之间的分界。如果按照经纬度来划分两国之间的边界，就称为天文学边界，如美国和加拿大的一段边界就是采用北纬49°作为分界线；如果按照将地球上的一个固定点和另外一个固定点相连接的直线来划分两国之间的边界，就称为几何学边界，如埃及和苏丹之间的部分边界。

三、边界争端及其解决

在国际关系中，边界争端时有发生，其原因十分复杂，或起因于政治、或经济、或历史、或民族、或宗教、或上述几种因素兼而有之。例如，索马里与埃塞俄比亚的边界冲突即是由索马里民族统一而引起的；阿尔及利亚与摩洛哥的边界争端就是因为争议地区蕴藏着丰富的铁矿而产生；日俄北方四岛的争端则涉及政治、军事和历史等复杂原因。但边界争端的直接起因主要有三种情况：①边界未经正式划定，有关国家对传统习惯边界的位置、走向的看法存在分歧；②边界虽经正式划定，但有关边界文件不一致或各方的解释不同；③边界被侵占或边界标志被单方面移动。

边界争端不仅影响国家之间正常关系的发展，而且如果处理不好甚至会引发国家之间的武装冲突。据统计，非洲半数以上的领土争端都不同程度地引发了武装冲突。因此，如何解决边界争端是国际社会极为关注的问题。

和平解决国际争端是现代国际法的基本原则，也是《联合国宪章》所确认的重要原则。因此，边界争端不论起因为何，都必须通过和平的方式加以解决，任何寻求以和平以外的方法，特别是战争的方法来解决争端，都是违反国际法的。现代国际法提倡通过谈判、协商等政治的或仲裁与国际司法等法律的和平方式来解决包括边界争端在内的一切纠纷。在国际实践中，和平解决边界争端的方法主要有：①通过谈判与协商解决，例如1960年我国经与缅甸谈判，达成了《中缅边界条约》，顺利解决了两国的边界遗留问题；②通过仲裁解决，例如阿根廷和智利的边界争端就是通过仲裁解决的；③通过国际司法解决，例如荷兰和比利时的边界争端就是通过国际法院处理的。另外，还有斡旋、调停等和平方式。总而言之，边界争端的解决必须遵循国家主权平等原则与和平解决原则。唯有如此，才可能"一劳永逸"地解决边界争议。

[案例]

白礁岛法律地位案

白礁岛位于新加坡海峡与南中国海的交汇地，距马来西亚半岛7.7海里，新加坡以东25.5海里，面积还没有一个足球场大。小岛终年无人居住，因覆盖着厚厚的白色鸟粪，故得名白礁岛。白礁本为柔佛王国（原马来西亚）领土，后被割让给了英国。1851年，英国人在白礁岛上建造了一座灯塔，并将灯塔交给当时英国殖民地——新加坡管理。一直以来，柔佛王国并未对新加坡在白礁岛上行使主权及管理灯塔提出抗议。为了加强对白礁岛的控制，新加坡先是在岛上兴建了一座两层小楼，1989年装置了雷达系统，1991年又建造了直升机降落坪及军事通信设备。同时新加坡还在周围派驻军舰巡逻，以阻止马来西亚渔民。但1979年马来西亚出版的地图中，将白礁岛纳为本国领土，由此引发起了新马两国之间关于白礁岛的领土主权争议。

2003年，新马两国经过谈判终于达成了特别协定，同意将争议提交国际法院进行裁决。同时该协定还强调，两国同意国际法院的判决为终极判决并在两国之间有法律约束力。

国际法院经过审理认为，自 19 世纪 80 年代以来，新加坡一直对白礁岛进行有效控制，并且一直到 1979 年都未遭到马来西亚反对。后来新加坡在岛上进行活动，包括插上军旗、修建建筑、以及在附近海域巡逻等，也宣示了对该岛的主权。相反，马来西亚在过去一百多年间都未对该岛行使主权。而且 1953 年新加坡致函当时的柔佛政府，要求提供白礁岛主权的资料时，当时的柔佛政府官员却回信表示，柔佛政府不拥有该岛屿所有权。于是国际法院根据"有效控制"和"禁止反言"的原则，将白礁岛判给了新加坡。

该案是一起国家间的领土纠纷。和平解决国际争端是现代国际法的基本原则和联合国宪章的重要原则。新马两国正是通过选择司法途径来和平处理他们之间的领土争议的，这是一个司法解决领土纠纷的成功案例。在案件审理中，国际法院考虑了"有效控制"和"禁止反言"的原则。

四、边境制度

边境和边界是两个不同的概念。边界是指两国领土的分界线，而边境则是指位于边界两侧的一定宽度的区域。

为了保卫国家安全，防止在边境活动中发生冲突，维护睦邻关系，照顾边境居民生活、生产的需要和促进各国友好往来，各国一般通过国内立法，同时也通过双边条约来规定一系列的边境管理制度。

中华人民共和国成立后，制定和颁布了一系列关于边境制度方面的法律与法令，这些法律和法令主要有：2000 年修订的 1987 年《海关法》，1957 年的《对外国籍船舶进出港口管理办法》（已失效），1964 年的《外国人入境出境过境居留旅行管理条例》（已失效），1985 年 11 月 22 日发布的《中华人民共和国外国人入境出境管理法》（已失效）和 1986 年该法的《实施细则》（已失效）及 1994 年对该实施细则的修订（已失效）等。这些法律建立和完善了我国的边境管理制度。

各国除以国内法规定边境制度外，邻国之间还可通过签订双边条约或协定，对边境的有关事项作出规定。一般来说，边境制度主要包括下列内容：

（一）边界标志的维护

对于边界标志，双方都有维护的责任，并且不得加以毁坏或移动。例如，1961 年中缅《关于两国边界的议定书》第 38 条规定，如一方发现界桩已被移动、损坏或毁灭，应尽量通知另一方，负责维护该界桩的一方这时应该采取必要的措施，在另一方在场的情况下，在原地按原定的规格予以恢复、修理或重建。对于破坏边界标志的人和行为，各国国内法也都有关于惩罚的规定，如我国《刑法》第 323 条规定："故意破坏国家边境的界碑、界桩或者永久性测量标志的，处 3 年以下有期徒刑或者拘役。"

第七章

（二）界河的利用和管理

对界河的利用和管理包括水利灌溉、发电、水上航运、在河流分界线自己一侧捕鱼等。在利用界河的过程中，不得损害邻国的利益、不得使河水污染、不得使邻国遭到河水枯涸或泛滥的危害、不得故意使河流改道。在边界自己一侧对领土的利用，也不得危害他方居民的安全。这些规则通常都在两国边界条约或协定中加以规定。

（三）边境居民的交往

为了边界的有效管理，各国在本国边境地区都设立边境禁区和边防地带。非边境地区的居民进入边境地区需办理特别手续。但是，为了便利两国边境居民的生活和生产，相邻国家往往订立协定，给予边境居民以从事航运、贸易、探亲访友、进香朝圣等进出国境的特殊便利，不必办理护照、签证和许可证手续。例如，1956 年中国与尼泊尔签署的《中华人民共和国和尼泊尔王国保持友好关系以及关于中国西藏地方和尼泊尔之间的通商和交通的协定》，该协定规定双方边民可以过境贸易、探亲和朝圣。这种给予边民某些方便的做法，对于加强相邻国家之间的关系是有积极意义的。目前，全球化发展十分迅速，各国交往非常频繁，在这一国际背景下，邻国之间边民的交往呈现出越来越活跃的景象。

（四）边境事件的解决

相邻国家可以订立专门协定，设立边界委员会或者其他机构，负责处理较轻微的边境事件或对边境事件进行调查。如果属于特别严重的边境事件，则须通过外交途径解决。例如，2013 年 4 月中印两国在边界地区发生了"帐篷对峙事件"，在两国边境和边防有关当局经过几次的"国旗会谈"后，终于获得了妥善解决。

第六节　中国领土边界的几个问题

我国领土幅员辽阔，除主体大陆外，还包括 5000 多个岛屿（如台湾岛、澎湖列岛、钓鱼岛、东沙群岛、西沙群岛、中沙群岛和南沙群岛等）以及广袤的海域。同时，我国在陆上与 14 个国家相邻，有着很长的边界线，其中仅陆上边界线即达15 000 多公里，海岸线有 18 000 多公里。由于复杂的历史原因，我国和某些邻国在边界的一些地段存在着争议。对于这些问题，我国政府一贯主张，在和平共处五项原则的基础上，通过和平谈判和协商，求得公平合理的解决。根据这一立场，我国先后同缅甸、尼泊尔、巴基斯坦、阿富汗、蒙古等国顺利地解决了边界问题。然而，遗憾的是，由于各种复杂的原因，我国至今还与周边一些国家存在领土边界纠纷。

一、中印边界问题

中印边界是一条历史习惯线，全线从未经任何条约正式划定。边界全长约2000 公里，分为东、中、西三段。其中，东段的分界线是喜马拉雅山南麓，中段的分界线是喜马拉雅山山脉，西段分界线沿着喀喇昆仑山主脉。对于这条历史形成的传统习惯边界，中印双方以前从未有过任何异议。但是，1947年印度摆脱殖民统治独立后，逐渐改变了过去地图的划法，把本来属于中国的12.5万多平方公里的领土划入印度版图。其中，将东段边界线从喜马拉雅山南麓全线向北推移，直至所谓的"麦克马洪线"，这样，印度把原属于中国的9万余平方公里领土划入印度；中段边界线同中国地图的划法比较接近，但也把历来属于中国的2000多平方公里的领土划归印度；西段边界线也划在中国领土上，把3.3万平方公里的土地划归印度。

印度政府宣称，他们的划法"具有基于地理、传统和条约的充分权威"，并且是条约早已划定的。事实上，中印边界从未由条约正式划定，一直存在着一条历史上形成的传统习惯边界。这条习惯边界以北被印度划去的中国领土，历史上一直受中国西藏地方政府的有效管辖。这些地区的居民在宗教、风俗、经济和文化诸方面同我国其他地区的藏族的关系极为密切，并且在历史上通用藏文和藏币，向西藏地方政府缴纳税赋。直至20世纪初，中国对这些地区的管辖权仍从未间断过。

印度政府提出东段边界线的主要根据是所谓的《西姆拉条约》所确定的"麦克马洪线"以及"分水岭原则"。所谓《西姆拉条约》，是英国殖民者置中国中央政府于不顾非法强加给西藏地方代表的，而且只是草签。按照国际法，一个地方政府无权与外国缔结条约，何况《西姆拉条约》也仅是草签，无论从哪一个角度讲，《西姆拉条约》都不具有法律效力。另外，由于中印边界是一条习惯边界线，所以也不存在适用"分水岭原则"的前提。

中印边界中段是指从西段的东南端到中国、印度、尼泊尔三国交界处为止的一段。这一段的争端涉及的面积达2000多平方公里。印度政府认为，1954年《关于中国西藏地方和印度之间的通商和交通的协定》第4条列举了作为双方商人和香客的通道而开放的6个山口，这即表明了中国政府已经同意印度政府关于这一段边界的意见。中国政府认为这种说法在事实上和逻辑上都是不能成立的，因为关于这个协定的谈判经双方同意不涉及边界问题。

印度政府坚持西段边界是由1842年西藏地方当局和克什米尔当局订立的一个条约所划定的。按照国际法，西藏作为中国的一个地方当局并没有对外缔约权，何况印度提出的西段争议地区有80%属于中国新疆的阿克赛钦地区，西藏地方当局自然更无权代表新疆与外国缔约。

无论是从历史的角度考察，还是从国际法上看，印度主张的理由都是绝对站不住脚的，没有丝毫的历史和国际法根据。这些所谓的争议地区历来都属于中国所有，中国对之享有无可争辩的领土主权。对于中印边界问题，中国一贯主张通过和平谈判和协商来解决，在未解决之前，应维持边界现状。我国政府的这一立场受到了世界各国尤其是发展中国家的普遍欢迎。

第七章

二、钓鱼岛问题

钓鱼列岛，日本人称为"尖阁列岛"，位于中国台湾省基隆市东北约92海里的东海海域，琉球群岛主岛冲绳岛的西南方，先岛诸岛（宫古、八重山三群岛）北方。整个列屿由钓鱼岛、黄尾岛、赤尾岛、南小岛、北小岛、大南小岛、大北小岛和飞濑岛等岛屿组成，总面积约7平方公里，其中钓鱼岛面积最大，钓鱼列岛即由此命名。地理上，钓鱼岛处在大陆架上，是台湾省的附属岛屿，以海沟与琉球群岛相隔。钓鱼岛附近海域石油资源丰富，它所处的地理位置也极具战略价值。

钓鱼诸岛自古以来就是中国的固有领土，我国历代政府都对钓鱼诸岛拥有无可争辩的主权。无论从发现占有，还是从《开罗宣言》和《波茨坦公告》以及20世纪60年代以来生效的《大陆架公约》、《联合国海洋法公约》来看，中国对钓鱼诸岛及其附近海域拥有无可争辩的主权。

早在明朝初期，钓鱼诸岛就已明确为中国领土，这最早可见于明永乐元年（公元1402年）的《顺风相送》航海图，日本著名的海防论者林子平在1785年出版的《三国通览图说》也基于事实，将钓鱼列岛明确标明属中国领土。而日本主张对钓鱼岛列屿有主权的主要理由是，日本人古贺辰四朗在1884年发现该岛后，在岛上建立了木头鱼工厂，搜集羽毛鸟粪。可见，中国发现该列屿比日本人至少早400年以上。明、清两朝均将钓鱼诸岛划归我国海防管辖范围之内，钓鱼岛虽无人居住，但却是"有主之地"。从国际法角度看，中国符合国际法"有效先占"的条件。

在19世纪末中日甲午战争爆发以前，日本对中国拥有钓鱼岛列岛的主权从未提出过异议。日本声称对钓鱼岛拥有主权，是基于中国在1895年甲午战争战败后与日本签订的《马关条约》中将台湾连同钓鱼岛割让给日本的条款。此后，日本才将钓鱼岛列入日本领土，以"尖阁列岛"一词来表示钓鱼岛列岛，并划归琉球。1943年12月，中、美、英发表的《开罗宣言》规定，战后日本应将它从中国所窃取的包括东北、台湾、澎湖列岛等在内的所有中国领土归还给中国。1945年的《波茨坦公告》又规定："《开罗宣言》之条件必须实施。"同年8月，日本接受《波茨坦公告》，宣布无条件投降，这就意味着日本要将台湾，包括其附属的钓鱼诸岛归还中国。但1951年9月8日，日本却同美国签订了片面的《旧金山和约》，将钓鱼诸岛连同日本冲绳交给美国托管。钓鱼岛的主权既然于战后属于中国，那么美日和约与协定将此列屿划入琉球地理范围内，欲由美军管辖，也不能影响中国对钓鱼岛的主权。对此，周恩来总理兼外长代表中国政府发表郑重声明，指出《旧金山和约》是没有中华人民共和国参加的对日单独和约，中国政府认为是非法的、无效的。1972年，美国向日本归还冲绳时，竟将钓鱼岛一并交给日本。对此，我国外交部发表声明指出，美日两国把我国钓鱼岛等岛屿列入归还区域，完全是非法的，这丝毫不能改变中华人民共和国对钓鱼岛等岛屿的领土主权。其后，美国国务院发言人表示，"归还冲绳的施政权，对尖阁列岛的主权问题不发生任何影响"。

钓鱼列岛位于"台湾海盆"地带，处于中国东海海床边缘，亦即位于中国闽浙二省东海地区的大陆礁层边缘，是中国大陆土地及台湾东部山岭向海洋的自然延伸。这列海底山岭拦截了长江、黄河等河流带来的泥沙及有机营养物，形成了4000米厚的堆积层（含石油、天然气）。全部海床地区水深在200米以内。钓鱼列岛以南10余海里海床，地形突变，水深达1000尺以上，地质学上称为"琉球海槽"，并无大陆地礁层，故钓鱼岛列屿在地理上与琉球群岛没有关联，并非属日本的琉球本土陆地的自然延伸。所以，从海底自然演化来看，东海大陆架、大陆坡是中国东部陆地及山脉的自然延伸，是中国陆地物质养育形成的。冲绳海槽是个天然分界，把中国沿岸的大陆架、大陆坡与琉球群岛海域隔开，分成两个截然不同的海洋区域。

鉴于日方在钓鱼岛问题上有不同主张，1978年邓小平访日时，对于中日间的领土争端问题曾提出"搁置争议，共同开发"的主张。我国政府从发展中日关系的大局出发，在坚持我国一贯立场的前提下，与日方达成了将此问题留待以后解决，不采取单方面行动，避免这一问题干扰两国关系大局的共识。

但近年来，日本右翼分子在钓鱼岛问题上不断制造事端。日本一些极右分子强行登岛，妄想对钓鱼岛进行实际上的控制。1990年10月，日本右翼团体上岛修建灯塔；2000年4月，日本右翼团体上岛建其所谓的"神社"；近年来，日本海上保安厅一直对钓鱼岛一带海域进行着实际警戒。我国通过外交途径多次向日方提出严正交涉，日方任何旨在强化对钓鱼岛实际控制的企图都是非法的和无效的。2005年2月9日，日本政府宣布，日本右翼政治团体在钓鱼岛上所建的灯塔已直接由日本政府管理，今后将作为日本的国家财产予以保护。更为严重的是，日本政府目前出尔反尔，否认有"搁置争议"的共识，并于2012年9月将钓鱼岛实施所谓"国有化"，企图强化日本在钓鱼岛的存在。我国政府向日本提出了强烈抗议，中国政府认为钓鱼岛及其附属岛屿是中国的固有领土，日本采取的任何单方面行动都是非法和无效的。1992年我国《领海及毗连区法》明确规定："中华人民共和国的陆地领土包括中华人民共和国大陆及其沿海岛屿、台湾及其包括钓鱼岛在内的附属各岛……以及其他一切属于中华人民共和国的岛屿。"钓鱼岛问题的复杂化，完全是日本政府罔顾事实及其领土野心的膨胀一手造成的。为了捍卫中国领土主权和维护合法权益，自2012年10月起，我国的渔政船和海监船已开始在钓鱼岛海域进行不定期巡防。

三、南海诸岛问题

南中国海星罗棋布地分布着几个不同的岛礁群，包括南沙群岛、西沙群岛、中沙群岛和东沙群岛。上述这些群岛自古以来就是中国领土的组成部分，中国历代政府一直对这些群岛行使着主权。但是晚近以来，有些国家却对上述有关岛屿提出了非法的领土要求，争议主要发生在南沙群岛和西沙群岛。

1. 南沙群岛问题。南沙群岛位于南海最南部，由200多个大小不一的岛屿、珊瑚礁等组成。早在公元前2世纪汉武帝时，中国人民就开始在南海航行并发现了南沙群岛。中国人民至少自唐宋以来就已在南沙群岛从事捕捞、开垦等生产活动。东汉的《异物志》、宋代的《梦梁录》、元代的《岛夷志略》、明代的《东西洋考》、《顺风相送》、清代的《海国闻见录》等史书都对该群岛的位置、岛礁分布情况及中国人民在其上的活动作了记载。中国历代政府早就对该群岛确立了主权并行使着管辖权。明清时已将南沙群岛划归广东省琼州府万州管辖；近现代，中国政府一再重申对南沙群岛的主权，并竖立石碑，派驻军队，抗议和反击外来的侵占。第二次世界大战期间，南沙群岛落入日本之手，但战后日本通过正式仪式把南沙群岛归还中国。此后多年没有任何国家对我国在南沙群岛的领土主权提出异议。许多国家出版的地图和百科全书，也都确认了我国对南沙群岛拥有主权这一客观事实。所以，不论是按 15～16 世纪的国际惯例和国际法，还是按 18～19 世纪以来的晚近国际法，我国对南沙群岛的主权都是不可争辩的。

20 世纪 40 年代以来，越南、菲律宾、马来西亚和文莱等逐渐开始对南沙群岛提出主权要求，并继而占领了南沙群岛的部分岛礁。到了 20 世纪 70 年代，这种占领我国岛礁的行为愈演愈烈。目前南沙群岛部分岛礁被外国占领的问题仍未解决。进入 20 世纪 90 年代后，上述国家又加紧对所占岛礁及其周围海域的油气资源进行开发，企图造成既成事实。越南以 1937 年殖民者法国侵占中国南沙群岛的九小岛是"先占"作为取得领土主权的"法律依据"；有的国家以《联合国海洋法公约》作为取得领土主权的"理论基础"。但是，法国殖民者的"先占"显然是无效和非法的，因为南沙群岛是中国领土，不属于无主土地，而依海洋法划定海域也应以领土归属的确定为前提条件。对此，我国主张尽最大努力以和平方式解决南沙群岛问题，由有关各方在尊重国际法、国际海洋法的基础上解决有关争端，在此之前"搁置争议，共同开发"。

2. 西沙群岛问题。这主要涉及我国和越南之间的争议。早在公元前 2 世纪，我国人民就发现了西沙群岛，自此以后不断有中国渔民在岛上定居并进行航行和捕鱼。自宋朝起中国历代政府就对西沙等诸岛礁行使管辖权。1911 年，西沙等划归海南岛管辖；1939 年日本占领西沙、南沙等岛屿，二战后中国政府重新接管；1958 年我国政府发表的《中华人民共和国关于领海的声明》明确指出，东沙、西沙、南沙、中沙群岛是中国领土。1974 年，南越政权非法侵占了西沙部分岛屿，在西沙自卫反击作战后，我国又重新收回了西沙群岛的主权。目前西沙群岛完全在我国的控制之下。1979 年 9 月 28 日，越南外交部公布了《越南对于西沙和南沙两群岛的主权》的白皮书，公然对西沙和南沙两群岛提出领土要求。1980 年 1 月 30 日，我国外交部发表文件《中国对西沙群岛和南沙群岛的主权无可争辩》，以大量的历史事实和证据，驳斥了越南方面的论据，证明了西沙群岛历来就是中国的领土。事实上，越南是 19 世纪才知道西沙群岛的，而且从来也没有实际占领过，越南政府的立场于任何方面都不能成立。按照国际法的领土取得原则，我国是最先发现南海诸岛的，并长期进行着有效管辖，因而我国对这些岛屿拥有主权，是无可争议的，也是为世界各国所一直承认的，任何其他国家对这些群岛提出的主权要求，都是无效的、非法的。

正确处理上述领土争端，对于维护我国领土主权，发展我国与有关国家的睦邻友好关系，维护地区性和平具有很重要的意义。为此，我国政府一直主张，对于领土边界问题，应由有关国家通过和平的方式，即在和平共处五项原则的基础上，通过友好的谈判与协商，互谅互让，求同存异，以求得公平合理的解决，绝不允许通过武力、武力威胁或者诉诸战争的方式加以解决，在领土边界问题未获得解决以前，应维持领土边界现状。我国政府的这一原则立场，也得到了世界上许多国家的高度赞赏。

在我国和东盟各国的努力下，2002 年 11 月 4 日终于在金边签署了《南海各方行为宣言》。宣言确认中国与东盟致力于加强睦邻互信伙伴关系，共同维护南海地区的和平与稳定。宣言强调通过友好协商和谈判，以和平方式解决南海有关争议。在争议解决前，各方承诺保持克制，不采取使争议复杂化和扩大化的行动。但遗憾的是菲律宾等国家近几年在南海的所作所为，严重违反了《南海各方行为宣言》的精神和原则。2013 年 6 月，王毅外长宣布，中国和东盟将于当年 9 月在中国就南海"行为准则"开始正式协商。随着协商的开始和"准则"的达成，南海会变得更加稳定。

第七节　南北极

南极、北极与公海和国际海底区域一样，不是任何一个国家的领土部分，任何一个国家都不能行使主权或主权权利。随着科学技术的发展，人类探索和利用南北极已成为现实，特别是在各国资源日渐减少的情况下，南北极问题更突显出来。

一、北极

北极除极少数的岛屿外，其余部分全是冰川覆盖的大洋，冬季 90% 的洋面结有厚冰，70% 的洋面则终年冰封。北极有巨大的渔场和狩猎场，自然资源丰富，因此，一些国家长期觊觎北极，尤其是极地周围的一些国家。

苏联 1926 年最早主张北极扇形区制度。所谓扇形区理论，就是指毗邻极地的国家以其海岸线为底，以极点为顶点，以从极点到各该国国界东西两端所确定的两条经线为腰而构成的一个扇形空间。凡是在该扇形地区的一切陆地和岛屿，无论已经发现或尚未发现，都是该国领土，受该国主权的管辖。1926 年 4 月 15 日，苏联中央执行委员会和人民委员会作出决议："凡位于苏联沿北冰洋海岸、北极和东经 32°4′35″及西经 168°49′30″之间的一切陆地和岛屿，无论是已经发现的或将来可能发现的，都是苏联的领土。"

如果按照扇形区原则，在北极拥有扇形领土的国家除苏联外，还有美国、加拿大、挪威和丹麦。但是，美国和挪威反对在北极地区适用所谓扇形区理论，加拿大原则上也不赞同扇形区理论。1956年，加拿大北部事务和国家资源部长指出："我们从未支持一般扇形理论。照我们看来，海洋不管是在冰冻或自然的液体状态都是海洋，我们的主权存在于陆地和我们的领海之上。"可见，关于北极的地位，包括毗邻北极的国家与苏联的立场并不一致。而且，关于北极的扇形区制度在实际上也并没有得到各国的普遍承认。目前，关于北极地区的法律地位及法律制度正处于建立和完善过程之中。1973年，一些紧邻北极的国家签署了《北极熊及生境养护国际协定》；1991年，北极国家首脑会议发表了《保护北极环境宣言》，并制定了《北极环境保护战略》；1996年9月毗邻北极的8个国家成立了北极理事会，其宗旨是保护北极地区的环境，促进该地区在经济、社会和福利方面的持续发展；2013年5月15日，中国等国家被接纳为该理事会的正式观察员。中国取得"正式观察员国"地位会比较有效地保护我国在北极的正常活动，同时中国也会为北极的稳定、发展、科研及环保作出自己的贡献。

二、南极

(一) 南极概况

南极地区包括南极圈以内的大陆及其附近的岛屿和南纬60°以南的海洋。南极大陆及其周围岛屿的面积为1400万平方公里，相当于我国国土面积的1.45倍，占世界陆地面积的1/10。南极大陆95%以上的面积被冰雪覆盖，万年积雪形成了巨大的冰盖。冰盖的平均厚度为2000米，最厚的冰层可达4800米。

在南极洲冰盖下面，蕴藏着丰富的自然资源。据初步探明，南极大陆有丰富的铁、煤、铜、铅、锌、锰、金、银、铀、石油和天然气等220多种矿产资源和能源，其中铁、煤资源和石油、天然气资源尤为丰富。

(二) 南极的法律地位

由于南极巨大的经济和战略价值，20世纪初，一些国家就开始了对南极的争夺，有的国家也提出了扇形区要求。1908年，英国首先对南极提出了扇形区要求，主张占有南纬50°以南、西经20°~80°范围内的各岛和格雷姆领地。随后，阿根廷、澳大利亚、智利、法国、荷兰、挪威等国对南极的一些地区也纷纷提出了主权要求。上述国家的要求相互重叠，经常发生争议。美国和苏联不承认别国对南极的领土要求，但声明保留由于本国公民的发现和考察所取得的一切权利。

各国对南极地位的观点，概括起来，主要有三种：①"扇形原则"，即以南极极点为顶点、以经线为腰并以纬线为底所形成的扇形范围内的区域，归主张该扇形空间的国家所有；②"先占原则"，即把南极视为无主土地，可由各国加以占有；③"共同继承财产原则"，即由世界各国在平等的基础上分享南极的权利。

(三) 南极条约体系

鉴于各国对南极的激烈争夺，为了缓解矛盾和化解分歧，维持南极相对的稳定局面，1959 年 12 月 1 日，12 个国家在美国签订了《南极条约》。由于《南极条约》对南极资源问题没有作出规定，1964 年缔约国又签署了《保护南极动植物协议措施》，1972 年条约缔约国在伦敦缔结了《南极海豹保护公约》（该约 1978 年 3 月 11 日生效），1980 年在堪培拉缔结了《南极海洋生物资源保护公约》（该约 1982 年 4 月 7 日生效），1988 年在惠灵顿订立了《南极矿物资源活动管理公约》（该约已开始签字，尚未生效）。由于《南极条约》仅在第 5 条规定，禁止在南极进行核爆炸和处置放射性尘埃，并没有对南极地区的环境保护作出明确规定，所以于 1991 年条约缔约国在马德里又签订了《关于环境保护的南极条约议定书》。目前，上述条约和议定书与《南极条约》一起构成了有关南极问题的条约体系。

1. 1959 年《南极条约》。该条约是特定历史条件下的产物，一方面，当时一些国家对南极的领土要求导致了激烈的冲突，有必要缓解国家间纠纷造成的紧张局势；另一方面，对南极进行的科学考察活动也为条约的缔结奠定了基础。在这种历史背景下，1959 年 12 月，经美国倡议，在华盛顿召开了由阿根廷、法国、澳大利亚、比利时、智利、日本、新西兰、挪威、南非、美国、英国、苏联 12 个国家参加的南极会议。与会国共同签署了《南极条约》，并于 1961 年 6 月 23 日生效。我国于 1983 年加入该条约，并于 1985 年成为协商会议的协商国。

《南极条约》适用于南纬 60°以南地区，它由序言、14 项条款及最后议定书组成。其确立的法律制度主要包括以下几点：

（1）和平利用南极。为了全人类的利益，对南极实行非军事化，在南极禁止核爆炸和处置放射性尘埃，禁止建立军事基地、进行军事演习和任何武器试验，但为科学研究或其他和平目的使用军事人员或设施不受限制。

（2）科学考察自由和国际合作。在南极地区实行科学考察和调查的自由，并促进为此而进行的国际合作。各国应交换科学计划情况、考察报告与成果，并可自由利用有关资料。自 1957~1958 年的国际地球物理年以来，人类对南极开始了大规模的国际性科学考察，迄今已有 20 个国家在南极建立了 150 多个科学考察基地，进行着气象学、冰川学、地质学、地球物理学、生物学、医学、环境保护和资源等综合性考察。这些众多的考察站，根据其功能大体可分为：常年科学考察站、夏季科学考察站和无人自动观测站三类。从分布来看，大多数国家的南极站都建在南极大陆沿岸和海岛的夏季露岩区。只有美国、俄罗斯（前苏联）和日本在南极内陆冰原上建立了常年科学考察站，其中，美国建在南极点的阿蒙森——斯科特站和前苏联的东方站最为著名。自 1979 年始，我国先后有一些记者和科学工作者访问和考察了南极；1980 年，我国设立了"南极考察委员会"；1983 年，我国以观察员身份出席了第 12 届南极协商会议；1984 年 11 月，我国独立地向南极派出了一支科学考察工作队，并于 1985 年在南极建立起我国第一个南极考察站——中国南极长城站；之后，我国又于 1989 年 2 月 26 日建立了中山站。我国在南极的科学考察，对于南极科学研究的发展以及南极的和平开发和利用，都具有十分重要的意义。

（3）冻结各国对南极领土的主权要求。《南极条约》第 4 条第 1 款规定，本条约的任何规定不得解释为：①缔约任何一方放弃在南极原来所主张的领土主权权利或领土的要求；②缔约任何一方全部或部分放弃由于它在南极的活动或由于它的国民在南极的活动或其他原因而构成的对南极领土主权的要求的任何根据；③损害缔约任何一方关于它承认或否认任何其他国家在南极的领土主权的要求或要求的根据和立场。该条第 2 款规定，在本条约有效期间所发生的一切行为或活动，不得构成主张、支持或否定对南极的领土主权的要求的基础，也不得创立在南极的任何主权权利。在本条约有效期间，对在南极的领土主权不得提出新的要求或扩大现有的要求。由此可见，该条约并不解决对南极的领土主权问题，而是在条约有效期内暂时冻结领土要求。各国不得对南极提出新的要求和扩大现有要求。

（4）建立南极协商会议制度。南极协商会议由条约的原签字国及符合特定条件的加入国组成。该会议每 2 年（自 1993 年起每 1 年）举行 1 次，其职能是交换情报，讨论南极地区有共同利益的事项。

2. 关于南极生物资源保护的条约。随着科学技术的发展，开发南极生物资源已引起人们的重视。《南极条约》签订以后，缔约国又签订了一系列条约，以保护南极生物资源。这些条约有：1964 年《保护南极动植物协议措施》、1972 年《南极海豹保护公约》和 1980 年《南极海洋生物资源保护公约》。

3. 有关南极矿物资源活动的条约。有关开发南极矿物资源的条约主要是 1988 年《南极矿物资源活动管理公约》，该公约建立了规定未来南极矿物资源活动的法律框架。此外，1991 年，南极条约组织协商会议又制定了关于环境保护的南极条约议定书，规定在今后 50 年内，禁止在南极大陆进行任何商业性开采矿产资源和石油资源的活动。

应该说，南极条约体系所确立的法律制度，在确保南极的非军事化，促进科学研究和合作，加强对南极的环境保护，维护南极的稳定局面等方面，是卓有成效的。但是，南极条约体系没有根本解决南极的法律地位问题，而且很多方面的制度还不完善，例如《南极条约》没有设立永久性机构，保护南极生物资源及关于矿产活动的规则还不够具体，条约的适用和执行也存在困难；同时，南极条约的缔约国数量仍然有限，尤其是成为协商国的条件很严格，使条约的普遍性受到了限制，从而影响了该条约体系的效力。

【思考题】

1. 简述国家领土的意义。
2. 《南极条约》主要包括哪些内容？
3. 试析传统国际法关于国家领土变更的方式。
4. 实地划定边界的方法有哪些？
5. 简述对领土主权的特殊限制。
6. 试述钓鱼岛归我国所有的历史和法律根据。

第七章

第八章

海洋法

第一节　海洋法的概念和历史发展

一、海洋法的概念

从陆地与海洋在地球表面的分布看，海洋占地球表面的比例约为71%，其面积约为3.6亿平方公里，是陆地的2.5倍。浩瀚的海洋是生命的摇篮，其中蕴藏着丰富的生物和矿物资源。从远古时代起，人类就开始开发和利用海洋中的生物和非生物资源，特别是其中的渔业资源。海洋不但为人类生存和发展提供重要的物质基础，还是人们进行交往和开展贸易活动的重要通道。中国历史上郑和七次下西洋，足迹遍布亚洲、非洲的三十多个国家；意大利人马可波罗远涉重洋造访中国。纵观当今的贸易活动，通过海上运输进行的贸易占国际贸易总量的80%甚至更多。不仅如此，海洋对国家具有极其重要的军事价值，海洋一直被世界各大强国视为在陆地之外接近他国的前哨阵地。随着社会的进步和科学的发展，人类在海洋上从事科学研究和经济活动的范围不断扩大，各国越来越深刻地认识到，为了更好地利用海洋为人类造福，在海洋活动方面必须遵守一定的行为规则。到目前为止，调整国家在海洋方面活动的国际法规则和制度逐渐增多，涉及的领域也日益广泛，这些规则已经发展成为国际法中相对独立的一个部门或分支——海洋法。海洋法是关于各种海域的法律地位以及调整国际法主体在各种海域从事各种行为的原则、规则和规章制度的总和。

二、海洋法的历史发展

海洋法的发展有着悠久的历史。处于萌芽状态的海洋法规则的出现可以追溯到中世纪甚至更早；而海洋法形成一系列比较系统的规范，成为一个相对独立的法律部门则是在近代以后；现代意义上的海洋法，则是在资本主义生产方式出现以后才产生和发展起来的。

早在罗马法时期，人们普遍认为海洋和空气一样是大家"共有之物"，这是罗马法从国内法的角度作出的界定，还不是海洋自由的国际法概念。这一时期虽未形成严格意义上的海洋法规则，但在某些个别条约和文献中已有关于航海规则的规定。例如公元前508年到公元前348年间罗马与迦太基之间签订的几个条约就规定：罗马的船舶不得在迦太基湾和地中海南部航行，而迦太基的船舶不得在拉齐海湾行驶。[1]

中世纪后半叶起，随着封建制度的建立，封建君主开始认识到海洋对维护其统治地位的重要意义，将其对土地的主权主张逐渐扩展到海上。英国10世纪开始宣布不列颠为"海洋之王"，威尼斯共和国控制了亚得里亚海；在北欧，瑞典控制了波罗的海，丹麦——挪威联合王国主张控制北海；葡萄牙对全部印度洋和摩洛哥以南的大西洋主张主权，西班牙则主张整个太平洋和墨西哥湾的主权。地理大发现更是引起了瓜分海洋的斗争，1493年教皇亚历山大六世发布两道谕旨，将大西洋划为葡萄牙和西班牙的管辖范围。

16世纪以后，欧洲进入了资本主义时期。少数国家对海洋的分割和垄断阻碍了资本主义的发展，遭到了后起的海洋国家的极力反对。为了打破葡萄牙和西班牙对海洋的垄断，被称为近代国际法奠基人的格老秀斯提出了海洋自由论。他认为海洋不能成为任何人独占的对象，他主张凡是不能拿起来和圈起来的东西都不能作为财产权的客体。海洋是流荡无定的东西，必然是自由的，不能为任何国家所占有。格老秀斯的观点一时遭到了反对甚至抗议，虽然他的主张没有被当时所有的国家接受，但他的思想是符合资本主义发展这一潮流的。17世纪，意大利法学家真提利斯提出国家的领土包括毗连的海域。1702年荷兰著名法学家宾刻舒克发表《海洋领土论》，把海洋区域划分为领海和公海两个部分，并提出了确定领海宽度的方法：大炮射程到达的地方为国家对海洋的权力范围，即"大炮射程说"。经过几个世纪的发展，主要以领海和公海为内容的海洋法在19世纪逐渐形成。

20世纪以来，海洋法进入了重大发展时期。特别是第二次世界大战以后，海洋法的发展出现了两次大的突破，产生了许多新制度和新概念。值得一提的是原美国总统杜鲁门于1945年发表的《关于大陆架的底土和海床的自然资源的政策的第3667号总统公告》。杜鲁门在该公告中宣称："鉴于保全和慎重利用自然资源的迫切需求，美利坚合众国政府认为，处于公海下但毗连美国海岸的大陆架的底土和海床的自然资源属于美国，受美国的管辖和控制。"随后又有一些国家效仿美国纷纷对大陆架提出了类似的主张。海洋法上逐渐形成了一个新的制度——大陆架制度，从而打破了领海之外即是公海的局面。20世纪60年代以后，海洋法的发展出现了第二次大的突破。一方面由于民族运动的发展，新独立的国家不断增加；另一方面，随着科学技术的发展，人们对海洋的认识逐渐扩展。在这种情况下，马耳他驻联合国代表帕尔多提出，把国际海底及其资源作为人类的共同继承财产，建议建立国际机构对海床洋底进行监督、管理。从那以后，随着国际关系和国际政治以及海洋科学技

〔1〕　参见魏敏主编：《海洋法》，法律出版社1987年版，第8页。

术的不断发展，其他新的海洋法规则和制度也随之产生。通过联合国三次海洋法会议的编纂，目前的海洋法已经成为最完善的国际法分支之一。

三、海洋法的编纂

海洋法的编纂活动可以追溯到 19 世纪中叶，但是那时的编纂工作一般集中在海战规则方面，平时海洋法的编纂始于 20 世纪 30 年代。1930 年在国际联盟的组织下，对海洋法的编纂作了第一次尝试。与会各国对领海宽度问题争议很大，英美等海洋大国坚持窄领海的观点，遭到许多与会国的反对。由于与会国间的利益分歧太大，没有就领海宽度问题达成协议。大规模编纂海洋法的工作是从联合国建立之后开始的，主要是在联合国主持下通过先后召开的三次海洋法会议进行的。

第一次联合国海洋法会议于 1958 年 2 月 24 日至 4 月 27 日在日内瓦召开。参加会议的有 86 个国家。与会各国就国际法委员会拟定的海洋法条款草案进行了讨论，并于 1958 年 4 月 29 日通过了四个公约，即所谓的日内瓦海洋法四公约：《领海及毗连区公约》、《公海公约》、《捕鱼与养护公海生物资源公约》和《大陆架公约》。此外，会议还通过了一项关于强制解决由这些公约可能产生的争端的任择议定书。由于当时许多亚非拉国家尚未取得独立而未能参加会议，因此这四个公约未能反映发展中国家的要求。由于各国在经济、政治和军事各方面的利益存在很大差异，领海的宽度这一重要问题在第一次海洋法会议上并没有得到解决。

为了解决第一次海洋法会议上悬而未决的问题，1960 年 3 月 17 日至 4 月 26 日，在日内瓦举行了第二次海洋法会议。88 个国家参加了会议。在会议上与会各国就领海宽度和渔业区界限问题展开了激烈争论，发表了各种不同的意见并提出了一些解决问题的方案，但是由于海洋大国坚持已见，会议无果而终。

从第二次海洋法会议结束到第三次海洋法会议召开的十几年时间里，国际形势发生了重大变化。第三世界国家在联合国成员中所占比例迅速增加，从而改变了由少数西方发达国家控制联合国大会表决机构的局面。特别值得一提的是 1967 年以后联合国大会通过了一系列关于海洋法的决议，如第二十三届联合国大会决定成立"海底委员会"以研究各国管辖范围以外的海床和洋底的和平利用问题。第二十五届联合国大会通过一项《关于各国管辖范围以外的海床洋底与下层土壤的原则宣言》，宣布该区及其资源为"人类共同继承财产"等。1970 年联合国大会通过决议，决定召开一次新的海洋法会议，以制定一项新的全面的海洋法公约。从 1970 年开始，经过海底委员会三年的筹备，联合国第三次海洋法会议于 1973 年 12 月 3 日在纽约的联合国总部开幕，160 多个国家以及民族解放组织、国际组织和未独立领土等 50 多个单位的代表作为观察员参加了会议。此次会议历时 9 年，共召开 11 期 16 次会议，于 1982 年 12 月在牙买加蒙特哥湾举行的第 11 期会议上最后通过了《联合国海洋法公约》。9 年漫长的会议期间，发展中国家与发达国家之间就所有海洋法新老问题展开了激烈辩论。最终不仅解决了领海宽度问题，还确立了一些新的海洋法制度，包括群岛国水域制度、专属经济区制度、用于国际航行的海峡的过境通行制度和国际海底区域制度等。《联合国海洋法公约》于1982年12月10日起向世界各国开放签字，1994年11月16日开始正式生效。公约共计320条，9个附件和包括4项决议书在内的会议最后文件，规定了各种海域的法律地位以及国家在各种海域的开发和利用活动所应遵守的规则和制度，是海洋法的重要法典，是当代国际关系中最重要的国际法律文件之一。

第二节 基 线

一、基线的概念

基线是一国领海与海岸或内海水之间的分界线，也是测算领海和领海以外的其他国家管辖海域宽度的起始线，其中测算领海宽度的起始线称为领海基线。基线向陆地一面的海域是内海水。基线向海一面的海域因法律地位的不同可分为领海、毗连区、专属经济区和大陆架等。国家在不同的海域拥有的权利也有所差异，所以如何划定基线对各国的利益至关重要。

二、基线的划定

（一）正常基线

正常基线就是海岸低潮线，是在海水退潮时退到距离海岸最远的那条线。1982年《联合国海洋法公约》第5条规定：“除本公约另有规定外，测算领海宽度的正常基线是沿海国官方承认的大比例尺海图所标明的沿岸低潮线。”正常基线多适用于海岸较平坦，且无众多岛屿分布的情况。

（二）直线基线

直线基线是在大陆海岸或沿岸岛屿的最外缘确定一系列适当的基点，在各基点之间连续划出一条条直线，这些直线构成的一条沿着海岸的折线就是直线基线，故直线基线也被称为折线基线。用直线基线测算领海宽度的方法适用于海岸线比较弯曲且沿岸岛屿较多的沿海国。直线基线并非“正常”的基线，这是因为在1951年“英挪渔业案”之前，低潮线通常被作为领海基线。

［案例］

英挪渔业案

1935年7月12日，挪威国王颁布一项敕令，宣布4海里专属渔区。该海域以连接挪威沿岸外缘的高地、岛屿和礁石（即“石垒”）上的48个基点之间的基线向海平行划出。这些基点之间的距离最长的达44海里。英国反对挪威划定基线的方法，认为该方法违反了国际法。在外交谈判失败后，英国在 1949 年 9 月 28 日向国际法院提起诉讼。

英国认为，国际法上通行的标准是低潮线，挪威 1935 年敕令确定基线的方法不符合国际法；挪威采用的基线仅适用于海湾；此外，基线的长度不能超过 10 海里。挪威则认为，低潮线不适用于挪威，它所采用的划定基线的方法，不管从哪一方面都是符合国际法的。挪威以前划定直线基线的敕令并未遭到包括英国在内的任何外国的反对。因此，应该认为英国已默认了这一方法的效力。

国际法院于 1951 年 12 月 18 日作出判决，驳回英国的要求，判定挪威 1935 年敕令划定渔区的方法并不违反国际法。法院认为，构成"石垒"的岛屿、小岛、礁石和暗礁与挪威大陆一起构成一个整体，因此划定领海时应该考虑的不是大陆的海岸线，而是"石垒"的外线。平行线方法对挪威这样极为曲折和密布岛屿的海岸不合适。直线基线法不仅可用于正常的海湾，也可用于曲度不大的海岸。直线基线的长度不得超过 10 海里的规则尚未构成一般国际法规则，不能以此来对抗挪威。

法院还指出，划定领海具有国际性的一面，不能仅仅依据沿海国在国内法上的意志来决定。虽然划定领海基线是单方行为，但它对其他国家的效力却取决于国际法。法院强调，挪威采用的方法与其海岸线的地理特征相一致，其领海基线符合其海岸线的一般走向。

1951 年国际法院对"英挪渔业案"的判决对于直线基线在国际法上的合法性具有重要意义。传统海洋法只承认以正常基线即低潮线作为基线来划定一国的领海及其他海域。这种方法对于那些海岸比较曲折或沿岸岛屿密布的国家来说显然是不合适的。经本案判决直线基线首次在法律上得到承认，进而为国际社会所采用。从此案判决后一直到 1958 年签订《领海及毗连区公约》，许多海岸线弯曲或沿岸有许多岛屿的沿海国陆续采用直线基线来测算它们的领海宽度。1982 年《联合国海洋法公约》也确认了直线基线的合法性，根据该公约第 7 条第 1 款的规定："在海岸线极为曲折的地方，或者如果紧接海岸有一系列岛屿，测算领海宽度的基线的划定可采用连接各适当点的直线基线法。"

三、河口、港口、海湾、低潮高地与基线

(一) 横越河口的基线

从绘图法角度而言，河口与海湾没有区别，都作为海湾对待，实际上河口与海湾在划定基线时并不相同。在第一次海洋法会议上，国际法委员会的专家通过分析各种不同的鉴别方法以及国家在这方面的实践，最终经过修改接受了 1958 年《领海及毗连区公约》第 13 条的解决方法。该条规定，如果河流直接流入海洋，基线是一条在两岸低潮线上两点之间横越河口的直线。1982 年《联合国海洋法公约》第 9 条完全接受了《领海及毗连区公约》的这项规定。

第八章

（二）海湾的封口线

海湾湾口的宽度以及湾口封口线的划定对划定领海基线十分重要。根据 1982 年《联合国海洋法公约》第 10 条第 4 款的规定，如果海湾湾口不超过 24 海里，即不超过领海宽度的两倍，沿海国即可在两岸低潮标之间划一条封口线，该线向陆地的一面为沿海国的内水，该线向海的一面为沿海国的领海，该线即作为领海基线；如果海湾湾口宽度超过 24 海里，封口线应该划在海湾内，具体划在何处，由沿海国依海湾的具体情况而定，以"划入该长度的线所能划入的最大水域"（第 10 条第 5 款）为原则，而且封口线的长度不能超过 24 海里。

但是根据 1982 年《联合国海洋法公约》第 10 条第 6 款的规定，上述关于划定封口线的规定不适用于"历史性海湾"和采用直线基线法所涉及的任何情形。

（三）港口最外部为基点的基线

1982 年《联合国海洋法公约》第 11 条规定："为了划定领海的目的，构成海港体系组成部分的最外部永久海港工程视为海岸的一部分……"因此，沿海国可以将这样的海港工程视为"海岸"并将其最外部的各点作为领海基线的基点。但是该条又规定："近岸设施和人工岛屿不应视为永久性海港工程。"

（四）低潮高地作为划定基线的起点

低潮高地是指在低潮时四面环水并高于水面但在高潮时没入水中的自然形成的陆地。根据 1982 年《联合国海洋法公约》第 7 条第 4 款的规定，低潮高地上如果有永久高于海平面的灯塔或类似设施，或以这种高地作为划定基线的起讫点已经获得国际一般承认，可以将这种高地作为划定直线基线的起点。根据该公约第 13 条第 1、2 款的规定，如果低潮高地全部或部分与大陆或岛屿的距离不超过领海的宽度，该高地的低潮线可以作为测算领海宽度的基线；如果低潮高地全部与大陆或岛屿的距离超过领海的宽度，则该高地没有其自己的领海。

第三节　内　海　水

一、内海水的概念和法律地位

内海水是一国内水的组成部分，根据 1982 年《联合国海洋法公约》第 8 条的规定，除另有规定外，内海水是指沿海国领海基线向陆地一面的水域，包括沿海国的海港、内海湾、内海峡、河口以及其他领海基线与海岸之间的海域。

内海水是沿海国领土的组成部分，国家对其拥有完全的、排他的主权。国家在该海域的主权主要体现在以下几方面：①沿海国有权制定有关内海水的法律和规章制度。②一切外国船舶未经沿海国许可不得进入内海水航行。③外国商船如果获准进入一国内海水，必须遵照该国法律和规章驶入该国指定的港口。对于不可抗力或遇难船舶，沿海国通常允许它们驶入其内海水，但必须遵守沿海国的法律和规章，不得从事贸易、捕鱼以及任何违反沿海国利益的行为。④外国军用船舶必须通过外交途径办理一定手续，才能进入一国内海水。⑤沿海国对于经允许进入其内海水的外国船舶享有属地管辖权，但在实践中，只有其利益受到损害时，沿海国才强制执行其法律。对于因船舶内部事务引发的案件，一般由船旗国处理。进入沿海国内海水的外国军舰和从事非商业服务的国家船舶享有特权和豁免权，但其必须遵守沿海国的法律和规章，否则沿海国可以提出警告，要求其离开内海水。

1982 年《联合国海洋法公约》第 8 条第 2 款规定，按照直线基线法确定领海基线使原来本不属于内水的水域成为内水，此种水域应允许外国船舶享有无害通过权。

二、港口

港口是指具有天然条件和人工设备，便于船舶停泊和上下客货的港湾，在海岸线上的港口即为海港。

港口的外部界限是连接港口最外缘各海港建筑、工程最外各点而将整个港口包围在内的线。当港口外缘设有如同防波堤一样的深入大海最深处的永久性建筑时，则该界线便是与这类永久性建筑最外部边缘重合的一条线。

港口是沿海国的内水，沿海国有权完全禁止外国船舶进入。但是，鉴于政治、经济等方面的利益以及国际贸易的需要，沿海国一般会指定某些港口对外开放。在符合沿海国规定的前提下，外国船舶可以进入沿海国港口。

进入沿海国港口的外国船舶要遵守沿海国的港口制度。沿海国一般都根据本国情况并参照国际习惯或依据其参加的国际公约制定自己的港口制度。有关国际条约和习惯涉及港口制度的规则主要有以下几方面的内容：①一国开放的港口应对所有国家的商船开放；②外国商船进入一国港口，应遵守港口国的法律；③对于遇难、躲避风暴或其他不可抗力的船舶，港口国应允许其进入、停泊，但该遇难船舶不得在港口内从事违反沿海国法律的行为；④对于外国军舰入港的条件，各国可以作出特别规定。

根据 1979 年我国交通部发布的《中华人民共和国对外国籍船舶管理规则》的规定，外籍船舶到港前一个星期办理进港申请手续；进出港口或在港内航行、停泊，必须由港务监督指派引航员进港；封存船上的武器弹药，限制无线电发报器的使用，不得危及港口安全秩序。

三、海湾

海湾是指海洋深入陆地形成的明显水曲。根据 1982 年《联合国海洋法公约》的规定，该水曲的面积应该大于或等于以横越曲口所划的直线为直径所划的半圆的面积，否则是一般的水曲，不是海湾。海湾可以分为沿岸属于一国领土的海湾、沿岸

第八章

属于两个以上国家领土的海湾和历史性海湾。

沿岸属于一国领土的海湾，属于沿海国内水的一部分，沿海国对其行使完全的、排他的主权。1982 年《联合国海洋法公约》第 10 条第 4 款、第 5 款就海湾的法律地位作了规定：①如果海湾天然入口两端的低潮标之间的距离不超过 24 海里，则可在这两个低潮标间划出一条封口线，该线所包围的水域应视为内水。②如果海湾天然入口两端低潮标之间的距离超过 24 海里，则 24 海里的直线基线应划在海湾内；基线以内的水域才是内水。公约第 10 条第 6 款规定两种例外，即上述规定不适用于历史性海湾和采用直线基线法的任何情形。

所谓历史性海湾，是指沿岸属于一个沿海国，湾口宽度超出领海宽度的两倍，历史上一直被认为属于该沿海国内水的海湾。历史性海湾必须具备至少以下两个条件：①沿海国明确主张并长期有效地对海湾行使主权；②国际社会，特别是利益直接相关的国家必须已经默认该沿海国的主张。还有学者认为，沿海国所主张的水域必须与该国的海岸邻接以及相关情事必须广为人知，至少被利益直接相关的国家所了解，也是历史性海湾存在的条件。在各国的实践中，已有一系列的海湾被宣布为历史性海湾。比如，加拿大的哈得逊湾，其湾口宽度为 50 海里，而前苏联的大彼得湾，其湾口宽度为 110 海里。我国的渤海湾，自古以来在我国主权支配之下，并且早已得到国际上的承认，是我国的内海湾，1958 年我国政府的领海声明中已明确宣布它位于我国直线基线以内。我国渤海湾的湾口虽然有 45 海里，但入口有一系列岛屿把湾口分隔成 8 个较小的入口，其中最宽的不超过 22.5 海里。因此，无论从何种角度而言，渤海湾均应是我国的内海湾。

沿岸属于两个或两个以上国家领陆的海湾，1958 年《领海及毗连区公约》和1982 年《联合国海洋法公约》都未作出规定。在实践中，这类海湾由沿岸国共同管辖，其法律地位由沿岸国采用特别协定的方式来确定。

四、海峡

海峡是位于两块陆地之间，两端连接海洋的自然的狭长水道或通道。例如，连接大西洋和地中海的直布罗陀海峡、位于东南亚的马六甲海峡、位于亚洲和非洲之间的曼德海峡和位于亚洲和北美洲之间的白令海峡等。从其法律地位看，海峡可以分为三种：①内海海峡，即在一国领海基线以内的海峡，其法律地位与内水相同。中国的琼州海峡即为内海海峡。②领海海峡，即宽度小于或等于沿海国领海宽度两倍的海峡，其法律地位与领海相同。③非领海海峡，即宽度超过了领海宽度两倍的海峡。这类海峡不论两岸属于一国还是分属不同国家，领海外部界限以内的海域属于沿岸国的领海，适用领海制度。领海外部界限以外的海域依海域的法律地位，属毗连区、专属经济区或公海，适用公约为相应海域规定的法律制度。我国的台湾海峡即为非领海海峡。

第四节　领海和毗连区

一、领海

（一）领海的概念

1982 年《联合国海洋法公约》第 2 条第 1 款规定："沿海国的主权及于其陆地领土及其内水以外邻接的一带海域，在群岛国的情形下则及于群岛水域以外邻接的一带海域，称为领海。"领海在沿海国的主权控制之下，是沿海国领土的组成部分。除了受到一般国际法公认的外国船舶无害通过制度的限制外，沿海国对其领海享有完全的、排他的主权。

（二）领海的宽度

领海宽度一方面涉及国家领土主权、国家安全以及其他经济和军事利益，另一方面还涉及公海自由。因为领海越宽越有利于维护沿海国的主权，反之则越有利于拥有公海自由，因此领海宽度一直以来都是各国之间争议较大的问题。在第一次和第二次联合国海洋法会议上，由于缔约国之间存在分歧，因而未能就这一问题达成协议。

关于确定领海宽度的方法，历史上曾经有过各种不同的理论学说，如以船舶航行一定时间的距离作为领海宽度的"航程论"，根据海岸上所能看到的地平线来决定领海宽度的"视野论"以及以大炮射程来规定国家管辖海域范围的"大炮射程论"等。其中"大炮射程论"得到不少国家的赞成。根据这种学说，当时大炮射程平均 3 海里的距离即是领海的宽度。然而随着军事科技的发展，大炮射程早已超过了平均 3 海里，但是 3 海里后来成为美、英等海洋大国一直坚持的领海宽度，并被认为是国际法公认的规则，因为这样的领海宽度更符合海洋自由原则。与海洋大国相反，第三世界国家从维护国家主权和沿海经济利益的角度出发，主张较宽的领海，分别主张 10 海里、12 海里、30 海里、50 海里甚至 200 海里的领海宽度。经过 1958 年到 1982 年三次联合国海洋法会议上的长期争论，领海宽度问题终于得到解决。1982 年《联合国海洋法公约》第 3 条规定："每一国家有权确定其领海的宽度，直至从按照本公约确定的基线量起不超过 12 海里的界限为止。"目前，世界上已经有一百多个国家确定其领海宽度为 12 海里，中国 1958 年《关于领海的声明》和 1992 年《领海及毗连区法》都确定中国的领海宽度为从领海基线量起 12 海里。

沿海国的领海是位于领海基线与领海外部界限之间的海域。根据 1982 年《联合国海洋法公约》的规定，沿海国可以采用正常基线、直线基线作为领海基线。领海的外部界限则是一条其每一点同基线最近点的距离等于领海宽度的线。根据各国实践，划定领海的外部界限的方法通常包括：①交圆法：在采用低潮线作为领海基线的情况下，以基线上选定的各点为中心，以领海宽度为半径，向外划出一系列相交的半圆，各交点之间的一系列相连的弧线就是领海的外部界限。②共同正切线法：在以直线基线作为领海基线的情况下，以直线基线上的每个点为圆心，以领海宽度为半径向外划出一系列半圆，取每两个相邻半圆的正切线，连接相邻切线的交点形成的线就是领海的外部界限。③平行线法：在领海基线是低潮线时，将低潮线向与其平行的方向移动 12 海里所形成的线就是领海的外部界限；在领海基线是直线基线时，将直线基线上的每一段向外平行移动 12 海里所形成的线就是领海的外部界限。

（三）领海的法律地位

领海是国家领土的组成部分，除了受到外国船舶无害通过权的限制外，沿海国对领海享有完全的、排他的主权。沿海国的主权及于包括领海的水域、海床和底土以及领海上空各个部分。具体而言，沿海国对领海的主权包括以下几方面：①沿海国对领海内一切资源的开发和利用享有专属权；②除国家之间另有协议外，外国的飞机未经允许不得进入或飞越领海上空；③沿海国可以制定关于领海中的航行、贸易、海关、移民、卫生和安全等方面的法律和规章；④沿海国在领海享有属地最高权，领海内的一切人和事物均受沿海国管辖；⑤沿海国在其领海内保留沿海航运权；⑥沿海国在战时保持中立时，交战国不得在沿海国领海交战或拿捕商船。

（四）领海的法律制度

领海的法律制度主要表现为沿海国的司法管辖权和外国船舶的无害通过制度。

1. 沿海国在领海的司法管辖权。按照国家的属地管辖权，各国对在其领海内发生的刑事、民事案件均有管辖权。但是，对于刑事案件的管辖，根据 1982 年《联合国海洋法公约》第 27 条，在一般情况下沿海国不应在通过领海的外国商船上行使管辖权，"以逮捕与在该船舶通过期间船上所犯任何罪行有关的任何人或进行与该罪行有关的任何调查"。但下列情况除外：①罪行的后果及于沿海国；②罪行属于扰乱当地安宁或领海的良好秩序的性质；③经船长或船旗国外交代表或领事官员请求地方当局予以协助；④这些措施是取缔违法贩运麻醉药品或精神调理物质所必要的。但上述规定不影响沿海国为在驶离内水后通过领海的外国船舶上进行逮捕或调查的目的而采取其法律所授权的任何步骤的权利。

依据国家的属地管辖权，沿海国有权对在其领海内的外国船舶上发生的民事案件行使管辖权，但在实践中，沿海国通常对通过其领海的外国船舶上的民事案件采取不干涉态度。根据 1982 年《联合国海洋法公约》第 28 条，沿海国不应为对通过领海的外国船舶上某人行使民事管辖权的目的而停止其航行或改变其航向。除船舶本身在通过沿海国水域航行过程中或为此种航行目的而承担的义务或发生的债务诉讼外，沿海国也不得为任何民事诉讼的目的而对船舶从事执行或加以逮捕。但此项规定不妨碍沿海国按照其法律为任何民事诉讼的目的而对在领海内停泊或驶离内水后通过领海的外国船舶从事执行或加以逮捕的权利。

2. 外国船舶的无害通过权。无害通过权是指外国船舶在不妨碍沿海国的和平、安全或良好秩序的条件下无须事先征得许可而通过其领海的权利。这是长期以来形成的习惯国际法规则。但是，为了避免外国船舶滥用无害通过权，1982 年《联合国海洋法公约》对"通过"和"无害"都作出了规定。根据该公约第 18 条第 2 款及第 20 条的规定，外国船舶在沿海国领海通过时必须继续不断地迅速进行，不能停靠，不能下锚，但通常航行所附带发生的或由于不可抗力或遇难的情况则不在此限；潜水艇或其他潜水器在通过时必须在海面上航行并展示其旗帜。此外，该公约第 23 条规定，外国核动力船舶和载运核物质或其他本质上危险或有毒物质的船舶，在行使无害通过权时，应持有国际协定为这种船舶所规定的证书，并遵守国际协定所规定的特别预防措施。由于核动力船舶在通过领海时容易对沿海国的安全带来威胁，因此这类船舶的船旗国一般都应谨慎从事。国家实践表明，在此类船舶通过之前，船旗国一般都会与沿海国预先签订专门协定，作出具体规定和安排。

根据 1982 年《联合国海洋法公约》第 19 条第 1 款的规定，外国船舶通过沿海国领海时应符合本公约和其他国际法规则，只要不损害沿海国的和平、良好秩序或安全，就是无害的。公约虽然仅对无害作出原则性规定，但在第 19 条第 2 款列举了12 项应视为有害的通过行为，即：①对沿海国使用武力或武力威胁；②进行任何种类的武器操练或演习；③任何目的在于收集情报使沿海国的防务或安全受损害的行为；④任何影响沿海国的防务或安全的宣传行为；⑤在船上起落或接载任何飞机；⑥在船上发射、降落或接载任何军事装备；⑦违反沿海国海关、财政、移民或卫生的法律和规章；⑧故意和严重的污染行为；⑨任何捕鱼活动；⑩进行研究或测量活动；⑪干扰沿海国的任何通讯系统或任何其他设备或设施的行为；⑫与通过没有直接关系的任何其他活动。

沿海国可以制定无害通过的法律和规章，如海上交通安全管理、保护沿海国的环境、养护海上生物资源、保护灯塔等法律和规章。行使无害通过权的外国船舶应遵守沿海国的法律和规章，对于违反这些法律和规章者，沿海国可以作出处理。无害通过制度一般限于平时适用，如在战时，可以禁止外国商船通过。平时在特定的水域也可以暂时禁止外国商船通过，或规定某一段领海为禁区予以关闭，但此规定对任何外国商船都必须一视同仁。

外国军舰在领海是否享有无害通过权的问题，一直以来都存在激烈争论。在第三次海洋法会议上，海洋大国竭力主张一切船舶，包括商船和军舰，均享有无害通过权；另一些国家从国家的安全利益出发，反对海洋大国的观点，认为无害通过制度不适用于军舰，外国军舰在领海通过必须事先通知或取得沿海国的同意。中国和其他二十多个发展中国家一再提出联合提案，建议增加有关要求外国军舰通过领海时应事先获得批准或予以通知的规定。但是，这些建议未被接受。[1]由于海洋大国和其他国家之间在这一问题上存在的分歧，1982 年《联合国海洋法公约》在第 17 条采用模糊性语言作出规定："所有国家，不论沿海国或内陆国，其船舶均享有无害

---

〔1〕 高健军：《中国与国际海洋法》，海洋出版社 2004 年版，第 47 页。

通过领海的权利。"各国对此条的解释一直存在分歧，在是否给予军舰无害通过权的问题上，各国实践也不一致。中国在 1996 年批准 1982 年《联合国海洋法公约》时声明："公约有关领海内无害通过的规定，不妨碍沿海国按其法律规章要求外国军舰通过领海必须事先得到该国许可或通知该国的权利。"该声明反映了中国在 1958 年《关于领海的声明》和 1992 年《中华人民共和国领海及毗连区法》中的一贯立场。

二、毗连区

（一）毗连区的概念

毗连区是邻接领海并从领海基线量起不超过 24 海里的海域。该海域是沿海国为行使若干必要的管制而建立的。

（二）毗连区的法律地位

毗连区的法律地位不同于领海，也不同于专属经济区和公海，它是沿海国为维护国家的某些利益而设置的一个特殊区域。毗连区不是沿海国领土的组成部分，沿海国的主权不能及于毗连区。沿海国仅在某些方面有行使必要管制的权利，且这些管制权不包括毗连区的上空。根据 1982 年《联合国海洋法公约》第 33 条第 1 款的规定，沿海国对毗连区行使的必要管制包括：①防止在其领土或领海内违反其海关、财政、移民或卫生的法律和规章；②惩治在其领土或领海内违犯上述法律和规章的行为。沿海国为行使这些管制而颁布的法律和规章对本国公民和外国公民一律适用。

三、中国的领海和毗连区制度

中华人民共和国成立后，为行使对领海的主权，维护国家安全和利益，1958 年 9 月 4 日，中国政府发表了《中华人民共和国关于领海的声明》，宣布了我国领海的基本制度。1982 年《联合国海洋法公约》通过后，中国政府于 1992 年 2 月 25 日颁布了《中华人民共和国领海及毗连区法》，并于 1996 年 5 月 15 日发布了《中华人民共和国领海基线的声明》，宣布了我国大陆领海的部分领海基点和基线、西沙群岛的领海基点和基线。2012 年 9 月 10 日，中国政府根据《中华人民共和国领海及毗连区法》，划定并公布了钓鱼岛及其附属岛屿的领海基点和基线。

中国的领海和毗连区制度的基本内容如下：①中国领海为邻接中国陆地领土和内水的一带海域。中国的陆地领土包括中国大陆及其沿海岛屿、台湾及其包括钓鱼岛在内的附属各岛、澎湖列岛、东沙群岛、西沙群岛、中沙群岛、南沙群岛以及其他一切属于中国的岛屿。②中国领海基线采用直线基线法划定，中国领海的宽度为从领海基线量起 12 海里。③外国非军用船舶享有无害通过中国领海的权利，外国军用船舶进入中国领海须经中国政府批准。④外国潜水艇和其他潜水器通过中国领海，必须在海面上航行，并展示其旗帜。⑤外国船舶通过中国领海，必须遵守中国的法律、法规，不得损害中国的和平、安全和良好秩序。⑥为维护航行安全和其他特殊需要，中国政府可以要求通过中国领海的外国船舶使用指定的航道或者依照规定的分道通航制航行。⑦外国航空器只有根据该国政府与中国政府签订的协定、协议，或者经中国政府或者其授权的机关批准或接受，方可进入中国领海上空。⑧外国船舶违反中国法律和法规的，由中国有关机关依法处理。⑨外国军用船舶或用于非商业目的的外国政府船舶在通过中国领海时违反中国法律和法律规的，中国有关主管机关有权令其立即离开领海，对所造成的损失或损害，船旗国应负国际责任。⑩国际组织、外国组织或个人，在中国领海内进行科学研究、海洋作业等活动，须经中国政府或者其有关主管部门批准，遵守中国法律和法规。违反上述规定，非法进入中国领海进行科学研究、海洋作业活动的，由中国有关机关依法处理。⑪中国有关主管机关有充分理由认为外国船舶有违反中国法律和法规时，可以对该外国船舶行使紧追权。⑫中国毗连区为领海以外邻接领海的一带海域，毗连区的宽度为从测算领海宽度的基线量起不超过24海里。⑬中国有权在毗连区内，为防止和惩处在其陆地领土、内水或者领海内违反有关安全、海关、财政、卫生或者人境出境管理的法律、法规的行为行使管制权。

第五节　专属经济区和大陆架

一、专属经济区

（一）专属经济区的概念

专属经济区是1982年《联合国海洋法公约》创设的一个新海域。根据公约的规定，专属经济区是在沿海国领海以外并邻接领海的一个区域，它的范围从测算领海宽度的基线量起不超过200海里。

专属经济区的概念产生于20世纪40年代，是发展中国家争取200海里海洋权斗争的结果。这一概念的产生与大陆架概念的提出有着密切联系。1945年美国总统发表了关于大陆架的公告之后，一些拉丁美洲国家提出对其沿岸200海里海域内的自然资源享有管辖权。特别是那些没有大陆架的沿海国，它们提出的与大陆架的主张相对应的要求就是扩大其渔业区。例如，1946年6月23日智利总统发表声明：凡距离智利海岸200海里以内的海域均属于智利国家主权扩展的范围，由智利保护和控制，但不影响其他国家公海航行自由的权利。20世纪70年代初，第三次海洋法会议即将召开之际，一些加勒比国家发表《圣多明各宣言》，宣布建立"承袭海"（Patrimonial Sea）制度。在这个制度下，沿海国对200海里海域的一切资源拥有主权，但是其他国家在此区域内享有船舶航行、飞机飞越等公海自由。1971年肯尼亚首次向亚非法律协商委员会提出专属经济区的概念，次年8月肯尼亚又在向联合国海底委员会提交的一份草案中，正式提出专属经济区的概念。到第三次海洋法会议结束时，世界多数国家接受了200海里专属经济区的概念。1982年《联合国海洋法公约》在第五部分专门对专属经济区制度作了规定。目前，绝大多数沿海国都宣布了 200 海里专属经济区或专属渔区。实际上,从专属经济区制度受益的不仅是发展中国家,一些发达国家也因此获得了更大范围的管辖海域,例如:美国、澳大利亚的专属经济区都已超过了 200 万平方海里;加拿大、新西兰的专属经济区面积也接近 50 万平方海里。

(二)专属经济区的法律地位和制度

专属经济区不属于沿海国领土的组成部分,因而不像领海和内水一样完全处于沿海国的主权管辖之下,沿海国在这一海域内只行使主权权利和一定的管辖权。专属经济区也不是公海的一部分,并不像公海那样对所有国家开放。专属经济区属于国家的管辖范围,它既不同于领海,也不同于公海,是"自成一类"的海域。

1. 沿海国在专属经济区的权利和义务。根据 1982 年《联合国海洋法公约》的规定,沿海国在专属经济区内享有以勘探和开发、养护和管理海床和底土及其上覆水域的自然资源(不论为生物或非生物资源)为目的的主权权利,以及在该区域内从事经济性开发和勘探,如利用海水、海流和风力生产能源等其他活动的主权权利,这些权利是专属性的,未经沿海国的同意,非沿海国不得进行勘探和开发;沿海国对专属经济区内的人工岛屿、设施和结构的建造及使用、海洋科学研究、海洋环境的保护和保全等方面拥有管辖权;沿海国有权制定有关专属经济区的法律和规章。外国船舶如果违反这些法律和规章,沿海国可从专属经济区开始对外国船舶行使紧追权;沿海国在专属经济区内行使上述权利时,应同时履行公约规定的义务,还应适当地顾及其他国家在专属经济区内的权利和义务。

2. 其他国家在沿海国专属经济区的权利和义务。所有国家,不论是沿海国或内陆国,在专属经济区内均享有船舶航行、飞机飞越、铺设海底电缆和管道的自由,以及与这些自由有关的海洋的其他国际合法用途;经沿海国同意,在专属经济区内进行科学研究的权利;内陆国或地理条件不利的国家,有权在公平的基础上,参与开发同一分区域或区域的沿海国专属经济区内的生物资源的剩余部分;各国在专属经济区内行使权利和义务时,应适当地顾及沿海国的权利和义务,并应遵守沿海国按照本公约的规定和其他国际法规则所制定的与本部分不相抵触的法律和规章。

[案例]

中美撞机事件

2001 年 4 月 1 日上午,美国一架 EP - 3 型军用侦察机飞抵中国海南岛东南海域上空进行军事侦察活动。中方两架军用飞机对其进行跟踪监视。9 时 7 分,当中方飞机在海南岛东南 104 公里处正常飞行时,美方飞机突然违规飞行,转向中方飞机,其机头和左机翼与中方的其中一架飞机相撞,致使中方飞行员王伟驾驶的飞机坠毁,王伟跳伞后失踪。事故发生后,美方飞机未经中方允许,擅自进入中国领空,并于 9 时 33 分降落在海南岛陵水军用机场。

中美撞机事件中，美方无视国际法上的有关制度，滥用飞越自由，是造成此次撞机事件的主要原因。根据1982年《联合国海洋法公约》第58条的规定，各国在他国专属经济区上空行使飞越自由时，应适当顾及沿海国的权利和义务，并遵守沿海国按照本公约的规定和其他国际法规则所制定的与本部分不相抵触的法律规章。该公约第301条规定，一国在行使其公约下的权利或履行其公约下的义务时，应不对任何国家的领土完整或政治独立进行任何武力威胁或使用武力，或以任何其他与《联合国宪章》所载国际法原则不符方式进行武力威胁或使用武力。美方飞机无视公约上述规定的行为是对飞越自由的滥用。美国虽然没有批准《联合国海洋法公约》，但公约的上述一系列规定已成为公认的国际法规则，即使是公约的非缔约国也要受到这些规则的拘束。

（三）海岸相邻或相向国家间的专属经济区划界

据统计，在实行200海里专属经济区制度后，世界上有大约135个沿海国家和许多未独立领土面临至少与一个邻国产生海域重叠问题。海岸相邻或相向的国家之间有380处海洋边界需要划定，目前划定的只有约1/3。为了解决划界问题，1982年《联合国海洋法公约》第74条规定："①海岸相邻或相向国家间专属经济区的界限，应在《国际法院规约》第38条所指国际法的基础上以协议划定，以便得到公平解决。②有关国家如在合理期间内未达成任何协议，应诉诸第十五部分所规定的程序。③在达成第1款规定的协议之前，有关各国应基于谅解和合作的精神，尽一切努力做出实际性的临时安排，并在此过渡期间内，不危害或阻碍最后协议的达成。这种安排应不妨碍最后界限的划定。④如果有关国家间存在现行有效的协定，关于划定专属经济区界限的问题，应按照该协定的规定加以决定。"

《联合国海洋法公约》第74条的规定表明，海岸相邻或相向国家之间专属经济区划界的法律依据是《国际法院规约》第38条所指的国际法，而不是任何国家的国内法；公平原则是划界原则，也是划界应达到的结果；专属经济区划界应通过协议进行，任何单方面的划界主张对另一方没有拘束力。

二、大陆架

（一）大陆架的概念

大陆架的概念起源于地质学和地理学，从19世纪后半叶开始就在自然科学上使用。地质地理学上的大陆架是指邻接和围绕陆地领土、坡度比较平缓的浅海地带，它是陆地的自然延伸并被海水覆盖的部分。

大陆架的法律概念产生于20世纪40年代以后。1945年9月28日美国总统杜鲁门发表大陆架公告，在该公告中美国政府宣布："处于公海下，毗连美国海岸的大陆架的底土和海床的自然资源属于美国，并受美国的管辖和控制。"美国总统杜鲁门的

第八章

公告在世界上产生较大影响，随后有许多国家发表了类似声明，提出对邻接其海岸的大陆架及其自然资源的权利主张。为协调各国对大陆架的权利主张，第一次联合国海洋法会议通过的 1958 年《大陆架公约》对大陆架进行了界定，按照该公约的规定，大陆架是指：①邻接海岸但在领海以外深度达 200 公尺或超过此限度而其上覆水域的深度容许开发其自然资源的海底区域的海床和底土；②邻接岛屿海岸的类似的海底区域的海床和底土。但是，随着海洋科学技术的发展，各国对大陆架的开发深度远远超出《大陆架公约》确定的标准。经过第三次联合国海洋法会议的反复协商，1982 年《联合国海洋法公约》放弃了已经过时的深度标准，而采取了综合距离、深度和地质地貌特点的大陆架界限标准。根据该公约第 76 条的规定，沿海国的大陆架包括其领海以外依其陆地领土的全部自然延伸，扩展到大陆边外缘的海底区域的海床和底土，如果从测算领海宽度的基线量起到大陆边外缘的距离不到 200 海里，可以扩展到 200 海里的距离；如果从测算领海宽度的基线量起到大陆边外缘的距离超过 200 海里，那么沿海国的大陆架在海床上的外部界限的各定点则不应超过从测算领海宽度的基线量起 350 海里，或不应超过连接 2500 公尺深度各点的 2500 公尺等深线 100 海里。大陆边包括沿海国陆块没入水中的延伸部分，由陆架、陆坡、陆基的海床和底土构成。

（二）大陆架的法律地位和制度

大陆架不是沿海国领土的组成部分，沿海国在该海域内不能行使完全的、排他的主权，只能行使一定的管辖权和主权权利。根据 1982 年《联合国海洋法公约》的规定，沿海国在大陆架上的权利和义务包括：①沿海国为勘探和开发大陆架的自然资源，对大陆架行使主权权利。这种权利是专属性的，任何国家或个人未经沿海国同意，均不得从事对大陆架的勘探和开发活动。这里所指的自然资源包括海床和底土的矿物和其他非生物资源以及属于定居种的生物。②沿海国对大陆架的权利并不取决于有效或象征性的占领或任何明文公告。③沿海国对在大陆架上建造人工岛屿、其他设施和结构具有专属的批准权和管辖权。④拥有宽大陆架的沿海国对 200 海里以外大陆架上的非生物资源的开发，应向 1982 年《联合国海洋法公约》建立的国际海底管理局缴付一定的费用或实物。⑤沿海国在大陆架上的权利不影响大陆架上覆水域及水域上空的法律地位。⑥沿海国对大陆架权利的行使，不得对航行自由和公约规定的其他国家的其他权利有所侵害，或造成不当干扰。

其他国家在大陆架上的权利和义务包括：①船舶和飞机在大陆架上覆水域和水域上空享有航行和飞越自由。②在大陆架上铺设海底电缆和管道的权利，但电缆和管道路线的划定须经沿海国同意。③在大陆架上进行海洋科学研究的权利，但须经沿海国的同意。

（三）海岸相邻或相向国家间的大陆架划界

海岸相邻或相向国家之间对某些区域的大陆架权利要求发生重叠时，大陆架划界问题便随之产生。由于大陆架上蕴藏着丰富的生物和非生物资源，是沿海国经济资源的重要来源。因此，有关国家之间的大陆架划界问题一直以来备受关注。关于大陆架划界问题，1958 年《大陆架公约》第 6 条规定，海岸相邻或相向国家间大陆架的划界应由有关国家通过协定予以确定。在无协定的情况下，除因特殊情况应另定界线外，以每一点与测算每一国领海宽度的基线上最近各点距离相等的中间线为界线。但由于各国大陆架的情况不同，地质结构存在差异，这一规定并不能解决所有划界问题。

[案例]

北海大陆架案

1966 年，德国与荷兰和丹麦在如何划定北海大陆架界线上发生争议。荷、丹主张依等距离规则划定全部界线；德国认为依此规则划界对其明显不公平，因其海岸向陆地凹入，从其两端划出的等距离线会形成交叉，其只能获得较为狭窄的大陆架区域。1967 年 2 月，德国分别与丹麦和荷兰达成协议，将争议提交国际法院，请求法院判定，"在划分属于该三国的北海大陆架区域时应适用什么国际法原则和规则"。

丹麦和荷兰认为，北海大陆架划界应依据等距离（中间线）规则，因为该规则是一项公认的国际法规则。德国虽未批准《大陆架公约》，但由于该规则已成为国际习惯法，对德国有拘束力；德国的海岸地形不属于"特殊情况"，因而等距离规则应适用于划定三国的北海大陆架界线。德国则认为同一大陆架上国家之间划界应经协议决定，留给每个国家"公平合理的一份"，且北海东南部海岸外形应属于"特殊情况"，因而应公平划定这一地区各国大陆架的界线。

国际法院在 1969 年 2 月 20 日以 11 票赞成、6 票反对作出判决。法院指出，《大陆架公约》第 6 条确实包含有一项规则，但它是一项纯公约规则。如果《大陆架公约》在其开始之时没有宣告等距离原则是相邻国家间大陆架划界的强制性规则，那么其后也不能构成一种习惯法规则。法院不否认等距离划界方法是一种非常便利的方法，并在很多情况下被采用。但这些因素本身还不足以使该方法成为一项法律规则，从而把接受使用该方法的结果看作是在所有情况下必须履行的义务。等距离方法不是习惯法的强制性规则，因此，德国没有义务接受等距离规则。划界应"通过协议，按照公平原则，并考虑到一切有关情况，以使每一个国家尽可能多地得到构成其陆地领土自然延伸的大陆架所有部分，并且不侵占另一国陆地领土的自然延伸"。如果划界导致各方的区域相重叠，这些区域应按协议的比例在各方之间分配，或者在协议不成时由各方平分，除非它们决定对重叠区域或其中任何部分实行共同管辖、使用或开发的制度。在谈判过程中，各当事国应予考虑的因素包括：①海岸的一般构造以及任何特殊或异常特征的存在；②大陆架的自然和地质结构及其自然资源；③依公平原则划归沿海国的大陆架区域的范围与依海岸线一般方向测算的海岸长度之间的合理比例。

北海大陆架案是关于大陆架的自然延伸概念和经协议公平划界原则的重要案例。公平原则不排除依等距离规则划界，但等距离规则不具有习惯法的地位，其适用在许多情况下可能有失公平。该判决的基本主张为后来的海洋划界判例所援引和发展，成为海洋划界法律发展的重要渊源。1982 年《联合国海洋法公约》有关划界的规定深受本判决的影响。

北海大陆架案判决以后，自然延伸、公平原则成为指导大陆架划界的重要原则。经过第三次海洋法会议，公平原则得到进一步确认。1982 年《联合国海洋法公约》第 83 条规定："海洋相向或相邻国家间大陆架界限的规定：①海岸相向或相邻国家间大陆架的界限，应在《国际法院规约》第 38 条所指国际法的基础上以协议划定，以便得到公平解决。②有关国家如在合理期间内未达成任何协议，应诉诸第 15 部分所规定的程序。③在达成第 1 款规定的协议之前，有关各国应基于谅解和合作的精神，尽一切努力做出实际性的临时安排，并在此过渡期间内，不危害或阻碍最后协议的达成。这种安排应不妨碍最后界限的划定。④如果有关国家间存在现行有效的协定，关于划定大陆架界限的问题，应按照该协定的规定加以决定。"

三、中国的专属经济区和大陆架制度

中国领海邻接黄海、东海和南海广阔的海域，有宽阔的大陆架。1982 年《联合国海洋法公约》制定后，中国既有自己划定专属经济区和大陆架的问题，也有与相邻和相向国家间划分专属经济区和大陆架界限的问题。中国一贯主张有关国家间应根据公平原则，并考虑历史等因素和情况，通过友好协商，解决相互之间有关专属经济区和大陆架的划界问题。为保障我国对专属经济区和大陆架的主权权利和管辖权的行使，进一步维护我国的海洋权益，1998 年 6 月 26 日，我国颁布了《中华人民共和国专属经济区和大陆架法》。该法根据《联合国海洋法公约》的规定，考虑我国的历史和现实情况，对我国的专属经济区和大陆架的范围、界限的划定、国家在专属经济区和大陆架的权利和义务以及国际组织和个人在我国专属经济区和大陆架的权利和义务作出明确的规定。

（一）中国专属经济区和大陆架的范围和划界

1. 中华人民共和国专属经济区，为中华人民共和国领海以外并邻接领海的区域，从测算领海宽度的基线量起延至 200 海里。

2. 中华人民共和国的大陆架，为中华人民共和国领海以外依本国陆地领土的全部自然延伸，扩展到大陆边外缘的海底区域的海床和底土；如果从测算领海宽度的基线量起至大陆边外缘的距离不足 200 海里，则扩展到 200 海里。

3. 中华人民共和国与海岸相邻或相向国家关于专属经济区和大陆架主张重叠的，在国际法的基础上按公平原则以协议划定界限。

第八章

（二）中国在专属经济区和大陆架的权利和义务

1. 中国在专属经济区的权利。①中华人民共和国在专属经济区为勘探和开发、养护和管理海床上覆水域、海床及其底土的自然资源，以及进行其他经济性开发和勘察，如利用海水、海流和风力生产能等活动，行使主权权利。②中华人民共和国主管机关有权采取各种必要的养护和管理措施，确保专属经济区的生物资源不受过度开发的危害。有权对专属经济区的跨界种群、高度洄游鱼种、海洋哺乳动物、源自中华人民共和国海流的溯河产卵种群、在中华人民共和国水域内度过大部分生命周期的江河产卵鱼种，进行养护和管理。③中华人民共和国在专属经济区有专属权利建造并授权和管理建造、操作和使用人工岛屿、设施和结构。对专属经济区的人工岛屿、设施和结构行使专属管辖权，包括海关、财政、卫生、安全和出境入境的法律和法规方面的管辖权。④中华人民共和国主管机关有权在专属经济区的人工岛屿、设施和结构周围设置安全地带并可以在该地带采取适当措施确保航行安全以及人工岛屿、设施和结构的安全。有权采取必要措施，防止、减少和控制海洋环境污染，保护和保全专属经济区的海洋环境。

2. 中国在大陆架上的权利。①中华人民共和国为勘察大陆架和开发大陆架的自然资源，对大陆架行使主权权利。大陆架自然资源，包括海床和底土的矿物、其他非生物资源以及属于定居种的生物，即在可捕捞阶段在海床上或者海床下不能移动或者其躯体需与海床或者底土保持接触才能移动的生物。②中华人民共和国对大陆架的人工岛屿、设施和结构的建造、使用和海洋科学研究、海洋环境的保护和保全，行使管辖权。③中华人民共和国拥有授权和管理为一切目的在大陆架上进行钻探的专属权利。④中华人民共和国在大陆架有专属权利建造并授权和管理建造、操作和使用人工岛屿、设施和结构。对大陆架的人工岛屿、设施和结构行使专属管辖权，包括海关、财政、卫生、安全和出境入境的法律和法规方面的管辖权。⑤中华人民共和国主管机关有权在大陆架的人工岛屿、设施和结构周围设置安全地带并可以在该地带采取适当措施确保航行安全以及人工岛屿、设施和结构的安全。有权采取必要措施，防止、减少和控制海洋环境污染，保护和保全大陆架的海洋环境。

（三）其他国家在中国专属经济区和大陆架的权利和义务

1. 任何国际组织、外国的组织或个人进入中国的专属经济区从事渔业活动，必须经中国主管机关批准，并遵守中国的法律、法规及中国与有关国家签订的条约、协定。

2. 任何国家在遵守国际法和中国的法律、法规的前提下，在中国的专属经济区享有航行、飞越的自由，在中国的专属经济区和大陆架享有铺设海底电缆和管道的自由，以及与上述自由有关的其他合法使用海洋的便利。铺设海底电缆和管道的路线，必须经中国主管机关同意。

3. 任何国际组织、外国的组织或个人对中国的专属经济区和大陆架的自然资源进行勘察、开发活动或者在中国的大陆架上为任何目的钻探，必须经中国主管机关

第八章

批准，并遵守中国的法律、法规。

4. 任何国际组织、外国的组织或个人在中国的专属经济区和大陆架进行海洋科学研究必须经中国主管机关批准，并遵守中国的法律、法规。

四、中国与邻国的海洋划界

（一）中国与朝鲜和韩国在黄海的海洋划界

黄海位于中国大陆与朝鲜半岛之间，面积约 38 万平方公里。黄海全部位于大陆架上，有 6 万平方公里的沉积盆地，拥有良好的油气资源前景。此外，黄海还有 12 个世界少有的一年四季均可捕鱼的海水渔场。中国与朝鲜的划界相对比较容易解决。两国在黄海的岛屿虽多，但大多属于沿岸岛屿，只有距离辽东半岛 43 海里的中国海洋岛可能会对海洋划界产生影响。如果采用中间线划界，中朝获得的海域面积比约为 1：0.57。1997～1998 年两国进行了四轮非正式磋商，1998 年之后又进行了几次划界磋商。

中韩两国在黄海南部海岸相向，但黄海的宽度不足以使双方各自划定 200 海里专属经济区，需要进行海洋划界。中韩两国在黄海的海洋划界，既包括专属经济区划界，也包括大陆架划界。中国与韩国于 2000 年 8 月 3 日正式签署《中华人民共和国和大韩民国政府渔业协定》，该协定已于 2001 年 6 月 30 日生效，是两国在划界之前在渔业问题上达成的临时安排。为解决划界问题，两国从 1995 年开始进行磋商，中国主张适用公平原则，韩国主张以中间线作为划界的出发点。2008 年 12 月 12 日，中韩两国在釜山举行了第十四次海洋法磋商和外交部条法司司长年度磋商。双方就海域划界、外大陆架申请、海洋科研合作、打击海盗国际合作等问题和其他国际法问题交换了意见。

（二）中国与日本在东海的海洋划界

东海是中国大陆东岸与太平洋之间的一个半封闭海，总面积达 752 000 平方公里。东海海底有 2/3 为大陆架，水深不超过 200 米，面积达 52 万平方公里。中日两国在东海存在大片权利重叠区域。双方在东海的海洋划界，包括专属经济区划界和大陆架划界。中国坚持协议划界的一贯立场，反对日本单方面提出的中间线主张。由于两国在海洋划界问题上立场对立，到目前为止，双方达成的协议仅有 1997 年《中日渔业协定》和 2001 年《中日海洋科学研究预先通知协议》。前者是有关中日两国在东海共同开发和利用渔业资源的协议，后者则是规范双方海洋科学研究船只在对方专属经济区活动的协议。从 1998 年起，中日"有关专属经济区划界及海洋法问题磋商"取代了双方有关渔业问题的谈判，但由于双方坚持各自的主张，磋商未取得任何成果。2004 年 10 月至 2007 年 11 月，中日双方进行了 11 轮"关于东海问题的磋商"，2008 年 6 月 18 日，双方达成《关于中日东海问题的原则共识》（以下简称《原则共识》）。《原则共识》的主要内容包括：

1. 关于中日在东海的合作。为使中日之间尚未划界的东海成为和平、合作、友

第八章

好之海，中日一致同意在实现划界前的过渡期间，在不损害双方法律立场的前提下进行合作。

2. 中日关于共同开发的谅解。作为中日在东海共同开发的第一步，双方将推进以下步骤：首先，由以下各坐标点顺序连线围成的区域为双方共同开发区块：①北纬 29°31′，东经 125°53′30″；②北纬 29°49′，东经 125°53′30″；③北纬 30°04′126°03′45″；④北纬 30°00′，东经 126°10′23″；⑤北纬 30°00′，东经 126°20′00″；⑥北纬 29°55′，东经 126°26′00″；⑦北纬 29°31′，东经 126°26′00″。其次，双方经过联合勘探，本着互惠原则，在上述区块中选择双方一致同意的地点进行共同开发，具体事宜双方通过协商确定。再次，双方将努力为实施上述开发履行各自的国内手续，尽快达成必要的双边协议。最后，双方同意，为尽早实现在东海其他海域的共同开发继续磋商。

3. 关于日本法人依照中国法律参加春晓油气田开发的谅解，中国企业欢迎日本法人按照中国对外合作开采海洋石油资源的有关法律，参加对春晓油气田的开发。

《原则共识》只是中日两国通过政治磋商形成的共同文件，属于一种政治安排。它既不是一项国际条约，也不是一项法律文书，因此它不具有法律效力。尽管如此，该《原则共识》的达成，为将来中日双方在东海划界打下了良好的基础。

未来中日两国在东海的海洋划界，主要面临两个问题：

1. 钓鱼岛的主权归属及其在划界中的效力问题。这是中日东海海洋划界面临的重要问题，也是相当复杂的问题。在钓鱼岛主权归属方面，中日之间存在很大分歧。中国政府的立场是：钓鱼岛及其附属岛屿自古以来就是中国的固有领土，中国对此拥有无可争辩的主权。这一立场在 1992 年《中华人民共和国领海及毗连区法》等法律中都明确予以宣布：中国的陆地领土包括中国的大陆及其沿海岛屿、台湾及其包括钓鱼岛在内的附属各岛。2012 年 9 月 10 日，中国政府根据《中华人民共和国领海及毗连区法》，划定并公布了钓鱼岛及其附属岛屿的领海基点和基线。9 月 13 日，中国常驻联合国代表向联合国秘书长提交了中国钓鱼岛及其附属岛屿领海基点基线坐标表和海图。自 2012 年 9 月以来，中国海监船不间断地进入我国领土钓鱼岛附近海域执行巡航任务。中国通过这一系列的举动向世界宣示其维护国家主权和领土完整的坚定信心。

关于钓鱼岛在东海划界中的效力问题，虽然《联合国海洋法公约》并未作出具体规定，但是从钓鱼岛的特征看，其面积小且无人居住、位于划界的中间线位置、主权存在争议，根据国际实践，这样的岛屿在划界中的效力要么会受到限制，要么会被忽略。

2. 冲绳海槽在划界中的地位问题。中国主张东海大陆架是中国陆地领土的自然延伸，其外部界限一直延伸到冲绳海槽。冲绳海槽是中日东海大陆架的天然分界线，因此中国与日本之间并不是"共大陆架"。但是日本坚持认为中日两国共享东海大陆架，冲绳海槽只是两国大陆架上的偶然凹陷，不足以中断大陆架的连续性，所以中日应按照中间线原则划界。从表面上来看，用科学的证据证明冲绳海槽是划分中国和日本东海大陆架的分界线即可使划界问题得以解决。但是，问题远非如此简单。根据《联合国海洋法公约》的规定，中国的东海大陆架可以依自然延伸原则一直到冲绳海槽，而日本的大陆架从其领海基线量起可扩展到 200 海里，这样两国在东海的大陆架就产生重叠区域。事实上，如何划分这个重叠区域并且在划界时考虑冲绳海槽的存在以及其他划界的特殊情况才是解决划界问题的关键。

（三）中国与南海周边各国的海洋划界

南海是位于中国南部的陆缘海，被中国大陆、中国台湾岛、菲律宾群岛、大巽他群岛及中南半岛所环绕，为西太平洋的一部分。在南海自北向南分布着东沙、中沙、西沙和南沙四大群岛，通称为南海诸岛，南海海域面积约 350 万平方公里，海底 1/2 为大陆架。南海大陆架蕴藏着石油、天然气、可燃冰等丰富的自然资源。国际海洋法中的专属经济区、大陆架制度确立以来，南海周边各国为达到其扩张海洋管辖权，获取海域资源的目的，纷纷对南海中的岛礁提出领土主权要求。在南海，越南、菲律宾、马来西亚和文莱四国都对中国拥有的岛礁提出主权要求。菲律宾是与中国争端最直接的国家，其不仅控制着中国南沙 8 个岛礁，而且在 2009 年 2 月，菲律宾国会还通过"领海基线法案"，将我国的黄岩岛和南沙群岛部分岛礁划为其领土。1982 年《联合国海洋法公约》生效以后，这些国家依据公约，在南海主张其大陆架权利。2009 年 4 月 8 日，菲律宾向联合国递交了对吕宋岛东部海岸一处灭绝火山的海脊"宾汉隆起"（Benham Rise）的主权申请。2009 年 5 月 6 日，马来西亚和越南联合向大陆架界限委员会提交南海 200 海里外大陆架划界案。2009 年 5 月 8 日，越南向大陆架界限委员会提交南海 200 海里外大陆架划界案。

在南海诸岛主权归属问题上，中国政府一贯主张，南海诸岛是中国的固有领土，中国对其拥有无可争辩的主权。中国政府在 1992 年《中华人民共和国领海及毗连区法》中明确宣布："中华人民共和国的陆地领土包括中华人民共和国大陆及其沿海岛屿、台湾及其包括钓鱼岛在内的附属各岛、澎湖列岛、东沙群岛、西沙群岛、中沙群岛、南沙群岛以及其他一切属于中华人民共和国的岛屿。"中国对南海诸岛的主权以最早发现并命名、最早开发经营以及由中国政府最早行使管辖权为基础。所有这一切都有史可考，有案可查，且有大量出土文物作为证据。中国政府坚持对南海诸岛拥有主权的一贯立场，对任何违反国际法并侵犯中国主权和损害中国主权权利的主张或行为予以明确抗议。

在南海海洋划界方面，中国与越南已于 2000 年 12 月 25 日签署《中华人民共和国和越南社会主义共和国关于两国在北部湾领海、专属经济区和大陆架的划界协定》和《中华人民共和国政府和越南社会主义共和国政府北部湾渔业合作协定》，双方在北部湾的相关海域划界和渔业合作问题得到解决。这两个协定已于 2004 年 6 月 30 日生效。至于中国与其他国家在南海其他区域的划界，中国保留了 1947 年国民政府内政部方域司编绘的《南海诸岛位置略图》中标明的"九段线"（当时为 11 条，后演变为 9 条，或称"U 型线"），即在南海诸岛东、西、南三个方向上标明的九条断续的界线。这条"岛屿归属线"表明中国的南海诸岛所包括的岛屿。有学者主张，鉴于 1947 年中国国民政府绘制该图时国际海洋法上尚不存在专属经济区的概念且大陆架概念也只是刚刚出现，要求"九段线"考虑大陆架和专属经济区的界限是不符合实际的。因此，中国可以根据 1982 年《联合国海洋法公约》的相关规定，以"九段线"所划定的南海诸岛范围为基础，依群岛制度来主张中国在南海的管辖海域。[1]这样一来，中国在北部湾以南的南海区域与南海周边国家的海域划界问题，就简化为以南海诸岛作为一个整体所主张的专属经济区和大陆架与其他国家的相关海域的界限划分问题。在与南海周边国家的海洋划界方面，中国一贯主张依据《联合国海洋法公约》，通过与有关国家谈判协商的方式公平合理地解决。

第六节 公　海

一、公海的概念

公海的概念产生于 16 世纪，到 19 世纪获得普遍承认。但是，随着海洋法的发展，公海的范围一直在发生变化。在领海概念出现之前，所有海洋均被视为公海。在领海制度刚刚建立的 19 世纪初叶，领海的范围只有大约 3 海里，领海之外的海域都是公海。第一次海洋法会议确立了大陆架制度之后，公海的海水部分与海床和底土部分开始分离，公海的范围开始缩小。1958 年《公海公约》规定：公海是指不包括在一国领海或内水内的全部海域。第三次海洋法会议后又建立了专属经济区、群岛水域和国际海底区域制度，再加上领海的范围扩展到 12 海里，因此公海的范围进一步缩减。现在的公海概念已经与 19 世纪初完全不同了。根据 1982 年《联合国海洋法公约》的规定，公海是指不包括在国家的专属经济区、领海或内水或群岛国的群岛水域内的全部海域。

二、公海的法律地位

公海是全人类的共同财富，供所有国家平等地共同使用。公海不属于任何国家领土的组成部分，任何国家不得有效地声称将公海的任何部分置于其主权之下；公海应只用于和平目的；公海对所有国家开放，不论其为沿海国或内陆国；在公海上任何国家都享有公海自由的各项权利。公海自由在《联合国海洋法公约》和其他国际法规则所规定的条件下行使。

1958 年《公海公约》第 2 条规定沿海国和非沿海国在公海上享有四项自由：①航行自由；②捕鱼自由；③铺设海底电缆和管道的自由；④飞越自由。1982 年《联合国海洋法公约》第 87 条又将公海自由扩大为六项：①航行自由；②飞越自由；

---

[1]　高健军：《中国与国际海洋法》，海洋出版社 2004 年版，第 138～139 页。

第八章

③铺设海底电缆和管道的自由；④建造国际法所容许的人工岛屿和其他设施的自由；⑤捕鱼自由；⑥海洋科学研究的自由。该公约在列举公海自由时明确指出："这些自由应由所有国家行使，但须适当顾及其他国家行使公海自由的利益，并适当顾及本公约所规定的同'区域'内活动有关的权利。"铺设海底电缆和管道的自由、建造国际法所容许的人工岛屿和其他设施的自由、捕鱼自由、科学研究的自由分别应受该公约各相应部分的有关条款的限制。与1958年《公海公约》相比，1982年《联合国海洋法公约》的规定除了增加两项自由外，对公海自由施加了一些限制。这些限制多数都反映了1958年以后海洋法的新发展。此外，联合国于1995年在跨界和高度洄游鱼类会议上通过了《执行1982年12月10日〈联合国海洋法公约〉有关养护和管理跨界鱼类种群和高度洄游鱼类种群的规定的协定》。该协定对公海捕鱼作出的规定加强了捕鱼国与沿海国在养护和管理跨界和洄游鱼类种群方面的合作义务，增强了区域或次区域渔业管理组织在这方面进行合作的国际机制。

三、公海航行制度

每个国家，不论是沿海国还是内陆国，均有权在公海上行驶悬挂其旗帜的船舶，这就是所谓的公海航行权。船舶在公海上航行只服从国际法和船旗国的法律，而不受任何其他国家法律的管辖。船旗国对在公海上航行的船舶行使专属管辖权的依据是船舶的国籍，因此确定船舶的国籍非常重要。一般而言，船舶在哪个国家登记注册就取得哪个国家的国籍。船舶依据什么条件取得一国国籍，国际法并没有具体规定，主要是根据一国的国内法。根据《联合国海洋法公约》第91条的规定，每个国家有权决定什么样的船舶可以在其领土内登记并取得其国籍。

识别船舶国籍的依据主要是船籍证书和船舶悬挂的旗帜。根据国际法，船舶在公海上航行应悬挂本国旗帜。但在国际实践中，有些国家允许属于他国公民所有的船舶在其领土内登记注册从而赋予此种船舶以国籍。船舶悬挂的这种旗帜称为"方便旗"，悬挂这种旗帜的船舶称为"方便旗船"。这样就出现了船旗国和船舶所属国不一致的现象，使这种船舶处于船旗国和船舶所属国都缺乏管辖积极性的状态，从而造成公海航行秩序的混乱。为了解决这一问题，《联合国海洋法公约》规定：公海上航行的船舶应仅悬挂一国旗帜，且船旗国和船舶之间应有真正的联系。每个国家应对悬挂该国旗帜的船舶有效地行使行政、技术及社会事项上的管辖和控制。

此外，在公海航行中，还有一种"方便旗船"。这种"方便旗船"在公海上航行时不固定悬挂一国旗帜，而是视方便换用不同国家的旗帜，以达到逃避其本国军舰的检查或其他目的。这种"方便旗船"给公海航行造成的危害更大。针对这种情况，《联合国海洋法公约》规定：船舶在公海上航行应仅悬挂一国旗帜。除所有权确实转移或变更登记的情况外，船舶在航行中或在停泊港内不得更换其旗帜。悬挂两国或两国以上旗帜航行并视方便而换用旗帜的船舶，对任何其他国家不得主张其中的任一国籍，并可视为无国籍船舶，不受国际法的保护。

在公海上航行的船舶负有救助义务。根据《联合国海洋法公约》第98条，每个船旗国应责成悬挂该国旗帜航行的船舶的船长，在不严重危及其船舶、船员或乘客的情况下，救助在海上遇到的任何有生命危险的人；如果有遇难者求救，在可以合理地期待其采取救助行动时，尽速前往救助。海上救助义务还包括在发生碰撞之后船舶之间的相互救助，在碰撞后，对另一船舶、其船员和乘客给予救助，并在可能的情况下，将自己船舶的名称、船籍和将停泊的最近港口通知另一船舶。

四、公海的管辖权

（一）船旗国管辖

船旗国管辖是指各国对在公海上航行的在其领土内登记注册并取得该国国籍的船舶及船舶上的人和发生的事件所实施的管辖。《联合国海洋法公约》第92条规定，除国际条约或本公约明文规定的外，在公海上航行的船舶受船旗国专属管辖。第94条第1款规定，每个国家应对悬挂该国旗帜的船舶有效地行使行政、技术及社会事项上的管辖和控制。

（二）公海的普遍管辖

为了维护公海航行安全和正常的航行秩序，各国有权对公海上发生的违反人类共同利益构成国际罪行的行为以及某些违反国际法的行为行使管辖，这种管辖在国际法上被称为普遍管辖。公海上的普遍管辖是船旗国管辖的补充和例外。随着构成国际罪行的犯罪行为的增多，公海上的普遍管辖的范围也逐渐扩大。

根据《联合国海洋法公约》的规定，构成公海上普遍管辖对象的主要有：

1. 海盗行为。为了维护公海上的航行秩序，各国对公海上的海盗行为有权进行管辖，这是国际法上较为古老的制度。海盗行为是违反国际法的行为，因而不能得到船旗国的保护，任何国家对其均可加以逮捕并进行处罚。根据公约的规定，海盗行为是指私人船舶或私人飞机上的船员、机组人员或乘客，为了私人的目的，在公海上或任何国家管辖范围以外的地方，对另一船舶或飞机上的人或财物进行非法的暴力或扣留行为或掠夺行为。如果军舰、政府船舶或政府飞机由于船员或机组人员发生叛变进行上述行为，也构成海盗行为。按照国际法，所有国家都有对海盗进行惩罚的权利，但只有军舰、军用飞机或经授权的船舶才能拿捕海盗。各国对拿捕到的海盗可以进行审理处罚，但须受善意第三者权利的限制，如果采取措施无充足理由，拿捕国对船舶或飞机所有国负赔偿损失的责任。

2. 贩运奴隶。禁止在公海上贩运奴隶是习惯国际法规则。《联合国海洋法公约》第99条规定："每个国家应采取有效措施，防止和惩罚准予悬挂该国旗帜的船舶贩运奴隶，并防止为此目的而非法使用其旗帜。在任何船舶上避难的任何奴隶，不论该船舶悬挂何旗帜，均当然获得自由。"

3. 非法贩运麻醉药品和精神调理物质。国际法禁止在公海上从事贩运毒品的行为。《联合国海洋法公约》第108条规定，所有国家应进行合作以制止船舶违反国际法在海上从事非法贩运麻醉药品和精神调理物质。

4. 从事未经许可的广播。所谓"未经许可的广播"，是指船舶或设施违反国际规章在公海上播送旨在使公众收听或收看的无线电传音或电视广播，但遇难呼号的播送除外。公约规定，所有国家应进行合作，以制止在公海从事未经许可的广播。

（三）公海上行使管辖的方式

1. 登临权。登临权是指各国军舰和经授权的国家公务船舶在公海上靠近和登上被合理地认为犯有国际罪行或其他违反国际法行为嫌疑的商船并进行检查的权利。根据《联合国海洋法公约》第 110 条的规定，有下列情况之一者可以进行检查：①该船从事海盗或贩卖奴隶的行为；②从事非法广播；③无国籍；④拒绝展示国旗；⑤虽然悬挂外国国旗，但实际上与军舰属同一国籍。行使登临权时，军舰可派一艘由一名军官指挥的小艇到该嫌疑船舶并检查其文件。如果检验船舶文件后仍有疑问，军舰可以进一步在该船上进行检查；如果嫌疑经证明是无根据的，而且被登临的船舶并未从事涉嫌的任何行为，对该船舶可能遭受的任何损失或损害应予赔偿。

2. 紧追权。沿海国对于违反该国法律和规章的外国船舶有权派军舰、军用飞机或其他经授权的船舶或飞机对该外国船舶进行追逐以便将其捕获。这种权利称为紧追权。根据《联合国海洋法公约》第 101 条的规定，紧追权只能由军舰、军用飞机或其他有清楚标志的、经政府授权的船舶或飞机行使，这种紧追必须在沿海国的内水、领海或毗连区之内开始，而且只有追逐未曾中断，才可在领海或毗连区外继续进行。如外国船舶在专属经济区内或大陆架上违反沿海国有关专属经济区和大陆架的规章时，也可以从专属经济区或大陆架海域开始紧追。追逐只有在外国船舶视听所及的距离内发出视觉或听觉的停驶信号后，才可开始。紧追权在被追逐的船舶进入其本国或第三国领海时必须立即终止。

[案例]

"银河号"事件

1993 年 7 月 23 日至 8 月 25 日，美国根据其所获得的情报指责中国货轮"银河号"载有运往伊朗的化学武器前体硫二甘醇和亚硫酰氯，并在公海上对"银河号"货轮采用军舰跟踪和军用飞机拍照等行为，使"银河号"的正常航行受到干扰，进港卸货延迟。8 月 26 日~9 月 4 日，沙特、中国、美国三方检查人员在沙特的达曼港对"银河号"进行了全面详细的检查，检查结果表明"银河号"完全没有装载美方指控的硫二甘醇和亚硫酰氯两类化学品。

本案涉及船舶在公海的自由航行权和对该船舶的管辖权问题。公海自由原则是海洋法的基本原则之一，1958 年《公海公约》和 1982 年《联合国海洋法公约》都肯定了这一原则。根据这两个公约，公海自由原则包含许多内容，自由航行权是其主要内容之一，并已由许多国际判例所确认。根据国际习惯法，任何国家的船舶均有权在公海上航行，除非船舶从事海盗行为或由某一合法政府授权在公海从事不法行为以及两个公约规定的其他例外情况，在公海上航行的船舶应该接受其船旗国的专属管辖。

"银河号"是一艘在我国正式注册的从事商业运输活动的货船，根据公海自由原则，其完全享有在公海的自由航行权。在"银河号"事件中只有中国政府才有权对"银河号"货轮行使管辖权。由于"银河号"既没有从事海盗活动，也没有卷入任何非法活动，因而国际习惯法所规定的这些例外都不适用。因此，美国政府没有任何法律依据来干涉"银河号"的自由航行权。

第七节　国际海底区域

一、国际海底区域的概念

国际海底区域制度的建立与科学技术的发展及该区域内蕴藏的丰富的矿物资源密不可分。20世纪中期以后，人类对海底区域多种金属结核的发现，引起世界各国对海底区域的重视。世界主要工业发达国家开始对深海海底的金属结核资源进行科学调查和分析，发现其具有重要经济价值。为了防止少数拥有先进技术和资金的发达国家垄断国际海底及其资源，马耳他常驻联合国代表帕尔多在1967年第二十二届联合国大会上提出一个"海床洋底是人类共同继承财产"的提案。该项提案得到广大发展中国家的积极响应。联合国大会在1968年12月21日通过决议成立了由42个会员国组成的"和平利用国家管辖范围以外海床洋底委员会"（简称"海底委员会"）。海底委员会为建立国际海底区域制度做了大量工作。在海底委员会讨论的基础上，联合国大会于1970年12月17日通过了《关于各国管辖范围以外海洋底床与下层土壤之原则宣言》，宣布国际海底区域及其资源是人类共同继承财产。在第三次海洋法会议上，经过进一步协商和讨论，最后在《联合国海洋法公约》中确立了国际海底区域的概念。根据该公约，国际海底区域（简称"区域"），是指国家管辖范围以外的海床、洋底及其底土。该公约在第十一部分规定了国际海底区域的法律地位和制度。

二、国际海底区域的法律地位

根据《联合国海洋法公约》的规定，"区域"的法律地位包括以下主要内容：①"区域"及其资源是人类共同继承财产。②任何国家不应对"区域"的任何部分或其资源主张或行使主权或主权权利；任何国家或自然人或法人，也不应将"区域"或其资源的任何部分据为己有。任何这种主权和主权权利的主张或行使，或这种据为己有的行为，均应不予承认。③对"区域"内资源的一切权利属于全人类，由"国际海底管理局"代表全人类行使。④"区域"的法律地位不影响"区域"上覆水域及水域上空的法律地位。⑤"区域"应对所有国家开放，不加歧视地专为和平目的利用。⑥"区域"内的活动应为全人类的利益而进行。

三、国际海底区域的开发制度

国际海底区域的开发制度涉及所有国家的利益，在第三次海洋法会议上各国就此展开了激烈的争论。广大发展中国家主张"单一开发制"，即所有开发和利用"区域"内资源的活动全部由国际海底管理局代表全人类进行。少数工业发达国家则反对这种单一开发制，主张"国际注册和执照制"，即由各缔约国自行勘探和开发，国际海底管理局仅具有登记注册和颁发执照的职能。经过反复协商，最后在1982年《联合国海洋法公约》中确定了过渡时期海底区域资源的勘探和开发制度——"平行开发制"，即"区域"内的资源开发活动由企业部和缔约国或国家实体、或在缔约国担保下的具有缔约国国籍或这类国家或其国民有效控制的自然人或法人与管理局以协作方式进行。

根据公约的规定，"平行开发制"的主要内容包括：①"区域"内的活动由国际海底管理局代表全人类予以安排和控制。②在"区域"进行勘探和开发的主体是管理局的企业部、缔约国或国家实体、或在缔约国担保下具有缔约国国籍或由这类国家或其国民有效控制的自然人或法人。③在某一区域勘探后，开矿申请者必须向管理局同时提出两块具有同等商业价值的矿区，由管理局从中选择一块作为保留区，留给企业部或者以与发展中国家协作的方式进行开发；另一块矿区则作为合同区，由申请者在与管理局签订合同后自己进行开发。

"平行开发制"的实行是有条件的，其中最重要的条件就是建立对该制度的审查制度。根据公约的规定，审查的形式分为两种：一种是定期审查，即从公约生效时起，大会每5年应对本公约设立的"区域"的国际制度的实际实施情况进行一次全面系统的审查；另一种是审查会议，即从国际海底最早的商业生产活动开始的那一年的1月1日起15年后，大会应召开一次审查会议，对从最早商业生产开始后15年期间开发制度的实施情况进行审查。

"平行开发制"是发展中国家和发达国家妥协和折中的产物。虽然这一制度是临时性和过渡性的，但通过实行这一制度，国际海底管理局可以从发达国家获得进行海底资源开发活动所必要的技术和经费。同时，也可以争取多数发达国家接受公约，在公约体制内从事国际海底矿物资源的开发。

四、关于《联合国海洋法公约》第十一部分的执行协定

1982年12月，《联合国海洋法公约》开始向缔约国开放签署。美国、英国、法国、日本等工业发达国家因公约第十一部分的一些规定持反对态度，所以一直拒绝签署或批准该公约。根据公约第308条的规定，公约应自第60份批准书或加入书

交存之日起 12 个月后生效。为了解决公约的普遍参加问题并使公约的该部分得以有效执行，在联合国秘书长德奎利亚尔的主持下，缔约方于 20 世纪 90 年代初开始了关于国际海底问题的非正式磋商。经过两轮 15 次磋商，先后对缔约国费用、企业部、决策程序、审查会议、技术转让、生产限额、补偿基金、合同的财政条款和深海采矿的环境保护共九个问题进行了广泛讨论，终于在 1994 年 7 月 28 日通过了《关于执行 1982 年联合国海洋法公约第十一部分的协定》（简称《执行协定》）。

《执行协定》包括十个条文和一个附件，前者是关于协定与公约和公约第十一部分的关系、生效和临时适用等程序性规定，后者是协定的实体内容，包括上述九个关于国际海底的问题，共 9 节。由于《执行协定》的目的是为了解决公约第十一部分未解决的问题，以便促使公约得到普遍参加，该协定的主要内容实际上构成了对公约第十一部分的修改。例如，原来规定缔约国有义务以长期无息贷款的方式向企业部提供必要资金一半的款项，《执行协定》将此项义务免除；原来规定申请者需要交付的生产费被《执行协定》取消，并改变了规费和固定年费的交付办法以便减轻缔约国的负担；原来规定的承包者无偿地向企业部和发展中国家转让技术的义务，被《执行协定》改为"企业部和希望获得深海采矿技术的发展中国家应设法按公平合理的商业条件，从公开市场或通过联合企业安排获取这种技术［《执行协定》第 5 节第 1 条（a）］"。所有这些都有利于减轻缔约国、申请者或承包者的义务，从而解决了第十一部分的未决问题。

第八节　用于国际航行的海峡

一、用于国际航行的海峡的概念

用于国际航行的海峡又称国际海峡，是指在公海或专属经济区的一个部分和公海或专属经济区的另一部分之间的，经常用于国际航行，构成国际航道的海峡。这类海峡可分为三种：用于国际航行的领海海峡、用于国际航行的非领海海峡以及有专门国际公约规定其航行制度和规则的用于国际航行的海峡。《联合国海洋法公约》第三部分"用于国际航行的海峡"特指用于国际航行的领海海峡。

二、用于国际航行的海峡的法律地位

用于国际航行的海峡处于一个或几个沿海国的领海范围之内，因此属于沿海国领土的一部分，海峡沿岸国对海峡水域及其上空、海床和底土行使主权或管辖权。用于国际航行海峡的通行制度不应在其他方面影响这种海峡水域本身具有的领海海峡的法律地位，或影响海峡沿岸国对这种水域及其上空、海床和底土行使主权或管辖权。

三、用于国际航行的海峡的通行制度

用于国际航行的海峡的通行制度是国际海洋法上的重要问题，对这一问题的分歧一直存在。自从领海宽度规定为不超过 12 海里，更多的用于国际航行的海峡被划入沿海国领海范围，这个问题变得越来越尖锐。海洋大国主张所有外国飞机、军舰、商船都可以在这种海峡内或其上空自由通行。但发展中国家认为，外国商船在用于国际航行的海峡只能享受无害通过权，军舰、飞机须事先通知，得到批准后方可通行。在第三次海洋法会议上，意见分歧的双方经过激烈讨论后终于达成妥协，最后形成了介于无害通过和自由航行之间的过境通行制度。

根据 1982 年《联合国海洋法公约》第 38 条第 2 款的规定，过境通行是指在两端连接公海或专属经济区的用于国际航行的海峡，为继续不断和迅速过境的目的而行使的航行和飞越自由。所有船舶和飞机均享有这种过境通行权，且过境通行不应受阻碍。但是，船舶和飞机在行使过境通行权时不得对海峡沿岸国的主权、领土完整或政治独立进行任何威胁或使用武力，或以任何其他违反《联合国宪章》所体现的国际法原则的方式进行武力威胁或使用武力。另外，除因不可抗力或遇难而有必要外，船舶和飞机不从事其继续不停和迅速过境的通常方式所附带发生的活动以外的任何活动。应该指出的是，过境通行制度对于海峡水域的性质和法律地位不发生任何影响。

但是，过境通行制度不适用于以下三种情况：①如果海峡是由沿海国的一个岛屿和该国大陆形成的，而且该岛向海一面有在航行和水文特征方面同样方便的一条穿过公海或专属经济区的航道；②如果用于国际航行的海峡一端连接的是公海或专属经济区的一部分，而另一端连接的是外国领海；③如果穿过某一用于国际航行的海峡有一条在航行和水文特征方面同样方便的穿过公海或专属经济区的航道。以上三种情形不适用过境通行制度，前两种适用领海通行的规则——无害通过制度，后一种适用《联合国海洋法公约》其他有关部分中包括航行和飞越自由的规定。

此外，根据《联合国海洋法公约》第 35 条（c）的规定，过境通行不影响某些海峡的法律制度。这种海峡的通行已全部或部分地规定在长期存在、现行有效的专门关于这种海峡的国际公约中。例如 1881 年阿根廷和智利通过边界条约宣布，麦哲伦海峡永久中立化，永远保持对所有国家实行航行自由；1904 年英国和法国签订协定确保直布罗陀海峡的自由通行；1936 年《蒙特勒公约》规定了达达尼尔海峡和博斯普鲁斯海峡的航行制度。

第九节　群岛水域

一、群岛国

根据《联合国海洋法公约》的规定，群岛是指一群岛屿，包括若干岛屿的若干

部分、相连的水域和其他自然地形，它们彼此密切相关，在本质上构成一个地理、经济和政治的实体，或在历史上已被视为这种实体。群岛国是指全部由一个或多个群岛构成的国家。

二、群岛基线

群岛基线是连接群岛最外缘各点的直线基线。《联合国海洋法公约》第 47 条规定："群岛国可以划定连接群岛最外缘各岛和各干礁最外缘各点的直线群岛基线。"这条基线是群岛国测量其领海、毗连区、专属经济区和大陆架宽度的起算线。

按照《联合国海洋法公约》第 47 条的规定，群岛基线的划定应符合下列条件：①群岛基线应包括群岛的主要岛屿；②群岛基线的划定不应在任何明显的程度上偏离群岛的一般轮廓；③群岛基线内陆地和水域的面积比例为 1：1 到 1：9 之间；④群岛基线的长度不应超过 100 海里。围绕群岛的基线总数中至多有 3% 可超过该长度，但最长不超过 125 海里。

三、群岛水域的法律地位

群岛基线以内的水域构成群岛水域，但群岛国可以在群岛水域内每个岛上的河口、海湾和港口处划定封闭线，这条封闭线以内的水域为群岛国的内水。因此，确切地说，群岛水域是指群岛基线以内，河口、海湾和港口封闭线以外的全部水域。根据《联合国海洋法公约》第 49 条的规定，群岛国的主权及于群岛水域、群岛水域的上空、海床和底土以及其中所包含的资源。

四、群岛水域的通行制度

（一）无害通过权

所有国家的船舶均享有群岛国内水界限以外的群岛水域的无害通过权。为保护国家安全，群岛国在必要时可以暂时停止外国船舶的无害通过，但这种停止只有在正式公布后发生效力。

（二）群岛海道通过权

群岛国可指定适当的海道和空中航道，以便让外国船舶和飞机继续不断地和迅速通过或飞越其群岛水域和邻接的领海。外国船舶和飞机在这种海道和空中航道行使的航行和飞越权利，称为群岛海道通过权。群岛国为使船舶安全通过航道内的狭窄水道，可以规定分道通航制。群岛国视情况需要，还可以其他海道或分道通航制替换原先已经指定的海道或分道通航制，但海道中心线和分道通航制应妥为公布。如果群岛国没有指定海道或空中航道，外国船舶和飞机可通过正常用于国际航行的航道行使群岛海道通过权。通过群岛海道的外国船舶和飞机应遵守群岛国的有关法律和规章。

第八章

【思考题】

1. 领海的法律地位与毗连区有何不同？

2. 简述沿海国在领海的司法管辖权。

3. 简述大陆架和专属经济区的异同。

4. 试述专属经济区的剩余权利。

5. 简述海岸相邻或相向国家间大陆架划界的原则。

6. 论专属经济区的军事利用问题。

7. 试述国家在公海的管辖权。

8. 试述公海的航行制度。

9. 简述国际海底区域的法律地位。

10. 试述《联合国海洋法公约》和《关于执行 1982 年〈联合固海洋法公约〉第十一部分的协定》的关系。

第九章

空间法

第一节　概　述

一、空间法的概念

随着科学技术的发展，人类生存和活动的空间已经扩展到了空中空间。空中空间实际上是由两部分组成的，即空气空间和外层空间。空气空间是指由依靠地球引力作用而附着在地球周围的空气粒子组成的大气层空间。这部分空间随着地球的运转而运动，因此它与地球表面的相对位置比较稳定。外层空间则是指除空气空间以外的全部空中空间，也称为"宇宙空间"或"大气层外空间"。科学家的研究表明，外层空间是由人类已知的和未知的自然界天体和宇宙物质构成的。从自然属性上讲，外层空间和空中空间相比有两点显著的区别：①外层空间与地球表面的相对位置不固定，随着地球的运动，外层空间并不固定于地球表面某一点的上空；②外层空间的范围相对地球而言只有内部界限而无外部界限，因为宇宙空间是无限的。另外，我们通常说的外层空间是包括其中各种天体在内的宇宙空间。

从18世纪开始，尤其是20世纪以来，人类科学技术水平取得了突飞猛进的发展。人类科学技术的进步也促进了空间技术的发展，人类的活动范围一步步向空气空间和宇宙空间深处延伸。标志人类空间技术发展的重要事件有：①1783年法国的孟高尔费兄弟首次用气球离开地面飞行。②1903年美国的莱特兄弟发明了飞机。飞机的发明和广泛使用使空间和人类的生活密切联系。③1957年10月4日，前苏联成功发射了人类历史上第一颗人造地球卫星，从而把人类活动的舞台推向了外层空间。④1969年7月20日，美国阿波罗号宇宙飞船成功地首次将人类送上月球。⑤1981年美国又研制成功了能够多次往返于地球和外层空间的航天飞机，这为人类探索和利用外层空间提供了更加有效的手段。进入21世纪后，许多国家制定了宏伟的空间计划。例如，中国正在实施的"嫦娥奔月"计划；美国的登陆火星计划；欧洲的星际探索计划等。

由于人类的活动涉足到了空中空间，这使得国际法调整的国际关系不再仅局限于发生于地球表面的各国间的国际关系，也包括了各国在空中空间活动过程中产生的关系。这样就产生了一个新的国际法部门法——空间法。

空间法主要是调整国家之间因利用空中空间而产生的各种关系的原则、规则和制度的总体。广义的空间法可以分为两部分：空气空间法（或称国际航空法）和外层空间法。狭义的空间法一般专指外层空间法。

二、空间法的发展

空中空间从其自然形态来讲，是由空气空间和外层空间组成的统一体。然而，由于这两部分的不同区域对各国的利益及主权的行使有着不同的影响，因此在法律上被人为地划分为不同的空域。从地球表面向上的垂直方向看，空中空间从法律上一般被划分为空气空间和外层空间；从地球表面的水平方向来看，法律意义上的空气空间包括了位于不同国家领陆与领水的上空（即领空）和各国领空以外的空气空间。而法律意义上的外层空间目前是作为一个整体而存在的。

空中空间的各区域有不同的法律地位，这使得空间法这一法律规范体系中的各项规范在效力范围和调整对象方面有所不同。一般将空间法的法律规范分为两类：一类是适用于空气空间的，调整各国在航空活动中相互权利与义务关系的国际航空法；另一类是适用于外层空间的，调整各国航天活动中的权利与义务关系的外层空间法。

（一）国际航空法的发展

国际航空法是 18 世纪末期随着人类航空活动的出现逐渐萌芽和发展起来的新的国际法部门法。1783 年，法国首先出现了利用气球进行航空的活动，为此，1784 年法国颁布法令，规定气球进入空中航行必须事先经过特别许可。这是世界上关于空间活动的第一项国内立法。1875 年，人类利用气球成功飞越了英吉利海峡，之后，当时德国的气球会不时地飞入法国上空，于是产生了航空器跨越国境飞行的国际问题。1899 年由法国政府召集，在巴黎召开了第一次国际航空法会议。与此同时，国际航空问题也引起了国际法学者的重视。早在 1900 年，法国法学家福希尔就主张国际法学会应拟定一部 "国际空中航行法典"。1902 年，国际法研究院草拟了第一部国际航空法典。1909 年，各国国际法学者在巴黎成立了航空法国际委员会，专门研究国际航空法的编纂和发展问题。而 1903 年飞机的发明，使得上述问题的解决更加迫切。在第一次世界大战前，国际航空法会议共召开了六次，但皆未能通过和签订航空法方面的国际条约。

1919 年 10 月 13 日，专门讨论航空立法的国际会议在巴黎召开，签订了第一部国际航空法典《关于管理空中航行的巴黎公约》（简称《巴黎公约》），并依该公约设立了国际航空委员会。二战中，民用航空几乎停顿，但在战争结束前的 1944 年 11 月，52 个国家的代表在美国芝加哥召开了国际民用航空会议，签订了《国际民用航空公约》（简称《芝加哥公约》）、《国际航班过境协定》、《国际航空运输协定》等法律文件。并且根据《芝加哥公约》成立了国际民航组织以取代国际航空委员会。

目前，国际民航组织已经成为联合国的一个专门机构。国际民航组织在二战后国际民用航空发展的各个方面，尤其是在促进国际航空法的发展上做出了突出的贡献。

20世纪60年代以后，非法劫持飞机和其他危害民用航空安全的犯罪活动日益加剧，这些犯罪活动严重地影响了国际航空交往，损害了国际社会的共同利益。为预防和惩治上述危害国际航空安全的非法活动，在联合国和国际民用航空组织的协调下，经国际社会的共同努力，各国先后签订了《关于在航空器上犯罪和其他某些行为的公约》（简称《东京条约》）、《关于制止非法劫持航空器的公约》（简称《海牙公约》）和《关于制止危害民用航空安全的非法行为的公约》（简称《蒙特利尔公约》）等国际公约。从国际实践来看，上述三项公约的订立对防止、减少和制裁空中犯罪，保障国际民用航空安全提供了有力的国际法武器。

（二）外层空间法的发展

1957年10月4日，前苏联第一颗人造地球卫星的发射，标志着人类活动空间拓展到了外层空间。几十年来外空活动已经和正在为人类带来巨大的经济和社会效益。与此相适应，外层空间已不再是一个法律的真空，各国的外空活动已被纳入国际法规调整的范围。从20世纪后半叶开始，有关外空的各种国际法规则和规范开始建立起来。

早在1957年10月4日，前苏联发射卫星之后不久，联合国大会就于当年11月14日通过了一项决议，该项决议指出："为保障外空物体的发射完全用于科学和平目的，应共同研究一套监督制度。"1958年12月13日，联大又通过另一项决议，承认"外空是人类的共同利益所在"，同时强调："外空只能用于和平目的"。1961年12月20日，联大通过了一项重要决议（即1721号决议），提出了外空活动三原则：①开发利用外空应为改善人类福利服务；②国际法，包括《联合国宪章》应适用于外空及外空天体；③外空及其天体不得占有。在上述决议基础上，1963年12月13日联大通过了《各国探索和利用外空活动的法律原则宣言》，宣布了国际外空活动必须遵守的9项原则。虽然上述宣言和决议对国家不具有普遍的强制拘束力，不能成为国际法的直接法律渊源，但由于它们在很大程度上反映了各国在外空探索和利用方面活动的现实情况，反映了大多数国家的愿望和要求，因此得到了大多数国家的赞同，成为具有重要立法指导意义的文件，为外空条约国际法的立法和习惯国际法的形成奠定了基础。

联合国对外空国际法的发展和编纂负有重要责任。1958年，联合国专门设立了"联合国和平利用外空委员会"（简称外空委员会），该委员会对外空法的编纂做出了重要的贡献。在其努力下，从1967年开始，国际社会先后订立了以下5个普遍性的外空国际条约：①1967年签订的《关于各国探索和利用包括月球和其他天体之活动所应遵守原则的条约》（简称《外空条约》）。由于该条约是外空领域的第一个普遍性国际公约，而且后面4个公约基本是在此公约原则指导下签订的，因此《外空条约》又被称为"外空宪章"。②1968年订立的《关于援救航天员、送回航天员及送回射入外空物体之协定》（简称《援救协定》）。③1972 年订立的《外空物体所造成损害之国际责任条约》（简称《责任公约》）。④1975 年订立的《关于登记射入外层空间物体的公约》（简称《登记公约》）。⑤1979 年订立的《关于各国在月球和其他天体上活动的协定》（简称《月球协定》）。以上 5 个公约构成了现行外层空间法的主要法律渊源。

三、中国与空间法

我国从 20 世纪 20 年代开始发展航空运输，并于 1920 年开辟了第一条民用航线。但我国航空事业的飞跃发展是在新中国成立后。目前，我国已经成为世界航空大国。1970 年 4 月 24 日，我国成功发射了第一颗人造地球卫星，这标志着我国进入到了全球少数的几个能够利用外层空间的国家的行列。此后 30 多年，我国航天事业突飞猛进，我国已经成功研制和发射了应用于科学实验、广播通讯、气象、地球遥感等各种类型的卫星。我国已经掌握了包括卫星回收、大推力火箭运载、一箭多星、卫星测控遥感、地球静止轨道卫星发射、载人航天等航天活动的关键技术。从 20 世纪 80 年代中期开始，我国成功地进入到了国际商业卫星发射服务领域。中国目前已是名副其实的世界航天大国之一。

随着我国航空航天事业的发展，为维护国家利益和航空航天活动的正常国际法律秩序，我国在此领域参与了诸多的国际合作：①我国已经加入和缔结了多项国际条约，主要有：1929 年的《统一航空运输某些规则的公约》（简称《华沙公约》，1958 年加入）；1944 年的《国际民用航空公约》（简称《芝加哥公约》，1974 年接受）；1969 年的《东京公约》（1978 年加入）；1970 年的《海牙公约》（1980 年加入）；1971 年的《蒙特利尔公约》（1980 年加入）；1967 年的《外空条约》（1983 年12 月加入）；1968 年的《援救协定》（1988 年 11 月加入）；1972 年的《责任公约》（1988 年 11 月加入）；1975 年的《登记公约》（1988 年 11 月加入）。②中国已成为国际航空和外空方面重要国际组织和国际机构的参加者。我国是国际民用航空组织的创始国，我国还参加了国际通信卫星组织和国际海事卫星组织。从 1981 年开始，我国正式参加了联合国外空委员会的工作。在上述国际组织和机构讨论制定有关政策和国际公约、促进国际法的编纂和发展活动中，我国做出了一定的贡献。③我国政府在国际航空和航天活动的具体实践中，严格遵照和依据有关国际法原则和规则处理问题，切实承担和履行着自己的国际责任和义务。例如，在惩治危害国际民用航空安全的非法行为和处理多起国际劫机事件中，我国严格依照已加入的《东京条约》、《海牙公约》、《蒙特利尔公约》主张权利和履行义务；我国在承担国际商业卫星发射活动中也曾依据《外空条约》和《责任条约》的规定与美、英签署协定，解决了有关国家赔偿责任的划分和承担问题。

我国在空间法的研究和航空法典的制定方面也有了长足的发展。《中华人民共和国民用航空法》这一航空法典的颁行（1996 年 3 月 1 日起施行）则标志着我国空间

第九章

立法的发展进入了一个新的历史时期。但相对于我国航空航天科学技术的发展而言，我国对空间法的研究和立法工作起步较晚，近年来，在大量吸收和借鉴国外研究成果的基础上，国内有关空间法的研究水平和数量不断提高，并于 1992 年 12 月成立了中国空间法学会。

第二节　国际航空法

一、空气空间的概念和法律地位

地球表面为大气层所笼罩的空间，被人们称为"空气空间"，而大气层以外的空间，被称为"宇宙"或"外层空间"。这两个概念在人类利用空间进行活动以前只不过是人类对天体的了解，对于这两个空间的性质和法律地位，人们过去一向适用罗马法上的一个说法："谁占有土地，谁就占有该土地的上空。"根据这个观点，国家领土的上空自然是属于该国的，领土上空是国家领土的构成部分，传统国际法将其称为领空。国家在其领空是否享有完全的主权？19 世纪中叶，当人们利用气球在空间进行活动以后，这个问题就显现出来了。当时的国际法学家主要有两种看法：一种是把海洋自由的观点引申到空间，如法国法学家福希叶，认为空中应是自由开放的，地面国只享有自保权；另一种是从主权观念出发，如英国的赫兹尔坦，认为国家对其领空享有完全的主权。随着航空活动的迅速发展，这个问题终于在 1919 年的《巴黎公约》中有了明确的规定。该公约规定："缔约各国承认每一国家对其领土上空的空间享有完全的和排他的主权。"从此，领空主权就由条约法确定了下来。

国家对其领土上空享有主权，但这一上空有多高？是不是包括空气空间和外层空间呢？这个问题在过去是没有人过问的。但在 1957 年前苏联发射人类第一颗人造卫星之后，这个问题就被提出来了。人造卫星日夜绕着地球旋转，跨越过无数国家的上空，是否构成侵犯地面国领空主权的行为？人造卫星是在外层空间活动的，外层空间是不是也像空气空间一样受地面国的主权管辖？随着外空活动的迅猛发展，联合国大会终于在 1961 年 12 月 20 日通过的第 1721 号决议中明确肯定：外层空间由所有国家按照国际法自由探索和使用而不得由任何国家据为己有。从此，空气空间和外层空间就被明确为两个法律地位不同的空间。空气空间隶属于地面国主权之下；外层空间不能为任何国家据有，应对所有国家开放。换句话说，国家的领空主权只能扩展到空气空间，不能延伸到外层空间。各国在空气空间从事航空活动，由此产生的法律关系应由航空法调整。在空气空间的领空部分适用该地面国的航空法（国内法），在不同国家的领空之间的航空活动适用国际航空法（简称"航空法"）。

二、国际航空法的概念及国际航空法的条约体系

国际航空法就是调整各国航空活动中的法律关系的原则和规则的总和。国际航

第九章

空法是国际法学体系中的一个新分支。

国际航空法是随着国际航空事业的发展而产生的。各国国内的航空活动，由各国颁布的国内法所调整。由于航空活动常常带有跨国因素，国内航空法也应参照国际航空法的有关原则和规则来制定。国际航空法因为历史短，大部分原则和规则都是在条约中规定的。国际航空法的法律渊源主要是国际条约。20世纪以来，国际社会签订了一系列有关国际航空活动原则、规则的条约，涉及空气空间的法律地位、航空器的法律地位、空中飞行制度、空中安全和损害赔偿等方面，这些条约中的规则已构成一套体系完整的国际航空法律制度。

（一）确立一般航空法律制度的条约

1.《巴黎航空条约》。1919年签订于法国巴黎，参加国有26个，该公约全文43条，对航空法的一般原则、飞行器的国籍、适航证书、航行规则和技术等方面作了详细的规定。公约规定设立"国际航空委员会"作为国际航空领域的常设机构，由国际联盟直接领导。但在第二次世界大战爆发后，该公约的规则已不起作用了。1944年《国际民用航空公约》签订后，若《巴黎航空公约》的缔约国同时也是《国际民用航空公约》的缔约国时，《巴黎航空公约》即为《国际民用航空公约》所代替。

2.《国际民用航空公约》。1944年11月7日在美国芝加哥签订，故亦被称为《芝加哥公约》。该公约于1947年4月4日开始生效，缔约国开始为52个，目前已发展为190个。我国于1974年加入该公约。公约重申航空法的一般原则，并对航空器的性质、国籍、飞行条件和标准作了新的规定。这也是当前最重要的一个航空公约。公约规定设立国际民用航空组织，我国自1974年起一直是该组织的理事国。

（二）关于国际航空运输业务的条约

1.《哈瓦那商务航空条约》。1928年美洲国家签订于哈瓦那。该条约内容基本上与《巴黎航空公约》相同，只是增加了部分商业航空的条款。该公约的缔约国如果同时是《国际民用航空公约》的缔约国，则该公约应为《国际民用航空公约》所取代。

2.《统一国际航空运输某些规则的条约》。1929年10月12日签订于波兰华沙，故称《华沙条约》。公约对航空运输的业务范围、运输票证、损害赔偿标准等作了具体的规定，形成国际航空运输上的所谓"华沙体系"。1955年，缔约国对公约中的赔偿标准作了修改，修改后的议定书于1963年8月1日生效。我国于1958年7月20日加入这一公约。

3.《国际航空运输协定》。在1944年芝加哥的国际民用航空会议上，由与会的部分成员国于1944年12月7日签订。该协定规定每一缔约国给予其他缔约国的定期航班"五项自由"，即不降停而飞越其领土的权利；非运输业务性降停的权利；卸下来自航空器所属国客、货、邮的权利；装载前往航空器所属国客、货、邮的权利；装卸前往或来自任何其他缔约国领土的客、货、邮的权利。故此协定也称为

"五项自由协定"。此协定缔约国只有 11 个。因接受的国家太少，该协定的作用不大。

4.《国际航班过境协定》。与上一协定同时在芝加哥签订，该协定只规定了上述五项自由中的第一、二项，故亦称"两项自由协定"。该协定缔约国目前已经有 129 个，大部分航空发达的国家，如美、英、法、德、日等，均已批准了这个协定。该协定对我国的香港和澳门特别行政区也适用。

（三）关于航空安全的条约

20 世纪 60 年代以后，由于空中劫持事件不断发生，对国际航空安全造成重大威胁。为了保障航空安全和制裁这些非法活动。国际间签订了三个重要的条约：

1.《关于在航空器上犯罪和其他某些行为的公约》。1963 年 8 月 20 日，国际民用航空组织在日本东京举行外交会议，讨论对国际航空飞行中发生犯罪行为的管辖权问题，最终于 9 月 14 日在东京签署这个公约，故亦称为《东京公约》。该公约对航空器在飞行中发生的犯罪行为及对此类行为的管辖问题作了规定。这是第一个关于空中犯罪问题的国际公约，现在缔约国有 185 个，我国于 1978 年加入了该公约。

2.《关于制止非法劫持航空器的公约》。这个公约是 1970 年 12 月 16 日在荷兰海牙签订的，故又称《海牙公约》。此公约是专门处理空中劫持问题的，公约对非法劫持航空器行为下了定义并规定应给予严厉惩罚，公约规定这种犯罪行为应作为可引渡罪行。公约现有缔约国 185 个，我国于 1980 年加入了该公约。

3.《关于制止危害民用航空安全的非法行为的公约》。该公约于 1971 年 9 月 23 日在加拿大的蒙特利尔通过，故又称《蒙特利尔公约》。该公约的规定与《海牙公约》大体相同，但对危害民用航空安全的行为作了更具体的规定，并扩大其适用范围和规定此种行为在实际上应受普遍性管辖。公约现有缔约国 188 个，我国于 1980 年加入该公约。

除了上述三个普遍性公约以外，国际社会还在 1988 年签订了《制止在用于国际民用航空的机场发生的非法暴力行为以补充 1971 年 9 月 23 日订于蒙特利尔的制止危害民用航空安全的非法行为的公约的议定书》（简称为《蒙特利尔议定书》）。此议定书主要是针对在机场上发生的暴力行为。1991 年，为了制止软叶状或富于弹性的塑性炸药对航空器的危害，国际社会签订了《关于注标塑性炸药以便探测的公约》，该公约要求各国制造塑性炸药时须加添"可探测物质"，使之成为"注标塑性炸药"。

航空立法涉及的面很广，既包括国际公法也包括国际私法。各国根据国际条约所确定的原则制定本国的航空法。目前，世界上有 130 多个国家公布了航空法。由于航空活动往往是跨国性的，各国的航空法必须按国际公认的规则统一起来。航空法只适用于民用航空器，只适用于平时法，它对交战国或中立国是没有拘束力的。1979 年我国公布了一个《外国民用航空器飞行管理规则》，对外国民用航空器飞入、飞出我国国界或在我国境内飞行或停留作了具体规定。1995 年 10 月 30 日我国颁布

第九章

《民用航空法》，对国内民用航空运输和对外国民用航空器在我国从事民用航空活动作了详细的规定。

三、国际民用航空制度

（一）地面国的领空主权

《巴黎航空公约》和《国际民用航空公约》都承认每个国家对其领空享有完全的和排他的主权。根据这个观点，每个国家都有权制定本国的航空法，确立其领空的法律制度。领空与领海不同，在领空上，外国飞行器并没有"无害通过权"，允不允许它们飞越是地面国的主权。即使根据协议允许它们飞越，地面国也有权为此设置规章制度并强制执行，也可以为了安全或军事上的需要而宣布空间的某个区域为禁区，不允许外国飞行器通过。国际航线是在有关国家之间根据协议建立的。

《国际民用航空公约》规定各缔约国可对其领空行使以下权利：

1. 制定航空法律和规章。缔约国对于其他缔约国的航空器飞入、飞离或飞越其领土制定法律和规章，并加以强制执行，但这些法律和规章应适用于所有缔约国，不得有任何差别，不能违反公约的规定。

2. 在领空内设立"禁区"。缔约国为了军事需要和公共安全的需要，可指定境内某地区的上空为禁区，禁止或限制其他缔约国的航空器飞越。但是，这些禁区的范围和位置应当合理，以免妨碍空中航行。这种禁区应不分国籍地适用于一切缔约国的航空器。

3. 保留"国内载运权"。缔约国有权拒绝其他缔约国的航空器在其领土内装载乘客、邮件和货物运往其境内的另一地点。国内两地间空运的权力只能由地面国经营。任何缔约国不得把这项权利转让给他国，也不得对他国要求这种权利。

领空是地面国领土的构成部分，在领空内的航行由地面国的国内立法规定。我国 1995 年公布的《民用航空法》明确规定我国对领空享有完全的和排他的主权，并规定外国民用航空器在我国境内从事民用航空活动应遵守的规则，主要内容有：①外国民用航空器根据其国籍国政府与我国政府签订的协定的规定，或经我国民用航空主管部门批准或接受，方可飞入、飞出我国领空和在我国境内飞行、降落。②外国民用航空器的经营人经其本国政府指定，并取得我国民用航空主管部门颁发的营业许可证，方可经营协定规定的国际航班运输。外国民用航空器的经营人经其本国政府批准和我国民用航空主管部门批准，方可经营我国境内一地和境外一地之间的不定期航班运输。③外国民用航空器的经营人，不得经营我国境内两点之间的航空运输。④外国民用航空器应按我国民用航空主管部门批准的班期时刻或飞行计划飞行，变更班期时刻或飞行计划的，其经营人应获得我国民用航空主管部门批准；因故变更或取消飞行的，其经营人应及时报告我国民用航空主管部门。⑤外国民用航空器应在我国民用航空主管部门指定的设关机场起飞或降落。

（二）航空器的法律地位

航空器是指以空气的反作用在大气中取得支撑力的机器。气球、飞艇、各种飞机都属于航空器。《国际民用航空公约》把航空器分为"民用航空器"和"国家航空器"两类。但这一分类并不决定于航空器的所有权，而是决定于航空器的使用范围和性质。凡不用于民间航运的飞行器，如用于公务、军事、海关和警察部门的航空器都是国家航空器。民用航空器可根据航空协定规定的航线飞入或降落于缔约国的领土，但国家航空器在未经特别协定或以其他方式取得许可的情况下，不得飞入另一缔约国上空或降落在该国领土内。

航空器具有其登记国的国籍。但它只能在一个国家登记，若在两个国家登记，其国籍便没有效力，如果要办理转移登记，可在原登记国进行。登记和转移登记应按照登记国的法律和规章进行。从事国际航空飞行的航空器应具有适当的国籍标志和登记标志。航空器受登记国的法律管辖，在航空器内，机长具有特殊地位，他有权对机组人员与旅客发布严格的命令和行使管理职权。机长的权力虽然不像船长那样全面，但在飞行器内部则是代表公司和登记国行使权力的。

航空器飞越他国领空时，受地面国法律的管辖，应遵守该国的法律和规章。但在公海上，航空器仅受其国籍国的法律管辖。外国飞行器在飞越沿海国的专属经济区时，有自由飞越的权利，但应遵守沿海国的有关法律和规章。外国飞行器在沿海国大陆架上覆水域的上空，有自由飞越的权利。在用于国际航行的海峡和群岛海道的上空，外国飞行器有"过境通行"的权利，但必须"继续不停，迅速飞过"，不得侵害海峡沿岸国和群岛国的主权，飞越时必须遵守国际民用航空组织制定的《空中规则》，并受海峡沿岸国和群岛国入境条件的约束。

（三）国际航空运输规则

国际航空运输是指航空器跨越他国领空从事运送客、货、邮的国际航空运输业务。为了解决缔约国之间的航运问题，《国际民用航空公约》把缔约国航空器在其他缔约国领土上空的飞行分为"非航班飞行"和"航班飞行"两类。

该公约第5条规定，缔约国一切不从事国际航班飞行的航空器，不需事先获准，有权飞入或飞经其他缔约国的领土而不降停，或作非运输业务性的降停，但该国有权命令它降落。如该航空器为取酬或出租而载运客、货、邮件但并非从事定期航班飞行者，亦有权降落和装卸客、货、邮件。所谓非航班飞行也就是不定期的航班飞行，即不按公布的班期表运输也不受正常航班运费与费率约束的飞行。不定期航班运输不使用从事定期航班的飞行器进行作业。第二次世界大战后，不定期航班飞行大量增加。1956年4月30日，欧洲各国在巴黎签订《关于欧洲不定期航班商业权利的多边协定》，规定对从事不定期航班业务的航空器给予过境的方便。

《国际民用航空公约》第6条规定，缔约国从事国际航班飞行的航空器未经另一缔约国的特准或许可不得飞入或飞越该国领土的上空。所谓航班飞行，就是定期的航班飞行，国际民用航空组织理事会在1952年3月28日给国际航班飞行下定义时，指出航班飞行具有下面两个特点：①按班期时间表飞行，每次班期都开放供公众使用；②航班是定期和频繁的，成为公认有规律的系列。

在1944年的芝加哥会议上，部分成员国为了开展彼此之间的航空业务，签订了一项《国际航空过境协定》，规定在缔约国之间凡从事定期航班飞行的航空器可在其他缔约国上空享有航空运输的"五项自由"：①不降停而飞越其领土；②非运输业务性的降停；③卸下来自航空器所属国的客、货、邮；④装载前往航空器所属国的客、货、邮；⑤装卸前往或来自任何其他缔约国的客、货、邮。根据这五项自由，缔约国之间的航空器基本上是自由通过了，但该协定当时只有20个国家签字，批准的国家目前也只有11个，起不了什么作用。与该协定同时签订的还有一个《国际航班过境协定》，该协定对国际定期航班只规定了"两项自由"：①不降停而飞越其领土；②非运输业务性的降停。该协定规定的"两项自由"已为世界上129个国家接受。从国际实践来看，国际航空运输的运营问题主要还是由有关国家根据双边航空运输协定来解决。

双边航空运输协定是两国政府就组织和经营国际航空运输业务所达成的条约，该协定必须写明双方所确定的航线和双方指定从事这项业务的航空企业，以及运营业务的范围。这一协定就是双方建立航空运输业务的法律依据。关于航空运输的损害赔偿问题，1929年的《华沙公约》对承运人的责任问题作了具体的规定。该公约后来经过多次修改，在1971年（危地马拉）和1975年（蒙特利尔）的两次修改中把"主观责任制"改为"客观责任制"，即"无过失责任制"，指旅客的身体、行李或货物遭受损失时，承运人不论有无过错均应承担责任。

（四）关于惩治危害国际民用航空安全行为的国际法规则

任何对航空器内的人使用暴力或破坏航空器的行为都构成危害民航安全的行为。危害国际民航安全的最严重行为是"空中劫持"。为了制止各种危害民航安全的行为，国际间签订了三个重要的公约，即前文提到的《东京条约》、《海牙公约》和《蒙特利尔公约》。

1. 关于"空中劫持行为"的概念。1963年的《东京公约》规定非法劫持航空器的行为是指在航空器内使用暴力或暴力威胁，非法地干扰、劫持或以其他不正当方式控制飞行中的航空器的行为。凡从事或准备从事这种行为的人都犯了这种罪行（第11条）。

1970年的《海牙公约》进一步规定非法劫持航空器的行为是指"在飞行中的航空器内的任何人使用暴力或暴力威胁，或以任何其他恐吓方式，非法劫持或控制该航空器"的行为。凡从事或企图从事这种行为的人及其同犯均犯了这种罪行。缔约国应对这种罪行给予严厉惩罚。公约对"飞行中"一词加以明确的界定，公约规定："飞行中"是指航空器从装卸完毕、机门关闭时起直到打开机舱门以便卸载时为止的整个过程。在这过程中发生的危害飞机安全的行为都属于劫持飞机的犯罪行为。

第九章

1971 年的《蒙特利尔公约》更进一步规定，危害民用航空安全的非法行为包括五种行为：①对飞行中的航空器内的人使用暴力；②破坏使用中的航空器使它不能飞行；③在使用中的航空器内放置危及其飞行安全的装置或物质；④破坏航行设备危及其飞行安全；⑤传送假情报危及飞行中航空器的安全。

该条还明确规定，凡从事上述行为或企图从事上述行为的人及其同犯，均犯有危害民用航空安全罪。对于航空器"在飞行中"和"在使用中"两个概念，公约明确规定："航空器从装载完毕、机舱外部各门均已关闭时起，直至打开任一机舱门以便卸载时为止，应被认为是在飞行中"；"从地面人员或机组人员为某一特定飞行而对航空器进行飞行前的准备时起，直到降落后 24 小时止，该航空器应被认为是在使用中"。因此，在这整个过程中发生的上述犯罪行为都属于危害民用航空安全的非法行为。缔约国应对这些罪行给予严厉惩罚。

2. 关于"空中劫持行为"的管辖权。《东京公约》从国籍原则出发，认为飞机的登记国有权对这一非法行为行使管辖权，特别是当行为发生在公海上空和在不属于任何其他国领土上空的航空器内的时候。公约授权机长对犯此行为者采取必要措施（包括看管），并将此人送交降落地国的主管当局。但公约并不排除其他非登记国在下列场合也可以行使管辖权：①罪行的后果涉及该国领土；②行为者及受害者为该国国民或在该国有永久住所；③罪行涉及该国安全；④罪行违反该国有关航空器飞行或操作的规定或条例；⑤该国根据国际协定有义务行使管辖权。

《海牙公约》则采取混合原则，规定以下国家均有权行使管辖权：①飞机登记国；②飞机降落地国（降落时犯罪者仍在机上者）；③若该飞机是未带机组的出租飞机，承租人的营业地国或居住地国；④犯罪者被发现地国；⑤根据本国法律行使刑事管辖权。就上述规定来看，《海牙公约》基本上是采取普遍性管辖原则。

《蒙特利尔公约》同样是根据普遍性管辖原则，规定犯罪行为发生地国、登记地国、降落地国、飞机承租人之营业地或常住地国和犯罪者被发现地国都有权行使管辖权。

3. 关于对空中劫持犯罪的引渡和起诉。空中劫持行为既然受到普遍性的管辖，劫持犯所在地国当然可以加以管辖，劫持犯的国籍国和受害国也可以请求引渡给它们审理，这就产生了劫持犯的引渡问题。

《东京公约》提及到了引渡问题，规定当航空器降落地国拒绝审判犯罪者时，该国可将他送回本国，但公约声称这些规定不能被解释为降落地国同意承担引渡罪犯的义务（《东京公约》第 14 ~ 16 条）。

《海牙公约》第 8 条对空中劫持犯罪的引渡问题作了比较具体的规定：①这种罪行可作为可引渡罪行列在缔约国之间现有或将有的引渡条约之中；②被请求引渡的国家可自行决定以本公约作为请求引渡的法律根据；③引渡应遵照被请求国法律规定的条件进行。《海牙公约》第 7 条还规定，如犯罪者所在的国家不将此人引渡，则不论罪行是否在其境内发生，应将此案提交其主管当局以便起诉。该当局应按照本国法律以对待任何严重性质的普通罪行案件的同样方式作出决定。

《蒙特利尔公约》和《海牙公约》一样，规定空中劫持是一种可引渡罪行，但没有设置强制的引渡义务，劫持犯所在地国若不把他引渡，则应把该犯交主管当局以便起诉，主管当局应把此犯罪行为视作严重的普通罪行（即非政治罪）予以惩处。

我国《民用航空法》规定，以暴力、胁迫或其他方法劫持航空器、对飞行中的民用航空器上的人员使用暴力、在航空器内放置危险品、传递虚假情报干扰飞行秩序等行为均构成危害航空安全的行为，应追究刑事责任。

［案例］
卓长仁劫机案

1983 年 5 月 5 日，载客 105 名，从沈阳机场飞往上海的中国民航班机 296 号自沈阳东塔机场起飞后，被机上乘客卓长仁、姜洪军、安卫康、王彦大、高云萍和吴云飞 6 名持枪歹徒采用暴力和威胁的方式劫持。他们用枪射击驾驶舱门锁，破门闯入驾驶舱后，对舱内人员射击，将报务员王永昌和领航员王培富击成重伤；威逼机长王仪轩和副驾驶员和长林改变航向，并用枪顶住机长的头，威胁乘客要与全机同归于尽；强行乱推驾驶杆，使飞机颠簸倾斜、忽高忽低（最低高度为离地面 600 米）的飞行，严重危及飞机和全机人员的安全。飞机被迫在我国渤海湾、沈阳、大连和丹东的上空盘旋后，飞越朝鲜进入韩国领空，被韩国战斗机拦截迫降在该国的春川军用机场。飞机降落后，罪犯们依然控制飞机和机上人员长达 8 个小时之久。最后，他们向韩国当局缴械并被拘留。

事发后，韩国有关当局对事实进行了调查，并迅速将情况通知了中国政府和国际民用航空组织理事会。中国外交部接到通知后，向韩国提出请求，要求按照有关国际条约的规定，立即将被劫持的航空器以及机组人员、乘客交给中国民航当局，并将劫机罪犯引渡给中国处理。国际民用航空组织致电韩国当局，表示对中国民航 296 号班机被非法劫持一事密切关注，并希望韩国不遗余力地安全交还乘客、机组人员和飞机，按国际民用航空组织大会的决议和韩国参加的 1970 年《关于制止非法劫持航空器的公约》（《海牙公约》）的规定，对劫机犯予以惩处。因中国与韩国当时尚未建交，经韩国民航局局长金彻荣同意后，中国民航局局长沈图率民航工作组于 1983 年 5 月 7 日赴汉城协商处理这一事件。双方经谈判签署了一份关于交还乘客、机组人员和飞机问题的备忘录。按备忘录规定，被劫持的飞机上的乘客，除 3 名日本乘客返回日本外，其余中国乘客和机组人员都已先后返回中国。被劫持的飞机经韩国有关部门做了技术检修后归还给中国。

对于劫机罪犯的处理，韩国拒绝了中国的引渡要求，坚持由其自行审讯和实施法律制裁。1983 年 6 月 1 日，韩国汉城地方检察院以违反韩国《航空安全法》、《移民管制法》和《武器及爆炸物品管制法》为由，对 6 名劫机犯提起诉讼。同年 7 月 18 日，汉城地方刑事法院审理后，判处卓长仁、姜洪军有期徒刑 6 年，安卫建、王彦大有期徒刑 4 年，吴云飞和高云萍有期徒刑 2 年。

1970 年《海牙公约》第 1 条明确规定："凡是在飞行中的航空器内的任何人：（甲）用暴力或用暴力威胁，或用任何其他恐吓方式，非法劫持或控制该航空器，或企图从事任何这种行为，或（乙）是从事或企图从事这种行为的人的同犯，即是犯有罪行。"根据这一规定，卓长仁等 6 人均构成了国际法上的空中劫持罪。

由于本案的 6 名被告都是中国人，且被劫持的航空器为中国民航班机，故中国方面对该案享有管辖权。根据《海牙公约》的规定，上述罪行是可引渡的罪行，如果一缔约国规定只有在订有引渡条约的情况下才予以引渡，而有关国家间又无引渡条约时，则公约可以作为引渡的法律根据。因此，中国通过外交途径向韩国当局提出引渡罪犯的请求是完全有国际法律依据的。由于公约所规定的引渡并非缔约国的一项义务，而当时中韩又无外交关系，所以韩国拒绝中国的引渡请求也并不违反国际法。依公约的规定，如果不引渡罪犯，则应无例外地将此案提交主管当局起诉。韩国方面承担并履行了起诉及审判卓长仁等 6 名罪犯的义务。但是，《海牙公约》明确规定，缔约国应根据本国法律，对有关罪犯不问其行为动机都应给予严厉惩罚。韩国司法部门仅判处卓长仁等 6 名罪犯 2~6 年有期徒刑，显然处罚畸轻，没有彻底履行其条约义务。

《海牙公约》还规定，缔约国对被劫持航空器的机长和乘客应给予协助和方便，将货物和航空器归还给合法所有人。在这方面，韩国方面的做法是令人满意的。

第三节 外层空间法

一、外层空间的概念和法律地位

外层空间在自然科学上是指空气空间以外的整个空间。各国领陆和领水上空的空气空间属于地面国主权支配的空域，属于地面国的领空。而外层空间是地面国主权所控制不到的空域，因而其是任何国家不能主张权利的空间，不能成为国家行使主权的对象。但是任何国家可以为和平目的而利用外层空间和其他天体，这在 1967 年由联合国主持签订的《关于各国探索和利用包括月球和其他天体在内的外层空间活动原则的条约》中作了明确规定。该条约规定了两项基本原则：①外层空间供各国自由探索和使用；②外层空间不得为任何国家所占有。这两项原则确定了外层空间的法律地位。

外层空间和空气空间的法律地位是完全不同的，但两者的界限问题迄今仍有争议，主要有下面两种主张：

1. 空间说。空间说主张以空间离地面的距离为标准来划分空气空间和外层空间。具体又有以下三种不同主张：①以航空器向上飞行的最高限度为界，即离地面约30~40千米；②以不同的空气构成为界，因而产生几十公里、几百公里、几千公里的不同主张；③以人造卫星离地面的最低高度为界，约为离地面100~110千米；④1976年，巴西、哥伦比亚、刚果、厄瓜多尔、印度尼西亚、肯尼亚、乌干达、扎伊尔等8个赤道国家主张以赤道国家上空的地球静止轨道为界，即离地面35871千米为空气空间的上限。

地球静止轨道（或称做"地球静止同步轨道"、"地球静止卫星轨道"、"地球同步转移轨道"）是指位于地球赤道平面上空距离地面35871千米高度的一条与赤道平行的圆形轨道。它的轨道离心率和轨道倾角均为零。由于放置在该轨道上的物体的运动周期为23小时56分4秒，与地球自转周期吻合，所以地面上的观察者在任意时刻始终可以在天空的同一个位置观察到该物体，会发现其在天空中静止不动。这条轨道有很高的实用价值，在这条轨道上的卫星对地球表面有一个很大的视野区，一颗卫星发出的电磁波可以覆盖地球表面的1/3，所以如果不考虑卫星发射的电磁波之间的干扰，那么在此轨道上等距离放置3颗卫星，就可以实现环球广播和通讯。实际上，该轨道所能容纳的卫星数量是有限的，大约只能容纳180颗，可见，地球静止轨道是重要的、有限的空间自然资源。

各国基于各自的利益，对地球静止轨道的法律地位提出了不同的主张。上述8个赤道国家主张，地球静止轨道在其领土上空的区段属于其国家领土的一部分。而包括美国和前苏联在内的空间大国坚决反对赤道国家的主张，提出地球静止轨道是有限的自然资源，但它肯定属于外层空间，不受任何国家支配，某些国家的地理位置无论对整个轨道或是其个别区段，均不产生任何所有权。还有一些国家持折中的观点，一方面不否认地球静止轨道属于外层空间的构成部分，另一方面主张在公平合理的基础上作出适当安排，以照顾赤道国家和其他发展中国家的利益。

目前，关于地球静止轨道的法律地位问题，国际法上还没有专门的、有效的法律文件作出规定。但是，国际社会普遍承认，地球静止轨道属于外层空间的组成部分，应适用《外空条约》的规定。因地球静止轨道是有限的自然资源，应采取公平使用原则。但目前对地球静止轨道的分配使用问题，世界各国仍有不同看法，实践中，各国实际上采取"先来先占"的做法。

2. 功能说。目前，不少学者主张按照飞行器的功能来确定其所适用的法律，把飞行器分为"航空器"和"航天器"两类。航空器的活动适用航空法，航天器（亦称"航天物体"）的活动，指外空物体从发射到返回地面或在外层空间消失的全过程，适用外层空间法。这种学说被称为"功能说"。"功能说"只根据飞行器的功能和作用来决定应适用的法律，借以避开空气空间和外层空间在分界上的困难。目前，大多数有关外层空间的国际条约的制订都是从"功能说"的观点出发的。

外层空间和空气空间的界限虽未确定，但外层空间独立于空气空间之外和不受地面国主权的支配，是现代国际法所公认的。随着外空活动的发展，调整各国在外层空间活动中的各种关系的"外层空间法"便应运而生。外层空间法的法律渊源基本上是国际条约，实践中产生的规则基本上已订在条约之中，其中有些原则和规则已获得各国普遍接受，已成为具有普遍拘束力的习惯国际法规则。外层空间法已成为国际法体系中的一个新分支。

二、外层空间法的条约体系

外层空间的概念产生后，1958 年，联合国设立了"外空委员会"。外空委员会分设法律和科技两个小组委员会，分别审议和研究有关法律和科技的问题。外空委员会于 1963 年草拟了一个宣言——《关于各国探测及使用外层空间活动之法律原则宣言》，此宣言于 1963 年 12 月 13 日在联合国大会通过，宣言宣布了各国在探索和利用外层空间时所必须遵守的几项原则：①探索和利用外层空间，必须为全人类谋福利和利益；②各国都可以在平等的基础上，根据国际法自由探索和利用外层空间和天体；③外层空间和天体决不能为任何国家以提出主权要求、使用或占领等方式据为己有；④各国探索和利用外层空间必须遵守国际法；⑤各国对本国（不管是政府部门或非政府部门）在外层空间的活动负有国际责任；⑥各国在探索和利用外层空间时应遵守合作和互助的原则；⑦各国对其发射入外层空间的实体及其所载人员保持管理及控制权，对该实体及其组成部分有所有权；⑧各国对其发射入外层空间的实体所造成的损害负有国际责任；⑨各国负有援助及营救宇宙航行员的义务。

这些原则奠定了外层空间及天体的法律构架。在此基础上，外空委员会其后又草拟了以下五个条约，把上述原则具体化，成为外层空间法的实体法：

1. 《关于各国探索和使用外层空间包括月球及其他天体之活动所应遵守原则的条约》，1966 年底通过，1967 年 1 月 27 日签署，同年 10 月生效。该条约简称为《外层空间条约》，是外层空间的基本法。条约共 17 条，内容着重于重申外层空间活动的法律原则和建立外层空间法律制度。故被称为"外层空间宪章"。截至 2013 年 4 月，共有 102 个国家批准了该条约。

2. 《关于援救宇宙航行员、送回宇宙航行员和归还射入外层空间的物体的协定》，简称《营救协定》，1968 年 4 月 22 日在伦敦、莫斯科和华盛顿同时对所有国家开放签字，于 1968 年 12 月 3 日起生效。本协定共 10 条，重申营救宇宙航行员的原则并构成非发射国承担营救及送还宇宙航行员的义务。截至 2013 年 4 月，共有 92 个国家批准了该条约。

3. 《外空物体所造成损害的国际责任条约》，简称《国际责任公约》，1972 年 3 月 29 日开放签字，并于 1973 年 10 月 9 日开始生效。条约共 28 条，规定各国应对实际发射主体（不论是政府机构或是民间企业或社会团体）在外层空间及天体的一切活动负直接责任，并规定了损害的赔偿原则。截至 2013 年 4 月，共有 89 个国家批准了该条约。

4.《关于登记射入外层空间物体的公约》，简称《登记公约》，1975 年 1 月 14 日在纽约开放签字。公约共 12 条，规定发射国应设登记册，登记其所发射之物体并上报联合国秘书长。截至 2013 年 4 月，共有 60 个国家批准了该公约。

5.《关于各国在月球和其他天体上活动的协定》，简称《月球协定》，1979 年 12 月 18 日开放签字。条约共 21 条，规定了月球和其他天体的法律地位以及各国在月球和其他天体进行活动的原则。该协定于 1984 年 7 月 11 日生效，但截至 2013 年 4 月，仅有 15 个国家批准了该协定，且联合国 5 个常任理事国均未加入该协定。

上述五个条约初步形成了外层空间法的法律体系，由此产生了一套各国在外层空间活动中必须遵守的国际法规则。

三、外层空间法的原则和制度

《外层空间条约》根据《外空宣言》宣布的几项原则，规定下述原则作为各国在外层空间的活动中所必须遵守的原则，并建立了相应的法律制度。

（一）探索和利用外层空间必须为全人类谋福利和利益

外层空间，包括月球和其他天体，是对全人类开放的开发范围。所有国家，不论其经济或科学发展程度如何，都可在平等、不受任何歧视的基础上，根据国际法自由探索和利用外层空间（包括月球和其他天体），自由进入天体的一切领域。但这种探索和利用必须是为全人类谋福利和利益。因此，任何违背这个宗旨的探索和利用都是违反外层空间法的行为。

（二）外层空间不得据为己有

外层空间是全人类为和平目的自由开发的领域。但它不是"无主地"，任何国家不得通过占领、使用或任何其他方式提出主权要求。但月球及其资源均为全人类的共同财产。月球的表面及其下层的自然资源均不应成为任何国家、任何国际组织、任何非政府实体或自然人的财产。在月球表面或下层安置人员、外空运载器、装备设施、站所和装置，不应视为对月球的任何领域取得所有权。月球不得由国家提出主权要求，不得通过占领和利用或任何其他方法据为己有。因为外层空间是不能加以占领的领域，国际法中有关领土取得的各种方式是不能适用于外层空间的。任何在月球上竖立旗帜、命名的行为，都没有宣告主权的意义。

（三）探索和利用外层空间应遵守国际法

各国在探索和利用外层空间时应遵守国际法和《联合国宪章》，以维护国际和平与安全，促进国际合作与了解。

由于外层空间只能用于和平目的，各国应保证：①不在绕地球的轨道上放置任何核武器或任何其他大规模毁灭性武器的实体；不在天体装置这种武器；不以任何其他方式在外层空间部署这种武器；②禁止在天体建立军事基地、设施和工事；③禁止在天体试验任何类型的武器和进行军事演习。

《月球公约》规定月球专为和平目的而利用，各国应：①禁止在月球使用武力或以武力相威胁，或从事敌对行为或以敌对行为相威胁；②禁止利用月球对地球、月球、宇宙飞行器、人造外空物体以及物体内之人员进行此类行为或威胁；③不得在环绕、飞向或飞绕月球的轨道上放置带有核武器或其他大规模毁灭性武器的物体，或在月球放置或使用此类武器；④禁止在月球建立军事基地、军事装置及防御工事、试验武器和举行军事演习。

根据上述规定，任何为军事目的而利用外层空间、月球及其他天体的行为，都是违反国际法的行为。

（四）对宇宙航行员进行援助和营救

各国通过发射物体送往外层空间（包括月球及其他天体）的人称为"宇宙航行员"，《外空条约》责成各国应把宇宙航行员视做人类派往外层空间的使节，各国均负有援助、营救和送还遇险或遇难宇宙航行员的义务。

（五）发射国承担国际责任

各国发射到外层空间的实体及其碎片落在地面或空间时可能造成损害，国家应对其本国政府部门或非政府团体在外层空间的活动负国际责任，也应对其参加的国际组织在外层空间的活动共同承担法律责任。

（六）发射国对发射实体保持管辖和控制权

发射国对其射入外层空间或其他天体的实体及其所载人员保持管辖及控制权。这些实体及其组成部分的所有权属于发射国，不因其出现于外层空间、天体或返回地面而受影响。若物体落在登记国以外的地方，登记国可提出证明资料请求降落地国予以送还。各国对其运往月球上的人员、运载器、装备、设施、站所和装置，保持管辖及控制权。运载器、装备、设施、站所和装置的所有权仍属于发射国。

（七）国际合作和互助

各国探索和利用外层空间（包括月球和其他天体），应以合作和互助原则为准则。为了实现上述原则，《外空条约》及其他几个条约建立了下面几种必要的法律制度：

1. 登记制度。根据《外空条约》和《登记公约》的规定，联合国秘书长保持一份"外空物体总登记册"。发射国应将其发射的空间物体的下列情报向秘书长报告，以便登记入册：①发射国或几个发射国的国名；②空间物体的适当标志或其登记号码；③发射的日期、地域或地点；④基本的轨道参数；⑤空间物体的一般功能。若登记国切实知道其所登记的物体已不复在地球轨道内应尽快通知联合国秘书长。

2. 责任制度。根据《外空条约》和《责任公约》的规定，发射国应对其空间物体所造成的损害承担国际责任。这种国际责任有三种情况：①发射国对发射中的空间物体在地球表面和空气空间中所造成的损害负绝对责任。发射或促使空间实体发射的国家，以及从其领土或设施发射空间实体的国家，均为该实体发射国，发射国对其空间实体在地球表面造成的损害，或给飞行中的飞机造成的损害，应负绝对的赔偿责任。②发射国对空间实体在地球表面以外的地方对另一国或对第三国的空间实体的损害，由发生过失的发射国单独或共同负损害责任。当空间实体在地球表面以外的其他地方对另一国的空间实体及其所载人员造成损害时，如损害是由前者的过失或其负责人的过失造成的，该国应负赔偿责任；如果这一损害也对第三国的地球表面或飞行中的飞机造成损害时，前两国应共同对第三国负绝对责任；如果这一损害在地球表面以外的地方对第三国的空间实体造成损害时，前两国对第三国所负的责任，要根据它们的过失或所属负责人员的过失而定。③由两个或两个以上国家共同发射的空间实体所造成的损害，应由这两个或两个以上的发射国共同或单独承担赔偿责任。

损害赔偿的要求，可由受损害的国家或受损害的个人（自然人或法人）向发射国提出。如要求国与发射国有外交关系，则应通过外交途径提出；若没有外交关系，则请另一国向发射国提出；若要求国与发射国都是联合国会员国，也可通过联合国秘书长提出赔偿请求。

赔偿额应按国际法以及公正合理的原则来确定，以能恢复到损害发生前的原有状态为原则。赔偿一般以要求国货币偿付，若该国请求也可以赔偿国的货币偿付。若在要求国向发射国提出要求赔偿之文件发出一年内，赔偿问题仍未获解决，有关各方应于任何一方提出请求时成立"要求赔偿委员会"。"要求赔偿委员会"应由3人组成，具体如下：要求国和赔偿国各指派1人，双方共选第三人并担任主席。委员会应于1年内作出裁决。裁决应同时送交各方和联合国秘书长。

3. 援救制度。根据《外空条约》和《营救协定》的规定，宇宙航行员应得到一切可能的援助：①当宇宙航行员发生意外、遇难或在他国境内或公海紧急降落时，发现国应提供一切可能的援助，立即把他们送还他们的登记国，并通知联合国秘书长；②在外层空间进行活动时，一国的宇宙航行员应向他国航行员提供援助；③各国应把其在外层空间发现的对宇宙航行员有危险的现象通知其他国家或通知联合国秘书长；④各国在获悉或发现空间实体或实体的组成部分返回地球并落在它所管辖的区域内，落在公海或不属于任何国家管辖的地方时，应通知发射当局和联合国秘书长。

4. 月球开发制度。根据《外空条约》和《月球协定》的规定，对月球的开发必须按下列制度进行：①月球及其自然资源是人类的共同财产，任何国家不得对月球提出主权要求或据为己有；②月球供各国专为和平目的的使用，禁止在月球使用武力，或以武力相威胁，或从事任何其他敌对威胁行为，禁止在月球建立军事基地、设施、设置核武器、试验任何类型武器或军事演习；③月球及天体不应遭受破坏；④月球及天体的探索和利用应为全人类谋福利；⑤探测和利用活动应尽可能通知联合国秘书长、科学界及各国；⑥各国对其在月球上的人员、运载器、站所保有管辖权和控制权；⑦各国应对其在月球的活动负国际责任。月球开发制度也适用于对其他天体的开发。

5. 国际合作制度。由于外层空间的活动具有跨国界的性质，各国在外层空间的活动必须通过国际合作来促进本身及相互间的利益实现。各国在外层空间所进行的一切活动必须妥善照顾其他国家的同等利益；避免使外层空间遭受有害的污染；应将外空活动的性质、方法、地点及结果通知联合国秘书长、公众和科学界；将其在月球和天体上的驻地、设施、设备和宇宙飞行器对各国开放。

四、外层空间活动中的几个法律问题

（一）卫星国际直接电视广播的国际法原则

卫星国际直接电视广播包括从卫星把节目传送到地面集体接收站，再由接收站转送用户的电视广播和由卫星直接把节目传送到家庭用户的电视广播。

利用外空物体进行广播会引起不少法律问题。从空间物体上把节目播送出来，卫星广播是在适用外层空间法的空间领域发出的，但接收却是在适用国内法的有关国家地面接收的。这就会引发播出国要不要事先取得接收国同意；在接收信号前，接收国是否要先取得播出国的同意，不然是否损害播出国的专利权等问题。

对卫星国际直接电视广播引起的法律问题，联合国和平利用外空委员会设立了特别工作组研究解决此问题。1976 年，法律小组委员会拟定了九项原则：

1. 卫星直播广播必须符合维持国际和平和安全的利益。

2. 卫星的直播电视活动必须遵照国际法进行。

3. 各国权利平等。各国可平等的从事卫星广播活动并从这个活动中取得一切利益。

4. 国际合作。卫星电视广播必须在国际合作的基础上进行。

5. 各国对本国所作的卫星电视广播活动负国际责任。

6. 在电视广播发生影响别国的情形时，播出国应与接收国磋商。

7. 电视广播中所发生的争议，应由争议各方通过协商解决。协商不能解决时，则由和平解决争端程序解决。

8. 各国应通过双边或多边协议进行合作，解决有关版权及类似的权利问题。

9. 各国应将卫星电视广播活动的性质通知联合国秘书长，由秘书长转达各有关专门机构、社会公众和国际科学界。

在上述原则的基础上，1982 年 12 月 10 日，联合国大会通过了《各国利用人造地球卫星进行国际直接电视广播所应遵守的原则》的决议。该决议的主要内容有：①利用卫星进行国际直接电视广播不得侵犯各国主权和违反不干涉原则，并不得侵犯人人有寻求、接受和传递信息和思想的权利。这类活动的进行应促进文化和科技领域情报知识的自由传播，促进国家和人民之间的相互了解和友好合作。②从事卫星国际直接广播活动应遵守国际法以及关于各国间友好与合作及关于人权的国际文件的有关规定。③国家及其授权的个人或实体从事卫星直播活动，权利一律平等，所有国家和人民有权享有直播活动带来的利益；各国有权按议定的条件，不受歧视地取得这方面的技术。④同一国际直接电视广播服务范围的任何播出国或接收国有

第九章

要求协商的权利和迅速与之协商的义务。⑤缔结适当协定，以保障版权和邻接权利。⑥拟议设立国际直接电视广播卫星服务的国家应将此意图通知接收国，如后者提出要求，应迅速与之协商。

（二）卫星遥感地球的国际法问题

卫星遥感可用于资源勘探、环境监测、气象预报、自然灾害预计等方面，对于分析资源状况、土壤特征、生态布局情况等有很大的作用，这本来是有益于人类的事业，但是，从航天器上遥感地球表面，必然涉及到国家权益。航天器是某个国家或国际组织的，但它取得的资料是涉及许多国家的，这必然涉及国家主权问题，从而产生以下问题：遥感是否应事先取得受感国同意；遥感所取得的资料可否由遥感国自由处理；有关国家资源的资料是否也属于国家主权范围内的事情等。

上述问题早在 1972 年就已纳入外空委员会法律小组委员会的议程。审议过程中，发展中国家强调遥感必须尊重受感国的主权及其对自然资源的永久权利，发达国家则认为遥感是在外空进行的，应适用外空自由利用原则。经过十多年的协商和辩论，直到 1986 年才在联合国大会上一致通过《关于从外层空间遥感地球的原则》的决议，其主要内容是：

1. 遥感活动应为所有国家谋福利，应遵守国际法进行；

2. 遥感国应与受感国协商，提供参与遥感活动之机会以增进相互利益；

3. 受感国有权按合理价格取得原始数据和经处理的数据；

4. 参加遥感活动的国家应将有助于保护地球自然环境和促进人类免受自然灾害侵袭的资料提供给有关国家。

上述原则既照顾到了受感国的主权和利益，也不妨碍遥感国的遥感活动，该决议是联合国大会一致通过的，这些原则应视为遥感活动中所应共同遵守的国际法制度。

（三）外空使用核动力的国际法原则

外层空间的活动与军事发展有密切联系。外层空间条约规定人类只能为和平目的探索和利用外层空间。这就排除了利用外层空间进行军备竞赛的可能性。外层空间条约制定时，核能源问题尚未产生，有关条约中当然不会提及核能问题。但随着各种大型航天物体的建造和使用，利用核能源势在必行。1964 年，美国一颗核动力卫星在重返地球时在印度洋上烧毁，其燃料铀－238 在高空中放射了 17 000 千居里。1978 年，前苏联的核动力卫星"宇宙－954 号"在加拿大境内坠毁，几十公斤的放射性残片散落在加拿大西北部的领土上。这些事件引起了国际社会的关注。联合国外空委员会的法律小组委员会在 1978 年提出了这个问题。1992 年，联合国大会通过了由法律小组委员会拟定的《关于在外层空间使用核动力源的原则》的决议，其主要内容是：①在外空使用核动力能源应按照国际法进行；②核动力源的使用限于非用不可的航天器；③载有核动力源的空间物体的设计和使用应确保其危害低于国际辐射防护委员会建议的防护目标；④核反应堆可用于实际航天任务和足够高的轨道，核反应堆的燃料只能用高浓缩铀并应有一个极可靠的操作系统；⑤放射性同位素发电机应用封闭系统加以保护并应保证没有放射性物质散入环境；⑥对核动力卫星拥有管辖和控制权的国家在发射前应作彻底和全面的安全评价，并公布评价结果等。

【思考题】

1. 国际航空运输的主要规则有哪些？
2. 打击非法劫持民用航空器的国际公约主要有哪些？其主要内容是什么？
3. 空气空间和外层空间的法律地位有什么不同？
4. 各国从事外层活动应遵守哪些法律原则？
5. 如何认识地球静止轨道的法律地位？

第九章

第十章
国际环境法

第一节 概 述

一、国际环境法的概念和特点

"当前大多数的环境问题，都是来自于人类对生态系统的错误行动。我们把征服自然看做是人类的进步，这就意味着常常因为我们的错误认识而破坏了自然界。"[1]为了满足自身生产生活的需要，人类不断地开发自然，在无止境地向自然索取的同时，人类也尝到了自然界对人类的报复，那就是环境不断恶化。当前全球环境问题主要表现在：全球气候变化、臭氧层遭到破坏、海洋污染严重、危险物质和有害废弃物扩散、生物多样性锐减、全球森林减少、水资源危机、土地荒漠化严重等。虽然环境问题古已有之，但随着生产力的发展，人类活动的影响越来越超出一国国界范围，环境问题已经由一国国内问题，变成超越国界的全球性问题。因为地球只有一个，全球环境的急剧恶化便成为全人类面临的共同挑战。的确，国际环境问题目前非常突出，在时间上表现出跨世纪性，在地域上表现出跨国性，在程度上表现出现实和潜在危害的严重性。全球环境问题的产生促使国际社会必须共同努力以解决严重的环境危机，这也使得国际法的一个新的分支——国际环境法应运而生。

国际环境法，是调整各国在保护环境中所形成的各种法律关系的法律规范的总称。作为国际法一个新的分支，国际环境法具有不同于国际法其他部门的特殊性。

1. 学科上的交叉性。国际环境法的内容丰富，范围广泛，不仅涉及法学领域，还涉及天文学、地理学、生物学以及国际环境外交等领域，它是一门综合性很强的交叉学科。

2. 功能上的公益性。环境恶化，资源紧缺已经成为严重影响人类生存的社会问题和安全问题。国际环境保护的根本目的在于保护和改善人类赖以生存的基本物质

---

[1] 1972 年联合国人类环境会议的非正式报告——《只有一个地球》。

条件，保护全人类的生存与发展。

3. 形式上的"软法"性。从广泛意义上讲，国际环境法的表现形式不仅包括国际条约、国际习惯和一般法律原则，还包括国际会议和国际组织通过的有约束力的文件所确立的有关原则和规则。国际环境法中的很多原则和规则由国际环境会议的文件确立，而这些文件都没有经过造法程序成为现行法，它们还未具有真正的法律约束力。这种"软法"现象是国际环境法的突出特点之一。

4. 实施上的非强制性。环境纠纷通常含有不确定的科学因素和社会经济因素，既涉及国家主权权利，又涉及国际社会的共同利益，因此，国际环境争端一般不适用法律程序解决。环境损害往往不只有一个来源，而且多数还是远距离或长期形成的，损害很难确定地归因于某个国家，因此，环境条约通常不包含国家责任条款，而主张通过缔约国定期会议，各国有义务报告本国实施条约的情况，相互审查，通过非强制的协商程序保证对环境条约的实施。

二、国际环境法的发展历史

（一）斯德哥尔摩会议以前的国际环境法

1. 早期的环境保护法。人类与环境的矛盾自古就有，在人类社会早期，一些国家的法律中就有关于环境保护的零散规定。18 世纪 60 年代，第一次工业革命后，由于生产力的发展，人类开发利用自然的能力迅速增长，与此同时，人类对环境的破坏也愈演愈烈，因此各国也相继的颁布了一系列治理和保护环境的法律法规。由于全球环境是一个不可分割的整体，随着科技的进一步发展和国际贸易的繁荣，环境问题朝着跨国界、全球性、危害范围更大的方向发展，国家之间在保护环境的问题上也不断加强合作，到 19 世纪便已经出现了一些保护环境的国际条约，如 1815 年《关于保护国际河道的规定》和 1885 年《莱茵河捕鱼协定》等。

2. 国际环境法的萌芽阶段。从 20 世纪初到第二次世界大战结束是国际环境法的萌芽阶段。20 世纪初国际环境保护的双边和多边条约大多涉及界河和国际河流的渔业管理和水污染的防治，如 1909 年《美加界水条约》，以及保护特定物种资源的协定，如 1902 年《保护对农业有益鸟类的公约》和 1911 年《北太平洋保护海豹公约》等。

3. 国际环境法的成长阶段。从第二次世界大战结束到 1972 年联合国人类环境会议召开前是国际环境法的初步成长期。第二次世界大战后，国际环境保护的双边和多边条约大量涌现，国际环境保护的范围也更广泛。如保护海洋环境的 1954 年《国际防止海上油污公约》，1969 年《国际油污损害民事责任公约》，1959 年的《南极条约》则涉及了南极生物资源和环境保护的内容。随着人类探测外层空间活动的进展，国际社会也注意到保护外层空间环境的重要性，1967 年《关于各国探索及使用外空包括月球及其他天体之活动所应遵守原则之条约》就规定了避免外层空间遭受有害污染的一些规则。

总体来说，斯德哥尔摩会议以前还没有形成系统的国际环境法。

（二）斯德哥尔摩会议以后的国际环境法

一般认为，系统的国际环境法是以 1972 年联合国人类环境会议为标志确立起来的，到现在为止，又以三个具有里程碑意义的事件为标志。

1. 1972 年联合国人类环境会议。1972 年斯德哥尔摩会议被认为是国际环境法发展史上的转折点。1972 年 6 月 5 日~16 日，联合国在瑞典首都斯德哥尔摩召开了第一次全球人类环境会议，这是联合国历史上召开的第一次研讨保护人类环境的专门会议，有 113 个国家共 1300 名代表参加了会议。这次会议是在世界环境污染日益严重，各国人民反对污染的呼声越来越高的背景下召开的。这次会议广泛研讨并总结了有关保护人类环境的理论、历史和现实问题，制定了对策和措施。会议的成果为三项不具有约束力的文件：《人类环境宣言》、《行动计划》和《关于机构和资金安排的决议》。

《人类环境宣言》是人类历史上第一个保护环境的全球性宣言，它对激励和引导全世界人民奋起保护环境起到了积极的作用，具有重大历史意义。宣言的内容是由各国在会议上取得的七项共识和二十六项原则组成。二十六项原则归纳起来有六个方面：①人人都有在良好的环境里享受自由、平等和适当生活条件的基本权利，同时也有为当今和后代保护和改善环境的神圣职责。②保护地球上的自然资源。对资源的开发和利用在规划时要妥善安排，以防将来资源枯竭。各国有按其环境政策开发的权利，同时也负有不对其他国家和地区的环境造成损害的义务。对他国或地区造成环境损害的，要予以赔偿。有毒物质排入环境应以不超出环境自净能力为限度。③各国在从事发展规划时要统筹兼顾，务必使发展经济和保护环境相互协调。④因人口自然增长过快或人口过分集中而对环境产生不利影响的区域，或因人口密度过低而妨碍发展的区域，有关政府应采取适当的人口政策。⑤一切国家，特别是发展中国家应提倡环境科学的研究和推广，相互交流经验和最新科学资料。鼓励发达国家向发展中国家提供不造成经济负担的环境技术。⑥各国应确保国际组织在环境保护方面的有效合作。在处理保护和改善环境的国际问题时，国家不分大小，以平等地位相处，本着合作精神，通过多边和双边合作，对产生的不良影响加以有效控制或消除，同时要妥善顾及有关国家的主权和利益。《人类环境宣言》总结和概括了国际环境法的一些基本原则和具体规则，为各国国内环境法的发展指明了方向。

这次会议对推动全世界加强环境保护措施起了重要作用，世界环境保护运动形成第一次高潮。联合国大会于 1972 年决定在联合国内设立一个新的机构——联合国环境规划署（UNEP），并且相继召开了许多与人类环境有密切联系的世界性会议，如人口会议、水会议、防止沙漠化会议等。很多国家政府和人民做了大量的环境保护工作，并在国内设置了环保机构。会后 20 年间，国际社会缔结了许多保护环境的全球性和区域性国际条约，推动了国际环境法的发展。许多国际组织也以决议或宣言的形式重申或进一步明确国际环境法的一些原则。这些活动有力地影响和推动了国际环境法的发展和完善。人类环境会议标志着环境保护开始进入到一个新的时代，是国际环境法发展史上的第一座里程碑。

2. 1992 年联合国环境与发展大会。为纪念斯德哥尔摩第一次人类环境大会召开 20 周年，1992 年 6 月 3 日，联合国在巴西的里约热内卢召开联合国环境与发展大会，这次会议也被称为"第二次人类环境会议"。联合国环境与发展大会是继 1972 年联合国人类环境大会后国际环境保护史上的又一个里程碑事件。这次会议距第一次人类环境会议整整 20 年。20 年来，发达国家在环境保护方面做了很多工作，很多发展中国家也做出了巨大的努力，但是全球环境污染的形势仍然相当严峻，全球性的环境污染问题还在进一步加剧，如气候变暖明显、臭氧层破坏加速、酸雨范围扩大、荒漠化日益严重、森林物种剧减、人口急剧膨胀等，这些环境问题令人担忧，也向人类提出了严峻的挑战。里约热内卢环境与发展大会就是在这种背景下召开的。

这次会议确立了世界各国在可持续发展和国际合作方面的一般性原则，制定了可持续发展和国际合作的战略措施。会议通过关于环境与发展的《里约环境与发展宣言》（简称《里约宣言》）和《21 世纪议程》，154 个国家签署了《联合国气候变化框架公约》，148 个国家签署了《联合国生物多样性公约》（简称《生物多样性公约》）。大会还通过了有关森林保护的非法律性文件《关于森林问题的原则声明》。

《里约宣言》旨在为各国在环境与发展领域采取行动和开展国际合作提供指导性原则，规定一般义务。《里约宣言》由序言和 27 项原则组成，主要内容包括：宣布了人类享有环境权，各国享有自然资源的主权和发展权；规定了国际社会和各个国家在保护环境和实现可持续发展方面应采取的各项措施；保护土著居民及受压迫、统治和占领的人民的环境和自然资源；关于战争、和平与环境和发展关系的规定；呼吁"各国人民应诚意地本着伙伴精神，合作实现本宣言所体现的各项原则，并促进可持续发展方面国际法的进一步发展"。该宣言体现了各国对于环境与发展问题的新认识，反映了世界各国保护人类环境的共同愿望，是国际环境保护史上的又一个里程碑。

《21 世纪议程》是一个涉及内容广泛的实施可持续发展战略的行动计划，其基本思想是：改变现行的政策，改善所有人的生活水平，更好地保护和管理生态系统，争取一个更为安全、更加繁荣的未来。它是一项纲领性文件，虽然不具有法律约束力，却为各国制定环保和发展战略、保护环境、增强国力、加快经济增长提供了权威性的指导依据，对各国此后环境政策与立法都产生了重要影响，对国际环境法的发展也将产生积极作用。

3. 2002 年可持续发展世界首脑会议。2002 年 8 月 26 日~9 月 4 日，联合国可持续发展世界首脑会议在南非约翰内斯堡举行。这次峰会的主题是通过环境的可持续发展解决世界的贫困问题。会议审视了人类在健康、生物多样性、农业生产、水和能源五大领域的现状，通过了《执行计划》，发表了《约翰内斯堡可持续发展宣言》。

《执行计划》确认了里约环境与发展大会的原则，重申了"共同但有区别的责任"原则，并指出经济增长、社会发展与环境保护是可持续发展的三大支柱，由此进一步丰富了可持续发展的内涵。《执行计划》的一个重要内容是，消除贫困是当今世界面临的最大挑战，也是可持续发展的必然要求；另一个重要内容是，从根本上改变社会的生产和消费方式，也是实现全球可持续发展所必不可少的。《执行计划》包含了数十个意向和行动目标。这份文件就"促进经济发展的同时保护生态环境"发出了行动信号，针对过去10年来被忽视和未得到解决的一些最紧迫的生态问题设立了可行的时间表，并将重点集中在水与卫生设施、能源、卫生保健、农业、生物多样性和生态系统管理五大具体领域，体现了务实的态度。

《约翰内斯堡可持续发展宣言》提出了可持续发展的新议程，同意保护和恢复地球的生态一体化系统，强调保护生物多样化和地球上所有生命的自然延续，确认消除贫困、改变消费和生产格局、保护和管理自然资源基础以促进经济和社会发展，是压倒一切的可持续发展目标和根本要求。呼吁联合国监督这次峰会所取得的成果的贯彻执行，承诺团结一切力量拯救地球、促进人类发展和赢得全人类的繁荣与和平，并向全世界人民宣告：相信人类可持续发展的共同愿望定能实现。

这次以"拯救地球、重在行动"为宗旨的首脑会议是迄今为止联合国在可持续发展领域举行的级别最高、规模最大的一次会议。与1992年里约环发大会相比，此次会议涉及领域更加广泛，内容更加具体，成果更加面向行动。"假如说里约热内卢举行的是地球峰会，那么，约翰内斯堡举行的则是脚踏实地的峰会；假如说里约热内卢的主题是制定原则和计划，那么约翰内斯堡的主题则是行动和落实。"约翰内斯堡可持续发展世界首脑会议是国际环境法发展史上的又一座新的里程碑。

三、国际环境法的基本原则

国际环境法的基本原则是国际环境法规范的一个重要组成部分。环境主权与不损害国外环境责任原则，可持续发展原则，共同但有区别的责任原则，风险与损害预防原则，国际环境合作原则等，被各国大多数学者认为是国际环境法的基本原则。

（一）国家资源开发主权权利与不损害国外环境责任原则

国家对其管辖范围内的自然资源享有永久主权。1962年联合国大会通过的《关于自然资源之永久主权宣言》首次明确了国家对其自然资源享有永久主权。1974年联合国大会通过的《建立新的国际经济秩序宣言》和《建立新的国际经济秩序行动纲领》，又重申了国家的这一主权权利。但国家在行使其自然资源永久主权的同时又受到一定的限制，即行使自己的权力不应损害其他人的权利。在环境保护领域，很多保护国际环境的文件把国家对自然资源的永久主权同环境问题联系起来。1972年《人类环境宣言》第21条指出："各国根据联合国宪章和国际法原则，拥有根据他们的环境政策开发本国各种资源的主权，同时，有责任保证在他们所管辖或控制下的各项活动不致对别国的或超出其国家管辖范围外的地区的环境造成危害。"《里约宣言》第 2 条规定："根据《联合国宪章》和国际法原则，各国拥有按照其本国的环境与发展的政策开发本国自然资源的主权权利，并负有确保在其管辖内或在其控制下的活动不致损害其他国家或在各国管辖范围以外地区的环境的责任。"

这一原则包含两个方面的内容：一方面是承认国家对自然资源的永久主权和国家开发自然资源的主权权利；另一方面是不得损害其他国家或在各国管辖范围以外地区的环境。这一原则在很多国际法的文件和司法判例中得到确认。

[案例]

特莱尔冶炼厂案

特莱尔厂是北美最大的冶炼厂，位于英属加拿大的哥伦比亚。该厂排放的大量二氧化硫气体向南越过美、加边界，在华盛顿州造成严重空气污染，使该州的农作物、森林、草原、牲畜、建筑物遭到了大面积的损害。自 1927 年起，美、加两国政府开始进行外交谈判，将该问题交给两国的边境问题联合委员会解决。1931 年，该委员会报告说，至 1932 年 1 月 1 日，加拿大冶炼厂所造成的损害将达 35 万美元。加拿大政府表示同意付给美国 35 万美元的赔偿，但美国拒绝了委员会的建议。1935 年 4 月 15 日，两国达成了一项特别协议，将该问题交由仲裁法庭作永久性的解决。

仲裁法庭由一名从第三国比利时选出的主席和每方各派出的一名仲裁员组成。仲裁要解决的问题是：①自 1932 年 1 月 1 日以来特莱尔冶炼厂是否仍给华盛顿州造成了损害。如果是，加拿大应给予美国多少赔偿？②如果对第一个问题的回答是肯定的，是否应要求特莱尔冶炼厂抑制今后在华盛顿州造成损害？如果应抑制，应抑制到何种程度？③根据对第二个问题的回答，特莱尔冶炼厂应采取什么样的措施？④根据仲裁庭对第二个和第三个问题的裁决，如有必要，应支付怎样的补偿或赔偿？仲裁适用的法律为"美国在处理同类问题上所适用的法律和惯例，以及国际法和国际惯例"。法庭还需要"考虑双方达成一项能对于有关各方公平合理的解决方法的愿望"。

仲裁庭裁定，特莱尔冶炼厂排放的二氧化硫在 1932 年 1 月 1 日至 1937 年 10 月 1 日间已在华盛顿州造成了损害，对此加拿大应付给美国 7.8 万美元的补偿和赔偿。仲裁庭在裁决中指出，正像艾格莱顿教授所说，"一个国家始终有义务防止其他国家受在其管辖下个人的有害行为的侵害"。过去没有国际法庭处理空气污染的先例，就连近似的水污染案件也没有国际判例被引证和发现。而美国最高法院涉及水和空气污染的判决，可被合理地视为在国际法领域中的准则。根据美国最高法院审理的一系列有关水和空气污染的案件，法庭作出如下判决："任何国家无权如此使用或允许如此使用其领土，以致其污染在他国领土或对他国领土或其领土上的财产和生命造成损害，如果这种情况产生的后果严重且其损害被确凿的证据所证实。"仲裁庭根据仲裁协议和国际法指出，加拿大无论在现在或将来都应对这个冶炼厂的活动负责，加拿大也有义务制止造成的损害。仲裁庭在裁决中还详细说明了特莱尔冶炼厂须采取的控制措施，其中包括保持气象和硫磺排放的记录，并确定在不同情况下每小时释放二氧化硫的最大限量，把排放二氧化硫的程度限制到认为能适当防止损害的程度。并裁定，如果适用这种制度在将来仍发生了损害，应给予一笔议定的罚款作为赔偿。

本案为第一个处理环境纠纷和跨国界环境责任问题的案例，对国际法上国家责任和国际环境法的发展产生了深刻的影响。尤其是本案中确定的领土无害使用原则，被很多国际文件和国际公约所采纳，成为国际社会公认的国际环境法原则。例如1972 年联合国斯德哥尔摩人类环境会议上发表的《斯德哥尔摩宣言》第 21 条原则规定："各国……有责任保证在它管辖或控制之内的活动，不致损害其他国家的或在国家管辖范围以外地区的环境。"1982 年《联合国海洋法公约》、1992 年《气候变化框架公约》、《生物多样性公约》等法律文件中都作了类似的规定。

（二）可持续发展原则

目前国内外不同机构和学者对可持续发展的定义有多种表述。

世界环境和发展委员会（WCED）在 1987 年发表的《我们共同的未来》的报告中，将可持续发展定义为："既满足当代人的需求又不危及后代人满足其需求的发展"；世界自然保护同盟、联合国环境署和世界野生生物基金会 1991 年共同发表的《保护地球——可持续生存战略》一书中提出的定义是："在生存不超出维持生态系统涵容能力的情况下，改善人类的生活品质"；1992 年联合国环境与发展大会的《里约宣言》中对可持续发展进一步阐述为："人类应享有以自然和谐的方式过健康而富有成果的生活权利，并公平地满足今后世代在发展和环境方面的需要，求取发展的权利必须实现"。

英国著名国际环境法学者菲利普·桑兹提出的可持续发展涵盖了代际公平、代内公平、可持续利用和环境与发展一体化四个方面的内容。

1. 代际公平。这是指每一代人都是后代人的地球权益的托管人，应当实现不同代人之间在开发、利用自然资源方面的权利的平等。代际公平有三个基本要素：①保存选择原则。即每一代人既应为后代保存自然的和文化的资源多样性，以避免不适当地限制后代人在解决他们的价值时可得到的各种选择，又享有拥有可与他们的前代人相比较的多样性的权利。②保存质量原则。即每一代人既应保持行星的质量（指地球的生态环境质量）以便使它以不比前代人手里接下来时更坏的状况传递给下一代人，又享有前代人所享有的那种行星质量。③保存取得和利用原则。即每一代人应对其成员提供平等的取得和利用前代人的遗产的权利，并为后代人保存这项取得和利用的权利。

2. 代内公平。这指的是代内的所有人，不论其国籍、种族、性别、经济发展水平和文化等方面的差异，对于利用自然资源和享受清洁、良好的环境享有平等的权利。实现代内公平，要求：①发达国家的财富和技术应以非商业的条件向发展中国家转移，以帮助发展中国家提高可持续发展的能力；②发达国家改变其传统的生产和消费模式，减轻地球的负担；③发展中国家选择可持续发展的经济模式和生活方式，避免重蹈发达国家的老路。

3. 可持续利用。它是指以可持续的方式利用自然资源。对于可再生资源，可持续利用指的是在保持它的最佳再生能力前提下的利用。对于不可再生资源，可持续利用指的是保存和不以使其耗尽的方式利用。可持续利用的核心是利用的"度"，即对自然资源的利用不得超过自然资源的再生和永续的能力。此外，为了实现可持续利用，各国必须尽快改变现行的生产和消费方式，并推行适当的人口政策。

4. 环境与发展一体化。它指的是将环境保护与经济和其他方面的发展有机地结合起来。这一内容一方面要求在制定经济和其他发展计划时切实考虑保护环境的需要；另一方面要求在追求环境保护目标时充分考虑发展的需要。也就是说，环境与发展两方面应当互相结合，协调统一，不能以保护环境否定发展，也不能以发展牺牲环境。

综上可以看出，可持续发展的概念包括了三个方面的因素：①当代人为了后代的需要，在使用地球自然资源的同时，要保护自然资源；②各国在开发、使用自然资源的同时，要考虑到其他国家的需要，以达到适当及公平地使用自然资源的目的；③经济发展必须与环境保护相结合。这三方面的因素是密切相关的，它们构成了比较完整的可持续发展的概念。因此，可持续发展的核心包含了经济的持续性、生态的持续性和社会发展的持续性，这三者缺一不可。经济持续性意味着在保护自然资源的前提下，使经济发展的利益达到最大的限度；生态持续性意味着发展不能超越生态环境的更新能力；社会发展持续性意味着发展要以提高人类的生活水平为最终目的。

（三）共同但有区别的责任原则

1992 年 6 月在巴西里约热内卢召开的联合国环境与发展大会通过的《里约宣言》对这一原则进行了阐释。《里约宣言》第 7 条规定："各国应当本着全球伙伴精神，为保存、保护和恢复地球生态系统的健康和完整进行合作。鉴于导致全球环境退化的各种不同因素，各国负有共同的但是又有差别的责任。发达国家承认，鉴于他们的社会给全球环境带来的压力，以及他们所掌握的技术和财力资源，他们在追求可持续发展的国际努力中负有责任。"由于各个国家对地球环境造成的影响不同，各个国家承担共同但有区别的责任。这一原则包含两个方面的内容：

1. 共同责任。共同责任要求每个国家不论其大小、贫富，都对保护全球环境负有一份责任，都应当参加全球环保事业，都必须在保护和改善全球环境方面承担义务。因为"我们只有一个地球"，人类共同生活在一个地球上，环境问题具有全球性，全球环保问题已经成为人类共同面临的焦点，解决全球环境问题需要所有国家的参与，保护地球环境是人类共同的责任。

2. 有区别的责任。这指的是在发达国家和发展中国家之间，保护地球环境的责任不是平均的。实践中，各个国家对环境造成的影响是不同的。自工业革命以来，发达国家长期通过掠夺式的生产方式，对地球资源过度消耗，给全球环境造成损害，同时发达国家具有资金和技术优势，所以发达国家应承担比发展中国家更多保护地球环境的责任，采取措施以解决全球环境问题。

保护全球环境是各国共同的责任，同时，还必须强调不同国家的不同国情，在全球环境保护责任方面适用差别待遇原则。《里约宣言》提出的共同但有区别的责任概念，已经为国际社会所接受并达成共识，而且这一原则也纳入《联合国气候变化框架公约》和《生物多样性公约》等国际法律文件中。

（四）风险与损害预防原则

风险与损害预防原则包括风险预防原则和损害预防原则。风险预防原则（precautionary principle）指的是，如果对某种活动可能导致对环境有害的后果存在着很大的怀疑，最好在该后果发生之前不太迟的时候采取行动，而不是等到获得不容置疑的显示因果关系的科学证据之后再采取行动。风险预防原则的基本精神反映在1992年《里约宣言》中，该宣言第15条原则规定："遇有严重或不可逆转损害的威胁时，不得以缺乏充分的科学证据为由，延迟采取符合成本效益的措施防止环境恶化。"损害预防原则（principle of prevention, principle of preventive action）是指在国家的环境管理中，通过计划、规划等各种管理手段，采取预防措施，防止环境损害的发生。

风险预防原则和损害预防原则都强调防患于未然，预防环境损害的发生，都属于预防原则的范畴。二者的区别主要在于：风险预防原则重在采取预防措施以避免环境恶化的可能性，而损害预防原则重在采取措施以制止或阻止环境损害的发生；风险预防原则针对的是严重或不可逆转的环境损害之威胁或风险，而损害预防原则针对的环境损害的范围更为广泛一些，它既包括环境损害之风险，又包括实际发生或即将发生的环境损害；风险预防原则针对的是科学上尚未得到最终明确的证实，但如等到科学证实才采取防范措施则为时已晚的环境损害之威胁或风险，而损害预防原则并非专门针对此种情况。

（五）国际环境合作原则

国际环境合作原则是国际法中国际合作原则在国际环境保护领域的具体体现。《联合国宪章》规定的"促成国际合作，以解决国际间属于经济、社会、文化，以及人类福利性质之国际问题"，以及《国际法原则宣言》倡导的国家有"依照宪章彼此合作的义务"，是国际环境法的国际环境合作原则的基础。

地球生态环境退化是全人类面临的共同问题，它不因国界、社会制度、意识形态的不同而有所差异。一个国家、一个地方的环境问题很有可能对整个地区乃至全球的生态环境产生影响。为了保护人类赖以繁衍生存的地球，为了人类的共同利益，同时也是为各国自己的切身利益，国际社会应超越国界、民族、宗教、文化的差异，同舟共济，共同合作保护环境。

国际社会在环境保护与发展领域中达成的基本共识不断增长。"人类只有一个地球"、"为了全人类的共同利益"、"可持续发展"等基本思想已被普遍接受，为开展切实有效的国际合作打下了良好的基础。国际合作原则作为国际环境保护的重要制度体现在很多国际法文件中。如1982年《联合国海洋法公约》规定的缔约国应交流有关渔业资源保护、海洋污染方面的情报和数据，1992年《联合国气候变化框架公约》、《生物多样性公约》以及其他一些国际环境公约也有关于情报交流的规定。

第二节　国际环境污染防治

一、大气污染防治

大气层的污染主要来自两个方面，一是自然界本身向大气层排放各种有害物质；二是人类在生产、生活、科学试验和战争等活动中向大气层排放出各种有害的污染物质。

（一）1968年《治理大气污染原则宣言》

为了治理大气污染，协调欧洲理事会各国国内法，欧洲理事会部长委员会于1968年通过了《治理大气污染原则宣言》，提出了一系列有关大气污染防治的原则。

该宣言要求国内立法应当规定任何以有害方式污染空气的人都有义务减少这种污染，并倡议采取三种治理空气污染的措施：①对于那些可能会明显增加空气污染的固定设施须取得对设施的定位、建设及经营的条件作出明确规定的许可证，从而控制排放；②对于那些分散的、被认为不会明显增加空气污染的设施须规定经营的普遍要求，因为这些设施集中或者因其他原因，它们也会增加空气中的污染浓度；③成批制造的使用燃料的机动车和飞机同样要符合普遍规定。另外，宣言还要求有关国家共同控制跨界污染。

（二）1979年《远程跨界空气污染公约》及其议定书

联合国欧洲经济委员会于1979年在日内瓦主持制定了《远程跨界空气污染公约》，该公约于1983年3月16日生效，适用于西欧和东欧各国以及美国和加拿大，是国际大气环境保护方面的一项重要区域性多边公约。

该公约对"空气污染"和"远程越界空气污染"在概念上作了界定。它规定，"空气污染"是指"由人类直接地或间接地对空气引入具有威胁人类健康，损害生物资源、生态环境和物质财产，并危害或干扰环境的舒适和其他合法用途的具有有害影响的物质和能量"。"远程越界空气污染"是指"其物质起源完全的或部分的位于一国管辖之下的区域，在位于一般不可区别个别排放源或排放源群的促成作用的距离之外的另一国管辖之下的区域发生有害作用的空气污染"。这些定义对以后环境法的发展提供了可借鉴的资料。

该公约规定了防止远距离大气污染的一些基本原则，主要内容有：①缔约各国应尽力限制和尽可能逐步减少和防止污染，包括远距离跨国污染；②缔约各国应尽快制定防止排放大气污染物质的政策和战略；③缔约各国有义务进行国际合作，交换情况和进行协商，合作进行研究和监测，以防治大气污染；④缔约国承诺制定包括大气质量管理制度在内的最好的政策和战略，尤以使用经济可行和低废、无废技术来控制各项措施，以符合平衡发展。

公约还规定成立一个执行机构，负责审查公约的实施。

该公约本身只规定了防止远距离大气污染的一些基本原则，缔约国在公约之后又缔结了 8 个议定书明确具体的义务和程序。这 8 个议定书分别为：

1. 1984 年《关于长期资助远程跨界空气污染监测和评价的日内瓦议定书》，规定了为监测和评估欧洲远距离空气污染传播的合作项目提供长期资助的机制。

2. 1985 年《至少减少 30% 硫排放量或跨界流量的赫尔辛基议定书》，规定缔约国控制大气污染的具体义务，要求至少减少 30% 的硫排放量或跨界流量，但具体措施由各国自行决定。

3. 1988 年《控制氮氧化合物的排放及其跨界流动的索非亚议定书》，规定控制氮氧化合物的排放量和跨界流量应分两阶段进行：在第一阶段，缔约国应采取有效措施，控制或减少氮氧化合物的排放量及跨界流量；在第二阶段，各国至迟在议定书生效 6 个月后就进一步减少全国每年氮氧化合物的排放量及跨国流量进行谈判。缔约国应将实施公约的国内方案、政策和战略告知执行机构并每年就有关的进展和变化向执行机构报告。

4. 1991 年《关于挥发性有机物及其越界流动的议定书》，要求缔约国控制和削减挥发性有机物的排放，并为缔约国提供了三种选择方案。

5. 1994 年《进一步减少硫排放量的议定书》，规定缔约国应在不造成过多成本的情况下确保硫氧化合物的沉积不超过临界负荷，以进一步减少硫排放量。

6. 1998 年《重金属的议定书》，该议定书主要控制三种特别有害的金属：镉、铅和汞。

7. 1998 年《关于持久性有机污染物的议定书》，该议定书是为清除持久性有机污染物的排放和丢失而制定的。

8. 1999 年《关于减轻酸化、富营养化和地面臭氧的议定书》，规定了四种污染物（硫、氮氧化物、挥发性有机化合物和氨）2010 年的最高排放限值。

二、海洋环境污染防治

根据 1982 年《联合国海洋法公约》第 1 条的解释，海洋环境污染是指"人类直接或间接把物质或能量引入海洋环境，其中包括河口湾，以致造成或可能造成损害生物资源和海洋生物、危害人类健康、妨碍包括捕鱼和海洋的其他正当用途在内的各种海洋活动、损坏海水使用质量和减损环境优美等有害影响"。随着海洋污染的日益严重，各沿海国逐渐重视海洋污染的防治，同时也加强了减轻海洋污染的国际合作，有关海洋污染防治的国际环境法也逐渐发展起来。

（一）保护海洋环境的全球公约

1. 1982 年《联合国海洋法公约》。《联合国海洋法公约》包含了海洋法问题的各个方面，其中第十二部分"海洋环境的保护和保全"是关于海洋环境保护的国际法律制度。内容包括各主权国家在保护海洋环境中的权利和义务、海洋污染的管辖权、污染源控制、国际合作和技术援助等方面。该公约其他部分也涉及了防止海洋污染、保护海洋环境的一些具体问题。

（1）防止陆地来源的污染。《联合国海洋法公约》要求各国制定法律和规章以防止、减少和控制陆地来源，包括河流、河口湾、管道和排水口结构对海洋环境的污染。同时考虑到国际社会制定的规则、标准和建议的方法及程序，各国应通过主管国际组织或外交会议，协调这一方面的政策。

（2）防止船舶造成的污染。《联合国海洋法公约》要求各国通过主管国际组织或外交会议制定国际规则、标准和促进划定航线制度的采用，以防止、减少和控制海洋污染；各国可制定关于防止、减少和控制海洋污染的特别规定作为外国船只进入其港口或内水或在其岸外设施停靠的条件，但应将此规定妥为公布，并且该规定不得妨碍船只行使其无害通过权和驶往内水或停靠内水外的港口设备的权利；沿海国可对其专属经济区制定法律和规章以防止、减少和控制来自船只的污染。

（3）防止倾倒造成的污染。《联合国海洋法公约》要求各国控制倾倒的法律和规章应规定倾倒的许可证制度和非经沿海国事前明示核准，不得在其领海、专属经济区或大陆架上进行倾倒。国内制定的法律、规章和采取的措施在防止、减少和控制这种污染方面的效力不应低于全球性规则的标准。

（4）防止来自大气层或通过大气层的污染。《联合国海洋法公约》要求各国制定适用于在其主权下的上空的飞机和悬挂其旗帜的船只或在其国内登记的船只或飞机的法律和规章，以防止、减少和控制来自大气层或通过大气层的污染。

（5）防止国家管辖的海底活动造成的污染。《联合国海洋法公约》要求各国以立法防止、减少和控制来自受其管辖的海底活动或与此种活动有关的污染，以及在其管辖下的人工岛屿、设施和结构对海洋的污染。

（6）防止来自"区域"内活动的污染。《联合国海洋法公约》一方面要求国际海底管理局制定国际规则、规章和程序来防止、减少和控制"区域"内活动对海洋环境的污染，另一方面要求各国以立法防止、减少和控制由悬挂其旗帜或在其国内登记的或在其权力下经营的船只、设施、结构和其他装置所进行的"区域"内活动对海洋环境的污染。

另外，为更好地在海洋环境保护方面达成合作，《联合国海洋法公约》还规定了海洋环境监测和环境评价制度。

2. 其他针对海洋污染问题的全球性公约。关于海洋污染控制的全球性公约，除 1982 年《联合国海洋法公约》外，另外还包括：

（1）控制船舶污染。如 1954 年针对船舶操作过程中排油造成的海洋污染而签订的《国际防止海上油污公约》，1973 年《国际防止船舶造成污染公约》及其 1978 年议定书。

（2）控制陆源污染。第一部关于防止陆源海洋环境污染的公约是 1974 年的《防止陆源海洋污染公约》。1985 年联合国环境规划署制定了《保护海洋环境免受陆源污染的蒙特利尔准则》。

（3）控制海洋倾废。除《联合国海洋法公约》对海洋倾废的规定外，1972 年《防止因倾倒废物及其他物质而引起海洋污染的公约》及其 1996 年议定书是唯一一项关于海洋倾废物污染问题的全球性公约。

（4）防止海洋油污。海洋油污一方面来自船舶油类污染，另一方面来自油污事故。1969 年通过的《国际干预公海油污事故公约》和《国际油污损害民事责任公约》，规定了有关油污事故发生后，国家如何防备、反应和合作的问题，以及油污事故的损害赔偿责任问题。1990 年通过的《国际油污防备、反应和合作公约》，要求缔约国制定各自处理以及与邻国合作处理油污事件的措施，以便建立一个各国共防的油污反应协作机制。

（二）保护海洋环境的区域性公约

联合国环境规划署区域海洋项目作为一项通过区域活动来实施的全球项目，开始于 1974 年。到 2004 年为止，区域海洋项目由 14 个海区构成，按照地理区域分为：地中海、西非和中非、东部非洲、东亚海、南亚海、西北太平洋、波斯湾和阿拉伯湾、红海和亚丁湾、南太平洋、东南太平洋、泛加勒比海、黑海、东北大西洋、波罗的海。迄今已有 140 多个沿海国家和地区参加了该项目。联合国环境规划署区域海洋项目主持并帮助各区域制定了一些区域海洋环境保护的公约和议定书，如 1976 年《保护地中海免受污染公约》，1980 年《保护地中海免受陆源污染议定书》，1981 年《合作保护和开发西非和中非区域海洋和沿海环境阿比让公约》等。该项目作为管理海洋和海岸资源以及控制海洋污染的一种区域性手段曾多次受到 UNEP 理事会的肯定。

除联合国环境规划署区域海洋项目主持并帮助各区域制定的一些区域海洋环境保护的公约和议定书外，保护海洋环境的区域如东北大西洋和北海区域、波罗的海区域的沿岸国共同制定了本区域海洋环境保护的区域性条约。如 1974 年《保护波罗的海地区海洋环境公约》（《赫尔辛基公约》），1992 年《保护东北大西洋海洋环境公约》等。

这些区域性的国际公约虽然适用于特定的海域，但对全球性的公约起着十分重要的补充作用。

［案例］

"托莱·坎荣号"污染案

"托莱·坎荣号"是一艘利比亚的商船,其船主和租赁者均为美国人。1967年3月18日,该船自波斯湾艾哈迈迪港开往英国米尔福德港途中于英国东南岸领海外锡利岛和地角之间的七礁石处搁浅。该船载有119 328吨原油。由于原油外溢对英国和法国的沿岸海域造成了严重污染,加之海上风暴猛烈,救援很难进行,救援计划没有成功,结果船被海水打成三截。于是,英国政府于3月27日才决定把海面油层烧掉,将船炸毁,并且英国政府声明它的目的不是毁船而只是把油船打开以便将油烧掉,通知船主后,英国战斗机就炸掉了该船。船主和利比亚政府对此行动均未提出异议。3月30日,船上的原油全部毁掉。据统计,约有8万吨原油流入海洋。利比亚调查委员会对事故进行调查后确认是由于船长的疏忽而造成的事故,决定撤销船长的航行执照。

1968年,联合国国际法委员会认为英国的行为符合"情势必需"原则,"托莱·坎荣号"号事件威胁到英国沿海海洋环境的安全,英国有权采取"自保措施",这是基于保护海洋环境的必要。

事后在英、法两国的要求下,船主和船舶的租赁人向该两国分别赔偿了150万英镑。英国还于1969年5月4日,把沿海国干预海洋污染事故和污染引起的民事责任问题向国际海事咨询组织特别会议提出。该组织就该两个问题于1969年11月29日通过了两个公约,即《关于公海发生石油污染事件的干涉公约》和《石油污染损害的民事责任公约》。前一公约规定缔约国可在公海上采取必要措施,以防止、减少对其海岸造成的严重的损害危险。要求有关国家协商,并规定用强制性的调解和仲裁程序解决由于污染事件引起的争端。后一公约规定缔约国的船主应对船舶造成的污染承担责任。还规定设立赔偿基金,以便执行有关污染的损害赔偿的决定。

上述事件造成的海洋污染引起了国际社会对海洋环境保护的强烈关注。可以说,它对推动《联合国海洋法公约》关于严格控制海洋污染的有关规定的形成起了很大的推动作用。在《联合国海洋法公约》第192条至237条的条款中,基本上都是关于防治海洋污染的具体规定。另外,这次事件也唤醒了各国海洋环境保护的意识,目前许多沿海国都制定了沿岸海洋环境保护的国内立法。

三、外层空间的环境保护

外层空间是全人类共享的自然资源。然而,随着人类航天活动的日益发展,空间碎片在不断地增加,外层空间环境问题也变得越来越严重。控制和减少空间碎片,保护外层空间环境不受污染,已成为世界各国的共同愿望。但当前并没有专门保护外层空间的国际条约,外层空间的环境保护规则主要存在于一些有关外层空间探索和利用的条约中。主要包括：

1. 1963 年《禁止在大气层、外层空间和水下进行核武器试验条约》（简称《部分禁止核武器试验条约》）。该条约要求缔约各国保证在其管辖或控制下的任何地方禁止、防止并且不进行核武器试验或其他任何核爆炸：①在大气层；在大气层范围以外（包括外层空间）；或在水下（包括领海或公海）。②在任何其他环境中，如果这种爆炸产生的放射性尘埃出现于在其管辖或控制下进行这种爆炸的国家领土范围以外。该条约还要求缔约国不引起、鼓励、参与这样的核武器试验或核爆炸。

2. 1967 年《外空条约》。被称为"外空宪章"的《外空条约》订有若干保护空间环境的条款，如第 4 条规定，各缔约国不得在绕地球轨道上放置和部署核武器或任何其他类型大规模毁灭性的武器。第 9 条规定："各缔约国从事研究和探索外层空间（包括月球和其他天体）时，应避免使其遭受有害的污染，以及地球以外的物质使地球环境发生不利的变化。如有必要，各缔约国应为此目的采取适当的措施。"

3. 1972 年《责任公约》。它规定了发射国的空间物体在地球表面给第三国造成损害时应承担的赔偿责任。

4. 1975 年《登记公约》。这是有关防止空间环境污染的另一重要条约。它规定由联合国保存一份所有射入外空物体的登记册，听任查阅。强制性登记射入外层空间物体的制度可以帮助缔约国辨认外空物体，对减轻空间碎片的危害有帮助作用。

5. 1979 年《月球协定》。该协定明确了月球及其自然资源为全人类共同继承财产，月球应供全体缔约国专用于和平目的等一系列原则。涉及具体环境保护的内容，如第 7 条规定：①各缔约国应采取措施防止月球环境的现有平衡遭到破坏，不论这种破坏是由于在月球环境中导致"不利的变化"，还是由于引入环境外的物质使其环境受到"有害的污染"或由于"其他方式"产生。②各缔约国也应采取措施防止地球环境由于引入地球外的物质或由于"其他方式"而受到"有害的影响"。③各缔约国应将所采取的措施通知联合国秘书长，并应尽可能将他们在月球上放置的一切放射性物质以及放置的目的通知秘书长。

四、危险废物和化学品的控制

（一）危险废物的控制

在联合国环境规划署主持下，1989 年 3 月 22 日各国通过了《控制危险废物越境转移及其处置巴塞尔公约》，简称《巴塞尔公约》，并于 1992 年 5 月生效。该公约是目前国际上处理危险废物污染转移问题的主要公约，包括序言、29 条正文和 6 个附件。序言部分重申了危险废物转移对人类和环境可能造成的损害，以及各国在控制危险废物转移方面的国际责任，并且确认任何国家均享有禁止来自外国的危险废物和其他废物进入其领土或在其领土内处置的主权权利。

《巴塞尔公约》的目标在于加强各国在控制危险废物越境迁移处置方面的合作，促进环境安全管理，保护环境和人类的健康。其确立的基本原则包括：①所有国家都应禁止输入危险废物；②应尽量减少危险废物的产生量；③对于不可避免而产生的危险废物，应尽可能以对环境无害的方式处置，并应尽量在生产地处置，并帮助发展中国家建立起最有效的处置危险废物的能力；④只有在特殊情况下，当危险废物产生国没有合适的处置设施时，才允许将危险废物出口到其他国家，并以对人体健康和环境更为安全的方式处置。

为控制危险废弃物而采取的措施包括：①缔约国有权禁止危险废物的出口；②建立通知制度，即在酝酿进行危险废物的越境转移时，必须将有关危险废物的详细资料通过出口国主管部门预先通知进口国和过境国的主管部门，以便有关主管部门对转移的风险进行评价，通知制度是公约的核心内容；③只有在得到进口国和过境国主管部门书面答复同意后，才允许开始危险废物的越境转移；④如果进口国没有能力对进口的危险废物以对环境无害的方式处理，出口国的主管当局有责任拒绝危险废物的出口；⑤缔约国不得允许向非缔约国出口或从非缔约国进口危险废物，除非有双边、多边或区域协定，而且这些协定与公约的规定相符。

《巴塞尔公约》所确定的制度对于防止和控制危险废物的越境转移具有一定的屏障作用。我国于1991年9月4日批准了该公约。但是该公约并没有禁止有毒垃圾的出口，而是只要接受国同意，有毒垃圾的出口就是合法的。1995年9月22日，近100个国家的代表在瑞士日内瓦签署了《巴塞尔公约》的修正案——《反对出口有毒垃圾的协定》。该协定禁止发达国家以最终处置为目的向发展中国家出口有毒垃圾，并规定从1998年1月1日起，发达国家不得向发展中国家出口以回收利用为目的的有毒垃圾。

（二）危险化学品的管理与控制

联合国环境规划署、国际劳工组织和世界卫生组织制定的《国际化学品安全方案》，联合国环境规划署制定的《国际潜在有毒化学品登记册》，是有关化学品登记和分类的国际法文件。

1987年联合国环境规划署理事会通过的《关于化学品国际贸易资料交换的伦敦准则》（简称《伦敦准则》）、1985年联合国粮农组织大会通过的《国际农药供销与使用行为准则》以及《关于在国际贸易中对某些危险化学品和农药采用事先知情同意程序的鹿特丹公约》（简称《鹿特丹公约》），确立了化学品控制和管理的主要原则和制度。如风险预防原则、事先知情同意程序、信息交流原则。《伦敦准则》将事先知情同意原则定义为："为保护人类健康和环境目的而被禁止或严格限制的化学品，其国际运输不得在未经进口国指定的国家主管当局同意（或已有这类协定存在）或在违反其决定的情况下进行。"《鹿特丹公约》的核心是要求各缔约方对某些极危险的化学品和农药的进出口实行一套决策程序，即事先知情同意程序。

1990年国际劳工组织通过的《化学制品在工作中的使用安全公约》和《化学制品在工作中的使用安全建议书》，是关于化学品的安全使用和环境管理的文件，规定了经济活动中防止化学品危害工人健康和安全的规则。

第
十
章

1992 年在联合国环发大会上通过的《21 世纪议程》第十九章"包括防止有毒和危险产品非法国际贩运的有毒化学品的环境无害化管理"号召成立政府间化学品安全论坛（IFCS）。《21 世纪议程》同时号召成立化学品无害化管理组织间方案（IOMC），以促进那些涉及第十九章执行的国际组织间的合作。

2001 年《关于持久性有机污染物的斯德哥尔摩公约》旨在减少或消除持久性有机污染物（POPs）的排放，保护人类健康和环境免受其危害。该公约规定了通过控制生产、进出口、使用和处置等措施减少并最终消除有意生产的 POPs 的排放；规定了减少或消除的最初 12 种（类）POPs 的清单；同时规定了增补 POPs 的标准和程序；还规定了公约的资金资源和机制、公约的临时资金安排和技术援助，要求发达国家提供新的额外的资金资源，提供技术援助。此外，该公约还包括了关于信息交换、公众宣传认识和教育、研究开发和监测、报告、成效评估等方面的条款。6 个附件还对公约正文的规定进行更为详尽的说明。

五、核活动及其损害的控制

（一）1980 年《关于核材料的实质保护公约》

国际原子能机构主持制定的《关于核材料的实质保护公约》于 1980 年 3 月开放签署，1987 年 2 月生效。该公约的适用范围为核材料的国际运输。为了适应国际安全形势变化，缔约国同意将公约适用范围从核材料的国际运输扩展到用于和平目的的核材料的使用、储存和运输以及用于和平目的的核设施，以进一步加强和完善国际核安全保卫体系，防范和打击核恐怖主义。

《关于核材料的实质保护公约》由序言、正文和 2 个附件组成。其主旨是：保护核材料在国际运输中的安全，防止未经政府批准或者授权的集团或个人获取、使用或扩散核材料，并在追回和保护丢失或被窃的核材料，惩处或引渡被控罪犯方面加强国际合作，对公约范围内的犯罪建立普遍管辖权，防止核武器扩散。其主要内容是：①缔约国确保对在其境内的核材料或装载于属其管辖的船舶或飞机上的核材料，在国际运输中按附件规定的级别予以保护；②缔约国承诺不输出或输入，亦不准许他国经其陆地、内河航道、机场和海港过境运输核材料，除非取得保证该材料已按附件规定的级别受到保护；③在核材料被偷盗、抢劫或受到威胁时，缔约国应向任何提出请求的国家提供合作，以追回失落的核材料；④规定了犯罪定义、管辖权，对被控犯罪的起诉和引渡程序；⑤除对国内使用、储存和运输中的民用核材料明确作出的承诺外，公约不影响缔约国对此种材料的主权权利；⑥规定了缔约国之间对公约的解释和适用发生争端时，使用的争端解决程序；⑦规定了核材料的分类办法，以及相应的实物保护级别。

我国于 1988 年 12 月 2 日向国际原子能机构递交加入书，并同时声明对《关于核材料的实质保护公约》第 17 条第 2 款所规定的两种争端解决程序提出保留。公约于 1989 年 1 月 2 日对中国生效。

2005 年 7 月 8 日国际原子能机构在维也纳召开会议，讨论修订《关于核材料的实质保护公约》事宜，89 个国家的代表同意加强公约在减少核材料被窃取和走私方面的效用。

（二）1986 年《及早通报核事故公约》

《及早通报核事故公约》是在国际原子能机构主持下制定的，于 1986 年 9 月 24 日经在维也纳召开的国际原子能机构特别大会通过，1986 年 10 月 27 日生效。该公约的主旨是进一步加强安全发展和利用核能方面的国际合作，通过在缔约国之间尽早提供有关核事故的情报，以使可能超越国界的辐射后果减少到最低限度。该公约由序言和正文组成，共 17 条，主要内容包括：①缔约国有义务对引起或可能引起放射性物质释放，并已经造成或可能造成对另一国具有辐射安全重要影响的超越国界的国际性释放的任何事故，向有关国家和机构通报。但对于核武器事故，缔约国可以自愿选择通报或不通报。②核事故的通报内容，应包括核事故及其性质、发生的时间、地点和有助于减少辐射后果的情报。③事故发生国可以直接，也可以通过机构间接地向实际受影响或可能受影响的国家或机构（包括缔约国和非缔约国）通报。④各缔约国应将其负责收发核事故通报和情报的主管当局和联络点通知国际原子能机构，并直接或通过机构通知其他缔约国。这类联络点和机构内的联络中心应连续不断地可供使用。⑤机构在本公约范围内，有义务立即将所收到的核事故和情报通报通知所有缔约国、成员国和有关国际组织。

我国于 1986 年 9 月 26 日签署该公约，1987 年 9 月 10 日向国际原子能机构交存公约批准书，并同时声明对公约第 11 条第 2 款所规定的两种争端解决程序提出保留。公约于 1987 年 10 月 11 日对中国生效。

（三）1986 年《核事故或辐射紧急援助公约》

《核事故或辐射紧急援助公约》于 1986 年 9 月 24 日经在维也纳召开的国际原子能机构特别大会与《及早通报核事故公约》同时通过，1986 年 9 月 26 日和 10 月 6 日分别在维也纳机构总部和纽约联合国总部开放签字，1986 年 10 月 27 日生效。该公约旨在进一步加强安全发展和利用核能方面的国际合作，建立一个有利于在发生核事故或核辐射紧急情况时迅速提供援助，以尽量减少其后果的国际援助体制。该公约由序言和正文组成，共 19 条，其主要内容是：①在核事故或核辐射紧急情况下，缔约国有义务进行合作，迅速提供援助，以尽量减少其后果和影响。②若一缔约国在发生核事故或辐射紧急情况时需要援助，它可以直接或通过机构向任何其他缔约国和向机构或酌情向其他政府间国际组织请求这种援助。被请求的缔约国，应迅速决定并通知请求国，它是否能够提供所请求的援助及其范围和条件。③对国际原子能机构在本公约范围内的职责作了规定。④请求国应给予援助方的人员必要的特权、豁免和便利，以便履行其援助职务。⑤当援助是以全部偿还或部分偿还为基础提供时，请求国应向援助方偿还因此而发生的有关费用。

我国于 1986 年 9 月 26 日签署该公约，1987 年 9 月 10 日向国际原子能机构交存公约批准书，并同时声明对公约第 13 条第 2 款所规定的两种争端解决程序，以及在由于个人重大过失而造成死亡、受伤、损失或毁坏情况下的第 10 条第 2 款的规定提出保留。公约于 1987 年 10 月 11 日对我国生效。

（四）1994 年《核安全公约》

国际原子能机构 1994 年 6 月 17 日在维也纳举行的外交会议上通过了《核安全公约》。我国于 1996 年 4 月 9 日批准了该公约。

该公约的目的和内容主要是：①通过加强本国措施与国际合作，包括适当情况下与安全有关的技术合作，在世界范围内实现和维持高水平的核安全；②在核设施内建立和维持防止潜在辐射危害的有效防御措施，以保护个人、社会和环境免受来自此类设施的电离辐射的有害影响；③防止带有放射性后果的事故发生和一旦发生事故时减轻此种后果。

公约还要求每一缔约方应建立并维持一个管理核设施安全的立法和监管框架。公约还规定了一项有约束力的国家报告制度，要求缔约方在每次缔约方大会之前，就他为履行本公约的义务采取的措施提出报告，以保证缔约方有效履行该公约。

［案例］

核试验案

1966 年到 1972 年间，法国在南太平洋的法国领土波利尼西亚进行了一系列的大气层核武器试验。1973 年法国声明计划进一步进行空中核试验。澳大利亚和新西兰于 1973 年 5 月 9 日分别在国际法院对法国提起诉讼。

澳大利亚请求国际法院判定并宣告在南太平洋地区进一步的大气层核武器试验不符合现行国际法的原则，并命令法国不得进一步进行任何这种试验。

新西兰请求国际法院判定并宣告法国政府在南太平洋地区进行核试验引起放射性微粒回降，构成侵犯新西兰国际法上的权利，这些权利将被进一步的这种试验所侵犯。

两国并请求国际法院指示临时保全措施。

1973 年 5 月 16 日，斐济政府向法院提出允许它参加上述两诉讼的请求。

1973 年 5 月 16 日，法国驻荷兰大使向法院书记官长递交了法国政府的一封信，法国政府声明它认为法院明显地对本案无管辖权，法国不接受法院的管辖，因此法国政府不准备指派代理人，并要求法院撤销该案。结果，法国始终未出庭，也未提出任何辩诉状。

1973 年 6 月 22 日，法院以 8 票对 6 票作出两项命令，指示在作出最后判决以前，澳大利亚、新西兰和法国应各自保证不采取任何会恶化或扩大提交法院的该争端，或损害对方执行法院可能作出的决定的权利的行动。尤其是法国政府应避免对澳大利亚和新西兰领土造成放射性微粒回降的核试验的意思。

1974 年 12 月 20 日，法院以 9 票对 6 票作出判决，法院认为澳大利亚和新西兰的主张已不再有对象，因此不需要再对此问题作出裁定。

法院在判决中指出，澳大利亚和新西兰的目的是终止法国在南太平洋地区的大气层核试验。法院必须注意在口头诉讼阶段之前和之后情况的进展，即法国当局作出的一些公开声明。第一个有关声明是 1974 年 6 月 8 日法国总统办公室发表的一项公报，声明计划在该年夏季进行的一系列试验完成后，法国的核防御计划将转入进行地下核爆炸的阶段。此后，从 6 月 10 日法国在惠灵顿使馆发出的照会，7 月 1 日法国总统给新西兰总理的信，7 月 25 日法国总统举行的记者招待会，9 月 25 日法国外交部长在联大的发言，8 月 16 日和 10 月 11 日法国国防部长在电视采访和记者招待会上的讲话，法院认为法国表达了它打算在结束 1974 年的一系列核试验之后，停止进行大气核试验。

法院在判决中指出，以单方面的行为作出的有关法律或事实情况的声明可以具有创设法律义务的效力，这些声明的效力不需要具有交换条件的性质或此后任何国家表示接受，甚至不需要有其他国家的任何反应。声明的形式也不重要。受该声明拘束的意愿是从对该行为的解释上得以确定的。该承诺的拘束性质来自该行为的言词，并建立在善意原则基础上，有关的国家有权要求声明国履行该义务。

法国是向全世界，包括澳大利亚和新西兰，转达它打算有效终止其大气层核试验的意思。其他国家会记住这些声明，并期望这些声明发生效力。这些声明产生的单方面承诺不可被解释为这些承诺是在隐含着有重新考虑的任意权力的情况下作出的。

法院认为法国承诺了不再在南太平洋地区进行大气层核试验的义务，澳大利亚和新西兰的目的已达到，争端已不复存在，法院不需要再对澳大利亚和新西兰的要求作出裁定。法院并于同日以同样的理由作出两项命令，宣布斐济参加两案的请求失败。

本案因法院审判前法国自动停止核试验，法院没有进行实质性审判。但它却涉及国际法的一个非常重要和现实的问题——国际环境保护。从法院的临时保全措施命令中可以看出，空中核试验会把放射性微粒释放到大气层中，对空间造成污染，微粒也可能会飘浮到邻近国家的上空，这是国际法所不允许的，因为各国都有防止跨界污染的义务。另外，本案还涉及的一个问题是，国家单方面承诺的国际法律效力问题。从该案审理来看，国际法院认为国家单方面声明表示承担国际义务，该单方的行为会对其产生法律效力。这其中也隐含着"禁止反言"的意思。

第三节 维护气候体系

维护气候体系主要涉及臭氧层损耗及其控制和全球气候变化及其控制。虽然臭氧层损耗和气候变化之间的关系尚未明确，但不少科学考察和试验已经表明，控制消耗臭氧层物质既保护了臭氧层，还有助于控制气候变化。

一、臭氧层损耗及其控制

臭氧层位于大气层的上层，离地球表面约 15 公里～50 公里。臭氧层可以吸收从太阳及其他外层空间辐射过来的紫外线，从而降低过量的紫外线辐射对人类健康和生物生长存在巨大的威胁。臭氧层的破坏主要是人类大量生产、使用氟氯烃等消耗臭氧层的化学物质，从而使这些气体大量排放到空中造成的。臭氧层的损耗导致南极上空的臭氧层出现空洞，引起国际社会的广泛关注。当前臭氧层保护的国际法律文件主要有联合国环境规划署组织制定的 1985 年《保护臭氧层维也纳公约》，1987 年《关于消耗臭氧层物质的蒙特利尔议定书》及对该公约的调整和修正。

（一）1985 年《保护臭氧层维也纳公约》

《保护臭氧层维也纳公约》是关于采取措施保护臭氧层免受人类活动破坏的全球性国际公约。该公约于 1985 年 3 月 22 日在维也纳通过，并向各国开放签字，1988 年 9 月 22 日生效。公约由 21 个条文及"研究和有系统的观察"、"资料交换"2 个附件组成。它是在人类活动排放的消耗臭氧层的物质使臭氧层出现了空洞，人类面临着太阳紫外线辐射增加，生存和社会经济发展受到严重威胁，国际社会大力呼吁对臭氧层加以保护的情况下制定的。

该公约的宗旨是：保护人类健康和环境免受由臭氧层的变化所引起的不利影响。

该公约规定了缔约方的一般义务，要求缔约国：①通过系统观察、研究及交换资料的方式进行合作，以期更好地了解和评价人类活动对臭氧层的影响，以及臭氧层的变化对人类健康及环境的影响；②采取适当的立法和行政措施，从事合作，协调适当的政策，以便在发现其管辖范围内或控制范围内的某些人类活动已经改变或可能改变臭氧层而造成不利影响时，对这些活动加以控制、限制、减少或禁止；③从事合作，制定执行本公约的商定措施、程序和标准，以期通过议定书和附件；④建立缔约国会议制度，审查公约的执行情况，审议各国递交的科学资料，减少可能导致臭氧层变化的物质的排放，促进适当政策、战略及措施的协调等。此外，该公约还规定了公约的实施机制、公约的解释、适用公约争端的解决机制、修正案、附件和议定书的通过及生效程序与条件。该公约规定设立缔约国会议和秘书处，以解决公约实施中的问题。

（二）1987 年《关于消耗臭氧层物质的蒙特利尔议定书》及对该公约的调整和修正

《保护臭氧层维也纳公约》作为一项框架性的公约，只对缔约方的一般义务作了规定，并未对耗损臭氧层物质的使用限制和停止使用的具体时间表和目标作出规定。而该议定书首次对损耗臭氧层物质的消费和生产作出限制，确立了减少或消除一系列物质生产的时间表和目标。

　　该议定书在前言中指出，有关消耗臭氧层物质生产和使用过程中的排放对臭氧层破坏产生直接的作用，因而对人类健康和环境造成了较大的负面影响。基于预防审慎原则，国际社会应采取行动淘汰这些物质，加强研究和开发替代品。这里特别指出，有关控制措施必须考虑发展中国家的特殊情况，特别是其资金和技术需求。前言中同时也强调任何措施应基于科学和研究结果，并考虑有关经济和技术因素。

　　该议定书的主要内容包括：①规定了受控物质的种类。受控物质以附件 A 的形式表示，有两类共 8 种：第一类为 5 种 CFCs；第二类为 3 种哈龙。②规定了控制限额的基准。受控的内容包括受控物质的生产量和消费量，其中消费量是按生产量加进口量并减去出口量计算的。议定书规定了生产量和消费量的起始控制限额的基准：发达国家生产量与消费量的起始控制限额都以 1986 年的实际发生数为基准；发展中国家（1986 年人均消费量小于 0.3kg 的国家，即所谓的第 5 条第 1 款国家）都以 1995～1997 年实际发生的 3 年平均数或每年人均 0.3kg，取其低者为基准。③规定了控制时间。发达国家的开始控制时间，对于第一类受控制物质（CFCs），其消费量自 1989 年 7 月 1 日起，生产量自 1990 年 7 月 1 日起，每年不得超过上述限额基准；自 1993 年 7 月 1 日起，每年不得超过限额基准的 80%；自 1998 年 7 月 1 日起，每年不得超过限额基准的 50%。对于第二类受控物质（哈龙），其消费量和生产量自 1992 年 1 月 1 日起，每年不得超过限额基准。发展中国家的控制时间表比发达国家相应延迟 10 年。④确定了评估机制。议定书规定从 1990 年起，其后至少每隔 4 年，各缔约方应根据可以取得的科学、环境、技术和经济资料，对规定的控制措施进行一次评估。

　　该议定书至今已经过了 4 次修正和 2 次调整。它们分别是：1990 年 6 月在伦敦召开的第二次缔约方会议上形成的《伦敦修正案》、1992 年 11 月在哥本哈根召开的第四次缔约方会议上形成的《哥本哈根修正案》、1997 年 9 月在蒙特利尔召开的第九次缔约方会议上形成的《蒙特利尔修正案》、1999 年 11 月在北京召开的第十一次缔约方会议上形成的《北京修正案》，以及 1995 年 12 月在维也纳召开的第七次缔约方会议上形成的《维也纳调整案》和 1997 年在蒙特利尔召开的第九次缔约方会议上形成的《蒙特利尔调整案》。

　　经过缔约方会议进行的多次调整和修正，议定书扩大了受控物质的范围，加快了淘汰进程。1987 年，《关于消耗臭氧层物质的蒙特利尔议定书》规定受控物质为 2 类 8 种；1991 年，中国加入议定书《伦敦修正案》时为 5 类 20 种；在《北京修正案》中受控物质已达 8 类 95 种。

二、全球气候变化及其控制

　　地球大气层中的一些气体如二氧化碳有吸收来自太阳的热辐射，使地球表面的热量难以释放出去的作用，这种作用被称为"温室效应"。地球大气层的温室气体含量增加会导致全球气候变化，全球气候变化有可能引起的危害有：致使地球表面温度升高，海平面上升，危及全球沿海地区；影响农业和自然生态系统；加剧洪涝、干旱及其他气象灾害；影响人类健康，加大疾病危险和死亡率，增加传染病。气候变化对人类生活而言是严重的威胁，迫切需要国际社会共同努力应对。20 世纪 70 年代，科学家把气候变暖作为一个全球环境问题提了出来。20 世纪 80 年代，随着对人类活动和全球气候关系认识的深化，这一问题开始成为国际政治和外交议题。1990 年联大设立了一个关于气候变化框架公约政府间谈判委员会，谈判起草气候变化公约。1992 年联合国里约环发大会通过并开放签署《联合国气候变化框架公约》，包括中国在内的 153 个国家在当年的环境与发展大会上签署了该公约。这是世界上第一个为全面控制二氧化碳等温室气体排放以应对气候变化的国际公约，也是国际社会在对付气候变化问题上进行国际合作的一个基本框架。1997 年 12 月，《联合国气候变化框架公约》第三次缔约方大会在日本京都召开，会议通过了《京都议定书》。公约和议定书涉及以下内容：

（一）《联合国气候变化框架公约》

1. 控制气候变化的目标与原则。根据公约第 2 条，最终目标是将温室气体的浓度稳定在防止气候系统受到危险的人为干扰的水平上。这一水平应足以使生态系统能够自然地适应气候变化、确保粮食生产免受威胁并使经济能够可持续发展。

为实现上述目标，公约规定了几项基本原则：

（1）缔约国承担代际公平原则和共同但有区别的责任原则的结合。各缔约国应在公平的基础上，并根据它们共同但有区别的责任和各自的能力，为人类当代和未来的利益，保护气候系统。为此，发达国家缔约方应率先对付气候变化及其不利影响。

（2）考虑发展中国家的具体要求和特殊情况。

（3）采取预防措施。缔约各国应采取预防措施，预测、防止或减少气候变化的原因，并缓解其不利影响。

（4）促进可持续发展。缔约各国有权并应促进可持续发展。保护气候系统免受人为的变化的政策和措施应适合缔约方的情况，并结合国家的发展计划。

（5）国际合作原则。缔约各国有权并应合作，促进形成有利的和开放的国际经济体系，并促进所有国家，尤其是发展中国家经济的可持续增长和发展，从而使它们有能力更好地应付气候变化问题。

2. 缔约方的义务。根据公约确立的发达国家和发展中国家"共同但有区别的责任"原则，公约将所有国家分为附件一缔约方和非附件一缔约方，分别承担不同的责任。

（1）公约为所有缔约方规定的义务：提供所有温室气体各种排放源和吸收汇的国家清单；制定、执行、公布国家计划，包括减缓气候变化以及适应气候变化的措施；促进减少或防止温室气体人为排放的技术的开发应用；增强温室气体的吸收汇；制定适应气候变化影响的计划；促进有关气候变化和应对气候变化的信息交流；促进与气候变化有关的教育、培训和提高公众意识等。

（2）公约为发达国家规定的义务：带头依循公约的目标，改变温室气体人为排放的趋势；制定国家政策和采取相应的措施，通过限制人为的温室气体排放以及保护和增强温室气体汇和库，减缓气候变化；到 2000 年，个别地或共同地使二氧化碳等温室气体的人为排放回复到 1990 年的水平，并定期就其采取的政策措施提供详细信息。附件二所列发达国家应提供新的和额外的资金，支付发展中国家为提供国家信息通报所需的全部费用；附件二所列发达国家应帮助特别易受气候变化不利影响的发展中国家缔约方支付适应这些不利影响的费用；附件二所列发达国家应促进和资助向发展中国家转让无害环境的技术，应支持发展中国家的自身技术开发能力。

同时，公约也规定了发展中国家缔约方承担编制温室气体源和吸收汇国家清单的义务，制定并执行包括减缓和适应气候变化措施的国家以及在适当情况下的区域计划，并向缔约方会议提交有关履约的信息通报。

但公约特别强调，发展中国家能在多大程度上有效履行其在本公约下的义务，将取决于发达国家对其在本公约下所承担的有关资金和技术转让的承诺的有效履行，并充分考虑到经济和社会发展以及消除贫困是发展中国家的首要和压倒一切的优先任务。

3. 机构设置与执行。为保证公约的执行，公约下设两个附属机构：①科学技术咨询附属机构；②执行附属机构。科学技术咨询附属机构的任务是就与公约有关的科学和技术事项，向缔约方会议并酌情向缔约方会议的其他附属机构及时提供信息和咨询。公约执行附属机构的任务是协助缔约方会议评估和审评公约的有效履行。

（二）《京都议定书》

在 2004 年 11 月 18 日俄罗斯批准《京都议定书》后，该议定书已于 2005 年 2 月 16 日生效。在控制温室气体的排放方面，如何切实履行议定书规定的减排义务和 2012 年后的安排是今后国际社会面临的主要问题。

《京都议定书》的内容是实现《联合国气候变化框架公约》的第一阶段安排，只涉及工业发达国家。《京都议定书》规定，到 2010 年，所有发达国家二氧化碳等 6 种温室气体的排放量，要比 1990 年减少 5.2%。具体说，各发达国家在《京都议定书》第一承诺期的 2008 年到 2012 年必须完成的削减目标是：与 1990 年相比，欧盟削减 8%、美国削减 7%、日本削减 6%、加拿大削减 6%、东欧各国削减 5% ~ 8%。新西兰、俄罗斯和乌克兰可将排放量稳定在 1990 年水平上。议定书同时允许爱尔兰、澳大利亚和挪威的排放量比 1990 年分别增加 10%、8% 和 1%。

美国是世界上最大的温室气体排放国，其年排放量约占全球总排放量的 26% ~ 28%。在公约第六次缔约方大会期间，美国退出《京都议定书》，给《京都议定书》蒙上了阴影，为国际减排进程设置了障碍。

2005 年 11 月 28 日 ~ 12 月 9 日，公约第十一次缔约方会议暨议定书第一次缔约方会议在加拿大蒙特利尔举行。会议围绕实施、完善和创新三大主题展开。所谓

"实施"就是推动公约和议定书的履行，议定书缔约方会议为此通过了实施议定书的技术性文件《马拉喀什协议》（共 19 项决定），设立了议定书的遵约机制。"完善"就是要进一步完善实施公约和议定书的有关规定，特别是公约下关于适应气候变化问题的工作计划以及议定书下关于"清洁发展机制"的规定，会议在这些方面取得了一定进展。"创新"就是要设计 2012 年后应对气候变化的机制。会议最终决定启动议定书第 3 条第 9 款规定的进程，设专门工作组谈判确定发达国家 2012 年后温室气体减排指标。会议还决定就加强实施公约以应对气候变化的长期合作开展非正式对话。

《京都议定书》的签署和实施，一直非常艰难和曲折，这是由于各国的情况不同和利益冲突而造成的。但值得庆幸的是，在 2012 年的多哈会议上，《京都议定书》第二承诺期得以续签，并且规定了 8 年时间，不啻为会议取得的一大成果。应该说，多哈会议推动了《京都议定书》的前进，但在第二承诺期内，各国在减排方面的斗争依然会非常激烈。

第四节　生物多样性保护与合理利用资源

一、生物多样性保护

生物多样性的减少，直接的影响使人类丧失一系列宝贵的生物资源，丧失它们在食物、医药等方面直接和潜在的利用价值；更深层次的影响是会造成生态系统的退化和瓦解，直接和间接威胁人类生存的基础。国此，国际社会比较早地注意到这一问题，并采取了积极的行动，保护各种生物物种和资源，逐渐形成了一个国际条约体系。

20 世纪 70 年代以来，国际社会陆续通过了以野生动植物的国际贸易管理为对象的《濒危野生动植物物种国际贸易公约》，以湿地保护为对象的《关于具有国际意义的湿地、特别是作为水禽栖息所的湿地公约》（以下简称《湿地公约》或《拉姆萨尔公约》），以候鸟等迁徙性动物保护为对象的《保护野生动物迁徙物种公约》，以及其他一些国际或区域性的公约和条约。1992 年，联合国环发大会通过了《生物多样性公约》，几个国际环境组织还在会议上公布了"全球生物多样性保护战略"，形成了保护生物多样性的综合性公约。2006 年，《生物多样性公约》的缔约国又签署了该公约的《卡塔赫纳生物技术安全议定书》。

（一）1973 年《濒危野生动植物物种国际贸易公约》

1972 年 6 月在瑞典首都斯德哥尔摩召开的联合国人类与环境大会全面讨论了环境问题，特别是濒危野生动植物保护问题，提议由各国签署一项旨在保护濒危野生动植物物种的国际贸易公约，这标志着联合国开始全面介入世界环境与发展事务。1973 年 3 月 3 日，有 21 个国家的全权代表受命在华盛顿签署了《濒危野生动植物物种国际贸易公约》，又称《华盛顿公约》。1975 年 7 月 1 日，该公约正式生效。截至 2004 年 10 月，有 166 个主权国家加入，我国于 1981 年正式加入该公约。

该公约的宗旨是：通过国际合作采取许可证制度，保护有灭绝危险的野生动植物物种不至于因国际贸易而遭到过度开发利用。该公约制定了一个濒危物种名录，通过许可证制度控制这些物种及其产品的国际贸易，由此而使该公约成为打击非法贸易、限制过度利用的有效手段。该公约要求各国对野生动植物进出口活动，实行许可证/允许证明书制度，建立有效的双向控制机制。这种机制使历史文化传统、社会发展水平、政治经济利益不尽相同的国家都能接受并予以积极支持和合作，特别是能使消费国主动协助分布国防止其野生动植物的偷猎或非法贸易活动。

《濒危野生动植物物种国际贸易公约》并非完全禁止野生动植物的国际贸易，其以物种分级与许可证的方式，达成野生动植物市场的永续利用。其管制国际贸易的物种，可归类成三项附录：附录一的物种为若再进行国际贸易会导致灭绝的动植物，禁止其国际性的交易；附录二的物种则为目前无灭绝危机，管制其国际贸易的物种，若仍面临贸易压力，族群量继续降低，则将其升级入附录一；附录三是各国视其国内需要，区域性管制国际贸易的物种。

该公约缔约方会议每隔 2 年举行一次，商讨有关野生动植物贸易的重大问题。公约下设秘书处、常委会、动物委员会、植物委员会、鉴别手册委员会和命名委员会。

我国于 1981 年 1 月 8 日加入公约，1981 年 4 月 8 日公约正式对我国生效。国内履约主管部门是国家林业局。

（二）1979 年《保护野生动物迁徙物种公约》

该公约的目标是保护通过国家管辖边界或国家边界外的野生动物迁徙物种。根据该公约的规定，"迁徙物种"是指野生动物任何物种或其次级分类的全部种群或该种群在地理上彼此独立的任何部分，它们中相当大的部分周期性地、可预见地穿越一个或多个国家管辖的边界。

公约采用了开列清单的规范方法为迁徙物种提供及时的保护。公约附录一所列为濒危物种。缔约方需要严格保护这些物种，保护或恢复栖息地，减少迁徙途中的障碍和控制其他危险因素。公约将推动分布国采取协调一致的行动。公约附录二所列为保护状态不佳，需要签订国际协定来加强保护和管理的物种。公约鼓励分布国就此类物种签订保护协定。

公约的组织机构有缔约方大会、常委会和科学理事会。

（三）1992 年《生物多样性公约》

为了保护生物资源，1992 年 6 月，在巴西里约热内卢举行的联合国环境和发展大会通过了《生物多样性公约》，有 150 多个国家签署了这一公约，使之成为全球第一个关于保护和可持续利用生物多样性的国际法律文件。

公约的三项主要目标是：①保护生物多样性；②可持续利用生物多样性；③以

公平对等的方式，分享因基因资源的商业性利用及其他利用所获得的利益。该公约提出了生物资源保护的三项重要原则：①各国对于其生物资源的主权原则；②利用别国的生物资源需经资源所属国事先知情同意的原则；③与资源提供国公平分享生物资源利用所得惠益的原则。

该公约处理的议题包括：生物多样性保护和可持续利用的措施和激励手段；遗传资源的获取；生物技术的取得和转让；技术和科学上的合作；影响评估；教育和公众意识；资金来源；履行公约义务的国家报告。其主要内容包括：①国家对其生物资源拥有主权，但承认对生物多样化的保护是全人类共同关切的事项。国家有责任保护这些资源，有权持久使用这些资源，但其开发活动不应导致损害其他国家的环境或其管辖范围外地区的环境。②各国制订保护生物多样性的计划，查明对保护起重要作用的生物多样化种类，必要时采取紧急保护措施，建立保护区，系统地对动植物进行就地保护，并以移地保护作为辅助保护手段。③遗传资源的取得须经提供国事先知情同意，并依该国法律进行。缔约国应采取措施，以期与提供国公平分享研究和开发的成果以及商业利用所得的利益。④缔约国向发展中国家转让技术应按公平和最有利的条件提供，如果此技术属专利范围，转让的条件应承认且符合知识产权的充分有效保护。涉及生物技术转让时，应考虑由生物技术改变的任何活生物体的安全转让，以避免对生物多样性的保护和持久利用产生不利影响。⑤发达国家应提供新的额外资金，使发展中国家能够履行公约的义务。

该公约的内容广泛，处理了关于人类未来的重大问题，成为了国际环境法发展的里程碑。公约第一次取得了保护生物多样性是人类的共同利益和发展进程中不可缺少的一部分的共识。公约涵盖了所有的生态系统、物种和遗传资源，把传统保护的努力和可持续利用生物资源的经济目标联系起来；公约建立了公平合理地共享遗传资源利益的原则，尤其是作为商业性用途；公约涉及了快速发展的生物技术领域，包括生物技术发展、转让、惠益共享和生物安全等，尤为重要的是，公约具有法律约束力，缔约方有义务执行其条款。

（四）《生物多样性公约》的《卡塔赫纳生物技术安全议定书》

《生物多样性公约》的热点问题是生物安全、生物入侵、遗传资源的获取与惠益分享、传统知识保护、技术的取得与转让、生态系统方式、能力建设、财务机制等。随着生物技术产品的产业化水平不断提高，生物技术的安全问题也引起了国际社会和各国政府的广泛关注，并成为国家之间环境保护合作的热门议题，特别是对于许多发展中国家来说，他们在处理生物技术产品环境安全方面的能力明显不足，对于纷纷而来的生物技术产品感到措手不及，表现出谨慎与担忧。2000 年 1 月 29 日，《生物多样性公约》缔约方会议通过了一项称为《卡塔赫纳生物技术安全议定书》的公约补充条约，该议定书寻求保护生物多样性免受由现代生物技术改变的活生物体带来的潜在危险。因此，许多发展中国家寄希望于通过这一项国际生物安全协议而得到国际法规、资金和技术的支持。许多发达国家基于转基因生物及其产品贸易的考虑，也对此项议定书表示出极大的关注。

《卡塔赫纳生物技术安全议定书》是依据《生物多样性公约》的相关条款而制定的，是隶属于《生物多样性公约》的一项法律文书。我国国务院于2005年4月核准了《卡塔赫纳生物技术安全议定书》，该议定书已于2005年9月6日起对我国生效。

二、国际淡水资源的利用和保护

地球上水的总体积为14.1亿立方公里，其中只有2%是淡水，淡水的87%又被封冻在两极及高山的冰层和冰川中，难以利用，便于人类利用的淡水资源只有极少的一部分。这些淡水资源分布不均，再加上人类的不合理利用，使世界上许多地区面临着严重的水资源危机。

在控制国际水域和淡水资源危机和环境污染方面，国际社会采取了一系列行动，制定了大量双边和多边国际条约，在有关国际组织和有关国家的共同参与下，采取了一些重要的国际合作行动。

（一）1966年《国际河流利用规则》

1966年国际法协会制定的《国际河流利用规则》（简称《赫尔辛基规则》）是国际淡水资源保护法律制度的第一个具有里程碑意义的文件。虽然该规则是国际法学团体制定的文件，对各国不具有法律约束力，但是它对有关国际河流利用和保护的规则作了系统的编纂。

《赫尔辛基规则》的要点及其对国际淡水资源利用和保护法律制度的贡献，主要包括：①编纂并宣告了适用于国际流域内的水域利用的国际法一般规则。规则的第1条规定："本规则各章所宣告的国际法一般规则适用于国际流域内水域的利用，除流域国之间有条约、协定或有约束力的习惯另行规定外。"②界定了"国际流域"、"水污染"的概念。按其规定，国际流域指跨越两个或两个以上国家，在水系的分水线内的整个地理区域，包括该区域内流向同一终点的地表水和地下水。水污染系指人的行为造成国际流域的水的自然成分、结构或水质的恶化变质。③确认了国际流域的公平合理利用原则。每个流域国在其境内有权公平合理地分享国际流域内水域利用的水益。可见，《赫尔辛基规则》进一步确立了"公平合理利用"原则在国际水域利用和保护方面所具有的基本原则的法律属性。④国家有责任防止和减轻对国际流域水体的污染。这种污染包括"从一国领土所造成的水污染"和"虽在其国家领土之外，但由于该国之行为所造成的污染"。同时，国家有责任停止其引起污染的行为并对同流域国所受的损失提供赔偿。⑤防止和解决争端的程序。

（二）1997年《国际水道非航行使用法公约》

联合国大会在1997年5月21日以第51/229号决议通过了联合国国际法委员会起草的《国际水道非航行使用法公约》，这是国际社会第一项关于国际淡水资源的保护和利用的全球性公约。

该公约在序言中明确指出，其目的是"保证国际水道的利用、开发、养护、管理和保护，并促进为今世后代对其进行最佳和可持续的利用"。为这些目的，公约规定了关于国际水道非航行利用的一些原则：

1. 平等、合理利用原则及应予考虑的相关因素。该公约规定水道国应在其本国领土上以公平、合理的方式利用国际水道。利用国际水道应考虑的相关因素有：地理、水文、气候、生态和其他自然特征等因素；相关水道国的社会、经济需要；每个水道国依赖该水道的人口；利用水道对其他水道国的影响；水道现有和潜在的用途；水道水资源的保存、保护、开发和节约措施的代价；特定计划的或现有的具有同等价值的另外用途的可能性。

2. 不引起严重损害原则。该公约规定，水道国在本国领土上利用国际水道应当采取一切适当措施防止对其他水道国造成严重损害，如果发生严重损害，除非引起该损害的利用得到受害国的同意，致害国应当与受害国进行协商并根据第5、6条的规定，消除或减轻该损害，并在必要时讨论赔偿问题。

3. 不同用途之间关系的原则。该原则实质上是公平、合理利用原则及应考虑相关因素的补充内容。该公约规定，如无相反协定或习惯，水道的任何利用都不比其他利用享有固有的优先，如发生冲突，应对人类的必要需求予以特别考虑。

（三）国际淡水资源利用和保护的区域性公约和双边条约

欧洲是国际河流制度的发源地，19世纪初就宣布莱茵河等几条河流国际化。20世纪50年代以后，有关国际河流的条约遍及各大洲，除缔结了大量有关国际河流的双边条约外，还产生了一些重要的多边条约，涉及航行、分配用水、控制污染和保护流域生态资源等各个方面。

在欧洲，1976年法、德、荷、瑞士等国签订了《保护莱茵河不受化学污染公约》，用于保护莱茵河不受化学污染，以改进饮用水、工业用水和航行等用途的水质；此外还签订了《保护莱茵河不受氯化物污染公约》，以改善莱茵河水质，保护其不受氯化物的污染。

在南美洲，1978年亚马逊河流域8个国家（巴西、委内瑞拉、秘鲁、哥伦比亚、厄瓜多尔、玻利维亚、圭亚那、苏里南）签订了《亚马逊合作条约》，宣布为保护亚马逊河地区的生态环境而共同努力。

在亚洲，1960年印度、巴基斯坦签署了《印度河用水条约》；1977年孟加拉、印度签订了《关于分享恒河水和增加径流量的协定》；1995年，老挝、泰国、柬埔寨、越南签署了《湄公河流域可持续发展合作协定》。

在非洲，1964年《乍得湖流域开发公约和规约》和1987年《关于共同赞比兹河系统的完善环境管理行动计划的协定》，对淡水资源的开发、利用和保护也作了相当全面的规定。

三、土地资源的保护

当前，全球土地资源的退化相当严重。土地荒漠化现象引起国际社会的广泛关注，荒漠化也是各国很早就关注的一个环境问题。按联合国多次关于荒漠化定义的讨论，特别是 1992 年联合国环境与发展大会所提出的定义："荒漠化是由于气候变化和人类不合理的经济活动等因素使干旱、半干旱和具有干旱灾害的半湿润地区的土地发生了退化。"

这个荒漠化定义已得到联合国多次荒漠化国际公约政府间谈判会议的确认，会议重申在国际公约中采取这一定义，并将这个定义列入《21 世纪议程》的第十二章中，还进一步补充了定义释文中出现的"土地退化"的含义："由于一种或多种营力结合以及不合理土地利用，导致旱农地、灌溉农地、牧场和林地生物或经济生产力和复杂性下降及丧失，其中包括人类活动和居住方式所造成的土地生产力下降，例如土地的风蚀、水蚀，土壤的物理化学和生物特性的退化和自然植被的长期丧失。"

1977 年，联合国召开了防止荒漠化会议，制定和实施了防止荒漠化的行动计划。1992 年，联合国环境与发展大会把防治荒漠化列为国际社会采取行动的一个优先领域。1994 年 6 月，联合国通过了《关于在发生严重干旱和/或荒漠化的国家特别是在非洲防治荒漠化的公约》（简称《联合国防治荒漠化公约》）。

该公约的宗旨是：在发生严重干旱和/或荒漠化的国家，特别是在非洲防治荒漠化，缓解干旱影响，以期协助受影响地区实现可持续发展。公约确认了四项指导原则：①确保公众和地方社区参与关于防治干旱和荒漠化的项目设计和实施的决策；②以团结和伙伴精神在次区域、区域和国际层次上改善合作和协调，并将资金、人力、组织和技术资源更好地集中到所需要的地方；③以伙伴精神在所有层次上的政府、社区、非政府组织和土地持有者之间发展合作，更好地认识受影响地区土地资源和稀缺的水资源的性质和价值；④充分考虑所影响地区发展中国家，尤其是最不发达国家的特殊需要和情况。

《联合国防治荒漠化公约》拥有 191 个成员国，是应对土地退化和干地问题方面特别重要的国际法律文件。它在全球范围内消除贫穷，特别是消除极度贫穷，达到可持续发展，并实现千年发展目标的努力中扮演着关键角色。

我国是世界上荒漠化面积大、分布广、类型复杂、危害严重的国家之一，我国发生土地荒漠化的潜在面积为 33 107 万公顷，占国土总面积的 34.6%。根据 2004 年全国荒漠化、沙化土地的检测结果，截至 2004 年，全国荒漠化土地总面积为 2.636 亿公顷，占国土总面积的 27.46%，占荒漠化可能发生区域总面积的 79.47%，高于 69% 的世界平均水平。我国政府积极进行荒漠化的防治工作。我国已于 1996 年批准了这一公约，并制定了《中国履行〈联合国防治荒漠化公约〉国家行动方案》，提出了防治荒漠化的指导思想和原则。我国力争到本世纪中叶，建成稳定的生态防护体系、高效的沙产业体系和完备的生态环境保护与资源开发利用保障体系，使全国可治理的荒漠化土地基本得到整治，荒漠化地区实现人口、资源、环境与国民经济协调发展。

四、森林资源的保护

森林是陆地生态的主体，在维持全球生态平衡、调节气候、保持水土、减少洪涝等自然灾害方面，都有着极其重要的作用，各种林产品也有着广泛的经济用途。但随着人口增长，所开垦林地的耕作强度和持续时间都日益增加，从而加剧了对林地土壤的侵蚀，严重损害了森林植被再生和恢复能力。在工业化过程中，欧洲、北美等地的温带森林有1/3被砍伐掉了。并且随着欧洲国家进入非洲，美国进入中南美，日本进入东南亚，寻求热带林木资源，使热带森林因大规模开发而遭到破坏。森林资源遭到破坏是许多国家所面临的共同的严重的问题，其导致的一系列环境恶果已经引起了人们的高度关注。

20世纪80年代以后，保护森林，特别是保护热带雨林成为国际社会高度关注的一个问题。1985年，联合国粮农组织制定了热带雨林行动计划。1992年6月，在里约热内卢举行的联合国环境与发展会议通过了《关于森林问题的原则声明》。该声明的全称为"关于所有类型森林的管理、保存和可持续开发的无法律约束力的全球协商一致意见权威性原则声明"。这项声明为人们保护森林、利用树木及林业产品发展经济提供了指导原则，也为全球进一步协商，达成一项有约束力的公约奠定了基础。目前，越来越多的国家认识到了森林在维护生物多样性和气候稳定方面的重要作用，并且在建立可持续森林管理的标准和指标，实施控制森林滥伐的综合政策措施等问题上，达成了国际共识。

1. 保护森林的一个重要行动领域是推动森林的可持续管理。1990年，国际热带木材组织第一个制定了热带森林可持续管理标准和指南。1994年，在重新谈判国际热带木材协定后，木材生产国和消费国达成了如下协议：木材消费国也必须遵守国际木材组织的2000年目标，即到2000年，所有的森林产品必须产于可持续管理的森林。这实际上要求发达国家同热带地区的发展中国家一样遵守同样的森林可持续管理原则。联合国粮农组织等国际组织也在其他区域进行了制定森林可持续管理指南的活动。2006年，180多个国家和国际组织的谈判代表在日内瓦达成一项新的《国际热带木材协定》，作为《1994年国际热带木材协定（ITTA）》的延续。

2. 控制森林破坏的另外一个国际行动领域是限制木材的国际贸易。《濒危野生动植物物种国际贸易公约》将一些有重要商业价值的木材列入了控制清单。《国际热带木材协定》也涉及木材的国际贸易。一些国际性非政府组织，如森林管理委员会（FSC），也制定了森林可持续管理原则和标准，监督森林产品的贸易。

第十章

第五节　自然地域的保护

一、两极地区的环境保护

（一）南极地区的环境保护

有关南极环境保护的国际公约很多，尤以 1959 年《南极条约》最为重要。此外还有：1964 年《保护南极动植物协议措施》、1972 年《南极海豹保护公约》、1980年《南极海洋生物资源保护公约》、1988 年《南极矿物资源活动管理公约》和 1991年《关于环境保护的南极条约议定书》等。

1.《南极条约》。《南极条约》并非为保护南极环境而设立，但它确立的一些规则却与环境保护有关。其内容主要有：

（1）规定南极用于和平目的，禁止在南极从事一切具有军事性质的活动，不得建立军事基地、建筑要塞、进行军事演习以及核试验和其他武器试验，实行南极的非军事化和无核化；

（2）促进在南极科学考察和调查方面的国际合作；

（3）冻结任何国家对南极地区的领土主权权利或领土的要求，既不承认已有的对南极地区的权利或领土要求，又禁止对南极地区提出新的领土主权要求或扩大现有的要求；

（4）禁止核爆炸和处置放射性尘埃；

（5）设立协商国观察员制度以监督该条约的执行；

（6）建立缔约国协商会议以便各国协商共同关心的有关南极的事项，并系统规划、审议并向本国政府建议旨在促进《南极条约》的原则和宗旨的措施。

2. 其他条约。除《南极条约》外，南极环境保护的条约还包括：

（1）由《南极条约》第三届缔约国协商会议制定的 1964 年《保护南极动植物协议措施》。其目的是为了促进并实现保护、研究和合理利用南极动植物资源。

（2）1972 年《南极海豹保护公约》。其目的在于保护南极地区的 5 种海豹和所有的南方海豹。

（3）1980 年《南极海洋生物资源保护公约》。该公约的宗旨是保护和合理利用南极海洋生物资源，防止过度捕捞对生态系统造成的损害，加强对南极海洋生态系统的科学研究及有关国际合作。

（4）1988 年《南极矿物资源活动管理公约》。该公约创制了一个在南极管制采矿活动的体制。

（5）1991 年《关于环境保护的南极条约议定书》。该议定书对南极地区的环境保护作了全面的规定，将南极地区定位为贡献给和平和科学的自然保护区，并规定了全面的保护措施。

（二）北极地区的环境保护

北极地区的环境问题也相当严重，面临石油污染、放射性污染、水下噪音和物种退化等问题。目前，北极地区还不存在像南极那样的多边环境保护条约体系，但是，北极地区国家为保护北极环境，不断加强合作，达成了一些合作协定。

1973年，与北极有特殊关系的5个国家：加拿大、丹麦、美国、挪威和前苏联在奥斯陆签署了《北极熊及生境养护国际协定》，认为"北极地区的国家在保护该地区动植物方面有着特殊的职责和利益；北极熊是一种重要的资源，应受到特殊措施的保护"。

1991年北极地区的8个国家签署了《保护北极环境宣言》并通过了《北极环境保护战略》。《北极环境保护战略》的目标是："保护北极生态系统，包括人类；保护、增强和恢复自然资源，包括北极当地人民和土著居民对它们的利用；承认并在可能的范围内寻求容纳由土著居民自己决定的有关保护北极环境的传统的和文化的需要以及有关的习惯和价值；定期审查北极环境状况；查明、减少并最终消除污染。"《北极环境保护战略》还建立了五个项目，它们分别是：北极监测和评价项目、保护北极海洋环境项目、紧急预防准备和反应项目、保护北极动植物项目、可持续发展和利用项目。

二、湿地保护

湿地与森林、海洋并称全球三大生态系统，也是价值最高的生态系统。多年来，全球湿地伴随着全球化进程的加快而不断遭到破坏。因此，保护湿地已成为一个世界性的问题。

1971年《关于具有国际意义的湿地、特别是作为水禽栖息所的湿地公约》，于1971年2月2日签订于拉姆萨尔，1975年12月21日生效，并经1982年3月12日议定书修正。《湿地公约》将湿地界定为"不问其为天然或人工、长久或暂时之沼泽地、湿原、泥炭地或水域地带，带有或静止流动，或为淡水、半咸水水体者，包括低潮水深不超过6米的水域"。湿地包括沼泽、泥炭地、湿草甸、湖泊、河流、滞蓄洪区、河口三角洲、滩涂、水库、池塘、水稻田以及低潮时水深浅于6米的海域地带等。《湿地公约》的宗旨是通过各成员国之间的合作加强对世界湿地资源的保护及合理利用，以实现生态系统的可持续发展。

1982年12月在法国巴黎联合国教科文组织总部召开了缔约方特别大会，通过了对《湿地公约》文本的修正，即《巴黎议定书》（1986年10月生效）。1984年5月第二届缔约方大会在荷兰格罗宁根召开，制定了公约实施框架。1987年5月~6月缔约方特别大会以及第三届缔约方大会在加拿大里贾纳召开，对第6、7条进行非实质性修改，规定了缔约方大会的权力、建立常委会、预算和常设执行局（或称秘书处），此项修正条款在1994年5月1日生效。

《湿地公约》已经成为国际上重要的自然保护公约，受到各国政府的重视，其缔约国已超过 130 个，1140 块湿地地区加入国际重要湿地名录，总面积达到 9170 万公顷。

我国于 1992 年 1 月 3 日加入该公约，同年 7 月 31 日对我国生效。

三、保护文化和自然遗产

1972 年 11 月 16 日，联合国教科文组织大会第十七届会议在巴黎通过了《保护世界文化和自然遗产公约》（Convention Concerning the Protection of the World Cultural and Natural Heritage，简称《世界遗产公约》）。公约主要规定了文化遗产和自然遗产的定义，文化和自然遗产的国家保护和国际保护措施等条款。

公约规定自然遗产为："从审美和科学角度看具有突出的普遍价值的由物质和生物结构或这类结构群组成的自然景观；从科学或保护角度看具有突出的普遍价值的地质和自然地理结构以及明确划为受威胁的动物和植物生境区；从科学、保护或自然美角度看具有突出的普遍价值的天然名胜或明确划分的自然区域。"自然遗产保护区包括国家公园和其他早已指定的物种保护区。

公约规定文化遗产为："从历史、艺术和科学角度看具有突出的普遍价值的建筑物、碑雕和碑画，具有考古性质的成分或构造物、铭文、窟洞以及景观的联合体；从历史、艺术和科学角度看在建筑式样、分布均匀或与环境景色结合方面具有突出的普遍价值的单立或连接的建筑群；从历史、审美、人种学或人类学角度看具有突出的普遍价值的人类工程或自然与人的联合工程以及考古地址的区域"。文化遗产保护区包括历史建筑、历史名城、重要考古遗址和有永久纪念价值的巨型雕塑及绘画作品。

文化与自然双重遗产是指自然和文化价值相结合的遗产。

关于文化和自然遗产的国家保护和国际保护，公约规定，缔约国均承认，"本国领土内的文化和自然遗产的确定、保护、保存、展出和传与后代，主要是有关国家的责任。该国将为此竭尽全力，最大限度地利用本国资源，适当时利用所能获得的国际援助和合作，特别是财政、艺术、科学及技术方面的援助和合作"。

关于文化遗产和自然遗产的所有权，公约明确规定，缔约国在充分尊重"文化遗产和自然遗产的所在国的主权，并不使国家立法规定的财产权受到损害的同时，承认这类遗产是世界遗产的一部分，因此，整个国际社会有责任合作，予以保护"。各缔约国不得故意采取任何可能直接或间接损害本国领土内的文化和自然遗产的措施。

公约的管理机构是联合国教科文组织的世界遗产委员会，该委员会于 1976 年成立，同时建立了《世界遗产名录》。被世界遗产委员会列入《世界遗产名录》的地方，将成为世界的名胜，可受到世界遗产基金提供的援助，还可由有关单位招徕和组织国际游客进行游览活动。

【思考题】

1. 简述国际环境法的概念和特点。
2. 试述国际环境法的基本原则。
3. 简述共同但有区别的责任原则。
4. 简述国家环境主权原则。

第十一章
外交和领事关系法

第一节　外交和外交关系法概述

一、外交和外交关系

外交（diplomacy）源于古希腊文的（diploma），原指折叠的文件，用以证明持有人的身份，以及所赋予的通行和其他权利。罗马帝国时代，该词是指可以在帝国道路旅行或过境的文件，如护照或通行证等。现代意义上的"外交"一词出现在18世纪，当时法国人开始称呼他们与外国使馆打交道的官员为"外交人员"，而"外交"就是主权独立的国家之间在平等的基础上，处理彼此之间国际关系的程序或艺术，通常是双边的，有时也是多边的，以交涉谈判为主要的手段，20世纪后又包括了高峰会议和其他国际会议，以求协议和解决国家之间的问题。

国际法学者对外交的定义虽有不同观点，但其定义均包括了外交的主体、方式和目的等内容。因此，外交可以视为是国家为了实现其对外政策，通过其对外关系机构及其人员，用谈判、通讯、会议、参加国际组织和缔结条约等方法，处理对外关系事务，实现国家外交政策的活动。

外交关系是指国家之间在外交活动中所形成的一种关系（包括双边的和多边的）。根据形成方式的不同，外交关系可分为两类：①广义的外交关系，即国家之间为了实现各自的对外政策，通过互设常驻外交代表机构、派遣和接受特别使团、国家领导人互访、谈判、缔结条约、举行国际会议、参加国际组织等方式进行交往所形成的关系；②狭义的外交关系，即国家互相在对方领土内设立常驻使团并通过他们进行交往所形成的关系。

外交关系的形式通常有以下四种：

1. 正式的外交关系，即正常的外交关系，以互派常驻使节为主要特征。国家之间互设使馆是保持两国间正常关系最有效、最主要的方法，也表明这些国家之间存在正常的关系。

2. 半外交关系，即不完全的外交关系，以互派代办为主要特征。国家之间长期互派代办级别的外交使节，是国际关系上不正常的现象，表明两国关系存在问题。

3. 非正式的外交关系，表现为没有正式建交的国家保持长期接触和谈判，甚至互设联络机构，如中美之间正式建交前保持了多年的大使级会谈。

4. 国民外交关系，表现为非官方的个人或团体通过友好往来、接触、会谈促进国家间关系的发展。国民外交和民间交往的区别在于，国民外交的各种活动是有领导、有组织地配合国家对外政策进行的，具有半官方性质。如我国历史上推行的乒乓外交以及当今推行的文化交流活动，都是国民外交的体现。

二、外交关系法及其发展

（一）外交关系法的概念与渊源

外交关系法是调整国家之间及国家与国际组织之间外交关系的原则、规则和制度的总称。其主要内容包括：外交代表机关的建立和人员派遣的程序，外交代表机关的职务，外交代表机关及其人员的特权和豁免，外交代表机关及其人员与接受国或国际组织与东道国之间的其他关系。

外交关系法的历史源远流长。第二次世界大战之前，外交关系法的渊源主要是国际习惯，属于外交关系法领域的国际条约屈指可数，如规定外交使节等级和位次的 1815 年《维也纳议定书》、1818 年《亚琛议定书》和 1928 年《哈瓦那外交官公约》。第二次世界大战之后，外交关系法的编纂取得了很大发展，国际社会通过谈判先后签订了一系列适用于外交关系方面的国际公约，目前这些公约主要包括：

1. 1961 年《维也纳外交关系公约》。该公约全面规定了适用于国家之间外交关系的原则、规则和制度。1964 年 4 月 24 日生效，截止 2012 年 5 月，公约共有 187 个缔约国。我国于 1975 年 11 月 25 日交存了加入书。

2. 1946 年《联合国特权和豁免公约》。该公约于 1946 年 9 月 17 日生效，我国于 1979 年 9 月 11 日提交了加入书，同时对公约第 8 条第 30 节提出保留。

3. 1969 年《特别使团公约》。该公约主要规定了国家之间派遣特别使团的程序、特别使团及其人员的特权和豁免等，公约于 1985 年 6 月 21 日生效。

4. 1973 年《关于防止和惩处侵害应受国际保护人员包括外交代表的罪行的公约》。该公约于 1977 年 2 月 20 日通过，我国于 1987 年 8 月 5 日交存了加入书。

（二）现代外交关系法的发展趋势

传统外交关系法的内容主要涉及外交使馆及其人员，包括国家元首和外交部门，但是很少涉及政府首脑和国家其他高级官员，几乎没有涉及其他类型的驻外使团和国家以外的其他国际法主体。第二次世界大战来，随着非殖民化运动的不断深入和国际组织的日益增多，国际社会成员之间的相互依存关系日益加深，外交关系出现了多边化，外交关系法的调整对象逐渐在扩大，外交方面的立法也开始趋向专门化。

1. 与国家间关系的不断发展相伴，外交使团的职务日益繁重和复杂。早期的国家外交，其活动主要集中于国家之间的政治关系。现在的国家外交除了日益复杂的政治关系外，经济关系占据了国家外交的重要地位，除此之外还包括环境、投资、技术转让、知识产权等方面的国家间关系。

2. 国际组织的迅猛发展丰富了现代外交使团的种类。由于国际组织的数量急剧增加，召开国际会议的频率越来越快，国家为参加这些外交活动，往往派遣特别使团，如派往国际组织的常驻使团，派往国际组织机关和国际会议的临时特别使团、代表团、观察团，等等。同时，国际组织为实现其宗旨，履行其职责，也向国家和其他国际组织派遣常驻的或临时的代表团。

3. 现代外交关系法逐渐从分散状态向专门性立法迈进。早期的外交关系法主要是国际习惯，联合国成立后，外交关系法的编纂发展很快。在联合国的主持下，通过了一系列外交关系方面的公约。

三、外交机关

外交机关是代表国家与他国进行对外交往和从事外交活动的国家机构及人员。作为执行国家对外政策的工具和国家机构的重要组成部分，外交机关可分为：①国内外交机关。是位于一国之内的国家外交机构，他们根据本国宪法和法律规定，在对外关系方面有自己的职权范围，在国际法上都可代表本国进行外交活动，如国家元首、政府和外交部门。②驻国外的外交机关。包括临时性机关和常设机关，前者通常称为特别使团，其又可分为政治性使团和礼仪性使团两类。政治性使团，如出席国际会议代表团和出国正式访问代表团，他们是执行特定外交任务的外交使团；礼仪性使团，主要是出席外国庆典代表团。后者如驻外国的使馆和驻国际组织的常设使团。驻外的外交机关将在后面作专门叙述，此处主要介绍国内的外交机关。

（一）国家元首

国家元首是国家在对外关系上的最高机关和最高代表。它可以是个人，如君主国的国王、皇帝，共和国的总统；也可以是集体，如瑞士的联邦委员会。国家元首在外交活动中享有最高的待遇，其在对外关系方面的职权由本国宪法规定，一般包括：派遣和接受外交代表、批准和废除条约、宣战和议和、参加国际会议等。

根据我国的《宪法》规定，我国的国家元首是国家主席，元首的职权由国家主席与最高权力机关共同行使。

（二）政府

政府是国家的最高行政机关，也是国家对外关系的领导机关。政府的名称各国并不相同，有的称国务院，有的称内阁或部长会议等。政府和政府首脑在对外关系方面的职权，由本国宪法和有关法律予以规定，一般包括：领导本国外交工作，管理对外事务；签发外交代表的全权证书，任免一定等级的外交人员；同外国政府进行谈判，参加国际会议，签订条约；同外国首脑发表共同宣言等。政府首脑在外交活动中享有较高的待遇，在进行谈判、参加国际会议时无需出示全权证书。

中华人民共和国的中央人民政府是国务院。根据我国宪法和其他法律的规定，国务院在对外关系方面的职权主要包括：领导外交部的工作；管理对外事务，同外国缔结条约和协定；任免外交部副部长、驻外使馆的参赞、驻外总领事等外交人员；核准某些协定和议定书等。

（三）外交部

外交部是主管一国外交事务、执行国家对外政策和处理日常外交事务的专门机关。现代各国普遍设立该类专门机关，一般称为外交部，但有的国家使用其他名称，如美国称国务院，日本称外务省，瑞士称政治部，英国称外交与联邦事务部。中国历史上第一次正式设立外交部门是 1861 年清政府设立的"总理各国通商事务衙门"。1901 年《辛丑条约》后，晚清政府把总理各国通商事务衙门改为外务部。辛亥革命后，中华民国政府将外务部改名为外交部。中华人民共和国政府成立后继续采用外交部之称谓。

外交部在对外关系方面的职权主要包括：领导和监督驻外代表机关及其活动，与外国使馆、特别使团保持联系和进行谈判，保护本国及本国公民在国外的合法权益等。

外交部的首长一般称为外交部长，有的称为国务卿、外交和联邦事务大臣。他们可以进行谈判、签署和副署某些重要的外交文件，派遣和接受代办级的外交代表；可以直接谈判、签订条约、参加国际会议，无须出示或提交全权证书。

第二节 驻外的外交机关

一、特别使团

特别使团是指一个国家经另一个国家同意，派往该国谈判特定问题或者完成一项对该国的特定任务（如参加一项重要典礼），代表派遣国的临时性驻外代表机关。特别使团的出现比使馆早得多，但其制度远不如使馆制度完善。1969 年 12 月 8 日联合国大会通过了《特别使团公约》，该公约是有关特别使团制度的主要国际公约，对特别使团的派遣、职能、组成、特权和豁免等问题作了专门规定。

根据《特别使团公约》的规定，特别使团由一名或几名派遣国的代表组成，派遣国可以指定一人为团长；特别使团还可以包括外交人员、行政技术人员和服务人员。特别使团的派遣或接受不以有外交关系的存在为前提，但是派遣国应事先通过外交或者其他渠道征得接受国同意。接受国在任何时候，均可以不加解释的通知派遣国，宣告特别使团中的任何外交人员为不受欢迎的人，或宣告任何其他人员为不能接受的人。

特别使团是根据国家之间关系的特殊需要临时派遣的，其职务只能由当事国之间特别商定，国际公约无法对其特殊需要具体规定。因此，《特别使团公约》规定特别使团的职务应由派遣国和接受国双方同意而予以决定。

特别使团一旦同接受国的外交部或者经商定的其他机构进行正式接触，即开始执行职务。特别使团的职务在下列情况下应终止：经有关各国取得协议；特别使团的任务完成；为特别使团指定的期限届满，除非明确地予以延期；派遣国发出通知说它正在结束或召回特别使团；接受国发出通知说它认为特别使团已结束。

根据《特别使团公约》的规定，特别使团及其工作人员享有的特权和豁免大体上采用了1961年《维也纳外交关系公约》的相应规定，但在个别问题上有特别规定。在特别使团房舍不可侵犯方面，《特别使团公约》第25条第1款规定，接受国的官吏不得进入使团的房舍，除非获得特别使团团长的允许。在发生火灾或其他严重危及公众安全的灾难情况时，并且只有在不可能获得特别使团团长或于适当情形下常设使馆馆长之明确同意的情况下，才可以认为已经获得这项允许。民事管辖豁免方面，除《维也纳外交关系公约》列举的三种不在豁免之内的情形外，《特别使团公约》又增加了"关于有关人员在公务范围之外由于使用车辆肇事造成损害的诉讼"。此外，《特别使团公约》第21条还规定，派遣国政府首长或外交部长参加特别使团时，除适用本公约外，还享有国际法赋予他们正式访问时应给予的便利、特权与豁免。特别使团及其人员对接受国的义务，与使馆及其人员基本相同。

二、外交团

外交团，狭义上是指派至一国的所有外国使馆馆长的总称；广义上则是包括所有的外交人员，甚至包括外交人员的家庭成员。尽管联合国国际法委员会和1961年维也纳会议均建议应该将外交团包括在内，但《维也纳外交关系公约》中没有外交团的条款。这一事实并不能否认外交团的实际存在，也不能否认习惯法规范的继续适用。从法律上讲，在各国首都的确存在外交团，其存在既不依赖于任何正式文件，也不依赖于有关国家的同意，更不依赖于是否举行正式会议或实际履行职能。

外交团的团长由使馆馆长中等级最高、到任最早者担任。驻有大使的国家里，公使不能担任外交团长。在信奉天主教的国家里，教廷使节被认为是当然的外交团团长。

外交团的作用主要表现在礼仪方面，如在某些典礼和交际场合由团长代表各国使节致辞、祝酒；向外交团成员传达驻在国有关礼仪事项的通知；向新到的外交代表介绍驻在国的礼仪、风俗及其他惯例等。外交团不是一个专门固定的组织机构，没有独立的法律地位，不得从事任何政治性的活动或干涉接受国的内政。

三、国家派驻国际组织的常驻使团

一国派驻他国的外交代表机关，通常为常设性的外交代表机关。传统外交法中，常设性的外交代表机关仅指一国派往他国的使馆，现代外交法中还包括国家向国际组织派遣的常驻使团。

国际联盟成立后，国家在国际组织的总部开始设立常驻使团。联合国成立后，随着国际组织的迅猛发展，国家向国际组织派遣使团日益增多。除国际组织的章程中规定这种使团的法律地位和特权与豁免之外，国际社会还制定了一系列的公约和协定，如1946年《联合国特权及豁免公约》，1947年《联合国各专门机构特权及豁免公约》、《联合国与美利坚合众国关于联合国会所的协定》，1975年联合国通过的《维也纳关于国家在其对普遍性国际组织关系上的代表权公约》等。国家派驻国际组织的常驻使团可以分为成员国的常驻使团和非成员国的常驻使团两类。

（一）成员国的常驻使团

成员国派驻国际组织的常驻使团，也称为常驻代表团，通常采取两种派遣方式：一是独立派遣，即成员国派驻国际组织的使团独立于其在有关国际组织的东道国的使馆，如联合国会员国派驻联合国的常驻代表团；二是结合派遣，即成员国派驻国际组织的使团与其在该组织的东道国的使馆合二为一，如大多数会员国派驻联合国教科文组织的常驻代表团。

《维也纳关于国家在其对普遍性国际组织关系上的代表权公约》第6条规定了常驻代表团的职务，具体包括：①确保派遣国在组织中的代表权；②保持派遣国同国际组织之间的联络；③同组织和在组织内进行谈判；④查明组织的各项活动，并向派遣国政府报告；⑤确保派遣国参与组织的各项活动；⑥保护派遣国在同组织关系上的利益；⑦同组织和在组织内进行合作，促进组织宗旨和原则的实现。

根据该公约的规定，常驻使团基本上享有使馆所享有的各项特权和豁免。同时，按照该公约第二编的相关规定，常驻使团的各类人员大体上享有相当于《维也纳外交关系公约》中对各类人员所规定的便利、特权和豁免。常驻使团各类人员的随行家属享有各该类人员所享有的特权和豁免。

（二）非成员国的常驻使团

非成员国派驻国际组织的常驻使团，也成为常驻观察员代表团，简称常驻观察员。根据《维也纳关于国家在其对普遍性国际组织关系上的代表权公约》第7条的规定，常驻观察员的职务主要包括：①确保派遣国的代表权，保障该国在同组织关系上的权益，保持派遣国同组织的联络；②查明组织的各项活动，向派遣国政府提出报告；③促进同组织的合作和同组织的谈判。此外，观察员有权在国际组织主要机关的常会上发言和参加其他有关的活动。

四、使馆

各国之间互派使节早已有之，而常驻外交代表机关或使馆制度则形成于15世纪的欧洲，主要是在意大利各城市国家之间发展起来的，1648年《威斯特法利亚和约》之后成为一项普遍的外交制度。中国接受外国的常设外交机关始于1858年中英《天津条约》的规定，接受英国外交使节常驻京城。1877年，清政府在伦敦设立公使馆，此后，中国相继在其他国家设立使馆。

（一）外交关系和使馆的建立

使节权是国家享有的派遣和接受外交代表的权利。使节权是国家主权原则的体现，一个国家并非必须接受另一国派遣的使节，也不得强迫向其他国家派遣外交代表。所以，《维也纳外交关系公约》第2条规定："国与国间外交关系及常设使馆之建立，以协议为之。"至于这种建交协议的形式，由有关国家协商决定，可以采用双方互换照会的形式，也可以采用联合声明和公告的形式，或通过条约的形式，如1956年《中华人民共和国和尼泊尔王国保持友好关系以及关于中国西藏地方和尼泊尔之间通商和交通协定》、1958年《中华人民共和国和也门穆塔瓦基利亚王国友好条约》都是中尼、中也建交的法律依据。新中国成立至今已经与170多个国家建立了外交关系并互相设立了使馆。

（二）使馆的职务

1961年《维也纳外交关系公约》第3条规定了使馆的职务，主要包括下列五项：

1. 代表，即在接受国中代表派遣国；

2. 保护，即在国际法许可的限度之内，在接受国中保护派遣国及其国民的利益；

3. 谈判，即代表本国与接受国进行谈判；

4. 调查、了解和报告，即采用一切合法的手段调查接受国的政治、经济、文化和社会等方面的状态和发展情况，并向本国政府报告；

5. 促进，即促进派遣国和接受国间的友好关系，发展两国间的经济、文化与科学关系。

此外，使馆还可以担负国际法许可的其他职务，如使馆可以经接受国同意保护另一国的利益，还可以在接受国法律或惯例许可的情况下执行领事的职务。1965年1月布隆迪王国政府宣布暂时中止同我国的外交关系，我国撤回驻布大使，同时委托阿拉伯联合共和国代为保管我国在布隆迪的使馆房地产等。

（三）使馆的人员组成

根据《维也纳外交关系公约》的规定，使馆人员由外交代表、行政技术人员和服务人员组成，具体包括：

1. 外交代表。根据该公约第1条的规定，外交代表包括使馆馆长和外交职员。

（1）使馆馆长，是派遣国责成担任此项职位之人。根据公约第14条的规定，使馆馆长包括：①向国家元首派遣之大使或教廷大使，及其他同等级位之使馆馆长；②向国家元首派遣之使节、公使及教廷公使；③向外交部长派遣之代办。我国1975年加入《维也纳外交关系公约》时，对教廷使节条款作了保留，因此我国不向其他国家派遣教廷使节，也不接受其他国家派遣的教廷使节。以大使、公使或代办为首长的驻外代表机关，相应地称为大使馆、公使馆和代办处。

（2）外交职员，是具有外交官职位的使馆职员，包括参赞、武官、秘书和随员。参赞是协助馆长办理外交事务的高级外交官；武官是负责与接受国进行军事联系的外交官；秘书是办理外交事务的外交官，可以分为一、二、三等秘书；随员是使馆中最低一级的外交官。使馆馆长和外交职员统称为外交代表。

2. 行政及技术人员。是承办使馆行政和技术事务的使馆职员，如办公室人员、财会人员、译员、技术人员、打字员等。

3. 服务人员。是为使馆服务的使馆职员，如司机、清洁工、邮递员、厨师等。

（四）使馆馆长的等级

使馆馆长可分为大使馆馆长、公使馆馆长和代办级的馆长。临时代办是指使馆馆长因故不能理事或空缺时，被委派暂代行使馆馆长职务的外交人员，即代理馆长。临时代办通常由使馆中除馆长以外级别最高的外交官担任。因此，代办与临时代办不同：①代办是一级使馆的馆长，其派遣一般需要接受国同意，也应当携带介绍书赴任；临时代办不属于任何一级使馆馆长，其派遣不需要接受国同意，不需要携带国书赴任。②代办只能是外交部长之间派遣的使馆馆长，临时代办可能代理的是大使级馆长，也可能是公使级馆长，还可能是代办级的馆长。所以，代办和临时代办的驻地可能不同。

根据《维也纳外交关系公约》的规定，除位次和礼仪事项外，各级使馆馆长不应因其所属等级不同而有所差别。在礼仪和席位方面，大使地位优于公使，公使地位优于代办。同级使馆馆长的位次，除教廷使节外，依其开始执行职务的日期先后来确定。

国家之间互派什么等级的使馆馆长，应由有关国家来确定。历史上只有大国之间才互派大使，19 世纪中叶以前，只有所谓皇室尊荣国家，如英、法、俄、普、奥等强国之间才有资格派遣和接受大使。这一时期还有些国家认为，大使只派往大国和那些被认为是传统上友好的国家。1893 年以前，美利坚合众国未曾任命大使级的外交代表。维多利亚女王统治时期，英国仅在维也纳、圣彼得堡和康士坦丁堡派有大使。这些做法明显违反了国家主权平等原则，但在第一次世界大战以后得到了改变。

19 世纪和 20 世纪初，外交代表多是由特命全权公使充任。1940 年以后，国际社会逐渐将已有的公使级外交关系升格为大使级的外交关系。尤其是 20 世纪 60 年代原殖民地国家独立后，各国之间普遍建立大使级外交关系，并互派大使。目前，公使等级的外交关系在实践中逐渐消失。

国家之间互派代办是很少的，通常只是两国关系存在问题才这样做。如 1972 年以前，英国和荷兰与台湾保持官方关系，并在联合国内支持阻挠恢复我国合法权利的提案，当时我国和这两个国家只是代办级外交关系。1972 年英国和荷兰改变态度后，经我国与他们协商后将代办升格为大使。

（五）使馆人员的派遣和接受

国与国之间建立外交关系之后，就要设立使馆和派遣使馆人员。根据国家主权原则，派遣国有权自行决定其派驻国外的使馆人员，接受国当然也有权拒绝接受某一特定人选，且无须说明理由。对于使馆馆长的派遣，《维也纳外交关系公约》第 4

条规定:"①派遣国对于拟派驻接受国之使馆馆长人选务须查明其确已获得接受国之同意。②接受国无须向派遣国说明不予同意之理由。"对于武官的派遣,接受国有权要求派遣国先行提名,以决定是否同意接受。使馆其他人员的派遣,原则上由派遣国自由选派,无须事先征求接受国同意。但是,委派具有接受国国籍的人为使馆外交人员,应事先征求接受国同意。

接受国有权拒绝接受派遣国选派的使馆人员。《维也纳外交关系公约》明确规定,接受国得随时不具解释通知派遣国,宣告使馆馆长或使馆任何外交人员为不受欢迎的人,或宣告非外交官的使馆人员为不能接受。遇有此种情况,派遣国应斟酌情况召回该员或终止其职务。

国际法不反对多任所外交代表的存在,也不反对两个或两个以上的国家共同派遣同一个人作为派驻他国的外交代表,但应获得接受国的同意。所谓多任所外交代表,即一个外交代表兼任驻几个国家的外交代表。《维也纳外交关系公约》第5条第1款规定:"派遣国向有关接受国妥为通知后,得酌派任一使馆馆长或外交职员兼驻一个以上国家,但任何接受国明示反对者,不在此限。"多任所外交代表的委派,往往是为了地理上方便起见,或由于国家缺乏外交人员,或是为了缩减外交使馆的开支。外交实践中,我国驻印度的大使曾兼任驻尼泊尔公使。此外,《维也纳外交关系公约》也不反对两个或两个以上的国家共同派遣同一个人作为派驻他国的外交代表,如公约第6条规定:"两个以上国家得合派同一人为驻另一国之使馆馆长,但接受国表示反对者不在此限。"

(六)外交代表职务的开始和终止

1. 外交代表职务的开始。外交代表的人选经接受国同意并由派遣国依法任命后,即可携带国书赴任。一般而言,大使和公使携国书赴任,代办携介绍书赴任。国书是派遣国元首向驻在国元首发出的正式文书,内容主要是对馆长品德、能力和才干的说明,希望予以信任的请求,并表示愿意与接受国发展友好关系等。国书由派遣国元首签署,外交部长副署。代办级馆长向接受国外交部长递交由本国外交部长签署的介绍书。《维也纳外交关系公约》规定,使馆馆长在呈递国书后,或在向接受国外交部或另经商定之其他部门通知到达并所奉国书副本递交后,即视为已在接受国内开始执行职务。也就是说,外交代表从递交国书或介绍书之日起正式就职。

2. 外交代表职务的终止。根据《维也纳外交关系公约》的规定和国际实践,使馆人员的职务可因以下情形而终止:

(1)任期届满。使馆人员的任期届满,其职务就终止,除非延长其任期。

(2)本国召回。使馆人员由于工作调动或因其他原因被本国召回,其职务即告终止。

(3)派遣国与接受国之间外交关系断绝。两国一旦断交,其直接后果是各自撤回使馆人员,使馆人员职务即终止。

(4)因革命产生了新政府。派遣国或接受国发生革命,产生了新政府,原来使馆人员的职务即终止。如 1949 年中华人民共和国成立后，所有原驻华使馆人员的职务即终止。

（5）派遣国和接受国两国之间发生战争。两个国家之间发生了战争，直接的后果是导致断交，彼此的外交人员职务也就终止。

第三节　外交特权与豁免

一、外交特权与豁免的概念和依据

（一）外交特权与豁免的概念和有关学说

外交特权与豁免，也称为外交特权，是指国家在互惠的基础上，按照国际法或有关协议，为保证一国驻外外交机关和外交代表人员在接受国能够有效地执行任务，由接受国给予的特别权利和优遇。关于外交特权和豁免的根据，主要有三种国际法理论学说。

1. 治外法权说（the extraterritoriality theory）。该学说出现于 16 世纪的欧洲，认为使馆虽处于接受国领土上，但在法律上应被视为派遣国领土，使馆应视为派遣国领土的延伸。因此，使馆及其外交代表应不受接受国管辖。这种学说在历史上曾一度流行，但其理论未能对诸如外交人员尊重接受国法律秩序的义务、抛弃豁免的可能、接受国保护外交人员的义务等问题提供令人满意的解释。实践中，西方国家逐渐把治外法权与强权政治联系在一起，如在 19 世纪末 20 世纪初，西方国家将此学说作为其在北非和亚洲国家设置所谓的"国际区域"中的"领事裁判权"和"国际飞地"的法律依据。所以，从 20 世纪开始，这种学说在国际法学界和司法判例中的价值逐渐降低并最终被废弃。

2. 代表说（the representative character theory）。此学说认为外交代表机关及其人员之所以在接受国享有外交特权与豁免，是因为他们代表派遣国，是派遣国国家或国家元首的代表。根据平等者之间无管辖权原则，外交代表应享有特权与豁免。代表说主要是源于英国 1708 年《外交特权法》即《安妮法》（the Act Anne）。现代外交法中的相关规定仍体现了代表说的观点，如使馆馆长同样被认为是派遣国国家元首或国家本身的象征，使馆馆长中最重要的两级（即大使和公使）也是向接受国的国家元首派遣的。该学说的主张存在合理之处，但不能充分解释外交代表非公务行为享有的豁免。

3. 职务需要说（the functional necessity theory）。这一学说认为外交特权与豁免的根据在于外交代表机关及其人员在接受国内执行职务所必需。外交代表机关及其人员只有在享有外交特权与豁免的情况下，才能不受当地的干扰和压力，自由地代表本国并与本国政府联系。职务需要说的实践至少可以追溯到 18 世纪早期，1737 年英国法院在巴比特案中指出，外交特权与豁免"根源于国家之间可能进行相互交往的需要"。与以上两种学说相比，职务需要说更有活力、更符合现代国际社会的现实，它作为现代外交特权与豁免理论依据的有机组成部分已经得到广泛的接受。

（二）《维也纳外交关系公约》中关于外交特权与豁免依据的规定

1961 年《维也纳外交关系公约》序言中明确指出："……确认此等特权与豁免之目的不在于给与个人以利益而在于确保代表国家之使馆能有效执行职务……"可见，公约兼采了代表说和职务需要说作为现代外交特权与豁免的理论依据。

二、使馆的特权与豁免

根据《维也纳外交关系公约》的规定，使馆的特权与豁免主要包括以下几个方面的内容：

（一）使馆馆舍不得侵犯

公约第 1 条将使馆馆舍定义为："供使馆使用及供使馆馆长寓邸之用之建筑物或建筑物之各部分，以及其所附属之土地，至于所有权属谁，则在所不问。"使馆馆舍不得侵犯有三方面含义：

1. 接受国官员不得进入使馆执行公务。公约第 22 条第 1 款规定："使馆馆舍不得侵犯。接受国官吏非经使馆馆长许可，不得进入使馆馆舍。"据此，没有得到使馆馆长同意，接受国的警察、司法人员、建筑安全监察员、卫生防疫员、消防员等一律不得进入馆舍。使馆馆舍的不可侵犯是绝对的，公约没有规定任何例外情况，即使是在极其紧急的情况下，诸如火灾、瘟疫等，接受国也不能因此享有某些自由裁量权。2002 年 5 月 23 日凌晨，以色列驻法国使馆发生大火，整个使馆大楼大部分被烧毁，法国总统希拉克给以色列驻法国大使打了电话，法国总理拉法兰、内政部长萨尔科齐等高级官员都亲临现场，指挥灭火工作。由此可见，法国消防队救火肯定是得到以色列使馆馆长同意的。

2. 接受国对使馆馆舍加以特别保护。公约第 22 条第 2 款规定："接受国负有特殊责任，采取一切适当步骤保护使馆馆舍免受侵入或损害，并防止一切扰乱使馆安宁或有损使馆尊严之情事。"所谓"适当步骤"意味着提供保护的程度必须与使馆馆舍所受到的危险或威胁相适应。当遇到两国断绝外交关系，或遇使馆长期或暂时撤离时，接受国也应当尊重保护使馆馆舍及使馆档案，即使遇到武装冲突情势，也应如此保护。

3. 使馆馆舍及设备，以及馆舍内其他财产与使馆交通工具免受搜查、征用、扣押或强制执行。此项禁止性规定主要是公约第 22 条第 3 款的内容。例如，一辆使馆汽车如造成交通严重阻塞又不知去向，可以把它拖走，但不得因此事向有关使馆收费或罚款。

（二）使馆档案文件不可侵犯

1961 年《维也纳外交关系公约》没有给"档案"下定义，根据 1963 年《维也纳领事关系法》的定义，档案是指"领馆之一切文书、文件、函电、簿籍、胶片、胶带及登记册，以及明密电码、纪录卡片及供保护或保管此等文卷之用之任何器具"。

使馆档案文件不得侵犯主要是公约第 24 条的规定，即使馆档案和文件无论何时，亦不论位于何处，均属不得侵犯。"无论何时"指不论是和平时期，还是当派遣国与接受国断绝外交关系或发生武装冲突，甚至发生战争，使馆需要暂时或长期撤离时，接受国仍有义务保护使馆档案文件不受侵犯。"无论位于何处"指不论是在使馆馆舍内还是在使馆馆舍外，也不论是否装在外交邮袋内。

（三）通讯自由

通讯自由是使馆履行其了解和报告职能的重要保证，因此公约第 27 条第 1 款规定："接受国应允许使馆为一切公务目的的自由通讯，并予保护……"使馆的通讯自由主要包括：

1. 使馆为了通讯的需要可以采用一切适当方法，包括外交信差、外交邮袋及明密码电信在内。但使馆非经接受国同意，不得装置并使用无线电发报机。

2. 使馆来往公文不得侵犯。

3. 外交邮袋不得予以开拆和扣留。为了使邮袋得到保护，外交邮袋应有可以识别的外部标志。

4. 外交信差享有人身不可侵犯权，不受任何方式之逮捕或拘禁。外交信差应证明其公务身份，并应持有表示外交邮袋数量的正式文件。外交信差在执行任务时，享有为保证不受妨碍地运送邮袋所必不可少的特权与豁免，即人身不受侵犯，一旦外交邮袋送达后，他的不可侵犯权就立即终止。

（四）免纳捐税、关税

根据《维也纳外交关系公约》的规定，使馆所有或租赁之馆舍，免除缴纳全国性或地方性各种捐税，但为使馆提供特定服务所产生的各种费用，如水费、电费、清洁费等不在免除之列；使馆办理公务所收规费和手续费免征一切捐税；使馆的公务用品如办公设备、车辆等免纳关税和其他课征。例如，2001 年，阿根廷一家上诉法院作出判决，由于俄罗斯驻布宜诺斯艾利斯大使馆长期未缴纳水费和下水道维修费，可以将该大使馆拍卖，以缴纳这部分费用。该案说明俄罗斯大使馆负有义务缴纳有关费用，因为这种费用属于东道国为其提供特定服务的费用，不享有外交特权和豁免。

（五）使用国旗和国徽

《维也纳外交关系公约》第 20 条规定，使馆及其馆长有权在使馆馆舍及在使馆馆长寓邸与交通工具上使用派遣国之国旗或国徽。

三、外交人员的特权和豁免

（一）人身不可侵犯

《维也纳外交关系公约》第 29 条规定："外交代表人身不得侵犯。外交代表不受任何方式之逮捕或拘禁。接受国对外交代表应特示尊重，并应采取一切适当步骤以防止其人身、自由或尊严受有任何侵犯。"该条规定主要包含两方面的内容：

1. 接受国不得对外交人员进行人身搜查、逮捕、拘禁、侮辱。这意味着即使外交人员触犯驻在国的法令，驻在国也不能对其加以逮捕或拘禁，而应通过外交途径解决。在 1979 年 11 月"美国诉伊朗的外交人质案"中，国际法院判决指出，在处理国家关系上，没有比外交使节及大使馆不受侵犯权更基本的先决条件。纵观历史，各种信仰及文化的国家都为此目的遵循上述相互义务，这些义务特别是保证外交人员人身安全、不受追诉和自由的义务，乃是他们代表资格和外交代表职能所必不可少、绝对和固有的。但是，外交代表的人身不可侵犯权并不是绝对的，如其从事间谍活动、行凶等，驻在国可以加以制止或当场拿获；如闯入驻在国的禁区，驻在国可以采取措施制止其继续进入。

2. 接受国有义务采取措施，以防止其人身受到侵犯。这就是说接受国应采取一切适当步骤，对外交人员加以特别保护。即使有如上规定，但在 1961 年《维也纳外交关系公约》签订后，一些国家仍然不断发生侵害外交人员人身的严重事件。例如，1965 ~ 1988 年，有 70 余名美国外交人员遭到杀害，5 名大使以身殉职。1976 ~ 1988 年，有 7 名英国外交官被暗杀。1970 年，德国驻危地马拉大使冯·施普雷蒂伯爵遭到绑架，当危地马拉政府拒绝了绑架者提出的非法要求后，大使被杀害。1997 年，一些武装分子袭击了日本驻秘鲁大使馆后，将当时在使馆内的数国外交官扣为人质。1998 年 8 月，8 名伊朗外交官在阿富汗被塔利班武装人员杀害。

为了打击上述侵害外交代表人身权的行为，1973 年联合国大会通过了《关于防止和惩处侵害应受国际保护人员包括外交代表的罪行的公约》。该公约第 2 条规定，每一缔约国应将下列罪行定为国内法上的罪行，即以下故意行为：①对应受国际保护人员进行谋杀、绑架或其他侵害其人身或自由的行为；②对应受国家保护人员的公用馆舍、私人寓所或交通工具进行暴力攻击，因而可能危及其人身或自由；③威胁进行任何这类攻击；④企图进行任何这类攻击；⑤参与任何此类攻击为从犯。每一缔约国应按照这类罪行的严重性加以适当的惩罚。公约还规定，从事这种罪行的嫌疑犯所在地缔约国应采取适当措施保证嫌疑犯留在其领土上，并且或者进行起诉，或者加以引渡。

（二）寓所、财产和文书信件不可侵犯

根据《维也纳外交关系公约》第 31 条第 1 款的规定，使馆馆长以外的外交人员的寓所同使馆馆舍享有同样的不可侵犯和保护。外交人员的寓所不可侵犯来源于外交人员的人身不可侵犯，此处的寓所是指外交人员所住的地方，包括临时寓所如旅馆房间、别墅等。

（三）管辖的豁免

《维也纳外交关系公约》第 31 条规定的管辖豁免主要包括刑事、民事、行政管辖豁免和作证义务的豁免。

1. 刑事管辖豁免。自16世纪以来，外交代表享有刑事管辖豁免就形成了惯例。所以《维也纳外交关系公约》第31条第1款规定："外交代表对接受国之刑事管辖享有豁免……"据此，外交代表享有刑事管辖豁免是绝对的，而无论外交官员是否在执行职务之中，没有任何例外。外交代表即使触犯了接受国的法律，接受国的司法机关也不得对其审判和处罚。对于其一般违法行为，通常由接受国外交机关向有关外交代表机关提请注意或发出警告。如属于严重违法或犯罪行为，接受国可以宣布其为不受欢迎的人，同时要求派遣国将其召回或予以驱逐出境。

2. 民事管辖豁免。外交代表的民事管辖豁免作为一项法律制度，产生晚于刑事管辖豁免。1708年俄国驻英国大使马特维因债务纠纷在伦敦大街上被逮捕，他的一些财物也被扣押，此案促成英国在同年通过了外交特权法。到18世纪20年代前后，外交代表的民事管辖豁免逐渐确立起来。但关于民事管辖豁免的内容一直存在分歧，并且与刑事管辖豁免相比，民事管辖豁免是相对的。根据1961年《维也纳外交关系公约》规定，外交人员在下列几种情况下不享有接受国民事管辖的豁免：①外交代表在接受国境内因私有不动产之物权诉讼，但其代表派遣国为使馆用途置有的不动产不在此列；②外交代表以私人身份并不代表派遣国而为遗嘱执行人、遗产管理人、继承人或受赠人之继承事项的诉讼；③外交代表于接受国内在公务范围以外所从事的专业或商务活动。此外，外交代表对其主动提起诉讼而引起的反诉不享有此处的管辖豁免。

3. 作证义务的免除。作证义务本是一项强制义务，但外交代表在接受国并不承担此义务。公约第31条规定外交代表没有以证人身份作证的义务，不能强迫外交代表作证。但这并不等于外交代表一定要拒绝与接受国当局合作。在不影响派遣国重大利益的前提下，外交代表以适当方式提供所了解的情况在道义上可能是合适的。并且在实践中，外交代表受本国政府指示或经政府同意作证的事例也不少。

4. 管辖豁免和执行豁免的放弃。外交人员享有的管辖豁免可由派遣国放弃，这种管辖豁免的放弃必须是明示的，放弃的决定一般由使馆馆长通知接受国。外交代表仅仅出庭辩护不构成豁免的放弃。接受国法院只有在得到有关豁免已经放弃的通知后，方可受理涉及外交人员的诉讼。但是《维也纳外交关系公约》第32条第4款规定："在民事或行政诉讼程序上管辖豁免之抛弃，不得视为对判决执行之豁免亦默示抛弃，后项抛弃须分别为之。"这表明放弃诉讼豁免并不意味着同时放弃了执行的豁免。

（四）免纳捐税

捐税分为直接税和间接税。对纳税人的收入或财产征收捐税和对其消费直接征收的捐税统称直接税。附加在商品式服务价格中的捐税称为间接税。国际法上一般公认的原则是外交代表可以免纳直接税和个人所得税。《维也纳外交关系公约》第34条规定了外交代表免纳一切捐税的一般规则，同时列举了六项例外，即通常计入商品或劳务价格内的间接税；对于接受国境内私有不动产课征的捐税；遗产税、继承税；对于在接受国国内所获致的私人所得或商业投资所课征的税；为供给特定服务所付的费用，不动产登记费税。

（五）免除关税和查验

外交人员及其家属的私人用品入境时免征关税，并且其私人行李免受查验。但如果有重大理由推定其中装有不在上述免税之列的物品，或接受国法律禁止进出口或有检疫条例加以管制的物品时，可在通知外交代表或其他授权人员在场的情况下进行检查。

（六）其他特权和豁免

根据《维也纳外交关系公约》的规定，外交代表还享有下列特权和豁免：免于适用接受国施行的社会保险办法；免除一切个人劳务和各种公共服务，如服兵役、捐赠等法律义务；免除征用、军事募捐等军事义务。

[案例]

美国驻德黑兰外交和领事人员被扣案

1979 年 11 月 4 日，为抗议美国总统卡特决定接受流亡的伊朗国王巴列维到美国治病，伊朗发起大规模的游行示威。在美国驻德黑兰使馆外示威的一部分伊朗人袭击了美国使馆，尽管美国使馆一再请求伊朗当局给予帮助，但伊朗的保安部队并没有进行干预或试图解除这一局势。最终，美国使馆的整个使馆馆舍被侵占，使馆人员和当时位于使馆内的来宾均遭逮捕。不久后，美国驻伊朗大不里士和设拉子的领事馆也在伊朗当局未采取任何制止措施的情况下遭到占领。占领者一直控制着美国使馆，并洗劫了使馆及领事部的档案和文件，将至少 28 名使馆外交人员、至少 20 名使馆行政技术人员和其他 2 名美国国民扣押在使馆馆舍内作为人质。此外美国驻伊朗的代办及另两位外交人员也被扣押在伊朗外交部的建筑物之内。扣押人质者在 11 月 20 日先后释放了 13 名人质后拒绝释放其他人质，迫使美国满足他们提出的各种要求。据称，人质经常被捆绑和蒙面，处于与世隔绝的境地，并受到审判甚至处死的威胁。美国使馆被占领后，伊朗政府未采取任何措施终止这种侵犯美国使馆及其人员的行为，也没有对美国使馆及有关人员遭到的损害进行赔偿，而是对伊朗人占领使馆和扣押人质的形式表示赞同和认可，并拒绝与美国就此问题进行谈判。

该案件的发生，有着复杂的历史原因。从国际法的角度来看，涉及到伊朗的国际不法行为责任和美国使馆、领馆以及外交人员、领事人员的特权与豁免问题。根据 1961 年《维也纳外交关系公约》和 1963 年《维也纳领事关系公约》的规定：使馆馆舍、领馆馆舍不得侵犯，外交人员、领事人员人身不得侵犯。本案中，伊朗显然没有履行上述公约中所承担的义务，最终导致美国使馆、领馆被侵犯，人员被扣押的结果。主观上，美国使馆请求保护时，伊朗没有对美国使馆进行保护，使得该国际不法行为归因于伊朗国家。

四、其他人员的特权和豁免

除外交人员外，使馆的其他人员也享有特权和豁免，但在 1961 年《维也纳外交关系公约》缔结前，各国给予使馆其他人员多大程度的特权和豁免，做法不一。例如，英国和美国在互惠的基础上把全部外交特权与豁免给予使馆各种人员，甚至包括了使馆内的服务人员。大多数国家，使馆行政和技术人员以及服务人员不享有或只享有部分特权和豁免，如埃及、摩洛哥、柬埔寨和葡萄牙曾在不同时期对维也纳公约中有关行政技术人员的特权和豁免作了保留。1961 年《维也纳外交关系公约》对此问题作了如下规定：

（一）外交代表的家属

按照公约第 37 条第 1 款的规定，除外交代表本人外，外交代表的同户家属，如果不是接受国国民，也应享有各项外交特权和豁免："构成同一户口之家属"一语，在维也纳会议上未达成一致的认识。一般认为，与外交代表"构成同一户口之家属"包括其配偶及未成年子女，其他人是否有资格作为"家属"原则上以接受国的法律和实践为准。

（二）使馆行政和技术人员

公约第 37 条第 2 款规定，使馆行政和技术人员及同户家属，如果不是接受国国民而且不在该国永久居留，除下列两点外，享有外交人员所享有的特权和豁免：①对接受国民事及行政管辖之豁免不适用于执行职务之外的行为；②他们免纳关税的豁免只限于新到任安家时运进的物品，而外交人员可免税运进物品不受此种期限的限制。

（三）使馆服务人员和使馆人员的私人仆役

根据公约第 37 条第 3 款和第 4 款的规定，使馆服务人员，如果不是接受国国民且不在该国永久居留，就其执行公务之行为享有豁免，其受雇所得报酬免纳捐税，免于适用接受国施行的社会保险办法；使馆人员之私人仆役，如非接受国国民且不在该国永久居留，其受雇所得报酬免纳捐税。

五、外交特权与豁免的开始和终止

（一）外交特权与豁免的开始

按照公约的规定，凡享有外交特权与豁免的人员，从其进入接受国国境前往就任时起享有特权与豁免；但已在接受国境内者，自委派通知送达接受国外交部或另经商定的其他部门时起，享有特权和豁免。

（二）外交特权与豁免的终止

外交特权与豁免通常于该员离境之时或离境之合理期间终了之时停止。此处所讲的"合理期间"，不受武装冲突影响，即使两国发生武装冲突，亦应继续有效至该期间为止。对于以使馆人员资格执行职务的行为，豁免应始终允许。如果使馆人员死亡，其家属应继续享有特权与豁免，至听任其离境之合理期间终了之时为止。

六、使馆人员及其家属在第三国的地位

使馆人员及其家属赴任或从接受国回国途中，如果需要经过第三国国境，就会产生两个问题：一是这些人员是否享有自动通行的权利；二是他们在第三国是否享有任何特权和豁免。《维也纳外交关系公约》第40条第1款规定："遇外交代表前往就任或返任或返回本国，道经第三国国境或在该国境内，而该国曾发给所需之护照签证时，第三国应给予不得侵犯权及确保其过境或返回所必需之其他豁免。享有外交特权或豁免之家属与外交代表同行时，或单独旅行前往会聚或返回本国时，本项规定同样适用。"这就意味着第三国没有义务必须让外交代表过境，外交代表和使馆其他人员不能免除过境签证。但如果第三国允许其进入其境内或从其领土经过，则应给予这些外交人员以相应的特权和优惠。

根据该条第2款的规定，对于使馆行政和技术人员或服务人员及其家属，在类似情况下，第三国不得阻碍其通过该国国境。因此，第三国至少应给予签证许可并允许他们过境，但并非必须给予不可侵犯权和豁免权。

七、使馆及其人员对接受国的义务

使馆及其人员在驻在国享有一系列的特权与豁免，但这并不意味着他们在驻在国就可以为所欲为，无法无天，他们对驻在国依然承担着一定的国际义务。按照《维也纳外交关系公约》的规定和有关国际实践，使馆及其人员对驻在国承担的义务包括：

（一）尊重接受国的法律和规章

国家法令是国家主权的体现。根据《维也纳外交关系公约》第41条的规定，在不妨碍外交特权与豁免之情形下，凡享有外交特权与豁免的人员，均负有尊重接受国的法律规章之义务，如维护社会治安和秩序的法规、交通规则、卫生条例等。1978年，伊拉克驻巴黎使馆的一名外交人员从使馆射击枪杀了一名在外面护送巴勒斯坦人的警察，违反了当地社会治安的法律，随后被驱逐出境。2001年1月27日，俄罗斯驻加拿大使馆的一位秘书酒后驾车撞死行人后被警方拘留，但其拒绝接受血液酒精含量检查。俄罗斯没有放弃该秘书享有的外交特权和豁免，但要求其向受害者道歉，并表示会立即起诉该秘书。加拿大随后将其驱逐出境。

（二）不干涉接受国的内政

互不干涉内政原则是国际法的一项基本原则。据此，一切国家都承担不干涉他国内政的义务。外交代表必须避免一切直接或间接地干涉接受国内政的行为或言论，如不介入接受国的党派之争，不公开批评接受国的政府及其政策，不参加反对接受国政府的集会、游行等。

（三）使馆馆舍不得用于与使馆职务不相符的用途

根据《维也纳外交关系公约》第41条第3款的规定，使馆馆舍不得充作与本公约或一般国际法之其他原则或派遣国与接受国间有效之特别协定所规定之使馆职务不相符合之用途。例如：①不得拘押使馆以外的人，包括派遣国的公民。1896年中英两国发生的"孙逸仙事件"就是著名的例子。②不得庇护前来寻求庇护的接受国或第三国国民。在使馆内庇护人，即所谓"外交庇护"。历史上著名的例子有：1726年英国驻西班牙大使馆庇护西班牙财政兼外交大臣黎德培，后来西班牙士兵进入大英使馆加以逮捕；1956年美国驻布达佩斯大使馆庇护匈牙利红衣主教明曾蒂，直至1970年匈牙利政府准许明曾蒂离开匈牙利去罗马居住。由于外交庇护妨碍了当地国家对罪犯的管辖权，损害了接受国的主权，因此国际社会一般不承认外交庇护。虽然美洲国家缔结的有关庇护问题的条约承认使馆的外交庇护权，但它只是对该区域的缔约国有效，不能影响一般国际法规则的运用。③不得将使馆作为颠覆和破坏接受国的场所。如1973年，巴基斯坦推断伊拉克大使馆在外交管辖豁免掩护下运进大量军火武器并怀疑其用于援助巴基斯坦国内反对派，在搜查使馆的请求遭拒后，巴基斯坦安全部门突袭了使馆并发现大量的武器，巴基斯坦向伊拉克提出强烈抗议，并宣布伊拉克大使为不受欢迎的人。

（四）不得以私人身份从事专业或商业活动

根据公约第42条的规定，外交代表不可以在接受国国内为私人利益的目的，从事任何专业或者商业活动。

［案例］

孙中山被拘禁案

1896年，中国革命的先行者孙中山因遭清政府通缉，被迫流亡英国伦敦。同年10月11日，孙中山被诱进入大清帝国驻英国伦敦公使馆而遭拘禁，驻英公使拟将其作为囚犯偷偷押送回中国。孙中山被拘禁在中国驻英公使馆的消息迅速传开，为英国人民和英国政府所悉。迫于英国人民的压力，英国政府向中国驻英公使提出了抗议，并要求立即释放孙中山。中国驻英公使主张公使馆视同中国领土，享有治外法权，英国方面无权干涉。英国政府则坚持认为，中方滥用了外交特权，在公使馆内实施拘禁是违反国际法的。同年10月23日，清政府驻英国公使馆被迫释放了孙中山。

该案主要涉及的国际法问题包括：外交特权与豁免的理论依据、使馆及其人员对接受国的义务。长期以来，在国际法学界有一种"治外法权说"。该学说认为使馆不是处于接受国的领土而是派遣国的"域外领土"，所以使馆及其人员享有外交特权与豁免。这不符合各国在外交特权与豁免方面的做法。同时，国际实践中要求享有外交特权与豁免的使馆及其人员，必须尊重接受国的属地优越权而不滥用外交特权与豁免。1961 年《维也纳外交关系公约》对此明确规定，外交特权与豁免的目的在于确保代表国家的使馆有效地执行职务，此即"代表性说"和"职务需要说"的反映。公约还规定，使馆在享有外交特权与豁免的同时还负有一定的义务，其中包括使馆不得充作与其职务不相符合的用途，例如不得在使馆内拘禁任何人，包括派遣国本国的侨民。

第四节　领事关系法

一、领事关系法概述

（一）领事关系和领事制度的起源

领事是根据国家之间的协议，由一国派驻另一国某一城市或地区，执行领事职务，以保护派遣国及其公民和法人在当地的合法权益的代表。领事关系是指一国根据与他国达成的协议，相互在对方一定地区设立领事馆和执行领事职务所形成的国家间的关系。

领事制度是随着国家之间贸易关系的发展而发展起来的，与常驻使馆相比，领事制度有着更为古老的历史。领事的萌芽在古希腊就曾有过。中世纪，在地中海一带，领事制度在国家之间贸易增长的基础上得到发展。随着十字军东侵到西亚，各国的意大利、西班牙和法国商人，从当地本国侨商中选出领事，作为代表与当地当局打交道，保护他们的利益并对他们之间的争诉进行审判。中世纪后期，意大利、西班牙和法国商业城镇中，外国商人经常选择他们的"商业领事"或"仲裁领事"，以解决商事纠纷。随着国际贸易和商业的发展，领事制度迅速在大西洋、北海及波罗的海沿岸的贸易城市也都得到发展。

凡是国际贸易兴旺的地方，都有领事存在。如 1251 年热那亚城邦在塞维利亚设置领事，不但有权解决居住在当地的热那亚人之间的纠纷，而且还有权解决外国人和当地居民之间的纠纷。16 世纪，领事不再是地方商人中选举出来的法官和仲裁人，而是逐渐由政府委派，成为行使有关保护国际贸易这一外交职能的国家官方代表。

18 世纪后期，由于国际贸易和航海业的发展，领事制度也得到进一步发展。英、法、美等国制定了专门的领事法律，规定了领事职能，同时对于领事的特权和豁免作了规定。随着资本主义对外扩张，西方大国不仅把领事制度，而且把领事裁判权带到了东亚各国。所谓领事裁判权，是指一国领事根据不平等条约享有的按照本国法律对其本国侨民行使司法管辖的权利。由于领事裁判权侵犯了驻在国的"属地优越权"，严重违反了国家主权原则，因此第二次世界大战结束后逐渐被废除。如1842 年，英国强迫清朝政府签订《南京条约》，首先取得广州、福州、厦门、宁波、上海五个口岸单方面派驻领事的权利，1843 年中英《五口通商章程》第一次规定了列强在中国享有领事裁判权。此后，美国等列强通过不平等条约在中国攫取领事裁判权。领事裁判权制度严重侵犯了中国的主权，经过中国人民的长期斗争，直到第二次世界大战后，美、英、法等国家才先后宣布放弃在华的领事裁判权。

（二）领事关系及领馆的建立

1963 年《维也纳领事关系公约》第 2 条规定："国与国之间领事关系之建立，以协议为之。除另有声明外，两国同意建立外交关系亦即谓同意建立领事关系。断绝外交关系并不当然断绝领事关系。"

领馆包括总领事馆、领事馆、副领事馆和领事代理处。依据该公约的规定，领馆须经接受国同意始得在该国境内设立；领馆设立的地点、领馆类别及其辖区由派遣国决定，派遣国须经接受国同意始得变更；总领事馆或领事馆如欲在本身所在地以外之地点设立副领事馆或领事代理处亦须经接受国同意；在原设领馆所在地以外开设办事处作为该领馆之一部分，亦需事先征得接受国之明示同意。

（三）外交关系和领事关系的联系与区别

领事关系与外交关系既有联系又有区别，其联系体现在：①两者同属于国家对外关系的范畴，同意建立外交关系也意味着同意建立领事关系，但断绝外交关系并不必当然断绝领事关系。②在行政系统上，领事官与外交官同属外交人员组织系统，由外交部领导。③外交使节可以兼任领事职务，通常在使馆内设领事部，如我国驻前苏联使馆内曾设领事部。当两国无外交关系时，领事人员在外交部授权的情况下，可以兼办外交事务，起到外交官作用。

领事关系与外交关系的区别主要表现在：①使馆全面代表派遣国，与接受国中央政府进行对外交往；领事馆通常是就保护侨民、商业和航务等领事范围内的事务与接受国地方当局进行交涉。②使馆保护的利益对派遣国来说一般是全局性的；领馆保护的利益一般表现为经常性的具体事务。③使馆的工作和活动范围是接受国全部领土；而领馆则限于领事辖区。④领事特权与豁免低于外交特权与豁免。

（四）领事关系法及其渊源

领事关系法是指适用于领事关系领域的国际法原则、规则和制度的总称。内容主要包括：领事关系和领馆的设立；领事职务；领馆人员的派遣和接受；领馆和领馆人员的特权和豁免；领馆及其人员对接受国的义务等。

长期以来，国际上的领事制度主要是国际习惯、各国国内法和实践、双边和多边条约。直到 1963 年 4 月 24 日，才在联合国主持下签订了《维也纳领事关系公约》，这是目前关于领事制度的一个比较全面的公约，该公约于 1967 年 3 月 19 日生效。我国于 1979 年加入该公约，同年 8 月 1 日该公约对我国生效。

由于《维也纳领事关系公约》不影响双边领事条约，也不排除另订领事条约加以确认或补充。所以领事关系法渊源的一个特点就是存在大量关于领事关系的双边条约。1876 年前，有关条文涉及领事问题的条约有 140 个，目前的双边领事条约据估计有几百个。例如，我国在 20 世纪 50 年代末 60 年代初，曾订立了 3 个领事条约，后为新条约所取代。1980 年后，我国同其他国家缔结的领事条约不断增加，截止 2010 年已生效的中外领事条约共有 40 个。

二、领事的职务及其终止

（一）领事的职务

根据《维也纳领事关系公约》第 5 条的规定，领事的职务主要可归纳为下列几项：

1. 保护，即在国际法许可的限度内保护本国及其侨民和法人在接受国的利益；

2. 促进，即促进本国与接受国的商业、经济、文化和科学关系的发展，并在其他方面促进两国间的关系；

3. 调查，即以一切合法手段调查接受国国内商业、经济、文化及科学活动之状况及发展情形，并向本国报告；

4. 办证，即办理护照、签证、公证、认证以及侨民的出生、死亡和婚姻登记事项；

5. 帮助，即给予本国侨民以及进入接受国境内的本国飞机、船舶及其他人员所需的帮助。

此外，该公约还规定，领事可以经第三国的委托和接受国同意，代为第三国执行领事职务。

（二）领事职务的终止

领事职务终止的原因一般包括以下几种情况：①本国召回或被免职；②任职届满或辞职、死亡；③领事证书被撤销；④被宣布为不受欢迎的人；⑤领事馆关闭或领事关系断绝；⑥派遣国与接受国之间发生战争。

三、领馆人员的组成

领馆人员分为领事官员、领事雇员和服务人员。领事官员是指派任此职承办领事职务之任何人员，包括领馆馆长。领事雇员是指受雇担任领馆行政或技术事务之任何人员。服务人员是指受雇担任领馆杂务之任何人员，如汽车司机、传达员等。但领馆人员的私人服务员，如保姆，不属于领馆人员之列。

领馆馆长就是领事，按照国际惯例，领事可分为职业领事（career consul）和名誉领事（honorary consul）。职业领事是国家正式任命的专门执行领事职务的官员，一般为本国国民，享有全部的领事特权与豁免。名誉领事是从当地国家居民中选出的执行领事职务的兼职官员，可以是本国公民，也可以是接受国或第三国的公民，因此不属于派遣国的国家工作人员的编制，一般不向其支付国家薪金，而是从领事业务收费中取得报酬。公约第 68 条规定"各国可自由决定是否委派或接受名誉领事官员"，过去旧中国政府在英国、比利时等国的某些城市曾派过名誉领事。新中国成立以来，我国不派遣、也不接受名誉领事。

《维也纳领事关系公约》将领馆馆长分为四级：总领事、领事、副领事和领事代理人。但《维也纳领事关系公约》第9条第2款同时规定："本条第1项之规定并不限制任何缔约国对馆长以外之领事官员设定衔名之权。"事实上许多双边领事条约和国内法对此都有不同于公约的规定。如我国1990年《领事特权与豁免条例》将领事分为五个等级：总领事、副总领事、领事、副领事和领事随员。

四、领事的派遣和接受

根据《维也纳领事关系公约》的规定，领事由派遣国委派，并由接受国承认准予执行职务。委派领事的机关及手续由各国国内法规定，有的国家规定由元首任命，如美国。我国驻外总领事由国务院任命，其他各级领事由外交部任命。

按照国际实践，领事派遣一般须经两个步骤：一是派遣国正式任命后，发给"领事任命书"（其中写明领事馆馆长的全名、国籍、性别、官衔、简历、开始执行职务的日期、领事类别、所在地和领事区），送交接受国外交部；二是由接受国发给该领事"领事证书"，即接受国发给领事的允许其在领事辖区执行领事职务的许可证明。

该公约和国际习惯法并不要求委派领事须事先征求接受国同意。但公约第12条规定，国家有权拒绝发给领事证书。这意味着如果接受国不愿意接受某个领事，可以拒绝发给领事证书，且没有义务向派遣国说明此项拒绝的理由。第22条要求委派具有接受国国籍的人担任领事官员，须事先经接受国明示同意。此外，公约第23条还规定接受国得随时无须说明理由宣告某领事为不受欢迎的人或其他领馆人员为不能接受的人。在这种情形下，派遣国应视情形召回该员或终止其在领馆中的职务。如果派遣国拒绝召回该员或终止其职务，接受国得视情形撤销领事证书或不复承认该员为领事官员，并无须向派遣国说明理由。

五、领事特权与豁免

领事特权与豁免，是指为了领事馆及其人员在接受国能够有效地执行领事职务，而由接受国给予的特别权利和优惠待遇的总称。与外交特权与豁免相比，领事特权与豁免的范围要小一些。

《维也纳领事关系公约》序言中指出："此等特权及豁免之目的不在于给与个人以利益而在于确保领馆能代表本国有效执行职务。"因此，该公约对于领事特权与豁免的根据，与《维也纳外交关系公约》一样，采用了职务需要说和代表性说。《维也纳领事关系公约》为国家之间处理领事特权与豁免问题提供了一个统一的标准。但公约的规定并不影响当事国间现行有效之其他国际协定，也不禁止各国间通过另订国际协定来确认、补充、推广或引申公约之各项规定。

根据《维也纳领事关系公约》的规定，领事的特权与豁免主要包括：

（一）领馆的特权和豁免

1. 领馆馆舍在一定限度内不可侵犯。根据公约第 31 条的规定，领馆馆舍于本条规定的限度内不得侵犯。领馆馆舍的不可侵犯权包括：①接受国官吏非经领馆馆长或其指定人员或派遣国使馆馆长同意，不得进入领馆馆舍中专供领馆工作之用之部分。惟遇火灾或其他灾害须迅速采取保护行动时，得推定领馆馆长已表示同意。但这种不可侵犯，仅仅是"领馆馆舍中专供领馆工作之用之部分"，而不是馆舍的全部。②接受国负有特殊责任，采取一切适当步骤保护领馆馆舍免受侵入或损害，并防止任何扰乱领馆安宁或有损领馆尊严之情事。如 2000 年 2 月 23 日，4 名波兰人闯入俄罗斯领事馆涂写反俄标语，扯下俄罗斯国旗，并挂上车臣旗帜，守卫的波兰警察未予干预，事后波兰警察总督承认波兰警方在保护俄领事馆时"严重渎职"。③领馆馆舍、馆舍设备以及领馆之财产与交通工具应免受为国防或公用目的而实施之任何方式之征用。如为此等目的确有征用之必要时，应采取一切可能步骤以避免领馆职务之执行受有妨碍，并应向派遣国为迅速、充分及有效之赔偿。

我国与美国及老挝签订的领事条约中关于领馆馆舍不可侵犯的规定，比《维也纳领事关系公约》的范围更广泛。如 1989 年《中国与老挝领事条约》规定："领馆馆舍和领事官员的住宅不受侵犯。接受国当局人员未经领馆馆长或派遣国使馆馆长或他们两人中一人指定的人同意，不得进入领馆馆舍和领事官员的住宅。"对于领馆馆舍的免于征用，我国也与一些国家达成协议，规定对领馆馆舍完全免于征用。可见，在一些双边领事条约中，领馆馆舍的不可侵犯已接近使馆馆舍不可侵犯的程度。

2. 领馆档案及文件不得侵犯。此项规定与使馆的规定相同，即领馆档案及文件无论何时，亦不论位于何处，均不得侵犯。《维也纳领事关系公约》规定的领馆档案，是指领馆之一切文书、文件、函电、簿籍、胶片、胶带及登记册，以及明密电码、纪录卡片及供保护或保管此等文卷之用之任何器具。

3. 行动自由。依照该公约第 34 条的规定，除接受国为国家安全设定禁止或限制进入区域所订法律规章另有规定外，接受国应确保所有领馆人员在其境内行动及旅行之自由。

4. 通讯自由。领馆的此项自由与使馆的规定基本相同，包括以下内容：①接受国应准许领馆为一切公务目的之自由通讯，并予保护。领馆与派遣国政府及无论何处之该国使馆及其他领馆通讯，得采用一切适当方法，包括外交或领馆信差，外交或领馆邮袋及明密码电信在内。但领馆须经接受国许可，始得装置及使用无线电发报机。②领馆之来往公文不得侵犯。来往公文是有关领馆及其职务之一切来往文件。③领馆邮袋不得予以开拆或扣留。但如接受国主管当局有重大理由认为邮袋装有不在本条第 4 项所称公文文件及用品之列之物品时，得请派遣国授权代表一人在该当局前将邮袋开拆。如派遣国当局拒绝此项请求，邮袋应退回至原发送地点。④领馆信差享有人身不得侵犯权，不受任何方式之逮捕或拘禁。

5. 与派遣国国民通讯和联络。为了便于领馆执行其对派遣国国民的保护、帮助和协助的职务，领馆有权与派遣国国民通讯联系。包括：①领事官员得自由与派遣国国民通讯及会见。② 在领馆辖区内，如有派遣国国民受逮捕或监禁或羁押候审或受任何其他方式之拘禁之情事，经其本人请求时，接受国主管当局应迅即通知派遣国领馆。其致使馆的信件应迅速递交。③ 领事官员有权探访受监禁、羁押或拘禁之派遣国国民，与之交谈或通讯，并代聘其法律代表。

6. 免纳捐税、关税。领馆馆舍及职业领馆馆长寓邸，其所有权人或承租人是派遣国或代表派遣国的人员的，免纳国家、区域或地方性的一切捐税，但对提供特定服务的收费不在此列。领馆在接受国境内征收的领馆办事规费和收费及其收据，免纳一切捐税。领馆公务用品准许入境，并免除一切关税。

7. 使用国旗和国徽。领馆所在之建筑物及其正门上，以及领馆馆长寓邸与在执行公务时乘用之交通工具上，可以悬挂派遣国国旗和国徽。

（二）领馆官员及其他领馆人员的特权与豁免

根据 1963 年《维也纳领事关系公约》的规定，领馆官员和其他人员的特权与豁免有：

1. 人身自由受一定保护。《维也纳领事关系公约》第 40 条规定："接受国对于领事官员应表示适当尊重并应采取一切适当步骤以防其人身自由或尊严受任何侵犯。"与外交人员的人身不可侵犯相比，领事官员的人身不可侵犯受到一定限制，当领事官员犯有严重罪行时，依当地司法机关的裁判，可予以逮捕或拘押。为了执行确定有效的司法裁决，可施以监禁或对其人身自由加以拘束。如对领事官员提起刑事诉讼，该官员须出庭，但进行诉讼程序时，应顾及对该员所任职位的尊重，并应尽量避免妨碍其职务的执行。

在许多双边领事条约中，领事官员的人身不可侵犯的规定，近似于外交人员的人身不可侵犯权，如《中国和老挝领事条约》规定："领事官员人身不受侵犯，不得对其予以拘留或逮捕。接受国应采取适当措施防止领事官员的人身自由和尊严受到侵犯。"此外，中美、中波、中朝、中匈、中蒙、中墨和中保等领事条约中都有类似规定。

2. 一定限度的管辖豁免。按照《维也纳领事关系公约》第 43 条的规定，领事官员、领馆行政和技术人员执行职务行为，不受接受国的司法和行政管辖。但下列民事诉讼不在豁免的范围：①因领事官员或领馆雇员并未明示或默示以派遣国代表身份而订契约所生之诉讼；②第三者因车辆船舶或航空机在接受国内所造成之意外事故而要求损害赔偿之诉讼。此外，如领事官员或领事雇员主动提出诉讼，即不得对本诉讼直接相关的反诉要求管辖权的豁免。

3. 一定限度的作证义务的免除。与外交人员相比，领馆人员作证义务的免除是有一定限度的。领馆人员就其执行职务所涉事项，无作证或提供有关来往公文及文件的义务。领馆人员并有权拒绝以鉴定人身份就派遣国的法律提出证据。领馆人员得被请求在司法或行政程序中到场作证，除其执行职务所涉事项外，不得拒绝作证。如领事官员拒绝作证，不得对其施行强制措施或处罚。

4. 免纳捐税和关税。领事官员和领事雇员以及与其构成同一户口的家属免纳一切对人对物课征的国家、区域或地方性捐税，但间接税、遗产税、服务费等不在此列。领馆服务人员就其服务所得之工资，免纳捐税。

领事官员或与其构成同一户口的家属的私人用品，包括供其初到任定居之用的物品在内，免除关税。消费用品不得超过有关人员本人直接需要的数量。领馆雇员初到任时运入的物品，免纳关税。领事官员及其构成同一户口的家属所携带的私人行李，免受查验。如有重大理由认为其中装有不免税之列的物品或接受国法律规章禁止进出口或须受其检疫法律规章管制之物品，接受国应在有关领事官员或其家属在场的情况下检查。

5. 其他特权与豁免。领事官员即领事雇员，以及与其构成同一户口的家属免除接受国法律规章就外侨登记和居留证所规定的一切义务；领馆人员免除接受国关于雇佣外国劳工的法律规章所规定任何有关工作证的义务；领馆人员及其构成同一户口的家属免除适用接受国施行的社会保险义务；免除一切个人劳务及所有各种公共服务，并免除有关征用、军事捐献及屯宿等军事义务。

领事人员享有特权与豁免是从其进入接受国国境开始，已在该国境内者，自其就任领馆职务之时起开始享有。领事人员享有特权与豁免终止于其离开接受国国境之时或离境后的合理期间届满之时。

六、领馆及其人员在接受国的义务

根据 1963 年《维也纳领事关系公约》第 55 条的规定，领馆及其享有特权与豁免的人员对接受国应负有下列义务：①尊重接受国的法律；②不干涉接受国的内政；③不得将领馆馆舍充作任何与执行领事职务不相符合的用途；④职业领事不应在接受国内为私人利益从事任何专业或商业活动。

第五节　中国有关外交和领事
特权与豁免的法律

一、《中华人民共和国外交特权与豁免条例》

为确定外国驻中国使馆和使馆人员的外交特权与豁免，便于外国驻中国使馆代表其国家有效地执行职务，1986 年 9 月 5 日，第六届全国人民代表大会常务委员会第 17 次会议通过了《中华人民共和国外交特权与豁免条例》（以下简称《外交特权与豁免条例》）。该条例依照 1961 年《维也纳外交关系公约》，参照有关国际惯例，并结合我国的具体外交实践，对外交特权与豁免的内容、适用及用语作了明确的规定。《外交特权与豁免条例》共29条，总体来看，其原则和内容源于《维也纳外交关系公约》的规定，但同时又结合我国的实践及实际情况，对《维也纳外交关系公约》中未作规定或规定不明确的地方作了完善和补充。

（一）外交人员的派遣和接受

根据《外交特权与豁免条例》第2条的规定，使馆外交人员原则上应当是具有派遣国国籍的人。如果委派中国或者第三国国籍的人为使馆外交人员，必须征得中国主管机关的同意。中国主管机关可以随时撤销此项同意。

（二）使馆的特权与豁免

《外交特权与豁免条例》规定的使馆特权与豁免包括下述几项：①在使馆馆舍和使馆馆长的交通工具上使用国旗、国徽；②使馆馆舍不受侵犯；③免纳捐税和关税；④使馆的档案和文件不受侵犯。这几项内容的规定与《维也纳外交关系公约》的规定基本一致。但也有些补充性规定，如该条例第19条规定，使馆和使馆人员携运自用的枪支、子弹入境，必须经中国政府批准，并且按中国政府的有关规定办理。

（三）外交代表的特权与豁免

《外交特权与豁免条例》中规定，"外交代表"是指使馆馆长或者使馆外交人员。该条例规定的外交代表的特权与豁免包括：外交代表人身不受侵犯，不受逮捕或者拘留；寓所不受侵犯，并受保护；文书和信件不受侵犯；外交代表的财产不受侵犯；享有刑事管辖豁免、民事管辖豁免和行政管辖豁免；免除作证义务；免除一切个人和公共劳务以及军事义务；免纳捐税；免纳关税及外交代表的私人行李免受查验。这些特权与豁免和《维也纳外交关系公约》的规定基本一致。

（四）使馆人员家属的特权与豁免

《外交特权与豁免条例》第20条规定了使馆其他人员的特权与豁免，主要内容包括：与外交代表共同生活的配偶及未成年子女享有与外交人员相同的特权与豁免；使馆行政技术人员和与其共同生活的配偶及未成年子女享有与外交人员基本相同的特权与豁免，但民事和行政管辖豁免只限于公务行为，私人行李不免受我国海关查验；使馆服务人员的公务行为享有豁免；使馆私人服务人员受雇所得报酬免纳个人所得税；使馆行政技术人员和使馆服务人员到任后半年内运进的安家物品免纳关税和捐税。

（五）第三国外交人员的特权与豁免

根据《外交特权与豁免条例》第22条的规定，途经我国的驻第三国外交人员及其配偶和未成年子女，以及持有我国外交签证或持外交护照（限互免签证的国家）的外交官员及其他来华访问的外国人士，在我国过境或逗留期间享有不可侵犯权和必要的管辖豁免。

（六）其他人员的特权与豁免

我国《外交特权与豁免条例》第23条和第24条规定了其他人员的特权与豁免，

内容包括：来中国访问的外国国家元首、政府首脑、外交部长及其他具有同等身份的官员，享有本条例所规定的特权与豁免。来中国参加联合国及其专门机构召开的国际会议的外国代表、临时来中国的联合国及其专门机构的官员和专家、联合国及其专门机构驻中国的代表机构和人员的待遇，按中国已加入的有关国际公约和中国与有关国际组织签订的协议办理。

（七）对等的特权与豁免原则

根据我国《外交特权与豁免条例》第26条的规定，如果外国给予中国驻该国使馆、使馆人员以及临时去该国的有关人员的外交特权与豁免，低于中国按本条例给予该国驻中国使馆、使馆人员以及临时来中国的有关人员的外交特权与豁免，中国政府根据对等原则，可以给予该国驻中国使馆、使馆人员以及临时来中国的有关人员以相应的外交特权与豁免。

（八）享有外交特权和豁免人员对中国义务

根据《外交特权与豁免条例》第25条的规定，在我国享有外交特权与豁免的人员，应当尊重中国的法律、法规；不得干涉中国的内政；不得在中国境内为私人利益从事任何职业或者商业活动；不得将使馆馆舍和使馆工作人员寓所充作与使馆职务不相符合的用途。

二、《中华人民共和国领事特权与豁免条例》

1963年《维也纳领事关系公约》是领事制度的一个比较全面的公约。我国于1979年加入该公约，同年8月1日该公约对我国生效。为确定外国驻中国领馆和领馆成员的领事特权与豁免，便于外国驻中国领馆在领区内代表其国家有效地执行职务，第七届全国人民代表大会常务委员会第16次会议于1990年10月30日通过了《中华人民共和国领事特权与豁免条例》（以下简称《领事特权与豁免条例》）。该条例与《维也纳领事关系公约》是一致的。其第27条还规定："中国缔结或者参加的国际条约对领事特权与豁免另有规定的，按照国际条约的规定办理，但中国声明保留的条款除外。中国与外国签订的双边条约或者协定对领事特权与豁免另有规定的，按照条约或者协定的规定执行。"因此，有关国家的领馆及其人员在我国享有的特权与豁免的依据，除《维也纳领事关系公约》和《领事特权与豁免条例》以外，还包括双边领事条约。其中《领事特权与豁免条例》是有关外国驻中国领馆和及其成员的特权与豁免的专门立法。

《领事特权与豁免条例》共29条，其主要内容包括：

（一）领事官员的派遣和接受

该条例第2条规定，领事官员应当是具有派遣国国籍的人。如果委派具有中国或者第三国国籍的人或者派遣国的人（但在中国有永久住所）为领事官员，必须征得中国主管机关的同意。中国主管机关可以随时撤销此项同意。

第
十
一
章

（二）领馆的特权与豁免

根据《领事特权与豁免条例》的相关规定，领馆的特权与豁免包括：领馆及其馆长有权在领馆馆舍、馆长寓所和馆长执行职务所乘用的交通工具上，使用派遣国国旗或者国徽；领馆馆舍不受侵犯；免纳捐税和关税；领馆的档案和文件不受侵犯；通讯自由。这些特权与豁免和《维也纳领事关系公约》的规定基本一致。但是，该条例增加了一些内容，如第20条规定，领馆携带自用的枪支、子弹入出境，必须经中国政府批准，并且按照中国政府的有关规定办理。

（三）领馆成员的特权与豁免

《领事特权与豁免条例》中的"领事成员"是指领事官员、领馆行政技术人员和领馆服务人员；"领事官员"是指总领事、副总领事、领事、副领事、领事随员或者领事代理人。与《维也纳领事关系公约》相比，《领事特权与豁免条例》中规定的领馆成员的特权与豁免范围有所增加或更加具体。如该条例第13条规定的"领事官员的寓所不受侵犯"、"领事官员的文书和信件不受侵犯"、"领事官员的财产不受侵犯"，这是我国给予领事官员更多的特权与豁免。第20条有关领事馆成员携带枪支的规定，这是我国针对我国枪支管理制度所做的具体规定。第14条规定了领事官员和领馆行政技术人员执行职务的行为享有的司法和行政管辖豁免，但其享有的司法管辖豁免不适用于下列各项民事诉讼：①涉及未明示以派遣国代表身份所订的契约的诉讼；②涉及在中国境内的私有不动产的诉讼，但以派遣国代表身份所拥有的为领馆使用的不动产不在此限；③以私人身份进行的遗产继承的诉讼；④因车辆、船舶或者航空器在中国境内造成的事故涉及损害赔偿的诉讼。该条规定比《维也纳领事关系公约》的相关规定更加明确具体。

（四）领馆人员及其家属在第三国的地位

《领事特权与豁免条例》对此项特权与豁免作了比较宽泛的规定，但中国政府按照具体情况根据对等原则给予相应的待遇。如条例第23条规定，途经中国的外国驻第三国的领事官员和与其共同生活的配偶及未成年子女，以及持有中国外交签证或者持有与中国互免签证国家外交护照的外国领事官员，在我国过境或者逗留期间享有所必需的豁免和不受侵犯。第26条规定："如果外国给予中国驻该国领馆、领馆成员以及途经或者临时去该国的中国驻第三国领事官员的领事特权与豁免，不同于中国给予该国驻中国领馆、领馆成员以及途经或者临时来中国的该国驻第三国领事官员领事特权与豁免，中国政府根据对等原则，可以给予该国驻中国领馆、领馆成员以及途经或者临时来中国的该国驻第三国领事官员以相应的领事特权与豁免。"

（五）享有领事特权和豁免的人员对中国的义务

根据《领事特权与豁免条例》的规定，享有领事特权和豁免的人员的义务主要包括：①应当尊重中国的法律、法规；②不得干涉中国的内政；③不得将领馆馆舍和领馆成员的寓所充作与执行领事职务不相符合的用途；④不得在中国境内为私人利益从事任何职务范围以外的职业或者商业活动。

【思考题】

1. 简述外交机关的体系。
2. 简述使馆人员的组成和派遣。
3. 简述使馆的职务。
4. 简述外交特权与豁免的概念和根据。
5. 试论外交特权与豁免的内容。
6. 领馆的职务有哪些？它与使馆的职务有哪些不同？
7. 试论领事特权与豁免的内容？
8. 试比较使馆特权与豁免和领事特权与豁免的异同。

第十一章

第十二章

条约法

第一节　概　述

条约是现代国际法的重要渊源，它是规范国际关系的重要法律形式。在现代国际关系中，随着国际法编纂的发展，国际条约愈来愈多，因而条约在现代国际法中也显得越来越重要。在目前的国际实践中，国际法的许多领域基本上都是用条约的形式来规范的。

一、条约的概念

由于中外国际法学者法理理念迥异，逻辑分析方法不同，故难免在条约的定义上见仁见智。作为具有造法性作用的有关国际公约（如 1969 年的《维也纳条约法公约》）虽也对条约作了界定，但因其适用范围有限（仅限于国家之间），所以使这个定义的广泛性受到质疑。造成上述现象的原因很多，现在我们仅择其中部分观点和规定作一简单介绍与分析。

英国国际法学者奥本海认为："国际条约是国家间或国家组成的国际组织订立的在缔约各方之间创设法律权利和义务的契约性规定。"[1]美国学者凯尔森指出："条约是两个或两个以上国家依据国际法正常地缔结的协议。"[2]日本学者尾崎重认为，条约是"国际法主体（国家、国际组织、交战团体）之间达成的，产生一定的国际法效果（国际法权利和义务的产生、变更和消灭）的国际协议"。[3]我国著名国际法学者王铁崖则将条约定义为："条约是两个或两个以上国际法主体依据国际法确定相互间权利和义务的一致的意思表示。"[4]根据 1969 年《维也纳条约法公约》第 2

---

[1]　[英]劳特派特修订：《奥本海国际法》（上卷，第 2 分册），石蒂、陈健译，商务印书馆 1972 年版。

[2]　[美]汉斯·凯尔森：《国际法原理》，王铁崖译，华夏出版社 1989 年版，第 266 页。

[3]　[日]寺泽一、山本草二主编：《国际法基础》，朱奇武等译，中国人民大学出版社 1983 年版，第 47 页。

[4]　王铁崖主编：《国际法》，法律出版社 1995 年版，第 401 页。

条规定，所谓条约，是指"国家间所缔结而以国际法为准之国际书面协定，不论其载于一项单独文书或两项以上相互有关之文书内，亦不论其特定名称如何"。1986年《关于国家和国际组织间或国际组织相互间条约法的维也纳公约》对条约的定义又作了与1969年《维也纳条约法公约》基本相同的规定，所不同的是将适用范围扩大到了国际组织。

上述观点和规定虽各有不同，但在以下几方面却有基本的共识：①条约适用的对象是国际法主体，并且主要是国家；②条约是当事者在合意的基础上达成的，也就是说，任何一方的一厢情愿都无法达成条约或形成条约安排；③条约为当事者创设权利和义务。虽然1969年《维也纳条约法公约》和1986年《关于国家和国际组织间或国际组织相互间条约法的维也纳公约》适用的对象有所不同，但这些对象均属于国际法主体。

综上所述，我们不妨将条约表述为：国际法主体依据现代国际法而在合意的基础上所签订的，为彼此之间确定权利和义务关系的一种国际书面协议。

二、条约的特征

条约在规范现代国际社会活动中的作用愈加彰显，若与习惯、判例、合同等相比较，条约具有下列基本特征：

（一）条约的当事者限于国际法主体

现代国际法主体包括国家、政府间国际组织和争取独立的民族解放组织。"条约的当事者限于国际法主体"，这就是说，只有国家、政府间国际组织和民族解放组织才有资格缔结条约，才有资格成为条约的缔约当事者；而任何自然人、法人和其他非国际法主体均不能缔结条约或者成为缔约的当事者。当然，条约必须是在两个或者两个以上的国际法主体之间订立。1952年7月国际法院对"英伊石油公司案"的判决就已表明，一国政府与他国公司之间的协议，由于并非国际法主体之间的协议，因而不能视之为条约，充其量只是一种契约而已。

（二）条约的缔结必须符合国际法

1969年和1986年的两个条约法公约均明确规定，条约须以"国际法为准"。这是衡量条约合法有效的基本标准。条约必须在平等互利原则的基础上缔结，而且应按有关公约规定的程序缔结，条约内容亦不能与国际法相抵触，凡遇条约争端也应按照国际法加以解决。凡是以国际法为准而缔结的条约，才为当事者创设合法有效的权利和义务，也才为国际法所保护。

（三）条约为当事者确定权利和义务关系

条约为国际法主体所确立的权利和义务关系，实为一种法律关系，这是缔结条约的具体目的，也是条约最重要的内容。凡无权利义务内容的条约，即失去了条约的实际意义，也就不能称其为条约。这种情况，在国际实践中也很难遇到。

（四）条约通常是一种书面协议

历史上，曾有过"口头协定"和"绅士协定"，这些都是非书面形式，且为传统国际法所承认。但是，"口头协定"所确立的权利和义务关系一方面既不明确，另一方面发生争议又有举证的困难；而条约采用书面形式则既可使当事者准确无误地表达自己的缔约意图，又能明确各自的权利和义务，若遇争议也较容易解决。因而现代国际法要求条约原则上须采用书面形式，这在 1969 年和 1986 年的两个条约法公约中都有明确的规定。

（五）条约是缔约各方彼此合意的结果

因为只有在缔约各方共同同意的基础上条约才能够达成，任何一方单凭一厢情愿都无法形成条约安排，因而通过强迫、欺诈等手段缔结的条约均是无效的。

另外，条约也不同于合同。合同是当事人双方或数方关于设定、变更、消灭民事权利义务关系的协议。虽然合同也是基于当事者彼此之间的合意，但是，条约和合同是有明显区别的：①条约的当事者限于国际法主体，并且主要是国家；而合同的当事者主要是自然人和法人。②条约是依据国际法而签订；而合同主要依据国内法而签订。③条约未必具有财产经济内容；但合同一般具有财产经济内容。④条约一般涉及的是公法范畴的权利和义务；而合同却往往涉及私法范畴的权利和义务。⑤国际条约通常须采取书面形式；但合同不一定非得采取书面形式。

[案例]

英伊石油公司案

1933 年 4 月，伊朗政府（当时称波斯）与英国一家私有公司（英伊石油公司）签订一项协定，授予后者在伊朗境内开采石油的特许权。1951 年 3 月~5 月，伊朗议会颁布若干法律，宣布对其境内的石油工业实行国有化，并规定了有关程序。这些法律的实施引起了伊朗政府与英伊石油公司间的争端。英国政府支持该英国公司的主张，并以行使外交保护权的名义，于 1951 年 5 月 26 日以单方申请的形式在国际法院对伊朗提起诉讼。

英国政府主张国际法院对该争端有管辖权的主要依据是英、伊双方曾发表的接受法院强制管辖权的声明和属于声明范围的伊朗与第三国及与英国缔结的若干协定。伊朗政府对国际法院对该争端的管辖权提出了反对意见，其主要理由是，根据伊朗接受法院强制管辖权声明的文本，法院的管辖权仅限于有关伊朗在该声明发表后伊朗所缔结的条约的争端。

1951 年 7 月 5 日，在法院对争端是否有管辖权的问题还悬而未决的情况下，应英国政府的请求，法院发布临时保全措施。1952 年 7 月 22 日，法院以 9 票赞成，5 票反对，作出了法院对该案没有管辖权的最终判决。同时宣布终止此前发布的保全措施。

国际法院的管辖权只能建立在争端当事国同意的基础上。在本案中，为各当事国根据法院规约第 36 条第 2 款所作的接受法院强制管辖权的声明，即英国 1940 年 2 月 28 日的声明和伊朗 1930 年 10 月所作、1932 年 9 月 19 日所批准的声明。由于法院只能在双方声明相吻合的范围内具有管辖权，因此法院管辖权必须由接受管辖范围更具有限制性的声明来决定。

根据伊朗政府接受法院强制管辖权的声明，法院仅对有关伊朗所接受的条约或协定的适用问题的争端具有管辖权。伊朗声称，根据声明的措辞，法院的管辖权限于声明批准之后（即 1932 年 9 月之后）伊朗所缔结的条约，而英国主张伊朗在声明之前所缔结的条约也属法院管辖权的范围。法院认为，它的管辖权不能建立在对伊朗声明纯语法性的解释上。它的解释只能来自于以自然的合理的方式阅读声明文本，并充分考虑伊朗声明时的意图。这样做的结果是法院得出结论：只有伊朗声明批准后伊朗所缔结的条约才属于法院管辖权的范围。因为，伊朗有特别的理由可以表明，它是以一种非常限制性的方式起草它的声明的，它排除声明前的一切条约。事实上，在伊朗发表接受法院管辖权的声明之前，它刚刚单方宣布废除与外国缔结的有关治外法权制度的所有条约。在这种背景下，它不可能主动提出把有关这些条约的争端提交给国际法庭裁决。此外，伊朗政府的此等意图亦为伊朗国会批准声明的法律证明。该法律声明，指的是声明批准以后政府将缔结的条约和协定。

英国方面提出，即使法院的上述解释可以接受，法院仍可以根据英、伊两国 1857 年条约第 9 条与 1903 年贸易条约第 2 条中的最惠国条款对本争端具有管辖权。英国认为，该条款使它能够援引伊朗在其接受法院管辖权声明之后与第三国缔结的若干条约作为法院管辖权的依据。法院拒绝接受英国的观点。法院指出，伊朗与第三国缔结的条约对英国来说仅仅是与本案无关的第三者的行为，它们不可能在不依赖包含最惠国条款的基础性条约的前提下，在伊朗与英国之间产生任何法律效力。在本案中，这些基础性条约的缔结追溯到 1857 年与 1903 年，即先于伊朗声明，因此，英国不能以此等条约为依据，援引伊朗后来与第三国缔结的条约。

英国政府还提出，伊朗于 1933 年与英伊石油公司签订的特许权协议可以提供法院管辖权的根据。因为该协议具有双重性质：它不仅是伊朗与该公司的一项特许合同，也是伊朗声明中所指的两国政府间的一项条约。法院同样驳回了英国的这个观点。法院指出，该特许权协定绝不构成伊朗声明之后的一项条约，事实上，它仅仅是一国政府与一个外国公司之间的一项协议，英国政府不是协议的当事人。因此，它不能构成英、伊两国政府间的联系，亦不能调整它们之间的关系，不论伊朗政府，还是英国政府，都不能以此合同为依据向对方主张任何法律权利或义务。

鉴于上述理由，法院得出它对该案无管辖权的结论。

本案判决说明一国政府与一个外国公司签订的协议不属于国际条约，而是国际合同。因为本案中特许权的协议一方当事者是私人公司，并且该协议不是调整两国政府之间关系的。按照国际法，国际条约的当事者只能限于国际法主体，私人公司是没有资格签订国际条约的。

三、条约的名称和种类

（一）条约的名称

条约有广义和狭义之分，凡国际法主体依据国际法而签订的，确定彼此之间权利和义务的书面协议，不论采何名称，均为广义的条约。而如果确定彼此之间权利和义务的书面协议，就用"条约"名称，即为狭义的条约。在国际实践中，广义的条约名称很多，下面择其部分作一介绍。

1. 条约。这是使用最为广泛，也是最为正式的一种国际协议，它通常用于规定国家之间最为重大的政治法律事项。这种条约一般有效期长，缔结程序也比较复杂，如同盟条约、和平条约、边界条约等，1978 年签订的《中日和平友好条约》即属这种条约。

2. 公约。这是国际社会许多国家为了解决重大的国际问题而缔结的多边条约，内容多为造法性质，在一定数量的国家交存批准书之后才能生效。如 1982 年的《联合国海洋法公约》、1969 年的《维也纳条约法公约》等。

3. 协定。这一般是为解决行政性或技术性的具体问题而达成的国际安排，它不像条约和公约那样正规，一般有效期也短。例如，1944 年《国际民用航空临时协定》等。

4. 议定书。这通常是主条约的补充性和辅助性法律文件，用以解决比较具体的问题。但有的议定书也是一个独立的法律文件，其本身就是一个独立的国际条约，如 1925 年的《关于禁用毒气或类似毒气及细菌方法作战议定书》。

5. 换文。两国政府就彼此关系，以互相交换外交照会的形式达成的协议。换文缔结程序简便，通常不需要提交立法机关批准，是一种最灵活简便的缔约形式。如 1970 年《中朝关于延长在鸭绿江和图们江中运送木材的议定书和补充议定书有效期的换文》。

6. 专约。这是处理专门问题的双边协议，内容比较单一，一般不需要批准，如通商专约。

7. 宪章、盟约、规约。这种条约通常都是创建国际组织的组织约章，属于多边性国际条约。如《联合国宪章》、《国际联盟盟约》、《国际法院规约》等。

8. 宣言。宣言表达的内容比较复杂。如果是两国或数国政府经过会谈或召开国际会议就有关重大问题和彼此相关的事项表明各自的基本立场和态度而发表的文件，但并不就具体事项许诺承担任何国际义务，那么这种宣言就不具有条约性质。而如果两国或数国政府不仅就重大的国际问题表明共同的政策和态度，而且规定了具体权利和义务的内容，那么这种宣言就具有条约性质，如 1943 年的《开罗宣言》。另外，有的宣言本身就是条约，如关于海战法规的 1856 年《关于海战的巴黎宣言》。

9. 联合公报、联合声明。这是指两国或数国领导人在会谈后，就会谈进程、经过及达成的协议所共同发表的正式文件。与宣言一样，公报和声明也有条约与非条约之分。一般来说，若该文件仅为阐明当事国的立场、合作目的和原则，宣布会谈成果，即不属条约。但若该文件意在创立、变更或废止当事国在法律上的权利和义务，则属于条约。如《中美建交公报》和《中英关于香港问题的联合声明》。

在国际实践中，关于条约名称的使用，实际上并无严格规定，究竟采用什么名称由当事国自己协商确定。条约的不同名称并不意味着条约的法律性质有所差异，而条约的效力也不取决于条约采用什么名称。

（二）条约的种类

对于条约，可以根据不同的标准进行不同的分类。

1. 根据缔约方的多少，条约可以分为双边条约和多边条约。双边条约是由两个当事方缔结的条约，当然每一个当事方可以并不限于一个国家或国际组织，它可以是几个国际法主体，但不管几个国际法主体，最终当事方只有双方。如 1919 年《凡尔赛和约》，一方为 32 个战胜国，另一方为战败国德国。所以，《凡尔赛和约》仍然属于双边条约。多边条约是由三个或三个以上当事方所签订的条约，如《联合国海洋法公约》。

2. 根据条约的性质，条约可以分为造法性条约和契约性条约。造法性条约一般对国际间重大事项作出规定，宣示和创设各国共同遵守的行为规则，这种条约通常都是开放性的多边条约。契约性条约是涉及缔约国一般关系或者关于特定的具体事项的协议，一般都是不开放的双边条约。造法性条约和契约性条约的区别比较明显：①造法性条约一般宣示和创设国际法原则，契约性条约通常不宣示和创设国际法原则，仅为当事国之间规定具体的权利和义务。②造法性条约不会因当事国的执行和履行而归之灭失，契约性条约会由于当事国的履行而失效。③造法性条约一般是开放性的多边条约，契约性条约往往是不开放的双边条约。

3. 根据条约的国内效力，条约可以分为自动执行条约和非自动执行条约。自动执行条约是指不需任何国内立法措施规定便可直接在国内执行的条约，非自动执行条约是指必须经过国内立法规定后才可在国内法院适用的条约。

4. 按照非缔约者是否可以加入，条约分为开放性条约和非开放性条约（封闭性条约）。开放性条约允许非缔约者自由加入，这种条约一般规定国际社会共同关心的重大事项，凡造法性条约都是开放性条约。非开放性条约又称封闭性条约，一般不允许非缔约者加入，条约当事者也仅限于特定国家。

5. 按照条约的内容，条约可以分为政治类、经济类、法律类、文化类等各种条约。如《中华人民共和国条约集》就是依此分类方法而编排的。

四、条约的形式、结构和文字

关于条约应当采取什么形式，1969 年的《维也纳条约法公约》及 1986 年《关于国家和国际组织间或国际组织相互间条约法的维也纳公约》都明确规定，条约是以国际法为准的国际书面协议。因此，条约原则上应当采取书面形式。但是，这两个公约又同时指出，该规定并不影响"非书面国际协定"的法律效力及两公约的有关规定对非书面国际协定的适用。这就是说，书面形式并不是条约的有效要件。但由于书面形式的条约规定具体明确，举证容易，所以在现代国际实践中，国家在签订条约时基本上都是采取书面形式。

对于条约的结构格式，国际法并无统一规定。但在实践中，正式条约一般都包括三个部分：①序文，或称序言，通常要载明缔约方名称、缔约目的、宗旨、各方授权情况等；②主文，或称正文，是条约的主要构成部分，规定缔约当事方权利和义务，也是缔结条约的主要目的；③结尾，或称最后条款，包括条约的生效方式、有效期、使用文字、文本保管、批准、签字日期和地点等。

关于缔结条约所使用的文字，国际法上也没有统一规定。按照一般习惯，双边条约的正本为两份，每份都用缔约双方文字写成，两种文本同一作准。也有以第三国文字作为正式文本的情况，如 1689 年的《中俄尼布楚条约》正式文本是拉丁文。多边条约的文字，在中世纪多采用拉丁文，19 世纪多采用法文，一战之后几种文字交替并用。现行的多边条约大多使用英文、法文、中文、俄文、西班文和阿拉伯文。

五、条约法渊源和编纂

条约的发展历史十分悠久，据考证，公元前 1296 年埃及第十九王朝法老拉姆西斯二世和赫梯国王哈图希里三世缔结的同盟条约被认为是迄今发现的最古老的条约之一。但是，在近代工业革命之前，因多种原因，条约制度的发展仍然非常缓慢。1648 年的《威斯特伐利亚和约》虽然开启了近代条约之先河，但是在 19 世纪之前，国际法的存在方式主要还是国际习惯，而条约只在国际法中占很少的一部分。

条约法的编纂应该说始于 19 世纪中期，首先是非官方编纂，而后才是官方的编纂，所以条约法的编纂经历了一个由非官方编纂为主到以官方编纂为主的演进过程。1876 年美国国际法学者菲尔德的《国际法典大纲草案》，1891 年瑞士国际法学者伯伦智理的《国际法典草案》，1918 年意大利学者费奥勒的《国际法汇编》以及 1935 年美国哈佛大学国际法研究组的《哈佛条约法公约草案》，都包括了条约法编纂的内容。这些私人的编纂，虽对推动官方的编纂起了一定的作用，但毕竟属于非官方的编纂，因而影响相对有限。官方的编纂主要是在一战之后特别是二战以来才发展起来的。第一次世界大战后，国际联盟曾试图对条约法进行编纂，但未获成功。二战后，联合国成立以来，条约法的编纂进入了一个新的发展阶段。国际法委员会在 1949 年做出决定，将条约法作为十四个重点编纂项目之一，经过近二十年的努力，终于在 1969 年 5 月 23 日在维也纳制定了《维也纳条约法公约》。该公约已于 1980 年 1 月 27 日生效，它由 85 条和 1 个附件组成，适用于国家之间。它不仅将过去的习惯规则条文化，而且发展了不少新的内容，从而促进了国际条约法的新发展。在

《维也纳条约法公约》签署之后，国际法委员会又主持编纂了《关于国家在条约方面的继承的维也纳公约》（1978 年 8 月 23 日）、《关于最惠国条款的条文草案》（1978 年 7 月）和《关于国家和国际组织间或国际组织相互间条约法的维也纳公约》（1986 年 3 月）。显而易见，随着条约编纂的进一步发展，条约法的渊源将会主要以明定法（成文法）的形式表现出来。

第二节 条约的缔结

条约的缔结往往是当事者彼此协商的一种结果，需要经过一定的程序和履行必要的手续，并且当事者必须具有相应的缔约能力。

一、缔约能力

缔约能力，或称缔约资格，是指按照国际法缔约主体能够合法取得和行使缔结条约的权利的资格。缔约能力是国际法主体权利能力和行为能力的重要体现，也是条约成立的主要条件之一。一般来说，国际法主体均具有缔约能力和资格。

（一）国家的缔约能力

国家作为国际法的基本主体，具有广泛而充分的权利能力和行为能力，因而它具有完全的缔约能力。这在有关的国际公约中已经得到了明确的确认。1969 年《维也纳条约法公约》第 6 条明确规定："每一国家皆有缔结条约之能力。"这就是说每一个国家都有权在不违反国际法原则的情况下，同其他国家举行谈判，缔结条约。这是国家主权的体现。

缔约权属于国家，但由何机关行使此项权力，则是各国宪法规定的事项。我国《宪法》第 67 条规定，全国人大常委会决定同外国缔结的条约和重要协定的批准和废除。第 81 条规定，国家主席根据全国人大常委会的决定，批准和废除同外国缔结的条约和重要协定。第 89 条规定，国务院负责管理对外事务，同外国缔结条约和协定。

一般来说，一个国家的地方政府没有对外缔结条约的权力，但如果经其中央政府的特别授权和同意，在授权范围内，地方政府也可以签订一定的条约。例如，1984 年签订的《中英关于香港问题的联合声明》规定，香港特别行政区可以中国香港的名义单独同各国、各地区及相关国际组织保持和发展经济、文化关系，并可签订非政治性协定。为履行这一规定，我国 1990 年《香港特别行政区基本法》第 151 条作了明确的授权性规定："香港特别行政区可在经济、贸易、金融、航运、通讯、旅游、文化、体育等领域以'中国香港'的名义，单独地同世界各国、各地区及有关国际组织保持和发展关系，签订和履行有关协议。"需要指出的是，香港特别行政区的这种对外缔约权并非其本身的自然权力，而是由中央人民政府所授予的，并且仅限定在非政治领域，所以其缔约能力是相对有限的。

（二）政府间国际组织的缔约能力

政府间国际组织是派生的国际法主体，在一定的范围内也具有缔约能力，而其缔约能力的依据则是建立该国际组织的章程。1986 年《关于国家和国际组织间或国际组织相互间条约法的维也纳公约》第 6 条规定，国际组织缔结条约的能力依照该组织的规则。国际组织章程赋予国际组织缔约能力，既可明示授权，也可默示授权。《联合国宪章》对联合国缔约能力的规定就兼具了上述两个方面。

（三）民族解放组织的缔约能力

民族解放组织在一定条件和一定范围内也具有缔约能力。民族解放组织的缔约能力源于民族主权和民族自决权。在条约的立法实践中，虽然没有规定民族解放团体的缔约能力，但国际法委员会在其会议纪要中却指出，"对其他国际法主体"应理解为"如起义者这样的其他国际组织体，它们在一定的情况下可以参加国际条约"。事实上，民族解放组织参加了许多国际缔约活动。例如，1970 年 10 月 13 日由约旦国王与巴勒斯坦解放组织主席签署的关于约旦局势正常化的协议，1993 年以色列与巴解组织签署的《奥斯陆和平协议》。

二、条约的缔结程序

条约的缔结程序是指缔结条约的一般过程和需要履行的有关手续。关于条约的缔结程序，目前国际法上并无统一的规则。在国际实践中，双边条约和多边条约的缔结程序存在着一定的差异。

（一）双边条约的缔结程序

1. 谈判。谈判是缔结条约的第一步，是缔约各当事方为了就条约的内容达成一致的协议而进行的直接交涉过程。历史上，条约的谈判多由国家元首亲自进行，但目前国际实践中，大多由国家元首派遣全权代表进行谈判。谈判代表一般须持有被授权进行谈判的"全权证书"，这样的谈判过程和结果才是有效的。"全权证书"是指一国主管当局所颁发，指派一人或数人代表该国谈判、议定或认证条约约文，表示该国同意承受条约拘束，或完成有关条约之任何其他行为之文件。全权证书必须是书面的，通常由国家元首签署，并由外交部长副署。根据《维也纳条约法公约》的规定，国家元首、政府首脑、外交部长由于其职务被认为代表其国家，谈判时毋须提出"全权证书"。使馆馆长为了议定派遣国与接受国之间的条约约文的谈判，也毋须提出"全权证书"。国家向一个国际会议或国际组织派遣的代表，为了议定该会议或组织中的条约约文的谈判，也毋须提出"全权证书"。当然在国际实践中，上述人员在进行国际谈判时，也有提交全权证书的。谈判开始时，外交代表应相互校阅全权证书，以审查全权证书的真伪及其授权范围。如果超出授权范围而达成的协议，对当事方是无效的。

谈判的主要任务就是拟定条约约文，所以，在校阅全权证书无误后，即开始起草条约约文。条约约文的起草可由一方提出条约草案，再由双方以此为基础进行磋商，也可由双方共同起草。对于形成的条约约文草案，经过双方议定，如果双方对约文的形式和内容没有异议，即形成初步的正式条约文本。

议定条约约文之后，实际上双方当事者可以直接进入签订条约的下一个阶段——签署。但实践中，有时候当事国的全权代表要对他们达成的协议文本进行认证。约文的认证，是指双方谈判代表确认共同同意该约文是正确的和作准的。约文的认证有两种方式，一种是草签，一种是暂签。草签，是条约正式签署前的初步签字，由缔约谈判代表将其姓名的起首字母（中文为姓）签于条约约文的上面，草签通常没有溯及力，以正式签字日期作为签字日。暂签，又称待核准签字，是表示谈判代表对拟定约文的认证等待本国核准确认的一种临时签字。暂签只有认证条约约文的作用，经该国确认之后，暂签才具有正式签字的效力。暂签一般具有溯及力，经正式签字后，签署的效力可以溯及到暂签之日。如前所述，条约约文达成后，当事国可直接进入条约的签署阶段而不需要经过约文的认证——草签和暂签，所以草签和暂签并非条约缔结的必经程序。

2. 签署。又称签字，是缔结条约的一个非常关键的步骤，是缔约方表示同意承受条约拘束的重要方式。条约可以因缔约国的签字而对其产生拘束力。《维也纳条约法公约》第12条规定，签字构成一国同意受条约约束的，有以下三种情况：①条约规定签署有此效果；②另经确定谈判国协议签署有此效果；③该国使签署有此效果的意思可见诸其代表所奉的全权证书或已于谈判时有此表示。

依据国际惯例，签署双边条约时须遵守轮换制。轮换制，即签署双边条约时，各当事国的谈判代表应首先在本国保存的条约文本的上方（左为上右为下）签字，然后交换，由对方国家的谈判代表在本国保存的条约文本的下方签字。轮换制是国家主权平等原则在签订双边条约时的具体表现。

3. 批准。一般来说，许多条约在签字后即可生效，但有一些比较重要的条约在签字后还须经过缔约方批准才能发生法律效力。批准是缔约国的权力机关对其全权代表所签署的条约的认可，并表示愿意承受条约所载之义务的约束的国家行为。根据《维也纳条约法公约》第14条第1款规定，遇有下列情形之一，一国承受条约约束的同意，用批准来表示：①条约规定以批准方式表示同意；②另经确定谈判国协议需要批准；③该国代表已对条约作出须经批准的签署；④该国对条约做出须经批准的签署的意思可见诸其代表所奉的全权证书，或已于谈判时有此表示。

条约的批准是一国的主权行为，国家对于其全权代表已签署的条约可以批准，也可以不批准。如果国家对于已签署的条约拒绝批准，也没有义务向对方当事国讲明拒绝批准的原因。当然，在实践中国家对于其已签字的条约一般会给予批准，但也有拒绝批准的实例。例如，1879年，清朝大臣崇厚与俄国签署的《中俄伊犁条约》，清政府就拒绝批准。

批准条约的机关由各国国内法规定。由于各国情况不同，因而法律规定的批准机关也不一样。有的国家规定由国家元首批准，有的国家规定由立法机关批准。从各国的实践来看，由立法机关批准的情况相对居多。

4. 交换批准书。有些特别重要的条约，不仅需要批准，而且还需要交换批准书，才能对缔约当事方产生法律约束力。所谓交换批准书，是缔约双方互相交换各自国家权力机关批准条约的证明文件，从而使该条约产生法律效力的行为。批准书一般由国家元首或其他权力机关签署，外交部长副署。批准书通常包括条约的名称、签字日期、声明条约已经批准、保证条约将予遵守等内容。一般来说，条约在一国首都签署，交换批准书则应在另一国首都进行，例如，1978 年 8 月 12 日，《中日和平友好条约》在北京签字，而交换批准书则于 1978 年 10 月 23 日在日本东京举行。实际上这也是国家平等原则的具体体现。如果条约没有特别规定，则交换批准书之日就是该条约的生效日期。

（二）多边条约的缔结程序

双边条约和多边条约的缔结目的都是为当事方确定一定的权利和义务，应当说双边条约缔结的许多步骤如谈判、签字、批准等也适用于多边条约。但多边条约作为规范更广泛的国际社会间关系的法律文件，它的签订程序也有其不同于双边条约的方面。

1. 缔约谈判。多边条约的谈判多是通过国际会议的形式进行的。在谈判开始时，各缔约方的全权代表要出示全权证书。约文的起草主要有三种方式：①各方代表共同起草；②会议组成的专门委员会起草；③交由一个国际组织起草。另外，有些多边公约则是由联合国国际法委员会起草的。对于多边条约约文的认证往往需要特定多数票决定或者是协商一致通过。而多边条约的签署一般是按照缔约方的字母顺序来依次签署。

2. 条约的加入。这是指未在条约上签字的国家（或国际组织）在条约签署之后表示愿意承受条约约束的一种法律行为。一般来说，双边条约和未开放的多边条约不存在加入问题。条约的加入主要适用于开放性的多边条约，特别是造法性的多边条约。根据《维也纳条约法公约》第 15 条的规定，以加入表示同意承受条约的拘束有以下三种情况：①条约规定一国可以用加入来表示这种同意；②另经谈判国协议确定，某些国家可以用加入表示同意；③全体当事国嗣后协议，某些国家可以用加入表示这种同意。在第三种情况下，全体当事国一致同意成为加入的必要条件。在大多数情况下，开放性的多边条约都有关于加入的规定和程序。传统意义的加入仅限于已生效的条约，但根据当代国际法实践，加入并不以条约的生效为前提，因此，国家不仅可以加入已生效的条约，同时也可以加入尚未生效的条约，而且有时加入还可被计算在条约生效的必要数字之内。

3. 条约的接受和赞同。在很多国家，条约的批准权属于立法机关，政府在签署条约后为取得立法机关的批准往往可能要经过一个复杂的宪法审批程序，甚至有时还不能获得立法机关的批准。在这种情况下，二战后就出现了便捷的具有批准效力的同意承受条约拘束的方式，这就是接受和赞同。接受和赞同都是国家和国际组织表示同意承受条约约束的方式，它们与批准和加入一样，都具有相同的法律效果。

接受在缔约程序中有两种含义：①等同于条约的批准；②等同于条约的加入。如有的条约规定，该条约在签署之后需要批准或接受，则此时的接受实际上就是批准，如1944年的《国际航空运输协定》和《国际航班过境协定》就规定协议自签署后的接受时生效。而有的条约规定，各国可以以接受的方式成为条约缔约国而不需要先前签署或批准，这时的接受实际上就是加入。如1948年《政府间海事协商组织公约》第57条就规定各国可以直接以接受的方式成为条约缔约国。很显然，等同于批准的接受是在国家签署条约的情况下作出，而等同于加入的接受则是在国家没有签署条约的情况下作出。

与接受相比，赞同在条约的缔结程序中产生的较晚。有的国家宪法规定，条约不需要立法机关批准但需要政府的核准和赞同。如我国的《缔结条约程序法》就规定有这样的核准程序。在实践中，有的国际条约规定，条约在签署后需要赞同。实际上，这种赞同就是一种简化的批准。应当说，较之于批准和加入，接受和赞同更加简便和经济，也更符合效率原则。

4. 条约的保留。条约的保留是指一国于签署、批准、接受、赞同或加入条约时所作的片面声明，不论措辞或名称为何，其目的在于摒除或更改条约中的若干规定对该国适用时的法律效果。

条约的保留一般存在于多边条约，双边条约往往不存在保留问题。因为条约的保留一般发生在条约签署时，而双边条约如果双方没有达成合意往往不会签署，所以双边条约也就不存在保留。但多边条约则不同，因其涉及的当事国多，各国利益又纵横交错，十分复杂，要使所有缔约国都完全接受条约的全部条款，的确很不容易，所以才发生了保留问题。但在以前，国际法理论和国际实践都坚持条约完整原则，要求一个缔约国的保留，必须得到全体缔约国的同意，才能成立。这个原则实际上赋予了一个国家或少数国家阻止另一个国家参加普遍性国际公约的权利，显然不是十分恰当。1951年5月28日，国际法院就《防止及惩治灭绝种族罪行公约》的保留问题发表了咨询意见，该咨询意见内容如下：即使一个公约没有关于保留条款，这并不等于说保留是被禁止的；如果一国提出的保留不为全体缔约国反对，就可以被认为是缔约的一方，只要保留符合该条约的目的与宗旨；如果一国认为保留不符合条约的目的和宗旨，其可认为保留国不是缔约的一方；如果一国认为保留与条约的目的与宗旨一致，接受保留，其可认为保留国是缔约的一方。但因条约当事国在判断某一保留是否与条约的目的和宗旨相一致方面存在着很大的主观随意性，于是国际法委员会于1951年向联合国大会提议，以后的公约中应包括关于保留的条款。这一提议在1952年1月12日得到了联合国大会的同意。国际法院的上述咨询意见颠覆了传统的条约完整原则，也对后来《维也纳条约法公约》关于保留的规定产生了重要影响。

《维也纳条约法公约》在其第19～23条规定了保留制度，很显然它受到了1951

年国际法院咨询意见的深刻影响。《维也纳条约法公约》在第 19～23 条中，对保留的提出、保留的接受与反对、保留及反对保留的法律效果、撤回保留及撤回对保留的反对、保留的程序等作了详尽规定。

（1）保留的提出。提出保留是各国的权利，但这并不意味着各国可以随意地对条约进行保留。《维也纳条约法公约》第 19 条规定，任何国家均有权在签署、批准、接受、赞同或加入条约时提出保留，但以下三种情况除外：①该项保留为条约所禁止。如 1982 年《联合国海洋法公约》就明确规定对该公约不得保留。②条约仅准许特定的保留，而有关保留不在其内。如 1958 年《联合国大陆架公约》第 12 条规定，任何国家均得对第 1～3 条以外的其他条文作出保留。③该项保留不符合条约的目的与宗旨。如 1965 年《消除一切形式种族歧视国际公约》第 20 条第 2 款规定，凡与本公约之目的及宗旨抵触之保留不得允许。

（2）保留的接受与反对。《维也纳条约法公约》第 20 条作了详细规定，即：①明文准许保留的条约，无须其他缔约国事后予以接受，除非条约有相反规定；②如果从谈判国的有限数目以及条约的目的和宗旨看，在全体当事国间适用条约的所有条款为每一当事国承受条约拘束的必要条件时，则保留须经全体当事国接受；③如果一个条约是一个国际组织的组织约章，除另有规定外，保留须经该组织主管部门接受；④凡不属以上所述情况的，除条约本身另有规定外，如果保留经另一缔约国接受，就该另一缔约国而言，保留国即成为该条约的当事国，但须以该条约已对这些国家都生效为条件；如果保留经另一缔约国反对时，条约在反对国与保留国之间并不因此而不产生效力，但反对国明确表示相反意见者不在此限；一国表示同意承受条约约束而附有保留的行为，只要至少有另一缔约国已经接受该项保留，就发生效力。《维也纳条约法公约》第 20 条还规定了默示接受保留的方式，即除条约另有规定外，如果一国在接到保留的通知后 12 个月的期间届满之日，或至其表示同意承受条约拘束之日为止，在这两个日期中，以较后一个日期为准，若未对保留提出反对，该保留即被视为业已经该国接受。

（3）保留及反对保留的法律效果。根据《维也纳条约法公约》第 21 条规定，凡是依公约有关规定对另一当事国成立的保留，在保留国与该当事国之间，依保留的范围修改保留所涉及的条约规定；在其他当事国相互之间，则不修改条约的规定。如果反对保留的国家并未反对条约在该国与保留国之间生效，则在该两国之间不适用所保留的规定。

（4）撤回保留及撤回对保留的反对。《维也纳条约法公约》第 22 条规定，除条约另有规定外，保留得随时撤回，无须经业已接受保留之国家同意；除条约另有规定外，对保留提出的反对得随时撤回；撤回保留及撤回对保留的反对都应通知有关当事国。撤回自接受保留国或提出保留方收到通知时起开始发生效力。

（5）保留的程序。《维也纳条约法公约》第 23 条规定，保留、明示接受保留及反对保留，都必须以书面形式提出并致送缔约国及有权成为条约当事国的其他国家。

撤回保留或撤回对保留提出的反对，也必须以书面形式作出。

根据保留的概念和《维也纳条约法公约》的规定，我们不难发现，保留具有下列特点：①保留是一种单方面的声明行为。保留是各国的权利，只要不违反条约的目的和宗旨并且为条约所允许，各国在接受条约时均可提出保留。②保留必须是正式的书面形式。《维也纳条约法公约》第23条对此有明确的规定。因为，其他国家对保留的接受或反对都须以接到保留的通知为基础，如果保留只是口头的，条约的保管机关就不可能对保留予以登记和通知有关国家。至于这种书面声明的措辞或名称，则不影响该声明的性质。③保留一般须在一国表示同意承受条约拘束时提出。按照《维也纳条约法公约》规定，保留是一国在签署、批准、接受、赞同或加入条约时所作的声明，因此，如果在上述时间之后提出保留，按照公约的规定，应该是无效的。例如，1976年4月5日，联合国秘书长致人权司司长的一份备忘录，回复有关对1965年《消除一切形式种族歧视国际公约》的若干声明的问题时指出，如果一缔约国没有在批准或加入公约时提出保留，那么在此之后，该国就无权再提出保留。④保留通常是针对多边条约提出的。保留现象的产生，主要是因为在缔结多边条约过程中，有的参与缔约的国家对条约的某些规定不满意但又无法改变多数国家的立场，同时该国也不愿意因此不满而不参加该条约，因而以保留方式来排除或更改条约中对自己不利的规定。所以保留一般是针对多边条约而言的，双边条约一般不会发生保留问题。⑤保留的意义在于排除或更改条约中的个别条款适用时的法律效果。一方面，保留只能针对条约的部分条款提出，而不能是全部条款，因为保留全部条款，等于又将自己排除在条约之外，不符合保留本身的意义。另一方面，保留的目的就是否定和排除个别条款对保留国的法律效果，这是保留的实质意义，因此，一旦保留成立，保留部分对该国无效。

我国在参加国际公约时，根据我国对外政策和实际情况，对一些条约曾提出过保留。如1975年我国加入《维也纳外交关系公约》时，对该约的第14、16条及第37条第2~4款等的规定就提出了保留。1980年，我国外交部致函联合国秘书长，又撤销了对第37条第2~4款的保留。

[案例]

伯利劳夫人诉瑞士案

1981年5月29日，瑞士公民玛兰·伯利劳夫人由于参加了一次未经官方批准的示威游行而被洛桑市警察当局处以罚款。伯利劳夫人不服警察当局的裁定逐级上诉到瑞士联邦法院，指控瑞士政府允许警察当局作出事实上的裁定而不经由独立、公正的法庭复审，因而违反了《欧洲人权公约》第6条第1款的规定。该款规定的内容之一是：在决定某人的民事权利与义务或在决定对某人的任何刑事罪名时，任何人有权在合理的时间内受到依法设立的独立与公正的法庭之公平与公开的审讯。瑞士联邦法院驳回了伯利劳夫人的上诉，理由是，瑞士对该公约第 6 条第 1 款作了解释性声明："瑞士联邦委员会认为，该公约第 6 条第 1 款关于在决定某人的民事权利和义务或确定对某人的任何刑事罪名时应予公正审讯的保证，仅为了确保对公共当局所作的有关确定这种权利或义务或此种罪名的行为或决定有最后的司法控制。"因此该款对瑞士的适用受到了限制。1983 年，伯利劳夫人又向欧洲人权委员会提出了申诉，欧洲人权委员会指出该解释性声明不是保留，即使是保留，因不符合该公约第 64 条的规定而无效。瑞士遂向欧洲人权法院上诉。欧洲人权法院于 1988 年 4 月 20 日作出判决。

判决指出，为了确定该声明的法律性质，不仅要视其所给予的名称而且还必须确定其实质内容。在本案中，瑞士看来意在从公约第 6 条第 1 款的范围里排除某些种类的诉讼，确保自己能够对抗对该条所作的解释，瑞士认为该条的解释过于宽泛。法院把该项解释性声明判定为一项保留。判决指出，法院也必须看到公约的义务不受不符合公约第 64 条要求的保留的限制，因此必须审查该解释性声明作为保留是否有效。法院认为瑞士的该项保留是无效的，原因有两个：①这是一个一般性的保留。即该保留的措辞含糊不清，意义广泛，不能用来确定其准确的范围或意思，是该公约第 64 条所禁止的保留。②该保留未附有有关法律的简括说明。这个条件是为该公约第 64 条第 2 款所要求的，这不是单纯的形式条件而是实质条件。简言之，这项保留未满足该公约第 64 条规定的两个条件，结果被认为无效。法院判决，根据本案的事实，瑞士违反了《欧洲人权公约》的第 6 条。

本案是由一个区域性国际司法机构判决一国对条约的保留无效的一个重要案例。瑞士是《欧洲人权公约》的缔结国。该公约第 64 条规定：①任何国家在签订本公约或交存批准书时，如果该国领土内现行有效的任何法律与本公约任何规定不合，得对该规定作出保留，一般性质的保留不应根据本条予以准许。②根据本条所作的任何保留，应记载有法律的简括说明。欧洲人权法院经过审理认为，瑞士的声明属于保留，但属于公约第 64 条第 1 款中所说的一般性保留，意思含混不清，且过于宽泛，同时又没有按照公约第 64 条第 2 款的规定附有法律简括说明，所以判定瑞士的保留是无效的。这就说明，国家在对条约进行保留时不得违反条约法公约的有关规定，同时还得符合将要保留的条约的有关要求，且声明保留的意思还必须精准清楚和明白无误。

三、条约的保管与登记

双边条约通常由缔约双方各保存一份条约文本，多边条约则应将条约正本交条约规定的保管者保存。根据《维也纳条约法公约》第 76～78 条的规定，条约的保管机关应由谈判方在条约中或以其他方式确定。保管机关可以是一个或几个国家，也可以是某一国际组织或该组织的负责人。

条约的登记制度在国际联盟时期就已开始实施，为了防止订立秘密协定，国际联盟曾将登记作为条约生效的条件加以规定。联合国成立后，继承了国际联盟关于条约的登记制度。如《联合国宪章》第 102 条规定了条约的登记制度："①本宪章发生效力后，联合国任何会员国所缔结之一切条约及国际协定应尽速在秘书处登记，并由秘书处公布之。②当事国对于未经依本条第 1 项规定登记之条约或国际协定，不得向联合国任何机关援引之。"与国联将登记作为条约的生效条件不同，而联合国不将登记作为条约的生效条件。如果未在联合国登记，并不影响条约的生效和执行，最实际的影响就是不能在联合国各机构援引而已。《维也纳条约法公约》第 80 条第 1 款规定："条约应于生效后送请联合国秘书处登记或存案及记录，并公布之。"凡已在联合国秘书处登记、归档、备案的条约、协定文本，均由秘书处用原文文字在《联合国条约集》中公布，另附英、法文译本。

第三节 条约的效力

一、条约对缔约方的效力

条约一经生效，即开始对缔约各方发生法律拘束力，缔约各方当秉承善意，按照条约的规定行使权利、履行义务，而不得有所违反，这就是条约必须遵守原则。"条约必须遵守"是一项古老的原则，它源于古罗马法的"契约必须遵守原则"，并在国际法的长期发展过程中得到了广泛的肯定和承认。《联合国宪章》郑重宣布："尊重由条约与国际法其他渊源而起之义务"，"各会员国应一秉善意，履行其依本宪章所担负之义务"。《维也纳条约法公约》第 26 条规定："凡有效之条约对其各当事国有拘束力，必须由各该国善意履行。"

条约必须遵守的核心是依约善意履行，即诚实、公平地履行条约。由于国际社会不存在一个超国家权力的机关可以强制执行条约，如果在国际交往中各国都不遵守自己签订的条约，正常的国际秩序就无法保证，国际法也就失去了存在的基础，这就要求各缔约国必须自觉履约、严格守约、积极践约。如果不遵守条约必须遵守原则，就可能造成对其承担的国际义务的违背，就应负国际责任。当然，"条约必须遵守"所说的条约对当事者来说，必须是有效的、合法的。所谓有效就是说条约对当事者已经生效，所谓合法就是说条约是符合国际法的。对于无效而非法的条约，其本身就不为国际法所保护，当事者不仅不存在按照条约必须遵守履约的问题，而且也可成为当事者合理废约和不履约的正当理由。

为了保证条约义务的履行，实践中，各国往往都将条约义务转化为国内法规定，主要有三种做法：①直接转化，即条约不需另经国内立法程序而直接纳入国内法，在国内具有法律效力，这种方式以德国为代表；②间接转化，即条约必须经国内立法程序转化为国内法，在国内才具有法律效力，这种方式以英国为代表；③混合转化，即将直接转化和间接转化结合起来，国际上这种方式比较多见。

我国一直积极遵守条约必须遵守原则，凡是我国缔结、承认、接受和加入的条约，均善意履行；并且为了使我国加入的条约能够有效履行，我国制定了许多国内立法来予以保障，如1986年的《外交特权与豁免条例》和1990年的《领事特权与豁免条例》。

二、条约对非缔约方的效力

条约的非缔约方又称第三方，是指条约缔约方以外有资格加入条约但实际上却并未加入条约的国家或国际组织。自然人、法人和民间国际组织等既不是条约的缔约方，也不是条约的非缔约方，因为他们没有资格加入条约。

一般来说，条约只约束当事者，未经第三方同意，不对第三方创设权利和义务。也就是说，条约对第三方既无损又无益，这就是条约相对效力原则。1969年《维也纳条约法公约》和1986年《维也纳公约》两公约就明确规定，条约非经第三方同意，不为该国或国际组织创设权利和义务。有关的国际司法实践也说明了条约不对第三方产生法律拘束力。1932年6月7日，常设国际法院在"上萨瓦自由区和热克斯区案"的判决中，就条约对第三方的义务问题指出，在任何情况下，除了瑞士同意的范围内，该条规定对瑞士无拘束力，因为它不是《凡尔赛和约》的缔约国。又如，国际法院在北海大陆架一案中认为，1958年《大陆架公约》对作为非缔约国的联邦德国没有法律拘束力，且该公约所规定的"等距离"划界方法不是国际习惯法规则。

的确，条约相对效力原则是条约与第三方关系的基本原则。那么，这是不是说条约不对第三方创设权利和义务，就等于一项条约对当事国以外的国家毫无影响呢？事实并非如此。在国际实践中，某些条约不仅对第三方造成必须重视的事实，而且还会引起某些法律后果。这就是说，在国际实践中，有时候条约也会为第三方创设某种权利和义务，这实际上是条约与第三方关系的原则的一种例外。

（一）条约为非缔约方创设义务

《维也纳条约法公约》第35条规定："如条约当事国有意以条约之一项规定作为确立一项义务之方法，且该项义务经一第三国以书面明示接受，则该第三国即因此项规定而负有义务。"按照此规定，一项条约要对第三国创设并产生义务，必须具备两个条件：①条约当事国必须有给第三国施加义务的意思表示；②第三国以书面形式明示接受此项义务。在满足上述两个条件的情况下，给第三国设定义务的法律根据不是条约本身，而是第三国借以表达接受此种义务的"附加协定"。

对于一个合法缔结的条约，如果该条约不损害第三方的权益，那么第三方应予尊重，并且不得妨碍其实施。例如，有关边界或领土变更的条约，如果该条约是合法的，第三国就有尊重并不妨碍其实施的义务，而且在绘制和出版其官方地图时有责任按照当事国达成的边界条约来绘制。

如果当事国达成的条约反映了国际习惯法规则，那么该习惯规则对第三方具有拘束力。第三方不能借口未参加该条约而拒绝对这些习惯法规则的遵守和履行。例如，外交豁免权是由来已久的国际习惯法，在1961年的《维也纳外交关系公约》中又得到了确认，某国不能以其未参加《维也纳外交关系公约》为理由，而拒绝给予驻其本国的外交人员以外交豁免权。很显然，在上述情况下，第三国的义务源于国际习惯法，而不是条约本身。《维也纳条约法公约》第38条规定："第34条至第37条之规定不妨碍条约所载规则成为对第三国有拘束力之公认国际法习惯规则。"

某些普遍性国际组织章程有时也为第三方规定义务。例如，《联合国宪章》第2条第6款规定，在维持国际和平与安全的必要范围内，非会员国有遵守宪章第2条规定的原则的义务。另外，为了制裁侵略，有的国际公约也对侵略国课以义务。如《维也纳条约法公约》第75条规定："本公约之规定不妨碍因依照联合国宪章对侵略国之侵略行为所采取措施而可能引起之该国任何条约义务。"

（二）条约为非缔约方创设权利

《维也纳条约法公约》第36条规定："如条约当事国有意以条约之一项规定对一第三国或其所属一组国家或所有国家给予一项权利，而该第三国对此表示同意，则该第三国即因此项规定而享有该项权利……"根据该条规定，一项条约要为第三国创设一项权利，也必须具备两个条件：①条约当事国必须有给第三国创设权利的意思表示；②第三国表示接受此项权利。不过第三国接受权利和接受义务是有区别的。对于义务的接受必须以书面形式明示接受，而对于权利的接受则只要表示同意，并不要求以书面形式明示接受。《维也纳条约法公约》第36条还规定，对给予第三国的权利，如果该第三国无相反之表示，应推定其表示同意。最惠国待遇条款是为第三方创设权利的典型例子。另外，有关的国际公约特别是关于国际通洋运河的条约，也为第三方创设权利。如1888年的《君士坦丁堡公约》明确规定，苏伊士运河向所有国家的船舶开放，这样作为该公约的非缔约国也享有了自该运河航行的权利。

三、条约的空间效力

条约的空间效力涉及的就是条约适用的领土范围。《维也纳条约法公约》第29条规定："除条约表示不同意思，或另经确定外，条约对每一当事国之拘束力及于其全部领土。"这就是说，条约一旦生效，不论是单一制国家还是联邦制国家，条约的效力应及于该当事国的全部领土。但如果条约明确规定，该条约只适用于当事国的某一特定部分，那么该条约就只在该当事国的特定领域内有效。

四、条约的时间效力

条约的时间效力实际上包括条约的生效时间、有效期及其溯及力。

（一）条约的生效

条约的生效，就是指条约对缔约方开始发生法律拘束力。对于条约生效的日期和方式，国际法上并无统一规定，一般依条约之规定或依谈判国之协议而定。实践中，双边条约和多边条约的生效方式有所不同。

1. 双边条约的生效。双边条约的生效方式主要包括：①自签字之日起生效，这种条约多为经贸和技术合作等方面的，在双方签字之后即开始生效；②自批准之日起生效，即双方相互通知批准之日，若双方批准日不同，则以后面的批准日为准；③自互换批准书之日起生效，这种条约通常都是意义特别重大的条约；④自条约规定的特定日期生效。

2. 多边条约的生效。多边条约的生效一般包括下列方式：①自全体缔约方批准之日起生效。②自一定数目的缔约方交存批准书或加入书之日或之后若干日起生效。例如《联合国海洋法公约》规定，本公约自第 60 份批准书或加入书交存之日起 12 个月后生效。③自一定数目的国家，并且同时包括某些特定的国家交存批准书或加入书后生效。例如《联合国宪章》规定，在中国、法国、苏联、英国、美国以及其他签字国过半数交存批准书后，宪章即生效。

（二）条约的有效期

按条约的有效期划分，可分为无期限条约和有期限条约。无期限条约在条约中并不规定条约的有效期，除非另订新约或缔约各方一致同意终止，否则该条约便一直有效。一般来说，这种条约多见于造法性的多边公约和某些永久性的双边条约，如《联合国宪章》、《联合国海洋法公约》和一些领土、边界条约等。

有期限的条约其期限一般在条约中有明确规定。比较重大的条约，如政治性条约通常规定的有效期长，而一般性条约，如经济贸易方面的条约，规定的有效期则短。当然，条约有效期究竟规定多长，应由当事国自行确定。有的条约虽没规定期限，但却规定当某些事务执行完毕之后条约即终止，这实际上也是一种有期限的条约。有期限条约在其有效期内，一直对缔约方具有拘束力。

（三）条约的溯及力

条约自其生效之日起，到其终止之日止，对缔约各当事方的拘束力一直是永续而存的。但是，条约对于其生效以前当事方的行为是否有拘束力，按照国际法学界的普遍观点和有关国际公约的规定，是没有拘束力的，即条约是不能溯及既往的。《维也纳条约法公约》第 28 条规定："除条约表示不同意思，或另经确定外，关于条约对一当事国生效之日以前所发生之任何行为或事实或已不存在之任何情势，条约之规定不对该当事国发生拘束力。"需要注意的是，条约不溯及既往是对已生效的条约而言，对未生效的条约不涉及这个问题。

五、条约冲突时的效力

条约冲突是指不同条约就同一事项作出了前后不一的规定。原则上，不应出现此种情况，但由于现代国际社会交往日益频繁，条约越来越多，所以，几个条约对同一事项作出相互矛盾的规定就在所难免。

普通条约与《联合国宪章》发生冲突，按照 1969 年《维也纳条约法公约》和 1986 年《关于国家和国际组织间或国际组织相互间条约法的维也纳公约》的规定，关于就同一事项先后所订立几个条约的适用，首先应适用《联合国宪章》第 103 条，该条规定："联合国会员国在本宪章下之义务与其依任何其他国际协定所负之义务有冲突时，其在本宪章下之义务应居优先。"从这一规定可以看出，宪章具有高于普通条约的效力。

普通条约相互之间发生冲突，按照 1969 年《维也纳条约法公约》第 30 条规定的关于同一事项先后所订条约之适用的规则，其解决途径又有所不同：①如果所订条约中载有"不得违反某条约"的规定，则该条约优先，而不论该条约为先订立还是后订立。②若在条约没有明文规定的情况下：其一，如果先后两个条约的缔约方完全相同，且订立后约又没有终止先约，则先约仅在其规定与后约相符的范围内才适用，即后订条约优于先订条约。其二，如果先后两个条约的缔约方不完全相同，有两种适用办法：一是同为先后两个条约的当事方间，先约也仅在其规定与后约相符的范围内才适用，即后订条约优于先订条约；二是在同为两个条约当事方与仅为其中一个条约的当事方间，依两方都是当事方的条约之规定确定双方的权利和义务。

第四节　条约的无效、终止和中止

一、条约的无效

条约的无效是指条约因违反国际法等原因而自始无法律效力，也就是说，条约从一开始就没有为当事者确立合法有效的权利和义务。但是，长期以来，国际法学界对条约无效的原因一直意见不一。直到 1969 年《维也纳条约法公约》制定出条约无效的各项规则后，才形成了在这一问题上普遍性的国际制度。《维也纳条约法公约》第 46～53 条对条约无效的各种情况作了规定，应当说这是对现代国际法的一个重大发展。

（一）无缔约资格

一般来说，各国国内法都对其国家机关的缔约权限和缔约程序有明确规定，但如果一条约为无缔约能力或越权的人所缔结且未得到该国的事后追认，则该条约无效。但是这种违反国内法关于缔约权限规定的行为，必须是明显的，且涉及具有根本性的国内法规则，否则一国不能引用违反国内法的缔约权限而作为条约无效的理由。所谓明显违反，是指违反情事倘由对此事依通常惯例并秉善意处理之任何国家客观视之为显然可见者。如果代表表示一国同意承受某一条约拘束之权力附有特定限制，必须在其表示同意前已将此项限制通知其他谈判国，否则不得援引该代表未遵守限制之事实以撤销其所表示同意。

第十二章

第十二章

（二）错误

错误，是使缔约方承受条约拘束的同意归于无效的理由之一，主要是指条约的同意是依据错误的事实或情势而缔结的，当事国可以撤销其对条约的同意。在国际实践中，因错误而缔结的条约是很少见的。《维也纳条约法公约》规定缔约方可援引错误而撤销条约。但是，缔约方援引错误作为条约无效的理由必须具备两个条件：①被援引的错误是缔约当事方在缔结条约时假定存在的事实或情势；②此种事实或情势构成该缔约方同意的必要基础和根据。但如果错误是缔约方自己的行为所造成，或当时情况足以使缔约方知悉错误的可能性，则不能援引错误作为撤销其对条约同意的理由。另外，如果错误仅涉及与条约的文字相关，则不影响条约的效力，可根据《维也纳条约法公约》第 79 条的规定，对约文作适当更正。

（三）诈欺

诈欺是缔约一方故意以虚假的陈述或事实欺骗另一方，诱使其缔结条约的行为。诈欺具有以下特征：①诈欺方主观上有实施诈欺的故意并实际上实施了诈欺行为；②受诈欺方进行的缔约行为是受诈欺的结果；③受诈欺方须主观上没有过失。《维也纳条约法公约》第 49 条规定："倘一国因另一谈判国之诈欺行为而缔结条约，该国得援引诈欺为理由撤销其承受条约拘束之同意。"1889 年意大利与埃塞俄比亚缔结的所谓"友好条约"就是诈欺的典型例子。

（四）贿赂

贿赂是指一方直接或间接贿赂另一方谈判代表而使其同意与之缔约的行为。《维也纳条约法公约》第 50 条规定："倘一国同意承受条约拘束之表示系经另一谈判国直接或间接贿赂其代表而取得，该国得援引贿赂为理由撤销其承受条约拘束之同意。"

（五）强迫

强迫是指一方使用高压强制或威胁的手段迫使另一方订立条约的行为。强迫可以是针对一个国家或国际组织的谈判代表的行为，也可以是针对国家本身的行为。例如，1939 年捷克总统和外长在希特勒的强迫下签订了《德国保护波希米亚和摩拉维亚条约》。《维也纳条约法公约》第 51 条规定："一国同意承受条约拘束之表示系以行为或威胁对其代表所施之强迫而取得者，应无法律效果。"第 52 条规定："条约系违反联合国宪章所含国际法原则以威胁或使用武力而获缔结者无效。"因此，无论是对谈判代表采取强迫手段，还是对谈判当事国采取威胁或使用武力手段而获缔结的条约，皆因违反国际法和违反缔约方的自由同意当属无效。

（六）与国际强行法相抵触

一般国际强行法规则是指国家之国际社会作为整体接受并公认为不许损抑且仅有以后具有同等性质之一般国际法规则始得更改之规律。国际强行法是一种必须绝对遵守的规则，条约若与其相抵触则属无效。

二、条约的终止

条约的终止，实际上就是条约的失效，它是指条约由于某种事实或原因而从此对缔约方失去了法律效力。条约终止的情况很多，主要有：

（一）条约期限届满

这种条约一般都是有期限的条约，在条约中通常都规定有明确的期限，如果期限届满，且又未延长期限，则条约会因到期而失效。例如，1950 年的《中苏友好同盟互助条约》中规定有效期为 30 年，1979 年由于中、苏双方均未提出延长的要求，该条约遂于 1979 年失效。

（二）条约履行完毕

当事国缔约目的是为了完成特定的任务，而一旦条约规定的特定任务已经完成，目的已经实现，条约便失去了效力。实际上，条约系以国际法上的权利和义务来规范当事国的行为，当条约履行完毕后，这种规范作用其实已不复存在，即当事国不再享有条约项下的权利，也不再承担条约项下的义务，所以该条约就会自然而然地失效。但在国际法理论上，对于条约履行完毕能否失效是有争议的。劳特派特认为条约履行完毕就会失效，而《哈佛条约法公约草案》却坚持条约履行完毕之后依然有效。这两种观点中，劳特派特的观点可能更为合理，因为当事国缔约的目的是完成特定事项，特定的事项既然已经完成，那么继续坚持维持一个"空壳"的条约是没有实际意义的。但是，对于造法性条约而言，它对当事国的拘束力是永续而存的，当事国不能借口其已完全遵守了该约而来摆脱该约对它的效力。例如，对于《维也纳外交关系公约》，当事国昨天遵守了，今天还得履行之，明天后天亦然。

（三）条约解除条件成立

如果条约规定了解除条件，在该条件成立时，条约即告终止。例如，1948 年《防止及惩治灭绝种族罪行公约》第 15 条规定，倘因解约关系，致本公约之缔约国数目不足 16 国时，本公约应于最后一项解约通知生效之日起失效。

（四）条约履约不能

条约缔结后，由于客观情况发生变化（执行条约必不可少的对象永久消失或被毁），致使条约不可能继续履行，该条约便因此而终止。《维也纳条约法公约》第 61 条第 1 款规定："倘因实施条约所必不可少之标的物永久消失或毁坏以致不可能履行条约时，当事国得援引不可能履行为理由终止或退出条约……"例如，岛屿沉没、河流干涸、堤坝、水电站毁坏等。但是，如果条约无法执行是由于当事国本身违反条约或违反其他任何国际法义务所引起，则该当事国不得据此而终止条约。

（五）退约

有的多边公约明确规定缔约国有退出条约的权利，如果缔约国的退约成立，则该多边公约即失去对退约国的效力。一般来说，退约国应向条约保管国发出通知，并转告全体条约当事国，在保管机关接到通知一定时间后，条约便对该退约国失效。

第十二章

例如，1971 年《关于制止危害民用航空安全的非法行为的公约》第 16 条规定：①任何缔约国可以书面通知保存国政府退出本公约；②退出应于保存国政府接到通知之日起 6 个月后生效。一国的退约并不影响整个条约的效力，除非退出使缔约国减少至不足该条约生效的数目。一国的退出会使该条约对该退出国失效。

（六）旧约被新约所替代

如果缔约方就同一事项又订立新约，同时又规定终止旧约，那么新约生效，旧约失效。而如果未作上述明确规定，则新约与旧约不符部分，以新约作准，旧约失效。这也体现了新法优于旧法的原理。

（七）全体当事国同意

条约本身就是在当事国同意的基础上所缔结，也可在当事国同意的基础上而终止。《维也纳条约法公约》第 54 条第 2 项规定，条约在任何时候，经全体当事国同其他各缔约国咨商后表示同意，予以终止。

（八）单方面废约

条约必须遵守是条约法的一项重要制度，也是确保条约项下权利和义务履行的重要原则，所以原则上，当事国是不能随意单方面废除条约的。但是，在下列情况下，国际法允许缔约方单方面废除条约。

1. 缔约一方违背条约义务。长期以来，国际法的理论和实践都肯定，如果缔约一方首先违反条约义务，那么另一方就有权宣布废除条约。《维也纳条约法公约》第 60 条规定，如果缔约一方废弃条约或行使了与条约目的或宗旨不符合的重大违约行为时，双边条约当事国的他方有权援引违约为理由而终止该条约，多边条约的其他当事国有权一致协议，在该国与违约国之间或在全体当事国之间终止条约。例如，1971 年埃及和苏联签订了期限为 20 年的《和平友好条约》，但由于苏联不执行其中的某些条款，埃及便于 1976 年单方面宣布废除了这一条约。

2. 情势变迁。这本为 16、17 世纪民商法上创立的一个原则，后来随着国际关系的发展，情势变迁也被引植到了国际法领域，成为了缔约方合法废约的一个理由。具体来说，就是缔结条约时有一个假定，即以缔约国缔约时所能预见到的情况不变为条约有效的前提，一旦情势发生了重大或根本性变化，缔约国便可以据此而终止该条约。例如，1926 年中国政府就以政治、经济情况发生变化而废除了 1865 年与比利时签订的含有领事裁判权条款的条约。

关于情势变迁，长期以来在国际法学界存有异议，有肯定的，也有否定的。而事实上，情势变迁与条约必须遵守在本质上是冲突的，如果一昧地肯定情势变迁，势必造成对条约必须遵守原则的严重破坏，从而使条约规制国际关系的权威性大为下降。因而 1969 年《维也纳条约法公约》和 1986 年《关于国家和国际组织者或国际组织相互间条约法的维也纳公约》对情势变迁采取了十分谨慎的有条件的承认态度，对情势变迁的适用作了相当严格的限制。只有符合下列条件的情势变迁才是为国际法所肯定的：①发生情势变迁的时间必须是在缔约之后；②情势变迁的程度必须是根本性的和重大性的；③情势变迁的情势必须是当事方缔约时所未预见的；④情势变迁的结果必须是丧失了当事方当初同意接受该条约拘束的必要基础或基本前提；⑤情势变迁的影响是将改变依据该条约尚待履行义务的范围。在符合上述条件的基础上，缔约方才能够合理合法地单方面终止条约。但在下列两种情况下当事国不得援引情势变迁而废约：①属边界条约的；②因当事国自己违反义务而引起情势变化的。

三、条约的中止

条约的中止，又称条约的暂停实施，它是指由于某种原因而使条约在缔约方之间规定的权利和义务暂时停止执行。一旦妨碍条约实施的原因消失，条约便又恢复履行。条约中止的原因与条约终止的原因基本上是相同的。

在条约停止实施期间，虽然条约为当事国设定的义务暂停履行，但条约为缔约方所确立的法律关系仍然有效。因而，条约的暂停实施并不影响条约以后的效力，一旦暂停施行期间届满，条约便又恢复履行。在条约暂停实施期间，停止施行条约的当事国不得作出任何妨碍条约恢复施行的行为。

第五节 条约的解释

条约必须善意履行，然而为了善意履行条约，必须明确条约规定的正确含义。在执行条约的实践中，当事国往往由于对条约约文的含义理解不同而产生分歧和纠纷，致使条约无法顺利执行，这就产生了条约的解释问题。条约的解释，就是指按照一定的原则和方法对条约的整体、个别条款或词句的意义、内容和适用条件所作的明确而具体的说明。条约解释的目的实际上是正确解释条约条款的文字含义以及当事方各方在条约中所表达的意图，促使条约当事国对条约作适当的理解，并使其正确适用和执行条约，以减少和消除条约争端的发生。条约的解释主要涉及两个问题：一是谁有权解释，即条约的解释主体；二是如何进行解释，即条约解释的原则。

一、条约解释的主体

（一）条约当事国

国际法不同于国内法，在国内法方面，主体和制定者往往是分离的；而在国际法方面，主体和制定者一般是统一的。也就是说，国家既是国际法的制定者，同时又是国际法的遵守和执行者。于是，对于由国家参与而形成的条约，作为缔约方的国家实际上最明白和清楚他们缔结条约的意图，也最了解条约条款的含义和条约所要实现的目的和宗旨，同时也知道条约成立时的事实和法律情况，所以，作为"当事国间的法"的条约，当事国最有权利进行解释。当事国的这种有权解释，实际上是从罗马法的"谁制定的法律谁就有权解释"这个法谚演化来的。根据国家平等原则，无论是双边条约还是多边条约，当事国都有平等释约的权利，任何一方而非各方平等协商取得一致的解释，都不能构成"有权解释"。所谓"有权解释"，就是说对条约所做的解释与条约本身一样，对当事国具有法律拘束力。如果条约是双边的，则缔约双方有权解释；如果条约是多边的，则缔约各方都有权解释。只有由条约各当事国在平等协商基础上达成一致的解释，才是"权威解释"或"有权解释"。

（二）国际组织

国际组织对创设本组织的条约、公约或宪章有权解释。因为国际组织是根据这些组织约章创立和活动的，又是具体执行这些组织约章的机构，其最清楚这些组织约章的真实含义，所以国际组织对这些条约、公约或章程有权解释。这种解释也属"权威解释"或"有权解释"。

（三）仲裁法庭和国际法院

仲裁法庭和国际法院并不当然具有条约的解释权。只有当国际条约或公约中包含条约解释和争端解决条款，规定当事国可以把解释条约时所产生的争端诉诸法院或仲裁解决时，仲裁法庭或国际法院才获得解释条约的权力。例如，1973 年《关于防止和惩处侵害应受国际保护人员包括外交代表的罪行的公约》第 13 条规定，两个以上缔约国间在本公约的解释或适用上所发生的任何争端，如未经以谈判方式解决，经缔约国一方要求，应交付仲裁。如果自要求仲裁之日起 6 个月内当事各方不能就仲裁庭的组成达成协议，任何一方得依照国际法院规约提出请求，将争端提交国际法院处理。仲裁法庭和国际法院根据此项条款而取得对该条约的解释权。另外，国际法院可以通过"任意强制管辖"的途径对涉案的相关条约条款通过审理而作出解释。当然，由于仲裁法庭和国际法院对于案件的管辖是建立在当事国同意的基础上，所以，仲裁法庭和国际法院对于条约的解释权本质上还是来自当事国的授权和同意。

二、条约的解释原则和规则

条约的解释不能随心所欲地进行，而是必须遵循一定的原则和规则。《维也纳条约法公约》第 31～33 条就对此作了明确规定。

（一）全面、善意、参照宗旨的原则

按照《维也纳条约法公约》第 31 条的规定，条约应依其用语按其上下文并参照条约的目的及宗旨所具有之通常意义善意地加以解释。这一规定表明，在对条约进行解释时，应正确分析条约中所使用措辞的含义，同时还应结合条约的目的和宗旨，不能孤立地看待约文或断章取义，要注意条约上下文的一致性和连贯性，并按照条约所使用文字的通常意义和本义，客观、公正、全面、善意地对条约加以解释和说明。

（二）利用补充资料进行解释的原则

《维也纳条约法公约》第 32 条规定，如果采用上述规则所作的解释仍然意义不明、难解或所获结果显属荒谬或不合理时，为确定其意义起见，得使用解释之补充资料，包括条约之准备工作及缔约之情况在内。采用补充资料的目的，实际上就是为了完善条约的解释，从而使释约更加合理。

（三）作准文字分歧时的解释规则

缔结条约时究竟采用什么文字，并以何种文字作准，这在国际法上并无统一规定，这是各当事国在缔约时需要协商解决的问题。如果条约由两种以上文字作成，发生了解释分歧，对它的解决《维也纳条约法公约》第33条作了以下规定：

1. 条约约文经以两种以上文字认证作准者，除依条约之规定或当事国之协议遇意义分歧时应以某种约文为根据外，每种文字之约文应同一作准。例如，1958年《中华人民共和国和也门穆塔瓦基利王国友好条约》的约文用中文和阿拉伯文作成。该约规定，两种文本有同等效力，在解释上有分歧时，以阿拉伯文本为准。

2. 以认证作准文字以外之他种文字作成之条约译本，仅于条约有此规定或当事国有此协议时，始得视为作准约文。其在解释时通常只供参考。

3. 条约用语推定在各作准约文内意义相同。

4. 除依第33条第1项应以某种约文为根据之情形外，倘比较作准约文后发现意义有差别而非适用第31条及第32条所能消除时，应采用顾及条约目的及宗旨之最能调和各约文之意义。

[案例]

国际法院关于海事安全委员会组成问题的咨询意见

1948年缔结的《关于建立政府间海事协商组织公约》于1958年3月17日生效。政府间海事协商组织的主要机构除大会和理事会外，就是海事安全委员会，而海事安全委员会应按照前述公约中的第28（a）条规定由大会选举产生。第28（a）条规定："海事安全委员会将由14名委员组成，由大会从在海事安全上有重大利益的国家成员中选出，其中至少有8名是最大的船只所有国，其余委员的选择也应当保证能够充分代表其他对海事安全有重大利益的国家成员，例如，在提供大量海员或在运送大量有铺位及无铺位的乘客方面有利害关系的国家成员和各主要地理区域的国家的成员。"

根据1958年《劳埃德船务登记》，利比里亚和巴拿马的商船队在政府间海事协商组织中分别排在第三位和第八位，但在1959年1月15日大会选出的海事安全委员会成员中，并不包括利比里亚和巴拿马。对此，利比里亚代表在巴拿马代表的支持下，提出根据第28（a）条的规定，8个最大的船只所有国应当根据《劳埃德船务登记》中列明的船舶登记吨位来确定；而且该条并没有赋予大会在此问题上以通常意义的选举权，即8个最大的船只所有国一经确定，大会就必须"选举"他们。英国等传统海洋国家则强调利比里亚和巴拿马的特殊情况，指出即使排除方便旗问题，这两个国家对海事安全也没有做出过多少贡献；况且，从船只所有国对海事安全的重要性来看，也应按照这个国家所实际拥有的船舶吨位确定，但很显然，利比里亚和巴拿马都不属于这种情况；根据第 28 (a) 条，大会有权自由决定哪些国家"对海事安全有重大利益"，哪些国家没有这种利益，以及哪些国家对海事安全委员会的选举来说是"最大的船舶所有国"。这样大会既不能完全支持利比里亚和巴拿马的主张，也不能完全采纳英国等传统海洋国家的主张。于是，大会请求国际法院就其在 1959 年 1 月 15 日选举出的政府间海事协商组织海事安全委员会是否符合《关于建立政府间海事协商组织公约》的问题发表咨询意见。

1960 年 6 月 8 日，法院提出咨询意见认为，海事安全委员会不是按照 1948 年《关于建立政府间海事协商组织公约》组织的。对此，法院提出以下几点理由：

第一，对第 28 (a) 条中"选举"一词不能抛开上下文而孤立地按其通常的含义去理解。根据第 28 (a) 条的规定，大会负责"选举"海事安全委员会的 14 个成员国，且这 14 个成员国是被分成两类的，一类是 8 个最大的船舶所有国，另一类就是其他对海事安全有重大利害关系的国家。"选举"一词虽然同时适用于这两个国家，但在分别适用时的具体含义却是不同的，在适用于第二类的国家时，大会有任意选择的自由决定权；而在适用于第一类的 8 个国家时，大会则没有选择权利，只能根据事先规定的标准进行指定，这是强制性的。

第二，从第 28 (a) 条的本意和通常的含义来看，就是要把委员会中占绝对优势的控制权给予"最大的船舶所有国"。法院在研究了第 28 (a) 条的历史资料后进一步指出，这个条款的目的是赋予最大的船舶所有国在委员会中的控制权，而且"其中至少 8 名是最大的船舶所有国"的规定具有强制的和命令的意义，并且体现了公约缔约者的意图。"对海事安全有重大利害关系"只是作为委员会成员的一种资格，而这种资格对两类成员是同样适用的，因此，"对海事安全具有重大利害关系的国家就应当包括"最大的船舶所有国"。如果允许大会不顾登记吨位或其他条件而自由决定哪些国家具有这种"利害关系"将不符合第 28 (a) 条的本意，也将违反作为该项条款的基础的原则，而且，对条约作这样的解释也是没有道理的。

第三，对于如何确定"最大的船舶所有国"问题，法院首先驳回了英国和荷兰代表提出的，这个词"不宜于进行法律分析"，它没有"明确的和法律上的含义"以及大会可以自由研究其"情况的真实性"等主张，法院认为这些主张将使"其中至少有 8 个是最大的船舶所有国"的强制规定失去意义。法院指出，只有一个标准，即以船舶登记吨位为标准，此外不存在任何确定船舶所有国大小的有效方法。法院研究了 1948 年公约的某些其他条款和大会使那些条款发生效力的实际做法，还提到其他海事条约和惯例中的规定，然后得出结论说，登记吨位是一个标准，并且是一个实际、确切和容易适用的标准。至于说在一国登记的船舶，不一定为该国所拥有，已是得到普遍承认的。据此，法院得出结论说，第 28 (a) 条提及的"船舶所有国"应当以登记吨位为标准，而"最大的船舶所有国"当然是指那些拥有登记吨位最多的国家。

法院特别强调其对第 28（a）条的解释是符合公约保障和促进海事安全的目的的，并进一步指出，为了实现这个目的，拥有绝大多数现有吨位的国家间的相互合作也是至关重要的。既已判定登记吨位为惟一的标准，从本咨询意见的目的来看，法院认为已没有必要再考虑以 1958 年《公海公约》第 5 条为根据的所谓登记国和船舶之间具有真正联系的论点了。

第四，法院指出，由于没有把按照登记吨位排在前 8 名内的利比里亚和巴拿马选为海事安全委员会成员，政府间海事协商组织大会没有遵守第 28（a）条的规定，据此，法院发表咨询意见说，1959 年 1 月 15 日政府间海事协商组织海事安全委员会的选举是不符合《关于建立政府间海事协商组织公约》的。

法院的咨询意见在 1961 年 4 月的大会第二期会议上发生了作用。那时，利比里亚的商船队在政府间海事协商组织的成员中排在第四位，而巴拿马排在第十一位，结果，利比里亚被选入委员会而巴拿马则落选了。

本案主要涉及国际条约的解释和如何确定最大船舶所有国的标准问题。关于条约的解释首先要求按文字解释，条约的文字应采用通常的意义或本义，但对专门用语应按专门意义解释。其次，要注意条约上下文的一致性，其上下文包括条约的序言、附件以及与条约有关的各种文件，同时还要考虑到在当事国间适用的其他条约和惯例。再次，力求符合条约的目的和宗旨，不能孤立地解释约文。如果采用上述规则所作解释仍然意义不明或不合理，可使用解释的补充资料，包括草本、谈判会议记录、委员会的报告等，而且还可以参考缔约者的真实意图及缔约时的历史背景。关于确定最大船舶所有国的标准是船舶登记吨位。

第六节　条约的修订

一、条约修订的概念

由于现代国际关系发展非常迅速，复杂的国际社会局势一直处在不断的变化之中，在这种情况下，国际社会既有条约的某些规定就有可能不能继续适应新的变化了的国际关系和国际局势，因此，对条约中的若干规定作适当的更改也就显得十分必要。早在一战之后的《国际联盟盟约》中就有关于条约修订的规定。二战之后，许多多边公约都制定有关于修订条约的条款。但是，修订条约往往是一件十分复杂和困难的事情。因为多边条约的当事国情况比较复杂，而且多边条约也不可能对所有当事国做到绝对的公正与平衡，所以有些国家可能会由于从条约中受益而要求继续维持该条约，而有些国家可能会认为条约对自己约束太重而主张修订该条约。比如，第一次世界大战后，由于战胜国主导了话语权，缔结的战后和约等条约就体现了对战胜国权益的保护和对战败国更多的设限。后来随着德国的发展，德国就不愿继续履行这些条约加给它的义务，强烈要求修改 1919 年的《凡尔赛和约》，但德国的主张却遭到了法国的坚决反对。很显然，在实践中要顺利修改一项条约的确是一件不容易的事情。虽然如此，条约修订的实例仍然时有发生，《维也纳条约法公约》正是基于条约修订的实践，考虑到在变动与稳定之间寻求一种平衡，而制定出了条约修订的规则。所谓条约的修订，就是指条约的当事方在条约缔结后的实施期内（即有效期内）对条约的规定进行一定更改的行为。

二、条约修订的种类及规则

《维也纳条约法公约》将条约的修订分为两类：一种是条约的修正，一种是条约的修改。条约的修正，是指由全体缔约方通过协议对条约内容进行的更改。条约的修改，是指由部分缔约方通过协议对条约内容进行的更改。修正与修改的区别，就在于修正必须是所有缔约国参与，而修改则只需部分缔约国参加。在实践中，修正和修改有时很难区分。

《维也纳条约法公约》第 39 条规定了条约修正的通则，即"条约得以当事国之协议修正之"。《维也纳条约法公约》第 40 条规定了多边条约修正须遵循的规则：①修正多边公约的任何提议，必须通知全体当事国，各该缔约国均应有权参加关于对此种提议采取行动之决定，也有权参加修正条约之任何协定之谈判及缔结；②凡有权成为条约当事国之国家亦应有权成为修正后条约之当事国；③修正条约之协定对已为条约当事国而未成为该协定当事国的国家无拘束力；④修正条约之协定生效后成为条约当事国之国家，若无不同意思之表示，应视为修正后的条约之当事国，并就其对不受修正条约协定拘束的条约当事国的关系而言，应视为未修正条约的当事国。一般来说，多边条约大多都包含有修正条款，具体规定条约修正的程序、生效的必要条件以及效力。目前的趋势是，通过新的修正协定要有投票国的多数，生效需全体成员国的多数批准，有时还需包括某些特定国家的批准在内。例如，《联合国宪章》第 108 条规定："本宪章之修正案经大会会员国 2/3 表决并由联合国会员国之 2/3、包括安全理事会全体常任理事国，各依其宪法程序批准后，对于联合国所有会员国发生效力。"

关于多边条约的部分当事国彼此间修改条约，《维也纳条约法公约》第 41 条作了如下规定和要求：①必须是条约内有这种修改规定；②该项修改不为条约所禁止；③且该项修改不影响其他当事国享有条约上的权利或履行其义务；④该项修改不影响有效实现整个条约的目的和宗旨；⑤应将修改的内容通知其他当事国。从上述规定看，《维也纳条约法公约》虽然允许当事国彼此之间修改条约，但同时又对修改条约设下了许多限制，当事国在条约修改时应遵守这些规定。

提出修订条约的主体一般都是条约的缔约国，如 1951 年《关于难民地位的公约》第 45 条第 1 款规定："任何缔约国可以随时通知联合国秘书长，请求修改本公约。"另外，国际组织公约的修正案除了会员国可以提出之外，该组织的某些机构或个人（如董事会、理事等）也可提出。

提出修订条约的时间，国际法上并无统一规定，但在实践中有以下几种情况：①条约生效后一定时期才能提出。例如，1958 年的日内瓦海洋法"四公约"规定：要在公约生效 5 年后才能提出条约修正的请求。②缔约国可随时提出修订。③条约规定期限届满后定期修改。例如《联合国海洋法公约》第 312 条就作了上述规定。

第七节 中国缔结条约程序法

新中国成立六十多年来，我国已同外国缔结了数以千计的条约和协定，并参加了许多国际公约。可以说，我国在缔结条约程序方面已积累了比较丰富的实践经验，形成了许多具有自己特色的行之有效的习惯做法。但是，过去我国关于缔结条约的法律却很不完善，长期以来一直没有制定专门的法律，而是一直依据 1954 年 10 月 16 日全国人民代表大会常务委员会通过的《关于同外国缔结条约的批准手续的决定》和 1958 年国务院《关于同外国缔结条约程序的规定》（1962 年修订）在办理缔约事宜。随着我国缔约实践经验的进一步积累和对外开放的进展，上述两个规定已逐渐显得不能适应形势发展的需要。1990 年 12 月 28 日，第七届全国人民代表大会常务委员会第十七次会议通过了《中华人民共和国缔结条约程序法》，它是我国第一部关于缔结条约程序的法律，是五十多年来我国在缔结条约程序方面的实践经验的总结和概括。它既合乎国际条约法和国际习惯法，又符合我国宪法之精神，体现了我国在缔结条约程序方面的原则立场。

《缔结条约程序法》共 21 条，内容包括适用范围、缔约的代表权、缔约的名义、谈判代表的委派、条约草案的拟定和审定、条约的签署、批准、核准、接受、保存、登记、公布、生效、文字等。从《缔结条约程序法》的内容看，一方面，它与 1969 年《维也纳条约法公约》、1986 年《关于国家和国际组织间或国际组织相互间条约法的维也纳公约》的规定相吻合，吸收了两个公约中的许多内容，反映了条约法方面的国际法规则；另一方面，它结合我国实际，把我国行之有效的习惯做法以法律形式固定下来，体现了中国特色。

1. 适用范围。《缔结条约程序法》第 2 条规定，本法适用于我国与外国缔结的双边和多边条约、协定和其他具有条约、协定性质的文件。

2. 缔约的代表权。《缔结条约程序法》第 3 条规定，中华人民共和国国务院，即中央人民政府，同外国缔结条约和协定。全国人大常务委员会决定同外国缔结的条约和重要协定的批准和废除。中华人民共和国主席根据全国人大常务委员会的决定，批准和废除同外国缔结的条约和重要协定。中华人民共和国外交部在国务院领导下管理同外国缔结条约和协定的具体事务。同时《缔结条约程序法》第 4 条规定："中华人民共和国以下列名义同外国缔结条约和协定：①中华人民共和国；②中华人民共和国政府；③中华人民共和国政府部门。"可见缔约权由国务院行使，但受一定的限制，即国务院缔结的一些重要的条约和协定，需由全国人大常委会做出批准的决定。

3. 谈判代表的委派和全权证书的签署。《缔结条约程序法》第6条规定："谈判和签署条约、协定的代表按照下列程序委派：①以中华人民共和国名义或者中华人民共和国政府名义缔结条约、协定，由外交部或者国务院有关部门报请国务院委派代表。代表的全权证书由国务院总理签署，也可以由外交部长签署；②以中华人民共和国政府部门名义缔结协定，由部门首长委派代表。代表的授权证书由部门首长签署。部门首长签署以本部门名义缔结的协定，各方约定出具全权证书的，全权证书由国务院总理签署，也可以由外交部长签署。下列人员谈判、签署条约、协定，无须出具全权证书：①国务院总理、外交部长；②谈判、签署与驻在国缔结条约、协定的中华人民共和国驻该国使馆馆长，但是各方另有约定的除外；③谈判、签署以本部门名义缔结协定的中华人民共和国政府部门首长，但是各方另有约定的除外；④中华人民共和国派往国际会议或者派驻国际组织，并在该会议或者该组织内参加条约、协定谈判的代表，但是该会议另有约定或者该组织章程另有规定的除外。"

4. 条约的批准和核准。《缔结条约程序法》对条约的批准和核准作了区分。该法第7、8条分别对批准和核准的程序、范围、权限等作了规定。

《缔结条约程序法》第7条第1款规定，条约和重要协定的批准由全国人大常务委员会决定。第2款规定，前款规定的条约和重要协定是指：①友好合作条约、和平条约等政治性条约；②有关领土和划定边界的条约、协定；③有关司法协助、引渡的条约、协定；④同中华人民共和国法律有不同规定的条约、协定；⑤缔约各方议定须经批准的条约、协定；⑥其他须经批准的条约、协定。第3款规定，条约和重要协定签署后，由外交部或者国务院有关部门会同外交部，报请国务院审核；由国务院提请全国人大常务委员会决定批准；中华人民共和国主席根据全国人大常务委员会的决定予以批准。第4款规定，双边条约和重要协定经批准后，由外交部办理与缔约另一方互换批准书的手续；多边条约和重要协定经批准后，由外交部办理向条约、协定的保存国或者国际组织交存批准书的手续。批准书由中华人民共和国主席签署，外交部长副署。

《缔结条约程序法》第8条规定，本法第7条第2款所列范围以外的国务院规定须经核准或者缔约各方议定须经核准的协定和其他具有条约性质的文件签署后，由外交部或者国务院有关部门会同外交部，报请国务院核准。协定和其他具有条约性质的文件经核准后，属于双边的，由外交部办理与缔约另一方互换核准书或者以外交照会方式相互通知业已核准的手续；属于多边的，由外交部办理向有关保存国或者国际组织交存核准书的手续。核准书由国务院总理签署，也可以由外交部长签署。

5. 条约的加入和接受。《缔结条约程序法》第11条规定，加入多边条约和协定，分别由全国人民代表大会常务委员会或者国务院决定。加入多边条约和协定的程序如下：①加入属于本法第7条第2款所列范围的多边条约和重要协定，由外交部或者国务院有关部门会同外交部审查后，提出建议，报请国务院审核；由国务提请全国人大常务委员会作出加入的决定。加入书由外交部长签署，具体手续由外交部办理；②加入不属于本法第 7 条第 2 款所列范围的多边条约、协定，由外交部或者国务院有关部门会同外交部审查后，提出建议，报请国务院作出加入的决定。加入书由外交部长签署，具体手续由外交部办理。《缔结条约程序法》第 12 条规定，接受多边条约和协定，由国务院决定。经中国代表签署的或者无须签署的载有接受条款的多边条约、协定，由外交部或者国务院有关部门会同外交部审查后，提出建议，报请国务院作出接受的决定。接受书由外交部长签署，具体手续由外交部办理。

6. 条约的保存。《缔结条约程序法》第 14 条规定，以中华人民共和国或者中华人民共和国政府名义缔结的双边条约、协定的签字正本，以及经条约、协定的保存国或者国际组织核证无误的多边条约、协定的副本，由外交部保存；以中华人民共和国政府部门名义缔结的双边协定的签字正本，由本部门保存。

7. 条约的登记。《缔结条约程序法》第 17 条规定，中华人民共和国缔结的条约和协定由外交部按照联合国宪章的有关规定向联合国秘书处登记。中华人民共和国缔结的条约和协定需要向其他国际组织登记的，由外交部或者国务院有关部门按照各该国际组织章程的规定办理。

8. 条约的文字。《缔结条约程序法》第 13 条规定，中华人民共和国同外国缔结的双边条约、协定，以中文和缔约另一方的官方文字写成，两种文本同等作准；必要时，可以附加使用缔约双方同意的一种第三国文字，作为同等作准的第三种正式文本或者作为起参考作用的非正式文本；经缔约双方同意，也可以规定对条约、协定的解释发生分歧时，以该第三种文本为准。某些属于具体业务事项的协定，以及同国际组织缔结的条约、协定，经缔约双方同意或者依照有关国际组织章程的规定，也可以只使用国际上较通用的一种文字。

9. 条约的公布和汇编。《缔结条约程序法》第 15 条规定，经全国人民代表大会常务委员会决定批准或加入的条约和重要协定由全国人大常委会公报公布，其他条约、协定的公布办法由国务院规定。《缔结条约程序法》第 16 条规定，我国缔结的条约和协定由外交部编入《中华人民共和国条约集》。

另外，《缔结条约程序法》还对条约的生效方式、条约的修改、条约的废除和退出程序等作了相应规定。

【思考题】

1. 简述条约的概念和特点。
2. 何谓条约的保留？《维也纳条约法公约》对保留有何限制？
3. 简述条约的解释原则。
4. 条约的终止和中止有何区别？
5. 试析条约对第三方的效力。
6. 简析条约必须遵守原则的意义。

第十三章

国际组织法

第一节　概　述

一、国际组织概述

（一）国际组织的概念和特征

国际组织是指两个以上国家或其政府、人民、民间团体基于特定目的，依一定协议而建立的各种机构。[1]

国际组织有广义与狭义之分。广义上的国际组织包括政府间国际组织（IGO）和非政府间国际组织（NGO）。政府间国际组织是指由两个以上的国家或其政府为了实现特定的目的或调整国家间关系，通过条约设立的常设机构。非政府间国际组织是指通过合法程序设立的为某一共同目的参与国际关系的民间性质的社会团体，例如国际红十字会组织、国际法协会等。

结合国际实践，国际组织在国际法上有如下特征：

1. 国际组织的主要参加者是国家。它包含两层意义：一是国家作为国际法上的主体有建立或参加国际组织的能力；二是国家是作为平等主体参加国际组织的，国际组织的活动只能在国家共同授权的前提下进行，因此国际组织不能违反国家主权原则去干涉在本质上属于成员国国内管辖的任何事项。

2. 国际组织是以国家间的正式协议为基础而设立的。建立国际组织的协议是国际组织的基本法律文件，国际组织设立的宗旨与原则、组织机构、职权范围、活动程序以及成员国的权利与义务，均应以这种文件为依据。

3. 国际组织有独立的法律人格。国际组织因特定目的而建立，国际组织除需维持其组织内部的工作事务外，还需在其职能范围内对外开展活动，这需要以独立的国际法律人格参加国际法律关系，享受并承担国际法设定的权利和义务。

4. 国际组织有常设机构。国际组织设有常设机构是其区别于国际会议的基本

---

[1]　梁西：《国际组织法》，武汉大学出版社1998年版，第4页。

特点。

（二）国际组织的类型

由于国际组织设立的目的、宗旨、任务不同，组织形态和活动程序也不同，按不同的分类标准可以把它们分为不同的类型。

1. 按国际组织设立的宗旨和职能，可分为政治性国际组织和非政治性国际组织。政治性国际组织主要是指集体安全、维持和平、和平解决争端、同盟等组织；非政治性国际组织主要是以某一专业技术活动为任务的组织，如国际海事组织、非洲邮政联盟等。政治性国际组织有时也有一些非政治性的功能，而非政治性的国际组织，国家有时也用来从事运作一些政治性的工作。

2. 按国际组织是否向其他国家开放，可分为开放性国际组织和封闭性国际组织。有些国际组织，是以成员国间某些相同或相近的政治、经济、文化等特点或利益为纽带而组成的，如北约组织、亚太经合组织，此为封闭性国际组织。另一些国际组织则是对国际社会所有国家开放的，为开放性国际组织。

3. 按国际组织成员的地域特点，可分为普遍性（世界性）国际组织和区域性国际组织。普遍性国际组织向国际社会的所有国家开放，不论其地理位置与其他因素如何，只要符合加入条件即可成为会员国，如世界卫生组织。而区域性国际组织是由某一地区的国家组成的，且其职权也以该地区为限。例如，美洲国家组织、东南亚国家联盟、欧洲航天局等。

4. 按国际组织成员的性质，可分为政府间国际组织和非政府间国际组织。但政府间国际组织的成员并非都是国家或其政府，除联合国与国际原子能机构等政治性很强的组织外，有些以技术活动为主的政府间国际组织也可能吸收非独立国家的政治实体作为准成员参加活动。还有一些政府间国际组织，如现代国际商品协定组织，还接纳非主权的一体化组织为其成员。

（三）国际组织的历史发展

国际组织是在国家间民间交往发展到政府间国际会议的过程中产生的，这是历史性的转折点。在常设的政府间组织形成以前，政府间会议是国家间进行交往的更高级的形式，可能产生国家间的权利义务。

但这种会议制度存在一些问题，它不是常设性机构，每次会议由一国或数国发起，会议参加者没有主动权。而且在表决机制上采用一致通过的方式，这些缺陷都不利于及时解决国际问题。

欧洲资产阶级革命的胜利以及工业革命的迅速发展改变了欧洲国家间传统的交往模式，科技的进步和社会经济的发展也催生了一些新的国际关系的形成，以专门的、行政的和技术性的国际协作为职能的国际机构开始出现。例如，1865 年 20 个国家成立国际电报联盟，1874 年 22 个国家在伯尔尼建立邮政总联盟等。这些最初的国际组织建立了较完善的常设机关，为国际组织的发展奠定了基础。

第一次世界大战后，按照 1919 年《凡尔赛和约》的第一部分《国际联盟盟约》，于 1920 年 1 月 10 日正式宣告成立世界上第一个一般性国际组织——国际联盟。第二次世界大战后，国际组织得到迅猛发展。联合国的建立使国际组织进入了一个全新的阶段，同时一大批政府间国际组织的诞生和专门性国际组织的出现，使国际组织的发展走向一个新的阶段。

二、国际组织法

国际组织法是用以制约与调整国际组织创立、法律地位、内部活动及有关法律问题的所有法律原则、规则和制度的总称。[1]

国际组织法目前尚未形成一个完整的系统，国际社会对国际组织法也没有进行正式的编纂。一般而言，国际组织法作为国际法的一个新分支，其渊源也不可能超出一般国际法的范围，有关国际法的渊源与实践都能适用于国际组织法。

第二节　国际组织的法律制度

一、国际组织的成员

国际组织的成员绝大多数是国家，但这不排除有些国际组织允许除国家之外的非政府实体加入其中。例如，历史上曾有过国家的一部分成为国际组织的会员的情况，在苏联解体之前，其加盟共和国白俄罗斯和乌克兰也是联合国的会员国。世界气象组织规定非自治领土只要有独立的气象设施，便可成为其会员，但其表决权受到一定限制。世界贸易组织允许单独关税区成为其会员，中国香港、中国澳门和中国台湾地区就是以单独关税区的身份成为世界贸易组织的会员。

（一）国际组织成员的种类

国际组织的成员分为完全会员、部分会员、准会员、联系会员和观察员。

1. 完全会员。完全会员是参加国际组织的全部活动，在国际组织中享有所有权利和义务的成员。国家是主要的完全会员，但少数国际组织允许尚未独立的殖民地及民族解放组织成为它的会员，甚至有国家的一部分成为国际组织成员的情况。某些专业性国际组织允许政府的相关部门成为其完全会员，如世界气象组织、国际刑警组织。在少数情况下，国家集团或国际组织也可以成为国际组织的完全会员。

2. 部分会员。部分会员不是某一国际组织的正式成员，而是作为该组织的下属机构的成员。它们对整个国际组织来说是非成员，对该组织某个下属机构而言则是完全成员。如瑞士曾经不是联合国的会员国，但是它仍然可以成为联合国《国际法院规约》的当事国。

3. 准会员。在国际组织内，其权利受到限制者为准会员。准会员资格通常是非

―――――――――
〔1〕　饶戈平主编：《国际组织法》，北京大学出版社 1996 年版，第 19 页。

自治领土，但随着非自治领土获得独立，国际组织中不再有这类准会员。有些国际组织允许非主权实体成为其准会员，一些区域性组织允许区域外国家成为其准会员。

4. 联系会员。联系会员是指在国际组织中只享有有限的权利，承担有限的义务的成员。国际组织设立该会员的目的是为了吸收更多的非政府实体参与国际组织的活动。一般来说，联系会员享有出席该组织的会议、参与讨论的权利，但是没有表决权。此外，有些国际组织允许非主权实体成为该组织的联系成员，如国际海事组织、世界卫生组织等。

5. 观察员。观察员是指能够并愿意参与到某一国际组织的活动中，经国际组织邀请参加该组织工作的成员。观察员通常是临时邀请的，但也有常设的。

（二）国际组织成员资格的取得、暂停和丧失

1. 国际组织成员资格的取得。国际组织成员资格的取得有两种方式：创始取得与纳入取得。凡是参与创立国际组织的国家，为创始成员。凡是成立后加入的国家，为纳入成员。

2. 国际组织成员资格的暂停和丧失。国际组织成员资格的暂停是指有些国际组织规定，成员享有的某些权利在若干特殊情况下，有可能被中止，但是暂时失去的权利在一定条件下可以恢复。例如，《联合国宪章》规定，经安理会对其采取防止或执行行动的会员国，大会可以根据安理会的建议，以 2/3 的多数中止其会员权利的行使。这种权利的恢复，只需安理会单独决定，不需要经过大会表决。

国际组织成员资格的丧失有三种情形：①成员国的退出。大多数国际组织要求成员国退出时向组织提前通知，并在一定时间后退出才生效。有些国际组织章程对成员的退出未作任何规定，如联合国、世界卫生组织等。②国际组织的开除。如《联合国宪章》第 6 条规定："联合国之会员国中，有屡次违反本宪章所载之原则者，大会经安全理事会之建议，得将其由本组织除名。"组织章程中没有开除的规定时，国际组织可以采取其他方式将成员开除，如 1962 年美洲国家组织通过决议认为古巴政府以自己的行为将自己排除于美洲体系，从而将其除名。③成员资格的自动丧失。在以已是某国际组织成员为条件取得另一国际组织成员资格的情况下，丧失前者的成员资格，就自动丧失后者的成员资格。

二、国际组织的法律地位

国际组织是国际法的主体，这种国际人格者具有的权利能力和行为能力主要体现在以下几个方面。

1. 缔约权。国际组织的缔约权在 1986 年《关于国家和国际组织间或国际组织相互间条约法的维也纳公约》中有明确规定。实践中，国际组织会与国家或其他国际组织签订条约、协定等。

2. 对外交往权（使节权）。国际组织可以和成员国、非成员国或其他国际组织互相派遣常驻或临时使节。

第十三章

3. 承认与被承认的权利。国际组织一般通过接纳成员国或观察员，签订协定或邀请参加组织的会议等方式，来表示对一个国家、政府、民族解放组织或其他国际组织的承认。但是国际组织的承认并不意味着其成员国的集体承认。

4. 国际索赔与国际责任。国际组织有权对侵害其利益的国家提出国际索赔。国际法院在 1949 年"损害赔偿案"的咨询意见中肯定国际组织的索赔权。国际组织对其损害的国家或国民的利益也要承担国际责任。

5. 特权与豁免。国际组织及其工作人员以及成员国的代表享有一定的特权与豁免。这种规定见于国际组织的基本文件中，或见于国际组织与东道国签订的双边协定中，或见于多边条约中。

三、国际组织的主要机关

国际组织的内部机构设置由于不同的性质而呈现数目名称各异的现象，但一般都由基本的三个部门构成：决策机关、执行机关和行政机关。

（一）决策机关

决策机关是根据国际组织的基本法律文件而组成的最高权力机关，它由全体成员派出正式代表团或全权代表组成。有些国际组织的决策机关由成员的国家元首、政府首脑或政府部长组成，分别称为首脑会议或部长会议。决策机关的名称一般称为"大会"，如联合国大会；在经济类型的组织内称为"管理董事会"。

（二）执行机关

执行机关是国际组织内负责执行其决议的机关，它由一定数目的成员组成，除非经选举法明确规定外，其名额依地域公平分配原则确定，由最高权力机关选举产生。通常称为理事会、执行局、执行委员会或执行董事会等。

（三）行政机关

行政机关是国际组织内部处理日常工作的常设机构。其名称早期称为"国际事务局"或"执行局"，现在多称为"秘书处"。最高行政长官一般称为秘书长或总干事，有时也称做执行秘书、总裁或主席。

四、国际组织的决策方式

国际组织的决策通常是用会议表决的方式进行的。它是成员对组织决议案表示赞同或反对的具体方式，是国际组织决策程序的核心。会议的表决程序虽然多种多样，但可以将其概括为两个基本问题：一个是投票权的分配问题，这是表决的前提条件，其分配方法主要包括一国一票制与加权投票制两种。另一个是表决权的集中问题，这是表决的有效结果，其集中方法主要包括全体通过制、多数通过制及协商一致等。

（一）全体一致

该表决制度是以国家主权平等为理论依据，决议须取得出席会议和参加投票的成员国一国一票一致同意才能通过。从拥护主权的方面来说，它最能体现对国家主权的尊重。但全体一致通过的表决制度在讨论或谈判很难达成一致时，会使表决时间延长而不利于作出决议甚至一个或极少数国家可以否决大多数国家的意见，因而造成议而不决的现象。这种过于强调成员国个别意志的表决制度，除个别成员较少的国际组织依然在使用外，大多数国际组织已经不再采用。

（二）多数表决

现在大多数国际组织都采用多数表决制度。这种表决制度是指在坚持成员国一国一票制的基础上，决议的通过须以出席会议和参加投票的多数成员同意方可通过。它可分为简单多数和特定多数两种。简单多数是指只要有过半数的同意票，决议即可通过；特定多数是指国际组织的决议须有绝对多数票才可通过，一般以 2/3 为限，甚至有 3/4 或更高的比例，这一表决制度往往适用于对重大问题的决策。此外，有的国际组织的特定多数包括某些国家的同意票在内。

（三）加权表决

部分国际组织，特别是负责金融、经济事务的国际组织，其表决程序不是广泛适用的成员平等投票原则，而是按照一定标准和规则分别给予成员以不同票数或不等值的投票权。这种根据成员实力大小、责任、贡献及利益关系的多少分配投票权的方式，习惯上被称为加权表决制或加重投票权。

（四）协商一致

协商一致是国际组织在实践中发展出的一种新的表决方式。协商一致是指经过协商，只要在有关问题的基本点上达成一致，而在非基本点上即使存在分歧，如成员不提出反对，决议即可通过。协商一致是由主持协商的会议主席确定而无需投票表决的一种决策方式，但允许以解释或保留的方式提出在非基本点上的不同意见，并加以记录，表明对作出的表决同意的程度。

第三节　国际联盟

一、国际联盟的成立过程

自 18 世纪以来不断有人提出，建立普遍性的国际组织来维持和平，但真正有影响的是美国总统威尔逊在第一次世界大战后，于 1918 年 1 月 8 日提出著名的 14 点和平计划，其中第 14 点是建立一个一般性的国际组织以保障大小国家的政治独立和领土完整。为了保证这个建议被接受，这个被称为国际联盟（League of Nations）的国际组织序言和 16 个条文（总称为《国际联盟盟约》）同时被列入第一次世界大战后对德国、奥地利、匈牙利等和约。根据该盟约，国际联盟于 1920 年 1 月 10 日成立。美国因为无法得到参议院 2/3 多数的同意批准盟约而未成为国际联盟的会员国。

二、国际联盟的主要组织

（一）大会

会员国派代表 3 人参加，但只有一个投票权，大会有权"处理属于联盟举动范围以内或关系世界和平之任何事件"，大会决议除盟约另有规定及程序问题可由普通多数通过外，须全体一致通过，这是国际联盟最大的缺点。

（二）行政院

由五个常任委员国和四个非常任理事国组成，经大会同意也可以增加常任理事国。1920 年成立时，英国、法国、意大利和日本四国为常任理事国，美国被规定为常任理事国，但美国未加入国际联盟，所以席位空虚，德国和前苏联分别于 1926 年和 1934 年加入国联成为常任理事国，在 1933 年德国和日本退出国联，意大利于 1937 年退出，到了 1939 年前苏联遭开除后，只剩下英国和法国两个常任理事国。

行政院的决议，除盟约另有规定外，以及程序问题由普通多数通过外，均须全体一致通过，但弃权与争端当事国的票数不计算在内。

（三）秘书处

秘书长由行政院经大会多数核准任命。

（四）常设国际法院

依据盟约第 14 条，国联行政院应筹设国际审判法庭，1920 年 12 月 13 日，《国际常设法院规约》及签字议定书正式签署，共 64 条，生效后国联大会与行政院正式选出法官，1922 年 2 月 15 日在海牙正式成立。

三、国际联盟与国际安全的维护

《国际联盟盟约》第 10 条规定，联盟的"会员担任尊重并保持所有各会员之领土完整及现有政治上的独立，以防御外来之侵犯。如遇此种侵犯或有此种侵犯之任何威胁或危险之时，行政院应筹履行此项义务之方法"。第 11 条规定，如果有任何战争或战争之危险，任何会员国可以请求国联秘书长召开行政会议。

1931 年 9 月 18 日，日本出兵侵占沈阳，我国向国联控诉，但日本不理会并继续侵占我国东北，12 月 10 日，国联行政院决议组织调查团来我国东北调查情况。1932 年 3 月 10 日，国联特别大会决定设立十九国委员会代表大会处理本案，10 月 1 日，国联调查团发布调查报告，1933 年 2 月 24 日，国联特别大会根据十九国委员会对国联报告书的研究报告提出建议，其中建议日本撤军。我国接受这一建议，但日本反对。投票结果是 42 国赞成，一票弃权（泰国）和一票反对（日本），通过此报告。但日本拒不接受，并于 3 月 27 日宣布退出国联。国联并未依盟约第 16 条对日本实施经济制裁，也未由行政院建议对日本实施军事制裁。

1935 年 10 月 3 日，意大利入侵埃塞俄比亚，10 月 7 日，国联行政院宣布意大利为侵略者，10 月 11 日，国联大会决定依盟约第 16 条对意大利实施经济制裁，但由于英法不合作，未对意大利实施石油禁运。1936 年 5 月 9 日，意大利宣布吞并埃塞俄比亚，7 月 10 日，国联决定终止对意大利制裁，但意大利还是于 1937 年宣布退出国联。德国于 1933 年亦退出国联，1936 年德意两国干涉西班牙内战支持佛朗哥，1939 年推翻西班牙共和政府，1938 年合并捷克大部分，并将另一部分建立斯洛伐克进行控制。日本于 1937 年 7 月 7 日起大举进攻中国。

对于上述的侵略行为国联均束手无策，1939 年 11 月，苏联要求芬兰割地被拒，于是进攻芬兰，国联将苏联驱逐出国联，芬兰被迫在 1941 年 3 月 12 日签约割地给苏联。

国联实际上在 1939 年底就停止运作，到第二次世界大战后，1946 年 4 月 19 日召开最后一届大会后正式宣告解散，其财产及一些功能移交给新成立的联合国。

第四节　联　合　国

一、联合国的建立

联合国是人们为实现永久和平的理想而建立的国际组织，其格局和框架是在第二次世界大战中逐渐形成的，最早可以追溯到 1941 年 6 月 12 日，英国、澳大利亚、加拿大、新西兰、比利时、捷克、希腊、卢森堡、荷兰、挪威、波兰、南斯拉夫、南非以及法国等 14 国在伦敦发表的《伦敦宣言》。该宣言强调"持久和平的唯一真正基础是自由的人民在一个摆脱了侵略威胁，人人都可享有经济与社会保障的世界中的自愿合作"。1941 年 8 月 14 日，美国总统罗斯福和英国首相丘吉尔签署了《大西洋宪章》(The Atlantic Charter)，呼吁建立"广泛而永久的普遍安全制度"。

1942 年 1 月 1 日，正在对德意日轴心国作战的中苏英美等 26 个国家的代表，在美国华盛顿签署《联合国家宣言》（Declaration by United Nations)，第一次使用了"联合国"这个名称，但当时它还不是一个国际组织，只是对与法西斯作战的国家的总称。宣言声明赞同《大西洋宪章》所载之宗旨与原则，并宣告全力以赴对轴心国作战，绝不与敌人单独停战和媾和。

1943 年 10 月 30 日，中、苏、英、美代表发表《四国关于普遍安全的宣言》(Declaration of Four Powers on General Security，又称《莫斯科宣言》)，确定了战后建立普遍安全组织的共同方针和基本原则。《莫斯科宣言》声明："四国承认有必要在尽速可行的日期，根据一切爱好和平国家主权平等的原则，建立一个普遍性的国际组织，所有这些国家无论大小，均可加入为会员国，以维持国际和平与安全。"同年 12 月，苏、美、英三国在德黑兰签署《德黑兰宣言》，重申建立这样一个组织的决心。

1944 年 8 月 21 日~10 月 7 日，苏、美、英三国（8 月 21 日~9 月 28 日）和中、

美、英三国（9月29日～10月7日）分别在美国敦巴顿橡树园举行会议。[1]根据中、苏、美、英四国《莫斯科宣言》的精神，草拟了战后国际组织的章程。会议一致通过了《关于建立普遍性国际组织的建议案》，并且提出了给即将建立的国际组织取名为"联合国"的建议。在这个建议案中，规定了联合国的宗旨和原则，以及联合国大会、安全理事会等机构的组成和职权。建议案提出，主要机关之一的安理会负有维持国际和平与安全的主要责任，确立安理会由中、法、苏、英、美5个常任理事国和6个（1963年后为10个）非常任理事国组成。

1945年，苏、美、英三国首脑在苏联克里米亚的雅尔塔举行会议，解决了安全理事会的表决程序问题，确立安理会表决的"雅尔塔规则"（The Rule of Yalta），使之成为敦巴顿橡树园会议建议案的组成部分。同时会议还决定由中、苏、美、英四国发起，邀请至1945年3月1日为止在《联合国家宣言》中签字的国家在旧金山举行制宪会议。

1945年4月25日，50个国家在旧金山召开了联合国制宪会议，会议正式名称为"联合国关于国际组织的会议"。与会代表讨论了敦巴顿橡树园会议制订的方案、雅尔塔协定以及各国政府提出的修正案，1945年6月25日，在旧金山歌剧院全体会议上一致通过了《联合国宪章》（The Charter of the United Nations），6月26日，出席会议的各国代表在宪章上签字。波兰当时没有派代表参加会议，但后来作为创始会员国于1945年10月15日签署了宪章。

1945年10月24日，经中、苏、美、法、英和其他多数签字国交存批准书，宪章开始生效，联合国宣告正式成立。第一届联合国大会于1946年1月10日在伦敦召开，同年2月大会决定联合国总部设在纽约，后来联合国决定将10月24日这一天定名为"联合国日"。

中国派出以代理行政院长兼外交部长宋子文为团长的代表团，中国共产党党员董必武作为中国代表团成员参加了旧金山会议，大会指导委员会以中国抵抗侵略最先为据，特准中国为《联合国宪章》的第一签字国，中国代表团成为第一个在《联合国宪章》上签字的国家。

二、联合国的宗旨和原则

联合国的宗旨和原则记载在《联合国宪章》中。宪章由一个序言和19章条文组成。其序言中开宗明义地阐述道："我联合国人民同兹决心：欲免后世再遭今代人类两度身历惨不堪言之战祸；重申基本人权、人格尊严与价值，以及男女与大小各国平等权利之信念；创造适当环境，俾克维持正义、尊重由条约与国际法其他渊源而起之义务，久而弗懈；促成大自由中之社会进步及较善之民生……"

---

[1] 前苏联借口当时未与日本交战，不便与中国同时出席会议，因此会议分成两个阶段举行。

（一）宗旨

《联合国宪章》第 1 条规定了联合国的四项宗旨。

1. 维持国际和平与安全。这是联合国的首要目的和宗旨，为此目的，宪章规定两个步骤：①采取有效集体办法，以防止且消除对于和平之威胁，制止侵略行为或其他和平之破坏；②以和平方法且依正义及国际法之原则，调整或解决足以破坏和平之国际争端或情势。

2. 发展各国间友好关系。第 1 条第 2 款规定："发展国际间以尊重人民平等权利及自决原则为根据之友好关系，并采取其他适当办法，以增强普遍和平。"

3. 促成国际合作。第 1 条第 3 款规定："促成国际合作，以解决国际间属于经济、社会、文化及人类福利性质之国际问题，且不分种族、性别、语言或宗教，增进并激励对于全体人类之人权及基本自由之尊重。"

4. 构成协调各国行动的中心。以联合国作为协调各国行动的中心，以达成上述共同目的。联合国应当成为协调一切国家的行动并促之进行协作的重要场所，其主要活动方式在于通过协商取得协调，以实现上述规定。

（二）原则

为了实现联合国的宗旨，《联合国宪章》第 2 条规定了本组织及其会员国应遵循的七项原则：①联合国基于各会员国主权平等的原则；②各会员国应一秉善意，履行其依宪章所担负的义务，以保证全体会员国由加入本组织而发生的权益；③各会员国应以和平方法解决国际争端；④各会员国在其国际关系上不得使用威胁或武力或以与联合国宗旨不符合的任何其他方法，侵害任何会员国或国家的领土完整或政治独立；⑤各会员国对于联合国依本宪章规定采取的行动，应尽力予以协助，联合国对任何国家正在采取防止或执行行动时，各会员国对该国不得给予协助；⑥联合国在维持国际和平及安全的必要范围内，应保证非会员国遵行上述原则；⑦宪章中任何规定都不得视为授权联合国干涉在本质上属于任何国家国内管辖的事件，且并不要求会员国将该事件依本宪章提请解决；但此项原则不妨碍第七章内执行办法之适用。

《联合国宪章》规定的宗旨和原则构成联合国行为的准则，六十多年的实践证明它是行之有效的，是现代国际关系和国际法的基础。

三、联合国的会员

《联合国宪章》第二章规定了联合国会员资格的取得与丧失。

（一）联合国会员资格的取得

联合国会员国有创始会员国和纳入会员国两种。创始会员国与纳入会员国享有相同的权利和义务。

创始会员国是指凡参加 1945 年旧金山会议，或签署 1942 年《联合国家宣言》，并批准《联合国宪章》的国家，创始会员国有 51 个国家。[1]

纳入会员国是指凡爱好和平的主权国家，接受宪章所载的义务，经联合国认为能够并愿意履行宪章的义务，均得成为联合国会员国。凡要加入联合国的国家，需要首先向联合国秘书长提出申请，然后由秘书长将申请交安全理事会"接纳新会员国委员会"进行审查并提出审议报告；安理会审议后，若同意其申请则向大会推荐；大会审议后，经 2/3 多数表决通过，接纳该国为会员国。

纳入会员国的数量不断增长，截止到 2013 年 2 月，联合国有会员国 193 个。黑山共和国于 2006 年 6 月 28 日加入成为会员国，是目前联合国最新的会员国。

（二）联合国会员资格的丧失

1. 宪章未规定会员国是否有权退出联合国，在实践中只有印度尼西亚曾于 1965 年 1 月 20 日正式通知联合国秘书长退出联合国，但于 1966 年 9 月 19 日，又通知秘书长决定恢复与联合国的全面合作，从第二十一届联合国大会会议起恢复在联合国的活动，并补交其退出期间所应缴纳会费的 1/10。联合国对此事的态度如联大主席所说，印度尼西亚并没有退出联合国，只是暂停与联合国的合作。

2. 停止会员权利。宪章第 5 条规定，联合国会员国如经安全理事会对其采取防止或执行行动的，大会经安全理事会的建议，可停止其会员权利及特权的行使。此项权利及特权行使的恢复，由安理会决定。

3. 除名。宪章第 6 条规定，如果联合国会员国屡次违犯联合国宪章所载原则，大会经安全理事会的建议，可将其从本组织除名。迄今该条还未适用过。

4. 丧失大会投票权。拖欠财政款项的会员国，当其拖欠的数目等于或超过前 2 年所应缴的数目时，即丧失其在大会上的投票权。

四、联合国大会

联合国为实现其宗旨和目的，设立了六个主要机关：大会、安全理事会、经济及社会理事会、托管理事会、国际法院和秘书处。根据工作需要，在这些机构下还分别设有常设的、辅助的或临时的机构。

（一）大会的组成

联合国大会由全体会员国派代表团组成，是联合国的主要审议机构，每一个会员国可以派遣代表 5 个，但只有一个投票权。联大会议在每年 9 月的第三个星期二开幕。闭会日期无明文规定，但一般都在 12 月 25 日圣诞节以前结束，如议程还没

[1] 白俄罗斯和乌克兰均为前苏联的一部分，原不应有单独的联合国会员国的资格，但在英、美、苏三国首长在雅尔塔举行会议时，前苏联认为 1944 年 2 月苏联修宪后，苏联的各共和国如白俄罗斯可以享有自主对外政策，所以要求至少给 2 个或 3 个苏联的共和国个别联合国会员国会员资格。美国和英国让步同意给苏联的白俄罗斯和乌克兰个别的会员资格。前苏联于 1991 年解体后，这两个国家的会员国地位不再是问题。

有讨论完毕，可暂时休会，到第二年春天继续开会。联大除每年举行一届常会外，还可根据安全理事会或过半数会员国的请求，召集特别会议或紧急特别会议。

大会每届常会设 6 个主要委员会（原来大会有 7 个主要委员会，1993 年联合国大会第 47/233 号决议，将原特别政治委员会和非殖民化委员会合并为第四委员会）协助全体会议进行工作，这 6 个委员会是：①政治与安全委员会（第一委员会）；②经济与财政委员会（第二委员会）；③社会、人道与文化委员会（第三委员会）；④特别政治和非殖民化委员会（第四委员会）；⑤行政与预算委员会（第五委员会）；⑥法律委员会（第六委员会）。其责任是一方面考虑大会所交付的事项，并给大会的全体会议准备建议及决议草案；另一方面，考虑专门机构和秘书长交与归它所管的有关报告。每个委员会由全体会员国派代表组成。

（二）大会的职权

根据宪章规定，联合国大会拥有广泛的职权。宪章第 10 条规定，大会讨论"宪章范围内的任何问题或事项，或关于本宪章所规定任何机关之职权；并除第 12 条所规定之外，得向联合国会员国或安全理事会或兼向两者，提出对该问题和事项的建议。"第 12 条规定如下："①当安理会对于任何争端或情势，正在执行本宪章所授予该会之职务时，大会非经安理会请求，对于该项争端或情势，不得提出任何建议。②秘书长经安全理事会之同意，应于大会每次会议时，将安全理事会正在处理中关于维持国际和平及安全的任何事件，通知大会；于安全理事会停止处理该事件时，亦应立即通知大会，或在大会闭会期内通知联合国会员国。"

至于除第 12 条限制之外，联合国大会的建议内容是否有何限制，只有宪章第 11 条第 2 款有下列限制："大会得讨论联合国任何会员国或安理会或非联合国会员国依第 35 条第 2 款之规定向大会所提关于维持国际和平及安全之任何问题；除第 12 条所规定外，并得向会员国或安理会或兼向两者提出对于该问题的建议。凡对于需要行动（action）之各该项问题，应由大会于讨论前或讨论后提交安理会。"

这里的"行动"是否表示联大不能建议国家采取制裁或军事行动，对此曾有争议。1950 年联合国大会通过的"关于保障和平的联合行动案决议"中表示联大可以建议"使用武力"的行动。1962 年 7 月 20 日，在国际法院对"若干联合国费用"的咨询意见中指出，"行动"必须是指只有安理会才能采取的行动，而不是指安理会依宪章第 38 条所能采取的建议，所以"行动"只包括安理会"强制或执行行动"以外的行动。

大会的其他重要职权具体来说还有：大会接受并审议联合国其他机构的报告；选举安理会的非常任理事国、经济及社会理事会的理事国以及托管理事会须经选举的理事国；与安理会各自投票选举国际法院的法官；根据安理会的推荐委任秘书长；根据安理会的建议通过决议接纳新会员国，中止会员国的权利或开除会员国。大会还负责审议和批准联合国的预算，分派各会员国应缴纳的经费，审查各专门机构的行政预算等。

（三）大会的表决程序

在大会的表决程序方面，每个会员国在大会享有一个投票权。对于重要问题的决议须由出席并投票的会员国以 2/3 的多数决定。重要问题有：修改宪章，关于国际和平与安全的建议，安全理事会、经社理事会和托管理事会理事国的选举，接纳新会员国，中止会员国的权利和开除会员国，实施托管制度，预算等问题。其他问题包括某事项是否为重要问题的决议只需以简单多数通过。在实践中，大会常以协商一致方式通过决议。

大会对联合国组织内部事务通过的决议对组织及会员国有拘束力，但对维持国际和平安全问题作出的决议只有建议的性质。

五、安全理事会

（一）安理会的组成

安理会由 5 个常任理事国和 10 个非常任理事国组成。每个理事国有 1 名代表。常任理事国永久担任，分别是中国、俄罗斯、美国、英国和法国。非常任理事国由联合国大会采取竞选方式选举产生，席位按地域分配，任期 2 年。安理会主席由理事国按国名的英文字首的排列次序轮流担任，任期 1 个月。

安理会每年举行两次定期会议。此外，安理会主席认为必要时可以随时决定召开常会。安理会任何理事国可以请求召开会议，联合国大会、秘书长和任何会员国都可以因出现国际争端或危及国际和平与安全的情势，请求安理会举行会议。安理会两次常会的间隔不超过 14 日。非安理会理事国的联合国会员国，当安理会认为讨论对这些国家的利益有特别影响时，可以邀请其参加安理会的讨论。当会员国和非会员国是安理会所审议的争端当事国时，都应被邀请参加讨论，但上述非安理会理事国的联合国会员国以及非联合国会员国在参加安理会的讨论时，无投票权。

（二）安理会的职权

安理会在维持国际和平与安全方面负有主要责任，也是唯一有权采取行动的机关。宪章第 25 条规定："联合国会员国同意依宪章之规定接受并履行安全理事会之决议。"因此，安理会的决议对会员国有法律上的拘束力，以及对非会员国也有法律上的拘束力（宪章第 2 条第 6 款）。不过安理会的决议是否具有法律上之效力，必须依其内容决定，因为部分安理会的决议只具有建议性质，需要看决议的用语才能决定决议之性质。

在和平解决会员国之间的争端方面，安理会可以促请各争端当事国用谈判、调查、调停、和解、仲裁、司法解决、利用区域机构或区域协定，或各当事国自行选择的其他和平方法，解决它们的争端。对于任何争端或可能引起国际摩擦或争端的任何情势可以进行调查，以断定其继续存在是否足以危及国际和平与安全。任何联合国会员国、预先声明接受宪章所规定的和平解决争端义务的非会员国、大会或秘书长都可以提请安理会注意可能危及国际和平与安全的争端或情势。

对于危及国际和平与安全的争端，安理会可以促请争端当事国采取和平方法予以解决。安理会也可以在任何阶段，建议以适当程序或调整方法来解决争端。安理会在行使和平解决国际争端职能时所做的建议对当事国无法律拘束力，实际上起着斡旋和调停的作用。

在维持国际和平与安全、制止侵略方面，宪章规定的安理会应对程序与办法如下：

1. 依据第 39 条规定，由安理会断定和平之威胁、和平之破坏、或侵略行为是否存在。

2. 断定之后，安理会可以作成建议，至于建议之内容，宪章没有规定或限制。但"作成建议或抉择依第 41 条及第 42 条规定办法，以维持或恢复国际和平及安全"。所以，任何有助于此目标的建议均应可以。依宪章第 40 条规定，为了防止情势恶化，可以促请有关当事国遵行安理会认为必要或适当的临时措施，安理会对于不遵守临时措施的情形，应予以适当注意。

3. 安理会依据第 41 条，可以建议或决定采取非武力的措施以实施其决议，包括局部或全部停止经济关系、铁路、海运、航空、邮电、无线电及其他交通工具，以及断绝外交关系等并促请会员国执行这些措施。

4. 如果安理会认为第 41 条"所规定之办法为不足或已经证明为不足时，得采取必要之空海陆军行动，以维持或恢复国际和平与安全。此项行动包括联合国会员国之空海陆军示威、封锁及其他军事行动"。

会员国应按照安全理事会的倡议、商定的特别协定，提供维护国际和平与安全所必需的军队、协助和便利。因为至今无联合国的军队存在，实践中安理会通过授权会员国出兵去执行安理会的决议，以达到维持或恢复和平与安全的目的，这是制定宪章时所未预料到的。

除上述职权外，安理会还负责制订管制军备的计划，对战略托管地区行使联合国的托管职能；向大会提出年度报告和特别报告；与大会分别投票选举国际法院法官；向大会推荐新会员国和联合国秘书长；向大会建议中止会员国的权利或开除会员等。

（三）安理会的表决程序

根据宪章第 27 条的规定，安理会的每个理事国有一个投票权。程序性事项由 15 个理事国中 9 个理事国的可决票决定。程序性事项以外的一切事项，以包括 5 个常任理事国在内的 9 个理事国的可决票决定。这就是"大国一致原则"，或称为"否决权"（veto power）。关于和平解决争端的决议，作为争端当事国的理事国不得投票，但是关于采取执行行动的决议，作为争端当事国的理事国可以投票和行使否决权。在联合国实践中，常任理事国不参加投票或者弃权，不构成否决。

如何决定某一个事项是程序性问题还是非程序性问题的先决问题，《联合国宪章》没有明确规定，1945 年 6 月 7 日在旧金山举行联合国国际组织会议时，苏、美、英、中四国曾发表一个声明，认为这个先决问题本身是个非程序性问题，可以行使否决权。

后来在安理会发生双重否决问题，即在决定一个事项的性质的先决问题时，一个常任理事国先用否决权使其变成非程序性问题，然后再在该事项投票时，再行使否决权，这就是"双重否决权"。

但是从 20 世纪 50 年代起，依据安理会议事规则第 30 条，通常由安理会主席裁定有疑问的事项是否为程序性事项，非经 9 个以上理事国推翻，主席的裁定则有效，就排除了双重否决的可能性。

（四）联合国大会与安全理事会维持和平的功能

宪章并未规定大会或安全理事会"维持和平"的功能，但后来二者却从事这方面的工作。维持和平的功能虽然也使用军队，但其作用不在于制裁那个国家，而在维持争端当地的和平，而且不涉及宪章第 39 条由安理会事先断定是否有和平的威胁、和平的破坏或侵略行为的发生。联合国维持和平的军队进入某个地区必须经当地国的同意，如果当地国撤回同意就必须撤走。

联合国首次成立维持和平的军队在中东，维持以色列与埃及之间的和平。1956 年 11 月 5 日，联大通过第 1000 号决议，成立紧急国际部队来监督双方停止敌对行动，"联合国紧急部队"成立后，以色列撤退军队的地方就交其接管，再由其移交给埃及，这一部队就停留在埃及靠近以色列的边界，以免两国又发生冲突。所以此部队是维持和平的性质，成立的依据是宪章第 22 条联合国大会"得设立其认为于行使职权所必需之辅助机构"。

六、会员国的代表权问题

宪章对会员国的代表权问题未作规定，但大会、安理会、经济及社会理事会与托管理事会的会议规则中，对代表的全权证书审查问题有规定。在绝大多数的实践中，会员国的代表权不会发生问题，如发生革命或政变，新政府就会派遣新的代表来出席联合国的会议。

如果在一个国家出现两个政府的情况下，该国的代表权就可能会在联合国产生争议。例如，1956 年 11 月前苏联干涉匈牙利推翻其政府后，新成立的政府所派代表的全权证书，联大拒绝采取行动认可，但其代表出席大会之权未受到影响，一直到 1962 年为止。1978 年 12 月越南军队入侵柬埔寨，将民主柬埔寨政府驱逐，另成立柬埔寨人民共和国政府，原政府退到泰国与柬埔寨边界地区。这二个政府均争取要在联合国代表柬埔寨，但联合国大会一直都继续认定原政府代表柬埔寨。而原政府逐渐成为一个混合政府，1990 年在联合国安理会五个常任理事的安排下，柬埔寨各派成立最高国家委员会来领导柬走向民主选出的政府，但是这个委员会未能同意如何组成出席联合国代表团，直到 1991 年柬埔寨才组成代表团出席联合国大会。

1950 年 12 月 14 日联大通过第 396 号决议，其中建议如果有一个以上的当局

（authority）主张在联合国内代表该国而引起争议，此事应依《联合国宪章》的宗旨与原则以及每个情况来考虑。

1949 年新中国政府成立后，在 1949 年 11 月 15 日就要求取代国民党政府在联合国中的代表权，多年斗争无果。1961 年联大通过决议，任何改变中国代表权现状的决议是重要问题，需经大会 2/3 多数赞成才能通过。直到 1971 年 7 月 15 日，阿尔巴尼亚等十七国致函联合国秘书长要求将"恢复中华人民共和国在联合国的合法权利"列入联大议程，"确认中华人民共和国政府代表为中国出席联合国唯一合法代表，为五个安理会常任理事国之一……并立即驱逐在联合国及一切有关组织非法占据席位之蒋介石代表。"当年 10 月 26 日联大通过第 2758 号决议，76 赞成票对 35 反对票，17 弃权票之结果通过上述提案，国民党政府随即宣布退出联合国，中国在联合国的代表权发生变更。

七、经济及社会理事会

经济及社会理事会简称经社理事会，是根据宪章设立，协调 14 个联合国专门机构、8 个职司委员会[1]和 5 个区域委员会[2]的经济、社会和相关工作的主要机构。经社理事会还管辖 11 个基金会和规划署。经社理事会由 54 个国家组成（最初为 18 国，1965 年 8 月 31 日宪章修改生效后为 27 国，1973 年 9 月 24 日宪章再次修改生效后为 54 国）。理事国由联合国大会选举，任期 3 年，每年改选 1/3，可连选连任，席位按地域分配。

根据《联合国宪章》第十章的规定，经社理事会的主要职权有：①作成或发动关于国际经济、社会、文化、教育、卫生及其他有关事项的研究和报告，并得向大会、联合国会员国及有关专门机构提出关于此种事项的建议。②为增进全体人类的人权和基本自由的尊重和遵守，得提出建议。③就其职权范围内的事项拟定公约草案，提交大会。④就其职权范围内的事项召开国际会议。⑤与政府间专门机构订立协定，确定这些机构与联合国的关系，并通过磋商和提出建议，协调各专门机构的活动。⑥采取适当办法，与同其职权范围内的事项有关的非政府组织进行磋商。

八、托管理事会

托管理事会是联合国负责监督非战略地区托管领土行政管理的机关。国际托管制度的主要目标是促进托管领土居民的进步和使他们逐渐向自治或独立的方向发展。

---

[1] 这八个职司委员会是：统计委员会、人口与发展委员会、社会发展委员会、妇女地位委员会、麻醉药品委员会（麻委会）、预防犯罪和刑事司法委员会、科学和技术促进发展委员会及可持续发展委员会。

[2] 这五个区域委员会是：非洲经济委员会（非洲经委会）、亚洲及太平洋经济社会委员会（亚太经社会）、欧洲经济委员会（欧洲经委会）、拉丁美洲和加勒比经济委员会（拉加经委会）和西亚经济社会委员会（西亚经社会）。

托管理事会由三类会员国组成：管理托管领土的会员国；未管理托管领士的安理会常任理事国；由大会选举的其他非管理国的会员国（任期 3 年）。

根据《联合国宪章》第十三章的规定，托管理事会的职权是：审查管理当局提交的报告；会同管理当局接受和审查个人和团体就有关托管领土情况提出的请愿书；与管理当局商定时间，按期视察各托管领土及依托管协定的条款采取上述其他行动。

自联合国成立以来，置于国际托管制度下的领土共有 11 个。托管领土人民行使民族自决权，或独立或与他国合并，最后一个托管地帕劳已经在 1994 年 10 月 1 日独立，托管理事会于 1994 年 11 月 1 日停止运作。该理事会 1994 年 5 月 25 日通过决议，决定修改其议事规则，取消每年举行会议的规定，并同意视需要举行会议，由理事会或理事会主席作出决定，或理事会多数成员或大会或安全理事会提出要求。托管理事会的职能问题已成为联合国改革中需要解决的问题。

九、国际法院

国际法院是联合国的主要司法机关，有关国际法院的具体内容将在"国际争端的和平解决"一章中论述。

十、秘书处

秘书处是联合国的行政管理机关，它的任务是为联合国其他机关服务，并执行这些机关制定的计划与政策。秘书处由秘书长 1 人，副秘书长、助理秘书长若干人以及其他必要的行政工作人员组成。

秘书长由大会根据安理会推荐而任命，任期 5 年，得连选连任。秘书长是联合国组织的行政首长，监督联合国工作人员的工作。除行政管理职责外，秘书长还执行其他主要机构委托的任务。特别是秘书长可将其认为可能威胁国际和平与安全的任何事件提请安理会注意。

秘书处的工作人员由秘书长依大会所定章程委派。雇用的条件主要考虑工作效率高、有才干和对事业的忠诚。在征聘时，还应注意地域上的普遍性。秘书长及秘书处工作人员是国际公务员，只对联合国负责，各会员国承诺尊重他们的国际性，绝不影响他们对职责的履行。

十一、联合国专门机构

（一）联合国专门机构的概念

联合国专门机构是指从事经济、社会、文化、教育和卫生等特定领域的活动，并根据与联合国经社理事会缔结的协定与联合国建立联系的专门性国际组织。它具有如下特点：

1. 是政府间国际组织。专门机构是根据政府间的协议创立的，非政府国际组织可以在经社理事会取得咨询地位，但不能成为联合国的专门机构。

2. 职能限于经济、社会等某一特定领域。一般性国际组织和政治性、军事性的国际组织不能成为联合国专门机构。

3. 具有普遍性。专门机构在经济、社会等某一领域内负有责任，这种组织拥有众多成员，是普遍性的国际组织。区域性国际组织不能成为联合国专门机构。

4. 与联合国建立法律联系。联合国专门机构与经社理事会缔结协定，规定与联合国建立联系的条件，并经联合国大会核准，因而与联合国具有法律联系。但是，联合国专门机构并非联合国的附属组织，而是具有其独立的法律地位。它们有自己的组织章程、机构、成员等。

（二）各专门机构简介

1. 国际劳工组织。国际劳工组织的前身是 1919 年根据《凡尔赛和约》成立的作为国际联盟附属机构的合法保护劳工协会，1946 年改名并成为联合国专门机构，总部设在日内瓦。1971 年，中华人民共和国恢复了在国际劳工组织的合法席位，并于 1973 年开始在该组织活动。

国际劳工组织成立的宗旨：促进充分就业和提高生活水平，促进劳资双方合作；扩大社会保障措施；保护工人生活与健康；主张通过劳工立法来改善劳工状况，进而获得世界持久和平，建立社会正义。其主要工作是制定有关劳工问题的国际公约和建议书，提供技术援助与合作。

2. 世界卫生组织。1946 年 7 月在纽约联合国经社理事会召开的国际卫生大会上通过了《世界卫生组织法》，1948 年 4 月世界卫生组织正式成立，1951 年成为联合国的专门机构，总部设在日内瓦。中华人民共和国于 1971 年 10 月恢复了在该组织的合法席位。

世界卫生组织的宗旨：使全世界人民获得最高的健康水平，即身体、精神及社会生活中的完美状态；指导和协调国际卫生工作；根据各国政府的要求，协助和加强国家的卫生事业，提供技术合作；促进防治地方病、流行病和其他疾病；促进妇幼卫生、计划生育；制定食品卫生、生物制品和药物的国际标准等。

世界卫生组织的最高权力机关是世界卫生大会，另有执行委员会和秘书处，并设有非洲、美洲、欧洲、东地中海、东南亚及西太平洋等 6 个地区办事处。

3. 联合国教育、科学及文化组织。联合国教育、科学及文化组织于 1946 年 11 月 4 日正式成立，同年 12 月成为联合国专门机构，总部设在巴黎。我国是该组织的创始会员国之一，1971 年 10 月，中华人民共和国恢复了在该组织的合法席位。

联合国教科文组织的宗旨：通过教育、科学和文化来促进各国间的合作，对和平与安全做出贡献，使世界人民不分种族、性别、语言或宗教，在正义、法律、人权和基本自由方面获得普遍的尊重。该组织建议缔结必要的国际协定，以促进思想的自由交流，与会员国协作开展各种教育活动，以及推动有关教育的普及和文化的传播，通过保护世界文化遗产和文化交流，维护、增进及传播知识。

4. 国际原子能机构。该机构成立于 1957 年 7 月，总部设在维也纳。1984 年中国成为其正式会员国。

国际原子能机构的宗旨：加速并扩大原子能对全世界和平、健康和繁荣的贡献，以及确保其提供的援助不致用于推进任何军事目的。国际原子能机构的主要活动是促进并指导和平利用原子能的发展，确立核保障和环境保护的标准，通过技术合作援助成员国，促进关于核能的科技情报交流。

国际原子能机构的主要机关有大会、理事会和秘书处。理事会由 34 个国家组成，有执行机构的性质。

5. 世界气象组织。世界气象组织的前身是在 1873 年成立的非政府间国际组织"国际气象组织"，1947 年 9 月在华盛顿依据《世界气象组织公约》成立，于 1951 年成为联合国专门机构，总部设在日内瓦。我国是该组织创始成员国之一和执行委员会委员。中华人民共和国于 1972 年 2 月恢复了在该组织的合法席位。

世界气象组织的主要职能是协调和改进世界的气象活动，鼓励各国有效交换气象情报，促进气象观察标准化，以建立一个世界天气监视网。

6. 国际电信联盟。1865 年欧洲 20 个国家在巴黎签订《国际电报公约》，组成了国际电报联盟。1932 年吸收了国际无线电通信联盟，1934 年改名为国际电信联盟，1947 年成为联合国的一个专门机构，其总部设在日内瓦。中华人民共和国于 1972 年恢复了在该组织的合法席位。

国际电信联盟的宗旨：在电信领域内维护和扩大国际合作，改进和合理使用各种电信，对发展中国家进行技术拨助，促进电信事业的普及。其主要活动是，制定国际通信技术标准和通信法规，收集并向各国提供通信技术、业务资料、开展技术合作。

国际电信联盟的组织机构为：全权代表大会、行政大会、行政理事会和总秘书处，以及国际无线电咨询委员会和国际电报电话咨询委员会。

7. 万国邮政联盟。万国邮政联盟成立于 1875 年，总部设在瑞士的伯尔尼，当时称为邮政总联盟。1878 年改为现在的万国邮政联盟。1947 年 7 月成为联合国专门机构。中华人民共和国于 1972 年 4 月恢复了在该组织的合法席位。

万国邮政联盟的宗旨：便利各邮政领域内互相交换函件，保证邮政联盟领域内的转运自由；组织和改善国际邮政业务，并在此方面便利国际合作的发展，参与会员国要求给予的邮政技术援助。

8. 国际海事组织。国际海事组织成立于 1959 年，原名政府间海事协商组织，1959 年成为联合国专门机构，1982 年改名为国际海事组织，总部设在伦敦。我国于 1973 年加入该组织。

国际海事组织的宗旨是：鼓励采用有关海上安全，航行效率方面的最高的可行标准；鼓励各国政府取消对从事国际贸易航运的歧视行为和不必要限制；研究对航运采取的不正当的限制措施问题和有关航运及其对海洋环境影响的问题；向成员提供有关该组织研究的问题的情报和报告。该组织的主要活动是制定和修改有关海运技术方面的国际公约、建议、守则，向发展中国家提供技术援助以达到本组织制定的高标准。

国际海事组织的主要机关有大会、理事会、秘书处和四个主要委员会：海上安全委员会、法律问题委员会、海洋环境保护委员会和技术合作委员会。

9. 国际民用航空组织。该组织于 1947 年 4 月成立并于 5 月成为联合国的专门机构，总部设在加拿大的蒙特利尔。我国是该组织的创始会员国之一，中华人民共和国于 1971 年恢复了在该组织的合法席位。

国际民用航空组织的宗旨和任务：制定国际空中航行的原则、发展航空技术，确保全世界国际民用航空事业的安全和有秩序的发展；鼓励用于和平的航空器的设计和操作技术以及对国际民航应用的航线、机场及导航设备的发展；防止不合理的竞争以及缔约国之间的差别待遇；统一国际民航的技术业务标准和工作制度，用科学方法管理国际航行的发展，制定有关国际民航的公约。

国际民用航空组织的主要机构有大会、理事会和秘书处。大会决定民航组织的政策；理事会负责执行大会的指示，制订国际民航安全标准，搜集、出版有关航空的资料，审议缔约国提出的关于国际民用航空公约的任何事项。

10. 世界知识产权组织。该组织的前身是根据 1883 年《巴黎公约》成立的国际知识产权联合局。依据 1967 年 7 月 14 日在斯德哥尔摩签署的《建立世界知识产权组织条约》，世界知识产权组织于 1970 年 4 月正式成立，1974 年 12 月成为联合国专门机构，总部设在日内瓦。我国于 1980 年 6 月加入该组织。

世界知识产权组织的宗旨：通过国家间合作并与其他国际组织配合，促进在全世界保护知识产权。其主要职责是协调各国在知识产权保护方面的立法措施；鼓励缔结保护知识产权的国际协定；提供知识产权方面的法律和技术援助；收集和传播保护知识产权的情报；维持有助于知识产权国际保护的服务。

该组织主要机构是理事会、成员国会议、协调委员会和国际局。

11. 联合国粮食及农业组织。联合国粮食及农业组织，成立于 1945 年，并于 1946 年成为联合国专门机构，总部设在罗马。我国是该组织创始成员国之一。中华人民共和国于 1973 年恢复了在该组织的合法席位。

联合国粮食及农业组织的主要宗旨：传播先进农业技术，促进农作物新品种的交换，防治农作物及牲畜的流行病，并在粮农科技方面提供技术援助。

该组织的主要机关有大会、理事会和秘书处。

12. 国际农业发展基金。国际农业发展基金成立于 1977 年 11 月，并于 12 月成为联合国专门机构，总部设在罗马。我国于 1980 年 1 月加入该组织。

国际农业发展基金是联合国在粮农领域为农业和乡村发展，特别是为最穷困的农村人口提供资金而设的国际金融机构。其宗旨是通过向发展中国家，特别是缺粮国家提供优惠贷款和赠款，从而为它们的农业发展项目筹集资金。

其主要机关是管理理事会和执行局。

第十三章

13. 联合国工业发展组织。联合国工业发展组织是根据联合国大会 1966 年 11 月 17 日一致通过的决议设立的，原为联合国的附属机构。1985 年 6 月，该组织根据 1979 年 4 月通过的联合国工业发展新章程成为联合国专门机构，总部设在维也纳。自 1972 年以来，我国一直是其理事会理事。

联合国工业发展组织的目标：促进和加速发展中国家的工业发展，以有助于建立一个新的国际经济秩序，并在全球区域和国家以及部门各级促进工业发展和合作。该组织的职能是：鼓励向发展中国家提供援助；发起和协调联合国系统的活动并检查其进行情况；创造新的和发展现有的关于工业发展的纲领和实施办法；为发展中国家和工业化国家的接触和协商提供论坛；帮助发展中国家建立和经营各种工业；从事工业情报交换所需的工作；促进技术转让；组织和支持工业培训计划；向发展中国家提供咨询意见并给予帮助；促进发展中国家间和发展中国家和发达国家间的合作；帮助发展中国家的具体工作项目筹集外来资金。

该组织的主要机关有大会、工业发展理事会和秘书处。

14. 国际货币基金组织。国际货币基金组织于 1945 年根据联合国货币与金融会议上通过的《国际货币基金协定》成立，并于 1947 年 11 月成为联合国专门机构，总部设在华盛顿。我国是该组织的创始会员国之一，1980 年中华人民共和国恢复了在该组织的合法席位。

国际货币基金组织是为了避免战后国际金融混乱与经济危机重演而建立起来的。它的宗旨：为国际间金融货币方面的合作提供协调机构；促进国际汇兑稳定，避免各国竞争性的汇兑贬值，消除阻碍国际贸易外汇管制；促进国际贸易的扩大与平衡发展；协助建立关于成员国之间货币交易多边支付制度；通过贷款调整成员国国际收支的暂时失调。

国际货币基金组织的主要资金来源是各国认缴的份额。成员国享有普通提款权或特别提款权。成员国的义务是向该组织提供本国的经济资料，并接受该组织在外汇政策及外汇管理方面的监督。

国际货币基金组织的主要机关有理事会、执行董事会和总裁。理事会由所有会员国任命的理事和副理事组成，是决策机关。执行董事会由 24 名执行董事组成，其职责主要是监督会员国政府对理事会所制定的政策的实施情况。总裁同时也是执行董事会主席，是由执行董事会选举产生，负责处理国际货币基金的日常业务。在表决方面，采用加权表决制，即每个国家有 250 张基本票，然后按认缴份额增加表决票，即每认购 10 万美元特别提款权便增加一票。

15. 国际复兴开发银行。国际复兴开发银行于 1945 年根据《国际复兴开发银行协定》成立，总部设在华盛顿，简称为世界银行，1947 年成为联合国的专门机构。我国是其创始会员国之一，1980 年中华人民共和国恢复了在该组织的合法席位。

该银行的成员国必须是国际货币基金组织的成员国，但国际货币基金组织的成员不一定要参加世界银行。

国际复兴开发银行的宗旨：对用于生产目的的投资提供便利，以协助会员国复兴与发展；通过保证或参加私人贷款和其他私人投资方式，促进私人对外投资；并在适当条件下，运用银行本身资本或筹措的资金向会员国提供生产性贷款，补充私人投资之不足；鼓励会员国从事生产资源的国际开发，促进国际贸易长期均衡发展，维持国际收支平衡，提高会员国人民生活水平并改善劳动条件；处理贷款时，对会员急需的项目应优先考虑；注意国际投资对会员商业情势的影响，协助会员实现从战时到平时经济的平稳过渡。

该组织的主要机关有理事会、执行董事会和行长。表决制度采用加权表决制度。

16. 国际开发协会。国际开发协会于 1960 年 9 月根据国际复兴开发银行通过的《国际开发协定》成立，作为世界银行的附属机构，1961 年成为联合国的一个专门机构。总部设在纽约，我国是成员国。该组织的成员必须是国际复兴开发银行的成员。该组织的宗旨：帮助不发达地区的成员发展经济，提高人民的生活水平。该组织的机关与国际复兴开发银行相同，有理事会、执行董事会和总裁。

17. 国际金融公司。国际金融公司于 1956 年 7 月根据国际复兴开发银行通过的《国际金融公司协定》成立，是世界银行的一个附属机构，1957 年 2 月成为联合国专门机构。该组织的成员国必须是国际复兴开发银行的成员国。

国际金融公司的宗旨是补充世界银行的活动，即通过向其成员国，特别是向欠发达地区重点私人生产性企业提供无须政府担保的贷款和投资，鼓励国际私人资本流向发展中国家以及支持当地资金市场的发展。

国际金融公司的机关与国际复兴开发银行相同，有理事会、执行董事会和总裁，表决制度方面也采用加权表决制。

第五节　区域性国际组织

一、区域性国际组织的概念

区域性国际组织是指某特定地域内的国家或不属于该地域但以维持区域性利益为目的的国家组成的国际组织。区域性国际组织具有以下几个特点：

1. 具有区域性。区域性组织的成员是特定地区内的若干主权国家，这些国家疆域相邻，比较容易发展友好关系，故也容易组织起来。但区域组织不一定包括该区域内的所有国家。

2. 区域组织的成员国往往有历史、文化、语言的联系，或在现实生活中有共同关心的利益，或是对地区和平与安全的维护相互影响，这是区域性国际组织的社会、政治基础。

3. 区域性组织具有成员国共同协议签订的组织法，此外依组织法还设立组织体系和常设机构。

《联合国宪章》在制定之初就将区域性国际组织纳入联合国的维持和平与安全的体制中。其第八章规定，用区域机关应付有关国际和平与安全问题，以这种区域机关及其活动符合联合国的宗旨和原则为限。参加区域机关的联合国成员国，在将地方争端提交安理会之前，应先依区域机关办法和平解决。

安理会应鼓励利用依区域机关解决国际和平与安全问题。安理会可利用此区域机关实施执行行动，但是没有安理会的授权，区域机关不得采取执行行动。区域机关已采取或正在考虑的维持国际和平和安全的活动，不论何时均应向安理会充分报告。但是区域性国际组织不是联合国的组成部分，具有独立的法律地位。

二、主要区域性国际组织简介

（一）美洲国家组织

美洲国家组织是现存的区域组织中历史最悠久的一个，它成立于 1890 年，原名"美洲共和国国际联盟"，1910 年改称为"美洲共和国联盟"（泛美联盟）。1948 年，在波哥大召开的第九届美洲国家会议上通过了《美洲国家组织宪章》（《波哥大公约》），并定名为"美洲国家组织"，总部设在华盛顿。截至 2006 年 9 月，该组织有成员国 35 个，古巴于 1962 年被取消成员国资格，中国、法国、意大利、日本等 60 个国家或国际组织在该组织中派有观察员。常驻观察员有权参加美洲国家组织的任何会议，并在会上发言；也可应邀参加秘密会议；有权获得该组织所有公开散发的文件。不须交会费，但有义务表明愿参加该组织主办的经济、技术合作项目。

美洲国家组织的宗旨：加强美洲大陆的和平与安全；解决成员国间的政治、司法和经济问题；促进成员国的经济、社会和文化的发展；安排对付侵略和共同行动。在和平解决国际争端方面，规定了美洲国家可能发生的一切国际争端在提交联合国安理会之前，必须先由宪章所规定的和平程序处理。

该组织的主要机构：

1. 大会。系该组织最高机构。各成员国参加，每年举行一次。经 2/3 成员国同意，可召开特别大会。

2. 外长协商会议。系依据《泛美互助条约》正式设置的。经常设理事会绝对多数票赞成即可召集会议，就共同关心的紧急问题进行协商。如涉及军事合作问题，则同时召集由各成员国最高军事当局代表参加的防务咨询委员会会议。

3. 大会直属机构。①常设理事会，由成员国各派一名大使级代表组成。正、副主席由各国代表轮流担任，任期半年；②泛美一体化发展理事会，1996 年成立，取代原有的泛美经社理事会和泛美教科文理事会，由成员国各派一名部级代表组成。

4. 咨询机构。包括泛美法律委员会、泛美人权委员会。

5. 秘书处。系该组织常设机构，受大会、外长协商会议和两理事会领导和监督。正、副秘书长均由大会选举产生，任期 5 年，只能连任一次。

6. 专门机构。包括美洲开发银行、泛美卫生组织、泛美儿童学会、泛美妇女委员会、泛美史地学会、泛美印第安人学会、泛美农业合作学会、泛美控制毒品委员会、泛美通讯委员会。此外，还有泛美人权法院、泛美防务委员会、泛美统计局、泛美行政管理学院、泛美核能学会、泛美紧急基金等。

（二）阿拉伯国家联盟

1944年在埃及的倡议下，已取得独立的7个阿拉伯国家决定建立一个泛阿拉伯组织。1945年，这7个国家代表在开罗集会，签订了《阿拉伯国家联盟条约》，正式宣告成立，总部最初设在埃及开罗，现有成员国22个。

阿拉伯国家联盟的宗旨：密切成员国间的合作关系，协调彼此间的政治活动，捍卫阿拉伯国家的独立和主权；全面考虑阿拉伯国家的事务和利益，各成员国在经济、财政、交通、文化、卫生、社会福利、国籍、护照、签证、判决的执行以及引渡等方面进行密切合作；成员国相互尊重国家的政治制度，彼此之间的争端不得诉诸武力解决，成员国与其他国家缔结的条约和协定对其他国无约束力。

该组织的主要机构：

1. 首脑级理事会。它是最高权力机构。1964年起开始举行首脑会议，商讨地区性重大问题。可应成员国要求召开特别首脑会议或紧急首脑会议。2000年10月在开罗召开的第十一次特别首脑会议决定每年定期举行首脑会议，由成员国轮流主持。

2. 部长级（外长）理事会。它由全体成员国外长组成，下设数个委员会，负责讨论、制定和监督执行有关的阿拉伯共同政策、制定阿拉伯国家联盟各机构的内部条例并任命阿拉伯国家联盟秘书长。每年3月和9月举行例会，也可以应两个以上成员国的要求随时召开特别会议或紧急会议。协商一致通过的决议对所有成员国均有约束力。唯有财政和管理问题，获2/3多数通过后即对全体成员国有效。

3. 专项部长理事会。随着阿拉伯国家相互关系的发展和合作领域的扩大，各专项领域的部长理事会相继建立并逐步取代了原外长理事会下设的有关委员会。到目前为止，共成立了10个专项部长理事会，由成员国相关部长组成，定期召开会议，负责制定有关领域的阿拉伯共同政策和加强成员国之间的有关协调与合作。它们分别是新闻、内政、司法、住房、运输、卫生、社会事务、青年与体育、环境事务和通讯部长理事会等。

4. 联合防御理事会。根据《共同防御与经济合作条约》建立，由成员国外长和国防部长组成，其任务是统一各成员国的防务计划，为加强其军事力量而开展合作。

5. 经社理事会。由成员国有关部长或其代表组成，致力于实现阿拉伯国家联盟在经济和社会发展方面制定的目标，并有权建立或取消任何专项组织，负责监督其运作情况。目前其属下有17个专门组织和机构。

6. 秘书处。它是阿拉伯国家联盟的常设行政机构和理事会及各专项部长理事会的执行机构。设秘书长1人，由副秘书长和秘书长顾问组成的委员会协助其工作。

（三）非洲联盟

非洲联盟的前身是1963年成立的非洲统一组织。1999年9月，非洲统一组织第四届特别首脑会议通过了《苏尔特宣言》决定成立非洲联盟。2002 年 7 月，来自非洲 52 个国家的领导人和代表在南非德班举行非洲统一组织最后一届首脑会议和非洲联盟第一届首脑会议，宣布结束非洲统一组织和正式成立非洲联盟。非洲联盟现有 53 个成员国，总部秘书处设在埃塞俄比亚首都亚的斯亚贝巴。

非洲联盟的宗旨：促进非洲国家的统一与团结，协调并加强非洲国家之间政治、外交、经济、文教、卫生、科技、防务和安全等方面的合作，努力改善非洲各国人民的生活，保卫各国的主权、领土完整与独立，从非洲根除一切形式的殖民主义，在对《联合国宪章》与《世界人权宣言》给予应有尊重的情况下促进国际合作。

该组织的主要机构：

1. 国家元首和政府首脑会议。它属于最高机构。每年举行一次例会，必要时可召开特别会议；全体成员国的 2/3 构成法定多数。一切决议均以 2/3 多数作出决定。

2. 部长理事会。它由成员国的外交部长或其他部长组成，每年举行两次例会，并负责筹备首脑会议。

3. 秘书处。其属于常设机构。设 1 位秘书长和 5 位副秘书长（分别来自东、南、西、北、中部非洲）。秘书长由首脑会议任命，任期 4 年。

4. 调停、和解与仲裁委员会。1964 年成立，设在亚的斯亚贝巴。由首脑会议选出 21 人组成，任期 5 年，任务是通过和平方式解决成员国之间的争端。

5. 三个专门委员会。包括经济和社会委员会，教育、科学、文化和卫生委员会，防务委员会。

6. 预防、处理和解决冲突机制。1993 年 6 月成立，建有 3 个常设机构，即中央机构、和平基金、处理冲突办公室。中央机构是领导部门，由 11 个非洲统一组织成员国组成，每年改选一次；和平基金是财务部门，每年从非统预算中拨出 6% 的经费为其基本资金，并接收其他自愿捐款；处理冲突办公室负责收集信息和指挥行动，主要就当前非洲有关冲突的状况和处理办法提出技术性报告。

（四）东南亚国家联盟

1967 年 8 月，印度尼西亚、马来西亚、菲律宾、新加坡和泰国的外交部长在泰国曼谷举行会议，签订了《东南亚国家联盟成立宣言》，8 月 8 日东南亚国家联盟正式成立，简称东盟。秘书处设在雅加达，现有成员国 10 个，巴布亚新几内亚为观察员。

东盟的宗旨：通过共同努力，加速东南亚区域的经济增长、社会进步和文化发展；促进区域的和平与稳定；促进经济、社会、文化、科学、技术和行政方面的合作和互助；在教育、专业、技术和行政方面相互提供援助；加强合作以求扩大贸易和提高人民生活水准；促进东南亚的研究；加强与其他国际组织的合作。

该组织的主要机构：

1. 首脑会议。自成立以来，东盟举行了 11 次首脑会议，4 次非正式首脑会议，就东盟发展的重大问题和发展方向作出决策。2000 年第四次非正式首脑会议决定取消正式非正式之分，每年召开一次首脑会议。

2. 外长会议。它是制定东盟基本政策的机构，每年轮流在成员国举行。东盟外长还不定期举行非正式会议。

3. 常务委员会。它由各国外交部高官组成，当年东盟轮值主席国外长任主席，每两个月举行一次会议，主要就东盟外交政策进行讨论，并落实具体合作项目。

4. 经济部长会议。它是东盟经济合作的决策机构，每年不定期地召开一、二次会议。

5. 其他部长会议。包括财政、农林、劳工、能源、旅游等部长会议，不定期在东盟各国轮流举行，讨论相关领域的问题。

6. 秘书处。秘书处负责东盟各领域具体事务协调和规范。

7. 专门委员会。包括9个由高级官员组成的委员会，即工业、矿业和能源委员会，贸易和旅游委员会，粮食、农业和林业委员会，内政和银行委员会，交通运输委员会，预算委员会，文化和宣传委员会，科学技术委员会，社会发展委员会。

8. 民间和半官方机构。包括东盟议会联盟、工商联合会、石油理事会、新闻工作者联合会、承运商理事会联合会、船东协会联合会、旅游联合会和博物馆联合会等。

（五）欧洲联盟

欧洲联盟的前身是欧洲共同体。欧洲共同体是欧洲煤钢共同体、欧洲原子能共同体和欧洲经济共同体的总称。欧洲煤钢共同体是根据1951年4月比利时、西德、法国、荷兰、卢森堡和意大利六国在巴黎签订的《欧洲煤钢联营条约》于1952年8月成立的。欧洲原子能共同体和欧洲经济共同体是根据1957年3月上述六国在罗马签订的《建立欧洲原子能共同体条约》和《建立欧洲经济共同体条约》于1958年1月成立的。1965年4月，上述六国签订《欧洲共同体条约》（《布鲁塞尔条约》），决定将三个共同体合并为单一机构，统称为欧洲共同体，总部设在布鲁塞尔。

1991年12月，欧洲共同体12个成员国首脑在荷兰马斯特里赫特举行会议，通过了《政治联盟条约》与《经济、货币联盟条约》，即《马斯特里赫特条约》。1993年11月，随着该条约的生效，欧洲共同体改名为欧洲联盟，现有25个成员国。

根据《马斯特里赫特条约》的规定，欧洲联盟的目的是通过创设一个没有内部边界的区域，加强经济、社会联合，建立经济、货币联盟，并最终实现单一货币；通过实现共同的外交和安全政策，包括共同防务政策，维护欧洲联盟的国际实体地位。

欧洲联盟的主要机构：

1. 欧洲理事会。它由成员国的元首、政府首脑和欧盟委员会主席组成，其职权是制定欧盟的大政方针、调整成员国间的外交政策等。

2. 欧盟部长理事会。它由25个成员国政府部长组成，成员国政府根据会议所讨论事项的性质委派政府中相应的部长与会，欧盟部长理事会的职权是制定欧共体法律、法规，监督欧盟委员会等。

3. 欧盟委员会。其是欧盟的常设执行机构，总部设在比利时首都布鲁塞尔，由欧洲议会选举产生的 20 名委员组成，欧盟委员会负责实施欧盟条约及欧洲理事会作出的决定；向欧洲理事会和部长理事会提出报告和立法动议；代表欧盟对外联系并负责经贸等方面的谈判；处理日常事务；等等。

4. 欧洲议会。它由欧盟成员国国民直接选举的议员组成，其职权是提议修改法案、决定非强制性预算和承认欧盟委员会等。

5. 欧盟法院。它由独立的 15 名法官和 9 名监督法官组成，其职权是确保在解释和适用《欧洲共同体条约》时，相关法规得以遵守。1986 年根据《单一欧洲文件》附设了欧盟初审法院，以应付欧盟法院与日俱增的案件。

（六）亚太经合组织

1989 年在澳大利亚总理霍尼的倡议下，同年 11 月在澳大利亚首都堪培拉召开由澳大利亚、美国、加拿大、日本、韩国、新西兰和东盟六国的外交、经济部长参加的首届部长级会议，这标志着亚太地区最具影响的经济合作官方论坛成立。截至 2007 年 6 月，APEC 共有 21 个成员，分别是中国、澳大利亚、文莱、加拿大、智利、中国香港、印度尼西亚、日本、韩国、墨西哥、马来西亚、新西兰、巴布亚新几内亚、秘鲁、菲律宾、俄罗斯、新加坡、中国台北、泰国、美国和越南。1997 年温哥华领导人会议宣布 APEC 进入十年巩固期，暂不接纳新成员。此外，APEC 还有 3 个观察员，分别是东盟秘书处、太平洋经济合作理事会和太平洋岛国论坛。

亚太经合组织的宗旨：保持经济的增长和发展；促进成员间经济的相互依存；加强开放的多边贸易体制；减少区域贸易和投资壁垒；维护本地区人民的共同利益。

亚太经合组织的机构：

1. 领导人非正式会议。自 1993 年以来先后在美国西雅图、印尼茂物、日本大阪、菲律宾苏比克、加拿大温哥华、马来西亚吉隆坡、新西兰奥克兰、文莱斯里巴加湾、中国上海、墨西哥洛斯卡沃斯、泰国曼谷、智利圣地亚哥和韩国釜山等地举行了十几次领导人非正式会议。

2. 部长级会议。包括外交（中国台北和中国香港除外）、外贸双部长会议以及专业部长会议。双部长会议每年在领导人会议前举行一次，专业部长会议不定期举行。

3. 高官会。高官会每年举行 3～4 次会议，一般由各成员司局级或大使级官员组成。高官会的主要任务是负责执行领导人和部长会议的决定，并为下次领导人和部长会议做准备。

4. 委员会和工作组。高官会下设 4 个委员会，即贸易和投资委员会（CTI）、经济委员会（EC）、经济技术合作高官指导委员会（SCE）和预算管理委员会（BMC）。CTI 负责贸易和投资自由化方面高官会交办的工作。EC 负责研究本地区经济发展趋势和问题，并协调结构改革工作。SCE 负责指导和协调经济技术合作。BMC 负责预算和行政和管理等方面的问题。此外，高官会还下设工作组，从事专业活动和合作。

5. 秘书处。秘书处 1993 年 1 月在新加坡设立，为 APEC 各层次的活动提供支持与服务。秘书处负责人为执行主任，由 APEC 当年的东道主指派。

第六节　非政府间国际组织

一、概述

（一）非政府间国际组织的定义

"非政府组织"的称呼多种多样，有的称之为"民间社团"、"非营利部门"、"独立部门"、"志愿部门"、"第三部门"等。《联合国宪章》第 71 条中称其为"非政府组织"。作为法律概念，联合国经社理事会在 1950 年第 288（X）决议中将非政府组织定义为："任何不是依据政府间协议建立起来的国际组织均应称为非政府组织。"1996 年经社理事会通过一份新的决议，即《联合国与非政府组织咨询关系决议》，该决议把非政府组织的范围扩大至包括国家、地方、区域的层面，即由原来的国际性非政府组织发展为承认各国和地区性的非政府组织。但从国际法角度看，侧重研究的是"国际性的非政府组织"。

我国国际法学家王铁崖先生对非政府间国际组织所下的定义是：非政府间国际组织是各国的民间团体联盟或个人为促进在政治、经济、科学技术、文化宗教、人道主义及其他人类活动领域的国际合作而建立的一种非官方的国际联合体。

非政府间国际组织不具有国际法主体的资格，但它们在国际事务中发挥着重要的作用，对国际法的发展也产生了深远的影响。政府间组织一般都承认非政府组织的存在，并与其合作。联合国创造了政府间组织同非政府组织协商的制度，并为联合国各专门机构和一些区域性政府间组织所仿效。

（二）非政府间国际组织的特点

通过以上的定义和与政府间国际组织的比较，我们可以归纳出 NGO 具有以下几个特点：

1. 不以营利为目的，致力于社会公益性事业。大多数 NGO 都是将维护全世界整体利益和全人类的共同利益作为自己的指导思想，同国家、市场中的组织所追求的安全、效率的目标不同，NGO 所追求的是社会的公平和公正。它们更加关注那些被政府忽略的重大社会问题，如消除贫困、保护环境、实施人道主义援助等。

2. 其服务对象是被主流社会组织体制忽略或排斥的边缘性社会群体。NGO 作为非官方性的公益性组织，其服务对象主要是社会中的弱势群体，如穷人、失业者、难民、残疾人、战俘等。

3. 其组成的志愿性。NGO 是一个不具有强制性的国际协调机构，其领导人员一般来自于大学中的知识分子和前政府官员，多数工作人员则来自于社会基层。这些具有共同公益性目标的人自愿结合在一起，志愿服务也被作为一条基本原则写入各类 NGO 的章程中。

4. NGO 的体制是非等级的、分权的和网络式的。它们通常不采取集中管理的垂直的等级式体制，成员之间或是 NGO 之间的地位是平等的。这种特点有利于充分发挥基层 NGO 的作用，使它们能够调动和组织民众的力量，自下而上开展活动。

二、非政府间国际组织与联合国

NGO 与联合国有着密切的关系。1945 年联合国成立之时，联合国的创建者们决定成立经社理事会，其目的就是谋求国际合作，以解决诸如经济、社会和文化等国际问题，促进和鼓励尊重人权和人类的基本自由，其中特别强调了联合国与非政府组织之间的关系。

《联合国宪章》第 71 条规定了联合国处理与非政府组织关系的原则。依据这一原则，联合国经社理事会 1950 年通过了调整与非政府组织关系的第 288（X）号决议。1967 年，经社理事会通过第 1296 号决议及其附件"理事会与非政府组织之咨商办法"，具体规定非政府组织享有咨商地位的条件和程序，并设立了专门辅助机关——非政府组织委员会，以处理和协商同非政府组织的关系。

非政府组织取得咨商地位需要经过下列程序：先向经社理事会提出申请，由经社理事会的非政府组织委员会进行审查；如审查合格，由该委员会协商一致向经社理事会建议授予咨商地位；最后由经社理事会以决议形式批准。已经取得咨商地位的非政府组织如从事违反咨商关系性质的活动或 3 年内对联合国有关工作没有贡献，其咨商地位可被中止或撤销。被撤销者 3 年内不得再度申请。

联合国经社理事会将符合一定条件的非政府间组织分为三类建立咨询关系：第一类是与经社理事会的大部分活动有关并能代表"世界观点"的组织，它们具有一般咨商地位，这些组织如国际自由工联、国际商会、国际妇女理事会等；第二类是仅仅与经社理事会的少数活动领域有关并在这些领域享有"国际声誉"的组织，它们具有特殊咨商的地位，如绿色和平组织、国际律师协会、国际人道法协会等；第三类被称为"注册类登记"的组织，包括仅具有临时咨商地位的其他组织。第一、二类组织可派遣代表以观察员身份出席经社理事会及其下属机构的所有正式会议，注册登记类组织则限于参加与其相关的公开会议。但是，所有这些组织在有关会议上都没有表决权。

【思考题】

1. 简述国际组织的基本特征。

2. 简述国际组织的表决制度。

3. 试述联合国的宗旨。

4. 论联合国大会与安理会的职权，并予以比较。

5. 简述联合国专门机构的法律特征。

第十四章
国际争端的和平解决

第一节 概 述

一、国际争端的概念和特点

国际争端主要是指国家之间由于在法律上或事实上的意见不同，或由于利益的抵触而导致的争执。传统上，国际争端只是国家间的争端。由于现代国际法的主体除了国家，还包括政府间的国际组织和争取独立的民族，因此，国际争端的概念可以扩大到所有国际法主体之间的争端。但国际关系的基本主体是国家，因而国际争端的主要当事者还是国家。

与国内争端相比较，国际争端的基本特点表现在以下几个方面：

1. 争端的性质。国际争端是国际关系的一种表现，而国内争端主要发生在个人之间，或个人与集体或国家之间，反映的是一种个人关系或个人与集体或国家的关系。国际争端的主体是国际法主体，反映的是国际法主体之间，主要是国家之间的关系。现代的政府契约往往引起跨国公司与东道国政府之间的纠纷。这类纠纷，尽管争端一方为一国政府，但仍属国内争端，因为争端的基础在于契约关系。这种政府契约，依照国际法院对"英伊石油公司案"的裁决，属于国内合同。当然，在发生外交保护的场合，一个国内争端也可以发展成一个国际争端，前提是该国内争端的解决已"用尽当地救济"。

2. 争端的原因。国际争端当事国发生纠纷的原因有：①各方对国际法而不是对国内法的观点不同；②对引起争执的事实认识不一；③国家间的利益冲突。这些原因都超出了一国或国内法的范围。而产生国内争端的原因可能是：当事人对国内法的理解不同；对引起争执的事实认识不一；或是当事人之间的利益冲突。

3. 争端的解决方法。国际争端的双方当事者是国际社会中相互平等的主权国家。在国际社会，没有凌驾于国家之上的司法机关审理国家之间的争端并由它强制执行判决，因而争端的解决应以平等协商为基础，或以谈判等外交方法解决，或以当事双方同意的法律方法解决。联合国国际法院是目前主要的国际性司法机构，但它对案件的管辖权是建立在争端当事国共同自愿的基础上的，这与国内法院的强制性管辖是不同的。

4. 争端解决的后果。个人间的争端，如经解决，其后果只限于当事人本人或其家庭和后代。而国际争端解决的后果往往关系整个国家民族的利益，并延及其后代的利益。例如，领土纠纷的解决就影响到整个民族或人民的生存空间及其资源的分配，有的甚至影响某一地区乃至世界范围的利害关系，可能导致武装冲突或战争。因此，国际争端的解决，在国际法上具有特殊重要地位。

二、国际争端的种类

国际争端依其性质可以分成法律性的争端和政治性的争端。法律性质的争端指争端当事者所提的权利要求及其依据均以国际法为基础的争端。这种争端往往通过裁判解决，因此又被称为"可裁判的争端"。《国际法院规约》第36条第2款所列的四项争端为法律性质的争端，即条约之解释；国际法之任何问题；任何事实之存在，经确定即属违反国际义务者；因违反国际义务而应予以赔偿之性质及其范围。政治性质的争端主要指由于当事者之间的利益抵触而发生的争端。一般而言，除法律性质和因事实不清而发生的争端外均可视为政治性的争端。[1]

区分国际争端的种类是有意义的，因为不同性质的争端可以通过不同的方法来解决。例如，法律性质的争端可以用裁判的，即仲裁或司法的方法加以解决；政治性质的争端可以用外交方法加以解决。但是，国际争端往往是很复杂的，在国际实践中常常难以区分两种不同性质的争端。一项争端往往包含着两种性质，既可以通过谈判协商解决，也可以通过裁判的方式解决。例如，边界争端，可能是起因于争端方对边界条约的不同解释，或是对领土取得方式的条件有不同理解，也可能是双方的利益抵触。在实践中，国际争端既有通过裁判解决的，也有通过双方谈判这一外交方式解决的。因此，不能单纯以争端的最终解决方式来确定争端的性质。事实上，20世纪70年代的英法大陆架争端，在1975年达成仲裁协议之前，其部分问题已经通过外交谈判得以解决。

除上述两种争端外，国际实践中还存在着所谓的事实的争端，这种争端是因当事国之间对某种事实的认识不同而引起的。对这种争端，可以用调查事实的方法加以解决。1904年的"多革滩事件"的解决即为一例。在日俄战争时期，俄国波罗的海舰队在开赴远东的途中，在北海多革滩附近发现一英国渔船队，俄军舰误认为渔船中藏有日本的水雷艇而对之炮击，造成英方的损失，两国由此发生争执。之后，两国协议设立了调查委员会，对英国渔船队中是否藏有日本水雷艇的事实进行调查。该委员会经过调查，证明俄国方面判断错误，俄国遂向英国赔偿了损失，解决了这一事件。

---

〔1〕 〔美〕路易斯·亨金等：《国际法：案例与资料》，1980年英文版，第829~831页。

三、解决国际争端的原则和方式

在传统国际法上，解决国际争端的方式可大致分为两类：强制的方式和非强制的方式。强制的方式是一国为使另一国满足其某些要求而采取的强迫手段，如反报、报复、扣留或拿捕对方的船舶、军事示威或平时封锁和干涉，直至诉诸战争等。非强制的方式一般包括外交方法和法律的方法。传统国际法承认国家享有"诉诸战争权"，即以战争作为推行国家政策、解决国际争端的手段，所以将上述两种方法都视为解决国际争端的合法手段。[1]

现代国际法与传统国际法的主要区别之一，就是确立了以和平方法解决国际争端的原则，《联合国宪章》将这一原则作为联合国的基本法律原则之一，以使会员国承担这方面的义务。这一原则的渊源可以追溯到 1899 年和 1907 年的两个《海牙和平解决国际争端公约》。作为一项正式的国际文件，前一个《海牙和平解决国际争端公约》首次规定了用和平手段解决国际争端的条款。之后，1907 年的《海牙和平解决国际争端公约》具体提出了斡旋、调停、调查与和解以及国际仲裁等多种和平解决争端的方法，并规定在海牙设立"常设仲裁法院"。但是，《海牙和平解决国际争端公约》的规定只能看成是一种建议，因为它未规定有拘束力的义务。[2]

1919 年，国际社会依据《国际联盟盟约》创立了国际上第一个司法机关——国际常设法院，开创了以司法手段解决国际争端的先河，为和平解决国际争端的原则增加了新的内容。同时，《国际联盟盟约》第 12 条将不以战争作为解决争端的手段规定为成员国的义务，这与《海牙和平解决国际争端公约》相比，的确是一大进步。但这一进步是有限的，它的作用不是废止战争，而是延缓战争，即在争端发生后，当事国应将争端交由仲裁或司法解决，或交国际联盟行政院审查。在仲裁裁决或司法判决或行政院报告后 3 个月之内，不得从事战争，但并未禁止战争的进行。第一次将战争宣布为非法并将和平解决国际争端规定为一项普遍性国际义务的，则是 1928 年的《巴黎非战公约》。该公约第 1 条规定，缔约各方斥责用战争解决国际纠纷，并在它们的相互关系上，废弃战争作为实行国家政策的工具。第 2 条规定，国家之间可能发生的一切争端或冲突，不论其性质或起因为何，只能用和平方法加以解决。同年国际联盟大会通过的《日内瓦和平解决国际争端总议定书》又对和解、仲裁及司法解决方式作了规定，该公约于 1949 年 4 月由联合国大会作了修订。

《联合国宪章》对和平解决国际争端原则作为国际法基本原则的最终确立，无疑起着主要的作用。首先，《联合国宪章》将实现该原则作为联合国的基本目的和原则之一。《联合国宪章》第 1 条第 1 款规定联合国的宗旨为"以和平方法且依正义及国际法之原则，调整或解决足以破坏和平之国际争端或情势"。为此，依据《联

---

〔1〕　周鲠生：《国际法》（下册），商务印书馆 1976 年版，第 757 页。
〔2〕　《海牙和平解决国际争端公约》（1907 年），第 2 条。

第十四章

合国宪章》设立了国际法院，作为司法解决国际争端的主要途径。其次，《联合国宪章》不但禁止战争，而且明确禁止以武力或武力威胁的方法解决国际争端。《联合国宪章》第 2 条第 3、4 款对此作了专门规定。再次，联合国是继国际联盟之后唯一的普遍性、政治性的国际组织，因而，其宪章是国际上效力最普遍的多边国际公约。最后，《联合国宪章》第 33 条确立了广泛的和平方法，不但包括传统的谈判、调查、调停、和解、仲裁和司法方法等，而且还提出了"区域机关或区域办法的利用，或各该国自行选择的其他方法"作为争端解决的方法，丰富了和平解决国际争端原则的内容。可以说，和平解决国际争端作为一项国际法的基本原则已经确立，《联合国宪章》第 33 条规定的方法也已成为稳定的制度。

现代国际法确立了和平解决国际争端原则，并不意味着完全否定强制的方法。国际社会缺少立法机关的现实使得自助成为国际法主体维护自身国际法权利和实施国际法必不可少的手段。只要符合特定的条件，并严格遵守国际法，采取反报或报复这两种强制方法是被允许的。

反报是一国对另一国的虽不违法但却是不友好、不礼貌的行为，以同样不友好、不礼貌却并不违法的行为加以还报。反报不是国际不法行为的后果，因为引起反报的行为不构成国际不法行为。反报通常发生在外交、贸易、关税、航运以及移民和外侨政策等领域。例如，一国驱逐了另一国的外交官，该另一国往往也以驱逐对方外交官的方式作为回报。又如一国限制他国的某类商品进口，也会招致他国采取相应的回报措施等。

报复，又称平时报复，是一国针对另一国的国际不法行为，采取与之相应的强制措施作为回报，以示惩戒或迫使对方纠正其不法行为。报复和反报的区别在于手段的非法性。平时报复与战时报复有所不同。平时报复必须遵循以下原则：报复必须针对另一方的国际不法行为；报复的目的应是为了争端得到解决；报复不应过度。在实践中，引起报复的行为有：不履行条约的义务，不支付到期的债务，军舰在公海上撞沉别国的商船而不予补偿等。传统国际法对报复确定了一些特别的条件，1928 年 7 月 31 日，德葡仲裁法庭在诺利拉案中对受害国采取报复行为提出了如下要求：①对方拒绝就不法行为采取补偿措施；②报复的措施必须与对方的不法行为大致相当。[1]

传统国际法把某种武力行为也当作报复的措施，例如，平时封锁、军事示威以及军事占领等。现代国际法一般禁止武力性的报复。《联合国宪章》第 2 条第 4 款将在国际关系上不得使用威胁或武力，或不得使用与联合国宗旨不符的任何其他方法作为会员国的一般义务，这就否定了军事报复的合法性。依照《联合国宪章》第 51 条的规定，国家只有在受到武力攻击时，才能行使自卫的权利。自卫与报复又是两个不同性质的概念，前者只是一种消极的防御行为，而后者则是积极的强制措施。

---

〔1〕〔奥〕阿·菲德罗斯：《国际法》，李浩培译，商务印书馆 1981 年版，第 505～506 页。

因此，报复只能是非武力的。

第二节 解决国际争端的外交方法

一、谈判与协商

谈判，又称直接谈判，是争端当事国直接地进行交涉以求达成协议，解决它们之间争端的一种方式。绝大部分的争端都是以这种方式解决的，因而谈判是解决国际争端的基本方式。后面其他几种外交方式都包含有谈判的程序。一般在当事国事先达成的仲裁或司法协定中也都规定有以谈判解决争端的内容，在无法通过谈判解决争端之后，才采取其他解决争端的方式。谈判可以是公开的，也可以是秘密的；可以是书面的，也可以是口头的。谈判这种争端解决方式的基本优点是：双方可以开诚布公地交换意见，可以避免第三方的介入，有利于争端的友好解决。但是，在谈判双方实力悬殊时，谈判往往会使弱方当事国处于不利的地位。

协商是 20 世纪 50 年代兴起、得到重视并流行的方式。它与谈判近似，但其参加者往往不限于当事国，而且，它按照协商一致的方式达成协议。中国政府在外交事务中一贯重视并多次采用这种方式。例如，1953 年 8 月，中国政府在关于和平解决朝鲜问题的政治会议的声明中正式建议："为了使政治会议能够和谐进行，以便在国际事务中给和平协商解决争端建立典范，政治会议应采取圆桌会议的形式，即采取包括朝鲜停战双方和其他有关国家参加之下共同协商的形式，而不采取朝鲜停战双方单独谈判的形式。"此外，在国籍冲突、边界纠纷等领域，中国政府多采用协商的方式达成协定，解决争端。在国际范围内，协商的方式在解决国际争端方面的地位也日益提高，许多条约和公约都有关于协商的条款。例如，《北大西洋公约》第 4 条规定："无论何时任何一缔约国认为缔约国中任何一国领土之完整、政治独立或安全受到威胁，各缔约国应共同协商。"1978 年的《关于国家在条约方面继承的维也纳公约》更是将协商和谈判、调解、仲裁以及司法解决并列为解决争端的正式方法。然而，从性质上看，除非有条约的明确规定，则谈判和协商都是一种任意性的行为。当事国可以同意谈判和协商，亦可以拒绝之。即使参加了谈判或协商，也无达成协议的法律义务。

二、斡旋与调停

当事国不愿意或出于某种原因无法直接谈判，或虽经谈判但未能解决争端时，往往有第三国介入进行斡旋或调停。

斡旋是第三方出于解决国际争端的目的促使争端当事国直接谈判。斡旋是第三方的行为，第三方可以是个人，例如，1905 年美国总统西奥多·罗斯福对日俄战争当事国进行斡旋，促使双方在朴茨茅斯举行直接谈判，并签订了和约。斡旋者也可以是国家，但国家与个人往往是合二为一的。国家出面斡旋，往往依靠与争端当事国的友好关系，而大国出面斡旋，由于能够施加自己的影响，因而成功率较高。但在国际上，借斡旋之名而从中渔利的情况也时有发生。在许多情况下，斡旋是由国际组织进行的。如1947年，在印度尼西亚争取独立过程中，联合国安理会指派了由美国、澳大利亚和比利时组成的斡旋委员会，在印度尼西亚与荷兰之间进行斡旋，以解决争端。斡旋的任务，是促使当事国直接谈判，第三方并不介入谈判。

调停则比斡旋更进一步，它是由第三方出面，促使当事国直接谈判，并且参加谈判，提出程序性或与争端相关的实质性建议或方案。调停与斡旋的区别在于第三方是否介入谈判。有时，第三方还提供某种服务，以便使当事国之间达成协议。例如，世界银行调停了印度与巴基斯坦之间1951～1961年关于印度河水的分配纠纷，并且对争端解决方案的实施给予了资助。

斡旋和调停作为解决国际争端的外交方式，为许多国际公约所肯定。1907年的《海牙和平解决国际争端公约》第2条规定，缔约国在遇到严重争议或争端时，在诉诸武力以前，在情况许可的范围内，应要求一个或数个友好国家出面斡旋或调停。并且该公约第3条还提倡第三国主动地在情况许可的范围内向争端当事国提供斡旋或调停。《联合国宪章》第33～38条，将调停规定为安全理事会的主要职责之一。其他许多公约也多有关于斡旋与调停的规定。但是，无论斡旋还是调停，对于第三国和当事国均不是一项强制的义务。从上述《海牙和平解决国际争端公约》第2条和第3条的规定看，对采用斡旋或调停的方式都施加了同样的限定，即"在情况许可的范围内"，这是一种难以捉摸的概念，使得这两条的规定难以实施，因此，任何第三方均无主动进行斡旋或调停的义务，并可拒绝这方面的要求，争端当事国也无接受的义务。

需要指出的是，斡旋和调停虽然可以从概念上进行区分，但是两者在实践中往往是相互联系的，例如，在1975～1978年的黎巴嫩内战中，叙利亚曾在黎左派和右派之间既斡旋又调停。

三、国际调查和和解

国际调查与和解是指由当事国组成的国际委员会对争议的事实进行调查，做出断定以解决国际争端。它是用于解决所谓的事实性的国际争端的一种有效方法。

国际调查作为解决国际争端的方式，首次由1899年《海牙和平解决国际争端公约》规定，即凡遇有国际争端无关荣誉或根本利益而只起因于对事实的意见分歧者则于情况许可范围内，设立国际调查委员会，依公正之调查，辨清事实，以促进争端的解决。前述"多革滩案件"的解决即是在这方面一次成功的尝试。鉴于此，1907年《海牙和平解决国际争端公约》对这一方式规定得更为具体。

国际调查委员会一般是临时组成的。依1907年《海牙和平解决国际争端公约》第10条的规定，委员会的组成必须依照当事国之间的协定。一般由争端当事国各推举 1~2 人，然后由这些人再共同推举出非争端当事国国民 1~3 人以维持多数。其他事项，包括调查的事件、委员会的权限、开会地点、使用的文字等，一般都订立在协定中。委员会一经组成，即着手开展调查，并提出调查报告。根据该公约第 35 条的规定，委员会的报告书只限于查明事实，绝无仲裁裁决书的性质。各当事国完全有权决定是否承认它的效力。由此可见，国际调查一般只限于调查事实，其结论对当事国并无拘束力。

和解又称为调解，是指由当事国把争端交付国际委员会以断定事实并提出某种解决争端的建议或方案的争端解决方式。和解作为解决国际争端的方式，虽与国际调查有关，如也需要调查事实，提出调查报告等，但其任务要多于后者。除了调查事实以外，和解委员会还要提出解决争端的实质性或程序性的建议或方案。和解委员会多是常设机构，其程序也多模仿仲裁程序。和解也区别于调停，调停一般是国际组织进行的，而和解则是由一个若干人组成的和解委员会进行，它的报告和建议不代表任何国家。

真正将和解作为一项国际制度的是 1928 年缔结、经 1949 年修订的《日内瓦和平解决国际争端总议定书》。该议定书为和解规定的主要制度如下：①依该议定书第 1 条的规定，和解适用的事件是不能以外交方法解决者。②和解的机构为特设的或常设的和解委员会。③委员会的组成条件。依该议定书第 1 条的规定应包括 5 人，其中 2 人得由当事国各自在本国国民中选任。其余 3 人由双方协议选择第三国国民充任，并须属于不同国籍。委员会主席应从这 3 人中选出。④和解委员会的任务是以弄清争端中的问题为目的，用调查的方法搜集一切必要的情况，并设法使当事国各方达成协议。在审查争端事件后，委员会应将认为适合解决争端的条件通知当事国各方并规定各方做出决定的期限。⑤关于特设委员会。该议定书第 5 条规定，如在争端发生时，当事国间未设有常设和解委员会，则应于当事国一方向他方当事国提出请求之日起 3 个月内组成一特设和解委员会。⑥关于和解申请的提出。该议定书第 7 条规定，应由双方当事国共同向委员会主席提出，如果双方不能达成协议，得由任何一方单独提出。⑦该议定书第 11 条第 1 款规定，除当事国各方另有相反的约定外，委员会应当自己规定它的程序，即当事国可以通过协议规定和解程序。

除上述总议定书之外，其他一些条约，包括 1969 年《维也纳条约法公约》、1975 年《维也纳关于国家在其对国际组织关系上的代表权公约》、1982 年《联合国海洋法公约》等，都在有关的条款中规定了和解制度。尽管大量的条约规定了和解制度，但到目前为止，除欧洲国家外，通过和解程序解决国际争端的事例并不多。

由美国国务卿布赖恩谈判并由美国与其他国家缔结的《布赖恩条约》（Bryan Treaties），在推广国际调查及和解方面具有重要意义。《布赖恩条约》是 1913~1914 年间美国与其他国家之间订立的一系列条约（共 48 个）的总称。这些条约在主要内容方面是一致的，其基本特点是：将一切为外交方法所不能调整的争端提交一个常设委员会进行调查，并由常设委员会提出一个包含解决争端的建议的报告，在报告没有提出之前，各国彼此不得诉诸武力。这表明，布赖恩条约的作用是延缓战争，因此，又称"冷却条约"。但是，《布赖恩条约》与《海牙和平解决国际争端公约》的规定有显著的不同：①它调整的争端不排除涉及荣誉或重大利益的争端，包括所有经外交方法不能解决者在内；②与《海牙和平解决国际争端公约》规定设立临时性机构不同，它规定在未有争端前先设立常设委员会，一旦争端发生，即可着手调查。《布赖恩条约》一般只适用于美洲国家，直到1919年，其主要制度才为《国际联盟盟约》所采纳，继而规定在一系列的普遍性的国际条约中。[1]

和解与国际调查也往往难以区分，因为和解本身包含了调查程序，甚至是否必须将两者区分，在国际上也存在着不同的看法。赞成区分的学者认为，事实的断定应与解决争端的尝试相结合；反对的意见则认为，两者的结合不利于解决争端，这一观点已为联合国大会所接受。[2]

第三节　解决国际争端的法律方法

一、国际仲裁

（一）国际仲裁的概念和特征

国际仲裁是争端国根据它们之间的协议，将争端交给它们自行选定的仲裁员处理，由仲裁员做出具有法律约束力的裁决，从而解决国际争端的一种法律方法。它是介于和解和国际司法之间的一种程序。和解虽需由和解委员会提出解决争端的方案，但这种方案并无拘束力。司法方法虽也通过裁判做出有拘束力的决定，但司法机构一般非由当事国所建立，也不受当事国的影响。国际仲裁有它独具的特点：

1. 国际仲裁法庭是为特定的争端而设立的，是争端当事国达成协议的结果。仲裁法庭一般由当事国通过协定组成，其形式一般有临时的和常设的两种。

2. 国际仲裁的依据是当事国之间的协议。依据仲裁实践，这种协议一般有三类：①仲裁条约，规定缔约国将未来可能发生的某些争端交付仲裁，常设的仲裁机构往往是由这类条约设立的；②仲裁条款，即在某一个条约中规定把以后在执行条约过程中发生的争端交付仲裁的条款；③争端发生后的特别协定，规定将争端交付仲裁。临时性的仲裁法庭往往是依这类协定组成的。

3. 国际仲裁的程序规则可以由当事国共同拟定。国际仲裁法庭依照当事国规定的程序规则做出裁决。在当事国对此没有协议时，国际仲裁法庭才得自行以确定有关程序规则。

〔1〕　［美］路易斯·亨金等：《国际法：案例与资料》，1980年英文版，第833～834页。

〔2〕　马克斯·普郎克比较公法及国际法研究所：《国际公法百科全书〈第一专辑：争端的和平解决〉》，陈致中、李斐南译，中山大学出版社1988年版，第244页。

4. 仲裁裁决具有法律拘束力，且为终局裁决。但仲裁裁决自身没有强制执行的效力。仲裁裁决的履行是基于当事国的事先承诺，将争端交付仲裁的事实本身，就意味着当事国承担了遵守裁决的国际义务，当事国应善意地诚实遵守和执行仲裁裁决。

（二）国际仲裁的历史

公元前 600 年左右，古希腊各城邦之间就已经用仲裁的方式解决它们之间的争端，但那是区域性的宗教组织依宗教法律行使的一种有限的管辖权。中世纪也曾有过仲裁的事例，但也只是神圣罗马帝国皇帝或教皇在利用他们世俗的或精神上的权威。现代意义上国际仲裁的产生，依赖于近代主权国家的建立。1794 年英美两国缔结的《杰伊条约》（Jay Treaty）被认为是现代国际仲裁产生的标志。[1]根据该条约设立了三个混合委员会，分别负责解决边界争端，英国债权人对美国的清偿要求，以及研究美国公民因英法海战中受到损失而提出的控告。该条约规定委员会必须以公正、衡平与国际法裁判案情，其裁决具有法律拘束力。因此，委员会具有现代国际仲裁的一般特点。依据《杰伊条约》的规定，三个委员会于 1798～1804 年分别对"英美在北美领地的边界问题"、"斯特拉—麦金西案"、"肯宁哈姆案"，以及对因拿捕而受损失的 12 个案件做出了裁决。委员会的工作证明了仲裁方法的有效性。此后，英美之间，美国与南美国家之间订立了大量类似的条约，使仲裁成为它们之间解决争端的一种经常的方式，这导致了后来几个有着重大影响的裁决的做出：1872年英美之间的"阿拉巴玛仲裁案"、1875 年英葡之间的"德拉瓜湾仲裁案"、1873年美英第一个"白令海峡仲裁案"、1897 年英荷"哥斯达黎加邮船仲裁案"等。这些案件的解决，不仅使各国看到了解决国际争端的希望，而且也发展了国际法的规则。特别是自美国独立战争以来一直影响着英美关系的"阿拉巴玛号案"的解决，使得美国国会参众两院于 1874 年投票赞成国际仲裁，欧洲国家的立法机关在 19 世纪末也纷纷通过国内立法赞同在条约中规定仲裁条款。

大量的实践，促使两次海牙会议对仲裁的现行规则加以编纂。1899 年《海牙和平解决国际争端公约》和经过扩大的第二个《海牙和平解决国际争端公约》将仲裁作为第四部分，包括国际仲裁法庭的组成、管辖权、裁决权和程序等条款。1899 年《海牙和平解决国际争端公约》为使仲裁成为一项经常性的国际制度，特别设立了"常设仲裁法院"（Permanent Court of Arbitration，简称 PCA），该法院于 1900 年在荷兰海牙成立。在 1907 年以前，常设仲裁法院设立的法庭做出的第一批仲裁裁决进一步提高了国际仲裁的声誉。经过修订的 1907 年《海牙和平解决国际争端公约》确定了常设仲裁法院的目的：为便利将不能利用外交方法解决的国际争议立即提交仲裁起见，各缔约国承允保留第一次和平会议所设立的常设仲裁法院。依照公约，国际

---

〔1〕　约翰·杰伊（John Jay，1745～1829）美国政治家、革命家、外交家和法学家。1794 年杰伊作为美国特使前往英国商议避免两国间战争的新条约，随后签订的条约被称为《杰伊条约》。

常设仲裁法院下设一个事务局作为秘书处；一个常设行政理事会，由各国驻海牙的外交代表组成；主席则由荷兰外交大臣担任；一份仲裁员名单，由成员国各选 4 名精通国际法的人士构成。对每一起仲裁案件，由当事国各自从仲裁员名单中选定两名仲裁员，再由它们共同选定一名仲裁员组成仲裁法庭。在 1970 年以前的七十多年中，常设仲裁法院仅受理了 25 起案件，但近年来，其受理案件数量有快速增加的趋势。截至 2011 年 8 月，常设仲裁法院的仲裁法庭已经受理 67 起案件，其中作出了 58 项裁决（包括部分裁决），[1]并发表了许多咨询意见，其中不乏著名的裁决，"北大西洋海岸捕鱼案"等阐明和发展了许多至今有效的国际法规则，并极大地促进了国际争端的仲裁解决方式的发展。应该重视常设仲裁法院仲裁在解决国际争端方面发挥的重大作用，并加强对其案例的研究。

两次海牙会议之后，国家间的仲裁协议大量增加。不但有仲裁条约、特别协定，而且还发展了仲裁条款的形式。作为多边公约，1928 年的《日内瓦解决国际争端总议定书》、《国际联盟盟约》、《联合国宪章》、《海洋法公约》等，都规定了仲裁制度。而且大部分联合国专门机构的组织约章规定将仲裁作为诉诸国际法院前应予考虑的争端解决方式。国际仲裁也日益为地区性的公约采纳，如 1957 年《欧洲和平解决争端公约》。国家间以特别协定组成的临时仲裁法庭在国际争端的解决方面也发挥着作用。例如，1989 年美国和伊朗组成 9 人仲裁委员会，对"美伊求偿案"作出了裁决。

（三）现行仲裁制度的主要内容

目前，普遍性的仲裁制度主要见于 1899 年和 1907 年两个《海牙和平解决国际争端公约》和经 1949 年修订的《日内瓦和平解决国际争端总议定书》。联合国国际法委员会于 1958 年拟订的《仲裁程序示范规范（草案）》，在总结前两个公约的基础上，又融入了国际法院程序的某些特点。该规则虽非约，但具有指导意义。依据上述公约和规则，现行国际仲裁制度的主要内容如下：

1. 仲裁条约、仲裁协定和仲裁条款。仲裁属于自愿管辖，争端当事国之间订立的仲裁条约、仲裁协定或仲裁条款是仲裁庭对案件行使管辖的依据，表明当事国各方同意把争端提交仲裁，同时也是当事国承允服从裁决的许诺。仲裁条约常见的是双边的，也有多边的。当事国可以事先缔结仲裁条约，也可以在争端发生以后订立仲裁协定，还可以在其他有关条约或协定中订入仲裁条款或仲裁附件，这些仲裁协议虽然形式不同，但都有同等效力。

仲裁协议一般应载明仲裁庭的管辖范围和权限，争端的主要问题，仲裁庭的组成，仲裁员人数，以及仲裁庭适用的实体法和程序规则等。对一般性的仲裁公约，当事国可以对专属国内管辖事项、第三国的利益、缔约前发生的争端以及有关领土

---

[1] See PCA 111th Annual Report - 2011, at http：//www. pca-cpa. org/showpage. asp？ pag_ id = 1069, June 20, 2013.

地位问题等，提出保留，将这些问题排除在仲裁庭管辖范围之外。

2. 仲裁目的与审理范围。关于仲裁目的，1907 年《海牙和平解决国际争端公约》第 37 条规定，国际仲裁之目的在于由各国自行选择法官并在尊重法律的基础上解决各国间争端，提交仲裁就意味着诚心遵从裁决义务。

关于仲裁审理范围，1907 年《海牙和平解决国际争端公约》第 38 条规定，仲裁审理范围限于"关于法律性质的问题，特别是关于国际公约的解释或适用问题"，以及用外交手段所未能解决的争端。该条还规定，遇有关于上述问题的争端发生时，各缔约国最好在情况许可的范围内将争端提交仲裁。这一规定充分体现了仲裁自愿管辖的性质。

3. 仲裁法庭的组成。仲裁法庭组成的原则是仲裁员由争端双方选派，或由双方通过协定确定，或由仲裁协定规定的程序确定。依据 1985 年联合国国际法委员会《仲裁程序示范规则（草案）》的规定，当争端当事一方请求将争端提交仲裁后，提交仲裁约定的双方应通过仲裁协定组成仲裁法庭，仲裁员的人数必须是奇数，且以 5 人为宜。仲裁员一般应具有公认的国际法资历。仲裁程序一旦开始，除经双方协议外，任何一方都不得替换它所选派的仲裁员。某一仲裁员因死亡、解职或辞职而导致席位空缺时，应按照原来的委派程序补充。

4. 仲裁适用的法律。仲裁所根据的规则，往往在仲裁协定中确定。这是由"阿拉巴马号案"确定的 1871 年华盛顿规则。如果没有确定规则的协定，则应依照公认的国际法规则裁决。1907 年《海牙和平解决国际争端公约》第 37 条第 1 款规定，仲裁裁决必须以"尊重法律"为基础。在无相关的国际法规则时，则应在双方同意的情况下，以公正和平等的原则做出裁决。公正和平等的原则应是对国际法有缺漏时所作的弥补。现代的许多仲裁条约都规定以《国际法院规约》第 38 条第 1 款规定的法律及法律原则之补助资料作为裁决的依据。

5. 仲裁程序。一般由当事国通过协议确定仲裁程序。若没有这种程序，或有这种程序但不完善，则由仲裁法庭确定或完善之，或依《海牙和平解决国际争端公约》的程序规则。仲裁程序一般分为书面阶段和口头辩论阶段。书面阶段由提交诉状和提交答辩状组成；口头辩论由首席仲裁员主持，当事国双方在法庭上辩论，一般秘密进行，至双方最后一次提出其诉讼证据后正式结束。但口头辩论不是必经程序。在此基础上，由仲裁法庭进行秘密评议，然后做出判决，裁决应在法庭上公开宣读，并立即通知各当事国，方始生效。

6. 仲裁裁决的效力。国际仲裁的裁决是终局裁决。依《海牙和平解决国际争端公约》的规定，裁决不得上诉。但是，仲裁协定中往往订有当事国保留要求复议的权利，只要构成复议要求的决定性事实是做出裁决时法庭或请求复议国不知，或是由于其疏忽而不知的，法庭可以决定是否接受复议要求。无论如何，仲裁裁决虽然不具备强制执行的效力，但它是具有法律拘束力的。这种拘束力来自当事国将案件提交仲裁法庭的事实，以及在仲裁协定中的约定。但是依照 1958 年联合国国际法委

第十四章

员会《仲裁程序示范规则（草案）》第35条的规定，下列几种情况导致裁决无效：①法庭超越权限；②法庭成员受贿；③裁决违反程序规则，或对裁决的理由未充分解释；④仲裁协定无效。如果出现上述情况之一，当事国应通过协议将争端交付新的仲裁法庭解决。如果在对仲裁裁决的效力提出异议后，3个月内未能就设立新的法庭达成协议，国际法院有权在任何一方当事国的申请下宣布裁决全部或部分无效，并将争端提交双方新设立的法庭，如无这方面的协议，则应由国际法院院长经与各当事国磋商后决定新的法庭。

7. 简易仲裁程序。1907年《海牙和平解决国际争端公约》第86~90条规定了简易仲裁程序。该公约规定，简易法庭由争端当事国各选派一名仲裁员，由他们选定一名总仲裁员组成。简易程序只适用书面方式，但每一当事国有权要求传唤证人和鉴定人，法庭则有权要求当事国双方的代理人以及法庭认为有必要出庭的鉴定人和证人提供口头解释。

二、司法解决

国际争端的司法解决，主要是指在当事国自愿的基础上，向国际性的司法机构提起诉讼而解决国际争端。除联合国国际法院以外，国际上还有一些区域性的国际法院，如欧洲法院、欧洲人权法院以及1918年以前的中美洲法院等。此外，还存在着一些专业性的法院，例如，国际海洋法庭、国际刑事法院等。但这些地区性或专业性的法院是否专门用来解决国际争端则是有疑问的，因为它们多受理个人对国家的争端，而受理国家之间争端的，则只有联合国国际法院。

（一）联合国国际法院的建立及其法律地位

联合国国际法院的前身，是依照1919年《国际联盟盟约》和1920年《国际常设法院规约》建立的国际常设法院（Permanent Court of International Justice，简称PCJ）。国际常设法院于1922年2月15日成立于荷兰海牙，在审理了一批国际争端案件后，于1946年4月宣布解散。尽管依《联合国宪章》第92条的规定，《国际法院规约》以《国际常设法院规约》为基础，但国际法院并不是国际常设法院的继承者，而是一个全新的司法机关。在1945年旧金山会议上，成立了一个特别委员会来确定建立一个新的国际法院问题。因为旧金山会议的参加国中有13个不是《国际常设法院规约》的当事国，而且有16个该规约当事国不是旧金山会议的参加国，于是该委员会同意了由法学家委员会提出的国际法院规约草案，国际法院（International Court of Justice，简称ICJ）于1946年4月3日在海牙正式成立。

国际法院的建立及其法律地位以《联合国宪章》第一章为依据，《国际法院规约》则规定了国际法院的构成、管辖权和程序。《联合国宪章》第92条规定，国际法院是联合国的主要司法机构，法院规约是宪章的构成部分。第93条规定，所有联合国会员国都是法院规约的当然当事国，非联合国会员国也可以成为规约当事国，其条件由大会经安理会决定。依照《国际法院规约》第69条规定，规约的修正与宪章修正适用同样的程序。此外，国际法院于 1946 年制定了《国际法院规则》，经 1972 年修订，1978 年国际法院又通过了新的规则以取代前一个规则。

但是，国际法院不是联合国唯一的司法机关，因为还存在其他辅助性的司法机构，如联合国行政法庭等。与联合国其他机构相比，国际法院占有特殊的地位。国际法院具有独立性，它以法院自己的名义而不是用联合国的名义作出判决。虽然国际法院不是国际常设法院的继承者，但为了保持两个法院的连续性，规约第 37 条规定，根据当事国之间现行条约应提交国际常设法院的案件，现在应交由国际法院审理。

（二）国际法院的组成

根据《国际法院规约》及其规则的规定，国际法院由 15 名法官组成，其中不得有 2 人国籍相同，法官任期 9 年，并得连选连任。法院设正副院长各 1 人，由法官自行选举，任期 3 年，可连选连任。法官除由其余法官一致认为不复适合其任职的必要条件外，不得免职。法官应为品格高尚并在其本国具有最高司法职位的任命资格或公认的国际法学家。法官不代表任何国家，包括本国政府，亦不得听命于联合国某个机构，法官不得从事任何政治或行政职务，或执行其他职业性的任务。为保证法官的独立性，规约还规定法官在执行职务时享有特权和豁免权。法官的俸给和退休金的条件由联合国大会决定。国际法院不实行回避制度。在受理的案件中，如果有具有一方当事国国籍的法官，则另一方当事国可以选派一名法官参与案件的审理，这种由当事国临时选派的法官称为"专案法官"或"特别法官"，他们在诉讼过程中的权利和义务与法院法官相同。

法官的选举应顾及世界各大文化和主要法系。法官由联合国大会和安理会在常设仲裁法院"各国团体"所提名单中选出。在常设仲裁法院没有代表的联合国会员国也有同样的提名权利。候选人只有同时在联合国大会和安理会获得绝对多数票才可以当选。在法官选举方面，安理会不适用否决权制度。国际法院院长和副院长由国际法院的法官们以秘密投票方式选出，任期 3 年，并得连选连任。院长主持法院的一切会议，指挥法院工作并监督法院行政事务。目前，国际法院院长是斯洛伐克籍的彼得·通卡（Peter Tomka）法官。中国籍的国际法院法官史久镛曾于 2003 年 2 月到 2006 年 2 月担任国际法院院长。目前，国际法院中的中国籍法官是薛捍勤。

法院可由 3 名或 3 名以上的法官组成分庭，包括临时分庭和简易分庭。临时分庭分为特种分庭和特定案件分庭。特种分庭审理特种案件，如劳工案件以及关于过境与交通案件。特种分庭由法院设立，并确定每一特种分庭所审理的案件种类、分庭成员人数及其任职条件和期限等。特定案件分庭由法院根据经当事国双方同意而提出的请求设立。国际法院院长应查明双方关于分庭组成的意见，并由法院经双方同意确定分庭人员人数。简易分庭由法官 5 人组成，经当事国请求，得适用简易程序进行审理。法院应选定法官 2 人，以备接替不能出庭的法官。所有分庭的选举应以秘密投票的方式进行。分庭如在成立时包括法院院长或副院长，或同时包括法院院长和副院长，则应按情况由院长或副院长主持分庭。否则，分庭应以秘密投票的方式，以分庭成员的多数票选出庭长。分庭庭长应就该分庭处理的案件行使法院院长就本院受理的案件的一切职务。不过，在国际法院的实践中，大多数案件都是由全体法官开庭审理的。

（三）国际法院的管辖权

依照《国际法院规约》第 36 条第 1 款，国际法院的管辖权包括"各当事国提交的一切案件、《联合国宪章》或现行条约及协约中所特定之一切案件"。又根据《国际法院规约》第 65 条第 1 款："法院对于任何法律问题如经任何团体由《联合国宪章》授权而请求或依照《联合国宪章》而请求时，得发表咨询意见。"由此可见，国际法院的管辖权包括诉讼管辖权和咨询管辖权。

1. 诉讼管辖权。依照《国际法院规约》第 34 条第 1 款，国际法院只受理国家之间的争端案件。但并非所有国家都能自动成为诉讼当事国，依据规约第 35 条的规定，法院诉讼当事国包括三类国家：①联合国会员国。②非联合国会员国，但依照《联合国宪章》第 93 条第 2 款，根据联合国大会经安理会的建议而决定的条件成为规约当事国的国家。如列支敦士登、圣马力诺等。③既非联合国会员国，又非规约当事国，除现行条约另有特别规定外，由安理会决定而成为法院诉讼当事国的国家。为此，安理会在 1946 年 10 月 15 日通过决议规定，只要任何一国向国际法院书记官长递交一份声明，表示同意根据《联合国宪章》、《国际法院规约》和其规则接受法院的管辖和判决以及宪章第 94 条为执行法院判决所确定的措施，即取得向法院申诉的权利。这种声明可以是关于某一已经发生的特定的争端（如成为法院规约当事国之前的阿尔巴尼亚在"科孚海峡案"中所做的声明），也可以是关于未来的一切未决定的争端或某些类型的争端的声明。

根据规约第 36 条的规定，国际法院在下述情况下取得对案件的管辖权：

（1）当事国自愿提交的一切案件。即当事国根据事后达成的协议而提交的各种案件。由于这类案件是当事国自愿提交的，故法院对这类案件的管辖称为"自愿管辖"。例如，"庇护权案"就是法院成立后受理的此类案件中的一个，法院对该案的管辖权就是依据秘鲁和哥伦比亚于 1949 年 8 月 31 日签订的《利马协定》。协定规定，两国同意将已发生的争端交付国际法院解决。如果一国单独向法院起诉，而被诉国不对法院的管辖权提出反对而参加了诉讼，则将被法院视为默示接受而取得管辖权。

（2）《联合国宪章》或现行条约及协定中所特定的一切案件。在实践中，较多的是在现行条约中规定把将来可能发生的争端提交国际法院。当条约中规定的争端发生时，当事一方的提交即可使法院取得管辖权，因为另一方已经通过事先的条约或协定表示了同意。由于法院管辖权的取得是以条约和协定为依据的，故称为"协定管辖"。截至 2012 年 7 月 31 日，约有 300 份双边或多边条约规定，在解决这些条约的适用或解释所引起的争端方面，法院具有管辖权。

（3）依据《国际法院规约》第 36 条第 2 款的规定，由法院取得强制管辖权的案件。该款规定："本规约当事国得随时声明关于具有下列性质的一切法律对于接受同样义务的任何其他国家，承认法院的管辖为当然而具有强制性，不须另订特别协定：①条约的解释；②国际法的任何问题；③任何事实的存在，如经确定即属违反国际义务；④因违反国际义务而应予赔偿之性质及其范围。上述声明得无条件为之，或以数个或特定之国家间彼此拘束为条件，或以一定之期间为条件。"

国家对该条款接受与否，由国家自行决定，但一经声明接受，即受拘束。因此该款亦称为"任择条款"，依据该条的管辖也称为"任意强制管辖"。这种管辖虽然是强制性的，但其基础还是当事国的自愿，体现了国家主权与强制管辖权的协调。事实上，真正接受任择条款的国家为数不多。截至 2012 年 7 月 31 日，有 193 个国家为《国际法院规约》的缔约国，其中有 67 个国家根据规约第 36 条第 2 款向联合国秘书长交存了承认法院强制管辖权的声明。目前，我国尚未接受国际法院的强制管辖权。

在声明接受国际法院强制管辖权的国家中，大约只有一半国家的声明不包含条件，另一半则包含着各种保留。美国于 1946 年 8 月 14 日的声明中包含了一项以得克萨斯州议员康纳利名字命名的保留条款，称为康纳利保留条款。[1] 根据该条款，美国不承认法院对"经美国确定认为主要属于美国国内管辖范围的事项上的争端"的管辖权。该条款随后为许多国家所仿效。这项保留引起两个悬而未决的法律问题：一是该项保留应作如何解释，是依据现行国际法确定何为"国内管辖范围内的事项"，还是依美国单方面的观点判断之。二是该项保留是否与《国际法院规约》第 36 条第 6 款的规定相抵触，该款规定，应由国际法院决定其是否具有管辖权。无论如何，这项保留条款削弱了国际法院的强制管辖权，因为所有接受任择条款的国家都可依"相互原则"利用该条款。在 1954 年的"空中事件案"中，美国为其 4 名飞行员驾机进入匈牙利领空而被前苏联军用飞机迫降并被匈牙利法院审判一事向国际法院提起诉讼，而前苏联和匈牙利则以该事件属国内管辖事项而反对国际法院管辖。法院最终撤销了该案。在 1955 年"挪威公债案"中，挪威依据相互条件原则，利用法国接受任择条款的声明中类似康纳利保留的条款，以该事件属国内管辖为由反对国际法院的管辖权，导致国际法院将该案撤销。

2. 咨询管辖权。国际法院咨询管辖权的依据是《联合国宪章》第 96 条及《国际法院规约》第 65 条。其中，《联合国宪章》第 96 条规定，大会或安全理事会对于任何法律问题得请求国际法院发表咨询意见。联合国其他机关及各种专门机关，对于其工作范围内的任何法律问题，得随时以大会之授权，请求国际法院发表咨询意见。《国际法院规约》第 65 条规定，法院对于这种请求，得发表咨询意见。上述规

---

〔1〕　马克斯·普郎克比较公法及国际法研究所：《国际公法百科全书〈第一专辑：争端的和平解决〉》，陈致中、李斐南译，中山大学出版社 1988 年版，第 222～226 页。

定表明：①国际法院咨询管辖权的依据是联合国各机关的请求；②联合国大会和安理会可直接向国际法院提出请求，而联合国其他机构则须经过联合国大会授权才得向国际法院提出请求；③大会和安理会请求咨询的事项是"任何法律问题"，其他机构则只能是其职责范围内的法律问题，包括联合国行政法庭判决效力的问题；④国际法院不得就纯属国内管辖的事项发表意见；⑤国际法院有权拒绝发表咨询意见，在《关于防止及惩办灭种罪公约》保留问题的咨询意见中，国际法院认为，关于特定案件的情况便足以使法院拒绝咨询意见的要求，法院是有权做出决定的；⑥国际法院咨询意见无法律拘束力。事实上，国际法院的咨询意见具有极高的权威性，对国际法的发展起着巨大的作用。

（四）国际法院适用的法律

《国际法院规约》第38条第1款规定："法院对于陈述各项争端，应依国际法裁判之，裁判时应适用：①不论普通或特别条约，确立诉讼当事国明白承认之规条者；②国际习惯，作为通例之证明而经接受为法律者；③一般法律原则为文明各国所承认者；④在第59条规定之下，司法判例及各国权威最高之公法学家学说，作为确定法律原则之补助资料者。"第2款规定："前款规定不妨碍法院经当事国同意本着'公允和善良'原则裁判案件之权。"依照该条的规定，国际条约和国际习惯是国际法院审判案件的主要法律依据，而一般法律原则，由于其含义不甚明确，实践中极少使用。司法判例和公法学家学说，是确定法律原则的补助资料，"公允和善良"原则，由于含义不明，易引起纷争，因此只是在当事国一致授权的条件下，才得用"公允和善良"的原则作为判案依据。

（五）国际法院的程序

《国际法院规约》第39～64条以及现行的《国际法院规则》第三部分、第四部分对法院的程序作了详尽的规定。

1. 起诉。起诉以两种方式提起：①以请求书提交案件。请求书应叙明请求当事国、被告当事国和争端事由，并尽可能指明确认法院具有管辖权的法律理由，说明诉讼请求的确切性质以及诉讼请求所依据的事实和理由的简明陈述。②以特别协定提交案件。协定通知书应叙明争端的明确事由以及争端的当事国。

2. 第三国的参加。允许第三国参加诉讼分为两种情况：①与案件有关的第三国如认为案件的裁决影响到该国具有法律性质的利益时，申请准予作为参加者参加诉讼，其申请应由法院裁决。②某项多边公约的解释正是争议的问题时，所有条约缔约国都有权参加诉讼，而判决中所作的解释对所有这些参加国都有拘束力。

3. 初步反对意见，或称先决答辩。在进行实质程序以前，被告对法院管辖权及其他问题可以要求法院做出裁定。这些问题包括：原告的当事国资格，法院作实质性判决的管辖权，坚持国内管辖事项，或提出尚未用尽当地救济等。初步反对意见由法院裁定之。

4. 临时保全措施。法院如认为保全一方当事国的利益确属必要时，有权指示当事国遵守以保全彼此权利之临时办法。在终局判决前，应将此项指示办法立即通知各当事国及安全理事会。特别是责成当事国在问题已向法院提出不得采取任何对他方造成损害而导致不可挽回的局面的行动。

5. 诉讼的书面和口头程序。书面程序中，当事国应向法院提交诉状和辩诉状，并将诉状通知对方当事国。对方一般提出辩诉状或答辩状。当事国应提供一切有关的文件及证据。口头程序系指法院审讯证人、鉴定人、代理人、律师及辅佐人，从对当事国听讯开始。当事国得由代理人代表，代理人得聘请律师或辅佐人协助。口头程序应公开进行，但法院另有决定或应当事国请求拒绝公众旁听时，不在此限。每次审讯应做成记录，由书记官长及法院院长签名。

6. 判决。法院在口头程序结束以后，经合议庭秘密评议而作出判决。判决应以出席法官的过半数票作出。在票数相等时，由院长或代理院长投决定票。任何法官对判决持有异议时，可发表个别意见，附于判决之后。法院应将宣判日期通知各当事国，公开在庭上宣读。判决自宣读之日起对各当事国有拘束力。

法院判决属于终局判决，不得上诉。但如判决在某方面有缺陷，法院可依复核程序加以纠正。这些缺陷包括对判词的意义和范围发生争执，经当事国请求，应由法院解释。或发现具有决定性的事实，该事实在判决宣告时为法院及申请复核的当事国所不知，当事国可申请法院复核。申请复核至迟应于新事实发现后 6 个月内进行。此项申请是否接受，由法院裁决。

国际法院的判决虽有法律拘束力，但法院本身无强制执行判决的能力。一方如不履行判决所加之义务，依《联合国宪章》第 94 条第 2 款的规定，他方当事国得向安理会申诉。安理会如认为有必要时，得做成建议或决定应采取办法，以执行判决。至今此类情况从未发生过。

（六）对国际法院的评价[1]

国际法院的建立，是国际社会法制进步的体现，也是许多国家和国际法学家艰苦努力的成果。六十多年来，自 1947 年 5 月 22 日至 2013 年 4 月 25 日，国际法院共受理 152 起案件。国际法院不负众望，成功地运用国际司法的方式解决了许多国际争端，为国际社会的稳定和发展做出了应有的贡献。国际法院的贡献不但在于它提供了一个较为有效的争端解决模式，而且还在于它为国际法的发展所起的权威作用，这种作用是通过对案件的审理来实现的。主要表现在三个方面：①通过审判活动，维护了原有国际法律的严肃性。例如，在"伊朗扣留美国外交官案"的判词中，维护了外交代表及其使馆的不可侵犯权。②澄清了某些模糊不清的习惯国际法规则。例如，在"英伊石油公司案"中，法院明确了特许契约的合同性质。③创造了新的国际规则。例如，国际法院在"北海大陆架案"中，提出了"公平原则"作为纠正等距离原则造成的不公平状态的有效方法。此外，国际法院的咨询意见也对国际法

---

[1] 联合国国际法院书记处：《国际法院》，1985 年中译本，第 81~85 页。

第十四章

的发展起了重要作用。

然而，20 世纪 60 年代后，国际法院受理的案件明显减少，其原因是许多国家对国际法院产生了不信任感，即所谓的"信任危机"。信任危机的出现，首先，是因为国际法院法官的构成。尽管《国际法院规约》要求法官应代表世界各大文化及主要法律体系，但仍存在着欧美国家法官比例偏高的现象。其次，是由于法院的一些判决，如在"科孚海峡案"中，存在着偏袒西方国家的倾向。再次，是"康纳利条款"的消极影响，使得法院处于两难境地，影响它作实质性判决的机会。最后，有些国际法规则的不确定性，使得各国对法院的判决无法预测，害怕将案件提交国际法院。这种情况在 20 世纪 70 年代以后起了变化。部分原因是在法官的构成方面，发展中国家的法官比例有所提高，同时法院也逐步改变了偏袒西方国家的做法。在1996 年的"美国侵犯尼加拉瓜的军事行动案"中，法官在美国抵制的情况下，仍然做出了不利于美国的判决，维护了弱小国家的合法权利。国际法院在程序规则上也作了改进，这不但表现在 1978 年法院新规则的制订实施方面，而且还表现在国际法院自 1982 年起开始使用"分庭"这一灵活的方式方面，免除了以前繁琐费时的审判方式。所有这些，均是国际法院为走出低谷而做的努力。这些努力是有成效的，从20 世纪 80 年代以来，法院受理的案件数量大幅增加，特别是在 1999 年一年就受理了 17 起案件。但是，国际法院要在国际争端的解决中发挥更大的作用，需要整个国际社会的共同努力，特别是需要某些大国国际法律观念的增强。

（七）国际海洋法庭

国际海洋法庭是根据《联合国海洋法公约》的附件六（《国际海洋法庭规约》）于 1996 年成立的，总部设在德国汉堡。

1. 法庭的组成。国际海洋法庭由 21 名法官组成。《联合国海洋法公约》的每一缔约国可以提名不超过 2 名候选人。在全体缔约国大会上，缔约国以无记名投票方式选举法官，获得最多票者当选，但所获票数至少为出席并参加表决的缔约国 2/3的多数票。法官任期 9 年，可连选连任。但首次选举出的 21 名法官中，应由联合国秘书长以抽签方式决定其中 7 人任期 3 年，另外 7 人任期 6 年，以后每 3 年改选法庭法官 1/3。目前，国际海洋法法庭中的中国籍法官为高之国。

法官应享有公平与正直的最高声誉，并在海洋法领域内具有公认资格。法庭作为一个整体应能代表世界各主要法系和公平地区分配。每个地理区域应有法官至少3 人。法庭法官中不得有 2 人具有同一国籍。法庭法官不得执行任何政治或行政职务，不得同与海洋资源和其他商业用途有关的任何企业的业务有积极的联系或有财政利益。法庭审理案件时，所有可以出庭的法庭法官都应出席，但须有选任法官 11人才构成法庭的法定人数。

2. 法庭的管辖。法庭的管辖主要涉及法庭诉讼当事者、法庭管辖的争端范围、法庭的任择强制管辖权及法庭适用的法律。

（1）法庭诉讼当事方。国际海洋法庭的当事者不限于国家。根据《联合国海洋法公约》附件六第 20 条规定，可以作为法庭诉讼当事方的包括：①该公约所有缔约国；②国际海底管理局及作为勘探与开发海底矿物资源合同当事人的自然人或法人；③规定将管辖权授予法庭的任何国际协定的当事者。

（2）法庭管辖的争端。根据《联合国海洋法公约》附件六第 21 条的规定，国际海洋法庭对以下事项具有管辖权：①按照《联合国海洋法公约》提交的一切争端和申请。但缔约国可以按照《联合国海洋法公约》第 298 条的规定，排除法庭对某一类或某些类争端的管辖。[1]②将管辖权授予法庭的任何其他国际协定中具体规定的一切申请。③如果与《联合国海洋法公约》主题事项有关的现行有效条约或公约的所有缔约国同意，有关这种条约或公约的解释或适用的任何争端。但是，法庭对海洋争端并无专属管辖权，海洋争端的当事者也可以选择国际仲裁机构或国际法院解决争端。

（3）法庭的任择强制管辖权。《联合国海洋法公约》第 286 条规定，有关公约的解释或适用的任何争端，如经争端任何一方请求，可提交国际海洋法庭。可见，法庭的管辖权是强制的。但《联合国海洋法公约》第 287 条又规定，一国在签署、批准或加入本公约时，或在其后任何时间，应有自由用书面声明的方式选择按照附件六设立的国际海洋法庭。所以，国际海洋法庭的管辖权实际是一种"任择强制管辖权"，即法庭的强制管辖须以争端各方自愿为条件，只有争端各方都选择了法庭程序，争端才可以提交国际海洋法庭。

（4）法庭适用的法律。法庭适用《联合国海洋法公约》和其他与该公约不相抵触的国际法规则。如果经当事各方同意，法庭也可按照公允和善良原则对争端作出裁判。

在程序与裁判方面，国际海洋法庭与国际法院基本相同。

国际海洋法庭的建立，为海洋争端的解决提供了新的机制。1997 年对"塞加号"案的审理，标志着国际海洋法庭进入到了实质运转的阶段。

第四节　联合国在解决国际争端中的作用

一、联合国大会

联合国大会虽然是一个讨论问题和提出建议的机构，但其在和平解决国际争端

---

[1] 2006 年 8 月 25 日，中国依据《海洋法公约》第 298 条之规定，向联合国秘书长提交如下书面声明："对于《海洋法公约》第 298 条第 1 款（a）、（b）和（c）项所述的任何争端，中国政府不接受《海洋法公约》第十五部分第二节规定的任何国际司法或仲裁管辖。"即对于《海洋法公约》中涉及领土归属、海洋划界、军事活动等争端，中国政府不接受《海洋法公约》规定的任何导致有拘束力的国际司法或仲裁管辖。

方面具有广泛的职权。联合国大会有权讨论《联合国宪章》范围内的任何问题，并对需要讨论的国际争端或情势进行调查。联合国大会有权向会员国或安理会提出建议，对足以危及国际和平与安全的情势，得提请安理会注意。但安理会正在处理的争端或情势，非经安理会请求大会不得讨论或提出建议。然而，尽管联合国大会的决议具有较大的政治影响，但联合国会员国并无遵守大会建议的义务，也无义务与大会指定的调查委员会合作。

联合国大会和安理会在解决国际争端方面均有斡旋、调停、调查以及和解的职能，但这两个机构均无司法职能。它们的决定和建议虽然也考虑法律因素，但政治考虑往往超过法律上的考虑。

此外，联合国秘书长在解决国际争端方面也起了重大作用。联合国秘书长用斡旋、调停和国际调查等方式，在促使争端解决方面取得了较好结果。

二、联合国安全理事会（简称安理会）

依据《联合国宪章》第 24 条的规定，在联合国各机构中，安理会是对维护国际和平和安全负主要责任的机关，因此，安理会也成为联合国解决国际争端，特别是解决可能危及国际和平和安全的重大争端的主要机关。

根据《联合国宪章》，安理会解决争端的程序可以通过以下方式启动：①由任何联合国成员国提起，而不论该国是否是争端的一方。②由非联合国成员国的争端国提起，只要该国为争端的解决事先接受《联合国宪章》规定的和平解决争端的义务。③由联合国大会提起。联合国大会可以提请安理会注意可能危及国际和平和安全的局势。④由联合国秘书长提请。秘书长可以提请安理会注意任何危及国际和平和安全的问题。但是，国家、大会或秘书长只能提请安理会审议一项争端，至于是否将该争端纳入安理会的议事日程表，则由安理会自行决定。并且，只有安理会才可以将一项争端从其议事日程上取消。根据《联合国宪章》，关于议事日程的问题属于程序问题，因而 1968 年前苏联入侵捷克斯洛伐克后不久，捷克斯洛伐克在前苏联指使下请求安理会将该侵略问题从安理会的议事日程上取消，因前苏联未能行使否决权而未能成功。

安理会在解决国际争端方面的职权主要有以下几项：①建议。当争端的继续存在足以危及国际和平和安全时，安理会认为必要，可以促请当事国以和平方法解决争端，安理会在任何阶段，得建议适当程序或调整方法。安理会的建议虽然有很大的影响，但建议本身对当事国无法律拘束力。②调查。安理会得调查任何争端或可能引起国际摩擦或惹起争端之任何情势，以断定该项争端或情势之继续存在是否足以危及国际和平和安全。③采取执行行动。当争端发展到威胁或破坏国际和平的严重局势时，安理会有权依《联合国宪章》第七章的规定，采取执行行动，包括必要的武力行动。如举行会员国的空、海、陆军示威，封锁其他军事行动，并可以组织和使用联合国部队。安理会此项职权是联合国大会和其他机构所不能具有的，联合

第十四章

国以外的其他任何国际组织也无此权利。应该指出的是，安理会的执行行动是针对和平之威胁或破坏，或侵略行为所采取的，并不针对一般的国际争端，而且，在维持国际和平和安全方面，非联合国会员国也要遵守安理会的执行行动，这是由安理会所负的职责所要求的。

三、《联合国宪章》框架下的区域解决方法

依照《联合国宪章》第52~54条的规定，联合国在解决区域性争端方面不断与区域性组织协调，并利用区域办法解决区域争端，这种办法的潜力正日益凸显出来。区域性的和解程序、仲裁程序等各种解决国际争端的方法正通过大量的区域性公约制定出来。例如，1933年南美的《非战、互不侵犯及和解公约》、1958年的《关于和平解决国际争端的欧洲公约》、1963年的《非洲统一组织章程》等。在1977年的非洲统一组织首脑会议上，又成立了一系列调解委员会协助调解非洲国家间的分歧。

《联合国宪章》第52条第2款规定，会员国在将地方性争端提交安理会以前，应先用区域办法加以解决，安理会对此应加以鼓励。但《联合国宪章》为了将区域办法纳入联合国的轨道，对区域办法作了限制：①区域办法的使用和区域机关的工作应符合《联合国宪章》的宗旨及原则。②若无安理会授权，不得依区域办法或由区域机关采取任何执行行动，但对第二次世界大战中的敌国除外。③区域办法或由区域机关已采取或正在考虑之行动，不论何时应向安理会充分报告。

目前，在国际社会中存在以下几个在和平解决国际争端方面比较重要的区域机关或区域办法：

1. 阿拉伯国家联盟。阿拉伯国家联盟（以下简称阿盟）于1945年正式宣告成立，是阿拉伯国家组成的地区性国际政治组织，成员国皆位于亚洲或非洲，现有成员国22个，总部位于埃及开罗，《阿拉伯国家联盟条约》是该组织的组织章程。根据《阿拉伯国家联盟条约》规定，如果两个阿盟成员国之间的争端不涉及一国的独立、主权和领土完整，并且该成员国向阿盟理事会提出解决它们之间争端的申请，则阿盟理事会可以进行仲裁。阿盟理事会做出的仲裁裁决具有拘束力，争端当事国必须执行。阿盟理事会由所有成员国的代表组成，但争端当事国不得参与理事会审议争端和作出决定。《阿拉伯国家联盟条约》还规定，对两个成员国之间发生的可能导致战争的争端，阿盟理事会应进行调停，以便它们和平解决争端。而在事实上，阿盟理事会对所有争端都采用斡旋、调停与和解的方法，而不论这些争端是否威胁到和平。另外，虽然《阿拉伯国家联盟条约》没有明文规定阿盟秘书长在和平解决国际争端过程中的作用，但阿盟理事会通过内部条例使秘书长可以在这方面发挥积极的作用，例如，经常邀请秘书长参加理事会为进行调停和实况调查而设立的专门机构。

2. 美洲国家组织。美洲国家组织是一个以美洲国家为成员的国际组织，总部位于美国华盛顿，是世界上历史最悠久的区域组织，现有34个成员国。1948年在哥伦

比亚波哥大召开的第九届美洲国家会议通过的《美洲国家组织章程》（称为《波哥大宪章》）规定"美洲国家间可能发生的一切国际争端，在提交联合国安全理事会之前，必须交由本章程所规定的和平方法来处理"。《章程》第六章还规定了和平解决国际争端的具体方法：直接谈判、斡旋、调停、调查、和解、仲裁、司法解决以及争端当事国选择的其他解决方法。美洲国家组织的常设理事会下设解决争端委员会，具体负责处理美洲国家之间的争端。其秘书长在解决争端方面被赋予了与联合国秘书长类似的权力。

3. 非洲统一组织。非洲统一组织成立于1963年，是由非洲独立国家组成的全洲性区域国际政治组织，于2002年7月9日更名为非洲联盟，现有成员国53个，总部位于埃塞俄比亚首都亚的斯亚贝巴。《非洲统一组织宪章》第19条规定了和平解决国际争端的原则，并建立了一个调停、和解与仲裁委员会。根据《非洲统一组织宪章》的规定，国际争端可以由各有关争端当事国共同提交、或由一个争端当事国单独提交、或由非统组织部长理事会或国家和政府首脑大会提交调停、和解与仲裁委员会。如一个或数个争端当事国拒绝服从该委员会管辖，委员会可以把争端提交部长理事会审议。除《非洲统一组织宪章》规定的以上三种争端解决方法外，非统组织解决争端时还使用了其他解决争端的方法，例如，利用非洲的一些政治家进行斡旋。

4. 欧洲安全和合作组织。欧洲安全与合作组织是世界上主要的国际组织之一，前身是1975年于冷战期间成立的欧洲安全与合作会议（简称欧安会），是目前世界唯一的包括所有欧洲国家在内的机构，主要讨论欧洲安全、经济合作、人员与文化交流以及续会等四方面的问题。该组织目前共有56个成员国，除了欧洲国家，还包括美国、加拿大、俄罗斯及前苏联的中亚共和国，总部设在奥地利的维也纳。根据1975年欧安会通过的《赫尔辛基文件》、1990年《建立新欧洲巴黎宪章》和1991年欧安会和平解决争端问题专家会议的报告，欧洲安全与合作组织各国承诺将根据国际法，利用谈判、调查、调停、和解、仲裁、司法解决或它们自己选择的其他和平方法，包括它们在发生争端之前商定的任何解决争端方法，和平地、迅速地和平等地解决它们之间的争端。如果在一段合理的时间内，争端各方不能通过直接谈判或协商解决争端或商定适当的争端解决程序，争端任何一方可以要求设立欧洲安全与合作组织争端解决机构，该机构可对解决争端的程序问题和实质问题提出一般性或具体评论或意见。此外，欧洲安全与合作组织还规定了在某些特定情况下由高级官员委员会参与解决争端的制度。

5. 东南亚国家联盟。东南亚国家联盟于1967年在泰国首都曼谷宣布成立，现有成员国10个，总部位于印度尼西亚首都雅加达。根据1967年《东南亚国家联盟宣言》、1971年《东南亚中立化宣言》、1976年《东南亚友好合作条约》和《东南亚国家联盟协调一致宣言》，东盟国家主张和坚持以协商方法解决成员之间的内部争端，并要求各成员国根据国际法和《联合国宪章》，以和平方法解决它们与其他国家之间的国际争端。

区域机关或区域办法在和平解决国际争端方面进行了大量的工作，并取得了一定的成效。前联合国秘书长加利在《和平纲领》中也对区域机关或区域办法给予了高度评价："……显然区域安排或区域机构在很多情况下都具有潜力，应该利用这种潜力来发挥本报告所说的各种功能：预防性外交、维持和平、建立和平、在冲突后缔造和平。根据《联合国宪章》的规定，安全理事会负有并将继续负有维持国际和平与安全的主要责任，但是，以区域行动作为一种分权、授权和配合联合国努力的方式，不仅可以减轻安全理事会的负担，还可以有助于加深国际事务方面一种参与、协商一致和民主化的意识。"1994 年 11 月，第四十九届联合国大会通过了《关于增进联合国与区域办法和机关之间在维持国际和平与安全领域的合作的宣言》。区域机关或区域办法在未来的争端解决方面是有潜力的，并且可以和能够为维持地区和国际和平与安全做出重要贡献。

四、联合国维持和平行动

联合国在解决严重国际争端或冲突时，曾多次采取后来被称为"维持和平行动"（以下简称维和行动）的措施。维和行动与依《联合国宪章》第七章采取的安理会执行行动有原则性的区别，它不属于严格意义上的集体安全的范畴，也不是解决国际争端的方法，但其与维持国际和平和安全又有密切的联系。

维和行动在《联合国宪章》中无明文规定，它是联合国在调解和解决地区冲突的实践中逐步形成和发展起来的一种特殊措施，联合国秘书长曾称之为"预防性外交"，是联合国集体安全机制的辅助或补充手段。

联合国维和行动的目的是遏制威胁和平的局部冲突的扩大或防止冲突的再次发生，从而为最终解决争端创造条件。联合国维和行动的具体职责视情况和需要而有不同，一般包括：监督停火或停战，撤军，观察、报告冲突地区的局势，监督争端方对脱离接触协议的执行，协助恢复治安或维持秩序，防止非法越界或渗透等。近年来，维和行动的任务范围有所扩大，包括监督大选、全民公决、提供和保护人道主义援助等。除联合国外，一些区域性的国际组织，在符合《联合国宪章》目的和宗旨的情况下，也采取了一些区域性的维和行动。

联合国维和行动的建立原则上应由安理会决定，联合国大会也可以决定采取维和行动。维和行动的部署必须得到争端各方的同意，其具体实施由联合国秘书长会商安理会后决定。

维和行动主要有两种形式：军事观察团和维持和平部队。前者一般由非武装的军官组成，后者由联合国成员国提供的军事分遣队组成。维和行动属非强制性行动，军事观察员不得携带武器，维和部队虽配有武器但除迫不得已的自卫外，不得擅自使用武力，并应避免采取可能影响当事国权利、要求或地位的任何行动，尤其是不得利用其方便条件干涉驻在国的内政。维和行动属临时性措施，一般均有一定期限，期限可由安理会视情况予以延长。

维和行动具有强烈的政治色彩，易被利害相关的大国操纵或利用，其作用也因此而有所不同。关于维和行动的法律依据或法律地位问题一向众说纷纭。在维和行动的建立、管理、职权范围、经费开支和活动程序等方面，也一直存在意见分歧。为此，联合国大会建立了维持和平行动特别委员会，专门研究维和行动的有关问题。

联合国维和行动始于1948年。当时，为监督以色列和阿拉伯国家间停战协定的执行，安理会决定向中东地区派遣联合国停战监督组织。1948年至今，联合国共实施了60项维和行动。目前仍在执行的有：2005年3月至今的苏丹——联合国苏丹特派团；2004年6月至今的布隆迪——联布行动；2003年9月至今的利比里亚——联利特派团；2004年4月至今的科特迪瓦——联科行动；1999年12月至今的刚果民主共和国——联刚特派团；2000年7月至今的埃塞俄比亚/厄立特里亚——埃厄特派团；1999年10月至今的塞拉利昂——联塞特派团；1991年4月至今的西撒哈拉——西撒特派团；2004年6月至今的海地——联海稳定团；1949年1月至今的印度/巴基斯坦——印巴观察组；1964年3月至今的塞浦路斯——联塞部队；1993年8月至今的格鲁吉亚——联格观察团；1999年6月至今的科索沃——科索沃特派团；1974年6月至今的叙利亚戈兰高地——观察员部队；1978年3月至今的黎巴嫩——联黎部队；1948年6月至今的中东——停战监督组织。

自1990年首次派遣5名军事观察员参加联合国维和行动以来，中国先后参加了联合国17项维和行动，累计派出维和军事人员8095人次。我国现有1648名官兵在联合国10个任务区和联合国维和部执行维和任务。其中，10支维和分队共1546名官兵在4个联合国任务区执行维和任务，102名军事观察员、参谋军官在联合国维和部和10个联合国任务区执行任务。中国参与联合国维和行动坚持联合国五十多年来公认的三项原则：一是开展维和行动需要当事国或当事方的同意；二是保持中立；三是在自卫情况下才能使用武力。

第五节 其他国际组织与国际争端的解决

除联合国外，世界上还有为数众多的其他各种政府间的国际组织，这些组织对于和平解决争端起着一定的作用。下面介绍的是一些较有代表性的或较特殊的政府间的国际组织在和平解决国际争端方面的作用、职权、方法和程序的简单情况。

一、世界贸易组织（WTO）

（一）世界贸易组织争端解决机制简介

世界贸易组织是根据1994年4月15日在摩洛哥马拉喀什签订的《世界贸易组织协定》而成立的一个政府间的国际组织。世界贸易组织的主要职能是为世界贸易组织协定和若干单项贸易协定的执行、管理、运作提供方便和共同机构的框架，为各成员方的多边贸易谈判提供场所，对争端解决谅解规则程序进行管理等。

由于世界贸易组织的成员方是国家或一国内的独立关税区，世界贸易组织所解决的争端的当事方主要是其成员方间就履行、实施世界贸易组织协定而发生的争端，所以世界贸易组织争端解决机制也是一种重要的和平解决国际争端的方法。

世界贸易组织争端解决机制在世界贸易组织体系中具有核心作用，它对于妥善地解决世界贸易组织成员方在履行世界贸易规则过程中发生的争端，保证世界贸易各项协议和规则的履行，维护世界贸易组织的正常运作及其各成员依据世界贸易组织各项协议所享有的各项权利和承担的各项义务，进而保障多边贸易体制的可预见性和安全性，发挥着重要的作用。世界贸易组织争端机制自1995年1月1日开始运作以来，截至2013年5月2日，已经受理457件争端案件。在这些提交解决的争端中，已经解决和终止的案件共有94起，成员方已经执行争端解决机构裁决的案件共有84起。作为申诉方在世界贸易组织争端解决机构提起争端解决程序的共有333个成员方，作为被诉方的成员有305个。实践证明，世界贸易组织的争端解决机制成功地保证了世界贸易组织的运转。

（二）世界贸易组织争端解决程序概述

1. 世界贸易组织成员就争议事项必须进行的磋商程序。磋商程序是解决争议必须经过的第一个程序。如果世界贸易组织成员认为它在世界贸易组织某协议下的权利由于另一成员所实施的法律或相关措施受到损失，根据《世界贸易组织争端解决谅解》第4条的规定，该成员应当向后者提出磋商的书面请求。收到请求的一方应当在收到此项请求的10日内与对方进行磋商，以便达成双方满意的解决方法。

当事方提出的双边磋商的请求，应当向世界贸易组织争端解决机构相关的理事会和委员会通报，并应说明提出请求的理由，包括争端所涉及的措施及其法律依据。收到磋商请求的一方如果自收到此项请求之日起10日内未能做出答复，或在此后30日内或双方约定的期限内未能进行磋商，或者在60日内通过磋商未能解决争议，提出申诉的一方即可以请求世界贸易组织争端机构设立专家小组解决争议。

如果争议双方在此阶段就争议事项达成一致，该具体案件的争议解决程序即告结束。在世界贸易组织成立以来的十几年中，其中约有1/3的争议案件由争议双方通过磋商程序比较圆满的解决了争议。就争议事项达成协议的成员也应该向世界贸易组织争端机构及相关的理事会和委员会通报它们之间已经达成的协议内容。

2. 世界贸易组织争端机构专家小组解决争议的司法程序。专家组和上诉庭解决争议的方法属于世界贸易组织项下的解决争议的司法或者准司法的方法。

按照《世界贸易组织争端解决谅解》第4条第3款的规定，只有在收到磋商请求的一方如果自收到此项请求之日起10日内未能做出答复，或在此后30日内或双方约定的期限内未能进行磋商，或者在60日内未能通过磋商解决争议，提出申诉的一方才有权请求世界贸易组织争端解决机构设立专家小组解决争议。在提出设立专家小组解决争议的申请书中，必须说明是否进行了磋商。因为，只有在进行了磋商程序未果的情况下，申请人才有权提出设立专家小组的请求。在申请设立专家小组的申请中，申诉方的书面请求中必须阐明是否与另一方已经进行了磋商，以及申诉的法律依据。专家小组最迟应在设立专家小组的请求列入世界贸易组织争端解决机构正式程序后的下一次会议上设立，除非世界贸易组织争端解决机构的所有成员一致同意不设立该专家小组。

专家小组一般由 3 名成员组成，特殊情况下可由 5 人组成，成员为资深的政府或非政府人员。这些人员以个人的身份而非作为政府代表或任何组织的代表提供服务。专家小组审理案件应当按照《关于争端解决规则与程序的谅解》第 11 条规定的权限，对审理的事项作出客观的评价，包括客观认定案件的事实，有关涵盖协议的可适用性和一致性，提出相应的建议或裁定。专家小组应协助当事人解决争议，为此，其应向世界贸易组织争端解决机构提交有关调查材料的书面报告，说明争议的事实的调查结果，并提出有关的建议。此项报告除向世界贸易组织争端解决机构提交外，还应向当事各方提供。报告一般应当在专家小组成立后 6 个月内提出，但遇有紧急情况，如案件标的涉及易腐烂食品，应当在 3 个月内提出。在复杂争议的情况下，也可经书面请求世界贸易组织争端解决机构批准延长期限，但无论如何不得超过 9 个月。

专家小组的报告应向世界贸易组织的所有成员方分发，为了给各成员方足够的时间考虑专家小组的报告，专家小组只有在这些报告向各成员方分发 20 天后，才考虑通过这些报告。专家小组的报告应在该报告被分发后 60 天内进行评审，争议各方有权全面参与对专家小组报告的评审。世界贸易组织争端解决机构应当在此期限内通过此项报告，除非某一争议方当事人声称将对此报告提出上诉，或世界贸易组织争端解决机构一致决定不通过此项报告。

必须强调的是，在专家小组程序进行的过程中，包括在将专家小组报告提交当事各方和未向世界贸易组织全体成员方分发之前，有关争议方仍然可以就它们之间争议的内容继续进行磋商并达成和解。

3. 上诉机构程序。根据《关于争端解决规则与程序的谅解》第 17 条第 2 款的规定，上诉机构是世界贸易组织设立的常设机构，由来自世界贸易组织 7 个不同成员方的国民组成，任期 4 年。其成员应具有法律、国际贸易和相关协议方面的知识，是公认的权威人士，他们不从属于任何政府，在世界贸易组织成员中应当有广泛的代表性。他们只能被重新任命一次。这些成员总体上是兼职的，他们应当随时听从世界贸易组织争端解决机构的召唤。其所从事的职业不能与其上诉机构成员的身份相抵触。在审理特定上诉案件的过程中，由 3 名成员组成上诉庭，其他成员也应当了解上诉案件审理的进展情况。设立上诉机构的主要目的是为了减少专家小组决定错误的风险，以便使自动通过程序不受政治上的干预和抵制，增强争议解决制度在法律上的稳定性和可预见性。

根据《关于争端解决规则与程序的谅解》第 17 条第 6 款的规定，上诉庭仅审理专家小组报告中所涉及的法律问题，以及专家小组对这些问题做出的解释。有权提出上诉的是专家小组报告中的争议案件的当事人，第三方不能作为上诉人。上诉内容不局限于专家小组报告的结果，胜诉一方也可以就专家小组在报告中对特定事项进行的法律分析和法律解释提出上诉。根据《关于争端解决规则与程序的谅解》第17条第13款的规定，上诉庭可以确认、修改或者推翻专家小组对争议做出的法律上的认定和结论，但没有明确规定上诉庭具有将其所审理的案件发回重审的权力，上诉庭也无权对其所审理的案件发表咨询意见。

已经向世界贸易组织争端解决机构通报其与争议有重大利益的第三方，可以向上诉机构提出书面意见，上诉机构也应给予它们表述意见的机会。上诉机构对上诉事项所作的决定一般应当在上诉方正式向上诉机构就某一事项提出上诉之日起60天内作出，最多不得超过90天。上诉机构的报告也应当在该报告提交世界贸易组织全体成员方后30日内由世界贸易组织争端解决机构通过，并由争议各方无条件地接受，除非世界贸易组织争端解决机构一致决议不通过该报告。

4. 世界贸易组织争端解决机制中的仲裁和其他程序。世贸组织亦通过仲裁等方式来解决当事国之间的争端。

（1）仲裁程序。仲裁作为解决世界贸易组织成员方之间争议的方法，主要规定在《关于争端解决规则与程序的谅解》第21条第3款（c）项、第22条第6款和第25条中。

《关于争端解决规则与程序的谅解》第21条第3款（c）项规定的是对执行世界贸易组织争端解决机构已经通过的专家小组或上诉机构裁决的合理期限。根据该规定，一般案件在不超过15个月的执行期限内执行，具体的执行期限完全取决于每个案件的具体情况。对于如何确定"合理期限"，该条规定了三种可供选择的方式：①由败诉方提出一个具体的执行期限交由世界贸易组织争端解决机构批准；②由争议双方在专家小组和上诉庭的报告通过后45天内共同约定一个期限；③由仲裁员在90天内决定此项期限。在实践中，这三种确定执行期限的方式通常是依次进行的。首先，如果胜诉方对败诉方提出的执行期限没有异议，则世界贸易组织争端解决机构批准后即可作为执行专家小组或上诉庭建议或裁定的合理期限。其次，如果胜诉方对败诉方提出的执行期限有异议，他们可以在报告通过后45天之内共同达成一个合理的执行期限。一般而言，从胜诉方的角度看，此项执行期限当然越短越好；而在败诉方看来，此项期限越长越好。因此，只有在双方当事人不能就执行的合理期限达成一致时，才将确定此合理期限的任务交给仲裁庭裁定。在"欧盟牛肉荷尔蒙案"中，仲裁庭裁定的合理期限是15个月。在"印度尼西亚汽车案"中，仲裁庭裁定的合理期限是12个月。

《关于争端解决规则与程序的谅解》中明确规定的仲裁解决的另一事项，就是败诉一方在上述合理的期限内对与世界贸易组织规则不符的措施加以纠正的条件下，胜诉方可以对其采取的中止减让或赔偿等报复性措施所涉及的合理金额问题请求仲裁。胜诉方要求采取的中止减让或作出赔偿的金额与败诉方往往很难达成一致，在双方对此达不成一致的情况下，可以根据《关于争端解决规则与程序的谅解》第22条第6款的规定将此争议提交仲裁解决。

世界贸易组织争议解决机制中的仲裁与一般意义上的商事仲裁的不同之处在于：①主体不同，世界贸易组织成员多数是主权国家，这不同于商事仲裁，在商事仲裁程序中，主体在大多是自然人或法人。②世界贸易组织成员在达成仲裁协议后，在仲裁程序开始以前，根据《关于争端解决规则与程序的谅解》第25条第2款的规定，必须充分地通知全体世界贸易组织成员。世界贸易组织成员经仲裁协议的各当事方同意，也可以成为仲裁程序的当事人参与仲裁审理程序。这与一般的仲裁程序不同，一般的商事仲裁程序只在仲裁协议的当事人之间进行，并不存在向任何第三人通知的情况，除非当事人之间有约定。③关于仲裁适用的法律，世界贸易组织争议解决机制的仲裁应当适用世界贸易组织的规则，而不是当事人各方共同选择的法律。④世界贸易组织争议解决机制的仲裁裁决不同于《承认与执行外国仲裁裁决公约》项下的裁决。《承认与执行外国仲裁裁决公约》规定每一缔约国国内法院根据该公约的规定条件决定是否承认与执行外国仲裁裁决。世界贸易组织争议解决机制中的仲裁裁决所针对的主要是国家，而国家相互之间不存在谁管辖谁的问题。所以世界贸易组织争议解决机制中的仲裁裁决应当由相关当事方自动执行。如果败诉方在规定的期限内不执行裁决，则胜诉方可以根据《关于争端解决规则与程序的谅解》第22条的规定，请求世界贸易组织争议解决机构授权补偿或中止关税减让措施。此外，世界贸易组织协议项下的仲裁裁决作出后，根据《关于争端解决规则与程序的谅解》第25条第3款的规定，应当通报给世界贸易组织争议解决机构和所有相关协议项下的理事会或委员会，世界贸易组织所有相关成员均可以对裁决提出其各自的看法。

在世界贸易组织成立以来争议解决实践中，仲裁通常被用于解决世界贸易组织成员之间在履行专家小组和上诉庭建议或裁定中发生的争议。截至2004年初，已经在24起世界贸易组织成员间的争议中采用了仲裁方法。

（2）选择性的争议解决方法（Alternative Dispute Resolution，简称 ADR），即除了上面提到的磋商、专家小组和上诉机构和仲裁程序以外的争议解决方法。ADR 通常包括由争议各方共同选择的第三者斡旋、调解、调停，或者通过特定的专门委员会的专家就争议事项提出咨询意见。

尽管世界贸易组织《关于争端解决规则与程序的谅解》中对 ADR 没有作出专门的规定，但这种解决争议的方法是不言而喻的，其是在争议双方当事人均同意的情况下所采取的解决它们之间争议的方法。这种方法与磋商解决争议的方法的不同之处在于，是由双方均认可的第三方参与解决世界贸易组织成员之间的争议，由与该争议无利害关系的第三方主持调解或者斡旋。如果争议双方在第三方的调解下使争议得到解决，就没有必要再申请设立专家小组解决它们之间的争议了。

在世界贸易组织机构中，许多具体的协议项下都设立了专门委员会，如根据《保障措施协议》设立了保障措施委员会，根据《农业协议》设立了农业委员会，以及知识产权委员会、服务贸易委员会、货物贸易委员会等。相关国家之间就某一特定协议的履行发生争议后，在进行磋商的过程中，还可以寻求相关的专业委员会的协助，或者共同请求该相关的专业委员会作为调解人或者仲裁人，协助解决它们之间的争议。

5. 执行专家小组或者上诉机构裁定的监督程序。世界贸易组织争端解决机构的一个非常重要的职能，就是对专家小组和上诉机构报告中的建议和裁定的执行情况实施监督。根据世界贸易组织《关于争端解决规则与程序的谅解》第21条第3款的规定，败诉方应当在解决争端的报告通过之日后30天内向世界贸易组织争端解决机构报告其执行世界贸易组织争端解决机构建议和裁定的意向。

如果败诉方在上述期限内由于某种原因不能马上履行专家小组或者上诉机构的裁定或建议，则在世界贸易组织争端解决机构规定的合理期限内执行。此项合理期限的确定，通常由相关当事人提出后经世界贸易组织争端解决机构批准。如果世界贸易组织争端解决机构不批准该期限，则根据《关于争端解决规则与程序的谅解》第21条第3款（b）项的规定，由争议各方在报告通过之日起45天内共同提出。如果争议各方在报告通过之日起45天内不能就履行专家小组或者上诉机构的裁定的合理期限达成一致，根据《关于争端解决规则与程序的谅解》第21条第3款（c）项的规定，此项合理期限应当由仲裁员决定。

此外，对于败诉方在合理的期限内对与世界贸易组织相关协议或者规则不符的法律或者所实施的措施作出的修正，世界贸易组织争端解决机构仍然有权对该修正是否与世界贸易组织相关规则相符合进行监督。如果世界贸易组织争端解决机构认为修正后的相关法律与相关措施仍然不符合世界贸易组织的相关规则，则该败诉方仍负有继续对其相关国内法或者措施作进一步修正的义务。

还应指出的是，实际履行专家小组和上诉机构的建议和裁定，是世界贸易组织相关成员应当承担的国际法义务。《关于建立世界贸易组织的协议》第16条第4款规定，每一成员均应当确保其国内法律、规章和行政程序与本协议及其附件相符。

（三）世界贸易组织争端解决机制的特点

1. 实行统一的争议解决机制。世界贸易组织建立了统一的争议解决机制，适用于全体成员之间在所有的世界贸易组织协议的执行中发生的争议。它不仅涉及传统上的货物贸易争议，也包括由于服务贸易和知识产权方面的争议。尽管世界贸易组织协议所涵盖的某些协议中也有争议解决的条款，但《关于争端解决规则与程序的谅解》第1条明确规定，世界贸易组织争端解决谅解中的规则与程序适用于其所列的所有涵盖的协议。

2. 建立了专门的争议解决机构。在世界贸易组织的前身——关税与贸易总协定时期，并不存在专门的解决成员方贸易争议的机构，关税与贸易总协定内的争议解

第十四章

决的职能是由总理事会行使的。而在 1995 年世界贸易组织成立后，根据世界贸易组织各成员方共同签署的《关于争端解决规则与程序的谅解》中专门设立了世界贸易组织争端解决机构，以解决成员之间因执行世界贸易组织协议而产生的争议。

由于世界贸易组织争端解决机构是专门设立的负责世界贸易组织协议项下的争议的机构，因此，加入世界贸易组织，实际就接受了世界贸易组织争端解决机构的争议解决程序。而且，世界贸易组织争端解决机构对世界贸易组织协议项下争议的管辖权是强制性的，所有成员必须服从世界贸易组织争端解决机构的管辖，不允许成员方作出保留。这一点是其他国际争端解决机制无法比拟的。

3. 采用了自动通过的决策程序。世界贸易组织争议解决的各项程序几乎都是自动通过的：①如果争议双方在规定的期限内不能自行解决它们之间的争议，世界贸易组织争端解决机构就可以根据任何一方的请求，设立专家小组。在设立专家小组时，只要不是世界贸易组织的所有成员一致反对（一般情况下至少申请方肯定是同意设立专家小组的，所以几乎不可能全体一致反对设立专家小组），专家小组即可设立。这实际上使专家小组的设立成为自动的，世界贸易组织争端解决机构的管辖权也成为强制性的。②专家小组报告或上诉机构的报告的通过，也实行"反向一致"的原则，即只要不是世界贸易组织的所有成员方一致反对报告的通过，那么报告即通过。这实际使报告不被通过的可能性为零。③在授权中止减让或其他方面的报复措施时，只要不是全体一致反对，世界贸易组织争端解决机构即可授权胜诉方对败诉方实施上述的报复措施。

4. 增加了对专家小组和上诉机构建议和裁定执行的监督程序。世界贸易组织争端解决机构的一项重要职能就是对专家小组和上诉机构建议和裁定执行情况进行监督。在完全实际履行专家小组和上诉机构在报告中提出的建议之前，相关成员始终应向世界贸易组织争端解决机构报告其执行情况，受其监督。此项监督机制对于保证世界贸易组织规则的统一、顺利实施，以及维护多边贸易体制的稳定性和可预见性，发挥着重要的作用。

二、国际劳工组织

国际劳工组织是 1919 年根据《凡尔赛和约》作为国际联盟附属机构成立的，1946 年成为联合国专门机构。根据《国际劳工组织章程》第 26 ~ 33 条的规定，任何会员国认为其他会员国未遵守其批准的任何国际劳工组织公约时，可以向国际劳工局提出申诉；理事会可视情况设立调查委员会审议该项申诉；调查委员会在进行充分调查和充分审议申诉的基础上，提出报告，报告内容包括委员会对于确定各方争执的有关一切事实问题的裁决，委员会认为适宜的关于处理该案应采取的步骤及采取这些步骤的期限的建议等。委员会的报告由国际劳工局长送交理事会和与争端有关的各当事国政府。各有关国家的政府应在 3 个月内通知国际劳工局长其是否接受调查委员会报告中的建议，如果不接受是否决定把该争端提交国际法院。国际法院对向其提交的争端或事项应作出判决，其判决是终局的，不得上诉；国际法院可以确认、更改或撤销调查委员会的任何裁决或建议。如果任何会员国在指定时间内不执行调查委员会的建议或国际法院的判决，理事会可以提请大会采取其认为明智和适当的行动，以保证上述建议和判决的执行。

三、国际民用航空组织

国际民用航空组织成立于1944年4月，同年5月成为联合国的一个专门机构。根据《国际民用航空公约》第84~88条的规定，如果本公约缔约国对公约及附件的解释或适用发生争议、不能协商解决时，经任何争议当事国请求，可由理事会裁决。对于理事会的裁决，任何缔约国可以向经争端另一方同意的特设仲裁法庭或向国际法院起诉。仲裁法庭以多数票作出裁决。仲裁裁决和国际法院的判决是最终的和有拘束力的。各缔约国承诺，如果理事会认为一缔约国未遵守上述最终裁决或判决，将立即不准该国空运企业在其领空飞行。国际民航组织大会对于违反上述规定的任何缔约国，应暂停其在大会和理事会的表决权。

四、世界气象组织

世界气象组织于1950年3月成立，其前身是国际气象组织。根据《世界气象组织公约》第29条的规定，争端当事国有关该公约的解释或适用的问题和争端，如果不能通过协商或大会解决，必须提交国际法院院长委派的独立的仲裁员解决。

五、国际原子能机构

国际原子能机构是根据1954年第九届联合国大会决议，于1957年7月成立的政府间国际组织。根据《国际原子能机构规约》的规定，有关该规约的解释或适用的任何问题或争端，应以谈判方法解决；如果未能解决而有关各方又未商定其它解决方法，应按照《国际法院规约》提交国际法院。国际原子能机构的大会和理事会，经联合国大会授权，可以向国际法院就机构活动范围内任何法律问题，请求发表咨询意见。

六、国际货币基金组织

国际货币基金组织于1945年12月正式成立。根据《国际货币基金组织协定》的规定：①凡会员国与基金之间或会员国之间对于该协定条文的解释发生任何异议时，应立即提交执行董事会裁决。②对于执行董事会作出的裁决，任何会员国仍可以在裁决后3个月之内要求将异议提交理事会作最后裁决。提交理事会的异议将由理事会的解释条文委员会考虑，委员会的决定即视为理事会的决定。③当基金与退出基金的会员国之间或基金在清理期间与会员国之间发生争议时，应提交由3人组成的法庭仲裁。仲裁法庭由基金指定的一人、有关会员国指定的一人和一名公证人组成。除争端双方另有协议外，公证人应由国际法院院长或基金协定所规定的其他权力机关指派。公证人对双方争议的程序问题全权处理。

第六节　中华人民共和国与和平
解决国际争端

中华人民共和国自成立以来，就一贯奉行和平外交政策，主张和平解决国际争端，并在中国与其他国家的关系中坚持以和平方式处理一切历史遗留问题和现实问题。在一些重大的国际问题或争端的处理方面，中国始终主张和坚持以和平方法予以解决，并为这些问题或争端的最终解决作出了很大的努力和贡献。

一、谈判或协商

我国始终主张以谈判协商的方式解决国家之间的争端。1953 年 10 月 8 日，周恩来总理在赞同前苏联关于召开五大国外长会议的建议的声明中表示："中华人民共和国中央政府认为朝鲜停战的实现，已为缓和国际紧张局势创造了有利的条件，并已证明一切国际争端是可以用和平协商方法求得解决的。"1954 年 1 月 29 日，周恩来总理就恢复关于朝鲜政治会议的双方会谈发表声明，指出："中华人民共和国中央人民政府本着以和平协商方式解决朝鲜问题的一贯立场，并为了满足全世界爱好和平的人民和国家要求和平解决朝鲜问题以利于缓和远东和世界紧张局势的殷切期望，坚决主张立即恢复关于朝鲜政治会议问题的双边会谈，以迅速安排朝鲜政治会议的召开。"1954 年 5 月 12 日，周恩来总理在日内瓦会议上关于印度支那问题的发言中声明，中华人民共和国认为亚洲国家应该以和平协商方法解决各国之间的争端，而不应使用武力或以武力相威胁。1955 年 4 月，周恩来总理在亚非会议全体会议上发言指出："在保证实施和平共处五项原则的基础上，国际间的争端没有理由不能够协商解决。"

在我国的对外关系中，我国政府通过与有关国家的直接谈判或协商解决了一些重大问题和历史遗留问题。例如，1954 年 4 月 29 日，中国通过谈判协商与印度政府达成了《关于中国西藏地方和印度之间的通商和交通协定》，解决了原英国遗留下来的印度在我国西藏地方的特权问题以及印度与我国西藏地方的通商和交通问题。1955 年 4 月 22 日，我国和印度尼西亚通过谈判签订了《中华人民共和国和印度尼西亚共和国关于双重国籍问题谈判的公报》，解决了同时具有我国国籍和印度尼西亚共和国国籍的人的国籍问题。1960 年 1 月 28 日，我国和缅甸通过外交谈判方式签订了《中华人民共和国和缅甸联邦政府关于两国边界问题的协定》，彻底解决了我国与缅甸之间的边界问题。此后，我国又先后通过谈判或和平协商方法分别与尼泊尔、巴基斯坦、俄罗斯、吉尔吉斯斯坦等邻国解决了边界问题。1984 年 12 月 19 日和 1987 年 4 月 13 日，我国分别与英国、葡萄牙通过谈判签订了《中英关于香港问题的联合声明》和《中葡关于澳门问题的联合声明》，就解决香港、澳门这两个长期未决的历史问题达成了协议。

二、斡旋或调停

迄今为止，我国尚无明确以斡旋者身份进行斡旋解决国际争端的实践。1991年第一次海湾战争前，我国时任外交部长钱其琛赴伊拉克访问，表达了中国政府希望伊拉克与科威特进行对话，谈判协商解决它们之间的领土争端的愿望。钱外长的这次访问带有一些类似于斡旋的性质。

调停曾经作为一种解决我国与其他国家之间争端的方法为我国政府所接受。在1962年10月我国和印度发生边界争端以后，亚非六个国家于同年12月在科伦坡会议上提出关于调停中印边界争端的科伦坡建议，我国政府于1963年1月接到科伦坡建议后，由周恩来总理给锡兰（现称斯里兰卡）总理西丽玛沃·班达拉奈克夫人复信表示在原则上同意中印接受六国建议作为中印直接谈判的基础。但是，由于印度无理地要求我国无保留地接受六国建议，而六国建议实际上是偏袒印度，致使科伦坡六国调停没有取得成功。为了推动和促成柬埔寨问题的和平解决，我国积极参与了联合国主持下的、有安全理事会5个常任理事国和其他有关国家参加的集体调停活动，使长达13年的柬埔寨问题终于在1992年10月以柬埔寨问题巴黎会议的召开和柬埔寨和平条约的签订而宣告解决。我国在这次集体调停中起了重要的作用，受到了世界各国的公认和好评。

三、调查和和解

迄今，我国尚未有过以调查、和解方法解决我国与其他国家之间争端的实践。但是，在原则上我国是不反对一国自由选择以调查、和解方法来解决国际争端的。

四、仲裁解决

对于以仲裁的方法解决国际争端，中华人民共和国自建国以来一直坚持非常慎重的态度。在我国与外国缔结的条约中，除一些对外贸易议定书外，几乎都没有载入任何仲裁条款。在我国签署、批准或加入的多边条约或国际公约中，对有以仲裁解决争端内容的争端解决条款，我国几乎都作出保留。在实践中，1962年中印（度）边界争端发生以后，印度政府提议，双方协议接受由通过两国同意的方式提名的一个人或一些人进行某种国际仲裁，以作出对两国政府都具有拘束力的裁决。我国政府严词拒绝了印度方面的提议，认为中印边界争端是涉及两国主权的重大问题，而且涉及的领土面积又有十几万平方公里之大。不言而喻，它只能通过双方直接谈判求得解决，决不可能通过任何形式的国际仲裁求得解决。

2013年1月22日，菲律宾向我国提交了就南海问题提起国际仲裁的照会及通知。2月19日，我国外交部声明不接受菲方所提仲裁，并将菲方照会及所附通知退回。我国外交部发言人指出："按照国际法，特别是海洋法中的'陆地统治海洋'的原则，确定领土归属是海洋划界的前提和基础。菲方提出的仲裁事项实质上是两国在南海部分海域的海洋划界问题，这必然涉及相关岛礁主权归属，而领土主权问题不是《联合国海洋法公约》的解释和适用问题。因此，在中菲岛礁争端悬而未决的情况下，菲方提出的仲裁事项不应适用《联合国海洋法公约》规定的强制争端解决程序。更何况中国政府于 2006 年已经根据《联合国海洋法公约》第 298 条的规定提交了声明，将涉及海洋划界等争端排除在包括仲裁在内的强制争端解决程序之外。因此，菲方的仲裁主张明显不成立。中方拒绝接受菲方的仲裁要求，有充分的国际法根据。从维护中菲双边关系和南海和平稳定大局出发，中方一贯致力于通过与菲律宾的双边谈判和协商解决有关争议。"

20 世纪 80 年代后期，我国对以仲裁方式解决国际争端问题的政策有所调整。在我国与外国签订的专业性、贸易、商业、经济、科学技术、文化等非政治性的政府间或国家间的协定中，开始同意载入仲裁条款或在争端解决条款中包括仲裁的方法。在我国签署、批准或加入国际公约时，也开始对一些规定有仲裁解决争端的条款不再保留，但仅限于有关经济、贸易、科技、交通运输、航空、航海、环境、卫生、文化等专业性和技术性的国际公约。在实践中，也开始有一些经济、贸易、海运等方面的争端通过提交国际仲裁法院仲裁得到了解决。

1993 年 7 月，时任我国外交部长钱其琛致函常设仲裁法院秘书长，代表中国政府按照 1907 年《海牙和平解决国际争端公约》第 44 条的规定，向常设仲裁法院提名推荐了 4 名精通国际法、享有很高道德声望并愿意接受仲裁人职责的中国人为常设仲裁法院仲裁员，同年 9 月，中国的 4 名仲裁员出席了在海牙召开的常设仲裁法院第一届仲裁员大会。

五、新中国与国际法院

中华人民共和国成立以后，由于国民党政府仍然窃据着中国在联合国的席位，中华人民共和国与国际法院没有任何联系。1971 年联合国大会通过第 2958（XXVI）号决议，恢复了中华人民共和国在联合国的合法席位。1972 年 9 月 5 日，中国政府宣布"不承认过去中国政府 1946 年 10 月 26 日关于接受国际法院强制管辖权的声明"。中华人民共和国政府一方面撤销了原中国政府对国际法院强制管辖权的承认；另一方面从未与其他任何国家订立过将争端提交国际法院的特别协议，对我国签署、批准或加入的国际公约中带有提交国际法院解决争端的争端解决条款，几乎无例外地作出保留。事实上，我国拒绝通过国际法院解决我国与其他国家之间的争端。

20 世纪 80 年代以来，联合国在维持国际和平与安全方面的作用有所加强，作为联合国主要司法机构的国际法院在和平解决国际争端方面的作用也受到重视。特别是国际法院的组成发生了变化，来自发展中国家的法官有所增加；在国际法院近期审理的一些案件和发表的咨询意见中，法院主持正义，作出了公正的判决。这些情况使包括我国在内的一些国家开始改变对国际法院不信任的态度。

1984 年我国的倪征燠当选为国际法院法官，接着，1993 年史久镛又当选为国际法院法官。同时，我国对由国际法院解决国际争端的态度也发生了变化。除对涉及我国重大国家利益的国际争端仍坚持通过谈判协商解决外，对我国签署、批准或加入的国际公约，改变了过去对提交国际法院解决国际争端的条款一概保留的做法，对有关经济、贸易、科技、航空、环境、交通运输、文化等专业性和技术性的公约一般可以不作保留。但迄今为止，中国尚未向国际法院提交任何争端或案件。

【思考题】

1. 什么是国际争端？其有何特点？
2. 现代国际上解决国际争端的外交方法有哪些？
3. 试论国际法院的诉讼管辖权。
4. 联合国大会和安理会在解决国际争端中各有哪些职权？
5. 什么是联合国维持和平行动？它和安理会的执行行动有何区别？
6. 世界贸易组织争端机制对国际争端的和平解决有什么重大意义？

第十四章

第十五章

国际刑法

国际刑法是国际社会同国际犯罪进行斗争的产物，是国际法的刑事方面同国内刑法的国际方面相结合的产物。国际刑法从产生到现在，仅仅只有一个世纪的历史，第二次世界大战后的纽伦堡审判和东京审判极大地促进了国际刑法的发展。20世纪70年代以来，随着国际刑法规范增多，一些学者主张将其作为一个独立的法律部门，称之为国际刑法。前南法庭和卢旺达法庭进一步发展了国际刑法。1998年7月17日，国际社会在意大利罗马召开的外交大会上通过了《国际刑事法院规约》，这是国际刑法史上的一个里程碑，标志着国际刑法作为一个独立的法律体系和一门独立的学科已经形成。2002年7月1日，该规约生效，人类历史上第一个常设性国际刑事法院正式建立。

第一节　概　述

一、国际刑法的概念

不同的学者从不同的角度归纳了国际刑法的概念。如巴西奥尼（Bassiouni）认为，国际刑法是指国际法律制度中，经由国际法律义务调整那种由个人（以私人身份或以代表身份）或由集体所做的违反某种应予刑罚处罚的国际禁止规范的行为的那些问题，以及国际和国内法律制度中调整个人违反某个特定国家刑罚的犯罪问题上实行国际合作的那些问题。我国学者林欣认为，国际刑法是规定国际犯罪行为、刑事责任和司法制度，以及国际刑事司法协助和域外犯罪刑事管辖权的法律规范的总称。张智辉认为，国际刑法是国际公约中旨在制裁国际犯罪、维护各国共同利益的各种刑事法规范的总称。国际刑法将制裁国际犯罪的实体法、程序法和执行法通过国际公约的形式融为一体，构成一个独立的法律体系。黄肇炯教授认为，国际刑法是国际社会在同国际犯罪行为作斗争中通过国际协议建立起来的，规定国际犯罪和国际禁止行为，调整国家刑事合作方面的实体法和程序法规范、原则、制度的总称。贾宇教授则认为，所谓国际刑法是为了维护国际社会的公共秩序和共同利益，国家间以条约、惯例等形式制定或认可的，关于国际犯罪及其刑事责任和由此产生的国际刑事合作的法律规范，以及各国国内法中相应法律规范的总和。

从以上各种不同表述中可以看出，国际刑法是指国际社会在同国际犯罪的斗争中，各国通过国际条约确立起来的，规定国际犯罪及其刑事责任、调整国家之间刑事司法协助的实体规范和程序规范的总称。

二、国际刑法的特征

（一）国际刑法体现了各国维护国际社会公共秩序及共同利益的愿望

国际刑法是在经历了战争对人类普遍利益，尤其是人权的践踏后，在对国际社会正常秩序的反思中逐渐发展起来的。随着现代社会的发展，一些跨国犯罪和国际犯罪给国际社会正常的经济秩序和政治秩序带来的威胁和破坏愈加严重。因此，国际刑法的使命是维护各国正常的经济利益和政治利益。国际刑法首先维护的是人类的根本利益，尤其是对人权的保护，进而是国际社会的正常秩序，还有各国之间基于共同经济利益和政治利益而应由国际刑法予以保护的相对的国际共同利益。

（二）国际刑法以预防和惩治国际犯罪为基本目标

国际刑法的主要任务是预防和惩治国际犯罪，这是国际刑法与国内刑法的主要区别之一，也是国际刑法与国际法的其他部门法的一个重要区别。国际犯罪是严重危害国际社会的行为，国际刑法是通过预防和惩治国际犯罪来维护国际社会至关重要的利益的。

国际犯罪与国内犯罪不同，其最大的区别在于其犯罪的国际性。这种国际性并不只是取决于犯罪的地点和犯罪者的国籍，而更是取决于犯罪行为对国际社会所要维护的至关重要的利益的严重侵害，并且这种国际性也在国际刑法公约和国际习惯法中得到了确认。因此，国际犯罪是由国际刑法公约或国际刑法习惯法所规定的应予以处罚的犯罪行为。而国际犯罪的构成要件、犯罪所应承担的刑事责任、对犯罪者的国内管辖或者国际法庭审判，以及国家所承担的对国际犯罪的犯罪人的起诉义务等有关实体法和程序法上的重要事项，均由国际刑法予以规定。

（三）国际刑法的调整对象是国际刑事法律关系

国际刑事法律关系主要是国家之间的刑事关系，是各国在控制犯罪中形成的一种特殊关系。一方面，各国在控制国际犯罪的国际合作中逐渐形成了对国际犯罪进行预防、管辖和制裁等诸方面的关系，此外还有在共同控制国际犯罪中形成的国家之间的刑事合作关系。因此，国际刑事关系主要是国家之间的关系，其中既有双边关系，也有多边关系，还包括国家和国际组织间在控制和打击国际犯罪中形成的国际合作关系。

（四）国际刑法在内容上既包括实体法又包括程序法

国际刑法既包括实体法又包括程序法，在国际刑法条约中，一般都规定了国际犯罪及其构成，也规定了对该犯罪的管辖及其缔约国之间的司法协助。国际刑法中的实体法部分，是指国际刑法条约规定的各种国际犯罪及其具体行为和刑事责任。例如，1963 年《东京公约》、1970 年《海牙公约》、1971 年《蒙特利尔公约》以及 1988 年《补充蒙特利尔公约的议定书》是国际刑法上规定危害国际航空犯罪的 4 个国际条约，这些国际条约都详细地规定了空中劫机和其他危害国际航空安全的罪行。国际刑法中的程序法部分，是指国际刑法条约（包括区域性条约和双边条约）规定的有关国际犯罪的管辖以及国家之间的司法协助。例如，上述公约中规定了对危害国际航空安全罪的普遍性管辖体系和"或引渡或起诉"的原则。1998 年的《国际刑事法院规约》则在实体法和程序法之外还包含了国际刑事组织法的内容。

（五）国际刑法的执行模式包括直接执行模式和间接执行模式

国际刑法的执行离不开国家间的刑事司法协助，而国际刑法的执行主要有直接执行模式和间接执行模式两种执行模式。所谓直接执行模式是指国家之间缔结国际刑法条约，并通过国际刑事法院或法庭对国际犯罪直接定罪量刑。而间接执行模式就是缔约国将国际条约中规定的国际犯罪转化为国内立法，成为国内刑法上的犯罪，并且依照其国内法进行起诉、审判和处罚；或者将罪犯引渡给具有管辖权的国家进行起诉、审判和处罚。

三、国际刑法的历史发展

国际刑法经历了从古代、近代到现代的发展。在不同时期，国际刑法表现出了不同的特征。

（一）古代时期

国际刑法最早可以追溯到古埃及于公元前 1278 年埃及法老埃美西斯二世与赫悌国王缔结的和平同盟条约，该条约中包含了一项相互引渡逃亡罪犯的条款，这被认为是国际刑法程序规范的起源或萌芽。古代时期，由于国家之间的联系十分松弛，这一时期的国际刑法内容狭窄，主要是关于引渡和有关战争中禁止行为的规则，国际刑法规范的适用范围也有限，往往局限于一定的地区。[1]

（二）中世纪时期

在中世纪时期，国际刑法在实体法规范和程序法规范都有了进一步的发展，主要体现在战争和海上贸易方面。这一时期经常发生战争，一些著名学者均在其著作中论述了以人道主义哲学为基础的战争思想，如圣·托马斯·阿奎那在《神学纲要》中论述了传统的和中世纪的战争的地位，提出了武装冲突调整规则的基本理论；格老秀斯在《战争与和平法》中系统论述了其战争思想和战争规则，对国际战争法规和惯例的发展产生了深远的影响，人道化的战争规则逐渐形成。这一时期，国际刑法的程序规范也逐渐形成，出现了审理战争罪犯的国际刑事诉讼。如 1474 年在德国的布雷萨赫由神圣罗马帝国的 28 名法官对彼得·冯·哈根巴赫进行了审判，判决被告在进行军事占领期间，犯有谋杀罪、强奸罪、掠夺无辜平民财产的罪行和其他

---

〔1〕 贾宇：《国际刑法学》，中国政法大学出版社 2004 年版，第 19 页。

"违反上帝和人的法律"的罪行，并对其处以死刑。中世纪时期，随着海上贸易的发展，出现了大量的海盗行为。为了加强合作、打击海盗，欧洲国家间形成了关于惩治海盗的习惯法规则。如海盗行为本身已使海盗丧失了其本国的保护，其船舶也丧失了悬挂任何国家旗帜的权利；海盗行为被认为是一种国际罪行，海盗是"一切国家的敌人，他可以被'落入其管辖权的任何国家'加以法办"[1]。此外，中世纪时期，使节法和领事法也有了一定的发展，外交人员享有刑事豁免的规则逐步形成并得到确立。

（三）近代时期

18世纪以来，交通的便利使人员往来更为方便，导致涉外犯罪大大增加，这一时期，国际刑法规范范围得到拓展，如海盗犯罪、奴隶制犯罪和毒品犯罪等国际刑法规范有了较大发展，战争法中人道主义原则及其具体规则有了进一步发展。

在禁止与惩治奴隶制方面，形成了一系列国际公约，如1841年的《伦敦条约》、1862年的《华盛顿条约》、1910年的《禁止贩卖白奴国际公约》、1918年的《圣日尔曼条约》等旨在取缔贩运奴隶的公约。

在禁止和惩治毒品犯罪方面，于1912年在海牙缔结了《海牙禁止鸦片公约》。

在战争法方面，通过了1856年《关于海战的巴黎宣言》、1864年《改善伤病员待遇的日内瓦公约》、1868年《禁止在战争中使用某些爆炸性子弹的圣彼得堡宣言》、1899年《海牙公约》、1907年第二次海牙和平会议通过一系列公约与宣言等重要国际法律文件。这些公约与宣言对战争手段提出了人道化的要求，强调对伤病员和战俘实行人道主义待遇，对平民进行保护等。

（四）现代时期

现代国际刑法的发展又可以分为下列三个阶段：

1. 第一次世界大战和十月革命以后至第二次世界大战以前的时期。这一时期，国际刑法实体法的发展主要体现在禁止侵略战争、追究战争罪犯的刑事责任、规定贩卖妇女和儿童罪、毒品犯罪、贩卖传播淫秽出版物罪、伪造货币罪等方面。在战争罪方面，第一次世界大战后签订的《凡尔赛和约》专门规定了德皇威廉二世及其同伙对所犯战争罪行应负的刑事责任。1923年国联大会通过互助条约草案宣布侵略战争是国际罪行，1928年《巴黎非战公约》声明应废弃战争作为实现国家政策的工具。在其他国际犯罪方面，通过了1921年《禁止贩卖妇女儿童的国际公约》、1931年《限制和管制麻醉品生产、销售公约》、1936年《禁止非法贩运危险的麻醉药品公约》，及针对新型犯罪的1923年《禁止贩卖与传播淫秽出版物的国际公约》和1929年《禁止伪造货币的国际公约》等国际公约。

这一时期国际刑法在程序法规范方面也有了一定的发展，表现为通过了旨在统

---

〔1〕　［英］詹宁斯、瓦茨修订：《奥本海国际法》（第1卷，第2分册），王铁崖等译，中国大百科全书出版社1998年版，第174页。

一有关国家在刑事管辖权问题的立法对策和协调刑事管辖权冲突的一些地区性的国际公约，如1928年第六届美洲国家会议通过的《哈瓦那公约》所附的《布斯塔曼特法典》和1940年的《蒙得维的亚公约》。其中《布斯塔曼特法典》在其《国际刑法卷》中详细规定了刑事管辖权的属地原则、属人原则、保护原则、居所地原则及普遍管辖权原则。该卷第308条明确规定："对于在公海及其上空以及在未组织成为国家的领土内所犯的海盗罪、贩卖黑奴罪、贩卖白奴罪、破坏或损坏海底电缆以及其他一切类似性质违反国际公法的罪行，均应由逮捕者依其刑法予以惩处。"

这一阶段在国际刑法的具体实施上也有其特点，即其努力寻求对第一次世界大战中的战犯实施惩治。一战后世界上建立了一个正式的战争发起者责任与刑罚委员会，该委员会提出了一个896名应受指控的战争罪犯的名单，并希望由协约国组成的军事法庭或由协约国与参战国的国内军事法庭举行一次较为正式的国际刑事审判，即根据1907年《海牙公约》中的马顿斯条款的规定，起诉1915年在土耳其境内大规模屠杀亚美尼亚人的土耳其官员及其他实施违反人道主义罪行的个人。但是因为种种原因，特别军事法庭没有成立，一战的首要战犯威廉二世并未受到审判，而基于妥协产生的莱比锡最高法院的审判，仅对少数低级军官实施了审判，且其审判过程不成功，审判结果更是敷衍了事。

此外，在这一时期，国际刑警组织于1923年成立，为国家间的刑事司法合作提供了新的手段和途径。1924年，国际刑法学协会成立，作为一个学术团体，它的建立推动了国际刑法的进一步发展。

2. 第二次世界大战以后至20世纪80年代末的时期。这一时期国际刑法的发展体现在下述四个方面：

第一，二战后国际社会建立了纽伦堡军事法庭和远东国际军事法庭，对德国和日本战犯进行了审判。根据《关于惩处欧洲轴心国家主要战犯协定》及《欧洲国际军事法庭宪章》的规定，欧洲军事法庭即纽伦堡军事法庭于1945年8月在德国纽伦堡成立。该法庭由苏、美、英、法四国各派一名法官组成。经过从1945年11月至1946年10月的审理，法庭判决戈林等12人绞刑，赫斯等7人徒刑，另判决3人无罪，并宣布纳粹党领导机构、秘密警察和党卫军为犯罪组织。此外，根据《远东国际军事法庭宪章》的规定，由中、苏、美、英、法、荷兰、印度、加拿大、新西兰、菲律宾、澳大利亚11国各派一名法官组成远东国际军事法庭。该法庭从1946年4月至1948年11月对日本战犯进行审判，判处东条英机等7人绞刑，荒木贞夫等18人徒刑。纽伦堡审判和东京审判具有重要的历史意义，它们满足了民众期盼和平与惩治战犯的愿望，并将国际刑法的发展推向了一个顶峰，促使联合国将注意力转移到建立一个常设国际刑事法院的问题上，也推动了有关国际罪行法典的编纂。[1]

第二，国际刑法基本原则得以形成和发展。纽伦堡审判后，1946年12月11日，

---

〔1〕 贾宇：《国际刑法学》，中国政法大学出版社2004年版，第26页。

联合国大会通过决议，确认了《欧洲国际军事法庭宪章》和纽伦堡法庭判决书中所包含的国际法原则，具体包括：①任何从事违反国际法的犯罪行为的人应对其行为承担责任，并应受到处罚；②不违反所在国的国内法不能构成免除国际责任的理由；③被告的地位不能作为免除国际法责任的理由；④政府或上级命令不能作为免除国际法责任的理由；⑤被控违反国际法罪行的人有权得到公平审判；⑥违反国际法的罪行包括：破坏和平罪、战争罪、反人道罪；⑦共谋上述罪行是违反国际法的罪行。上述七项原则又称"纽伦堡原则"，其对于国际刑法基本原则的发展具有重要意义。

第三，在国际刑法实体法方面，国际社会通过了众多预防和惩治国际犯罪的国际公约，如：1948 年《防止及惩治灭绝种族罪公约》、1949 年的 4 个日内瓦公约、1963 年《关于在航空器上犯罪和其他某些行为的公约》（《东京公约》），1970 年《关于制止非法劫持航空器的公约》（《海牙公约》）、1971 年《关于制止危害民用航空安全的非法行为的公约》（《蒙特利尔公约》）、1973 年《禁止并惩治种族隔离罪行的公约》、1979 年《反对劫持人质的国际公约》、1985 年《反对酷刑和其他形式的残忍、不人道和有辱人格的待遇或处罚公约》、1988 年《联合国关于禁止非法贩运麻醉药品和精神药物公约》等。在这一系列公约中，规定了战争罪、灭绝种族罪、种族隔离罪、危害民用航空安全罪、侵害应受国际保护人员罪、劫持人质罪与酷刑罪等二十多种国际犯罪。

第四，在国际刑法的程序法规范方面，国际刑事司法协助得到了很大的发展。具体表现为：①形成和发展了一些新的国际刑事合作形式，如刑事诉讼移转管辖、外国刑事判决的承认和执行等。②在全球和区域内制定了有关国际公约，完善和丰富了国际刑事司法协助的内容，如 1957 年《欧洲引渡公约》、1959 年《欧洲刑事互助公约》、1970 年《关于刑事判决的国际效力的欧洲公约》、1972 年《关于刑事诉讼移转的欧洲公约》、1983 年《关于被判刑人移转的欧洲公约》、1988 年《联合国禁止非法贩运麻醉品精神药物的公约》等。

3. 20 世纪 90 年代至今。冷战结束后，国际社会对人权的发展取得更多的共识，在惩治国际罪行方面有了更大的发展。这一时期国际刑法的发展主要体现在：

（1）前南法庭和卢旺达法庭两个特别法庭的建立。为惩治 1991 年在前南斯拉夫境内发生的违反战争法规的严重犯罪活动，联合国安理会于 1993 年通过了《关于建立"起诉应对 1991 年以来在前南斯拉夫境内所犯的严重违反国际人道主义法行为负责的人员的国际法庭"的第 808 号决议》和附有《前南国际法庭规约》的第 827 号决议，成立了前南国际法庭，对严重违反 4 个日内瓦公约的罪行、违反战争法规和惯例的罪行、反人道罪行和灭绝种族罪行进行审判。1994 年 11 月 8 日，联合国安理会通过第 995 号决议，设立卢旺达国际法庭并通过了《卢旺达国际法庭规约》，对 1994 年 1 月 1 日至 1994 年 12 月 31 日间发生在卢旺达及其邻国领土上的灭种罪和其他严重违反国际人道法的罪行进行审判。前南法庭和卢旺达法庭是由安理会设立的司法性质的附属机关，其审判开创了由国际法庭审理国内战争犯罪的先例，有力地惩治了在国内武装冲突中犯有战争罪、反人类罪、灭绝种族罪的个人，丰富了国际刑事审判实践。

[案例]

普拉西齐案

普拉西齐被指控因强迫驱逐和迁移等而犯有反人类罪。贝亚娜·普拉西齐（Bilyana Plavsic）（我国媒体通常称其为普拉夫西齐）女士原为南斯拉夫萨拉热窝大学自然科学教授。1990 年 7 月，普拉西齐加入了塞尔维亚民主党，最后当选为国家的共同总统（Co-president）。2001 年 1 月 10 日，普拉西齐主动向前南国际法庭投案。她被指控犯有下列罪行：种族灭绝、共谋种族灭绝以及反人类罪行，包括迫害、灭绝、屠杀、驱逐和其他非人道行为。经过审判，法庭判决普拉西齐 11年有期徒刑。

（2）《国际刑事法院规约》的通过和生效及国际刑事法院的建立。联合国 1998年在意大利罗马召开了审议《国际刑事法院规约（草案）》的外交会议，并正式表决通过了《国际刑事法院规约》。该规约的通过是国际刑法发展史上的重要事件。2002 年 7 月 1 日，该规约生效，国际刑事法院在荷兰海牙成立。至此，国际社会终于有了常设性的国际刑事司法机构。根据规约，国际刑事法院的诉讼事项管辖权限于那些引起国际社会关注的、最严重的国际罪行，即灭绝种族罪、战争罪、反人道罪和侵略罪；国际刑事法院的诉讼主体管辖权则限于自然人，国家和法人均不在国际刑事法院的主体管辖范围之内。2003 年 2 月，第一届缔约国大会选举产生国际刑事法院第一任法官，他们在 2003 年 3 月 11 日召开的国际刑事法院成立大会上宣誓就职。2003 年 4 月，缔约国选举阿根廷籍的 Moreno Ocampo 担任国际刑事法院检察官。目前，法院已有 107 个成员国，3 个成员国已向法院提交了有关的犯罪情势，安理会也已向国际刑事法院提交了苏丹达尔富尔情势。国际刑事法院是人类历史上第一个常设性的国际刑事法院，其建立和运作必将对国际刑法的发展产生深远的影响。

（3）一些混合性刑事法庭的设立。国际刑事法院建立后，在联合国推动下，为惩治国际犯罪，国际社会又建立了一系列混合型法庭，如塞拉利昂特别法庭、东帝汶特别法庭、柬埔寨特别法庭、科索沃法庭等。例如，2007 年 1 月 23 日和 2 月 6日，黎巴嫩政府和联合国分别签署了联合国和黎巴嫩共和国关于设立黎巴嫩问题特别法庭的协定。根据 2007 年 5 月 30 日安理会通过的第 1757 号决议的规定，设立黎巴嫩特别问题法庭（以下简称为黎巴嫩特别法庭）的工作于 2007 年 6 月 10 日开始启动。这些法庭是混合型的特别法庭，其特征在于，由国际法官、国际检察官和罪行发生地的法官、检察官共同组成，对发生于特定时间、特定国家的特定国际犯罪进行审判。再如，2000 年联合国安理会通过决议，决定设立塞拉利昂问题特别法庭，法庭于 2002 年 7 月 1 日开始运作，负责审判在塞拉利昂长达 10 年内战中犯有战争罪、反人类罪以及其他严重违反国际法的嫌疑人。2012 年 5 月 30 日，塞拉利昂问题特别法庭判处利比里亚前总统查尔斯·泰勒 50 年监禁。

四、国际刑法的渊源

关于国际刑法的渊源，理论界的争论颇多。有人认为国际条约是国际刑法的唯一渊源；也有人认为国际习惯、司法判例等也是国际刑法的渊源。有些学者如余叔通教授认为国际刑法的渊源与国际法渊源基本一致，除各项国际公约、协定、协议和国际惯例外，地区性的、多边或双边的条约、协定、协议也是它的渊源，国际宣言和近年盛行的最低限度标准规则更在其中，只是各种渊源的效力不尽相同。国内刑法中有关国际刑法的条款并非国际刑法的渊源，但是，这些条款对国际刑法的研究有重要的参考价值。赵永琛教授也认为，国际刑法作为国际法的有机组成部分，其渊源应与一般国际法的渊源是一样的。因此，国际刑法的渊源主要包括：

（一）国际刑法条约

国际刑法条约是国家之间缔结的，规定国际犯罪及其构成、刑事责任及其刑罚以及国家之间刑事司法协助的书面协议。国际刑法条约作为国际刑法的渊源，根据其适用的范围和效力来划分，有以下五种类型：

1. 专门性国际刑法条约。这是指 1998 年 7 月 17 日国际社会在罗马缔结的《国际刑事法院规约》，该规约明确规定了国际犯罪构成要件和刑事责任，还规定了刑事诉讼程序及国家之间刑事司法协助的义务等。

2. 特定性国际刑法条约。这是指由许多国家参加的，适用于特定国际犯罪的国际刑法条约。国际刑法中的绝大部分犯罪及其构成要件均由这类条约规定。此外，这类条约还同时规定了国家之间刑事司法协助的义务。因此，这类条约既是实体法，又是程序法。例如，1948 年 12 月 9 日联合国大会通过的《防止及惩治灭绝种族罪公约》规定了灭绝种族罪；1973 年 11 月 30 日联合国大会通过的《禁止并惩治种族隔离罪行国际公约》规定了种族隔离罪。

3. 区域性国际刑法条约。这是指由一定区域内国家参加的，适用于区域性国际刑事法律关系的国际刑法条约。这类条约侧重于规定区域性国家之间的刑事司法协助，如 1957 年的《欧洲引渡公约》、1959 年的《欧洲刑事司法协助公约》和 1975 年的《美洲国家间关于委托书的公约》。

4. 双边性国际刑法条约。这是指由两个国家签订的，规定两国之间刑事司法协助或引渡等权利义务的双边条约，如 1978 年美国与日本签订的《引渡条约》、1993 年我国与泰国签署的《中华人民共和国和泰国引渡条约》。

5. 国际刑法条款。这是指另有些国际条约，其整体并非是国际刑法条约，但是，其中有些条款规定了国际犯罪及其处罚，如 1982 年《联合国海洋法公约》第 101～107 条规定的海盗行为及其惩处。这类国际刑法条款也是国际刑法的渊源。

（二）国际刑法习惯

国际刑法习惯，是指在国际刑法实践中形成的，为各国公认的具有法律拘束力的不成文的国际刑法规则。例如，对公海上海盗行为的管辖，最早是通过国际惯例和审判实践予以确认的。需要指出的是，国际习惯是国际法的渊源之一，但不是国际刑法的渊源。在国际刑法上，对国际犯罪定罪量刑，从未援用过习惯法规则。国际刑法的执行，都是在国际刑法条约明确规定的前提下，通过国家承担国际义务来实现的。国际刑法习惯只有在编纂为国际刑法条约的情况下才能被用来对国际犯罪定罪量刑。上述对公海上海盗行为的管辖规则，不仅在1958年的《公海公约》中作了明确规定，而且在1982年的《联合国海洋法公约》中规定得更为详细。

（三）国际刑法判例

国际刑法判例，是指国际刑事法庭对国际犯罪所作出的判决。应当指出，国际刑事法庭的审判所依据的仍然是国际条约，或者是具有条约性质的法庭规约，其判决是在条约或法庭规约所规定的范围内作出的，仅对本案有拘束力。国际刑事法庭的职权只是适用条约的规定，而不是创立和规定国际刑法，其判决不能成为国际刑法的渊源。

1945年欧洲国际军事法庭和1946年远东国际军事法庭的建立及其审判，确立了违反和平罪、战争罪和违反人道罪作为国际刑法上的犯罪。但是，应当指出，这些罪名仅适用于特定历史背景下对特殊案件的审判，以后对这些罪名的适用仍需要有关国家的协议。上述国际军事法庭的审判确立了许多原则，并非因为判例本身的作用，而是由联合国决议及有关的条约加以确立的。可见，国际刑事司法判例也仅仅是用来确定和说明国际刑法规范的辅助资料。它的适用仅限于本案，而不能用来审判其他案件。

第十五章

第二节　国际犯罪及其犯罪构成

一、国际犯罪的概念和特征

国际犯罪，是指危害国际社会，触犯了国际刑法规范并应当追究刑事责任的行为。国际犯罪具有如下特征：

（一）危害国际社会

国际危害性是国际犯罪的本质特征。国际犯罪是对国际社会秩序的犯罪，而不仅仅是对某个国家及其公民的犯罪，其危害具有国际性。具体表现为对国际社会和平与安全的严重危害，对人身权利的侵害，以及对其他国际社会公认的共同利益的危害等。国际犯罪的这种国际危害性决定了它在本质上不同于国内犯罪，从而使世界各国能够超越国内刑法的界限将它公认为国际犯罪，同时也使世界各国能够相互协助以执行国际刑法。相反，不具有国际危害性的行为，就不可能被世界各国公认为犯罪，也不可能构成国际犯罪。

（二）触犯国际刑法规范

国际犯罪的违法性是国际危害性在国际刑法上的体现。国际犯罪必须触犯了国际刑法条约或条款，这是国际犯罪区别于国内犯罪的外部特征。有许多刑事犯罪，在世界各国的国内刑法上均被规定为犯罪，但是在国际刑法条约或条款中并未被规定为国际犯罪，因此其仍然是国内刑法上的犯罪而不是国际犯罪。

（三）应当追究刑事责任

国际犯罪的惩罚性作为国际犯罪的一个特征，体现为任何国际犯罪都应当追究其刑事责任并予以惩罚。对国际犯罪的惩罚在国际刑法上有两种方式：一种是直接执行模式，即国家根据国际刑法条约的规定，通过国际刑事法院或法庭直接对国际犯罪定罪量刑；另一种是间接执行模式，即国家根据国际刑法条约的规定将国际犯罪规定为国内法上的犯罪，依其国内法对国际犯罪定罪量刑。

上述特征结合起来，完整地说明了国际犯罪的危害性、违法性和应受惩罚性，三者缺一不可。

二、国际犯罪的犯罪构成

所谓国际犯罪的构成，是指国际刑法规范确定的，某一具体的国际犯罪所必须具备的客观要件和主观要件的总和。

国际犯罪构成与国际犯罪是两个既有密切联系又有明显区别的不同概念。国际犯罪的概念说明了什么是国际犯罪，而国际犯罪构成则是在国际犯罪概念的基础上，考察每一具体的国际危害行为在客观方面和主观方面是否具备了国际犯罪的构成要件，它说明了国际犯罪应当具备哪些要件才能成立。国际犯罪构成是国际犯罪概念的具体化。国际犯罪有下述四个方面的构成要件，缺一不可。

（一）国际犯罪的客体

国际犯罪的客体，是指国际社会共同保护的而被国际犯罪行为侵害的国际社会的根本利益。综合所有的国际犯罪加以比较和分类，可以归纳出每一类国际犯罪的同类客体：第一类，人类和平与安全；第二类，国际秩序与安全；第三类，人类生存与健康。就具体的国际犯罪而言，每项犯罪都有其侵害的直接客体。

（二）国际犯罪的客观方面

国际犯罪的客观方面，是指国际犯罪的行为、危害结果以及行为与结果之间的因果关系。

1. 国际犯罪行为。是指表现人的意识和意志，危害国际社会并为国际刑法规范所禁止的作为或不作为。没有犯罪行为就没有国际犯罪，犯罪行为是由国际刑法规范明文确定的。

2. 危害结果。是指国际犯罪行为侵害其直接客体所造成的损害。在特定的国际犯罪中，危害结果的发生是构成该犯罪的必要条件。在这类国际犯罪中，如果没有发生危害结果，就不构成国际犯罪。例如，酷刑罪的危害结果是使被害人在肉体或精神上遭受剧烈的疼痛或痛苦，没有造成他人疼痛或痛苦的，就不构成酷刑罪。

3. 因果关系。是指国际犯罪行为与危害结果之间具有必然的因果联系。在规定有危害结果发生的国际犯罪中，国际犯罪行为与危害结果之间的因果关系是该犯罪构成的必要要件。

（三）国际犯罪的主体

国际犯罪的主体，是指实施了国际犯罪并依照国际刑法规范应当承担刑事责任的自然人。只有自然人才是国际犯罪的主体。因为只有自然人才能够既是实施国际犯罪的主体，又是承担国际刑事责任的主体。国家是国际法上的主体，但不是国际犯罪的主体。因代表国家的个人构成国际犯罪的，其个人的行为应归因于国家，据此，国家应当承担国家责任。所谓的犯罪组织也不是国际犯罪的主体。犯罪组织如同国家一样，既没有意识又缺乏刑事责任能力，其行为是由该组织的成员策划并实施的。因此，犯罪组织本身并不能构成国际犯罪的主体。

（四）国际犯罪的主观方面

国际犯罪的主观方面，是指犯罪人对其国际犯罪行为引起的危害结果所持的心理状态。

国际犯罪的主观方面应当包括故意和过失。综观现有的国际犯罪，其主观方面几乎都是由故意构成，惟有损坏海底电缆、管道罪可以由过失构成。过失构成的国际犯罪，必须由国际刑法条约或条款明确规定。例如，1982年《联合国海洋法公约》第113条规定，每个国家均应制定必要的法律和规章；悬挂该国旗帜的船舶或受其管辖的人故意或因重大疏忽而破坏或损害公海海底电缆，致使电报或电话通信停顿或受阻的行为，以及类似的破坏或损害海底管道或高压电缆的行为，均为应予处罚的罪行。国际犯罪的构成，必须同时具备上述四个要件，缺一不可。

第三节　国际犯罪的种类

根据不同的划分标准，国际犯罪可以有不同的分类方法。常见的分类方法大致有如下几种：

第一，根据国际犯罪的严重程度，可以将国际犯罪分为"核心罪行"和一般国际罪行。根据巴西奥尼的统计，大约有近400个双边、区域性或普遍性条约中涉及总计22种国际罪行。

第二，根据国际犯罪的性质及其同类客体的相似性，日本学者山本草二将国际犯罪分为三类：①涉外犯罪，主要是指国内刑法所确认的具有涉外因素的犯罪；②国际法上的犯罪，是指违反国际法的犯罪和违反各国公共利益的犯罪；③国家的国际犯罪，是指那些因国家违反国际义务而构成的犯罪。

第三，根据国际犯罪侵害的客体不同，有的学者将国际犯罪分为以下四类：①破坏人类和平罪；②危害人类生存与健康罪；③破坏国际秩序与安全罪；④国际上危害国家其他方面利益的犯罪。有的学者则将国际犯罪分为五类：①危害人类和平与安全的犯罪；②破坏国际秩序的犯罪；③侵犯基本人权的犯罪；④危害人类健康的犯罪；⑤危害其他受国际保护利益的犯罪。

对国际犯罪的科学分类，其根据应该是国际犯罪侵害的客体，即国际社会的根本利益。因为，国际犯罪的本质特征是国际危害性，根据国际犯罪的客体来分类，不仅能够揭示国际犯罪的本质特征，而且还能够体现国际犯罪的危害程度。根据现有的国际刑法规范，可以将国际犯罪分为如下三大类，共计23项罪名：

第一类，破坏人类和平与安全的犯罪。包括：灭绝种族罪；反人道罪；战争罪；反和平罪（侵略罪）；非法使用禁用武器罪；非法获取和使用核材料罪。共计6个罪名。

第二类，危害国际秩序与安全的犯罪。包括：危害国际航空安全的犯罪；海盗罪；危害海上航行安全罪；危害大陆架固定平台安全罪；破坏海底电缆、管道罪；侵害应受国际保护人员罪；破坏国际邮政罪；破坏国家货币罪；盗运国家珍贵文物罪。共计9个罪名。

第三类，危害人类生存与健康的犯罪。包括：种族隔离罪；种族歧视罪；贩卖奴隶罪；劫持人质罪；酷刑罪；国际贩卖人口罪；发行和买卖淫秽出版物罪；毒品罪。共计8个罪名。

一、破坏人类和平与安全的犯罪

这类国际犯罪的特点是：侵害的客体是整个人类的和平与安全；客观方面表现为犯罪行为的规模特别大、范围特别广，对国际社会的危害特别严重；犯罪的主体往往是以国家及国家机构或某团体和组织的名义实施犯罪；主观方面是故意并具有政治目的。

（一）灭绝种族罪

灭绝种族罪，又称灭种罪。根据《国际刑事法院规约》第6条的规定，灭绝种族罪是指蓄意全部或局部消灭某一民族、族裔、种族或宗教团体而实施的行为。

灭绝种族罪的行为包括：杀害该团体的成员；致使该团体的成员在身体上或精神上遭受严重伤害；故意使该团体处于某种生活状况下，毁灭其全部或局部的生命；强制施行办法，意图防止该团体内的生育；强迫转移该团体的儿童至另一团体。

此外，根据1951年生效的《防止及惩治灭绝种族罪公约》的规定，下列行为也构成灭种罪并应予惩治：灭绝种族；预谋灭绝种族；直接公然煽动灭绝种族；意图灭绝种族；共谋灭绝种族。

（二）反和平罪（侵略罪）

根据 1946 年《欧洲国际军事法庭宪章》第 6 条和《远东国际军事法庭宪章》第 5 条的规定，反和平罪（破坏和平罪）是指计划、准备、发动或实施侵略战争，或违反国际条约、协定或诺言的战争，或参与为实现上述任何战争之一种的共同计划或同谋的行为。由于破坏和平罪是针对包括发动侵略战争和破坏国际条约与协定保证的战争行为，因此，被视为侵略罪的前身。但遗憾的是，囿于这两个宪章产生的历史背景，其并未能给出"侵略战争"的含义，也未能列明破坏和平罪的具体构成要件。

第二次世界大战后，在上述两个国际军事法庭的审判中，反和平的国际犯罪第一次作为侵略战争的罪行而受到审判和惩罚。因为反和平罪的构成与侵略战争具有直接的联系，所以有些学者也将它称为侵略罪。1974 年 12 月 14 日，联合国大会通过了《关于侵略定义的决议》，该决议采用确定概念和具体列举的形式对侵略的定义和侵略行为作了详细规定。

由于对侵略罪的定义不能达成一致意见，《规约》所规定的侵略罪处于"有罪名，无定义"的状态，罗马会议上只得将侵略罪作为遗留问题，留待将来确定了侵略罪定义及其管辖条件后再对其进行管辖。为此，在《规约》生效后，国际社会成立了侵略罪特别工作组，讨论如何定义侵略罪。根据《规约》第 123 条，《规约》生效 7 年后，应由联合国秘书长召开一次《规约》审查会议，来审查《规约》的修正案。根据上述规定，2010 年 6 月在乌干达首都坎帕拉召开了《规约》生效后的首次审查会议，来自 111 个缔约国以及政府间国际组织和非政府组织的约 4600 名代表出席了本次审查会议。会议对国际刑事法院成立以来的工作进行了评价和回顾，并通过了一系列议案，其中最突出的成果是表决通过了侵略罪定义及对其行使管辖权的条件。侵略罪决议修正案的主要内容如下：① 删除《罗马规约》第 5 条第 2 款；②规定侵略罪的定义，在第 8 条之后增加第 8 条之二，规定了侵略罪的定义。该条规定：为了本规约的目的，"侵略罪"是指能够有效控制或指挥一个国家的政治或军事行动的人策划、准备、发动或实施一项侵略行为的行为，此种侵略行为依其特点、严重程度和规模，须构成对《联合国宪章》的明显违反。修正案还界定了何为侵略行为。"侵略行为"是指一国使用武力或以违反《联合国宪章》的任何其他方式侵犯另一国的主权、领土完整或政治独立的行为。定义沿用了 1974 年 12 月 14 日联合国大会第 3314（XXIX）号决议的规定。

（三）战争罪

根据 1945 年和 1946 年两个国际军事法庭宪章的规定，战争罪是指违反战争法规或惯例，滥杀平民和毁灭非军事设施和建筑的行为。具体是指，为奴役或为其他目的而虐待战俘或海上人员、杀害人质、掠夺公私财产、毁灭城镇或乡村或非基于军事上必要之破坏，但不以此为限。可见，战争罪是在战争与武装冲突中违反战争与武装冲突法规则的行为。关于构成战争罪的具体犯罪行为，在 1949 年日内瓦四公约和日内瓦第一议定书中规定得更加详细。

（四）反人道罪

根据 1945 年和 1946 年两个国际军事法庭宪章的规定，反人道罪是指战争发生前或战争进行中杀害、灭种、奴役、借暴力强迫迁居，以及其他不人道行为，或基于政治上或种族上的理由的虐害行为。反人道罪既适用于战争时期，也适用于和平时期。其犯罪对象是任何平民，而不包括对军人实施的行为。

（五）非法使用禁用武器罪

非法使用禁用武器罪，是指在战争或武装冲突中，非法使用被禁用的武器，或者将核武器、大规模毁灭性武器及进攻性武器放置于被禁止放置武器的地区的行为。

非法使用禁用武器罪的构成，包括两个方面的行为：①非法使用被禁止使用的武器，包括爆炸性和扩散性枪弹、窒息性毒气、化学和细菌武器；②非法将核武器、大规模毁灭性武器及进攻性武器放置于被禁止放置武器的地区。

（六）非法获取和使用核材料罪

非法获取和使用核材料罪，是指采用抢劫、盗窃、欺骗以及武力威胁等手段获取核材料，或非法使用核材料引起伤亡或重大财产损害的行为。核材料的开发和利用，可以为人类谋福利，但核材料如用于犯罪，将对人类和平与安全构成巨大的威胁。

1987 年生效的《核材料实物保护公约》第 7 条具体地规定了该罪的行为，并要求缔约国对下述蓄意犯罪行为予以惩处：未经合法授权，收受、拥有、使用、转移、变更、处理或散布核材料，引起或可能引起任何人死亡或重大财产损害；偷窃或抢劫核材料；盗取或以欺骗手段取得核材料；以武力威胁或使用武力或任何其他恐吓手段勒索核材料；威胁使用核材料引起任何人死亡或重伤或重大财产损害，或实施偷窃或抢劫核材料行为以迫使一个自然人或法人、国际组织或国家作或不作某种行为；图谋或参与上述行为。

二、危害国际秩序与安全的犯罪

这类国际犯罪的特点是：侵犯的客体是国际社会的正常秩序；客观方面表现为恐怖主义的行为，并造成国际社会的重大财产损失和人员伤亡。

（一）危害国际航空安全的犯罪

国际刑法上规定危害国际航空罪的国际公约主要有四个：1963 年 9 月 14 日签订的《东京公约》、1970 年 12 月 16 日签订的《海牙公约》、1971 年 9 月 23 日签订的《蒙特利尔公约》以及 1988 年 2 月 24 日签订的《补充蒙特利尔公约的议定书》。这四个条约并没有对危害国际航空安全的犯罪确定罪名，只是规定了某些行为为犯罪行为，且规定缔约国应当将这些犯罪行为规定为国内法上的犯罪并予以处罚。因此，各国在国内立法时，对于危害国际航空安全犯罪的定罪和分类各不相同。

危害国际航空安全犯罪的构成特征是：侵害的客体是国际航空运输的正常秩序；

侵害的对象是民用航空器，具体是指执行国际民用航空运输任务的航空器，而不是供军事、海关或警察用的航空器；犯罪主体为一般主体；主观方面必须是故意，过失不能构成本罪。

根据公约所规定的犯罪行为进行分类并确定如下罪名：①根据《东京公约》和《海牙公约》规定的犯罪行为，将该罪名确定为劫持航空器罪或劫机罪；②根据《蒙特利尔公约》规定的犯罪行为，将该罪名确定为危害国际民用航空器的飞行安全罪；③根据《补充蒙特利尔公约的议定书》规定的犯罪行为，将该罪名确定为破坏国际航空机场安全罪。

1. 劫持航空器罪及其构成。本罪的直接客体是飞行中的航空器的安全，犯罪对象是正在飞行中的航空器。其客观方面表现为：使用武力或武力威胁，非法干预、劫持或以其他不正当方式控制飞行中的航空器，或将采取此类行为；以武力或武力威胁，或者以任何其他精神胁迫方式，非法劫持或控制该航空器，或者从事这类行为的任何未遂行为。

2. 危害航空器飞行安全罪及其构成。本罪的直接客体是飞行中的航空器和正在使用中的航空器的安全，犯罪对象是正在飞行中的航空器或正在使用中的航空器。"正在使用中"是指航空器从地面人员或机组人员为某一次飞行而进行航空器飞行前准备时起，到任何降落后24小时止，该使用期在任何情况下都应延长到航空器飞行中的整个期间。本罪的客观方面表现为：对飞行中航空器上的人实施暴力行为，危害该航空器安全的；破坏使用中的航空器，或者致使航空器损坏，使其无法飞行或危害其飞行安全的；在使用中的航空器上放置或指使别人放置具有破坏该航空器性质的装置或物质，造成其损坏使其无法飞行的，或者具有造成其损坏足以危害其飞行安全的；破坏或损坏航行设施，或扰乱其工作，危害飞行中航空器安全的；传送明知是虚假的消息，危害飞行中航空器安全的。上述行为的共犯包括未遂的共犯。

3. 破坏国际航空机场安全罪及其构成。本罪的直接客体是国际机场上服务的人员、设备及其未使用的航空器的安全。犯罪对象是国际航空服务的机场上的人员，国际航空服务的机场上的设备和国际航空服务停放在机场上未使用的航空器。

（二）海盗罪

所谓海盗罪，是指私人船舶或私人飞机的船员、机组人员或乘客为了私人目的，在公海上或任何国家管辖范围以外的地方，对另一船舶或飞机，或对另一船舶或飞机上的人或财物的掠夺行为。海盗，作为一项古老的国际犯罪，原属国际习惯法规范。1958年4月29日，在日内瓦签署的《公海公约》确认了这一罪行，并具体规定了海盗行为。1982年《联合国海洋法公约》更为详细地规定了海盗行为及其处罚。

（三）危害海上航行安全罪

危害海上航行安全罪，是指非法从事暴力、暴力威胁或其他恐怖活动，危害海上航行安全，破坏海上航行秩序的行为。1988 年 3 月 10 日，在罗马签订的《制止危及海上航行安全非法行为公约》将本罪规定为一项国际犯罪。

（四）危害大陆架固定平台安全罪

危害大陆架固定平台安全罪，是指以武力或武力威胁等手段夺取或控制大陆架固定平台，及其他毁坏或危害固定平台的行为。1988 年 3 月 10 日，在罗马签订的《制止危及大陆架固定平台安全非法行为议定书》对其作了详细规定。

（五）破坏海底电缆、管道罪

破坏海底电缆、管道罪，是指故意破坏或因重大疏忽而损坏公海海底的电缆或管道的行为。《联合国海洋法公约》第 113 条明文规定，这是应予处罚的罪行。

本罪的客观方面表现为两种方式：一是故意破坏或重大疏忽的损坏，致使电报或电话通信停顿或受阻，或供气、供油、供水等管道停顿或受阻；二是虽未发生上述结果，但是可能造成这种破坏或损害的行为。本罪的主观方面，可以由过失构成。过失构成本罪时，其罪名应当是损坏海底电缆、管道罪。

（六）侵害应受国际保护人员罪

侵害应受国际保护人员罪，是指非法地对应受国际保护人员包括外交代表实施暴力或暴力威胁的行为。1973 年 12 月 14 日，联合国大会通过的《关于防止和惩处侵害应受国际保护人员包括外交代表的罪行的公约》明文规定了这一项国际犯罪。

根据该公约第 2 条的规定，本罪的构成要件为：其侵害的客体是国际社会的正常交往秩序和应受国际保护人员，包括外交代表的人身安全和人身自由，而其侵害的对象是应受国际保护人员包括外交代表；客观方面表现为实施暴力或暴力威胁以侵害他人的人身安全和自由。

（七）破坏国际邮政罪

破坏国际邮政罪，是指为了致死或伤害传递邮件或接受邮件者而非法使用邮政的行为。根据 1984 年 7 月修订的《万国邮政公约》和《邮政包裹协定》的规定，破坏国际邮政罪的客观方面表现为利用国际邮政系统或国内邮政系统，邮寄易爆、易燃或危险物品或其他可能危及邮政安全的物品致死或伤害传递邮件或接受邮件者，危及邮政安全；主观方面的目的在于致死或伤害传递邮件或接受邮件者，而不考虑受害者为何人。

（八）破坏国家货币罪

破坏国家货币罪，是指伪造、变造国家货币，或使伪币得以流通，或将伪币引进一个国家，或收取伪币的行为。1929 年 4 月，中、英、意、法、德、美、苏等 28 国在日内瓦签订了《防止伪造货币公约》。根据该公约第 2 条的规定，所谓货币，是指纸币（钞票）、金属钱币和法定的通货。

《防止伪造货币公约》第 3 条规定了破坏国家货币罪的行为方式：伪造或变造货币，不论使用何种方法；用欺骗的方法使伪造货币得以流通；为供流通之用，将明知其为伪造的货币引进一个国家，或者收受或取得明知其为伪造的货币；上述行为的未遂罪和故意参与上述罪行。

（九）盗运国家珍贵文物罪

盗运国家珍贵文物罪，是指盗运国家珍贵文物进口或出口的行为。1970年11月签订的《关于禁止和防止非法进出口和转移文化财产所有权的公约》规定，所谓文物，是指国家基于宗教的或世俗的理由，明确指定为国家重要文化遗产的一切财物。本罪的行为方式表现为：违背国家的法规，进口、出口文物或转移其所有权；外国直接或间接地强迫被占领国出口或转移文物；进口从一国的博物馆、宗教的或非宗教的公共纪念馆或一个国家的类似机构所偷窃的文物，且该文物被证明属于该馆所有的财产清单之列。

三、危害人类生存与健康的犯罪

这类犯罪的特点是：犯罪侵犯的客体是人类的生命权、生存权和健康权，包含了人的基本人权；客观方面的行为绝大部分表现为对基本人权的侵犯，包括侵害人的生命权利、生存权利和健康权利。

（一）种族隔离罪

1973年11月30日，联合国大会通过的《禁止并惩治种族隔离罪行国际公约》第1条规定，种族隔离是危害人类的罪行，凡是犯种族隔离罪行的组织、机构或个人均为犯罪。根据公约第2条的规定，所谓种族隔离的罪行，应包括与南非境内所推行的相类似的种族分离和种族歧视的政策和办法，是指为建立和维持一个种族团体对其他任何种族团体的主宰地位，并且有计划地压迫他们而作出的不人道行为。

（二）种族歧视罪

所谓种族歧视罪，是指对其他种族实施强暴行为，或煽动、帮助种族歧视活动的行为。1966年《消除一切形式种族歧视国际公约》将种族歧视的行为规定为犯罪。该公约规定，种族歧视，是指基于种族、肤色、世系或原属国或民族本源的任何区别、排斥、限制或优惠，其目的或效果在于取消或损害政治、经济、社会、文化或公共生活任何其他方面人权及基本自由在平等地位上的承认、享受或行使。

（三）贩卖奴隶罪

贩卖奴隶罪，是指通过掳获、取得或处置等行为，使人沦为奴隶，或取得奴隶及买卖奴隶的行为。贩卖奴隶，又称奴隶贸易，即把奴隶当作商品进行买卖、交换。为了废除奴隶制、禁止贩卖奴隶，国际社会曾进行了长期的努力和斗争，制定了一系列禁奴公约，详细地规定了废除奴隶制、禁止贩卖奴隶的行为规范。

（四）劫持人质罪

1979年，联合国大会通过的《反对劫持人质国际公约》明确规定了劫持人质罪作为一项国际犯罪的概念、行为和管辖。根据公约第1条的规定，所谓劫持人质罪，是指非法劫持或扣押人质，并以杀死、伤害或继续扣押人质相威胁，强迫第三方作或不作某种行为，并以此作为释放人质的条件的行为。劫持人质的同谋或图谋劫持人质者及其同谋，也同样构成本罪。该公约所指的"第三方"，是指某个国家、某个国际组织、某个自然人或法人或某一群人。

（五）酷刑罪

1984 年 12 月 10 日，联合国大会通过了《禁止酷刑和其他残忍、不人道或有辱人格的待遇或处罚公约》。该公约第 1 条规定，所谓酷刑，是指为了向某人或第三者取得情报或供状，为了他或者第三者所作或涉嫌的行为对他加以处罚，或为了恐吓或威胁他或第三者，或为了基于任何一种歧视的任何理由，蓄意使某人在肉体或精神上遭受剧烈疼痛或痛苦的任何行为，而这种疼痛或痛苦是由公职人员或以官方身份行使职权的其他人所造成或在其唆使、同意或默许下造成的。纯因法律制裁而引起或法律制裁所固有或附带的疼痛或痛苦不包括在内。该公约还明确规定，每一缔约国应保证将一切酷刑行为规定为其国内法上的刑事罪行，并根据罪行的严重程度规定适当的惩罚。

（六）贩卖妇女、儿童罪

贩卖妇女、儿童罪，是指以营利为目的，贩卖妇女为娼或贩卖儿童的行为。贩卖妇女为娼或贩卖儿童长期以来为国际社会所禁止。1910 年，巴西、法国、中国、英国、德国、意大利等 32 国在巴黎签订了《禁止贩卖白奴的国际公约》。公约将贩卖妇女为娼规定为一项可以引渡的国际犯罪。1921 年，在国际联盟的倡议下，巴西、中国、英国、德国、意大利等 28 国在日内瓦又签订了一项《禁止贩卖妇女和儿童国际公约》，全面禁止贩卖妇女和儿童。之后，1933 年的《禁止贩卖成年妇女的国际公约》和 1949 年联合国大会通过的《禁止贩卖人口及取缔意图营利使人卖淫的公约》，进一步加强了与贩卖妇女、儿童犯罪作斗争的立法。

贩卖妇女，表现为以营利为目的，招雇、拐骗、引诱，或暴力、威胁、滥用权利，或以其他强迫手段，迫使未成年女子和成年妇女从事猥亵或卖淫，以满足他人的情欲的行为。贩卖儿童，表现为以营利为目的，招雇、拐骗、引诱，或暴力、威胁、滥用权利，或以其他强迫手段，买卖儿童的行为。

（七）发行和买卖淫秽出版物罪

1923 年 9 月 12 日，在国际联盟的倡议下，法国、中国、英国等 37 个国家在日内瓦会议上签署了《禁止发行和买卖淫秽出版物公约》。公约第 1 条规定了发行和买卖淫秽出版物罪的行为方式：为了贸易或散发或公开陈列而制造、生产或持有淫秽的著作、绘画、印刷画、印刷品、图画、广告、标志、相片、影片或其他淫秽物品；为了前款所载的目的而输入、运送、输出或者托人输入、运送、输出上述淫秽物品或以各种方式使之流行；将上述淫秽物品进行公开的或私下的交易，或以任何方式进行营业或散发或当众陈列，或者出租；为了帮助淫秽物品便于发行或交易，以广告或任何方式使人知晓某人从事任何上述应受惩罚的行为，或以广告或任何方式使人知晓如何或从何人之处可直接或间接地取得上述淫秽物品。

（八）毒品罪

毒品罪，是指非法生产、贩卖和持有为国际条约管制的麻醉药品和精神药物的行为。

为国际条约所管制的麻醉药品和精神药物，是指经世界卫生组织认定的具有能够使人成瘾的依药性并能损害中枢神经系统之性能的天然或合成物质及其天然材料，包括：鸦片、海洛因、吗啡及其原植物罂粟，大麻、大麻脂及其原植物大麻植物，可卡因及其原植物古柯植物，以及其他能够使人成瘾的麻醉药品和精神药物。

根据《联合国禁止非法贩运麻醉药品和精神药物公约》第 3 条的规定，毒品犯罪的行为方式可归纳为以下几种：非法生产毒品，包括非法种植毒品的原材料，非法加工、制造、提炼、配制等；非法贩卖毒品，包括兜售、分销、出售，以任何条件交付、经纪、发送、运输、进口或出口等；非法持有毒品，包括非法拥有或购买毒品等。

第四节　国际刑法的适用

一、国际刑法的执行模式

国际刑法的执行，是通过国家对国际刑法条约或条款的适用来实现的。对国际刑法的适用，实践中有两种执行模式。

（一）直接执行模式

所谓直接执行模式，就是国家与国家之间缔结国际刑法条约，通过国际刑事法院或法庭对国际犯罪直接定罪量刑。根据国际刑法实践，直接执行模式可分为两种情况：

1. 永久性的直接执行模式。例如，1998 年《国际刑事法院规约》第 77 条明文规定了其所适用的刑罚并予以执行。

2. 临时性的直接执行模式。例如，1945 年欧洲国际军事法庭及其审判、1946 年远东国际军事法庭及其审判；1993 年 6 月和 1994 年 11 月，联合国安理会通过决议分别设立的前南国际法庭和卢旺达国际法庭。以上法庭可对有关被告人直接处以刑罚，但其于审判结束后即完成历史使命，不复存在。因此，这是对具体案件适用国际刑法的临时性的直接执行模式。

（二）间接执行模式

所谓间接执行模式，是指缔约国将国际条约或条款中规定的国际犯罪转化为国内立法，成为国内刑法上的犯罪，并依照其国内法进行起诉、审判和处罚，或者将罪犯引渡给具有管辖权的国家进行起诉、审判和处罚。

间接执行模式的基本要求是国际刑法在国内的适用以及国家之间进行司法协助，其实质内容是"或引渡或起诉"的原则。目前，国际刑法条约均明确规定了这一原则。缔约国之间，无论是否订有双边的引渡条约，根据"或引渡或起诉"原则，只要在其领土内发现国际犯罪人，如不予引渡，则不论该罪行是否发生在其领土内，必须毫无例外地将案件提交给主管当局进行起诉、审判和惩罚。

二、国际刑事司法协助

国际刑事司法协助，是指国家之间为了追诉和惩罚国际犯罪，根据国际刑法条约的规定，进行相互协作和帮助的行为。国际刑事司法协助的形式包括以下四个方面。

（一）引渡

引渡（Extradition），是指一国将处在该国境内而被他国追捕、通缉或判刑的人，根据他国的请求，移交给他国审判或处罚的行为。

1. 引渡的特点：①引渡的主体是国家，引渡是请求国和被请求国之间为了追捕和处罚逃亡罪犯而进行协助的行为，其主体只能是国家，具体指请求国和被请求国。被请求国指控为犯罪或判刑的人则是引渡的对象。②引渡是国家的主权行为，是国家主权范围内的事项，国家有权决定是否给予引渡或引渡给哪个请求国。③引渡的犯罪必须是请求国和被请求国双方法律都认为是犯罪的行为，而且，罪犯被引渡回国以后，请求国必须以请求引渡时确定的罪名进行审判和惩处。④引渡的程序一般通过外交途径解决。

2. 引渡的法律依据。首先，根据国际条约进行引渡。国际条约中规定有"或引渡或起诉"原则的情况下，当事国可以此作为引渡的依据。例如，1970 年《海牙公约》就规定了"或引渡或起诉"原则。各缔约国间如签订有引渡条约的，则应把国际条约所规定的罪行列入引渡条约，并作为应该引渡的罪行；如果没有引渡条约，在决定引渡时，可将国际条约视为引渡的法律依据。另外，区域性引渡条约和双边引渡条约都是缔约国引渡罪犯的依据。其次，根据互惠原则进行引渡。当国家之间没有引渡条约时，甲国在同意将某特定罪犯引渡给乙国时，可要求乙国保证将来甲国也可向乙国请求引渡同类的罪犯。例如，1989 年 12 月 16 日，中国公民张振海劫持了一架中国国际航空公司的民航班机逃亡日本，在我国作出同样的引渡承诺后，按照互惠原则，我国才于 1990 年 4 月 28 日将张振海引渡回国。再次，根据国际礼让进行引渡。国家既没有引渡条约，又无法按互惠原则进行引渡时，只能根据国际礼让引渡罪犯。例如，美国从埃及引渡刺杀林肯总统的凶手。

3. 政治犯不引渡原则。该原则是一项古老国际法原则，在许多国际条约中均有明确规定。例如，1979 年《反对劫持人质国际公约》第 9 条规定，如果提出引渡要求的目的在于某一人的种族、宗教、国籍、民族根源或政治见解而予以起诉或处罚，则引渡请求不得予以同意。关于政治犯的认定，国际社会没有统一的标准。根据有关国际条约的规定和国内立法实践，一般将政治犯分为纯粹政治犯和相对政治犯。前者是指以国家为对象，直接危害国家的存在以及安全的犯罪；后者是指某种普通犯罪因涉及政治因素，而将整个犯罪视为政治犯罪。被引渡的罪犯，其罪行是否属于政治犯，决定权属于被请求国。

应当指出，许多国际刑法条约在规定对某一国际犯罪的管辖时，都明确规定，缔约国之间进行引渡时，不得将该犯罪视为政治罪行或与政治罪行有关的罪行或出于政治动机的罪行。例如，1948 年的《防止及惩治灭绝种族罪公约》规定的灭种罪，1973 年的《禁止并惩治种族隔离罪行国际公约》规定的种族隔离罪等，均不适用政治犯不引渡原则。根据《海牙公约》和《蒙特利尔公约》的规定，危害国际航空安全的犯罪，也是排除适用政治犯不引渡原则的。《海牙公约》和《蒙特利尔公约》均在第 7 条规定，凡在其境内发现所称案犯的缔约国，如不将他引渡，则必须毫无例外地为起诉目的，将案件送交其主管当局。该当局应按本国法中任何严重性质的普通犯罪的同样方式作出决定。可见，公约特别注明应当按"普通犯罪"作出决定，就是将危害国际航空安全的犯罪人排除在"政治犯"之外，当然也就不能适用"政治犯不引渡原则"。

行刺条款，又称"暗杀条款"，渊源于 1854 年法国向比利时请求引渡被控企图在铁路线上设置爆炸物谋杀拿破仑三世的犯罪案件。当时，比利时因其引渡法禁止引渡政治犯而只能拒绝法国的引渡请求。为此，比利时于 1856 年修改引渡法，从而明确规定，行刺外国元首或其家属的罪行，不得视为政治犯。这一规定被称为行刺条款。之后，这一条款为许多国家所接受。1957 年《欧洲引渡条约》就有此规定。1973 年联合国大会通过的《关于防止和惩处侵害应受国际保护人员包括外交代表的罪行的公约》不仅确认了行刺条款，还进一步扩大了其保护的范围。

（二）狭义的刑事司法协助

所谓狭义的刑事司法协助，主要是指文书送达、调查取证和交换情报等。这一类司法协助有三个层次：

1. 现有的国际刑法条约规定的缔约国之间的刑事司法协助。例如，《国际刑事法院规约》第九编专门详细地规定了缔约国之间的国际合作和司法协助。又如，《联合国禁止非法贩运麻醉药品和精神药物公约》第 7 条规定了缔约国之间的相互法律协助，其中包括：获取证据或个人证词；送达司法文件；提供情报和证物；等等。

2. 区域性的国际刑法条约规定的缔约国之间的刑事司法协助。例如，1959 年 4 月，在欧洲理事会主持下签订的《在刑事案件中互相协助的欧洲公约》规定了司法协助的三种形式：①在另一缔约国送达司法文件；②在另一缔约国搜集证据，特别是传唤证人和鉴定人；③在另一缔约国的法院进行刑事诉讼。

3. 双边条约中规定的缔约国之间的刑事司法协助。例如，1987 年《中华人民共和国和波兰人民共和国关于民事和刑事司法协助的协定》。其中，第四章规定了刑事方面的送达文书和调查取证，第五章第 26 条规定了交流法律情报。

（三）刑事诉讼移管

刑事诉讼移管，全称为刑事诉讼移转管辖，是指当请求国与被请求国的法律都规定应受惩罚的罪行发生时，请求国委托被请求国对该罪行进行刑事诉讼管辖的程序。

1972 年欧洲共同体签订了一项《欧洲刑事诉讼移转管辖公约》，标志着这种新的刑事司法协助形式的诞生。该公约规定，刑事诉讼移转管辖必须具备至少以下一项的条件：①被请求国正在或将要对该被告人判处有期徒刑；②被请求国正在以同样的罪行或其他罪行对该被告人提起刑事诉讼；③有关该犯罪行为的主要证据在被请求国；④在被请求国进行刑事诉讼，能够保证被告人出庭；⑤请求国无法执行刑事判决，而被请求国能够执行；⑥在被请求国执行判决，有助于该罪犯重新做人。

刑事诉讼移转管辖，实际上是请求国将刑事诉讼的管辖权移转给被请求国。一方面，对请求国而言，请求国一旦将刑事诉讼的管辖权移转给被请求国，就应当尊重被请求国的司法独立，遵循"一事不再理"原则，不得对该罪行和被告人重复行使刑事管辖，同时，还应当提供必要的司法协助，将相关的证据材料移转给被请求国。但是，当被请求国无法接受或拒绝接受移转管辖的委托时，请求国应当恢复行使追诉权和执行判决的权利。另一方面，对于被请求国来讲，被请求国有权决定是否接受移转管辖的委托，有权撤销已经接受的委托。一旦接受委托后则享有司法独立权，并适用本国法律审判案件，同时有权决定并采取一系列的强制措施。但是，被请求国在接受委托进行刑事诉讼移转管辖时，应保证司法公正并及时向请求国通报结果。

（四）外国刑事判决的承认和执行

外国刑事判决的承认和执行，源于 1970 年在欧洲理事会主持下签订的一项《关于刑事判决国际效力的欧洲公约》。该公约规定，在符合公约规定的条件下，各缔约国之间，根据一个缔约国的请求，应承认和执行另一缔约国的终审刑事判决。外国刑事判决的范围包括：有关剥夺自由的制裁、罚金和没收财产以及取消资格的刑罚。

对外国刑事判决执行的前提是被制裁人的犯罪行为在请求国和被请求国都是应受惩罚的犯罪行为。《关于刑事判决国际效力的欧洲公约》规定，一个缔约国要求另一缔约国执行它的终审刑事判决，必须具备至少以下一项的条件：该罪犯是被请求国的常住居民；在被请求国执行判决，有助于该罪犯重新做人；在一个需要判决剥夺自由的案件中，其罪犯正在或将要在被请求国判处剥夺自由刑；被请求国是罪犯的本国，并愿意为执行判决而承担责任；即使依靠引渡，判决也无法在请求国执行，但却能够在被请求国执行。公约还规定了被请求国拒绝执行请求国的终审刑事判决的 12 项条件。

三、国际刑事管辖

国际刑事管辖，是国家之间确立的对国际犯罪进行缉捕、起诉、审判和惩处的管辖体系，其目的是为了保证国际刑法的实施。

刑事管辖权是国家基于国家主权原则而派生的一项基本权利。国家在其主权所及的范围内，通过国内立法确立其刑事管辖权。国内刑法上确立的刑事管辖权，是国家对国际犯罪行使管辖权的基础。绝大部分国际犯罪都是在一定国家的领域内发生的，都是由一定国籍的人实施的。对这类国际犯罪的刑事管辖，可以通过国家的属地管辖权和属人管辖权来实现。但是，国内立法上确立的刑事管辖权都是针对本国刑法中的犯罪而规定的，在对各种国际犯罪行使管辖时，远远不能满足同国际犯罪作斗争的需要。因此，为了保证国际刑法的适用，需要确立一套完整的国际刑事管辖体系。

（一）属地管辖

属地管辖，又称领土管辖，指凡是发生在一国领土范围内的犯罪，均应由该国法律管辖。国家的属地管辖权还及于处于国外的本国的船舶和飞机上。属地管辖权是从国家的领土主权派生出来的，国家对自己领土上的一切人、物、事享有管辖的权利。但是，应当指出，在一国享有外交特权与豁免的人、外国的国家财产以及外国的主权行为免于国家的属地司法管辖。

（二）属人管辖

属人管辖，又称国籍管辖，是指国家对于具有本国国籍的国民的犯罪拥有刑事管辖权。国际刑法上属人管辖的真正目的，在于解决国家对于在国外犯罪的本国国民的刑事管辖权。在本国领土内行使属地管辖权，不发生属人管辖权问题。国籍是属人管辖权的依据，理论上将属人管辖称为被告人国籍管辖、积极的属人管辖或主动的属人管辖。

（三）保护性管辖

保护性管辖，又称安全原则，是指国家对于外国人在该国领域外侵害该国国家和公民重大利益的犯罪所行使的刑事管辖权。这种管辖的适用范围一般都是各国刑法公认的犯罪行为。保护性管辖是国家为了保护本国国家和公民的重大利益而设定的一种刑事管辖权，专门针对外国人在外国实施侵犯本国国家和公民利益的犯罪，它是作为属地管辖和属人管辖的一种补充。在理论上，保护性管辖又称为消极的属人管辖或被动的属人管辖，它是国家为了保护本国侨民而设定的一种刑事管辖权。

1929年4月，在日内瓦签订的《防止伪造货币公约》明文确认了这种保护性管辖。公约规定，对于在外国犯罪而在本国发现的外国人，凡国内法承认可以起诉的，对该外国人的罪行，应像在本国领土内所犯那样予以惩罚。

（四）普遍管辖

普遍管辖，是指根据国际刑法的规定，各国对于特定的国际犯罪均有权行使的刑事管辖权。普遍管辖的范围是国际刑法条约或条款所规定的国际犯罪。国家依条约的规定承担管辖的权利和义务，而不问犯罪发生的地域和罪犯的国籍以及犯罪是否侵犯了行使管辖权的国家和公民的利益。

普遍管辖的目的是为了弥补属地管辖、属人管辖和保护性管辖的缺漏。当上述三种管辖无法实现时，可根据普遍管辖来实现对国际犯罪的惩处。例如，在本国领域内发现了国际犯罪人，而该国既不是犯罪地国，也不是犯罪人和被害人的国籍国。在此情况下，该国对犯罪人既不能行使属地管辖权，也不能行使属人管辖权和保护性管辖权，但可以行使普遍管辖权。

从各国国内刑事立法的实践来看，属地管辖对于国内刑法中规定的犯罪一般都具有普遍适用的效力，属人管辖和保护性管辖一般具有选择适用的效力，而普遍管辖则具有补充适用的效力。从国际刑法的适用来看，普遍管辖则具有更高和更普遍的效力。首先，国际刑法的实现，有赖于普遍管辖权的确立。国际犯罪在普遍管辖体系下很难逃脱刑罚的惩罚。其次，普遍管辖实际上包容了其他种类的管辖。针对国际犯罪而言，属地管辖、属人管辖和保护性管辖，根据其管辖范围，均无法确立国际刑法对国际犯罪的普遍适用效力。惟有普遍管辖，基于它的管辖范围和特点，既可以包括属地管辖的场合，也可以包括属人管辖的场合，还可以包括保护性管辖的场合，以及上述三种管辖都无法实现的场合。因此，普遍管辖一方面不排除、不妨碍国家按照国家主权原则对国际犯罪行使刑事管辖权；而另一方面又可以包容属地管辖、属人管辖和保护性管辖适用于国际犯罪时的各种情形，从而保障了国际刑法对国际犯罪的普遍适用效力，使国际犯罪无法逃脱刑事制裁。

第五节　国际刑事法院与混合性法庭

1998 年 7 月 17 日，国际社会在意大利罗马召开外交大会，包括中国在内的 162 个国家和一些国际组织、非政府组织的代表参加了这次会议。与会代表对建立国际刑事法院的《国际刑事法院规约》进行了表决，120 个国家投了赞成票，21 个国家弃权，其中中国、美国、以色列和菲律宾等 7 个国家投了反对票。《国际刑事法院规约》以绝对的优势票数获得了通过。2002 年 4 月 11 日，包括保加利亚、罗马尼亚、柬埔寨、玻利维亚在内的 9 个国家向联合国递交了《国际刑事法院规约》的批准书，共同成为该规约的第 60 个批准国。2002 年 7 月 1 日，《国际刑事法院规约》正式生效。2003 年 2 月 4 日 ~ 7 日，缔约国大会在联合国总部举行法官选举，经过了 33 轮投票，选出了 18 名法官。3 月 11 日，当选的法官在国际法院所在地荷兰海牙，在联合国秘书长安南的面前宣誓就职。至此，国际社会期待已久的永久性国际刑事法院终于设立并开始运作。

一、国际刑事法院的特点

国际刑事法院，是各缔约国通过签订《国际刑事法院规约》的方式建立的，由国家选举的独立的法官组成的，审判特定的国际罪行并对国际犯罪处以刑罚的永久性国际刑事审判机构。国际刑事法院具有以下几个特点：

1. 国际刑事法院是国家以协议的方式建立的。具体而言，是国家以签订《国际刑事法院规约》的方式设立的；国际刑事法院的职权是由国家赋予的，它既不是凌驾于主权国家之上的"超国家"的国际司法机构，也不是国家国内法院的上诉法院或者复审法院。

2. 国际刑事法院行使管辖权和审判职能的法律根据是国际法，而不是任何国家的国内法。其应当适用的法律依次为：首先，适用《国际刑事法院规约》、《犯罪要件》和法院的《程序和证据规则》；其次，应视情况适用可适用的条约及国际法原则和规则，包括武装冲突国际法中已确定的原则；再次，无法适用上述法律时，应适用法院从世界各法系的国内法，包括通常对该犯罪行使管辖权的国家的国内法中得出的一般法律原则，但这些原则不得违反《国际刑事法院规约》、国际法和国际公认的规范和标准。另外，法院还可以适用其以前的判决所阐释的法律原则和规则。

3. 国际刑事法院所管辖的犯罪是特定的。国际刑事法院的管辖权仅限于整个国际社会关注的最严重犯罪，包括灭绝种族罪、反人道罪（危害人类罪）、战争罪和侵略罪。

4. 国际刑事法院是由主权国家选举出来的独立的法官组成的。国际刑事法院及其法官是独立于任何国家或国家集团的，其立场是中立和公正的。法院的法官并非由国内的立法机关或行政首脑任命。

二、国际刑法的一般原则

《国际刑事法院规约》规定的国际刑法的一般原则主要有：

（一）法无明文规定不为罪、不处罚

规约规定，只有当某人的有关行为在发生时构成该法院管辖权内的犯罪，该人才根据规约负刑事责任；犯罪定义应予以严格解释，不得类推延伸。涵义不明时，对定义作出的解释应有利于被调查、被起诉或被定罪的人。规约还规定，被国际刑事法院定罪的人，只可以依照该规约受处罚。

（二）法不溯及既往

规约规定，个人不对该规约生效以前发生的行为负该规约规定的刑事责任；如果在最终判决以前，适用于某一案件的法律发生改变，应当适用对被调查、被起诉或被定罪的人较为有利的法律。

（三）个人刑事责任

规约规定，国际刑事法院根据规约的规定，对自然人具有管辖权；实施犯罪的个人应依照规约的规定负个人责任，并受到处罚。当然，个人承担刑事责任，并不影响国家依照国际法所负的责任。

（四）对不满18周岁的人不具有管辖权

该规约规定，对于实施被控告犯罪时不满18周岁的人，国际刑事法院不具有管辖权。

（五）官方身份的无关性

规约规定，规约对任何人的适用应一律平等，不得因官方身份而差别适用。特别是作为国家元首或政府首脑、政府成员或议会议员、选任代表或政府官员的官方身份，在任何情况下都不得免除个人根据规约所负的刑事责任，其本身也不得构成减轻刑罚的理由。根据国内法或国际法可能赋予某人官方身份的豁免或特别程序规定不妨碍法院对该人行使管辖权。

（六）指挥官和其他上级的责任

军事指挥官或以军事指挥官身份有效行事的人，在其知道或应当知道其部队正在实施或即将实施国际刑事法院管辖权内的犯罪，或者，未对其有效指挥和控制下的部队适当行使控制以防止或制止这些犯罪的实施，则应对这些部队实施的这些犯罪负刑事责任。

（七）不适用时效

规约规定，国际刑事法院管辖权内的犯罪不适用任何时效。

（八）心理要件是故意和明知

除另有规定外，只有当某人在故意和明知的情况下实施犯罪，该人才对法院管辖权内的犯罪负刑事责任，并应受到处罚。有下列情形之一的，即可认定某人具有故意：就行为而言，该人有意从事该行为；就结果而言，该人有意造成该结果，或者意识到事态的一般发展会产生该结果。"明知"是指意识到存在某种情况，或者意识到事态的一般发展会发生某种结果。

三、国际刑事法院的管辖权

（一）法院管辖权内的犯罪

国际刑事法院的管辖权仅限于整个国际社会关注的最严重犯罪，包括：灭绝种族罪、反人道罪、战争罪和侵略罪。《国际刑事法院规约》对灭绝种族罪、反人道罪和战争罪做出了详细的定义。对侵略罪的管辖，该规约规定，在界定了侵略罪的定义，以及规定了法院对这一犯罪行使管辖权的条件后，法院即对侵略罪行使管辖权。

（二）属时管辖权

法院仅对规约生效后实施的犯罪具有管辖权；对于在规约生效后成为缔约国的国家，法院只能对在规约对该国生效后实施的犯罪行使管辖权。

（三）行使管辖权的先决条件

对于规约所规定犯罪的管辖，要求接受管辖的国家成为规约的缔约国，也即接受了法院对规约所规定犯罪的管辖，如此，法院才能对该国国内的犯罪（规约所规定的犯罪）行使管辖权。

对国家的管辖，接受管辖的国家应当是规约的缔约国，或者虽非缔约国，但按照规约的规定提交声明接受法院管辖权，如此，法院才能对其行使管辖权。这些国家包括：①有关作为或不作为犯罪在其领土上发生的国家；如果犯罪发生在船舶或飞行器上，该船舶或飞行器的注册国。②犯罪被告人的国籍国。

（四）行使管辖权的条件

法院行使管辖权还需要具备以下条件之一：①缔约国向检察官提交显示犯罪已经发生的情势；②安理会根据《联合国宪章》第七章的规定，向检察官提交显示犯罪已经发生的情势；③检察官按照规约的规定开始调查一项犯罪。

（五）法院不受理的案件

法院不受理的案件包括：①对案件具有管辖权的国家正在对该案进行调查或起诉，除非该国不愿意或不能够切实进行调查或起诉；②对案件具有管辖权的国家已经对该案进行调查，而且该国已决定不对有关的人进行起诉，除非作出这项决定是由于该国不愿意或不能够切实进行起诉；③有关的人已经由于作为控告理由的行为受到审判；④案件缺乏严重性，不应由法院采取进一步的行动。

（六）法院管辖权的质疑

被告人或被传唤出庭的人，对案件具有管辖权的国家，或者需要接受法院管辖权的国家，可以对案件的可受理性提出质疑，或者对法院的管辖权提出质疑。

四、补充性原则

《国际刑事法院规约》序言规定，根据本规约设立的国际刑事法院对国内刑事管辖权起补充作用。规约第1条规定，国际刑事法院为常设机构，有权就规约所提到的受到国际关注的最严重犯罪对个人行使其管辖权，并对国家刑事管辖权起补充作用。

对于严重违反国际刑法的国际犯罪行为，国际刑事法院和国内法院都具有普遍的管辖权，这样势必会产生管辖权的冲突问题。而根据《国际刑事法院规约》的规定，国内法院有优先管辖的权利，目前只有当国家不愿意或确实不能够进行调查或起诉时，国际刑事法院才能受理案件。

五、国际刑事法院近年来的实践

（一）国际刑事法院对苏丹总统巴希尔发布逮捕令

2009年3月4日，以涉嫌在苏丹达尔富尔地区犯有战争罪和反人类罪为由，国际刑事法院正式对苏丹总统巴希尔发出逮捕令。法院认为，在2003年4月至2004年7月期间，巴希尔作为苏丹总统和苏丹武装部队总司令，涉嫌蓄意下令对苏丹达尔富尔地区的平民发动袭击。法官发出的逮捕令上列举了巴希尔7项罪行，包括5项反人类罪和2项战争罪。而苏丹政府则多次重申，苏丹没有正式批准《国际刑事法院罗马规约》，不是国际刑事法院成员，因此该法院对苏丹没有司法管辖权。苏丹总统巴希尔当时强调，对于国际刑事法院的任何决定，苏丹政府都将不予理会。由于苏丹政府的不配合，巴希尔至今未被移交国际刑事法院。

（二）国际刑事法院对利比亚总统卡扎菲等人发布逮捕令

国际刑事法院 2011 年 5 月对利比亚政府 8 名高官发布逮捕令，包括卡扎菲本人、卡扎菲之子赛义夫以及利比亚情报机构负责人萨诺斯等。2011 年 2 月，利比亚爆发反对卡扎菲统治的示威游行，并且很快转化为内战。2011 年 8 月 22 日，卡扎菲在反对派攻入首都的利波里后下落不明，2011 年 9 月，卡扎菲在其家乡苏尔特被反对派逮捕并因伤势过重死亡。卡扎菲之子赛义夫于 2011 年 11 月被捕，目前被关押在利比亚。

（三）迪伊洛案

托马斯·卢班加·迪伊洛 2005 年在刚果（金）首都金沙萨被当局逮捕，并于一年后被移交给国际刑事法院。2012 年 3 月，国际刑事法院曾宣判迪伊洛在 2002 年 9 月 1 日至 2003 年 8 月 13 日期间犯有战争罪，以及在武装冲突中招募并使用 15 岁以下童军等罪行。2012 年 7 月，国际刑事法院在庭审中宣布，刚果（金）前武装组织领导人迪伊洛因犯有战争罪等罪行被判处 14 年有期徒刑。迪伊洛案是国际刑事法院建立以来做出审判的第一个案件。

六、混合型特别刑事法庭及其运作

在国际刑法实践中，混合型特别法庭也是对国际罪行进行审判的重要方式。该法庭由国际法官、国际检察官和罪行发生地的法官、检察官共同组成，专门针对发生于特定时间、特定国家的特定国际犯罪进行审判。塞拉利昂法庭、东帝汶法庭和柬埔寨法庭均为混合型的特别法庭。

（一）塞拉利昂特别法庭

2000 年 6 月 12 日，卡巴总统给联合国秘书长安南写信，要求国际社会审判塞拉利昂内战期间犯下严重罪行的人。2000 年 8 月 14 日，联合国安理会通过了第 1315 号决议，请联合国秘书长与塞拉利昂政府达成协议，建立一个特别刑事法庭，以检控在塞拉利昂境内所犯下的危害人类罪、战争罪和其他严重违反国际人道法的行为，以及塞拉利昂有关法律认定为犯罪的行为。

利比里亚前总统查尔斯·泰勒是塞拉利昂特别法庭最主要的被告人，他曾参与组建塞拉利昂反政府组织——革命联合阵线，以便颠覆塞拉利昂政府并控制该国的钻石资源，因此受到了特别法庭包括多项战争罪的总共 17 项指控。2006 年 3 月 16 日，指控被修改为 11 项，其中包括 5 项战争罪、5 项反人道罪和 1 项其他严重违反国际人道法罪行的指控。2012 年 4 月 26 日，塞拉利昂特别法庭宣布泰勒在内战中犯有战争罪。

（二）柬埔寨特别法庭

柬埔寨特别法庭是联合国与柬埔寨王国政府在 2003 年 6 月签署协议决定成立的特别法庭，主要是对被指在 1970 年代后期在柬埔寨犯下了种族灭绝罪、战争罪及危害人类罪等罪行的前红色高棉主要领导人进行审判。红色高棉在 1975 ~ 1978 年统治期间采取种族屠杀和种族清洗政策，造成约 100 万人死亡。法国学者拉古特把柬埔寨的这段历史称为"自我灭绝的屠杀"。2007 年 6 月 12 日，特别法庭通过了内部规则，标志着法庭开始运作。2010 年 7 月 26 日，柬埔寨特别法庭以战争罪判处红色高棉前监狱长康克由 35 年徒刑。康克由是在前红色高棉担任领导职务的人中第一个被判处刑罚的人。2011 年 6 月 27 日，柬埔寨法院特别法庭正式开庭审理农谢、乔森潘等 4 名前红色高棉领导人案。这 4 人被控的罪行包括灭绝种族罪、危害人类罪、严重违反《日内瓦公约》以及违反柬埔寨刑法所犯的谋杀、酷刑和宗教迫害等罪。

（三）黎巴嫩特别法庭

黎巴嫩特别法庭是为调查和审判导致黎巴嫩前总理哈里里被杀的恐怖事件而设立的。2005 年 2 月，黎巴嫩前总理拉菲克·哈里里的车队在首都贝鲁特遭到炸弹袭击，哈里里和其他 22 人在这次恐怖袭击中丧生。国际社会谴责这种恐怖行为，黎巴嫩当局开展了调查，联合国也授权进行了第一次国际调查，但均没有查清元凶和幕后主使者。随后，安理会于 2005 年 10 月 31 日通过了第 1595 号决议授权建立一个国际调查委员会，对此案进行为期 3 个月的第二次国际调查。但是调查仍未有令人满意的结果。2005 年 12 月 13 日，黎巴嫩总理写信给联合国秘书长，要求设立一个具有国际性质的法庭，审判所有被认定要对这起恐怖罪行负责的人。为回应黎巴嫩的请求，安理会于 2005 年 12 月 15 日通过决议，要求联合国秘书长安南协助黎政府确定设立国际法庭事宜，以便在未来能使那些被指控涉嫌杀害哈里里的犯罪分子受到审判。2006 年 3 月 29 日安理会一致通过决议，要求安南和黎巴嫩政府按照最高国际标准及有关报告中的建议内容协商设立国际法庭事宜。

第六节　我国的国际刑法实践

一、参加国际刑法条约的立法实践

中华人民共和国成立以后，特别是我国政府恢复了在联合国的合法代表权以来，我国参与缔结或加入了许多国际刑法条约以及含有国际刑法规范的条约。

（一）参加有关战争罪、反人道罪的条约

1949 年 8 月 12 日，国际社会签署了日内瓦四公约，即：《改善战地武装部队伤者病者境遇的日内瓦公约》（简称《日内瓦第一公约》），《改善海上武装部队伤者病者及遇船难者境遇的日内瓦公约》（简称《日内瓦第二公约》），《关于战俘待遇的日内瓦公约》（简称《日内瓦第三公约》），以及《关于战时保护平民的日内瓦公约》（简称《日内瓦第四公约》）。1956 年 11 月 5 日，我国人大常委会通过决议批准上述四个公约并分别作了保留。1983 年 9 月 2 日，我国第六届全国人大常委会第二次会议决定，加入 1949 年《日内瓦公约》两项附加议定书，即《1949 年 8 月 12 日日内瓦公约关于保护国际性武装冲突受难者的附加议定书》（简称《第一议定书》）和《1949 年 8 月 12 日日内瓦公约关于保护非国际性武装冲突受难者的附加议定书》（简称《第二议定书》），并分别作了保留。以上日内瓦公约及其议定书是国际刑法中涉及战争法规和战争犯罪的重要条约。1952 年 7 月 13 日，周恩来总理兼外长代表我国政府发表声明，承认《关于禁用毒气或类似毒气及细菌方法作战议定书》。该议定书是 1925 年 6 月 17 日在日内瓦签订的，1928 年 2 月 8 日生效。旧中国国民党政府于 1929 年 8 月 7 日无保留地加入了该议定书。1981 年 9 月 14 日，我国常驻联合国代表凌青签署了《禁止或限制使用某些可被认为具有过分伤害力或滥杀滥伤作用的常规武器公约》，我国政府还发表了关于签署该公约的声明。1982 年 4 月 7 日，我国人大常委会通过决定，批准该公约。

（二）参加有关非法使用武器罪的条约

1984 年 9 月 20 日，我国第六届全国人大常委会第七次会议通过决议，决定加入《禁止细菌（生物）及毒素武器的发展、生产及储存以及销毁此类武器的公约》。同年 11 月 15 日，吴学谦外长致信公约的保存国政府原苏联、英国和美国，正式通知它们关于我国加入公约的决定以及我国政府的声明。1993 年 1 月 13 日，我国政府副总理兼外长钱其琛在巴黎签署了《关于禁止发展、生产、储存和使用化学武器及销毁此种武器的公约》（简称《禁止化学武器公约》）。我国人大常委会于 1996 年 12 月 30 日批准了该公约。1997 年 4 月 25 日，我国政府向联合国交存了批准书，我国成为该公约的原始缔约国之一。

（三）参加有关危害国际航空安全犯罪的条约

1978 年 11 月 14 日，我国加入了《关于在航空器内的犯罪和其他某些行为的公约》，1980 年 9 月 10 日，我国又加入了《关于制止非法劫持航空器的公约》和《关于制止危害民用航空安全的非法行为的公约》，同时对上述三个公约分别作了保留。1988 年 2 月 24 日，我国政府代表签署了《补充 1971 年 9 月 23 日在蒙特利尔签订的〈关于制止危害民用航空安全的非法行为的公约〉的制止在为国际民用航空服务的机场上的非法暴力行为的议定书》。

（四）参加有关种族歧视、种族隔离和灭绝种族犯罪的条约

1980 年 7 月 17 日，我国政府代表签署了《消除对妇女一切形式歧视公约》，并作了保留。同年 9 月 29 日，我国人大常委会通过决议，决定批准该公约。1981 年 12 月 29 日，我国加入了《消除一切形式种族歧视国际公约》。1983 年 4 月 18 日，我国无保留地加入了《禁止并惩治种族隔离罪行国际公约》。1983 年 3 月 5 日，我国人大常委会决定批准《防止及惩治灭绝种族罪行国际公约》，同年 4 月 18 日交存了批准书。1983 年 4 月 18 日，我国加入了《防止及惩治危害种族罪公约》。

（五）参加有关酷刑罪和侵害应受国际保护人员罪及其劫持人质罪的条约

1986 年 12 月 12 日，我国政府代表签署了《禁止酷刑和其他残忍、不人道或有辱人格的待遇或处罚公约》，1988 年 9 月 5 日，我国人大常委会作出决定，批准该公

约。1987 年 6 月 23 日，我国人大常委会作出决定，加入《关于防止和惩处侵害受国际保护人员包括外交代表的罪行的公约》。1992 年 12 月 28 日，我国人大常委会决定加入 1979 年 12 月 17 日联合国大会通过的《反对劫持人质的国际公约》。

（六）参加有关毒品犯罪的条约

1985 年 6 月 18 日，我国加入了《经〈修正 1961 年麻醉品单一公约的议定书〉修正的 1961 年麻醉品单一公约》和《1971 年精神药物公约》，并分别作了保留。1988 年 12 月 20 日，我国又签署了《联合国禁止非法贩运麻醉药品和精神药物公约》，并于 1989 年 9 月 4 日正式批准。

（七）参加有关非法使用邮件罪、非法获取和使用核材料罪的条约

1982 年 11 月 25 日，我国加入了《万国邮政公约》。1984 年 7 月 27 日，我国又签署了经万国邮政联盟第 19 届代表大会修订的《万国邮政公约》，并于 1987 年 1 月 22 日提交了批准书。1989 年 1 月 10 日，我国加入了《核材料实物保护公约》。该公约第 7 条规定了非法获取和使用核材料罪。1996 年 3 月 1 日，我国又加入了 1994 年 6 月 17 日签订的《核安全公约》。

（八）参加有关海盗罪和贩卖奴隶罪的条约

1982 年 12 月 10 日，我国政府代表签署了《联合国海洋法公约》，1996 年 5 月 15 日，我国人大常委会作出决定，批准了该公约，同时发表了四点声明。该公约中规定了海盗罪和贩卖奴隶罪的条款。1991 年 6 月 29 日，我国人大常委会决定批准《制止危及海上航行安全非法行为公约》和《制止危及大陆架固定平台安全非法行为议定书》。

（九）参加其他有关国际犯罪的条约

中国曾是 1921 年 9 月 30 日签订的《禁止贩卖妇女和儿童国际公约》和 1926 年 9 月 25 日签订的《禁奴公约》的缔约国。1990 年 8 月 29 日，我国又签署了 1989 年 11 月 20 日由联合国大会通过的《儿童权利公约》。1991 年 12 月 29 日，我国人大常委会决定批准加入该公约。

二、签订双边国际刑事司法协助条约

我国《刑事诉讼法》第 17 条规定，根据中华人民共和国缔结或者参加的国际条约，或者按照互惠原则，我国司法机关和外国司法机关可以相互请求刑事司法协助。

1987 年 6 月 5 日，我国与波兰签订了关于民事和刑事司法协助的协定，该协定于 1988 年 2 月 13 日生效。这是我国与外国签订的第一个规定国际刑事司法协助的双边条约。1989 年 8 月 31 日，我国和蒙古签订了关于民事和刑事司法协助的条约，该条约于 1990 年 10 月 29 日生效。1991 年 1 月 16 日，我国和罗马尼亚签订了关于民事和刑事司法协助的条约，该条约于 1993 年 1 月 22 日生效。1992 年 6 月 19 日，我国与俄罗斯签订了关于民事和刑事司法协助的条约，该条约于 1993 年 11 月 14 日生效。1993 年 1 月 11 日和 14 日，我国分别与白俄罗斯和哈萨克斯坦签订了关于民

事和刑事司法协助的条约，该条约分别于 1993 年 11 月 29 日和 1995 年 7 月 11 日生效。1992 年 10 月 31 日和 11 月 24 日，我国分别与乌克兰和古巴签订了民事和刑事司法协助的条约和协定，该条约分别于 1994 年 1 月 19 日和 1994 年 3 月 26 日生效。1994 年 10 月 17 日，我国与希腊签订了关于民事和刑事司法协助的协定，该条约于 1996 年 6 月 29 日生效。1992 年 9 月 28 日，我国与土耳其签订了关于民事、商事和刑事司法协助的协定，该条约于 1995 年 10 月 26 日生效。1994 年 4 月 21 日，我国与埃及签订了关于民事、商事和刑事司法协助的协定，该条约于 1995 年 5 月 31 日生效。1995 年 4 月 26 日，我国与塞浦路斯签订了关于民事、商事和刑事司法协助的条约，该条约于 1995 年 10 月 30 日经我国人大常委会批准。1994 年 7 月 29 日，我国与加拿大签署了关于刑事司法协助的条约，该条约于 1995 年 7 月 1 日生效。1995 年 4 月 7 日，我国与保加利亚共和国签订了关于刑事司法协助的条约，该条约于 1995 年 6 月 30 日生效。1996 年 7 月 4 日，我国与吉尔吉斯坦共和国签订了关于民事和刑事司法协助的条约，该条约于 1997 年 2 月 23 日经我国人大常委会批准。1996 年 9 月 16 日，我国与塔吉克斯坦共和国签订了关于民事和刑事司法协助的条约，该条约于 1997 年 8 月 29 日经我国人大常委会批准。

三、签订双边引渡条约

1993 年 8 月 26 日，我国与泰国签订了引渡条约。1994 年 3 月 5 日，该条约经我国人大常委会批准。这是我国签订的第一个引渡条约。1995 年 6 月 22 日，我国与白俄罗斯共和国签订了引渡条约。1996 年 3 月 1 日，该条约经我国人大常委会批准。1995 年 6 月 26 日，我国与俄罗斯联邦签订了引渡条约。1996 年 3 月 1 日，该条约经我国人大常委会批准，1997 年 1 月 10 日生效。1996 年 5 月 20 日，我国与保加利亚共和国签订了引渡条约。1997 年 2 月 23 日，该条约经我国人大常委会批准。1996 年 7 月 1 日，我国与罗马尼亚签订了引渡条约。1997 年 2 月 23 日，该条约经我国人大常委会批准。1996 年 7 月 5 日，我国与哈萨克斯坦共和国签订了引渡条约。1997 年 2 月 23 日，该条约经我国人大常委会批准。1997 年 8 月 19 日，我国与蒙古国签订了引渡条约。1998 年 6 月 26 日，该条约经我国人大常委会批准。1998 年 4 月 27 日，我国与吉尔吉斯共和国签订了引渡条约。1998 年 11 月 4 日，该条约经我国人大常委会批准。1998 年 12 月 10 日，我国与乌克兰签订了引渡条约。1999 年 6 月 28 日，该条约经我国人大常委会批准。1999 年 2 月 9 日，我国与柬埔寨签订了引渡条约。2000 年 3 月 1 日，该条约经我国人大常委会批准。1999 年 11 月 8 日，我国与乌兹别克斯坦共和国签订了引渡条约。2000 年 7 月 8 日，该条约经我国人大常委会批准。2000 年 10 月 18 日，我国又与大韩民国签订了引渡条约。

四、我国对国际刑事法院的原则立场

1998 年 7 月 17 日，国际社会在意大利罗马召开外交大会，包括中国在内的 162

个国家和一些国际组织、非政府组织的代表参加了这次会议。中国外交部部长助理王光亚率领中国代表团参加了会议。在 17 日晚举行的全体会议上，与会代表就通过建立国际刑事法院的《国际刑事法院规约》进行了表决，120 个国家投了赞成票，21 个国家弃权，18 个国家没有参加投票，中国、美国、以色列和菲律宾等 7 个国家投了反对票。王光亚在会上发言时阐述了中国的立场，认为国际刑事法院应充分尊重有关国家的主权、安全等重大利益。17 日晚投票后，中国代表又在会上对中国的立场进行了解释性发言。

　　事实上，我国政府对建立国际刑事法院持非常积极的态度，我国支持建立一个独立、公正和有效、具有普遍性的国际刑事法院。我国认为，这样的法院可以对一个国家的司法系统和国际刑事合作制度起到一定补充作用。实际上，我国曾经积极参加了国际刑事法院规约的整个谈判过程，并且为规约的制定做出了重要的贡献。同时，在谈判过程中，我国代表团提出了一些重要的主张，比如：国际刑事法院所管辖的罪行应该具有特殊性，应当与国家的司法主权密切相关；应该保证法院的独立性和公正性，避免法院成为政治斗争的工具，或者成为干涉一国内政的手段。我国在谈判中特别强调，法院的规约应该充分体现补充性的原则，即国际刑事法院是对各个国家司法系统的补充，法院的管辖权应该建立在国家同意的基础之上，在法院的启动机制和调查手段等问题上也应该尽量避免不负责任的滥诉情况。法院的有效性和权威性还要取决于法院在透明、平等、民主的基础上来制定有关的规则以保证国际社会的普遍参与。然而，我国提出的主张并没有在规约中得到应有的反映，因此，我国没有签署《国际刑事法院规约》。

　　综上所述，我国政府对《国际刑事法院规约》的原则立场有五个方面：

　　第一，我国不能接受规约所规定的国际刑事法院的普遍管辖权。规约规定的这种管辖权不是以国家自愿接受法院管辖为基础，而是在不经国家同意的情况下对非缔约国的义务作出规定，违背了国家主权原则，不符合《维也纳条约法公约》的规定。

　　第二，我国将对国内武装冲突中的战争罪纳入法院的普遍管辖表示严重保留。首先，法制健全的国家有能力惩处国内武装冲突中的战争罪，在惩治这类犯罪方面比国际刑事法院占有明显的优势。其次，目前规约有关国内武装冲突中的战争罪的定义，超出了习惯国际法的范畴，甚至超出了日内瓦公约第二附加议定书的规定。鉴于此，我国历来主张，国家应有权选择是否接受法院对这一罪行的管辖。目前，规约的有关规定虽对选择接受管辖作了临时安排，但是，却从原则上否定这一接受管辖的方式，这将会使许多国家对法院望而却步。

　　第三，我国对规约中有关安理会作用的规定持保留意见。侵略罪是一种国家行为，且尚没有法律上的定义，为了防止政治上的滥诉，在具体追究个人刑事责任之前由安理会首先判定是否存在着侵略行为是必要的，也符合《联合国宪章》第 39 条的规定。但规约没有对此作出明确规定。另外，规约对安理会为维持国际和平与安全履行职能而要求法院中止运作，规定了 12 个月的期限。这明显不利于安理会履行《联合国宪章》所赋予的职能。

第四，我国对检察官自行调查权有严重保留。规约所规定的检察官自行调查权不仅赋予个人、非政府组织、各种机构指控国家公务员和军人的权利，而且也使检察官或法院因权力过大而可能成为干涉国家内政的工具。此外，检察官的自行调查权不仅会使法院不得不处理来自于个人或非政府组织过多的指控，无法使其集中人力或物力来对付国际上最严重的犯罪，同时也会使检察官在处理大量指控时需不断做出是否调查与起诉的政治决策，不得不置身于政治的漩涡，从而根本无法做到真正的独立与公正。

第五，我国对反人类罪的定义持保留立场。我国政府认为，根据习惯国际法，反人类罪应发生在战时或与战时有关的非常时期。从目前已有的成文法来看，纽伦堡宪章、前南国际法庭规约均明确规定，此罪适用于战时。但罗马规约在反人类罪定义中删去了战时这一重要标准。此外，在反人类罪具体犯罪行为的列举上，规约远远超出了习惯国际法和现有的成文法。许多列举的行为实际是人权法的内容。我国认为，国际社会要建立的不是人权法院，而是惩治国际上最严重犯罪的刑事法院，因此，增加人权的内容，背离了建立国际刑事法院的真正目的。

【思考题】

1. 简答国际刑法的概念。
2. 简述国际刑法的执行模式。
3. 试述国际刑事法院的建立及其意义。
4. 论国际刑事法院管辖权的补充性原则。
5. 评述我国对国际刑事法院的原则和立场。

第十五章

第十六章
战争与武装冲突法

第一节　概　述

虽然人类经过了无数次的战争，已经认识到和平的重要性和战争的危害性，但是现实世界还无法摆脱战争的阴影，更何况有的时候和平需要用战争的手段来实现。所以，对于人类来说，制定调整战争等武装冲突状态的法律也实属无奈之举。因而，传统国际法认为，完整体系的国际法既包括和平法也包括战争法，和平法亦称平时国际法，战争法亦称战时国际法。

一、战争与武装冲突的概念

从严格的法律意义上看，战争和武装冲突是两个不同的概念，战争是由武装冲突发展形成的，但是武装冲突不一定就是战争。在国际上，曾经存在大量的武装冲突，但是没有完全形成战争的法律状态。然而，在实践中，国际性的武装冲突和战争的界限有时很难区分。

国际法上的战争主要是指，两个或两个以上的国家，使用武力引起的敌对或武装冲突及由此引起的法律状态。国际法意义上的战争具有以下一些特征：

1. 战争主要是国家之间进行的行为和状态，也包括国际法其他主体之间所进行的武装冲突和相关状态。特别是二战以后，战争法的多数规则被认为应当适用于反对殖民主义的武装斗争中。另外，被国际法承认为叛乱团体或交战团体的组织从事的武装斗争行为，也被认为适用战争法的某些相关规则。

2. 战争一般以存在武装冲突的事实为突出的表现，但并非所有的武装冲突都是国际法上的战争；也不是所有国际法上的战争都必然以存在实际的武装冲突的事实为前提。处于战争状态的武装冲突具有以下三个特点：

（1）作为战争的武装冲突，通常是具有一定规模、持续一定时间、波及范围较广的武装冲突。但作为国际法上的战争，不仅存在这种敌对行为的事实，更主要的是存在一种法律状态。它依一定的程序开始，并产生相应的法律后果。

（2）确定国际法上战争状态的存在，交战各方是否存在"交战意思"是决定性因素。所谓"交战意思"，是指敌对的双方或一方认定已经或将要发生的敌对或冲突为战争状态。同时，当这种敌对或冲突影响到第三国的权益时，第三国的判断或态度，如宣布战时中立等，也是认定这种冲突是否构成战争的重要因素。

（3）作为一种法律状态的战争，可能并没有实际的武装争斗发生。例如，从1953 年《朝鲜停战协定》签订以来，虽然朝鲜和韩国之间没有发生大规模的武装冲突，但是双方一直处在战争状态。在第一次和第二次世界大战中，也有一些国家虽已宣战，但始终没有参加实际武装敌对行为。它们也被承认为交战国，其处于国际法中的战争状态。

武装冲突的主体不限于国家，所以武装冲突包括国际性武装冲突和非国际性武装冲突，一国内战往往都是非国际武装冲突。武装冲突主要是由于武装敌对行为产生的事实，不包括它是否要形成某种法律状态，更不存在"宣战"、"断交"等法律行为。在武装冲突中，冲突双方与第三国的中立关系是不明确的，中立法不一定能够适用。

现代国际法倾向于采取"适用于武装冲突中的规则"的提法，而不提"战争法"，这一点特别是在第二次世界大战之后很明显。1949 年日内瓦四公约共同第 2条明确规定："本公约适用于两个或两个以上缔约国间所发生之一切经过宣战的战争或任何其他武装冲突，即使其中一方不承认有战争状态。"因此，在现代国际法中，"武装冲突"与"战争"这两个概念同时存在。

二、战争与武装冲突法体系

战争法是调整交战国之间，交战国与中立国和其他非交战国之间的关系以及规范战争中交战方行为的规则和制度的总称。战争法是国际法的一个独特而重要的部分。战争法规则中许多是古老的国际习惯法规则。国际社会对战争法进行的官方大规模编纂开始于 18 世纪中叶，目前已编纂完成了几十个条约。这些条约和习惯规则，构成了当代战争法体系的框架。战争法在传统上分为两个体系：海牙公约体系和日内瓦公约体系。海牙公约体系是指 1899 年和 1907 年两次海牙和平会议通过的一系列公约、宣言等文件的总称，主要是规定关于战争如何开始、进行和结束的规则和制度；而日内瓦公约体系是指 1864～1949 年在瑞士日内瓦缔结的关于保护平民和战争受难者的一系列国际公约的总称，主要是关于保护那些不直接参加战争或已退出战斗那部分人的人道主义的法律规则，它不涉及战争的法律地位或交战国间的一般关系，也不涉及交战使用的作战方法和手段，更不涉及交战国和中立国间的权利义务，战争与武装冲突法的这一部分被称为"国际人道主义法"。改善战场上伤病员待遇的需要以及对战俘、平民保护的迫切要求，使国际人道主义法（即日内瓦公约体系）得到了很大的发展。

这两个体系在历史发源、规则脉络和侧重点等方面是不同的，其发展也是相对独立的。当然由于二者间内在的深刻联系，所以在具体规则上，往往存在相互的渗透和重叠，有时很难截然限定或分开。如 1977 年的《关于 1949 年 8 月 12 日日内瓦公约的两项附加议定书》，不但包括保护平民和战争受难者的原则和规则，而且包括限制作战手段和方法的原则和规则。

战争法的目的和作用在于保护中立国、非交战国和交战国的合法权益，保护平民，并使交战人员和战争受难者免遭不必要的和非法的伤害。虽然当代国际法已宣布使用武力推行国家政策为非法，即废除了国家的所谓"战争权"。但由于迄今为止，在人类社会中，战争现象仍然客观存在，所以，战争法仍具有其重要的实际意义和作用。

由于禁止侵略战争和禁止非法使用武力已成为当代国际法的基本原则，"二战"后还制定了一些有关制裁和惩处发动侵略战争和违反战争法规责任者的条约、原则和规则。这些都是对传统战争法的重要发展。因此也有人认为，广义的战争法还应包括武力的合法使用、维护国际和平与安全、战争犯罪及惩罚规则等方面的国际法原则和规则。

鉴于在"二战"后出现的国际武装冲突中，大多数都没有被宣布或被认为是法律上的战争状态，并且基于减少残酷性和人道的考虑，为了尽可能地减轻军事行动对各方造成的破坏，国际实践中已将许多的传统战争法规和规则也适用于这种非战争的武装冲突中。为此，在一些国际文件和学者著作中，越来越多地出现了"武装冲突法"一词，并一般倾向于将战争法扩展成为"战争与武装冲突法"。

由于非战争的武装冲突没有法律上战争状态的存在，传统战争法规的第一部分内容，即关于宣战、媾和、中立等规则和制度，一般不能适用其中。而且，传统战争法的第二部分内容，即对作战手段的限制规则以及对人员的保护规则，不但在法律上的战争状态中适用，而且一般也被适用于非战争的武装冲突中，其中有些内容甚至被适用于非国际性武装冲突中。

三、战争与武装冲突法的历史发展

起初的战争和武装冲突法只是一些基于调整武装冲突的非成文习惯规则。即使在原始人的战争实践中，也体现有某些现代国际战争规则，譬如，区分敌人类型的规则；确定发起和终止战争的条件、形式和权力的规则；限制作战人员、时间、地点与方式的规则；甚至包括完全禁止战争的规则。《汉谟拉比法典》就写到，制定此法是为了防止恃强凌弱。《摩诃婆罗多》、《圣经》及《古兰经》等许多古代文献中都包含有一些提倡尊重敌方的规则。一份撰写于 13 世纪末阿拉伯统治西班牙全盛时期的文献——《维卡耶特》（Viqayet）中就包含了一套真正的作战守则。

中世纪后期，欧洲学者已经开始自觉地研究战争法。1652 年，格老秀斯在他的著作《战争与和平法》中，列举了战争法中最基本的原则，为近代战争法的形成奠定了理论基础。1856 年的《关于海战的巴黎宣言》，开启了正式编纂国际战争法的先河。后来逐渐有一些详尽程度各异的双边条约（战俘交换协定）开始生效。有时，交战各方也会在战斗结束后批准这些条约。还有一些各国向其军队颁布的规章，例如，1863 年 4 月生效的《利伯守则》。该守则首次尝试将现有的战争法和习惯法汇总，并将其适用于美国内战中的联军士兵。早期可适用于武装冲突的法律，无论是在时间上，还是空间上，都受到了一定的限制，也就是说，它只对某一场战役或特定的冲突有效。这些规则也会因时期、地点、道德和文明的不同而有所改变。

1864 年《日内瓦公约》是一部多边条约，它编纂并巩固了古老的、不完整且零散的保护伤者及其救治者的战争法律与习惯。1899 年和 1907 年的两次海牙和平会议对战争法进行了全面编纂。

战争与武装冲突法的发展是渐进的，它总是在经历了迫切需要其发展的事件后得到发展，以满足因武器发展与新型冲突带来的日益增长的人道需求，以下是按通过时间排序的主要战争与武装冲突法的条约。

1856 年《关于海战的巴黎宣言》

1864 年《关于改善战地陆军伤者境遇的日内瓦公约》

1868 年《圣彼得堡宣言》（禁止在战争中使用某些弹丸）

1899 年《关于陆战法规和惯例的海牙公约》以及《关于 1864 年日内瓦公约的原则适用于海战的海牙公约》

1904 年《关于改善战时医院船免税公约》

1906 年有关 1864 年《日内瓦公约》的审查与发展

1907 年审查 1899 年《海牙公约》并通过的新公约：《关于敌对行为开始的公约》（第三公约）、《陆战法规及习惯法公约》（第四公约）及其附件、《关于海战的六项公约》、《关于建立国际捕获法院公约》（第十二公约）、《关于中立的两项公约》、《关于从气球上投掷爆炸物的宣言》

1925 年《禁止在战争中使用窒息性、毒性或其他气体和细菌作战方法的日内瓦议定书》

1929 年两个《日内瓦公约》：1906 年《日内瓦公约》的审查与发展，《关于战俘待遇的日内瓦公约》（新）

1949 年四个《日内瓦公约》：《改善战地武装部队伤者病者境遇之日内瓦公约》、《改善海上武装部队伤者病者及遇船难者境遇之日内瓦公约》、《关于战俘待遇之日内瓦公约》、《关于战时保护平民之日内瓦公约》（新）

1954 年《关于发生武装冲突时保护文化财产的海牙公约》

1972 年《关于禁止细菌（生化）及毒素武器的发展、生产及储存及销毁此类武器的公约》

1977 年加强对国际性（《第一附加议定书》）与非国际性（《第二附加议定书》）武装冲突受难者保护的 1949 年日内瓦四公约的两个附加议定书

1980 年《关于禁止或限制使用某些可被认为具有过分伤害力或滥杀滥伤作用的常规武器公约》，其中包括：关于无法检测的碎片的议定书（议定书一），禁止或限制使用地雷（水雷）、饵雷和其他装置的议定书（议定书二），禁止或限制使用燃烧武器议定书（议定书三）。

1993 年《关于禁止发展、生产、储存和使用化学武器及销毁此种武器的公约》

1995 年《关于激光致盲武器的议定书》（1980 年公约议定书四〈新〉）

1996 年　关于禁止或限制使用地雷、诱杀装置和其他装置的修正议定书（修正的第二号议定书）

1997 年《关于禁止使用、储存、生产和转让杀伤人员地雷及销毁此种地雷的公约》

1998 年《国际刑事法院罗马规约》

1999 年 1954 年文化财产公约议定书

2000 年《〈儿童权利公约〉关于儿童卷入武装冲突问题的任择议定书》

2001 年《〈禁止或限制使用某些可被认为具有过分伤害力或滥杀滥伤作用的常规武器公约〉第 1 条修正案》

四、战争与武装冲突法的主要特点及重要原则

（一）战争与武装冲突法的主要特点

战争与武装冲突法的主要特点表现在以下三个方面：

1. 国际条约和国际习惯互相补充。迄今为止，存在着众多的有关战争与武装冲突的条约，这些条约一方面反映了一些古老的战争规则，同时也体现了在现代战争与武装冲突中形成的新规则，这些条约的范围非常广泛，但是它们还无法将战争与武装冲突的所有原则和规则包括进去，甚至重要的原则和规则也没有包括进去。这样，条约规定以外的事项仍然按照国际习惯规则加以处理。这里值得一提的是 1907 年海牙第四公约和 1977 年日内瓦第一附加议定书中的所谓"马顿斯条款"（Martens Clause）。根据该条款，即使是在缔约国所签订的公约规定没有包括进去的情况下，平民和战斗员仍然受国际法原则的保护，仍然受国际法原则的支配，因为这些原则是"来自文明国家之间已经确立的惯例、人道法则和公众良心的要求"。该条款最初是由俄国出席第一次海牙和平会议的代表马顿斯提出的，所以被命名为"马顿斯条款"。

2. 新条约与旧条约同时存在。虽然有关战争与武装冲突法新的条约不断出现，但是这不意味着旧条约的自然失效。对于那些没有批准或加入新条约的国家来说，旧条约仍然对原缔约国有效。例如，1906 年的日内瓦公约虽然早已被 1949 年的日内瓦公约所替代，但是直到 1970 年哥斯达黎加才加入 1949 年的日内瓦公约，在此之前，1906 年的日内瓦公约对其依然有效。

3. 条约与新武器的发展同步。随着科技的发展，武器和作战手段不断地更新，这就使得战争与武装冲突法领域内出现了许多新问题，为了解决这些问题，就有必要及时地签订新的条约。例如，集束炸弹作为一种新武器出现后，对平民造成了严重的安全隐患。据国际残联的数据，自 1965 年以来，世界各地约有 10 万人在集束

炸弹的攻击下死亡或受伤致残。这其中80%的人是平民。超过1/4的受害者是儿童，他们误将地上未爆炸的炸弹当成玩具而受伤。于是，在2008年12月3日，来自约100个国家的代表聚集在挪威首都奥斯陆，签署一项有关禁止使用集束炸弹的条约。再例如，网络战是继海陆空以及外太空战之后大国间争夺和展开军备竞赛的新领域，为此，2010年国际电信联盟就呼吁制定条约阻止网络战争。

（二）战争与武装冲突法的重要原则

战争与武装冲突法的重要原则体现在以下四个方面：

1. 遵守国际法义务原则。在战争和武装冲突中，尽管有"军事必要"原则，但是"军事必要"不能排除交战国遵守国际法的义务，这种义务既包括了条约法的义务，也包括了国际习惯法的义务，违反这些义务的国家就要承担相应的战争法律责任。

2. 区分原则。在交战中，交战方有义务把武装部队与平民、战斗员与非战斗员、战斗员与战争受难者、军事目标与民用物体区分开，并在战争与武装冲突中要区别对待。交战方不能伤害平民、非战斗员和战争受难者，不能攻击民用物体。任何肆意伤害非战斗员、战争受难者和平民的行为都构成战争犯罪的行为。

3. 人道主义原则。战争中，不仅要保护非战斗人员、战争受难者和平民，而且还要给予他们应给予的人道待遇，那些滥杀滥伤和极度残酷的作战行为和不分皂白杀害和平居民的行为都是违反人道的行为，应该承担反人道罪的国际刑事责任。

4. 遵守中立义务原则。战争法制定了调整交战国与中立国的规则，交战国有义务保护中立国的利益，中立国有义务保持不偏不倚的中立立场，违反中立义务的中立国应当承担国际责任。

第二节　战争状态

一、战争的开始及其后果

（一）战争的开始

战争的开始意味着交战国之间的关系从和平状态进入敌对的战争状态。战争的开始可以以交战双方或一方的宣战为标志，也可因一方使用武力的行为被另一方、第三方或国际社会认为已构成战争行为而开始。

宣战的方式通常有两种：一种是说明理由的宣战声明；另一种是附有条件的最后通牒，当对方在限定期限没有接受通牒中的条件，即开始采取战争手段。同时，敌对的任一方如果认为战争状态已经存在，必须立即通知其他各非交战国。

传统国际法认为，战争的开始必须通过宣战。格劳秀斯认为"开战前必须宣战"，有的学者甚至把宣战作为判断战争是否正义的一个标准。1907年的海牙第三公约中的第1条就规定："缔约各国承认，除非有预先的和明确无误的警告，彼此间不应该开始敌对行为。警告的形式应是说明理由的宣战声明或是有条件宣战的最后通牒。"第 2 条还规定："战争状态的存在必须毫不延迟地通知各中立国⋯⋯"但是国际实践中，特别是在 1928 年《巴黎非战公约》规定废弃将战争作为推行国家政策的工具之后，愈来愈多地出现了不宣而战的情况。1945 年《联合国宪章》禁止武力的非法使用以后，国家间所发生的武力争斗，绝大多数是以非战争的武装冲突来代替正式的战争状态。另外，宣战中的所谓"最后通牒"就是一种威胁手段，是违背国际法的基本原则的。因此，宣战现在不是一项国际习惯法。

第二次世界大战以后，许多战争都没有经过宣战，这样就很难区分战争与武装冲突，这就要求将战争法的原则和规则扩大适用到国际性和非国际性武装冲突中，这种新发展的结果是国际法义务与人道主义规则同样适用于战争与武装冲突。1949 年关于战俘的《日内瓦公约》第 2 条第 1 款规定，未发表宣战声明的敌对行为也应该视为战争，第三国根据与自己的利害关系或具体情况，可以自行认定武装冲突是否达到战争状态。

关于战争开始的具体时间。凡是经过宣战开始的战争，宣战之时或宣战文件上指明的时间即为战争开始的时间。未经宣战的战争，对其开始时间的认定，国际法尚无明确具体的规定。这种情况下应综合各个相关因素进行考察，其中确定交战国的"交战意思"所表现出的时间，对于确定战争开始的时间通常应具有决定性的意义。

武装冲突只是双方使用武力，其开始和结束表现的都是实际行动，不存在法律状态。

（二）战争开始的法律后果

战争开始使交战国之间的法律关系发生重大变化，产生的法律后果主要有以下几个方面：

1. 所适用法律发生变化。战争开始后，交战国之间的关系不再是和平关系，取而代之的是战争关系，所以战争法和中立法就开始适用。

2. 外交和领事关系的断绝。战争开始后，交战国间的外交关系和领事关系一般会完全断绝。交战国关闭其在敌国的使、领馆。根据 1961 年《维也纳外交关系公约》的规定，接受国有一般的义务尊重馆舍财产和档案安全。对于派遣国的馆舍，以及侨民的利益，可以委托接受国认可的第三国予以照料。交战国的外交代表和领事官员以及使、领馆的有关人员有返回其派遣国的权利。这些人员在离境前的合理期限内，一般仍享有外交特权与豁免。

3. 条约关系发生变化。受战争影响的条约一般仅限于交战国的双边条约，不包括交战国的多边条约和商务关系的条约。在国际实践中，相关条约的效力一般分为以下三类情况：

（1）两个交战国为当事国的双边条约。首先，凡以维持共同政治行动或友好关系为前提的条约，如同盟条约、互助条约或和平友好条约立即废止。其次，一般的政治和经济类条约，如引渡条约、商务条约等，除条约另有规定外，也中止其效力。这类条约战后的效力如何，一般由缔约方在这类条约中或在和约中明确。最后，关于规定缔约国间固定或永久状态的条约，如边界条约、割让条约，一般应继续维持，除非这类条约另有规定，或缔约方另有协议。

（2）交战国与非交战国为当事国的多边条约。如果条约本身明文规定在战时中止其效力，则该条约停止其效力。1944 年《芝加哥国际民用航空公约》就是这一类条约。如果条约是普遍性的多边条约或有关卫生、医药方面的条约，一般不因战争开始而终止其效力，只是条约中与交战行为相冲突的条款，可暂时中止执行，待到战争结束后再恢复执行。

（3）交战国为当事国的战争条约。凡规定战争和中立行为的条约在战争开始后仍然有效，交战国应该严格遵守，否则相关国家要承担其国家责任。

4. 经贸关系中断。战争开始后，因为交战国间的政治、经济、军事等诸方面都处于敌对状态，所以交战国一般会全面断绝彼此间的经贸往来，甚至包括交战国人民之间的经贸往来，但是交战国不能单方面废除已履行的契约或已结算的债务。

5. 交战国的财产和人民交往关系严重受到影响。交战国在战争中对敌国财产应该区别对待，将其区分为国家财产和私人财产、军事性质的财产和非军事性质的财产以及动产和不动产。对于其境内的敌国国家财产，如果是不动产，除使、领馆外，可予以没收，也可以使用；如果是动产则可以没收。对于占领区内的敌国人民的私有财产原则上不得侵犯，但是可加以限制，如禁止转移、冻结和征用等。对于可供军事需要的财产，如桥梁、要塞等，可于必要时予以破坏。

另外，交战国对在海上遇到的敌国公、私船舶及货物，可予以拿捕没收，但从事探险、科学、宗教或慈善以及执行医院任务的船舶除外；对中立国商船上的敌国私产，除可用于战争目的的之外，一般不应拿捕没收；对敌国的公、私航空器及其所载货物均可拿捕没收。

在战争期间，交战国对其境内的敌国公民可实行各种限制，如进行敌侨登记、强制集中居住等。但就战争许可范围内，应尽可能地减免对敌国公民人身、财产和尊荣上的限制和强制。

（三）非战争的武装冲突的开始及其后果

非战争的武装冲突没有正式开始的宣告程序。只要实际武力行为存在，就视为开始了非战争武装冲突。第二次世界大战以后发生的许多重大国际武装冲突大都不是战争，因为武装冲突各方不承认有战争状态的存在。这时，该武装争斗的后果与战争开始的后果不同，在这种武装冲突爆发时，武装冲突各方一般继续保持外交关系和领事关系，同时一般也不发生战争所引起的其他法律效果。

二、战争的结束

从国际实践看，战争的结束一般可以经过停战或投降、签订和约、结束战争状态等过程。敌对行动的停止不同于战争状态的结束。前者只是一种临时的、为实现最终和平所作出的过渡性安排；而后者则意味着交战问题的最终解决和恢复彼此间的和平状态。

（一）停战与投降

1. 停战。停战是根据交战方之间签订的协议而停止军事行动。按照《陆战法规和惯例章程》的规定，停战可以是全面的，也可以是局部的。前者为交战国间军事行动的全部停止，后者则只是交战国的部分军队之间并在一定范围内军事行动的停止。停战可以确定期限，也可以不确定期限。如果不确定期限，交战国可以随时再次开战，但应按停战条件的规定对对方提出警告。交战一方如果有严重破坏停战条件的行为，另一方有权废除停战协定，情况紧急时可立即恢复战争行动。但是，如果违反停战协定的是个人，且是出于个人动机，则受害一方可只要求惩处违约者。

停战与停火是有区别的。停战是通过缔结条约或协议而取得的结果。按照其规定来说是军事性的，按照其目的来说是政治性的。停火是目前经常使用的停止军事行动的方式，特别是联合国安理会在武装冲突发生后，常常会作出要求各方停火的决定。停火的效力一般要求在规定的期限内，在被要求的地区内绝对停止敌对的武装行动，它是由对峙的各军事指挥官之间的明示或默示的协议产生的。

停战协定是各交战方政府授权的代表经过谈判达成的停战协议。如果是全面停战协定，往往是由军队最高统帅或总司令缔结的。停战协定自签字之日起就具有执行的效力。停战协定的内容一般包括：停止战争行为、确定一条分界线或中立区、禁止运送援军、被包围要塞的供给、战俘的遣返、对停战协定的监督、撤离或占领等。停战协定只是确定了某个时间段内交战方停止了战争行为，并不是结束了它们之间的战争状态，不过，全面停战往往是战争结束的先兆。

2. 投降。投降是战败国向战胜国降服，可以是全面的，也可以是局部的。它是一种结束被包围在一个要塞或被包围在野外的部队的抵抗，并使该部队无条件或者在约定的条件下向敌人放下武器的军事专约。投降只是停止战争行为，即使是全面的投降，也并不是就此结束战争状态。结束战争状态的表现形式是缔结和平条约。投降书一经确定，双方必须严格遵守。

无条件投降是指战败国只能按照战胜国规定的条件而自己不得附加任何其他条件的投降。"二战"期间，盟国方面为了彻底粉碎德国和日本法西斯侵略势力，对它们宣布了无条件投降的命令。1945 年 5 月 8 日，德国统帅部的代表在柏林签署了无条件投降书；同年 9 月 2 日，日本也签署了无条件投降书。德国无条件投降书的主要内容是：①停止一切军事行动；②完全解除法西斯军队的武装；③遣返联合国家的战俘；④交出纳粹党魁及负有战争罪行的人员；⑤苏、美、英、法四国政府有权在必要时继续向德国提出政治、军事和其他要求。日本无条件投降书的主要内容是：①无论在何处的日本军队均接受无条件投降；②停止军事行动并交出各种船舶、飞机及军事物资；③释放盟国的一切战俘及被拘禁之公民；④所有日本公民、陆海军及其他公职人员均应固守其岗位，而日本天皇及日本政府管理国家的权力则隶属于盟国最高统帅。

（二）战争状态的结束

战争状态的结束是交战各方停止战争行动，并全面解决了相关的政治、经济、领土和其他问题，从法律上结束战争状态，恢复彼此间的和平关系。实践中，结束战争状态的方式通常有以下三种：

1. 缔结和平条约。缔结和平条约是结束战争状态的最通常的方式。和平条约的缔结和生效，意味着战争状态的结束，从而一切基于战争状态而采取的作战行为不再被允许，双方不得再进行攻击、征用或没收等行为。"二战"后，中国与意大利间战争状态的结束，就是以中、美、苏、英、法等国家为一方，与意大利、罗马尼亚等国家为交战的另一方，通过缔结和平条约完成的。

和平条约的主要内容包括：完全停止军事行动；释放和遣返战俘；部分或全部恢复战前条约的效力；恢复外交、贸易等关系。有些和约还包括赔款或赔偿、割让领土、惩办战犯等条款。

2. 发表联合声明。交战国双方以发表联合声明的方式结束战争状态。"二战"后，前苏联、中国等国家就是以这种方式与日本结束了战争状态。前苏联与日本于1956年10月19日发表了联合声明，中国与日本于1972年9月29日发表了联合声明。

3. 单方面宣布结束战争。指由战胜国单方面宣布结束战争状态。中国与德国间战争状态的结束，是通过这种方式来实现的。1955年4月7日，中华人民共和国主席发布《关于结束中华人民共和国同德国之间的战争状态的命令》，标志着中国与德国之间的战争状态的结束。美国总统布什于美东部时间2003年5月1日晚9点（北京时间2003年5月2日上午9点）在从海湾返航的"林肯"号航母上发表讲话，单方面宣布伊拉克战争已经结束。

（三）战争结束的法律后果

交战国之间的战争状态结束后，两国的关系恢复为正常的和平关系。相应的战争法的规则终止适用，和平法再次适用。一般情况下，因战争中断的外交和领事关系以及经贸关系会得到恢复；中止实施的条约也会恢复效力；对原交战国家或国民的财产及其他权利的限制也会被取消；等等。

现代国际实践对于战争与武装冲突的结束和后果有了某些新发展。停战协定由原来只是临时性的安排，现在趋向于成为长期、全面停止敌对行动的一种方式。有些停战协定以后会通过其他的国际法律文件予以确认和保证，从而成为结束战争状态的一种方式。1973年巴黎会议签订的关于越南停止战争和恢复和平的协议是一个典型的例子。

另外，以前国际法上的战争结束及其法律后果问题，基本上都集中于国家之间的战争。而现代国际实践所面临的问题还涉及个别国家非法使用武力，以及联合国根据《联合国宪章》所采取的军事行动的结束和法律后果。如针对伊拉克对科威特非法使用武力的行动，联合国安理会通过决议，多国部队对伊拉克发动了代号为"沙漠风暴"的军事行动。在此行动结束以后，联合国安理会又于 1991 年 4 月通过第 687 号决议，重申按照国际法，伊拉克应负责赔偿因其非法入侵和占领科威特而对外国政府、国民和公司造成的任何直接损失、损害和伤害。

第三节　对作战手段和方法的限制

战争与武装冲突法的主要内容就是对作战手段和方法的限制。这里的"作战手段"是指所使用的武器，"作战方法"则是指如何使用武器及其他作战方法。在现在还不能完全消灭战争与武装冲突的情况下，基于人道原因，完全有必要通过对作战的手段和方法的限制来尽量减轻战争与武装冲突给人类带来的痛苦。

最早规定禁止某些作战手段和方法的国际法律文件是 1868 年的《圣彼得堡宣言》，后经 1899 年和 1907 年的海牙条约体系和 1929 年、1949 年日内瓦条约体系的补充而得到发展。整个公约体系都贯穿着战争人道主义思想，强调对作战方法和作战手段必须加以限制，并总结出一些限制性的基本原则。

一、作战手段和方法的基本原则

（一）限制原则

在战争与武装冲突中，应该基于人道考虑，限制各交战国和冲突各方对作战方法和手段的选择，这已经成为一项原则。禁止使用不分青红皂白的作战手段和方法，禁止使用大规模屠杀和毁灭人类的作战方法和手段，禁止使用滥杀滥伤和造成极度痛苦的作战方法和手段，作战方法和手段的使用应与预期的、具体的和直接军事利益成比例，禁止损害过分的攻击，禁止使用引起过分伤害和不必要痛苦的作战方法和手段，等等。这些规定，都体现了人道主义精神。

（二）区分原则

区分原则是指在作战中必须严格对平民与武装部队、武装部队中的战斗员与非战斗人员、有战斗能力的战斗员与丧失战斗能力的战争受难者、军用物体与民用物体等加以区别，不能以平民、非战斗员、战争受难者和民用物体为攻击对象和攻击目标。

（三）比例原则

比例原则是指作战方法和手段的使用应与预期的、具体的和直接的军事需要成比例，禁止引起过分伤害和不必要痛苦的作战方法和手段。它要求交战国对作战方法和手段的选择遵守战争法的限制，不得实施法律所禁止或限制的方法和手段，要求交战者所使用的作战手段和方法应与预期的、具体的和直接的军事利益相称。该原则旨在使武装冲突中的积极成果与有害成果保持平衡，它要求单独或集体自卫所使用武力的强度和规模必须与他方事先所使用的武力的强度及规模相称（成比例）。

（四）"军事必要"不能解除交战国义务的原则

战争与武装冲突法中的原则、规则和制度是国际强行法，各国必须遵守，不得借口"军事必要"而排除适用。

（五）尊重习惯国际法义务的原则

战争与武装冲突法的原则、规则和制度，不仅存在于条约之中，而且还大量地表现为习惯国际法的形式。作战手段和武器技术的发展非常迅速，战争法的某些具体规则可能不足以及时全面地覆盖这些新的武器系统或作战方式。但是，在战争与武装冲突法尚无具体规则的情况下，有关各方也不能为所欲为。根据战争法中著名的"马顿斯条款"，在国际协定未规定的情况下，平民和战斗员仍然受来源于既定习惯、人道原则和公众良心要求的国际法原则的保护。

二、陆战规则

（一）禁止具有过分伤害力和滥杀滥伤作用的武器使用

具有过分伤害力和滥杀滥伤作用的武器，有时又被称为"野蛮或残酷的方法和手段"。这类武器既包括极度残酷的武器，还包括毒气、化学和生物武器。

1. 极度残酷的武器。极度残酷的武器一般是指在给战斗员造成极度痛苦后使之死亡的武器。1868 年的《圣彼得堡宣言》就明文规定在缔约国之间的战争中放弃使用任何轻于 400 克的爆炸性弹丸或是装有爆炸性或易燃物质的弹丸。1899 年海牙会议制定的《陆战法规和惯例的章程》，明确规定禁止使用足以引起不必要痛苦的武器。会议还通过了《禁止使用在人体内易于膨胀或变形的投射物，如外壳坚硬而未全部包住弹芯或外壳上刻有裂纹的子弹的宣言》（海牙第三宣言）。这些规定是与当时武器发展水平相适应的。随着技术的发展，被禁止使用的武器名单会越来越长。目前主要包括达姆弹（一类射入人体后爆炸或破裂的子弹）；能够射出大量碎片、小箭、小针之类的集束炸弹或此类地雷；某些能使人致残或陷入长期痛苦的常规武器，如能产生进入人体后无法用 X 光线检测的碎片的武器、地雷（水雷）和饵雷；燃烧武器；等等。

针对常规武器的残酷性，联合国主持召开了多次禁止或限制使用某些可被认为具有过分伤害力和滥杀滥伤作用的常规武器的会议，在 1980 年 10 月 10 日通过了会议最后文件。该文件包括 1 项公约和 3 项议定书。公约的名称是《禁止或限制使用某些可被认为具有过分杀伤力或滥杀滥伤作用的常规武器公约》；3 项议定书分别是：《关于无法检测的碎片的议定书》（第一议定书）、《禁止或限制使用地雷（水雷）、饵雷和其他装置的议定书》（第二议定书，1996 年完成了修订，修订后称为《禁止或限制使用地雷、诱杀装置和其他装置的修正议定书》）与《禁止或限制使用燃烧武器议定书》（第三议定书）。1995 年，又新增了一个议定书——《关于激光致盲武器的议定书》，对禁止或限制使用的常规武器作了具体规定。

这些规定主要包括：①禁止使用任何其主要作用在于以碎片伤人而其碎片在人体内无法用 X 射线检测的武器。②禁止或限制使用地雷、诱杀装置和其他装置。"诱杀装置"是指其设计、制造或改装旨在致死或致伤，而且在有人扰动或趋近一个表面无害的物体或进行一项看似安全的行动时出乎意料地发生作用的装置或材料。而"其他装置"是指人工放置的、以致死、致伤或破坏为目的、用人工或遥控方式致动或隔一定时间后自动致动的包括简易爆炸装置在内的弹药或装置。禁止将诱杀装置和其他装置以任何方式附着或联结在国际承认的保护性标志及应受保护的人员与物体、儿童物品、动物及其尸体上使用。禁止使用不符合技术规定的可探测性杀伤人员地雷。限制使用遥布地雷。"遥布地雷"是指非直接布设而是以火炮、导弹、火箭、迫击炮或类似手段布设或由飞机投布的一种地雷。③禁止或限制使用燃烧武器。燃烧武器是通过化学反应产生火焰和热量使其攻击目标燃烧的武器弹药。火焰喷射器、定向地雷、炸弹和其他装有燃烧物质的容器，皆属此列。④禁止使用专门针对眼睛、以造成永久失明为惟一战斗功能或功能之一的激光武器。

2. 有毒、化学和生物武器。在 1899 年《海牙陆战法规和惯例章程》就对禁止使用毒物或有毒武器作出了规定。1925 年的《禁止在战争中使用窒息性、毒性或其他气体和细菌作战方法的议定书》增加了禁止使用细菌武器的规定。在有关禁止使用有毒、化学和生物武器方面最重要的条约中，1972 年的《禁止细菌（生物）及毒素武器的发展、生产及储存以及销毁此类武器的公约》和 1993 年的《关于禁止发展、生产、储存和使用化学武器及销毁此种武器的公约》最为重要。前一公约在肯定 1925 年日内瓦议定书设定的义务外，通过规定永远禁止在任何情况下发展、生产、储存、取得和保留这类武器，彻底排除了使用细菌（生物）剂和毒素作为武器的可能性。中国于 1984 年批准加入了该公约。该公约是于 1997 年正式生效。它在世界范围内禁止研制、生产、获得、拥有、转让和使用化学武器，规定各缔约国必须在公约规定的期限内销毁各自的化学武器及其生产设施。这一公约不仅在禁止化学武器方面弥补了 1925 年日内瓦议定书在禁止范围不够全面、没有核查措施等方面的不足和局限，而且解决了遗留化学武器的处理问题。公约规定，1925 年 1 月 1 日以后一国未经另一国同意而遗留在该另一国领土上的化学武器，都是遗留化学武器；缔约国承诺按照本公约规定销毁其遗留在另一缔约国领土上的所有化学武器。

（二）禁止不分皂白的战争手段和作战方法

1899 年和 1907 年两次海牙和平会议的《陆战法规和惯例的章程》第 25 条都明确规定，禁止以任何手段攻击和轰击不设防的城镇、村庄、住所和建筑物。该章程第 27 条还规定，围攻及炮击时，应采取一切必要的措施，尽可能保全当时不作军事用途的、专用于宗教、艺术、科学和慈善事业的建筑物、历史纪念物、医院和病者、伤者的集中场所。1949 年《关于战时保护平民的日内瓦公约》（日内瓦第四公约）规定，不得攻击医院和安全地带，并规定得设立中立化地带，以保护平民。《1977年日内瓦四公约第一附加议定书》列举了"不分皂白"的攻击所包括的主要内容，它们是：不以特定军事目标为对象的攻击；使用不能以特定军事目标为对象的作战方法和手段；使用任何将平民或民用物体集中的城镇、乡村或其他地区内许多分散而独立的军事目标视为单一的军事目标的方法或手段进行轰击或攻击；可能附带使平民生命受损失、平民受伤害、平民物体受损害，或三种情况均有而且与预期的具体和直接军事利益相比损害过分的攻击。此外对不分皂白的作战手段和方法的禁止还包括：不得以任何方式攻击或炮击不设防的城镇、乡村或住宅；对于宗教、技艺、学术及慈善事业之建筑物、历史纪念物、医院及病伤者收容所等，在当时不供军事上使用者，必须尽力保全。不得攻击医院和安全地带，并在战时可以设立中立化地带。

（三）禁止改变环境的作战手段和方法

改变环境的作战手段和作战方法，是指使用旨在可能改变自然环境的技术使环境发生广泛、长期而严重的损害，从而妨害居民的健康和生存的作战手段或方法。所谓改变环境的技术是指通过蓄意操纵自然过程改变地球（包括其生物群、崖石圈、地下层和大气层）或外层空间的动态、组成或结构的技术。包括使用某种方法改变气候，引起地震、海啸，破坏自然界的生态平衡、破坏臭氧层等。根据 1998 年《国际刑事法院罗马规约》第 8 条第 2 款第 2 项的规定，故意发动攻击并明知这种攻击将附带致使自然环境遭受广泛、长期和严重的破坏，构成战争罪，国际刑事法院有权管辖。

科学技术的发展为使用改变环境的方法实施作战提供了现实的可能性。为和平目的使用改变环境的技术，将有利于保护和改善环境，造福人类。为敌对目的、特别是在战争中使用改变环境的技术，将其作为作战方法将给人类造成严重而久远的伤害。如 1961～1969 年美国在侵略越南的战争中使用了落叶剂，造成 13 000 平方公里的可耕地遭到破坏。由于改变环境的作战方法是一种不分皂白的、不受限制的、极度残酷的作战方法，因此，从 20 世纪 70 年代以来，国际社会就为禁止使用这一作战方法而不懈努力。

1971 年和 1974 年，联合国大会先后通过决议，禁止为了军事或其他敌对目的影响环境和气候的行动。1977 年《日内瓦公约第一附加议定书》第 35 条把禁止使用旨在或可能对自然环境引起广泛、长期而严重损害的作战方法和手段规定为有关作战方法和手段的三项基本原则之一。1977 年开放签署了无期限有效的《禁止为军事或任何其他敌对目的使用改变环境的技术的公约》。该公约第 1 条明确规定，各缔约国承诺不为军事或任何其他敌对目的使用具有广泛、持久或严重后果的改变环境的技术作为毁灭、破坏或伤害任何其他缔约国的手段。

（四）禁止背信弃义的战争手段和作战方法

所谓背信弃义的作战方法或行为，是指以背弃敌人的信任为目的而诱取敌人的信任，使敌人相信其有权享受或有义务给予适用于武装冲突的国际法规则所规定的保护，以此造成杀死、伤害或俘获敌人的行为。根据《1977 年日内瓦四公约第一附加议定书》，以下行为构成背信弃义的情况：①假装有在休战旗下谈判或投降的意图；②假装因伤或因病而无能力；③假装具有平民、非战斗员的身份；④使用联合国或中立国家或其他非冲突各方的国家的记号、标志或制服而假装享有被保护的地位。

武装冲突法虽然禁止背信弃义（perfidy），但并不禁止使用战争诈术（ruses）。战争诈术，又称军略，如提供假情报、实施假行动、声东击西等，虽然这类行为也是对敌实施欺骗，但它只是迷惑敌人或诱使敌人做出轻率行为，并不诱取敌人基于武装冲突法规定而产生的信任，因而不违反任何适用于武装冲突的国际法规则。而背信弃义是违反武装冲突法的行为，应予禁止；战争诈术则属于军事艺术，是合法的取胜之道。

三、海战和空战规则

1907 年海牙会议文件确立了国家在海战范围内尽可能适用陆战法规和惯例的原则。然而，由于海战或空战有某些陆战所不具有的特点，所以国际法中还有一些专门针对海战和空战的法律规则。

（一）海战

海战是由军舰实施的、以舰只为作战手段，在水面或水底进行的战争。海战的作战区域不仅可以是交战国的领海，也可以是公海。只是在公海作战时，不应妨碍正常的国际航行，也不得侵犯中立国的合法权利。禁止将中立国领海和国际协定空间作为海战场。国际协定空间，如苏伊士运河、巴拿马运河、麦哲伦海峡等，虽属一国管辖范围内的水域，但由于其在国际航运等国际交往中的特殊地位而被中立化，从而禁止在该区域内进行战争。

海战法则指的是在海战中，调整冲突各方之间及交战方与中立方之间的关系，以及海战行为的原则、规则和规章、制度的总和。海战中的规则主要包括四个：关于战斗员、军舰和商船的规则；海军轰击的规则；潜艇攻击的规则；使用水雷和鱼雷的规则。海战法除习惯规则外，相关的国际条约主要有：1856 年《关于海战的巴黎宣言》、1899 年《关于 1864 年 8 月 22 日日内瓦公约的原则适用于海战的公约》（海牙第三公约）、1904 年《关于战时医院船免税的公约》、1907 年海牙第六公约至第十三公约、1909 年签署的《伦敦海战法规宣言》（未正式生效）以及 1949 年《改善海上武装部队伤者病者及遇船难者境遇的日内瓦公约》等。

海战中的战斗员包括交战国海军编制内的所有成员，他们都享有合法战斗的权利，同样受战争法规和惯例的保护并承担同等的义务。

军舰是指属于一国武装部队，具备辨别军舰国籍的外部标志，由该国政府正式委任并列名相应的现役名册或类似名册的军官指挥和配备有服从正规武装部队纪律的船员的船舶。这一定义包含着军舰应具备的四个条件：①在一国的武装部队服役；②有辨别军舰国籍的外部标志；③由一国政府正式委任的军官指挥；④有服从正规部队纪律的船员。军舰上的战斗员和非战斗员受到武装冲突法的保护，享有武装冲突法规定的权利。

潜水艇是军舰的一种，它能够在水面或水底进行战斗活动。潜艇作战须遵守水面舰艇必须遵守的规则：①潜艇不得对遇到的商船立即攻击。②拿捕商船时，应该首先进行临检，确定船只身份。③只有在该商船接到警告后拒绝临检或拿捕后不遵守指定路线行驶时，才得攻击；在确实需要破坏商船的情况下，必须先把商船上的人员安置到安全的地方，否则不得加以攻击，也不得加以破坏。④如果潜水艇不按照规定拿捕商船，即被视为违反战争法的行为，应按照海盗罪受审和惩处。

在战时，敌国的商船一般可以成为被拿捕对象，中立国商船如果破坏封锁或违反中立义务，也可以被拿捕，但下列情况下除外：①在敌对行动开始时停泊于敌国港口的交战国的商船，应准其立即或在合理的期限自由离去，并随带通行证直接开往其目的地港或指定的其他港口。此规定也适用于在战争开始之前已离开最后出发港的，并在不知道战争已开始的情况下进入敌国港口的商船。商船由于不可抗力的情况未能在前所指的期限内离开敌国港口，或未获得驶离许可证明，不得予以没收。交战国只能在战后予以归还的条件下才能无偿扣留，或有偿征用之。②对在海上相遇的于战争开始前就已离开最后出发港并对战争毫无所知的敌国商船不得没收，只能在战后予以归还的条件下才能无偿扣留，或在给予补偿的前提下征用或击毁。在征用或击毁的情况下必须对船上人员的安全和船舶文件的保护作出适当安排。此类船舶经抵达本国港口或中立国港口后，这种临时的地位即告丧失。③上述情况所及的船上的敌货具有与船舶相似的地位，一般可连同商船一起或单独地予以扣留并在战后无偿归还，或予以有偿征用。

武装商船，也称为防御性武装商船，是为了自卫目的配备防御性武器的商船。对于此种船舶的法律地位还没有明确规定，但从海战实践来看，它只能为了防御目的使用武力，如果主动攻击敌国军舰或商船，将失去作为商船所享有的国际法地位。为补充海军力量，还可将商船改装成军舰。而与武装商船不同，商船一旦改装为军舰，就属法律上的军舰序列，是合法的作战工具，有权从事任何海上军事行动，也是敌方战时合法的攻击目标。

私掠船是经一国政府允许并发给"私掠船证书"的私人武装船只。它起源于12世纪，盛行于16世纪，在1856年以前，一直被视为合法。在中世纪，一方面国家难以维持大规模的海军，另一方面，海战又是破坏敌人贸易最重要的手段，因此，一些国家给私人商船授予私掠船证书，使他们有权袭击敌人贸易船舶，以此来补充海军。私掠船最大的弊病在于船主常常为了自身利益实施海上抢劫。为此，到了17、18世纪，国家开始逐渐限制这一制度。1856年签订的《关于海战的巴黎宣言》明确规定，从此以后永远取缔私掠船制。当前，废除私掠船制度已成为公认的国际法规则。

医院船具有与军舰不同的法律地位，它不论是否属于交战国海军，都不属于执

第
十
六
章

行军事任务的军舰。医院船免受攻击和拿捕，其船上的各类人员应得到尊重和保护，凡泊于被敌方控制港口的医院船，应准其在规定的时间内驶离该港口。当然，医院船也有其应承担的义务，主要是：医院船须于使用前 10 日，将该船只名称及其说明通知各方；不论哪一类型的医院船，在海上航行都应悬挂国旗；医院船应平等地为冲突各方的伤者、病者及遇船难者提供医疗救助；不得从事和妨碍军事行动，不得用于军事目的。为了对医院船实施特别保护，要求医院船必须有明显的标志，以便于战斗员识别。

水雷与鱼雷的使用严重威胁国际航运和中立国的合法权利。为了尽可能使和平航行仍然获得应有的安全，《关于敷设自动触发水雷公约》对水雷和鱼雷的使用作了限制性的规定：①禁止敷设没有系缆的自动触发水雷，但是失去控制一小时后失效者除外。②禁止敷设击不中目标后仍有危险性的鱼雷。③禁止以断绝贸易通航为目的在敌国沿岸或港口敷设自动触发水雷。④使用系缆自动触发水雷时，应尽力避免威胁海上和平航行的安全。⑤中立国在其海岸放设自动触发水雷时，也应遵守上述规则。

海军轰击受到如下特殊限制：①禁止以海军轰击未设防的城市、海港、村庄、房舍及建筑，并特别说明：不得以港口设置自动海底触发水雷为设防。②可以轰击处在不设防地点的军事设施，但在轰击前应通知有关地方当局限期拆除，如不执行，才可以轰击，但在轰击时应设法使城市中所受损害减至最小限度。③地方当局如果拒绝征集海军提出的、当时必需的粮食或生活用品，可以进行轰击，但是征收不得超过当地的资力，并且只有以有关海军指挥官名义才能提出，并应尽可能用现金偿付；否则必须开具收据加以证明。禁止由于未支付现金捐献而对不设防的港口、城镇、村庄、居住区或建筑物进行轰击。④海军在进行轰击时，指挥官必须采取一切必要的措施，尽可能保全宗教建筑、文艺、科学和慈善事业的建筑物、历史纪念碑、医院和伤病员集合场所，但经谅解，上述建筑物不得同时充作军事用途。居民应将这些纪念碑、建筑物或集合场所，用明显的记号标出，即在大的长方形木板上按对角线划分两个三角形，上面部分为黑色，下面部分为白色。

封锁是指交战国用军事手段阻断敌方港口或海岸的全部或一部分，使一切国家的船舶飞机未经封锁者许可不得出入，以此中断敌方与外界的一切海上往来。作为一种作战方法，封锁的建立必须符合法定的条件和程序，否则即不能成立或是无效的。其一，封锁必须是国家行为。在当前的联合国集体安全体制下，封锁也可能由安理会授权进行。如在海湾战争中，安理会就于 1990 年 8 月 25 日通过了第 665 号决议，宣告授权多国部队海军舰只对伊拉克采取海上封锁行动。其二，封锁必须宣告和通知。宣告的内容包括：封锁开始的日期、被封锁海岸的地理界限和允许中立船只驶出被封锁港口的期限。除宣告外，还应进行通知。然而，随着现代通信技术的发展，实践中大多封锁都只采用了宣告这一种形式，不再采用通知制度。《圣雷莫国际海上武装冲突法手册》也取消了繁琐的通知程序。其三，封锁的区域只能是敌方的或被敌方占领的港口或海岸，而不能是其他国家的港口或海岸。至于封锁的解除，有两种情况，一种是宣告解除，一种是实际解除。当然，如果封锁部队由于恶劣气候条件而暂时撤离，不得视为解除封锁。

捕获是海战中交战国军舰对敌国或中立国商船进行拿捕，并交由本国司法机关进行判决的一种海上军事行动，其目的是切断敌人的海上往来。一般来说，在实际行使拿捕权之前，交战国应给予有关船舶一个由停留国确定的期限（即特许期限）。1907 年《关于战争开始时敌国商船地位公约》（海牙第六公约）曾对此予以确认。捕获权行使的终止时间是战争终止和缔结和约之后。捕获权的行使范围和海战场的范围是一致的。

行使捕获权所针对的对象包括两类：一是敌国的商船和货物；二是具有敌性的中立国的商船和货物。敌国的商船和货物，不论是公有，还是私有，都是拿捕的对象；而中立国商船只有当其具有敌性时才是拿捕的对象。根据公认的国际法准则，中立国商船具备下列三种情形之一，就可判断其具有敌性：

1. 破坏封锁。破坏封锁是指已知悉封锁的船舶，若未经封锁者许可而驶出或驶入封锁区域的行为。破坏封锁既要有通过封锁线的事实，还要有明知故犯的主观意图。对于破坏封锁的船舶，可根据其性质和情节，实施攻击和拿捕。对于违反封锁规则进出封锁区域的敌国（方）军舰及其辅助船只可直接实施攻击；对于敌国商船，予以警告后，可依情况实施攻击或拿捕。中立国船舶破坏封锁，可以拿捕。拿捕的中立船只应带到本国一适当港口交捕获法院进行裁判，以决定捕获的合法性。

2. 运送战时禁制品。战时禁制品是指交战国双方禁止运送给敌国的以增加敌国战争能力的物品。构成战时禁制品应具备两个条件，即可用作军事用途和具有敌性目的地。实践中，一些国家将战时禁制品分为绝对禁制品和相对禁制品，并以此为根据对其做出不同处理。具有专门军事用途的物品，如军械、武器、弹药等为绝对禁制品，可一律予以没收；战时、平时均可使用的物品，如粮食、燃料等为相对禁制品，通常不予没收，而是于拿捕之后偿付其价值。

3. 从事非中立役务。从事非中立役务包括为敌国运送某些人员和公文；直接参加敌对行动；在敌国控制、命令、租用、雇佣和指导下进行活动；或运送包括敌方武装部队人员在内之乘客；等等。

捕获权的行使一般要经过拿捕、临检和审判这三个阶段。拿捕通常由拿捕军舰的舰长派遣一名军官和若干士兵登上该船将其占据，或者命令被拿捕的船舶降下它的旗帜，依照拿捕军舰的命令行驶。拿捕后，一般要进行临检，即由一二名军官到商船上对商船的文书进行检查，或者命令该船船长将船舶文书带到军舰上接受检查，以确定该船的国籍、货物和乘客的性质以及来自何港口和前往何港口。如果查明一切都无问题，则应在该船舶航行日志上作临检记录后允许其继续航行。捕获法院通过审判来确定下面事项：军舰拿捕的敌国商船或中立国商船是否符合法律规定？被拿捕的船舶和船上货物是否可以没收？是否要对被拿捕的船舶船主或货物所有人进行赔偿或补偿? 这里需要注意的是, 捕获法院不是国际法院, 而是国家主权管辖下的法院, 因而审判案件适用各交战国自己制定的捕获法规, 审判程序也由各国自行决定, 只是必须保证审判的公正性。

（二）空战

空战规则的主要问题是如何限制和减少空中轰炸的残酷伤害。虽然迄今为止尚没有关于空战规则任何专门的国际条约和协定, 但其有关规则除了以习惯法规则的形式出现外, 还存在于陆战或海战的条约中。如 1899 年和 1907 年的《陆战法规和惯例的章程》第 25 ~ 27 条就简单地涉及了空战。1922 年, 英、美、法、意、日五国决定成立一个委员会审议制定空战法规。该法学家委员会于 1922 年 12 月至 1923 年 2 月在海牙召开会议并通过《空战规则草案》。该草案宣示, 空战的习惯规则是全面制定空战规则的最初尝试, 它虽未获得各国政府批准, 但对以后制定此类规则具有重要的参考意义。此后, 国际社会的若干国际公约和议定书都涉及到了空战规则, 如 1937 年《尼翁协议》的补充协定将潜艇作战规则推行于空战, 1949 年《日内瓦公约》、1954 年《关于发生武装冲突时保护文化财产的公约》、1977 年《日内瓦公约第一附加议定书》、1981 年《禁止或限制使用某些可被认为具有过分杀伤力或滥杀滥伤作用的常规武器公约》均对包括空战在内的作战手段和作战方法作了限制。

当前, 科学技术已发展到不但以飞机等航空器作为空中作战手段, 而且已使用各种导弹和其他更为先进的空中作战手段。为适应这些新发展, 2003 年美国哈佛大学研究院发起和主持了《空战和导弹战手册》的起草活动, 当前已形成初步草案, 但仍在修订完善之中。空战规则主要涉及以下几个方面:

1. 军用航空器的外部标志及其交战资格。用于空战的军用航空器应涂上标明其国籍和军事性质的外部标志, 禁止使用虚假的外部标志。只有军事航空器才有交战的资格, 军事航空器应由政府委任或服现役的军事人员指挥, 机组人员必须是军人。除交战国军事航空器外, 其他航空器不得从事任何形式的敌对军事行动。交战国的非军事航空器, 可改装为军事航空器, 但这种改装只能在航空器所属交战国管辖内区域进行, 不得在公海上进行。

2. 医务飞机的地位。医务飞机应受尊重和保护, 不得成为攻击的目标。医务飞机应在底部、上部和侧面明显地标以红十字和红新月的徽章以及国旗。它不得被用于从事有害于敌方的活动, 除自卫小武器外不得配备其他武器。

3. 空中轰炸。空中轰炸只能针对军事目标。以对平民居民造成恐怖为目的的空中轰炸、用来摧毁或损害非军事性质的私人财产的空中轰炸、用来伤害非战斗员为目的的空中轰炸、以强制执行实物征用或现款捐献为目的而实施的空中轰炸都是非法的。而且, 空中轰炸应遵守 1949 年《关于战时保护平民的日内瓦公约》关于战时保护平民居民的规定与 1954 年《关于发生武装冲突时保护文化财产的公约》的相关规定, 即不得轰炸从事宗教、艺术、科学和慈善事业的建筑物、历史纪念馆、博物馆等。

4. 敌国军用航空器上人员的地位。根据 1923 年海牙《空战规则草案》第 36 条的规定，敌国军用航空器上人员如落入交战国手中，其机组人员和乘客作为战俘处理。如公有非军用航空器专用于旅客运输，则除为敌国服务或适于服兵役的敌国国民外，其余乘客将有权获得释放。如敌国私有航空器落入交战国手中，其机组人员属敌国国民或为敌国服务的中立国国民，得将他们作为战俘处理。任何机组人员或乘客，如果他们在飞行结束前已被俘，而其在飞行中的服务属于对敌国的特别和积极援助的性质，则交战国得将他们扣留作为战俘。

四、关于核武器问题

核武器所具有的大规模杀伤性、长期的毒害及辐射效用以及难以对人员及目标区分打击等特性，从合理性上讲，其无疑应该属于被禁止的武器和方法之列，但目前的国际法还未对核武器的禁止作出全面明确的规定。1993 年，世界卫生组织就"使用核武器的合法性"问题请求国际法院发表咨询意见，1994 年联合国大会通过决议，也请求国际法院就此问题提供咨询意见。对于世界卫生组织的请求，国际法院以该问题不属于世界卫生组织的活动范围为由拒绝发表咨询意见。对于联合国大会的请求，国际法院在 1996 年发表了咨询意见，其中认为，在通常情况下，使用或威胁使用核武器是违反关于战争和武装冲突的国际法规则的，特别是违反国际人道主义法的原则和规则的；但是就国际法目前的状况和法院所掌握的事实情况而言，对于在危及一国生死存亡时进行自卫的极端情况下，威胁或使用核武器是否合法，法院不能作出确定的结论。法院认为：①习惯国际法和条约都没有任何具体规定，授权使用或威胁使用核武器；同时也没有任何规定，全面普遍地禁止核武器的使用或威胁使用。②任何违反《联合国宪章》规定的使用武力条件的情况下，使用或威胁使用核武器是非法的。③使用核武器在任何情况下，都不得违背战争和武装冲突中有关的国际法规则的要求，不得违背国际人道主义法的规则以及明确涉及核武器的条约义务或其他承诺。

第四节　国际人道主义法

国际人道主义法（International Humanitarian Law）是战争与武装冲突法的重要组成部分，其目的是为了给予战争受难者（武装部队的病者、伤者、战俘和平民等）以必要的保护。其主要内容体现在 1949 年《日内瓦四公约》和 1977 年该公约的两个《附加议定书》。

18 世纪，法国思想家让 - 雅克·卢梭阐述了有关国家间战争发展的原则，他说："战争绝不是一种人与人之间的关系，而是一种国与国之间的关系，战争中的个人只是偶然成为敌人；他们参战的身份不是普通人，甚至不是公民，而是士兵……由于战争的目的是摧毁敌国，因此杀害敌国的保卫者（只要他们持有武器）是合理的；但是，一旦他们放下武器投降，他们便不再是敌人或代表敌方，而又成为了普通的人，要伤害他们的性命就不再合法。"《圣彼得堡宣言》的起草者则通过明示与暗示的方式，系统地阐释了区分原则、军事必要原则以及防止不必要痛苦的原则。1977 年的《附加议定书》重申并详述了这些原则，特别是区分原则："冲突各方无论何时均应在平民居民与战斗员之间和在民用物体与军事目标之间加以区别，因此，冲突一方的军事行动仅应以军事目标为对象。"（《第一附加议定书》第 48 条；另见《第二附加议定书》第 13 条）。当权利或禁止都并非绝对之时，一方面要考虑军事需要，而另一方面则要考虑人道需求，比例原则从根本上就是要在这两种需求中寻求平衡，这就是国际人道法的核心内容。

在国际人道法诞生的过程中，亨利·杜南（Henry Dunant）和纪尧姆－亨利·杜福尔（Guillaume-Henri Dufour）起到了至关重要的作用。杜南在其 1862 年出版的《索尔弗利诺回忆录》（Souvenir de Sarajevo）一书中提出了建立国际红十字会组织的最初想法。杜福尔将军则不失时机地给予了这一想法积极支持。在他们以及古斯塔夫·穆瓦尼耶、路易·阿皮亚、泰奥多尔·莫努瓦的倡导和努力下，1863 年国际红十字会组织在日内瓦创立，1864 年第一个人道法方面的公约《改善战地伤病境遇的公约》签订，从此开启了人道法的"法典化"时代。

一、国际人道法的保护制度

国际人道法提供两种保护制度：国际性武装冲突下的保护制度和非国际性武装冲突下的保护制度。这里国际性武装冲突是指战斗发生在至少两国的武装部队之间。根据《第一附加议定书》第 1 条中的定义，民族解放战争被归为国际性武装冲突。非国际性武装冲突是指在一国领土内，发生在正规武装部队和可辨别身份的武装团体之间的，或各武装团体之间的战斗。只有当战斗达到一定激烈程度并延续了一定时间，才可将其认定为非国际性武装冲突。内乱的特征是因暴力行为而使国内秩序受到严重破坏，然而，它并不等同于武装冲突（例如骚乱、派系间的斗争或各派系反对政府当局的斗争）。在国际性武装冲突保护机制下，可适用《日内瓦公约》及其《第一附加议定书》。人道法主要是为冲突各方制定的，并对没有或不再实际参与冲突的每个人或一类人提供保护，具体受保护的人员包括：①陆战中受伤或生病的军事人员，以及武装部队的医疗服务人员。②海战中受伤、生病或遇船难的军事人员，以及海军部队的医疗服务人员。③战俘。④平民居民（例如：冲突各方境内的外国平民，包括难民）。⑤被占领土内的平民。⑥平民被拘留者与被拘禁者。⑦医务与宗教人员或民防单位。

在非国际性武装冲突保护制度下，四个《日内瓦公约》之共同第 3 条以及《第二附加议定书》可适用于非国际性武装冲突中。应注意的是，《第二附加议定书》的适用条件比共同第 3 条所规定的条件要严格。在这种情况下，人道法则是为参加冲突的武装部队制定的（而不论其是否为正规军），同时它也对没有或不再实际参与冲突的每个人或一类人提供保护，其中包括：①受伤或生病的战斗员。②因冲突而被剥夺自由的人。③平民居民。④医务及宗教人员。

共同第 3 条也称为微型条约，其中要求在一缔约国之领土内发生非国际性之武装冲突之场合，冲突之各方最低限度应遵守下列规定：①不实际参加战事之人员，包括放下武器之武装部队人员及因病、伤、拘留、或其他原因而失去战斗力之人员在内，在一切情况下应予以人道待遇，不得基于种族、肤色、宗教或信仰、性别、出身或财力或其他类似标准而有所歧视。因此，对于上述人员，不论何时何地，不得有下列行为：a. 对生命与人身施以暴力，特别如各种谋杀、残伤肢体、虐待及酷刑；b. 作为人质；c. 损害个人尊严，特别如侮辱与降低身份的待遇；d. 未经具有文明人类所认为必需之司法保障的正规组织之法庭之宣判，而遽行判罪及执行死刑。②伤者、病者应予收集与照顾。公正的人道团体，如红十字国际委员会，得向冲突之各方提供服务。冲突之各方应进而努力，以特别协定之方式，使本公约之其他规定得全部或部分发生效力。上述规定之适用不影响冲突各方之法律地位。

二、国际人道法的主要内容

（一）伤者、病者和遇船难者的待遇

伤者和病者是指由于创伤、疾病或其他肉体上或精神上失调或失去能力需要医疗救助或照顾并且不从事任何敌对行为的军人或平民。遇船难者是指由于遭受不幸或所乘船舶或飞机遭受不幸在海上或其他水域内遇险，而且不从事任何敌对行为的军人或平民。

日内瓦公约中，关于伤病员待遇的主要内容包括：①敌我伤病员在一切情况下应无区别地予以人道的待遇和照顾，不得基于性别、种族、国籍、宗教、政治意见或其他类似标准而有所歧视。对其生命的任何危害或对其人身的暴行均应严格禁止。尤其不得加以谋杀或消灭、施以酷刑或供生物学的试验；不得故意不给予医疗救助及照顾；也不得造成使其冒传染病危险的情况。只有医疗上的紧急理由，才可以予以提前诊治。当冲突之一方被迫委弃伤者、病者于敌人时，在军事考虑许可范围内，应留下一部分医疗人员与器材。②冲突各方的伤者、病者如落于敌手，应为战俘，国际法上有关战俘之规定应适用于他们。③每次战斗后，冲突各方应立即采取一切可能的措施搜寻伤者、病者，予以适当的照顾和保护；环境许可时，应商定停战或停火办法，以便搬移、交换或运送战场上遗落之受伤者。④冲突各方应尽速登记落于其手中之每一敌方伤者、病者，或死者之任何可以证明其身份之事项，并应尽速转送情报局，该局转达上述人员之所属国。⑤冲突各方应保证在情况许可下将死者分别埋葬和焚化之前，详细检查尸体，如可能时，应经医生检查，以确定死亡，证明身份以便于作成报告。⑥军事当局，即使在入侵或占领地区，也应准许居民或救济团体自动收集和照顾任何国籍之伤者、病者。任何人不得因看护伤者、病者而被侵扰或定罪。⑦海战中伤病员的待遇，如适用范围、保护对象、基本原则等方面与

陆战的制度完全相同。并且由于海战特点还特别补充了一些诸如船难、军用医院船等方面的规定，具体包括：a. 在海上受伤、患病或遇船难的武装部队人员或其他人员，在一切情况下，应受尊重与保护。"船难"一词应理解为系指任何原因的船难，并包括飞机被迫降落海面或被迫自飞机上跳海者在内。b. 交战者之一切军舰应有权要求交出军用医院船，属于救济团体或私人的医院船，以及商船、游艇或其船只上的伤者、病者或遇难船者，不拘国籍，但须伤者、病者处于适合移动的情状，而该军舰具有必要的医疗适当设备。

（二）战俘待遇

战俘在任何时候须受人道之待遇，并由拘留国对战俘之待遇负责。从被俘开始，战俘受讯，仅须告以姓名、等级、出生日期及军团番号，不得以酷刑或任何其他方式胁迫战俘提供其他情报。《日内瓦第三公约》对战俘的待遇做了如下具体规定：①交战方应将战俘拘留所设在比较安全的地带。无论何时都不得把战俘送往或拘留在战斗地带或炮火所及的地方，也不得为使某地点或某地区免受军事攻击而在这些地区安置战俘。②不得将战俘扣为人质，禁止对战俘施以暴行或恫吓及公众好奇的烦扰；不得对战俘实行报复，进行人身残害或肢体残伤，或供任何医学或科学实验；不得侮辱战俘的人格和尊严。③战俘应保有其被俘时所享有的民事权利。战俘的个人财物除武器、马匹、军事装备和军事文件以外的自用物品一律归其个人所有；战俘的金钱和贵重物品可由拘留国保存，但不得没收。④对战俘的衣、食、住要能维持其健康水平，不得以生活上的苛求作为处罚措施；保障战俘的医疗和医药卫生。⑤尊重战俘的风俗习惯和宗教信仰，允许他们从事宗教、文化和体育活动。⑥准许战俘与其家庭通讯和收寄邮件。⑦战俘享有司法保障，受审时享有辩护权，还享有上诉权。拘留国对战俘的刑罚不得超过对其本国武装部队人员同样行为所规定的刑罚。禁止因个人行为而对战俘实行集体处罚、体刑和酷刑。对战俘判处死刑应特别慎重。⑧讯问战俘应使用其了解的语言。⑨不得歧视。战俘除因其军职等级、性别、健康、年龄及职业资格外，一律享有平等待遇。不得因种族、民族、宗教、国籍或政治观点不同加以歧视。⑩战事停止后，战俘应即予以释放并遣返，不得迟延。

（三）对战时平民的保护

军事行动的目的是尽可能削弱对方的战斗力，平民不参加敌对行动，不得成为攻击对象，而应受武装冲突法保护。根据 1949 年《关于战时保护平民的日内瓦公约》，落入敌国管辖或支配下的平民的保护有两种情况：一种是战争或武装冲突发生时对交战国或武装冲突国境内的敌国平民的保护，另一种是对占领区平民的保护。

1949 年的《日内瓦第四公约》是战时专门保护平民的国际条约。1977 年的两个附加议定书和其他一些国际法律文件，也有许多战时保护平民的规定。这些规定的主要内容包括：①对本国领土内的敌国侨民和其他外国人的保护。当爆发武装冲突时，对于本国领土内的敌国侨民和其他外国人，一般应允许其离境；对于继续居留者，原则上应继续保有其按照和平时期有关外国人之规章规定享有的地位和权利；

如其被依法剥夺自由，仍应受人道待遇。②对占领区内平民的保护。对占领区内的平民禁止将其个别或集体强制遣送或驱逐出境；不得强迫他们为占领国的武装部队或辅助部队服务；不得破坏占领区内的各种财产；要最大限度保证占领区居民的食物和医疗物品的供应，并应保证向被占领土的平民居民提供其生存所需要的衣服、被褥、住宿场所和其他用品以及宗教礼拜所需要的物品。③对敌方领土和敌占区内的平民的保护。对于敌方领土和敌占区内的平民，冲突各方无论何时均应对平民和战斗员之间、民用物体和军事目标加以区分，不得实施不分皂白的攻击；作为报复对平民居民的攻击是禁止的；禁止攻击平民生存必不可少的物品（如粮食、农田、农作物、牲畜、饮水设备与供应和灌溉工程等）；若条件允许，冲突各方应协议设立和承认无防御地方、非军事区、中立区域、安全地带，给伤、病、老、残、妇、幼以安全保护。

[案例]

《防止及惩治灭绝种族罪公约》适用案——灭绝种族罪

从 1991 年开始，在前南斯拉夫解体后独立的波黑共和国境内爆发了大规模的内战，塞尔维亚人、穆斯林人和克罗的亚人相互之间均有交战发生，且从未间断过。其中，塞族与穆族之间的战争尤为激烈。在内战中，双方军队、准军事部队均犯下了大规模侵犯人权的行为，如进行种族清洗、驱逐或屠杀、强奸妇女等，塞族人还得到南斯拉夫联盟共和国人民军的支持。为此，1993 年 3 月 20 日，波黑共和国向国际法院提起对南斯拉夫联盟共和国的诉讼。波黑诉称：南斯拉夫人民军及塞族军队和准军事部队在南斯拉夫的指挥、命令和协助下，在波黑境内屠杀穆斯林居民，造成穆族人的身体和精神损害；故意使穆族人在有可能使他们全部或部分毁灭的生活条件中遭受苦难；施加防止穆族人生育的措施。南斯拉夫应对这些活动承担国际法上的完全责任。它请求法院判定并宣告：南斯拉夫违反并正在继续违反《防止及惩治灭绝种族罪公约》、1949 年《日内瓦四公约》及该公约的 1977 年两个议定书、习惯国际战争法的有关法律义务和国际人道主义法的基本原则、《世界人权宣言》与《联合国宪章》等有关条款，南斯拉夫应立即停止上述违法行为，等等。它还请求法院指示临时措施，命令南斯拉夫必须立即停止对波黑国家及其人民的一切灭绝种族的行为等。4 月 1 日，南斯拉夫也要求法院指示临时措施，命令波黑当局应严格遵守 1993 年 3 月 28 日的停火协议，遵守《日内瓦公约》及其议定书，关闭和解散所有在其境内羁押塞族人的监狱和拘留所等。

法院认为，《防止及惩治灭绝种族罪公约》第 1 条规定，各缔约国确认灭绝种族之行为，不论发生于平时或战时，均属国际法下之一种罪行，承允防止并惩治之。所有公约当事国都有义务防止及惩治灭绝种族罪行。法院全体一致认为，应该采取以下临时措施：南斯拉夫联盟政府在履行《防止及惩治灭绝种族罪公约》中的义务时，应立即采取在其权力范围内的一切措施，防止犯灭绝种族罪；南斯拉夫联盟政府和波黑政府不应采取并保证不采取会导致灭绝种族问题恶化的行动。法院以 13 票对 1 票做出了判决：南斯拉夫联盟尤其应保证可能在其指挥或支持下的军队、准军事或非常规武装部队以及可能在其控制、指挥或影响下的任何组织和个人不从事任何灭绝种族行为，不阴谋从事灭绝种族行为，无论是针对波黑穆斯林人民，还是针对任何其他民族、人种、种族或宗教群众。

《防止及惩治灭绝种族罪公约》是一个重要的国际人权公约。公约明确规定，灭绝种族行为不论发生在平时或战时，均为国际法上的一种罪行，凡犯此种罪行者，不论其身份为何，均应受到惩治；同时，各国负有防止及惩办灭绝种族行为的义务。前南境内发生的种族清洗、屠杀、强奸、集中营拘留以及驱逐等行为，是一种大规模地践踏人权的行为，构成了灭绝种族罪行。

第五节　战时中立

一、战时中立的概念

战时中立是非交战国在武装冲突期间不直接参加战争行动、不给交战任何一方以援助，对各方采取不偏不倚、同等对待的态度。其中立态度经交战国承认后，即在中立国与交战国之间产生中立的法律关系和效果。战时中立不同于永久中立。永久中立是指永久中立国通过国际条约在平时和战时的对外关系中承担中立的义务。而战时中立只是指国家在战争期间发表宣言或声明承担不参与任何一方作战行动的法律义务。战时中立是国家在战争开始后的选择，是国家自由决定的，不是国际法的义务，因此可以随时宣布结束其中立地位。永久中立是由国际条约确定的，永久中立国是不得任意放弃这样的地位的。

一个国家在其他国家之间发生战争时，除事先负有条约义务，是否选择中立地位，是政治抉择，不是法律问题。但其如果选择了中立地位，则产生相应的法律权利和义务。选择中立地位可以通过发表声明表示，也可以不发表声明而采取事实上遵守中立义务的方式。战时中立不是政治意义上的中立主义。中立主义是指一国对其他国家间的争端或对立所采取的一种超脱的政治态度，不参加军事联盟，拒绝在本国领土上设置外国军事基地或驻扎外国军队，以及不偏袒任何国家等。这种政治中立不带来国际法上中立的法律后果。"不结盟运动"就是一种典型的中立主义的做法，它是在冷战期间，选择不参加和不卷入当时美苏两个对立军事集团之间的纠纷和冲突的一种做法。战时中立也不同于领土某些部分的"中立化"。所谓领土中立化，一般是根据国际条约使某一部分领土永久非军事化。在未构成法律上战争状态的武装冲突中，就不存在严格法律意义上的中立。这种情况下，不参加冲突的国家的地位以及相关的权利义务，国际法尚无明确具体的规则。从国际社会实践看，在这种武装冲突中，未卷入冲突的国家有权保护其在冲突各方境内的侨民的生命和财产，必要时有权撤退其侨民，同时也应尊重和保护冲突各方在其境内的侨民及财产。冲突方无权对未参加冲突的国家采取封锁、临检、禁止禁制品等传统战争法所允许的措施。

在当前联合国体制下，对待传统国际法上的中立规则有两种观点，一种观点认为，传统的中立已经不复存在，因为《联合国宪章》所确立的集体安全制度已经否定了传统意义上的中立。根据宪章，联合国成员国在维护国际和平与安全方面，承担了根据安理会决议（包括使用武力决议），采取集体协助行动的义务。且该宪章的义务与其他协定义务相比具有优先的地位。此时，国家选择中立的权利受到了制约。另一种观点认为，传统意义上的中立仍然存在，从国际实践看，《联合国宪章》规定并没有使得国际法上的中立制度完全被取消。在联合国作出采取行动的情况下，各国仍可能自由地选择是否保持中立。另外，即使联合国安理会作出了使用武力的决定，如果一个国家不参加实际战斗，它就在实际上保留中立地位，这种地位也被称为一种"有限中立"或"准中立"。

二、中立国的权利和义务

中立制度给予了中立国一定的权利和义务，但是最为突出的还是中立国所承担的义务。战时中立早在 16 世纪前后就出现了，到了 18 世纪，国际社会就中立国的义务达成一致。从 19 世纪末开始，中立制度得到较大的发展，1907 年签订的《海牙公约》和 1909 年发表的《伦敦宣言》确立了中立的原则、规则和制度。

（一）中立国的权利

在中立国与交战国相互间的法律关系中，中立国享有的权利就是交战国承担的义务。因而，中立国享有免受战争损害的权利和实施中立庇护的权利，交战国承担着保证中立国免受战争损害和尊重中立庇护的义务。

中立国免受战争损害的权利主要体现在以下几个方面：①中立国有权要求交战国尊重其独立和领土主权，交战国有义务不在中立国领土或其管辖区域内从事战争行为或直接支持战争的行为。交战国的武装部队和装运军事物资的运输队不得通过中立国的领土，也不得在中立国领土内组织战斗部队和开设征兵事务所；交战国不得将中立国港口和领水作为海战基地，军舰不得在中立国领水内行使临检权和捕获权；交战国不得在中立国领土领水内设立无线电台或与交战国陆、海、空军联系的任何通讯装置，不得利用交战国在中立国设立的纯为军事目的的、还没有公开为公众通讯服务的任何通讯设施等。②中立国有权要求交战国保护其境内和占领地内的中立国使节和公民的合法权益。交战国有义务采取一切措施，防止虐待其境内的或占领地内的中立国使节和公民，防止本国军民侵犯中立国公民的合法权益。交战国对战争开始时及战争期间停泊在本国港口的中立国船舶及其货物不得没收；对在本国国内的中立国公民的财产不得没收。③中立国有权和交战国保持正常的外交和商务关系。交战国有义务容忍中立国与敌国保持正常的外交、商务往来，对没有违反中立义务、破坏封锁或载运战时禁制品的中立船舶不得行使捕获权。

由于中立国的领土不得侵犯，因而交战国任何一方的军队、人民和财产一旦被置于中立国领土，即可免遭他方的攻击、损害和没收。中立国利用其领土为交战国的武装部队人员、平民居民及财产提供安全避难所，即行使中立庇护权。中立国是否给予交战国庇护，完全由其本国决定，交战国无权要求中立国行使或拒绝行使庇护权。但是，中立国对庇护权的行使必须一视同仁地施于交战国双方，不得偏袒任何一方，而且要采取一切措施防止其领土被用作交战国敌对活动的基地。中立庇护的内容主要有以下几项：①给予战俘、散兵和逃亡军队的庇护。交战国任何一方的战俘逃入中立国或被俘获他的军队逃亡时带入中立国即获得自由，中立国可自行决定是否为战俘指定居住地，以防止他们重返本国军队；交战国任何一方经中立国同意运送伤病员过境，其中的敌国伤病员亦应获得自由，但中立国有义务看守他们，保证他们直到战争结束为止不再参加军事活动。中立国对进入其领土避难的交战国散兵，可以解除其武装，并采取必要措施，在防止其重返本国部队的前提下，给予庇护，也可以立即将其遣返。交战国一方的军队因战败逃跑进入中立国，中立国可以拒绝给予庇护，如果给予庇护，则应解除他们的武装予以看守，保证其直到战争结束为止不再参与敌对军事行动。②平等地给予交战双方的海军以庇护。中立国给予交战国军舰庇护，但通常情况下不得超过24小时。在同一时间内，同一中立港口停泊交战国一方的军舰不得超过3艘。交战国军舰获准进入中立国港口后在规定时限内享有管辖豁免。③交战国军用航空器不得进入中立国领空，中立国也有防止其进入的义务。如果交战国军用航空器由于不可抗力进入中立国领空，中立国应命令或强迫其降落，并将航空器及航空器上的人员拘留。④中立国对交战国的作战物资没有庇护的权利。倘若有交战国的战争物资进入，中立国应予扣留，直至战争结束。

（二）中立国的义务

1. 自我行为约束的义务。中立国不仅不能直接参加战斗，而且还不能直接或间接地向任何交战国提供援助，具体包括：不能提供军队、武器、弹药、军舰、军用飞机及其他军用器材；不能提供补助金和贷款；不能购买交战国国债；不能向交战国提供军事运输；不能向交战国提供或帮助提供情报；不向交战国军队提供庇护场所；等等。

2. 防止交战国利用其领土和资源的义务。中立国有义务采取一切可能的措施，防止交战国在其领土或其管辖范围内的区域从事战争，或利用其资源准备从事战争敌对行动以及战争相关的行动，包括在该区域中征兵、备战、建立军事设施或捕获法庭、军队及军用装备过境等。

3. 容忍交战国采取强制措施的义务。中立国须容忍交战国根据战争法对其国家和人民采取的有关强制措施，包括对其有关船舶的临检和搜索、对悬挂其船旗而载有战时禁制品或从事非中立义务的船舶的拿捕、审判、处罚或非常征用。

[案例]

"阿拉巴玛号"案

美国内战期间，联邦政府封锁了南方同盟的各个港口，同盟政府急需船只和装备，它力图从中立国——已承认同盟是交战团体的英国，购买军舰。因此，同盟政府以私人名义向英国私人船厂订购了许多船舶，其中一艘就是后来命名为"阿拉巴玛号"的巡洋舰，该船于1862年5月15日下水。1819年的《英国外国征募法》严禁卖军舰给外国，但英国政府不愿执行该法，其理由是联邦政府驻伦敦的公使未能证实"阿拉巴玛号"巡洋舰的真实性质。后来在得到证实后，王室法官建议应拿捕该船，但发现该船刚刚离港试航，并从此一去不复返。

当时该船还没有配备武器，航行人员也没有配备齐全。在亚速群岛的水面上，两艘负责把所有装备物资送到会合地点的英国船舶，向这艘当时已属于同盟军的巡洋舰提供了人员和武器。从那以后，"阿拉巴玛号"便开始从事劫掠商船的勾当，在大西洋、印度洋，甚至在中国海面上追击美国商船队。"阿拉巴玛号"在不到两年的时间里，击沉、烧毁或劫持了近70艘联邦船舶，给联邦海商业造成了极为严重的损害。1864年6月19日，在法国瑟堡以外的海面上，"阿拉巴玛号"被联邦军舰击沉。它的船长、部分军官和水手被一艘英国私人快艇救起，并被送到英国。

联邦政府向英国提出抗议，认为其非法承认南方同盟为交战团体是干涉其内政的行为；并抗议英国违反中立义务，因为它没有防止在它管辖的范围内建造和装备南方同盟的军舰；而且当这些军舰停泊在其港口内时，它也没有采取措施予以拿捕。在内战期间，联邦政府曾向英国提出过赔偿请求，但双方没有达成协议。后来，双方进行了谈判，最终于1871年5月8日签订了《华盛顿条约》。该约规定，将"阿拉巴玛号"求偿争端提交给一个设在日内瓦的仲裁法庭解决，该法庭由5人组成，这5人分别是诉讼的两个当事国、意大利国王、瑞士联邦总统和巴西皇帝各指派的1名仲裁员。条约包括以下三项规则：

第一，以相当注意防止在其管辖范围内对任何该政府有合理的根据认为是为了追逐一个与它处于和平状态的国家的船舶或对该国作战的船只进行装备、武装及配备；并以同样的注意防止全部或部分地在其管辖范围内进行特别装备以适合战争使用而具有如上之追逐及作战之目的的任何船只离开其管辖的地区。

第二，不得允许或容忍任何交战一方利用它的港口或领水作为攻击他方的海军活动基地，或用于更新或补充军需或武器及补充兵源的目的。

第三，在其港口或领水内，对于在其管辖下的任何人，加以"相当注意"，防止他们作出任何破坏上述义务及责任的行为。

1872年9月14日，仲裁法庭在裁决中指出，对于"阿拉巴玛号"，英国政府没有采取有效措施在该船建造时即加以制止，因而在履行中立义务方面没有尽到"相当注意"的义务。结果，仲裁员以4票对1票的多数，做出裁定：英国在"阿拉巴玛号"案中由于失责未能履行《华盛顿条约》所规定的中立义务，并裁决由英国支付给美国一定数额的赔偿金。

"阿拉巴玛号"案的一个重要意义体现在中立义务的发展上。该案所适用的《华盛顿条约》第一次使海战中的某些具有普遍意义的中立原则系统化，这对传统战时中立制度作了补充和发展。

第六节 违反战争及武装冲突法的罪行及其惩治

一、违反战争及武装冲突法的罪行

（一）《欧洲国际军事法庭宪章》和《远东国际军事法庭宪章》中的罪行

1. 破坏和平罪。该罪是指计划、准备、发动或实施侵略战争或违反国际条约、协定或保证之战争，或参与为实现任何上述行为的共同计划或同谋。

2. 战争罪。该罪是指违反战争法规与习惯的行为，此种违反应包括但并不限于对在所占领土内的平民之谋杀、虐待，为使其从事奴隶劳役或任何其他目的的放逐，对战俘或海上人员之谋杀或虐待，杀害人质，劫掠公私财产，任意破坏城市、集镇或乡村，或从事非根据军事需要之破坏。

3. 违反人道罪。该罪是指在战争发生前或战争进行中，对任何居民之谋杀、灭绝、奴化、放逐及其他非人道行为；或基于任何政治、种族或信仰的原因所进行的迫害。

战后国际法的发展，不断确认了纽伦堡审判和东京审判确立的原则和罪名，并且对罪名下所包含的内容和范围加以明确和细化。在此领域中，迄今最为重要的发展是1998年《国际刑事法院规约》。该规约对上述各项罪名的具体范围都作出了进一步的详细规定。例如，仅上述罪名中的战争罪一项，就包含四大类和40个子类的行为，四大类包括：严重破坏1949年《日内瓦公约》的行为、严重违反国际法已确定的适用于国际武装冲突的法规和惯例的其他行为、非国际性武装冲突中严重违反1949年《日内瓦公约》共同第3条的行为和严重违反国际法既定范围内适用于非国际性武装冲突的法规和惯例的其他行为。

（二）《前南斯拉夫国际刑事法庭规约》规定的罪行

1993年，联合国通过827号决议，设立"起诉应对1991年以来前南斯拉夫境内所犯的严重违反国际人道法行为负责的人员的国际法庭"。该法庭规约规定，它有权起诉犯下或命令他人犯下严重违反1949年各项日内瓦公约的情事、违反战争法规和惯例的行为、灭绝种族或危害人类罪的人。这里实际上提出了四种罪名：

1. 严重违反 1949 年各项日内瓦公约情事罪。这是指违反各项日内瓦公约对人和物的保护性规定的犯罪。对人方面，包括故意杀害、酷刑和不人道待遇（包括生物学实验）；故意使身体或健康受重大痛苦或严重伤害；强迫战俘或平民在敌对国军队中服务；故意剥夺战俘或平民应享的公允及合法审讯的权利；将平民非法驱逐出境或移送非法禁闭；劫持平民作人质等。对物方面，主要是无军事上之必要而以非法和野蛮的方式大规模地毁坏或占用财产。

2. 违反战争法规和惯例罪。这项罪名下的犯罪行为，主要是使用有毒武器或其他禁用武器；无军事上之必要而摧毁、破坏城镇和村庄；轰击不设防的城镇、村庄、住所和建筑物；夺取、摧毁或故意毁坏专用于宗教、慈善事业和教育、艺术和科学的建筑设施及历史文物、艺术科学作品；劫掠公私财产；等等。

3. 灭绝种族罪。它不仅指蓄意全部或局部消灭某一民族、人种、种族或宗教团体的直接行为，而且包括预谋、直接公然煽动、意图和共谋灭绝种族的行为。

4. 危害人类罪。在武装冲突过程中对应受保护的人实施谋杀、酷刑、奴役、驱逐出境、非法监禁，基于政治、种族、宗教原因而进行的迫害行为或其他不人道行为，都是触犯危害人类罪的行为。

（三）《国际刑事法院罗马规约》中的罪行

1998 年 7 月 17 日，联合国建立国际刑事法院的罗马外交大会通过了《国际刑事法院罗马规约》，该规约于 2002 年 7 月 1 日生效。依其成立的国际刑事法院是历史上第一个审判犯有特定国际罪行的个人的常设国际刑事司法机构，它有权对以下四种罪行实施管辖：①灭绝种族罪；②反人道罪；③战争罪；④侵略罪。后两种罪无疑是战争犯罪，前两种罪如果与武装冲突相关，也是战争犯罪。

二、对违反战争及武装冲突法罪犯的惩治

（一）纽伦堡及东京审判的实践

纽伦堡审判是根据 1945 年《控诉和惩处欧洲轴心国主要战犯的协定》（伦敦协定）及其附件《欧洲国际军事法庭宪章》（纽伦堡宪章）成立的欧洲军事法庭（纽伦堡法庭），对"二战"中的德国主要战犯所进行的审判。法庭于 1945 年 11 月~1946 年 10 月，在纽伦堡先后对 24 名被告（在审理过程中，2 人死亡或丧失行为能力）中的 22 人进行了审理和宣判。

东京审判是由 1946 年远东盟军最高统帅部根据《远东国际军事法庭宪章》设置的远东国际军事法庭，对"二战"中的日本战犯进行的审判。法庭自 1946 年 5 月至 1948 年 11 月，先后对 28 名被告（3 人在审理过程中死亡或丧失行为能力）中的 25 人进行了审理和判决。法庭最后判处了东条英机等 7 人绞刑，荒木贞夫等 16 人无期徒刑，东乡茂德等 2 人有期徒刑。

纽伦堡审判和东京审判开创了对战争犯罪通过国际司法机构进行追究的先例，

其所确立的有关原则对于以后战争法乃至整个国际法的发展产生了深远的影响，已经构成了现代国际法中有关战争犯罪和惩罚规则框架的基础。该原则包括：①从事构成违反国际法的犯罪行为的人应承担个人责任，并受惩罚。②不违反所在国的国内法不能作为免除国际法责任的理由。③被告的官职地位，不能作为免除国际法责任的理由。④政府或上级命令，不能作为免除国际法责任的理由。⑤被控有违反国际法罪行的人，有权得到公平审判。⑥违反国际法的罪行包括破坏和平罪、战争罪和违反人道罪。⑦参与上述罪行的共谋是违反国际法的罪行。

在纽伦堡原则的基础上，国际法对于战争犯罪进行追究的规则和原则又有一些新的发展，如确立了战争罪行和危害人类罪不适用法定时效，战争罪犯不得予以庇护，各国应在引渡战争罪犯和危害人类罪犯的问题上进行合作等原则。

（二）联合国前南国际法庭和联合国卢旺达国际法庭的实践

前南国际法庭全称是"起诉应对1991年以来前南斯拉夫境内所犯的严重违反国际人道主义法行为负责的人的国际法庭"。它是根据联合国安理会的有关决议，于1993年6月在海牙成立的。1991年以后，在前南斯拉夫境内发生的武装冲突中，发生了某些严重违反国际人道主义法情事，包括蓄意杀人、"种族清洗"、大规模屠杀、严刑拷打、强奸、破坏文化和宗教财产以及任意逮捕等行为。国际社会反应强烈，要求对此类行为进行控制、追究和惩罚。在此背景下，安理会通过了附有《前南国际法庭规约》的第827号决议，成立了联合国前南国际法庭。安理会成立该法庭的法律根据是《联合国宪章》第七章和第29条。成立前南国际法庭，作为安理会的一个具有司法性质的附属机关，是安理会根据宪章而采取的一项强制性执行措施。前南国际法庭于1994年11月首次开庭，主要起诉和审判犯有下列4种罪行的犯罪嫌疑人：严重破坏1949年《日内瓦公约》、违背战争法律和惯例、种族屠杀和危害人类的犯罪嫌疑人。

法庭由下列机构组成：①分庭：包括3个审判分庭和1个上诉分庭。审判分庭由9名常设法官和9名审案法官组成，其中任何两名常设法官均不得为来自同一国家的国民。上诉分庭由7名法官组成，同时为前南法庭和卢旺达问题国际法庭服务。前南法庭目前有14名大法官，分别来自中国、法国、赞比亚、澳大利亚、英国、葡萄牙、马来西亚、埃及、圭亚那、哥伦比亚、摩洛哥、牙买加、美国和意大利等国。这些法官都是由联合国大会根据安理会提名任命的。②检察官：负责调查和起诉应对1991年以来前南斯拉夫境内所犯危害人类罪的负责者。检察官办公室作为法庭的一个单独机关独立行事。③书记官处：该处为各分庭和检察官服务，负责法庭的行政和服务工作。

2004年以来，前南法庭的工作重点紧紧围绕着安全理事会第1503（2003）号决议规定的《完成工作战略》开展，该战略要求法庭采取一切可能的措施，在2004年底完成调查，在2008年底完成所有一审工作，于2004年12月31日前结束所有新的调查，2008年12月31日前完成一审，2010年12月31日前完成上诉。随着对所有剩余目标的调查工作的完成以及最后一批新的起诉书也获得分庭的确认，第一个重要里程碑已经达到。

联合国卢旺达国际法庭是联合国安理会通过决议于 1994 年 11 月设立的。卢旺达国际法庭的性质与前南国际法庭相同。法庭受理的被起诉人，主要是在卢旺达国内武装冲突中犯有严重违反国际人道主义法的行为的人，因而"卢旺达国际法庭"将主要适用 1949 年《日内瓦公约》第 3 条和 1977 年该公约的第二附加议定书，即《关于保护非国际性武装冲突受难者的附加议定书》，主要起诉和审判犯有下列 3 种罪行的犯罪嫌疑人：种族灭绝、危害人类罪以及战争罪的犯罪嫌疑人。

法庭由下列机构组成：①分庭：卢旺达国际刑事法庭总共分成 4 个审判分庭。其中 3 个审判分庭负责初审，另外 1 个则是负责上诉审。其中，常任法官共有 16 人，审案法官则有 9 人，总共有 25 名法官。②检察官：法庭的检察机构总共分成两部分：侦查部分和控诉部分。侦查部分负责搜集和调查于 1994 年期间在卢旺达个人所可能涉及到该法院所管辖之罪的证据。控诉部分则是负责所有案件在法庭上的控诉。③书记官处：该处负责整个卢旺达国际刑事法庭的行政和管理工作，同时也负责其他依据审判庭的证据与程序规则所指派的法律工作，另外，书记官处也负责审判庭间的沟通工作。书记官处以书记官长为首，其代表着联合国秘书长。

（三）　国际刑事法院的实践

国际刑事法院是根据 1998 年 7 月 17 日联合国罗马外交大会通过、2002 年 7 月 1 日生效的《国际刑事法院罗马规约》建立的刑事审判机构，是国际社会历史上第一个审判犯有特定国际罪行的个人的常设性国际刑事司法机构。

国际刑事法院坐落在荷兰海牙，由四个主要机关组成：院长会议、法庭（预审庭、审判庭和上诉庭）、检察官办公室和书记官处。法院共有 18 名法官，由缔约国大会选举产生，必要时可由院长会议代表法院提议增加法官人数。自任期开始法官全时任职，任期 9 年，一般不得连选连任。

国际刑事法院是对国家刑事管辖权的一种补充，只有在国家国内审判机构和程序不存在、不能有效地履行职责、国家不同意或其他特殊情况下，国际刑事法院才可以行使管辖权。法院对人管辖权范围只限于自然人，不能对法人和国家行使管辖权。管辖权范围，限于那些引起国际社会关注的、最严重的国际罪行，即灭绝种族罪、侵略罪、战争罪和反人道罪。在法律适用上，首先适用《国际刑事法院罗马规约》和《法院程序和证据规则》，并可视情况适用条约和国际法原则及规则；在无法适用上述法律时，适用各国法律中的一般法律原则，但以这些原则不违反《国际刑事法院罗马规约》、国际法和国际承认的规范和标准为限。此外，国际刑事法院还可以适用法院以前的判决所阐释的法律原则和规则。特别值得注意的是，《国际刑事法院罗马规约》明确规定惩处战争罪行必须遵循以下现代刑法基本原则：罪行法定原则；不溯及既往及刑罚从轻原则；罪责自负原则；一罪不二审原则；被告的地位（担任国家要职）不能免除或减轻刑事责任的"官方身份无关性原则"。至于法院的

第十六章

诉讼程序，分为调查、起诉、审判、判决、上诉、执行和复审这七个阶段。

根据《罗马规约》，国际刑事法院将对批准国及联合国安理会移交的案件进行审理，但只审理 2002 年 7 月 1 日以后发生的案件。国际刑事法院与现有的其他国际司法机构的不同，其他法庭均有一定存在期限，而国际刑事法院是一个永久性的国际司法机构。自 2002 年成立以来，已经有三个缔约国（刚果民主共和国、乌干达和中非共和国）主动向国际刑事法院提交案件，一个非缔约国（科特迪瓦）自愿就其境内有关情势接受法院的管辖，联合国安理会也于 2005 年 3 月就苏丹达尔富尔情势通过第 1593 号决议首次向法院提交案件。此外，国际刑事法院的检察官除正对刚果民主共和国、乌干达和苏丹达尔富尔情势进行调查外，还密切跟踪包括中非共和国和科特迪瓦在内的 8 个情势。

到 2013 年 2 月 15 日，已经有 122 个国家批准加入了《罗马规约》，成为国际刑事法院的成员国。值得注意的是，作为联合国安全理事会常任理事国的中国、俄罗斯和美国，以及以色列均未加入该规约。

[案例]

远东国际军事法庭审判案

依据 1943 年《开罗宣言》、1945 年《波茨坦公告》和日本投降书以及同年的莫斯科会议的宗旨，为审判日本战犯，远东盟军最高统帅部于 1946 年 1 月 19 日公布了《远东国际军事法庭宪章》（以下简称《宪章》）。按照该《宪章》，由中、美、英、苏、澳、法、荷、印、加、新、菲 11 国各指派一名法官，组成远东国际军事法庭，上述 11 个国家系本法庭的原告。代表原告起诉的机构是国际检察处。按照《宪章》第 8 条之规定，由盟军最高统帅部指派检察长对属本法庭管辖内之战争罪犯的控告负调查及起诉之责。任何曾与日本处于战争状态之联合国家得指派陪席检察官一人，以协助检察长。法庭公布《宪章》的同时，季楠被正式任命为检察长。

国际检察处列出的被告有：荒木贞夫、土肥原贤二、桥木欣五朗、细俊六、平治驹一郎、广田弘毅、星野直树、坂恒征四郎、贺屋兴宣、本户本一、木村兵太郎、松井石根、松冈洋右、南次郎、武藤章、永野修男、冈敬纯、大川周明、大岛浩、佐藤贤了、重光葵、岛田繁太郎、白鸟敏夫、铃木贞一、东乡茂德、东条英机、梅津美治郎。国际检察处指控上列被告自 1928 年 1 月 1 日至 1945 年 9 月 2 日期间犯有破坏和平罪、战争罪和反人道罪，并在起诉书中列出了 55 项罪状，其中有些是针对全体被告提出的，有些则是针对部分被告提出的。被告的辩护律师则辩驳说，联合国没有授权盟军最高统帅部审判破坏和平罪的权利；侵略战争不构成非法；战争是国家行为，个人在国际法上没有责任。法庭于 1946 年 4 月 29 日正式受理国际检察处的起诉，并驳回了被告的异议，依《宪章》规定确定了它的管辖权。《宪章》第 3 条规定：本法庭有权审判及惩罚被控以个人身份或团体成员身份犯有各项罪状，以下任何一项行为，均构成犯罪，本法庭均有管辖权：①破坏和平罪。指策划、准备、发动或执行一种经宣战或不经宣战之侵略战争，或违反国际条约、协定或保证之战争，或参与上述任何罪行之共同计划或阴谋。②战争犯罪。指违反战争法规及战争惯例之犯罪行为。③反人道罪。指战争发生前或战争进行中对任何和平人口之杀害、灭种、奴役，借暴力强迫迁居，以及其他不人道行为，或基于政治上或种族上之理由之虐害行为，此种虐害行为系于执行或共谋归本法庭管辖之任何罪状所施行者，至于其是否违反犯罪所在地国之法则在所不问。按照该《宪章》的规定，上述罪行都是应该追究个人责任的国际罪行，被告的官方地位，遵从政府或上级命令，都不能成为免除个人责任的理由。

经过两年半的审理，法庭在调查了大量证据（有419人出庭作证，书面证据达4336件）的基础上，逐一驳回了为被告辩护的律师所提出的辩护理由。1948年11月4日法庭作出了最后判决。被告中除松冈洋右和永野修男在审讯中死亡、大川周明因患精神病而中止受审外，其余25人全部被判为有罪。其中，判处东条英机、广田弘毅，坂垣征四郎、土肥原贤二、松井石根、木村兵太郎、武藤章等7人绞刑；判处东乡茂德20年徒刑；判处重光葵7年徒刑；判处其余16名罪犯无期徒刑。

远东国际军事法庭的审判和判决，与纽伦堡审判一样，在国际法上，尤其是战争法上是一种历史性的创举，它确立了追究首要战犯的国际刑事责任，这对国际责任法的发展具有十分深远的意义。

【思考题】

1. 国际法意义上的战争具有什么特征？
2. 战争与武装冲突法的重要原则有哪些？
3. 战争开始后的法律后果是什么？
4. 作战手段和方法的基本原则是什么？
5. 简要评述《日内瓦公约》之共同第3条。
6. 战时中立国有哪些权利与义务？
7. 评述纽伦堡与东京审判的重要意义。

图书在版编目（CIP）数据

国际法学 / 徐乃斌主编. －2版. —北京：中国政法大学出版社，2013.8
ISBN 978-7-5620-4948-7

Ⅰ.①国… Ⅱ.①徐… Ⅲ.①国际法—法的理论 Ⅳ.D990

中国版本图书馆CIP数据核字(2013)第192527号

出版发行	中国政法大学出版社
经　　销	全国各地新华书店
承　　印	北京华正印刷有限公司

720mm×960mm　　16开本　　31.25印张　　650千字
2013年8月第2版　　2015年1月第2次印刷
ISBN 978-7-5620-4948-7/D·4908
定　价: 49.00元

社　　址	北京市海淀区西土城路25号
电　　话	(010)58908435(编辑部)　58908325(发行部)　58908334(邮购部)
通信地址	北京100088信箱8034分箱　邮政编码 100088
电子信箱	fada.jc@sohu.com(编辑部)
网　　址	http://www.cuplpress.com　(网络实名: 中国政法大学出版社)